当代齐鲁文库·山东社会科学院文库
THE LIBRARY OF SELECTED WORKS OF SHANDONG
CONTEMPORARY SHANDONG ACADEMY OF SOCIAL SCIENCES

山东社会科学院◎编纂

日本工商资本与近代山东

庄维民 刘大可◎著

中国社会科学出版社

图书在版编目（CIP）数据

日本工商资本与近代山东／庄维民，刘大可著．—北京：中国社会
科学出版社，2016.12
ISBN 978-7-5161-8691-6

Ⅰ.①日…　Ⅱ.①庄…②刘…　Ⅲ.①日本—侵华事件—经济
扩张—史料—山东省—1876—1945　Ⅳ.①F129.5

中国版本图书馆 CIP 数据核字（2016）第 182784 号

出 版 人　赵剑英
责任编辑　冯春凤
责任校对　张爱华
责任印制　张雪娇

出　　　版　中国社会科学出版社
社　　　址　北京鼓楼西大街甲 158 号
邮　　　编　100720
网　　　址　http://www.csspw.cn
发 行 部　010 - 84083685
门 市 部　010 - 84029450
经　　　销　新华书店及其他书店

印刷装订　环球东方（北京）印务有限公司
版　　　次　2016 年 12 月第 1 版
印　　　次　2016 年 12 月第 1 次印刷

开　　　本　710 × 1000　1/16
印　　　张　38.5
插　　　页　2
字　　　数　629 千字
定　　　价　158.00 元

《山东社会科学院文库》
出版说明

    党的十八大以来，以习近平同志为核心的党中央，从推动科学民主依法决策、推进国家治理体系和治理能力现代化、增强国家软实力的战略高度，对中国智库发展进行顶层设计，为中国特色新型智库建设提供了重要指导和基本遵循。2014 年 11 月，中办、国办印发《关于加强中国特色新型智库建设的意见》，标志着我国新型智库建设进入了加快发展的新阶段。2015 年 2 月，在中共山东省委、山东省人民政府的正确领导和大力支持下，山东社会科学院认真学习借鉴中国社会科学院改革的经验，大胆探索实施"社会科学创新工程"，在科研体制机制、人事管理、科研经费管理等方面大胆改革创新，相继实施了一系列重大创新措施，为建设山东特色新型智库勇探新路，并取得了明显成效，成为全国社科院系统率先全面实施哲学社会科学创新工程的地方社科院。2016 年 5 月，习近平总书记在哲学社会科学工作座谈会上发表重要讲话。讲话深刻阐明哲学社会科学的历史地位和时代价值，突出强调坚持马克思主义在我国哲学社会科学领域的指导地位，对加快构建中国特色哲学社会科学作出重大部署，是新形势下繁荣发展我国哲学社会科学事业的纲领性文献。山东社会科学院以深入学习贯彻习近平总书记在哲学社会科学工作座谈会上的重要讲话精神为契机，继续大力推进哲学社会科学创新工程，努力建设马克思主义研究宣传的"思想理论高地"，省委、省政府的重要"思想库"和"智囊团"，山东省哲学社会科学的高端学术殿堂，山东省情综合数据库和研究评价中心，服务经济文化强省建设的创新型团队，为繁荣发展哲学社会科学、建设山东特色新型智库，努力做出更大的贡献。

    《山东社会科学院文库》（以下简称《文库》）是山东社会科学院"创

新工程"重大项目，是山东社会科学院着力打造的《当代齐鲁文库》的重要组成部分。该《文库》收录的是我院建院以来荣获山东省优秀社会科学成果一等奖及以上的科研成果。第二批出版的《文库》收录了丁少敏、王志东、卢新德、乔力、刘大可、曲永义、孙祚民、庄维民、许锦英、宋士昌、张卫国、李少群、张华、秦庆武、韩民青、程湘清、路遇等全国知名专家的研究专著 18 部，获奖文集 1 部。这些成果涉猎科学社会主义、文学、历史、哲学、经济学、人口学等领域，以马克思主义世界观、方法论为指导，深入研究哲学社会科学领域的基础理论问题，积极探索建设中国特色社会主义的重大理论和现实问题，为推动哲学社会科学繁荣发展发挥了重要作用。这些成果皆为作者经过长期的学术积累而打造的精品力作，充分体现了哲学社会科学研究的使命担当，展现了潜心治学、勇于创新的优良学风。这种使命担当、严谨的科研态度和科研作风值得我们认真学习和发扬，这是我院深入推进创新工程和新型智库建设的不竭动力。

实践没有止境，理论创新也没有止境。我们要突破前人，后人也必然会突破我们。《文库》收录的成果，也将因时代的变化、实践的发展、理论的创新，不断得到修正、丰富、完善，但它们对当时经济社会发展的推动作用，将同这些文字一起被人们铭记。《山东社会科学院文库》出版的原则是尊重原著的历史价值，内容不作大幅修订，因而，大家在《文库》中所看到的是那个时代专家们潜心探索研究的原汁原味的成果。

《山东社会科学院文库》是一个动态的开放的系统，在出版第一批、第二批的基础上，我们还会陆续推出第三批、第四批等后续成果……《文库》的出版在编委会的直接领导下进行，得到了作者及其亲属们的大力支持，也得到了院相关研究单位同志们的大力支持。同时，中国社会科学出版社的领导高度重视，给予大力支持帮助，尤其是责任编辑冯春凤主任为此付出了艰辛努力，在此一并表示最诚挚的谢意。

本书出版的组织、联络等事宜，由山东社会科学院科研组织处负责。因水平所限，出版工作难免会有不足乃至失误之处，恳请读者及有关专家学者批评指正。

《山东社会科学院文库》编委会

2016 年 11 月 16 日

目　录

导　言

　　近代山东曾长期遭受日本帝国主义的军事、政治和经济侵略，期间省内部分地区以致后来大部分地区曾先后沦为日本的殖民地，成为除台湾、东北地区以外日本在中国的"特殊权益地区"。与此同时，日本对山东的经济扩张经由一般民间资本向财阀资本、商贸经营向工矿业投资的扩展，最终形成以日本侵华政策和国家资本为先导，财阀集团与民间产业资本相结合，共同对山东实施殖民经济扩张的态势和格局。

　　日本对山东的殖民政策是其侵华总方针、总政策的重要组成部分和具体体现，同时山东又是日本经济势力扩张的重要地区，其中若干历史过程、事件及问题在近代日本侵华史上具有一定的代表性和典型性。从这一意义上说，日本工商资本与近代山东的关系是近代中日关系史、经济史的重要组成部分，由于这种关系形成于殖民化与现代化的双重历史背景之下，是近代日本对华殖民经济扩张的产物，因而对于研究近代日本对华经济扩张、认识区域社会经济嬗变特点具有重要的意义。在充分利用日本一方的文献档案、各类调查资料及地方文献的基础上，将殖民政策研究与经济扩张研究结合在一起，较完整地复原半个多世纪中日本对山东殖民侵略和经济扩张的历史，理清日本军、政、工商资本扩张活动与区域社会经济演变之间错综复杂的关系脉络，这在有关日本对华殖民政策和经济扩张综合性研究尚不多见的情况下，恰能起到拓宽研究视界、填补空缺的作用。

　　在实证研究与理论阐述上，以"特殊权益地区"的典型研究为切入点，揭示其中相关问题的蕴义，将有助于拓展深化中日关系史和近代经济史的研究，从而揭示殖民政策与经济扩张对地区市场经济、产业发展和现代化进程造成的影响，对殖民政策实施与地区社会经济殖民化的关系加以理论上的说明，也将有助于加深对近代山东经济演变特征的认识。

　　民国时期，国人对日本侵略山东及其经济扩张活动就多有论及，代表性的论著有张一志的《山东问题汇刊》（1922 年）、唐巨川的《日本蹂躏山东痛史》（1928 年）、谭天凯的《山东问题始末》（1935 年）、刘仁的《日寇开发华北的阴谋》（1938 年）等。另外，漆树芬的《经济侵略下之中国》（1924 年）、侯厚培的《日本帝国主义对华经济侵略》（1931 年）、赵兰坪的《日本对华商业》（1934 年）、吴世汉的《日本对华煤铁资源侵略检讨》（1941 年）、郑伯彬的《日本侵占区之经济》（1945 年）、《抗战期间日人在华北的产业开发计划》（1947 年）等著作，对日本资本在山东的经济活动也多有论及。这些论著对介于两次世界大战之间日本对山东的政治侵略和经济扩张做了初步的考察分析，为后来揭露批判式研究叙事范式的形成奠定了基础。

　　1949 年新中国成立至 1978 年改革开放前，关于近代日本工商资本在华投资经营及其对地区经济影响的区域研究，一直是近代中日关系史和经济史研究领域里比较薄弱的环节。学术界关注的课题和问题主要是政治史、军事史、外交史角度的日本侵华史，研究基本是沿循早期揭露批判性论著的模式和方法，研究对象集中于政策演变、军事侵略、政治奴役、屠戮暴行等方面，有关日本殖民政策和经济扩张的综合性实证研究相当薄弱，相关的区域性研究更不多见，尽管张雁深等人的研究对日本在山东的经济扩张有所涉及，但远谈不上完整和系统。①

　　1980 年代后，海内外不断有关于日本在华殖民政策和地区经济扩张活动的研究著作出版，其中内容涉及山东较多的有杜恂成的《日本在旧中国的投资》（1986 年）、路遥等人的《淄博煤矿史》（1988 年）、刘大可等人的《日本侵略山东史》（1990 年）、居之芬、张利民的《日本在华北经济统制掠夺史》（1997 年）、王士花的《"开发"与掠夺：抗日战争时期日本在华北华中沦陷区的经济统制》（1998 年）、臧运祜的《七七事变前的日本对华政策》（2000 年）、黄尊严的《日本与山东问题（1914—

---

　　① 张雁深：《日本利用所谓"合办事业"侵华的历史》，生活·读书·新知三联书店 1958 年版。

1923)》（2004 年）以及台湾学者林明德、日本学者中村隆英、浅田乔二、依田憙家等人的著作。① 另外，还有一批发表于学术期刊上的专题性研究论文，如黄尊严关于第一次世界大战时期日本对山东侵略与经济扩张的专题研究，台湾学者陈慈玉关于煤矿史方面的研究，日本学者关于日本工商资本在青岛投资经营活动的研究等。② 这类研究基本是针对某一时期或某一部门行业的专题研究。

　　尽管对各个时期日本的经济扩张与侵略有了一些专题性的研究，并对其中若干问题进行了有益的探索，但是，受研究对象特定范围和研究视野所限，这些论著大都只是就某个时期或某个方面论及日本在山东的殖民政策与经济扩张，而未能从完整的近代史、整体史视野与角度，针对日本工商资本与近代山东的关系做出全面考察。至于近年来专门以山东区域为对象的专题个案研究，由于缺乏对日方档案文献及相关经济调查资料的利用，可以说，以第一手原始资料为基础的相关实证研究并没有多少显著进展。总之，相对于半个多世纪之久的历史进程而言，研究的深度和广度还很不够，已有的相关研究过于零散，未能形成具有严密分析框架的完整体系，关于日本工商资本扩张的系统性典型区域研究及理论探讨至今尚属空白，这对于中日关系史的研究不能不说是一项缺憾。

　　归纳起来看，国内史学界关于日本在华区域经济扩张史的研究存在着两方面的不足：其一，研究分析的理论框架和方法路径，基本承继了 20 世纪 30 年代形成的学术传统，在确定经济扩张活动为半殖民地化进程的一个显著标志的同时，往往把经济扩张过程简单地看作是日本政治侵略的

---

　　① 林明德：《近代中日关系史》（台北：三民书局 1984 年版），《日本对华北的经济侵略（1933—1945）》（台北：《中研院近代史研究所集刊》，1990 年第 19 期），中村隆英，《战时日本的华北经济支配》（东京，山川出版社 1983 年版），浅田乔二，《日本帝国主义下的中国》（东京，乐游书房 1981 年版），依田憙家，《日本帝国主义研究》（上海远东出版社 2004 年版）。

　　② 黄尊严：《欧战前后日本帝国主义对山东经济侵略》（《东北地方史研究》，1992 年 1 月），《1914—1922 年日本在山东的非法贸易和走私活动》（《齐鲁学刊》，1994 年第 6 期），《1914—1922 年日本帝国主义对青岛盐的经营与掠夺研究》（《北方论丛》，1995 年第 4 期）；陈慈玉，《1920 年代日本对山东的煤矿投资》（《国父建党革命一百周年学术讨论集》，台北，近代中国出版社 1995 年版），《中日战争期间日本对山东煤矿的统制》（《第三届近百年中日关系研讨会论文集》，台北，中研院近代史研究所 1996 年版）；柳泽游，《1920 年代前半期的青岛居留民商工业》（久留米大学《产业经济研究》第 25 卷第 4 号，1985 年），《1910 年代日本人贸易商的青岛进出》（《产业经济研究》第 27 卷第 1 号，1986 年）。

一个附属部分，忽略了日本工商资本扩张的特殊性和自身特点，对相关的投资经营活动缺乏整体把握和全面研究。其二，不少研究因缺乏第一手的原始资料，导致一些论断和观点缺乏严密扎实的实证基础，局限于事例性、举例式的分析论述模式。许多著述的观点体系和分析架构是既定的，依靠的研究资源大多是二手资料，因而很少有与一般批判式成说不同的新表述和新见解。由于缺乏新史料和独创性的实证研究，真正能进入学术层面加以讨论的论著并不多，相关工作大多只具有编纂学意义。

具体到从近代山东区域经济史角度进行的研究，存在的问题至少表现在以下几个方面。

（1）对早期华商贸易经营的意义重视不够，对其中若干重要的史实和过程知之不详，结果夸大了日商的作用，而低估了华商的意义，对早期贸易的特征和性质也由此产生误解，以致将近代早期的中日贸易理解为完全由日商占主导地位。

（2）存在着对统计数据和计量分析的忽略和欠缺，对各个时期日本工商资本的投资规模、企业数、经营状况缺乏精确的量化统计和分析，某些论述所依据的数据缺乏可靠的检验比较，且只注意到日方的直接投资，而对间接投资的情况重视不够。

（3）带有停滞论、依附论的偏向，对于在抗日战争前中国社会经济的变化，仅仅看作是资本主义国家经济影响的反映，而没有将其看作在受到外来影响的情况下，有自身发展演变的轨迹和道路，忽略了自身经济力量的作用和意义。

（4）在强调日本企业对华商企业竞争压力的同时，只看到外资阑入竞争的情况下，民族资本和华商所受到的排挤倾轧，似乎华商企业都不堪一击，而没有认识到民族资本本身所具有的某种市场优势。事实上，日资企业尽管对华商构成了巨大的压力，但华商企业由于自身的改进以及与市场的传统联系，仍然有着顽强的生存能力，两种力量的竞争始终存在。

（5）对抗日战争时期日本在山东的经济统制研究不够，对于"经济开发"与统制经济的内容实质，及其对市场经济发展和现代化进程的破坏性影响，缺乏实证与理论两个方面的分析。

日本工商资本与近代山东的经济关系，涉及广泛的领域和不同历史过程的复杂关系，可供研究的文献资料极其浩繁，尤其是大量日方档案和调查资料有待发掘和整理。以往的中日经济关系史研究，借助的往往多是相关中文文献资料，研究论述的依据大体以同期的中方文献为主，对日方文献资料的发掘利用不够，很难对日本工商资本扩张活动及其与殖民政策的关系有全面深入的了解，观点论述或以当时的评论为依据，或从当时直观笼统的描述中摘取论证，一般性叙事多于对过程的实证量化分析。由于对文献资料掌握的不全面，研究中存在着许多模糊未知的领域，若干活动缺乏完整的脉络和清晰的轮廓，至于细节更是知之甚少。甚至在一些历来视为了解比较充分的领域，也依然存在诸多盲区，对许多历史过程和史实知之不详，结果导致对史实的误解和对文献史料的误读。这在很大程度上是相关研究领域著述陈陈相因，学术性不强，缺乏深度和广度的症结所在。

第一手的原始资料无疑是学术研究和创新的基石。一切脚踏实地的研究都应由此出发。某些缺乏一手资料的研究，通常只是旧有著述或叙事的重复，此类研究充其量只具编纂学意义。或许可以在综合前人研究的基础上质疑陈说，提出新论，但新见在缺乏新论据和有效论证的情况下，可能只是旧说的简单反论，与前人研究相比，不过是处在同一高度的不同坡面而已。

注重第一手资料，首先是指应充分利用日方的文献资料，包括当时的调查资料、档案、各类机构与组织的专题或综合报告、私人撰述等。对应于日本在山东经济扩张各阶段的历史文献资料，调查主体和内容亦各有不同侧重。明治时期主要是日本官方（外务省、商工省等）、半官方（东亚同文会）、民间机构和私人游历者的调查撰述；日占青岛时期（大正时期），主要有日本青岛军政署、青岛守备军司令部、铁道管理部、民政部及所属机构所做的各种调查和青岛日本商工会议所编印的各种调查资料，其总数多达上百种，据统计，单是各种经济调查就有70余种。其中地方综合调查涉及的城市和地区就有济南、青岛、烟台、潍县、博山、青州、周村、临清、德州、济宁、沂州、诸城、莒州等。当时调查的重点放在点和线（城镇和铁路沿线地区），调查事项集中于商品市场与物产资源，旨在为商品找市场、为资本找资源，内中有不少资料从不同侧面反映了日本工商资本在山东的活动。

1920年代中期至1930年代中期，调查的主体为满铁所属经济调查会、北支经济调查所、日本领事馆、青岛和济南的日本商工会议所、东亚同文书院、日本移民团体等，调查的重点由点和线扩展到面，即从主要工商城市和铁路沿线地区扩展到全省各地和各个部门行业，调查对象为各地物产资源、生产与流通、资本与市场、企业经营等，而对于各部门行业的日商、华商的贸易与工业经营状况尤为重视。

抗日战争时期，为了给日本当局制订经济开发计划提供参考和指导，满铁、兴亚院及日本军方投入大量人力和物力，对山东各地的资源和社会经济状况进行了大量详细周密的调查，刊印了多种系列的调查资料。1936—1945 年 10 年间，日本刊印的关于华北、山东的经济调查资料和撰述，数量之多、种类之繁超过了以往任何时期。其中有满铁调查系列、兴亚院调查系列、支那驻屯军乙嘱托班调查系列、华北交通株式会社调查系列、支那立案调查书系列等。这些调查涉及工商、矿业、交通、金融等各个部门，内容十分庞杂，可以作为了解这一时期日本工商资本在山东活动的第一手资料。但是，或因检索不易，或因文字隔膜，迄今为止这批资料尚未得到充分的发掘整理和利用，即使有一二参考利用者，往往也是东鳞西爪，移抄相沿，难窥全貌。

为从事本书所涉课题的研究，多年来我们对国内各主要图书馆、档案馆及日本国会图书馆、东洋文库、部分大学图书馆收藏的有关文献和档案资料进行了广泛细致的查阅和搜集，积累了相当一批过去未被注意和利用的第一手资料，为本书课题研究奠定了基础。本书所利用的资料种类包括日方调查资料、档案、私人撰述、报刊文献等。在国内，利用了大连、上海、北京、山东、辽宁、黑龙江、吉林等地图书馆，山东、辽宁、青岛等地档案馆，以及中国科学院图书馆、山东大学、山东师范大学、复旦大学等学校图书馆收藏的日文文献，其中约有半数的文献资料系第一次用于学术研究。在国外，利用了日本国会图书馆所藏明治时期的图书、东洋文库收藏的两次世界大战期间的书刊文献。日本国立公文书馆亚洲历史资料中心收藏的日本外务省、防卫厅档案，神户大学收藏的旧日文报纸资料。

正是借助这批历史文献资料，启发我们确立新的问题意识，从新的视角提出新的问题，因为没有以新资料证实的新见解，就没有必要和理由回到老问题上去。借助历史资料的发掘，可以检讨已有知识的不足和缺陷，从现成认识框架、叙述结构与成说之外去发现历史，沿着新的路径去扩充、丰富以至重构历史叙述。当然，本书所处理的问题并不仅仅是基于文献资料的发掘和研究，同时也包含对问题新的理解。

自烟台开埠后，通过资本主义国家强加的一系列不平等条约以及不断扩大的贸易与投资，山东社会经济已在相当程度上从属于世界资本主义市场经济体系。同时，山东区域经济自身也在经历着由传统到现代的变迁过程，日本的入侵和资本扩张活动构成了变迁过程重要的外部影响因素。资本、帝国主义的政治军事侵略和经济扩张年复一年的加剧，国内资本主义在发展和不发展中徘徊前行，这是两个既相互联系又相互对立矛盾的历史过程，由于各种因素在双重经济过程中的交织，无形中增加了问题的复杂程度和把握问题的难度。

在近代山东，既然日本工商资本是一种参与并多方影响社会经济变迁发展进程的重要历史因素，作为一种经济变量，与之相关的移民、贸易、资本输出、企业经营、技术转移等历史过程，便与区域社会经济自身的演变构成了一个互动的历史复合体。这一变量因素究竟对区域社会经济产生了怎样的影响，同时又是在怎样的背景和条件下，以何种方式、途径参与影响经济的发展演变，这些始终是关乎中日关系史与经济史的重要问题。问题有两个方面的含义，其一，日本殖民政策实施与其工商资本扩张的关系，内中涉及殖民政策怎样推动支持经济扩张进程，在政策支持下的工商资本扩张的特点、步骤与变化等内容；其二，日本工商资本与近代山东社会经济的关系，内中涉及关系的内涵、外延、影响诸因素以及相关评价。尽管目前对这些问题存有争议，但对其中变化形成过程的具体内容并不甚了解。

基于问题两个方面的内在关系，本书将从经济史的角度，着重考察日本经济扩张的主体——工商资本在山东投资经营活动的历史过程、演变及影响，探寻此类活动与地区殖民政策、区域社会经济的关系，并对其中若干重要问题及其意义加以阐释。研究的重点依次为：

（1）1876—1945年70年间，尤其是1895—1945年50余年间，日本对山东的殖民政策与实施在几个不同时期的内容及变化，探讨日本对华殖民政策、战略指导在山东的具体实施以及与其地区经济扩张的关系，同时，对在殖民政策指导下日本军政当局控制影响地方政权的活动加以考察和分析；

（2）在殖民政策扶植下，日本民间资本、财阀集团、国家资本在山东投资经营的历史过程，厘清其资本扩张的脉络，比较分析不同时期日本资本扩张的方式、规模、结构和特点，研究日本产业资本由逐步渗透到全面控制山东经济命脉的过程和条件；

（3）日本各种经济势力在山东的利益指向与日本在山东殖民权益的关系，以及与殖民当局政策实施之间的关系，分析这种关系的特征与互动机制，进而考察日本对山东军事侵略、殖民统治与其经济扩张之间的关系；

（4）日本经济扩张对山东近代经济演变的多重影响，殖民统治对现代化进程与地区社会经济所造成的恶果和危害。

从经济史角度研究日本资本在山东的扩张，困难在于各时期日本工商资本的投资缺乏系统完整的统计，日资企业的经营和利润水平缺乏原始的企业内部资料，日商经营活动与华商的关系、资本扩张对内地经济的影响等，往往很难用精确的数据加以描述，这些限制无疑增大了实证与量化分析的难度。唯其如此，以此为基础的问题阐释，才具有相应的学术意义和理论价值。

考察日本工商资本扩张的历史及影响，必然涉及移民、贸易、投资、企业经营、市场竞争等问题，而问题涉及的内容集中在以下几方面。

其一，日本移民人口在主要城市和地区的分布状况，移民人口职业构成特征与变化，移民与资本扩张的关系，青岛、济南等城市日商组织及活动等；

其二，日本工商资本在各部门行业的投资分布与经营特点；资本内部构成及大中小资本之间的关系，投资规模与内部结构变化的背景、原因及后果，日资优势工业部门形成的过程和条件，日资大企业、合办企业、一般中小加工企业投资经营状况等；

其三，日本资本与华商资本在商贸、工业领域里的竞争，华商在火柴、面粉、染料等行业竞争优势的确立等；

其四，日本技术引进的途径，引进设备与技术的水平，技术转移在地区工业化进程中的作用等。

选择上述问题进行研究的目的，是希望能在以下问题上有所突破，即：通过对日本在山东殖民政策、殖民统治与经济扩张历史过程的梳理，厘清这一过程演变的基本脉络和特点，揭示日本侵华总政策与其地区性殖民政策制定实施间的关系，以及这种关系的本质特征；通过对各个时期日本工商资本扩张的重点地域、行业的分析，搞清不同时期日本经济势力在山东的规模、结构、分布特点和扩张方式的变化，揭示日本军政当局推行地区殖民政策与工商资本扩张之间的互动关系；通过对典型城市、行业、企业的分析，从市场经济和产业经济演变的角度，揭示日本殖民政策和经济扩张对地区社会经济影响的性质；在此基础上，对制约地区市场经济、现代化进程的历史根源加以阐释和说明。

　　发现、确立问题，往往与解释历史过程、事件、变化究竟"是什么"分不开，解释的过程实际是在重新认识历史事实的过程。迄今为止，在诸多相互竞争的研究范式中，帝国主义范式和现代化范式仍是两种最常见的认知与解释范式，但两种范式对历史（文本）的解释，均存在着诸多误识和误读，甚至有某种曲解武断之处。帝国主义范式往往在强调资本扩张作用和影响的同时，将此种因素绝对化，无形中夸大了外来资本势力的实力，将其看作是历史演变的唯一诱发源头，不加区别地将外来资本势力看作是一种全能、超人式的垄断势力，似乎对任何市场都具有其他市场力量无法抗衡的控制力量，从而将扩张活动的过程直接等同于可能的结果。此种认识思路，忽视了地区乃至国家经济变迁过程中自身因素的意义，未考虑民族国家自身发展所具有的抗衡力量，以及传统经济在吸收现代化因素之后所产生的发展推动力量。而现代化论者，则往往从资本主义推动产业发展，开启传统社会现代化进程的一般理念出发，将外国资本的活动在时间、空间及结构上看作浑然一体的整体，不加区别界定，忽略了历史过程、事物及结果之间的差异。在这种既定范畴与框架形范下的叙述，往往流为某种程式化的表述。

　　相对于宏观历史场景下的叙事结构，本书所选择研究对象的历史时空界定，决定了课题研究不是通常意义上的宏观对象把握或"整体"论述，更不是那种惯常的批判叙事框架下的一般性评说，其内容可以说是一种有着特定范畴界定的"地方性知识"。地方性知识的认知立脚点和视野不同于前者，但是重要历史问题并非一定要在宏大历史场景中提出和解决，问题的意义更非观察的视界所决定。正如美国著名社会学家华勒斯坦所说："作为一个研究，宏观不比微观更大，它只能在所研究的角落之界限的时空规定上更大一些。"① 从问题指涉、解释和意义上看，地方性知识中同样包含层次不同而性质、意义相近的问题。这种认知路径由于具有更强的针对性，因而也更适合提出有针对性的具体命题，在分析探讨过程中，更易于排除扰动因素，这对于深化历史认识自然有其独到之处。考察日本在山东的殖民扩张政策和工商资本的投资经营，必须重视其对区域社会经济变迁过程的影响，将两者的关系作为分析的落脚点和归宿。为此在研究方法上，本书将以 1895—1945 年日本推行的殖民政策、日本工商资本的投资扩张以及对山东社会经济演变的影响作为线索，以三者的相互关系为视角，依循上述关系的互动变化脉络来建立分析框架。在这一分析框架之内，把日本工商资本作为一种经济变量和导致地区经济变化以致恶化的历史诱因之一，在综合各相关因素的基础上，剖析其对近代山东商品生产、流通、消费的影响，从产业变迁、市场供需变化等方面，解释其在不同时期对地区经济的双重性作用，并将日本资本的扩张与各个时期社会经济的变化加以对照，以形成对历史过程的总体性认识。同时，选择具有典型意义的部门、行业和企业进行案例分析，结合实证量化分析，阐释日本工商资本在各个时期扩张的特点。

　　日本工商资本在山东的投资经营活动经历了几个不同的时期或阶段，各个时期或阶段的划分以日本对华政策实施和资本扩张的特点为依据，并有其标志性的事件。每一时期的日本移民规模、资本投资规模、企业经营范围和侧重、资本变动趋势、地域分布变化等，都伴随外部政治经济环境的变化而呈现出不同的特点；与之相对应，不同时期的投资额、各部门投资比例、财阀和产业资本的投资方向、中小私人资本投资趋向、资本间的结构关系也有所不同，因而对区域经济的作用和影响也表现各异。

　　根据上述划分特征，日本在山东的经济扩张大体可分为以下五个时期或阶段，即："大陆政策"指导下的商贸开拓时期（1876—1913 年）；独占山东政策下的权益攫夺与投资扩张时期（1914—1922 年）；对华"积极政策"实施与投资调整时期（1923—1928 年）；"经济开发提携"政策与投资扩张恢复时期（1929—1936 年）；实施经济统制政策与控制山东经济

---

① 伊曼纽尔·沃沦斯坦（华勒斯坦）：《所知世界的终结——二十一世纪的社会科学》，社会科学文献出版社 2002 年版，第 177 页。

命脉时期（1937—1945 年）。从不同时期的变化内容可以看出，每次大的政策变化都对资本投资活动产生决定性的影响，扩张政策的加剧对资本扩张构成直接的促动，为之提供条件和空间。而各个时期日本工商资本的利益指向和诉求，反过来又直接或间接地影响制约着日本地区政策的制定和实施。在纵的方面，本书将根据日本在山东的经济扩张历史过程各阶段的时序和特点，对五个时期或阶段分章加以论述和分析。在横的方面，对不同时期日本工商资本在商业、贸易、工矿业、交通运输业、金融业、农业等领域的投资活动分别加以系统考察，分析各类投资在不同阶段所采取的方式和特征，以勾勒出其整个活动的全貌；同时对典型地区、行业，如投资规模大、影响范围广的棉纺织、盐业、化学工业进行重点分析，探讨其在不同时期的投资侧重和特点。

从新的视角与前提出发，通过对有关历史过程的综合考察和分析，有助于纠正对历史过程（文本）的某些误识或误读，从而更加全面地认识相关历史进程的复杂内涵，建立新的解释和观点。以下便是本书若干基本观点和认识的简要说明。

关于早期贸易中的华商与日商　口岸华商和旅日华商在早期贸易中所表现出的能动性令人惊叹。重新审视这段早期贸易的历史，若干已有的成说和认识在今天看来已难以成立。此前，中日两国学者已注意到华侨华商在环中国海港口贸易中的作用和地位问题，并进行了开拓性的研究。[①] 然而关于华商贸易网的最新研究，只是强调了华商在贸易中的地位和作用，而没有就其与地区经济现代化的关系做进一步的阐发。本书对口岸华商和旅日华商立论的落脚点，与日本学者的研究不尽相同，而是与从中国社会自身内部寻找近代发展动因的学术旨趣相吻合。

最初大宗日货输入贸易的经营者很大程度上是口岸华商和旅日华商，他们掌握着日本口岸的部分输出业务和中国口岸的进口业务，形成了广泛的商品经营网络。从这个意义上说，当时贸易的运行相当程度是由华商促成，早期的日货进口与销售不完全属于"日货倾销"的范畴。开埠通商

---

① 滨下武志：《近代中国的国际契机——朝贡贸易体系和近代亚洲》，东京大学出版会 1990 年版；《朝贡体系和近代亚洲》，岩波书店 1997 年版；杉原薰，《亚洲间贸易的形成和结构》，密涅瓦书店 1996 年版。

后，沿海与内地的华商主动向口岸聚集，并以口岸城市为立脚点，向国外发展，到日本通商口岸开设行号，经营进出口贸易。其经营活动影响着日本的对华输出贸易以至日本国内企业的生产，若干日本企业的生产取决于华商定货，甚至在若干商品的开发方面华商也起到了相当的作用。只是在20世纪后，随着国内外政治经济形势的变化，以大型商社为代表的日本商业资本才占据了贸易的主导地位。

中日两国的口岸成为华商往来贸易活动的基地，这样一个事实说明他们不完全是开埠通商的被动接受者，而是对开埠之后的商业条件作出了积极反应，是某种意义上的主动适应者。贸易培养了华商早期的资本主义精神，在经营中逐步接受资本主义的经营方式，早期资本主义的商业关系从中产生。由于资本转移、贸易经营方式等方面发生改变，华商得以参与直接贸易，而过去只是中介商，这种参与不仅有利于华商积累国际贸易经验，更有利于华商资本的积累。民国初年，华商资本已达到相当高的积累水平，为后来在国内投资缫丝、卷烟、面粉、火柴等机器加工工业创造了条件。这一现象对于开埠城市近代资本主义的发展具有特殊重要的意义。

德国历史学家桑巴特曾把奢侈与奢侈品的生产看作欧洲早期资本主义工业产生的条件之一，[①] 中国的情形则与之有所不同。早期私人资本工业是在奢侈品转变为大众消费品、奢侈消费转变为普通大众消费的基础上产生的。19世纪后半叶，欧洲舶来商品除鸦片、纺织品外，在口岸和内地城市大多是作为奢侈品来进口和消费，无论就价格、时尚性抑或消费认知度、消费群体而言，都可以说是典型的奢侈品消费。近代意义上的日用工业品使用范围尚很狭窄，即使在城市也是一种时尚。20世纪后，日货进口以数量大、价格低的特点（同时也是在牺牲质量及部分功能的情况下），迅速扩散至口岸和内地商品市场。在华商广泛参与经营的情况下，日货中的若干商品甚至可以拆分成极细小的单位出售，这无疑扩大了在下层社会消费的范围和比例。

由华商组织进口的种类繁多的各类低价低档日用品（杂货），改变了原先只有社会上层消费的舶来品消费结构，价格低廉的日货逐步排挤掉英美商品，低档日货开始主导市场，日本东洋货取代欧美西洋货的局面，结

---

① 维尔纳·桑巴特：《奢侈与资本主义》，上海人民出版社2000年版。

果造成洋货消费大众化。包括社会中下层在内的舶来品大众化消费市场开始形成，而市场的大众化恰为产业改进（工业化）提供了必要的市场条件。当然，不平等条约下的自由贸易也是一把双刃剑，它既为民族资本向工业部门投入和集中提供了市场条件，同时也在相反方向给这一部门的发展造成巨大的压力，使民族工业部门的发展遭遇外国商品和资本的竞争和倾轧。

关于日本移民　日本移民是日本对华经济扩张和殖民地经营过程的重要组成部分，与日本工商资本的投资经营活动密切相关。新占殖民地对移民的吸引力源自政治经济特权，而日本当局的支持和鼓励成为最直接的推动力。日本移民分为与资本经营活动有关的资本移民、从事技术职业的技术移民、既无资本又无技术的谋生式移民三个部分，后一部分人的移民动机是为了寻求谋生之地或就业机会。此外，还有一批抱着到中国"一攫千金"梦想的投机者和"浪人"。

自甲午战争之后，日本移民便以战胜国胜利者的姿态进入山东沿海城市与内地城镇，而且随着日本殖民政策的推行和工商资本投资的扩大，移民的规模也在随之不断扩大，分布范围由最初的口岸城市向铁路沿线城镇、矿产区以及内地集散市场扩展，移民的人口构成和职业结构也在发生变化，永久性的家庭移民代替了早先的单身移民，在原先商业移民和谋生式移民的基础上，资本移民、技术移民的比例逐步提高，移民与资本结合的程度愈加密切，与工矿业、贸易、金融、交通等领域经营活动的关系益加突出。第一次世界大战后，通过与本国政治军事势力的结合，移民社团组织和职业团体的活动越来越多地与政治经济扩张活动相联系，使移民社会成为不受中国政府法律管束的独立王国。移民社会对当地社会的影响反映在政治、经济、文化、生活诸领域，影响着区域城乡经济的发展，对当地居民的日常生活构成竞争压力。而在抗日战争时期，日本移民更是以赤裸裸的侵略者、占领者及压迫者的身份盘踞于山东各地，人口规模、密度比例及影响力都达到了前所未有的程度。

关于中日资本的竞争问题　日本工商资本的对华经济扩张既以日本的殖民扩张政策为条件，同时也受到两国力量对比的制约，易言之，扩张过程同样受到中国政治、经济力量增长和现代化进程的制衡。因此要考虑历史的双重性背景。在若干日本投资占优势的行业或领域，会出现日资势力和影响力大于民族资本的现象，但这并不意味着日本资本可以完全将民族资本融入其工商业体系之中。在抗日战争之前，山东华商资本真正被转化为日资的事例并不多，被日资企业吞并的事例亦不多见，这是因为民族工商业内部工商、金融资本始终保持着密切的联系，在若干商品生产流通领域具有一定的优势。

外国资本在华企业凭借雄厚的资金实力和先进的设备技术，占据了相当大的市场份额，处于竞争中的优势，在若干部门行业形成一种阻碍民族资本发展的市场垄断力量。外国竞争者不仅拥有某些工业和商业上的优势，而且享有不平等条约所规定的种种特权。民族资本兴办的机器工业在当时恶劣的条件下——没有关税保护、苛重的国内税捐、缺乏资本和技术等，一部分企业在外国竞争者的挤压下遭受挫折或失败。但是，在市场竞争环境下的民族工商企业并非全都不堪一击，丝毫经受不起外资的竞争。

在外来资本占据资金、技术、人才优势的条件下，民族资本有无积累和发展的可能这一命题，首先是一个需要实证分析的命题，不应只从一般的"大概念"和前提上去演绎推论，而应对不同时期、地区及行业进行具体分析，从中得出的结论有一定适用范围的限制，不能简单理解为整个历史过程中带有普适意义的特征。毋庸置疑，在某些部门与行业，外资确实处于核心优势地位，与之对应的华商资本处于边缘和劣势；但在某些时期和部门行业，一部分民族工业在外资企业开设之后，也相继建立起自身发展的基础，完成了资本与经验积累，并利用这种积累，与外资企业展开了富有成效的竞争，逐渐赢得了生存空间和市场，这表明即使在扭曲的不平等竞争环境下，市场机制和规律仍在起着一定的作用。

诚如美国学者托·罗斯基所言，为了同进口商品及位于通商口岸的外国工厂的产品进行竞争，华资工厂集中生产不需要复杂技术的产品。这类产品大多属于价格和质量都较低的类别，随着这些工业的发展，它们对修理、机器、化学用品等行业的需求又促使一批新的企业产生。这些企业也集中生产那些工艺简单、价格便宜而质量常常较低的产品，并于不久之后也开始同进口商品展开竞争。[1] 事实上，在面粉、火柴、染料、小型机械

---

① 参见中国近代经济史丛书编委会《中国近代经济史研究资料》第 4 辑，上海社会科学院出版社 1985 年版，第 93 页。

以及其他不需要大量投资或复杂技术的加工工业领域，华商企业在同日资企业竞争中仍然保持了一定的发展态势。

抗日战争前，日商与华商在工商业领域的发展，基本是沿着两条相互竞争的脉络进行，华商尽管受到了各种倾轧和排挤，但基本保持着相对独立的发展。日本工商资本在中国内地的扩张，使日商逐步占夺了部分华商传统的经营领域，但它始终不能以吞并的方式完全消除华商的经营，更不可能完全对其取而代之。

华商能在若干工业部门中取得竞争优势——面粉、染料、火柴等行业的发展业已证明了这一点——其原因在于企业大部分集中于劳动密集型产业部门，一般不需要大量资本投入；这类企业技术门槛低，设备和工人技能要求不高，劳动力成本低廉；存在着低档产品的广大消费市场，华商通过与市场的传统联系，可以赢得产品广泛的销售市场。

在技术变化不大的前提下，劳动密集型企业一般不受规模经济的影响，中小企业的经营收益当可与大企业进行竞争，这种竞争特点恰恰适合华商资本企业的技术特点，如纺织、火柴、面粉、染料、印染等工业可以针对大众市场需求来生产进口替代产品。这一情况说明，在国外资本竞争包围的特殊市场环境中，民族资本仍然具有投资于某一工业部门并获得发展的机会，且能够不断改善自身的处境和地位，甚至在竞争中将外资企业挤出。即使存在着外来资本经济势力强大的竞争压力，民族资本也并非像以往认为的那样不堪一击，毫无竞争取胜的可能。事实上，无论就某些工业部门，抑或就某些企业的发展成长史而言，都不乏民族资本在竞争中赢得主动，获得发展的事例。

关于日本资本的投资特点和性质　第一次世界大战之前的外国资本（以德国为主）在山东的投资，基本是以商品出口市场为导向，由贸易推动资本输出；而在这之后的日本工商资本投资则从出口导向扩大到商品替代，投资旨在占领市场。由于投资与日本国内的产业结构和对华政策的实施相关联，每一时期的投资几乎都带有资本和地域集中的特点。投资地域起初集中于青岛、济南，后来又向铁路沿线城镇扩展；投资部门集中于纺织业，纺织业投资占到了整个产业投资的一半以上。

日本资本在山东的投资，不是一种平等条件下的正常经济关系，而是在不平等的国家关系背景下，不断加剧升级的殖民侵略扩张政策的衍生物，同时也是其在国外寻找资本与市场出路的结果。投资经营的背后有扩张政策的支持，投资的意图是利用对其有利的投资环境，以牟取比国内经营更高的利润。资本投资的来源结构中，既有国家资本，又有财阀资本和一般民间资本。日本工商资本除十几家大企业和数十家中型企业外，大部分属于小工商业户，经营竞争能力并不强，这类企业在数十年经营过程中，多数基本只维持了原有的经营规模，更有相当一部分业户歇业停闭；数量众多的中小工商业户和服务业户，其经营范围大多限于日本侨民社圈之内，对民族工商业和地区社会经济影响并不明显。真正对民族工商业构成直接或间接影响者，主要是产业资本和大商业金融业资本，这类企业的资本规模、技术水平、经营赢利能力在某些部门、行业超过了民族资本，形成部门或行业垄断势力。但是，日资在若干部门行业上优势并非一成不变。日资企业的消长既与投资规模息息相关，同时又受国内外政治因素与市场因素变化的制约。就市场而言，随着需求的变化，许多曾经兴盛一时的日资企业走向衰败，若干行业的经营优势往往只是暂时的，真正能保持持续扩张势头的只有商贸、纺织业等少数几个行业。

关于日本技术的引入与工业化进程　近代工业技术的转移，按技术输出国现代化程度高低以及国内民族资本发展的不同阶段，呈一定的时序性和等级分布状态。相对于欧美国家的工业技术，日本技术的输入在早期主要是初级性的，与城乡原始工业化的发展发生一定关系。民族工业中的纱厂、面粉厂、火柴厂等机器工业，大都从西方国家引进机器和技术，在大型机器和加工技术上对日本并无依赖性。比较而言，由地方官员、绅商开设的中小企业和半手工操作的手工工场，其加工机械、加工技术及原料的来源则多系从日本引入。这些引入的机械和技术在类型上基本属于传统工具与工艺技术的改良，引进之后加工机械使用的范围和效能也随之扩大。

从一般意义上说，外资的投入起到了某种引导示范的作用，但这种作用并非日本工商资本主动转移的结果，与民族工业的技术进步并无一一对应的关系，更多情况下是华商根据市场的需求作出的选择。早期（清末民初）技术的引进系地方政府官员为推行新政而采取的自主、自发式引入，开始只是零星分散的事例，后来某些改进借商品经济发展的条件而推广，出现扩散的效应。日本技术的扩散首先且主要是在低层次的技术领域，而不是机械化的生产领域，使用范围集中在农村和乡镇，使用者多是手工业者和家庭作坊。就当时条件而言，在机器工业兴起的条件下，原始工业技术的引入，为小企业和手工工场的商品生产经营提供了新的可能，在一定程度上促进了地区原始工业化的发展进程。例如铁轮织机、轧花机技术的变化与改进，提高了农村家庭纺织业乃至家庭手工劳动生产率的提高，进而间接地带动了农业、手工业商品生产的发展。传统产业的技术改进几乎与机器工业同时发展，这种工业多元化的发展，又推动了近代工业与前近代手工业混合的复合型工业的形成和巩固。

　　1920 年代后，日本工业技术的引进才开始逐渐扩展至火柴、印染、机械、橡胶等行业，并在一定程度上出现了仿制扩散效应，但是相关技术向民族工业的转移过程往往受到人为的限制和阻挠，始终不存在真正意义上的技术转让。

　　关于统制经济及其后果　1937 年后，日本全面侵华战争终止了山东民族工商资本的正常发展，战前民族资本与日本资本抗衡竞争的格局发生逆转，通过军管、委托经营、合办、收买等方式，日本大肆吞并华资工矿企业，工业资本被肢解，商业资本被控制，勉强能维持生存的企业也沦为日本统制经济和军事工业的附庸，日占区社会经济完全被殖民地化。

　　抗日战争时期，日本在山东的经济开发以建立全面经济统制为目标，以获取战略资源为重点，通过军事占领、成立日伪政权、国家资本直接控制、动员财阀资本和民间中小资本参与的方式，建立起庞大的、强力控制的殖民地经济，而殖民地经济又以统制经济为基本特征。

　　日本在山东占领区推行和实施的经济统制政策，内容范围包括交通、电业、金融、工商业和农业等诸多领域，从而形成了对经济的全面控制和垄断。这种以日本国家资本为主导，吸收本国财阀资本和其他民间资本参与，大肆掠取资源、榨取华商资本的经济运营方式，突出表现出军事性和独占性、计划性和目的性、垄断性和协作性、开发性和掠夺性的本质特征。在统制经济政策的实施过程中，日本控制的军需与资源产业畸形扩大，日本工商资本的经济垄断地位进一步提升和巩固，而民族经济则陷入空前的灾难境地：市场经济的正常发展遭受严重破坏，产业改进（工业化）进程骤然中断，现代化进程出现了停滞、畸变、倒退的局面。随之而来的是商业贸易活动衰竭，民族金融业萎缩，迫使民间资金走囤积物品和金融投机一途；农业经济衰败，农民生活每况愈下；城市功能退化，发展畸形或停滞；粮食紧缺，生活用品匮乏，物价飞涨，经济生活陷入全面萧条和破败。

综观日本在山东实施殖民扩张与统治的全过程，不难得出如下结论：日本在山东的殖民政策是其侵华总政策的一个重要组成部分，具体实施上则以经济的扩张掠夺为重点，日本政府及殖民当局的政策制定和实施，与其财阀集团、产业资本之间存在着互动关系，工商资本的投资扩张、利益指向是殖民政策制定实施的前提，而前者的步步推进有赖于后者的扶植庇护；武力强权及不平等条约是日本经济扩张的条件，移民、贸易与资本输出，是其强化经济扩张的重要环节；由商贸、航运、金融扩张到产业投资扩张，直到抗战时期控制山东经济命脉，经济扩张对地区经济的影响日益加深，结果造成地区市场经济与产业发展的畸形状态，并最终延误了地区社会经济现代化的进程。

日本工商资本与近代山东这一研究课题，涉及近代中日关系史、经济史领域诸多理论问题，我们的研究只是对部分相关问题的初步探索。随着资料发掘与研究工作的深入，将会有更多新问题提出来，而从研究现状看，尚有大量史料需待进一步的发掘整理和利用，若干历史过程的研究也有待进一步开拓，许多历史问题有待借助新资料和严密的理性思考，来做进一步的澄清，以获致与史实相符的合理解释。因此，从学术发展的角度上看，作为一项将日本殖民政策与经济扩张结合起来的综合性研究，本书不过是研究进程上的粗浅尝试，既非开端，更非终结。

本书的课题研究与出版得到了中国社会科学院中日历史研究基金、山东省社会科学重点项目基金、山东社会科学院出版基金的资助。研究课题的提出和资助申请，得到了张海鹏教授、关捷教授、王如绘教授、李宏生教授的指导和帮助，在此谨向他们表示真诚的谢意。在课题研究过程中，承蒙大阪产业大学桂川光正教授、岛根大学富泽芳亚教授、立命馆大学金丸裕一教授、天津社会科学院张利民教授、青岛史志办公室主任张子忠先生、山东图书馆副馆长李勇慧女士的惠助，为研究提供了许多极富价值的文献资料，使本书研究领域得以拓展；日本信州大学久保亨教授、山东大学吕伟俊教授对本书内容提出了中肯的批评和评论；本书课题研究的协调与出版，得到了中国社会科学院科研局副局长王正先生、社会科学文献出版社副社长胡鹏光先生、总编助理杨群先生、编辑中心主任宋月华女士的热心支持和帮助；责任编辑为本书修改编校付出了辛勤劳动，所提出的修改建议使作者避免了许多常识性的错误；总之，没有他们的热忱相助，课题研究的完成与本书的出版是不可能的，为此，谨向他们致以最诚挚的敬意和感谢。

第一章 日本商人的阑入及其商贸经营
（1876—1913 年）

　　近代中日经济关系，大体始于 1871 年的中日通商条约，后经中日甲午战争、八国联军侵华、日俄战争，其关系在政治经济等方面均发生了极大的变化。

　　1894 年的中日甲午战争，日本成为战胜国。通过《马关条约》，日本索得了巨额战争赔款，用之为资本的蓄积，资本主义的基础得以扩大。以不平等条约作为扩张市场的条件，大大促进了日本对华商品输出，并为日人来华居住经商提供了便利，日本航运业、商业、银行业的对华扩张开始加速，同时贸易内容亦发生变化，工业品的输出成为主要部分。日俄战争后，日本对于中国大陆的野心系以满洲为跳板，向包括山东在内的华北扩张。这期间，日本国内工业进步，对华贸易规模扩大，确立了纺织品等商品在中国市场的地位。殖民政策下的经济扩张，直接导致日本资本在华活动的加剧，而其影响也开始逐步渗透于中国社会经济生活诸领域。

　　日本航运与商业资本在山东活动的早期阶段大致为 1876—1913 年。对于这一时期日本航运与商业资本的经营活动，一直缺乏系统深入的研究。具体而言，日侨在山东的人数及分布情况如何？日商经营状况有何变化？华商在早期对日贸易中的地位作用如何？谁是贸易的真正主导者？进而"日货倾销"之说在早期贸易中应加以何种限定？等等。关于这些问题，过去受资料视野的局限，知之甚少；或受已有成说与史料误读的影响，在认识上偏离了当时的历史实际。要言之，对这一领域的认识尚存在着诸多盲点和误区。

一　日本资本在山东沿海的航运经营

近代日本与山东的贸易，始于烟台港开埠通商之时。1864 年烟台与日本的贸易额为 56775 海关两，1865—1871 年，日本在烟台的年贸易额平均不足 20 万海关两。这期间烟台港并无日船入港记录，当时对日进出口货物基本是由英美等国商船搭载运输。1872 年日本船只开始在烟台海关记录中出现，但在随后几年又中断。1876 年日本船只第一次参与中国的贸易，在这一时期内，挂日本旗的船只吨数极其微小，从来没有超逾过总吨数的 1%。① 但是日本开拓对华航线，扩展对华航运业的努力却一直没有间断。

1875 年 1 月，根据日本政府的命令，日本三菱商会以 4 只委托经营的船只开辟了横滨、上海航线，在该航线上做定期客货航运，迈出进入中国航运业的第一步。2 月 4 日，三菱商会为了管理这条航线的经营业务，在法租界的开通洋行内设立上海支店。同年 5 月，日本政府根据内务卿大久保利通的建议，开始实行以 "对民有民营海运加以保护监督" 为核心的海运政策。接着，在同年 9 月间，日政府又将在征台战役中曾委托三菱经营的 13 只轮船无偿拨交给三菱，并且每年发给其 25 万日元的航线补助金，其中指定 20 万元分派给横滨、上海航线。②

三菱轮船公司（当时在中国亦称日本轮船公司）自经营横滨上海之间的航运业务伊始，即与美国太平洋邮船公司之间在运费方面展开激烈竞争。三菱因有日本政府的补助金支持，能大幅度降低运费，致使太平洋邮船公司最终落败。1875 年 10 月，双方签订的一项协议生效，根据这项协议，太平洋邮船公司把自己经营的上海横滨航线连同该航线上的船只，以及在上海的码头、仓库全部卖给三菱邮船公司，结束对这一航线的经营。三菱公司共收买了太平洋公司的 4 艘轮船，将其中 3 艘分别改名为 "玄海丸" "广岛丸" 和 "名古屋丸"。③ 其后不久，三菱会社又与大英轮船公

---

① 聂宝璋：《中国近代航运史资料》第 1 辑，上海人民出版社 1983 年版，第 340 页。

② 柴垣和夫：《三井和三菱：日本资本主义与财阀》，上海译文出版社 1978 年版，第 21—22 页。

③ 聂宝璋：《中国近代航运史资料》第 1 辑，1983 年版，第 671 页。

司围绕着横滨、神户、上海间的航运业务展开竞争。三菱通过大幅降低运费，再加上日政府颁布《搭乘外国轮船规则》给以支援，结果到 1876 年 8 月，终于迫使英国轮船公司退出竞争，确保了航线控制在三菱之手。"从此，三菱会社专心着眼于中国航路，一心一意与外国公司竞争，灌注全力来驱逐外国船只。"①

受三菱开辟航路经营中国沿海航运业的影响，自 1876 年起，即有日船开始办理日本—烟台—天津—牛庄不定期航运业务。1876 年日本商船进出烟台港共有 16 艘次，吨位 7776 吨。由于货运业务少，随后几年航线上的航运又停顿了下来。虽然 1880 年三菱继又开辟了日本到烟台、天津、牛庄的航线②，但是在 1880 年代前期，日本商船对烟台的航运业一直处于时断时续状态，一年中只有零星几艘商船进入烟台港，甚至有两年断航。这一时期烟台与国外的航线和航运业，基本为英国洋行和商船所控制。

1880 年 7 月，日本共同运输株式会社成立，随后便与三菱在航运业上展开激烈竞争。1885 年日本政府为平息两家公司的竞争，于 7 月发出两社合并命令，9 月核准两社合组的日本邮船会社成立。日本邮船会社继承了原三菱会社经营的神户、香港间以及横滨、神户、上海、长崎之间的定期航线，并开始着手拓展在中国北方沿海的航运业。1886 年 3 月，邮船会社开通了长崎、烟台、天津间的定期航路，由所属"敦贺丸"轮船每 3 周往返烟台一次。③ 同年，邮船会社还以轮船 2 艘开通神户、天津航线，以釜山、仁川和烟台为中途停泊港，借助这一航线，烟台与朝鲜间的贸易变得愈来愈频繁。1887 年进出烟台港的日本船增加到 80 艘。1889 年 4 月，日本邮船会社又开辟了上海经烟台至朝鲜仁川、釜山、元山的航线，以及天津至海参崴之间的航线。④ 两条航线均以烟台为靠泊港，使烟台与朝鲜诸港建立了更为广泛的航运联系，从而打开了烟台与整个朝鲜贸

---

① 〔日〕东亚同文会编，胡锡年译：《对华回忆录》，商务印书馆 1959 年版，第 423 页。
② 聂宝璋：《中国近代航运史资料》第 1 辑，1983 年版，第 669 页。
③ 〔日〕海军省水路部：《海员必携》，东京，1891 年 3 月，第 550 页；〔日〕东亚同文会编，胡锡年译，《对华回忆录》，1959 年版，第 426 页。
④ 〔日〕國立公文書館亞洲歷史資料中心檔案：A01200754600. 后藤象二郎，海外航路開設ノ件（《公文雜纂》第 13 编，1889 年，第 44 卷，運輸 4）。

易的市场。通过这一航线，烟台进口的旧铁、火柴、纺织品有相当部分再出口至朝鲜，并从朝鲜输入纸、皮革等货物。[①] 当年，进出烟台港的日船由上年的 58 艘增加至 114 艘，航运吨位由 48006 吨增至 86772 吨。此后进出烟台港的日船逐年增加，1889—1893 年 5 年中，平均每年进出烟台港的日船为 116 艘，总吨位 93840 吨。[②]

这期间，日本邮船会社的轮船每月有 3 次靠泊烟台港，一是上海经朝鲜至海参崴航线的船；二是日本经朝鲜至天津航线的船；三是日本经朝鲜至牛庄、天津航线的船。[③]

甲午战争后，日本大阪商船会社开始经营神户、安平、台湾打狗之间的航线。1897 年日本与清政府签订通商航海条约后，第二年大阪商船会社就以"舞子丸"、"舞鹤丸"两艘轮船开通烟台、天津、牛庄临时航线，并派人到烟台设立代理店，承揽海运业务。1899 年因向中国北方港口输出北海道的铁路枕木和门司的煤炭，大阪商船又相继增加"基隆丸"、"淡水丸"、"打狗丸"、"釜山丸"、"二见丸"等商船，航行于日本港口和华北沿海各港之间。同年 9 月，大阪商船又以"打狗丸"商船开通神户经烟台至牛庄的定期航线，同时开通的还有神户、天津、牛庄航线。[④]同期各国轮船公司所开烟台航线情况见表 1—1。此后三井洋行与其他日商先后在烟台设立支店，为日船提供海上保险业务。

表 1—1　　　　　　　　　　烟台港轮船航线一览表

轮船公司	航　　线	代理机构
轮船招商局	天津线、牛庄线	各地分号
怡和洋行	天津线、牛庄线	滋大洋行
太古洋行	天津线、牛庄线	和记洋行

---

① 稻田周之助：《支那經濟事情》，東京，金港堂 1895 年版，第 89 页。

② 〔日〕日清貿易研究所：《清國通商綜覽》第 1 册，1892 年版，第 235 页；交通部烟臺港務管理局，《近代山東沿海通商口岸貿易統計資料》，對外貿易教育出版社 1986 年版，第 88 页。

③ 〔日〕海軍省水路部：《支那海水路誌》第 1 卷，追補（芝罘港），1894 年 3 月，第 4 页。

④ 〔日〕大阪商船株式會社：《大阪商船株式會社五十年史》，大阪，1934 年版，第 258—259、264 页。

轮船公司	航　线	代理机构
俄国轮船公司	海参崴—上海—旅顺线 天津线	士美洋行 盎斯洋行
日本邮船	香港（上海）—海参崴线、神户—天津线 神户—牛庄线、上海—天津线、上海—牛庄线	和记洋行
大阪商船	神户—天津线、神户—牛庄线	和记洋行

资料来源：河野文一：《北清各港视察报告书》，大阪，1899 年版，第 58—59 页。

　　由神户输出至渤海湾各港的货物，大部分系由大阪、神户华商组织——北帮公所经营。1900 年初，大阪商船与北帮公所订立契约，除日本邮船会社定期商船装载的货物外，其余运往天津、烟台、牛庄的货物统由大阪商船独家承运，返航时则装运大豆、豆饼等货物。会社还租用高洋丸、中越丸两只商船，以增加航线班次，形成与日本邮船会社华北营口航线竞争的格局。[①] 1900 年因向日本政府提交的航运补助金案未获批准以及受华北义和团运动的影响，大阪商船经营的北方航线曾一度停顿，直到 1902 年 2 月始复航。第二年，大阪商船开通至青岛的定期航线；1906 年 2 月，继又开通大阪中经神户、门司、烟台至天津的定期航线，以 2 艘大吨位轮船每月 3 次往返于上述各港。[②]

　　19 世纪末，上海同北洋口岸之间的定期航线主要由英国怡和洋行和中国招商局经营，太古洋行及其他公司有时也派轮船航行此线。日本邮船会社为了争夺北洋航线的航运业务，于 1903 年开通上海、烟台、大沽间的航运业务。后来几年，日本邮船会社的轮船基本以神户为基地，经由门司、长崎、朝鲜至烟台、旅顺口、大沽、牛庄等港，或由长崎直接驶航烟台以及大沽、牛庄。1906 年，日本邮船会社在中国沿海已有 6 条航线，承揽航运业务的轮船达十余艘，停泊口岸有营口、天津、烟台、上海、福

---

　　① 〔日〕野村德七商店调查部：《大阪商船》，大阪，1911 年 4 月版，第 88 页；〔日〕东亚同文会编，《对华回忆录》，1959 年版，第 427 页。

　　② 〔日〕大阪商船株式会社：《大阪商船株式會社五十年史》，1934 年版，第 259、268—269 页。

州、厦门、台南、汕头、香港等。

驶航烟台港的日本船部分由高桥洋行等日商代理装运业务，部分由益斯、太古等洋行代理，如高桥洋行代理威海航线的"繁荣丸"，青岛仁川航线的"爱国丸"、"千代田丸"、"钻岐丸"等商船业务；英国太古洋行代理日本邮船会社、阿波汽船会社、东洋汽船会社的轮船航运业务、和记洋行代理"立神丸"等 5 艘日本商船的航运业务；德和洋行代理"康平丸"等 10 艘日船的航运业务，益斯洋行代理大阪商船的"日出丸"等 4 艘日船的透运业务。[①]

1890 年日本在中国港口往来外洋和沿海口岸的船只吨位计 21.9 万吨，占总量的 7.44%，居第三位，与居第二位的德国（26.2 万吨）和位居其后的中国（20.5 万吨）大致不相上下。但是在甲午战争之后，日本在华航运业则获得了迅猛发展。1900 年，日本在华航运吨位增至 77.4 万吨，占 14%。沿海贸易也有了长足的发展，进出口货物吨数由 1890 年的 3.3 万吨（占总量的 0.35%），增至 116.6 万吨，所占比重上升至 7.85%。[②]

日本和列强在华航运业的这一发展态势在烟台也有反映。1895—1901年，各国在烟台的航运势力迅速扩张。战前，进出烟台港的外国船只每年约 1500 艘左右，战后外轮航运业迅猛增长，1901 年达 5752 艘，而中国船只有 73 艘。当时在烟台经营航运的华商轮船公司，只有招商局、政记、顺义三家，其余均为外国洋行。英国洋行所占航运量最大，其次为日本和德国洋行。其中单是英国怡和洋行在北洋航线上行驶靠泊烟台的船只就有 8 艘，总吨位 9176 吨；德国捷成洋行往来于烟台的船只为 9 艘，总吨位近 1.1 万吨；日本邮船公司定期驶抵烟台的船只为 4 艘，总吨位 5686 吨。另外在烟台经营航运业的洋行还有英国太古洋行、美国士美洋行、德国益司洋行、日本冈田洋行、大阪商船公司等。[③] 这些洋行除经营航运业外，大都兼营保险业和进出口业，并拥有自己的仓库甚至专用码头，货物装卸与贮存发运都极便利，因而对一般商人具有很大的吸引力。而华商公司则

---

① 〔日〕橫濱稅關：《清國芝罘威海衛旅順口清泥窪牛莊膠州及上海視察報告》，東京，秀英舍 1904 年 4 月版，第 54—55 頁。

② 聂宝璋：《中国近代航运史资料》第 1 辑，1983 年版，第 324—326、335 页。

③ 〔日〕鐵道院鐵道調查所編：《芝罘》，1909 年，附表。

不具备这些条件，运量也无法与之抗衡。

这一时期日本轮船公司经营的包括烟台在内的华北沿海定期航线有以下四条：

（1）神户韩国北清线（递信省命令航路）：由日本邮船会社经营，航线自神户至牛庄，中途以门司、长崎、釜山、仁川、烟台、大沽为停泊港，航班每月一次，从事航运的船只为相模丸。

（2）神户北清线（递信省命令航路）：由邮船会社经营，分甲乙两条航线，每月4次航班。北清航线为近海命令航路，日本递信省给予航线的年补助金最高为15万元，按规定日本邮船会社投入主航线的商船应不少于4艘，每年航班39次以上；辅助航线2艘，每年航班不少于16次；船舶总吨位1400吨以上。[①] 实际上，日本邮船会社投入北清航线轮船共有5艘，即"营口丸"（1218吨）、"竹岛丸"（1657吨）、"相模丸"（1139吨）、"芝罘丸"（1198吨）、"山东丸"（1252吨）。[②]

（3）大阪北清线：由大阪商船株式会社经营，由大阪至天津，中经神户、门司、烟台，大阪商船曾特为航线的航运建造了"大智丸"（780吨）、"大信丸"（809吨）两只轮船，航班每隔5日从大阪出发，自大沽上航白河至天津紫竹林。[③]

（4）烟台大连安东线：航线为日本递信省"寄港命令航路"，由阿波汽船株式会社经营，以烟台为起点，经大连至安东，航班每周一次。递信省1910年度给予阿波共同汽船的最高补助金额为1.2万元。按规定每月航班不得少于4次，驶航大连每次补助100元，驶航安东每次补助200元。[④] 日俄战争后，烟台与大连、安东间航路全归日本船舶独占。航线大部分为不定期航班，使用的船只也经常变动，航运业务除货运外，主要从事山东往东北移民的运输，每年运送的移民人数不下二三万。在安东航

① 〔日〕亞洲歷史資料中心檔案：C03023026400，近海命令航路た關する件；遞信省，近海命令航路調，1910年12月（防衛廳防衛研究所，密大口記，1911年）。

② 〔日〕亞洲歷史資料中心檔案：B03050507700，東亞同文會ノ清國内地調查，芝罘駐在班之部，二，1909年（外務省外交史料館，外務省記錄）。

③ 〔日〕亞洲歷史資料中心檔案：B03050383600，管内狀況調查報告書提出件10，各國事情關系雜纂，支那ノ部，芝罘，第1卷，1906年12月25日（外務省外交史料館，對務省記錄）。

④ 〔日〕亞洲歷史資料中心檔案：A04010143600，命令書，阿波國共同汽船株式會社，1907年4月（公文雜纂，1907年，第21卷，通信省一）。

线，"第六共同丸"商船执行递信省命令航路，每周往复一次，其他日船
通常根据客货运输情况在大连、大东沟、大孤山、沙河子等民船港停
泊。[①] 在该航路从事航运业的日本轮船公司和日船如表1—2。

表1—2　　　　　　　　　烟台大连安东航线的日商与日轮

航　线	船　名	代理公司	船商与轮船公司
烟台大连线	第十六共同丸	顺义公司	阿波共同汽船株式会社
	日进丸	政记公司	冈本喜三郎
	福生丸	政记公司	田中末雄
	第八永田丸	泰信公司	永田三十郎
烟台安东线	第六共同丸	冈田洋行	阿波共同汽船株式会社
	生田丸	冈田洋行	原田十次郎
烟台安东线	银生丸	冈田洋行	不明
	万生源丸	顺义公司	松方幸次郎
	生玉丸	顺义公司	石垣隈太郎
	第十三永田丸	政记公司	永田三十郎
	第八永田丸	政记公司	永田三十郎
	第二永田丸	政记公司	永田三十郎

资料来源：〔日〕亞洲歷史資料中心档案：B04011206300，清國ニ關スル諸調查
雜纂，第2卷，3. 航路，1911 年（外務省外交史料館，外務省記録）。

　　如表1—2所示，日船业主通常与代理商订立合同，由其代为承揽客
货业务，船商和轮船公司向代理公司支付相当的手续费。顺义公司、政记
公司为中国商人开设，泰信、冈田洋行为日商开设。顺义公司由华商曲典
林与日商冈田洋行订立合同，于1902 年成立，资本15 万元，主营煤炭和
代理保险业，兼营轮船航运业，但只有一只宁海龙号轮船，从事大连、登
州、龙口等港口间的不定期航运业务。冈田洋行成立于1892 年，起初在
烟台的业务靠与华商合办的顺义公司，1909 年2 月日商野村龟三郎改以
个人名义经营，资本约5 万元，专门经营辽东、山东及朝鲜沿海的轮船航
运业务，使用的轮船有13 艘。其和洋行成立于1897 年，业主为秋穗哲一

_____

　　① 〔日〕亞洲歷史資料中心檔案：B04011206300，清國ニ關スル諸調查雜纂，第2卷，3.
航路，1911 年（外務省外交史料館，外務省記録）。

郎，洋行主营煤炭业，兼营轮船航运，但只有"玉丸""赞岐丸"二艘商船。①

烟台与渤海湾沿岸诸港有着密切的航运贸易联系，一年中有大批转口货物经由烟台输往这些港口，尤其10—11月间因东北地区山东籍移民的返乡和东北柞蚕茧的输入，航运业最为繁盛，日本船在烟台和对岸各港间的航运也进入高峰，平时能看到10余只日船停泊于港口，船舶总吨位在4500—4600吨。但是，进入12月份后，除"日进丸"、"蓬莱丸"及其他二三只货船外，其余的日船则因生意清淡离开港口驶返日本。②

除定期航线外，日本轮船公司和船商还以烟台、龙口为中心，在山东沿海经营着若干临时航线，如烟台威海线，由其和洋行经营；烟台大连线、烟台旅顺线，由其和洋行与政记公司竞争航运业务；烟台大连仁川线，由冈田洋行经营，该航线亦为日本在朝鲜殖民机构朝鲜统监府命令航线。③ 日商投入船只最多的航线为烟台、羊角沟航线，从事航运业的日船有"都丸""大龙丸""锦龙丸""第十二永田丸""成源丸""香雅丸""仁寿丸""狭贯丸""生田丸""第十六共同丸"10艘，在航运业务上形成了与太古洋行竞争的局面。④ 这些日船大多为船商个人经营，船体小、吃水浅，适宜在沿海短程航行，因而在竞争中占据了相当的优势。

与烟台港邻近的龙口港，在1914年正式开埠之前，就有日商不顾中国政府的禁止外轮行驶内港的规定，擅自在当地开设轮船公司，经营沿海内港航运业。英商旗昌、日商东和、田中洋行、岩城商会均有定期或不定期航班通航龙口。当时日轮共有11艘，主要航行于烟台—龙口、龙口—大连、龙口—营口和龙口—安东等航线，沿途靠泊渤海湾登州、滦家口、刘家湾等民船港，船只大部分为几百吨的小轮船。1912年龙口港入港轮

---

① 〔日〕亞洲歷史資料中心檔案：B03050507700，東亞同文會ノ清國内地調查，芝罘駐在班之部，二，1909年，第3卷第1編（外務省外交史料館，外務省記録）。

② 〔日〕亞洲歷史資料中心檔案：B03050384200，支那ノ部，芝罘，第1卷，3. 山東雜信送達ノ件，1909年12月21日（外務省外交史料館，外務省記録）。

③ 〔日〕亞洲歷史資料中心檔案：B03050507700，東亞同文會ノ清國内地調查，芝罘駐在班之部，二，1909年，第3卷第1編（外務省外交史料館，外務省記録）。

④ 〔日〕亞洲歷史資料中心檔案：B04011206300，清國ニ關スル諸調查雜纂，第2卷，3. 航路，1911年（外務省外交史料館，外務省記録）。

船共 566 艘，总吨位 28.7 万吨，其中入港日轮 183 艘，总吨位 10.9 万吨。[①]

1897 年德国侵占胶州湾，以租借地的名义将胶澳地区变为其殖民地。翌年 9 月青岛港作为自由港对外开放。开港初期，只有招商局、怡和洋行、太古洋行三家公司有定期船进港装运货物，在连接日本的北洋航线上，只有零星装载煤炭、杂货的日本船不定期靠泊港口。1899 年驶入青岛港装载货物的日船仅 12 艘，第二年入港日船也只有 17 艘，而同年居青岛航运首位的德国入港商船为 294 艘，总吨位近 30 万吨。后来日本邮船公司行驶于神户、门司至华北诸港航线的船只开始靠泊青岛港。[②]

1906 年 4 月，德国禅臣洋行通过买办丁敬臣（商号丁悦记），以旅日华商东源号为阪神代理商，与日本原田汽船公司订立协议，由原田汽船开通阪神、门司、青岛、烟台间的准定期航线。这条青岛、神户间的航线为特约准定期航线，由"北辰丸"轮船（1189 吨）往返二港之间，对日商在青岛的贸易活动起了很大作用。同年 6 月，德国当局资助汉美轮船公司，以神户德商"伊里斯"商会为代理公司，开通与原田汽船相同的定期航线，定期驶航青岛、神户，与之形成竞争之势。德国轮船公司的竞争，曾一度使原田汽船蒙受极大损失。但是在日本政府的支持下，原田经过一番苦战，终于挤掉了汉美轮船公司。嗣后，又在航线上增加了"生田丸"轮船（691 吨），航运量也随之增加。[③]

1908 年，日本轮船首次直接通航青岛，后来每月至少有一次直接航班。这一年入港日本船增加至 80 只，载重总吨位 81232 吨。第二年，其他大的外国轮船公司也相继开辟直通青岛的航线。尽管这一时期有了国外直接航线，但日本轮船公司基本限于沿海航运业务，半数以上的日货仍需经由上海转口——因为上海有参加世界航运会议的远洋轮航，运费比较低廉，足以补偿货物从青岛绕道上海出口所发生的运输费用。[④]

---

① 吉田豐次郎：《山東省視察報文集》，大连，1913 年 12 月，第 263—264 页。

② 〔日〕递信省管船局：《清國長江及附近航運業取調書》，1904 年 10 月，附錄第 64—65 页。

③ 田原天南：《膠州灣》，大连，滿洲日日新聞社 1914 年版，第 316、533 页；水野天英，《山東日支人信用秘錄》，青岛興信所 1926 年 11 月版，第 377 页。

④ 青岛市档案馆编：《帝国主义与胶海关》，档案出版社 1986 年版，第 112 页。

德占青岛末期，日轮公司经营的定期和准定朝航线已增至 4 条，定期航线有大连——青岛航线，中途停靠烟台、威海，由岩城商会所属的第二十永田丸（650 吨）经营；神户——青岛航线，以大连、烟台为停靠港，航线按德商禅臣洋行与神户原田商会订立的协议，每两周有一次定期航班驶抵青岛。这条航线上的航船原系货船，不便于搭乘船客，加之航线业务的经营由德商控制，日本实业界一直对此耿耿于怀，希望将航线变为由日商控制经营的定期航线。1913 年 12 月，原田汽船会社将准定期航线改为定期航线（据说是应 31 家华商的要求），第二年又增加"宁静丸""青岛丸""松丸"三艘商船（合计吨位 7225 吨），扩大航线航运业务。① 但是三艘商船加入营运没多久，便因日德青岛战事爆发而停顿。

即使到 1911 年，入港日船也没有超过 100 只，一直徘徊在 60—80 艘左右，而这时德国进港船已达 258 艘，总吨位近 50 万吨。但在 1912 年后，日本入港船数有了突飞猛进的增长，这一年进港日船 176 艘，吨位近14.4 万吨，分别比上年增加了 1.5 倍和 50%。在德国统治青岛末期的1913 年，进港德国船为 331 艘，57.2 万吨，居各国之首；进港日船为260 艘，超过英国居第二位，总吨位 22.3 万吨，在德、英国之后居第三位。②

二　开埠城市日侨与日商的阑入

1. 烟台

近代日本工商业资本在中国的投资，是由贸易商社首先参与或组织的。早在 1877 年，三井物产首先在上海设立分公司，主要经营进出口贸易，随后，日本商人陆续来华。

1876 年日本在烟台设立了领事馆，但无本国领事，而是委托外国人担任名誉领事。直到 1883 年日本才正式在烟台派驻领事。1885 年，随着日本邮船会社北洋航线的开辟，开始有日本人到烟台开设行号，经营商业

---

① 〔日〕青岛守备军民政部：《青岛之商工业》，1918 年版，第 150 页；水野天英：《山東日支人信用秘録》，1926 年 11 月版，第 377 页。

② 謀樂：《青岛全书》，青岛印书局 1911 年版，第 198 页；田原天南，《膠州灣》，1914 年版，第 319 页。

贸易。这一年，外国在华商行总数为 396 家，外侨总数 6698 人，其中日
本商行 24 家，日侨 747 人，分别占 6% 和 11%。[1] 当时日商主要集中于上
海、天津等城市，烟台人数极少。迄于 1888 年，日人在烟台共开设了 6
家商行，维持开业的 4 家，有 2 家歇业。具体情况见表 1—3。

表 1—3　　　　　　　　　　1885—1888 年烟台日商经营概况

日　商	开业时间	停业时间	说　明
高桥藤兵卫	1885 年 10 月		起初经营海员住宿业，1886 年 12 月后从事日货推销
大高佐市 藤谷德次郎	1885 年 11 月	1886 年 7 月	起初经销米谷及其他食品，后转营船舶代理业
川原金太郎	1886 年 7 月	1887 年 4 月	经营绸布、妇女用品等
林昌雄	1887 年 9 月		三井洋行营业所
松田文吉	1888 年 7 月		大阪社添商店营业所，主要经销茶、冻粉等
别府新三郎	1888 年 7 月		经销杂货、洋酒

资料来源：町田实一：《日清貿易參考表》，東京，1889 年 9 月。

在这一时期，日商经营极不稳定，通常维持时间很短。到 1891 年，
烟台日本洋行只剩 2 家。截至 1894 年甲午战争前，烟台共有外国商行十
二三家，日商洋行虽然名义上仍为 2 家，专营航运代理业，但实际只有高
桥洋行维持营业，另一家因经营难以为继，开设不久便停业。当地船舶代
理业实际已逐渐落入广东商人之手。除两家商行外，日本领事馆人员及散
商总共不过 20 余人。各国商人贸易实力的对比，在海关纳税额上有所反
映。1891 年烟台东海关关税总额为 32.4 万海关两，其中英国约占 50%，
德国占 22%，中国占 20%，日本只占 3%，其余国家占 5%，这说明当时
日商的经营实力还是很微弱的。[2]

甲午战争后，外国在华投资权得到《马关条约》的承认，从而为日本

---

① 〔日〕內閣統計局：《海外各國國勢要覽》，東京，1890 年 7 月版，第 5 页。

② 〔日〕稻田周之助：《支那經濟事情》，1895 年 8 月，第 90—91 页；〔日〕航業聯合協會
芝罘支部，《芝罘事情》，1939 年版，第 218 页。

在华经济活动提供了条件。列强对华商品和资本输出呈现快速增长之势，其中尤以日本增长最快。据中国海关报告，1897 年日本在华开设的商行数为 44 家，占外国在华商行（公司）总数的 6.9%，1902 年增加到 289 家，占 26.2%；日本侨民 1897 年为 1106 人，占外侨总数的 9.5%，1901 年增至 4170 人，占 21.8%。这一时期，日本在华投资额估计在 50 万—100 万美元之间。① 在这种形势下，日商在山东的商业经营活动也发生了某些变化。

1895 年日军占领威海期间，日本军需供应商渡海到烟台，发现山东半岛各地生长着茂盛的桐树，内地也有着丰富的资源，可供大量采伐输出，且价格远低于日本国内市场。② 1897 年后，与军队专供商有关系的大阪桐材商人便开始出入烟台，经营桐材出口业务。1899—1900 年是桐材商人最活跃的时期，当时侨居烟台的日人共 19 户，人口 74 人，其中经营桐材输出的商行就有 6 家，年输出桐材 9000 余担。③

1900 年八国联军侵华，再次给日本在华北地区的经济扩张以契机。日本商品对华北港口的输出大幅度增加，轮船航运量迅猛增长，日商的各种营业也随之逐渐兴旺。在短短几年中，作为华北第二大开放口岸的烟台，各国洋行蜂拥而至，竞相开拓经营地盘。据海关报告载，1901 年前烟台共有洋行 26 家，其中英国 7 家、德国 4 家、美国 3 家、法国 2 家，而日本商行的增加无疑是最快的，由原先的 2 家增至 10 家。④ 1902 年年末，烟台共有日侨 218 人，其中男性 150 人，女性 68 人。从职业上划分，有官员 12 人（家眷 12 人），商人 72 人（家眷 19 人），各种杂业 66 人（家眷 37 人）。当时主要的日本商行有从事煤炭、豆饼进出口的三井物产会社营业所，专事日本杂货贸易的华信洋行，从事轮船航运代理业的秋保、梶原、高桥等洋行，吉冈种治、铃木寅吉等人经营的商行则专门从事桐材收买和出口。⑤

---

① 雷麦著、蒋学楷译：《外人在华投资》，商务印书馆 1959 年版，第 312 页。
② 織田一：《支那貿易》，東京專門學校出版部 1899 年 11 月版，第 41 页。
③ 河野文一：《北清各港视察报告书》，1899 年版，第 57 页；〔日〕航業聯合協會芝罘支部，《芝罘事情》，1939 年版，第 218 页。
④ China Imperial Customs, Decennial Reports on the Trade（以下简称 Decennial Reports），1892 - 1901, Chefoo, p. 57.
⑤ 〔日〕橫濱税關：《清國芝罘威海衞旅順口清泥窪牛莊膠州及上海视察报告》，1904 年 4 月版，第 54—55 页。

凭借本国生产的廉价商品以及距离烟台较近、运输便捷的条件，日商在烟台立足不久，便欲同英美等国洋行争夺烟台市场。1901—1902 年间，烟台日商增加较快，这期间烟台洋行增加了 17 家，总数达 43 家，其中日商洋行增加了 16 家，总数达 26 家。[①] 据 1903 年调查，当时烟台计有英商洋行 6 家、饭店 2 家、德国商行 5 家、饭店 1 家，另有美国商行 3 家，俄国商行 3 家，法国和丹麦商行各 1 家；同期具备一定经营实力的日本商行有高桥、藤田、开济、金升、华信、吉岗、其和、铃木、冈本、津吉 10 家。[②] 日俄战争爆发前夕，侨居烟台的日本人口约有 300 人。

1904 年日俄战争爆发后，居住于大连、旅顺的日人纷纷回国，另有一部分日人移居烟台，从事商业经营活动。与此同时，日本国内一些中小商人看到战时对军需物资的大量需求，便渡海到烟台，经营与日军战时供应和日侨生活需要有关的商业及服务业。于是，烟台日侨一跃而达 2000余人，新开张的日本料理店、饮食店、杂货店以及药店等增加了数十家之多，沿市内东马路一带遍布日人店铺，日本洋行集中于东太平街、西沙街和朝阳街，旅馆、料理店集中于新海关街和电报局街，当时日人居住最集中的东海岸东沙旺一带甚至被称之为"日本人街"。[③] 1907 年，日人在烟台成立了居留民团，由民团出资开办医院、小学校、幼稚园及火葬场等公共设施，俨然形成"自成一统"的移民社会。

这一时期，烟台较著名的欧美商行为太古、和记、盎斯、盛记、捷成、士美、哈唎、美孚、春生、滋大、仁德等洋行。欧美洋行以经营航运、贸易、保险、银行业为主，大都在上海或香港没有总行机构，并在中国沿海其他通商口岸设有分行或代理机构，各分行之间有着广泛的信息传递、资金融通、汇兑保险等业务联系。凭借雄厚的资本和通商税则特权，这些洋行控制着烟台的远洋航运业和保险业，在贸易、金融等领域占据着极大的市场份额，对华商资本在这些领域的正常发展产生了严重影响。当时除三井、岩城外，稍具规模的日商还有藤田、泰信、其和、山县、和华、白石、华信等洋行。日本洋行的经营范围则涉及航运、一般贸易、煤

① Decennial Reports, 1902 ~ 1911, Vol. I, Chefoo, p. 226.

② 《济南汇报》（百衲本），1904 年第 32 期，海岱丛谈，"烟台杂述"。

③ 〔日〕航業聯合協會芝罘支部：《芝罘事情》，1939 年版，第 218—219 页。

炭、桐木、杂货等方面。① 但是除四五家有实力的商行外，余者大都是一些资金微薄，经营旅馆、料理店、饮食店等服务业的小商人或从事修造业的手工业者。参见表1—4。

表1—4　　　　　　　　烟台日商概况（1906年12月）

名　称	开设年份	经营种类	业主或经理	资料
三井洋行	1887	棉纱、棉布、砂糖、火柴、豆油、柞蚕丝输出，缫丝业	平野贯一郎	①②
横滨正金银行	1897	银行业	荒牧国三郎	①②
岩城商会	1897	日本煤炭推销及货币兑换	岩城卯吉	①②
藤田洋行	1899	船舶供应及各种杂货	藤田久吉	①
泰信洋行	1897	轮船航运、煤炭贩卖、保险	横田静三	①②
其和洋行	1891	轮船代理与杂货、海产品	秋穗哲一郎	①②
山县洋行		轮船航运	山县勇三郎	②
和华洋行		航运、煤炭及木材销售	大慈弥荣	②
白石洋行	1903	日本杂货推销	白石马吉	①②
华信洋行	1898	海军专供商、杂货及桐材商	宫田仁吉	①②
小西出张店	1898	海运业	原田三七	
大森洋行		杂货商	大森综一	②
吉冈号	1898	桐材输出	吉冈号	①
冈本洋行	1897	煤炭、船舶用具贩卖	冈本荣太郎	①
安永商店	1903	杂货贩卖、旅馆	安永作造	①
马场洋行	1897	日本杂货贩卖	马场国太郎	①
金升洋行	1897	日本杂货贩卖	九鬼荣助	①
烟草公司	1897	日本及国外烟草贩卖	津野清二郎	①
藤田钟表局	1897	金银珠宝、钟表	藤田九一郎	①②
冈野回生堂		药材商	冈野荣二郎	②
高桥旅馆	1886	旅馆业	森畿二郎	①②
佑和盛旅馆	1898	旅馆业	佑和盛	①
佐佐木旅馆	1897	旅馆业	佐佐木末吉	①
爱国亭	1897	旅馆业	矢野源二	①②

① 〔日〕外务省通商局：《清国事情》第1辑，1907年11月，第223—225页。

名　称	开设年份	经营种类	业主或经理	资料
清水旅馆	1897	旅馆业	清水玉代	①②
东洋馆	1897	旅馆兼照相业	吉濑岛太郎	①②
津吉写真馆	1903	照相业	津吉誉治	①
瓢亭	1897	日本料理	长光きく子	①
岛清料理店	1904	日本料理兼建筑承包	清水由之助	①
喜乐亭	1897	日本料理	北尾芳太郎	①

资料来源：①曾根俊虎：《東亞各港日本人職業姓名録》，1907 年 1 月，第 45—53 页。②〔日〕外務省通商局：《清國事情》第 1 辑，1907 年 11 月，第 224—225 页。

　　1906 年后，随着日俄战事的结束，日商经营状况发生了很大变化。大批移民回国或转往辽东大连等地，那些平时靠供应日军和日侨战时需要来维持的商家，骤然失去了业务，经过一两年惨淡经营后，最终只得关门停业。原先颇为活跃的桐木出口，因乱伐导致沿海地区桐材资源枯竭，逐渐走向衰落。1907 年年末，烟台日侨人口按所属职业分为 19 类，共计 171 户，680 人（见表 1—5）。到 1908 年，烟台日侨人口数回落至战前水平，全市计有 129 户，412 人[1]；第二年日侨人口减至 320—330 人，所经营的商业已不及兴盛时的一半，除正金、三井外，仅有杂货店 3 家、轮船业 1 家、料理店 12 家，"此外概不多见"。[2]

表 1—5　　　　　　　　　1907 年烟台日侨人口职业统计

职　业	男	女	职　业	男	女
官　吏	11	8	食品商	11	4
外国雇员	19	18	缝纫业	5	2
医　护	8	8	照相业	24	12
一般商业	12	2	洗涤业	5	4
银行职员	6	7	旅馆业	15	12

---

[1]　〔日〕航業聯合協會芝罘支部：《芝罘事情》，1939 年版，第 219 页。
[2]　《芝罘经济界最近之观察》，见《山东杂志》第 35 期，杂录，1909 年。

续表

职　业	男	女	职　业	男	女
公司职员	13	8	理发浴池	10	8
贸易商	7	10	点心业	4	1
船舶业	33	30	泥瓦匠	5	3
杂货商	19	16	佣　人	6	50
木材商	5	1	金银加工	3	1
钟表商	10	5	肥皂制作	2	1
靴鞋商	4	5	饮食店	18	13
五金商	1	1	杂　业	26	105
烟草商	13	9	合　计	322	358
药材商	23	11	人口合计	680	
煤炭商	5	2	户　数	171	

资料来源：〔日〕外務省通商局：《海外各地在留本邦人職業別表》第 1 冊，1907 年 12 月。按對原表部分統計項做了合并。

烟台开埠后，贸易的勃兴刺激吸引着沿海和内地的商人资本向烟台汇聚。1892 年当地大小华商商户已达 1660 家。20 世纪头几年，烟台华商开设的行栈共 150 余家，经营豆油加工输出业的油房 100 余家，绸布庄、杂货商 80 余家。当时广东帮、宁波帮贸易行栈有 20 余家，山东帮单是资本 5 万银两以上的行栈就有 26 家，资本总额超过 600 万银两。[①] 华商经营实力的增强，在很大程度上改变了市场贸易的既有格局。烟台"开港之初，港口贸易在几家外商掌握之中，内外百货之输出入，皆须经外商之手，货物行市亦为彼等所左右，华商地位宛如中间商"。[②] 在华商资本的发展和绅商学界收回利权运动的背景下，借助抵制美货、抵制日货运动，华商通过扩大经营，在诸多贸易领域与外商展开竞争；而旅日华商在海外的经营活动以及本埠行栈资本经营的拓展，则在一定程度上抑制了外商的扩张。此后由于政局动荡、华商竞争、业务经营不利等因素，烟台有十几家洋行

————

① 庄维民：《近代山东市场经济的变迁》，中华书局 2000 年版，第 247、292 页。
② 〔日〕外務省通商局（樽原陳政）：《清國商況視察複命書》，1902 年 7 月，第 125 页。

相继停业或撤离。1911 年，烟台洋行数减为 29 家，其中日本 13 家、英国 4 家、美国 4 家、德国 4 家、法国 2 家、俄国 2 家。日商经营业户虽多于英美等国，但资本和经营规模却远不及英美洋行。[1]

当时有能力经营贸易的日本商行不过六七家，除三井外，其他商行的经营范围都不大，胜田洋行、白石洋行、川上洋行主要经营米谷、杂货及服装，岩城商会、冈田洋行以经营煤炭、汇兑及船舶代理为主。这些洋行或由其设在各地的分号提供货源，或与本国工商企业保持着密切的联系，由国内工商企业为其提供货源和资金融通。三井洋行输入烟台的煤炭、砂糖即由其分店供应；冈田、胜田等洋行则根据定期从大阪收到的商品批发价目表，委托大阪"问屋"（代理商行）代购货物及办理输出；而冈田、白石洋行则依靠本国唐津煤矿矿主和大阪商家的资金支持。[2]

1912 年年末，侨居烟台的日侨共 117 户，429 人。当时日人商业、服务业、手工业经营业户共 60 户，其中法人贸易公司 3 家、商业会社 9 家、杂货商 8 家、桐材商 3 家、药商 5 家、煤炭商 2 家、运送业 3 家、饮食店 5 家、料理店 4 家、照相业 4 家、其他 14 家。但是真正具有实力的日商只有三井洋行、岩城商会、东亚烟草会社营业所、白石洋行、胜田洋行以及川上洋行，其他如小栗洋行营业所（航运）、冈野回生堂（卖药）、裕和盛洋行（杂货及旅馆）等，都属于没有多少资本的中小商户。[3] 另据调查，1913 年烟台共有外国侨民 1135 人，外国商行 40 家，其中日本侨民 483 人，商行 20 家；英国侨民 349 人，商行 5 家；美国侨民 86 人，商行 3 家。[4]

早在 1910 年代初，日商的活动便已悄然渗透到与烟台相邻的龙口港。龙口开埠前，由于该港沿海交通和移民输送上的重要性，就已有外国洋行前来开设商业机构。据 1910 年调查，英商太古洋行与怡和洋行、美商旗昌洋行、日商三井洋行都在龙口有航运贸易业务。日本还曾派商人 30 余

① Decennial Reports, 1902 – 1911, Vol. I, Chefoo, p. 226.

② 〔日〕農商務省商務局：《海外各地た於ける重要なな日本商品取扱商店調查》，東京 1911 年 3 月版，第 12—16 頁，附錄第 2—3 頁。

③ 吉田豐次郎：《山東省視察報文集》，1913 年 12 月版，第 142—145、177—179 頁。

④ 〔日〕滿鐵東亞經濟調查局：《經濟資料》第 1 卷，1915 年 5 月 10 日第 2 期，第 88 頁。

人前往龙口调查，拟在龙口建立商品进出口基地，谋夺该处商权。[1] 1911年，满铁矿业课在龙口设立营业所，向山东沿海诸港和内地扩展抚顺煤的销路。1912年，大连日商光明洋行在龙口设立营业店——大正元号，从事杂货贩卖。该商在店内布置陈设场，陈列各种商品，极力向当地人介绍推销日本商品。除上述两家商业机构外，当地还有 2 家日本人开设的药店。[2] 在 1914 年之前，日人在龙口开办的商业有炽昌厚洋行、龙口银行（附设于炽昌厚内）、田中洋行、东和公司（经营航运）、义和、益记（两家均为抚顺煤矿经销商）、西洋药铺、满铁旅行社以及白十字医院等。[3]

2. 青岛

1898 年 3 月，德国与清政府签订《胶澳租界条约》，将胶州湾（青岛）地区变为其殖民地。此后，德国采取了若干鼓励外商到青岛投资的政策，致使各国洋行尤其是德国洋行纷至沓来，竞相开办工商、贸易、金融、航运等项业务。最先在青岛设立分行机构的是香港顺和洋行、烟台哈唎洋行和上海辉记洋行。[4] 不久，德国汉堡资本集团的禅臣洋行、礼和洋行以及瑞记、捷成、美最时等洋行也先后在青岛开业。迄 1913 年，青岛已有德国公司、洋行 27 家。在德商洋行中，禅臣洋行的规模和势力最大，其次为瑞记、礼和、美最时三家洋行。继德商之后，英商和记洋行与怡和洋行、美商美孚石油公司以及俄商开治洋行也相继在青设立机构，开办航运、贸易业务。

日本人最初到青岛从事经营活动，大致在 1899 年前后。据民国《胶澳志》载，当时侨居青岛的日本人大约有五六十人，当中有两人供职于神户西门子洋行青岛支店，一部分人从事照相、理发、旅馆业或靠开酒楼、杂货铺、洗涤铺谋生，其余多半靠从事娼妓（卖春妇）业为生。

1903 年年底，青岛共有日本侨民 16 户，154 人。除 1 家贸易商、1家杂货商、3 家照相馆外，余者多从事理发、钟表修理、裁缝等服务业以

---

① 《山东龙口之现象》，见《东方杂志》第 7 卷，1910 年 11 月第 10 期。

② 吉田豐次郎：《山東視察報文集》，1913 年 12 月，第 171 页。

③ 胡升鸿：《调查龙口报告书》，1916 年版，第 8 页。

④ 〔日〕東亞同文會調查編纂部：《山東及膠州灣》，東京，1914 年版，第 92—93 页。

及渔业和娼妓业（人数达 60 人）。① 另据 1904 年年初的一项调查，当时青岛的日本人共 129 人，经营业户中有照相业 3 户，料理店兼旅店 2 户，煤炭商兼服装店 1 户，桐材商、杂货商、制造业、理发业、洗涤业各 1 户，妓馆 4 户，技工 3 人，无业者 18 人。② 这一年，日侨成立了青岛日本人会。一年后，日本人经营的仍然只是一些小商店，并无大的商业。商业经营业户只有照相业 3 家，小杂货商 4—5 家，理发业 3 家，旅店、洗衣铺、钟表店各 1 家、妓馆 3 家，这些商户当时大部分散居于华人居住的大鲍岛区，混迹于华人中间，势力微弱。③

当时德国人和欧美商人大多集中于青岛区，区内洋行商馆鳞次栉比，欧美侨民约 1000 余人；在大鲍岛华人居住区共有华商商店 200 余户，而真正像样的日本商店只有几家。④ 日商开设的商店多以日侨为经营服务对象，只有高桥照相馆与今村德重开设的酒楼，常为德籍顾客所光顾。高桥德夫、今村德重两人以经营妓馆、酒楼起家，后来均成富翁，今村积累的资本达十数万元。但是，这两人赖以致富的营生甚至为多数日侨所不齿。⑤

1906 年 6 月，青岛日人经营业户增至 33 户，人口 197 人，其中男性 76 人，女性 121 人。从职业上看，有杂货商 3 户、照相业 5 户、咖啡店 6 户、钟表店 2 户、妓馆 4 户（59 人）以及其他服务业、手工业 13 户。这些日资商业服务业大多由小商人开设经营，基本没有能力从事对外贸易。⑥ 因此，尽管日本当时在青岛的贸易额逐年增长，并在青岛对外贸易已占较高比重，但大部分商品的进出口是由旅日华商和口岸华商行栈所经营，日本商人参与的程度并不高。1910 年前，神户和青岛间每月有一班定期船和不定期船往航。借助便利的交通条件，每逢夏季，京都的绸布商

---

　　① 〔日〕递信省管船局：《清國長江及附近航運事業取調書》，東京，1904 年 10 月，附録，第 100—101 页。

　　② 〔日〕横濱税關：《清國芝罘威海衛旅順口清泥窪牛莊膠州及上海視察報告》，1904 年 4 月，第 433—434 页。

　　③ 江木翼：《膠州灣論》，東京：讀賣新聞日報社 1907 年版，第 124—125 页。

　　④ 勝部國臣：《清國商業地理》，東京，博文館 1905 年版，第 246 页。

　　⑤ 田原天南：《膠州灣》，1914 年版，第 538—539 页；吉田豊次郎，《山東省視察報文集》，1913 年 12 月，第 9、14—15 页。

　　⑥ 〔日〕外務省通商局：《清國事情》第 1 辑，1907 年 11 月，第 432—434 页。

和五金商人总要到青岛开设临时店铺经营买卖，而从事常年经营的商行则有三井、高桥、金泷、小渊、多户、今村6家，但只有三井具备经营大宗交易的实力（详见表1—6）。

表1—6　　　　青岛日人商行店铺概况表（1906年、1910年）

名　称	开设年份	经营范围	商品采购地
三井洋行	1906	贸易	三井各地分店
高桥洋行	1904	杂货、刺绣、照相	大阪、东京、神户
金泷洋行	1899	杂货、药品	东京、大阪、神户
小渊洋行	1905	陶瓷、精制杂货	神户、大阪
多户洋行		杂货	横滨
今村洋行		洒、酱油、刺绣	神户、大阪、长崎
红宫洋行	1903	杂货及服装	
石川号	1902	服装及化妆品	
日华公司大药房	1906	药品	
英美洋行	1903	钟表销售与修理	
藤井兄弟商会	1906	照相	
伊东号	1904	照相	
毛受号	1902	照相	
松森馆		旅馆	
东洋公司		咖啡馆	

资料来源：曾根俊虎：《東亞各港日本人職業姓名録》，1907年1月，第55—57頁；另外还有山田号、纳所号、竹田号3家从事理发、洗衣业的业户；〔日〕農商務省商務局：《海外各地た於ける重要なる日本商品取極商店調査》，1911年3月，第15—16頁。

1905年日本在日俄战争中获胜，次年在大连成立南满洲铁道株式会社，此后向中国经济扩张的势头加快。在扩张进程中，山东的富源自然引起日本政府和日本有实力的大商人资本的觊觎之心，而青岛港良好的港口设施与自由港（区）制，则为日本商人在青岛经营航运和贸易提供了便利条件。1906年后，三井等具有经营实力的日本贸易商陆续到青岛开设支店或营业所。在1908—1909年之前，日侨大部分由上海转道而来，开业者多是经营杂货店、裁缝铺和糕点铺、照相馆的小业主；此后日侨多由大连转道而来，开业者除杂货店、绸布店业主外，有不少是从事大宗商品贸易的所谓"实业家"。[①] 这些步三井洋行和汤浅洋行后尘而来的"实业家"，包括日信洋行（日本棉花支店）、江商洋行、大文洋行（大仓洋行支店）、岩城商会等商行会社，日后这些日商逐渐在青岛商界崭露头角。

到 1912 年年底，在青岛的日侨已有 51 户，312 人，其中有 49 户为商业、服务业、手工业、渔业等经营业户。与 1906 年的调查相比，日商及其商贸经营发生了两方面明显变化。

其一，经营者构成发生了变化，三井、汤浅、日信、江商、大仓、岩城 6 家贸易商开设的营业所，成为日商贸易的主体。他们不仅在青岛经营贸易业务，而且将活动触角延伸到内地城镇，经常派店员到济南、泰安、大汶口等处设立收买庄，直接从华商手中收购花生、棉花、牛脂等土货，其商业活动范围扩展至胶济路沿线地区。如三井洋行以及惠林洋行、深洋行，均是派店员或雇华人到内地直接与当地华商交易，采买花生、畜产品、草辫、桐材等商品，再运至青岛出口。[②] 同时，经营一般商业、服务业的日商也有所增加，杂货商增至 10 家，另有房屋租赁业 2 家、钟表商 2 家，陶瓷商、桐材商、运输商各 1 家。[③]

其二，随着日本商业资本实力的变化及其投资经营力度的加强，日商在青岛的经营地位以及影响力也逐渐增强。1912 年日本在青岛的直接贸易额 766.5 万海关两，超过德国（472.3 万海关两），跃居各国之首。在贸易额逐年递增的同时，三井、汤浅等大洋行开始在贸易市场上崭露头角。如三井洋行在青岛纺织品贸易上已独占鳌头，年经营额不下 800 万元，并加入欧美人所组织的外国商会。实力紧随其后的汤浅洋行，派往内地从事土产收买的店员有时多达 20 余人。[④] 新成立不久的日本正金银行青岛营业所也开始在其中发挥作用。营业所于 1913 年 11 月成立后，处处维护日本人的利益，通过提供贷款和汇兑服务业务，给予日商贸易以金融支

---

① 《青岛と日本人》，见《大阪朝日新聞》，1914 年 2 月 18 日。

② 〔日〕青岛守備軍民政部：《青岛之商工業》，1918 年 10 月，第 5 页；〔日〕農商務省商務局：《海外各地たゟける重要なる為日本商品取極商店調查》，1911 年 3 月，附录第 3 页。

③ 田原天南：《膠州灣》，1914 年版，第 531—533、539—542 页。

④ 同上书，第 540—545 页。

持。于是，原先由欧美商人和华商所控制的某些贸易领域开始转入日商之手。

表1—7　　　　　　　　青岛人口国别比较（1902—1913 年）

年　份	中国人	欧美人	日本人
1902	14905	688	78
1903	28144	962	108
1904	27622	1057	152
1905	28477	1225	207
1907		1484	161
1910	36180	1621	167
1911			205
1912			312
1913	53312	2069	316

资料来源：江木翼：《膠州灣論》，1907 年 2 月，第 120 頁；谋乐：《青岛全书》，1911 年版，第 193 頁；〔日〕青島領事館：《山東概觀》，1915 年 7 月，第 119 頁。

3. 济南

就近代区域市场和商品流通而言，济南既是连接沿海通商口岸与内地市场的纽带，又是全省传统与现代水陆商路的交汇枢纽。1904 年胶济铁路全线通车及清政府宣布济南自开商埠后，外国洋行便陆续由沿海通商口岸到济南设立分支机构，把济南作为向内地市场拓展的立足地。1910 年代初，在济南设立总行、分行或代理处的欧美洋行已有 20 余家，其中有德国的哈唎、瑞记、礼和、禅臣、捷成、礼丰、万顺、义利、益兴、华丰等洋行，英国的和记、仁得、仁泰等洋行和英美烟公司、亚细亚石油公司、利华公司、联华颜料公司；美国的慎昌洋行、美孚石油公司，俄商开办的开治洋行和永昌洋行，法商开办的华昌洋行。德国洋行主要经销机械、染料、日用工业品及保险业，同时又是济南农畜产品市场最大的买家，几乎垄断了花生、皮革等产品的贸易，资金和经营实力以礼和、哈唎、瑞记三家洋行最为雄厚；[①] 英国洋行以经营日用工业品、各式车辆及

---

① 〔日〕山東研究會：《山東の研究》，1916 年 4 月，第 168 页。

收购农产品为主；美国洋行主要经销石油；俄国洋行主要经营畜产品输出；法国洋行则以收购发网、花边等手工业品为主。当时同外商交易的华商行栈有周锐记、天诚、复诚、立诚、北意诚、协成春、天祥永、公聚合、益祥、隆聚兴、源聚号、大昌号、长兴和、恒聚泰等十几家。

1913 年前后，济南商埠的市政设施和商业、金融业已初具规模，商埠区有华人店铺和住宅五六百家，外国洋行营建的永久性楼房、商场建筑共有 26 栋。当时侨居济南的外国人共约 200 余人，其中德国人 118 人，英国人 12 人，美国人 11 人，其余为日本人。① 欧洲商行公司中有德国商行 11 家，英国公司 2 家，最大的为山东铁道公司和山东矿业公司。

早自 1902 年冬，日本商人即开始陆续到济南考察商务，筹划在济开拓商贸经营，当时"商务人员往来络绎，不下十余人"。次年春，有商人"拟在大布政司街开铺，专售东洋杂货，其购货一切，即托日本滨田纯一、守田顺、杉田幸治郎三人办理"。② 济南开埠后，日商陆续在济南设立了日华公司、东亚分公司、东南公司书药局、华和公司、三好堂等多家商号店铺，当时开业的日商大多为药材商和杂货商。③ 据 1907 年 6 月东亚同文会调查，居住于济南的日人共 19 户，56 人；从职业上分，有教师 4 户，照相业 1 户，钟表修理 1 户，零售摊贩 1 户，卖药兼贸易商 2 户。虽然在济日侨人数有所增加，但并无有实力的大商行，即使规模最大的日华公司，资本也不过 5000 元，平时只能贩卖一些丹药，而另一家规模稍大的东亚分公司，开业不久即告停业。当时三井洋行刚刚开始在火车站附近购地，贸易业务尚处在试探阶段。④ 总之，当时日商在济南的经营活动还远不能与德商相抗衡。

1912 年年末，济南共有日本人 25 户，79 人。除学堂教习 7 人外，有经营业户 18 户，其中药材商 3 户，杂货商 3 户，咖啡店 3 家，钟表店、旅店各 1 家，其他服务业 7 户；另外日人还在济南开设了东华、宫藤、森

---

① 〔日〕满铁东亚经济调查局：《经济资料》第 1 卷，1915 年 5 月第 2 期，"山东经济事情"。

② 《济南汇报》（百衲本），1903 年 7 月第 4 期，海岱丛谈，"日员踵至"。

③ 天城生：《济南》，1915 年版，第 19—20 页。

④ 〔日〕亚洲历史资料中心档案：B03050554600，东亚同文会ノ清国内地调查，津浦线调查报告书，第 2 卷第 5 编，1907 年（外务省外交史料馆，外务省记录）。

原 3 家医院。药材业中的日华洋行、文明公司、华和洋行后来慢慢发展成为大药行。此时,在青岛设立支店的三井、大仓、汤浅等洋行都有店员常驻济南从事购销业务。① 迄第一次世界大战前的 1913 年,居住在济南的日本人已增至 150 人左右,年底达 300 余人,日本外务省还专门派一特派员负责当地日侨事务。当时在济南从事商贸经营的日本商行大部分集中于商埠,其经营业务范围如下:

三井洋行　设于商埠纬四路,专办进出口货物

汤浅洋行　设于普利门外,专办进出口货物

大仓洋行　设于商埠二马路,专办进出口货物

大文洋行　设于商埠,系大仓洋行经营输出业的营业所

日华洋行　设于城内芙蓉巷,卖药业

日中洋行　设于旧军门巷,专办科学仪器、印刷材料、药品等

山玉分行　设于大布政司街,专办杂货

东亚公司　设于芙蓉巷,专办杂货②

关于第一次世界大战前济南市场的年贸易额,见于两种统计报道。《农商公报》刊载的调查称,济南市场的年贸易总额约 1200 万银两,其中输入额 700 万两,输出额 500 万两。"输入商品项中,日货占首位,以棉丝布为最,德次之,英又次之,美国输入甚微,不足论也。……杂货则日本品最多,德国品次之。然日本品多下等品,而德多上等品。日本杂货之输入额约当五十万元,而杂货之主要者为布、棉、钟表、洋袜、化妆品等"。③ 日商经营的输出商品以花生、牛皮、鸡蛋以及烟叶、药材为主,三井、汤浅等洋行每年的经营额共约 100 万日元④,按当时货币比价约合 84 万银两,大致占输入额的 12%。而据山东巡按使公署实业司统计,济

① 吉田豊次郎:《山東省視察報文集》,1913 年 12 月,第 147、153 页。

② 叶春墀:《济南指南》,1914 年版,第 62—63 页;田原天南,《膠州灣》,1914 年版,第 102 页。

③ 《济南之商工业》,见《农商公报》第 1 卷第 9 册,1915 年 4 月第 9 期。

④ 《濟南商業今昔觀》,见《支那新聞翻譯通信》,1915 年 2 月 6 日,原文载《芝罘日報》,1915 年 1 月 28 日。

南市场包括华商、外商在内的年交易总量估计约 8000 万元，1913 年 4 月至 1914 年 3 月，德商的年交易额约 2000 万元，而日商只有 100 万元，[①]约占市场交易量的 1/80。

三　通商口岸对日贸易的变化

1. 烟台港对日贸易

在甲午战争前的 10 年间，日本对华贸易还只是在初步发展中，规模和影响都十分有限。在烟台对外贸易领域，与日本的贸易也不占重要地位，年平均贸易额只有 18.2 万海关两。[②] 因为当时进口货中最重要的棉纺织品几乎为英、印所独占，而五金、煤油、染料等，又多为美、德等国制品，日货甚少，也就是说，日本国内产业能为其海外贸易提供的有竞争力的商品资源极为有限。另外，中国的出口商品，如丝、茧绸、农产品等，主要运销地也是以英、美等国为主，因这些商品与日本国内产品具有很大的同质性，故很少出口日本。

当时烟台港输入的日货主要为矿产品、海产品、药材三大类，内中包括煤、铜、海带、冻粉、鱼翅、鲍鱼、茶、茴香、五倍子、樟脑、香菌、陈皮等，另外还有少量陶器、漆器及手工印花布。煤和海带当时输入量最多。日本煤的输入始于 1870 年，但在 1879 年前，输入量一直只有一二千吨，1880 年后，因北洋航线商船和北洋舰队的需要，自日本高岛、唐津、三池等煤矿输入的煤有了成倍的增长，数量超过了英国加地夫煤和澳洲煤。1883 年烟台进口煤 20884 吨，其中日本煤 19049 吨，城市生活和手工业生产用煤基本为进口日本煤。海带作为价格低廉、易于运输的海产品，在山东沿海与内地以及华北地区有着很大的市场，是城镇居民重要的副食消费品。1880 年烟台进口海带曾达 10 余万担。进口最多的为俄国远东地区出产的海带（在烟台称珲春海带），主要在登、莱、青等地销售；其次为日本海带（当年进口 13298 担），通常由风帆船从长崎、兵津等地

---

① 吉田生：《濟南經濟事情（1—3）》，《福岡日日新聞》，1914 年 11 月 19—21 日。

② 交通部烟台港务管理局：《近代山东沿海通商口岸贸易统计资料》，1986 年版，第 52 页。

运入，绝大部分转运内地销售。① 济南、武定、东昌等州府的销量约占全部输入量的四成，其余六成通过水路运销于直隶南部及河南、安徽等地。②

1894 年前的 10 年间，日本对烟台贸易总体处于较低的水平，年平均只有 18.2 万海关两，其中海产品约三四万两。1893 年，日本静冈县商业会议所曾委托日本驻烟台领事馆调查日本海产品在当地的销售前景，在对十几家华商调查征询之后，结果令其感到悲观沮丧。准备运来推销的海带因洁净度低、价格高，难以与当地市场销售的俄国货竞争；海贝类产品因山东沿海有大量出产，基本无须进口，销售前景同样暗淡。③ 调查结果表明，当时日本尚无多少适合在山东推销的制造品和初级产品。与日货进口对应的土货对日出口，同样数量很少。当时烟台的土货输出业，在很大程度上为欧美洋行和华商所控制，土货大部分出口到南洋和欧美国家。1892年，出口土货"往香港者十之六，往俄国海参崴口等处十之三，往东洋者十之一"。④

1895 年中日《马关条约》的签订，是贸易形势与格局变化的分水岭。战后清政府对日本的巨额赔款，滋养了日本资本主义，日本的产业特别是工业获得了显著的发展。据 1896 年 10 月日本农商务省次官金子兼太郎报告称，1894 年年末，日本国内计有工业企业 508 家，资本金总额 6215 万元，而到 1896 年 9 月末，则激增到 930 家和 16443 万元。⑤ 投资占日本国内首位的纺织业进入了飞跃期，在国内工商业迅速膨胀的基础上，1896年后棉纱出口量和出口值先后超过了进口。与此同时，日本对华商品输出也迅速增加，尤其纺织品和日用工业品的出口逐年上升，渐渐取代了英美纺织品在华的地位。

最早在烟台销售洋货的为英国，美国紧随其后，英美货以布匹、棉

---

① 〔日〕農商務省：《漫游見聞録》第 2 册，東京，1888 年 4 月版，第 15—22 页；〔日〕外務省記録局（黒田清隆），《通商彙編》第 6 册，1885 年版，第 124、179 页。

② 〔日〕静岡商業會議所：《商品見本海外試売始末》，1894 年 1 月版，第 184—185 页。

③ 〔日〕参謀本部編纂課：《東亞各港誌》，1893 年 6 月版，第 69 页；〔日〕静岡商業會議所，《商品見本海外試売始末》，1894 年 1 月版，第 182、185 页。

④ 《光绪十八年通商各关华洋贸易总册》，烟台口，1893 年刊，第 45 页。

⑤ 日本经济新闻社：《日本的产业与企业——昭和经济里程》，大连海运出版社 1990 年版，第 4 页。

纱、煤油三项为主,一度曾是烟台市场销售量最大的洋货。1895 年之前,烟台英印棉纱的进口占绝对优势,一般年份所占比例高达 95% 以上。日本棉纱从 1894 年才真正有大宗进口,进口量虽然不大,但显示出迅猛增长的势头。受当年日纱进口的影响,原先独占市场的印度棉纱,价格下降了一成左右。当时日本驻烟台领事馆曾预计不出数年日纱将有望压倒英印棉纱。[1] 1897 年是烟台棉纱进口变化的分界线,这一年,以本国棉纺织业的发展为契机,日本棉纱的进口骤升至 86256 担,占棉纱进口总量的比重亦由上年的 13% 猛增到 60% 以上,而英印棉纱的进口则从上年的 13.1 万担跌落至 56088 担,所占比重不足 40%。此后十余年间,日本棉纱对英印棉纱继续保持着优势,除个别年份外,日纱的进口量一直占烟台棉纱进口的 70%—85% 之间。[2]

1902 年以前,向烟台输出棉纱最多的日本企业为大阪、浪华、朝日、摄津、冈山、平野 6 家纺纱厂,其次为竺冈、钟渊、仓敷、野田、郡山等纱厂的产品。[3] 而在 1904 年,进口量最大的三个牌号的棉纱分别为钟渊(蓝鱼牌)、合同(双鹿牌)、冈山(花蝶牌)三家纱厂的产品。进口日纱的消费地几乎遍及省内各地,其中尤以周村、潍县、沙河、昌邑等地的销量为多。当时周村棉纱市场几乎为日货所独占,印度棉纱只占输入额的 1/10。[4] 当地销量最大的为日本冈山纺织会社的"花蝶"牌和大阪纺织会社的"老象"牌棉纱;同时当地销售的火柴大部分亦为日货。此外,对岸辽东半岛牛庄以东、大东沟以西地区运销的日本棉纱,也多是从烟台由帆船运去,而这些地方订货合同的多少,直接影响着烟台当地市场棉纱行情的涨落。[5]

1903 年,烟台进口日纱 12.3 万担,青岛进口日纱 11.2 万担,两港

---

① 〔日〕農商務省:《第二次輸出重要品要覽》,《工産之部》第 4 册,1897 年版,第 35 页。

② 交通部烟台港务管理局:《近代山东沿海通商口岸贸易统计资料》,1986 年版,第 180—181 页。

③ 〔日〕外務省通商局(樽原陳政):《清國商况視察複命書》,1902 年版,第 120—121 页。

④ 〔日〕東亞同文書院:《支那經濟全書》第 5 輯,1908 年版,第 605 页。

⑤ 〔日〕橫濱稅關:《清國芝罘威海衛旅順口清泥窪牛莊膠州及上海視察報告》,1904 年 4 月版,第 106 页。

进口总和为 23.5 万担。按清末（1909—1911 年）山东户口调查统计，当时全省户口总数为 538 万户，人口 2955 万人，户均人口 5.49 人。若进口日纱全部在山东本省消费，平均每户约合 4.37 市斤；如按人均计算，大致约合人均 0.8 市斤。[①]

1903—1907 年，除棉纱、各种机织棉布外，输入烟台的大宗日货还有火柴、煤炭及各类杂货。日本火柴在烟台的经销量居各国之首。[②] 进口日煤大部分为三井洋行经售的筑丰煤，每年输入烟台约 10 万吨左右，而当地煤栈源昌号经营的抚顺煤，因需求不旺，销路远不如日煤。[③]

神户既是当时日本对华贸易最大的港口，也是向烟台输出日货最多的港口。输入烟台的日本杂货有手巾、浴巾、棉纱、卷烟、钟表、煤油灯、镜子、肥皂、砂糖、阳伞等，虽然货值不大，但因价格低廉，与当地消费时尚一致，属于市场畅销货（见表1—8）。以煤油提灯为例，1890 年代"火油盛行内地，居家者因其价廉而光亮，相率用之"，煤油灯的使用也随之普及。神户出口提灯的离岸价每只仅 0.15 元，加上市场加价，每只也不过几角钱，[④] 适合中产家庭的消费水平，因此每年有相当数量的提灯自神户运至烟台。

表1—8　　　　　神户出口烟台主要货品统计（1903—1905 年）

商品种类	1903 年		1904 年		1905 年	
	数　量	货　值（日元）	数　量	货　值（日元）	数　量	货　值（日元）
棉纱	1289 万斤	4299368	420 万斤	1428038	474 万斤	1853405
烟草	76200 千支	270023	10222 千支	16762	11335 千支	19454
棉布	312 万码	237301	85 万码	59270	122 万码	125870
火柴	1746950 罗	442822	1446150 罗	371830	1338550 罗	307443

———————

① 交通部烟台港务管理局：《近代山东沿海通商口岸贸易统计资料》，1986 年版，第 180—181 页；梁方仲：《中国历代户口、田地、田赋统计》，上海人民出版社 1980 年版，第 268 页。

② 〔日〕胜部国臣：《清国商业地理》，东京博文馆 1905 年 9 月版，第 251—252 页。

③ 《芝罘经济界最近之观察》，见《山东杂志》第 35 期，杂录，1909 年。

④ 《申报》1891 年 2 月 1 日（光绪十六年十二月廿三日），"登州海市"。

续表

商品 种类	1903 年		1904 年		1905 年	
	数　量	货　值 （日元）	数　量	货　值 （日元）	数　量	货　值 （日元）
香皂	102980 打	25899	27883 打	6871	47100 打	12081
钟表	2784 只	8113	3272 只	9629	7849 只	26592
提灯	7200 个	210	12274 个	1217	6050 个	903

资料来源：〔日〕神戸税關：《神戸港外國貿易概況》第 1 冊，1906 年版，第 211—212 页。

　　大阪是日本与烟台贸易的第二大港口。早在 1902 年，大阪摄津港的日商小森贞次郎就与当地华侨商裕盛号订立合同，每月由该号向烟台输出"桃鹿牌"火柴 400 箱（每箱 19200 盒）。[1] 日俄战争后，伴随本地加工制造业的蓬勃发展，大阪对华商品输出迅猛增加，所占份额不断增长。从大阪出口至中国各口岸和烟台的大宗商品计有棉纱、棉布、火柴、海带、冻粉、精制糖、啤酒、药品、绸缎、浴巾、袜子、帽子、纽扣、机制纸、连史纸、纸制品、铜铁制品、陶瓷器、玻璃制品、座挂钟、缫丝车、各类机械、木材、阳伞、化妆用品、香皂等数十种，货物之繁杂，几乎到了无所不包的地步。[2]

　　大量日货的进口，改变了烟台进口商品的结构，原先在市场占主导地位的欧美商品逐渐让位于日货。对于这一时期日货市场地位的变化，当时曾有人撰文指出：

　　　　尔时日货之行销，尚为幼稚时代，不过以玩物、药饵，赚我之钱财而已。孰意今竟居后来上乎。德之机器（如自行针等类），销路为所夺矣；俄之花布，销路为所攫矣；英美之船行事业，亦半为所袭取矣；其他若法之钟表、德之美酒等，销路亦无不为所攘据矣，而土货更不待言也。

① 〔日〕外務省通商局（樽原陳政）：《清國商況視察複命書》，1902 年 7 月版，第 122 页。
② 〔日〕農商務省商務局：《封清貿易ノ趨勢及取引事情》，1910 年 8 月版，第 11 页。

至于日货竞争力强，市场销路广的原因，该文有如下分析：

> 盖吾国之性质，无论何物均恶贵而喜贱，至货物之美恶，在所不计。日本独能投我所好，故所来之货，无一不较他国为贱，实无一不较他国为劣。吾人但喜其贱，遂忘其劣，即深悉其劣，亦贪其贱，此其货物之销路，所以日益广也。[1]

为了争得销路，日本工商企业极力迎合华商和中国消费者的风俗习尚，所用商标大都采用与中国民间文化习尚有关的商标标识。据日本外务省通商局报告，日本商品在烟台当地所采用的此类商标标识就有金鸡、金龙、金鹿、双鹿、雀梅、花蝶、伏龙、飞燕、八蝶、美人鱼、牡丹花、美人、琴鹤、孔雀、凤凰图、月宫图、三仙乐、读书乐、田家乐、仙童执梅、仙女锦花、八仙饮、财神叩门、父子登朝、状元骑马、鲤鱼跳门等40余种。[2] 这类商标标识迎合了中国消费者的心理，同时也方便了华商经营者的市场营销，从而为日货在内地的行销提供了条件。

2. 青岛港对日贸易

德占胶澳前期（1899—1906 年），对于青岛与德国间的轮船航运业以及胶济铁路运输，德国当局采取了补助德商的政策，使之在青岛的贸易独占鳌头。但是日本后来居上，航运贸易不断扩大，所占贸易比重逐年上升。1901 年青岛港的日货直接输入额（净值）只有 30.5 万海关两，第二年增至 121.5 万海关两，增长了近 3 倍。同年进口日本棉纱 37429 担、货值 108.5 万海关两，火柴 31 万箩。日本纺织品已成为主要进口商品，1903 年青岛纺织品进口货值 520 万海关两，占进口总值的 65%，其中日本货又占了进口纺织品的 60%。[3] 总之，日货进口的大量增加及其贸易地位的上升，已成为这一时期青岛进口贸易的一个突出特点。如果扣除自德国进口的铁道及矿山建筑材料，日本对青岛的直接输出贸易占到了外国对

---

[1] 《烟台商业之沿革》，见《山东杂志》，杂录，1909 年第 38 期。

[2] 〔日〕農商務省特許局：《清韓暹比印度及濠洲貿易上使用スベキニ関スル商標調査》，東京：特許局 1906 年版，第 25 页。

[3] 〔日〕東亞同文書院：《支那經濟全書》第 5 輯，1908 年版，第 599 页。

青岛输出贸易的六成。易言之，在青岛一般商品的直接进口贸易中，日货已超过了半数。

与烟台港的情形相同，日本与青岛贸易关系最为密切的港口为神户和大阪，输出货物大部分由神户港发运。由神户装载的日本货大部分为棉纱、火柴、肥皂、煤及杂货。一艘商船通常装载数千件此类货物，如1904 年 2 月 12 日，大阪商船会社所属的"高洋丸"商船一次运抵青岛港的棉纱、火柴、肥皂及杂货总数计 2750 件；2 月 16 日由神户开抵青岛的"日出丸"商船，共卸下煤 600 吨，棉纱等货物 1712 件。[①] 1905 年从神户输往青岛的货物总额 200 余万两，大致与烟台、牛庄相伯仲。同年由青岛向神户的输出额约 66 万两，与烟台、天津不相上下。[②] 1903—1911 年神户与青岛、烟台二港的贸易情况见表 1—9。

表 1—9　　　　**神户对青岛、烟台贸易统计** (1903—1911 年)　　　单位：日元

年 份	自神户输入		向神户输出		总 计
	青岛	烟台	青岛	烟台	
1903	3393480	5894971	11687	519045	9819183
1904	2110532	2392023	103420	1087259	5693234
1905	2002400	2666959	659913	766059	6095331
1906	2857830	2350502	371571	543136	6123039
1907	1637051	1258565	88089	505057	3488762
1908	2107640	1907630	167789	427903	4610962
1909	1525341	1757743	170877	154105	3608066
1910	2173084	1687682	181707	180537	4223010
1911	3136216	1873709	853937	332814	6196676

资料来源：〔日〕神戶稅關：《神戶港外國貿易概況》第 1—7 冊，1906—1912 年。

1909 年是德日在青岛贸易竞争中的强弱转折点，这一年德国在青岛

---

① 〔日〕横濱稅關：《清國芝罘威海衛旅順口清泥窪牛莊膠州及上海視察報告》，1904 年 4 月，第 400 页。

② 〔日〕工藤謙：《膠州灣事情》，東京：有斐閣 1914 年版，第 49、52 页。

的进出口贸易额为 403 万海关两，占青岛直接对外贸易的 26%，而日本的贸易额达到 413 万海关两，占 27%，首次超过德国。到德占胶澳末期，日本在青岛的贸易更是迅速增长，1913 年包括转口贸易在内的贸易额已达到 1042 万海关两，占青岛当年贸易总额的 1/6，远远超过了德国对青岛的贸易额（571 万海关两）。在直接对外贸易中的比重，日本占53.7%，而德国只占 18.6%。①

日本贸易额的增长与其国内工业的发展密切相关。通过甲午战争和1904 年的日俄战争，日本从中攫取了大量赔款和权益，由此一跃而成为强国。日本国内钢铁、纺织、机器、化工等工业受此刺激，获得迅速发展，日本也由此初步具备近代工业化国家的色彩。在这一背景下，日本对华贸易顿形活跃，棉纺织品、糖、五金、水产品、化工产品等类，出口数量显著增加，而自中国输入的豆饼、棉花等农产品量也逐年增加。随着日本工业的迅速发展，对外贸易的性质也发生了很大变化。除海产、糖有大幅度增长外，其他传统的食品与原料出口逐渐退居次要地位，工业品与半制成品的出口比重日趋上升，棉纺织品、化工产品以及若干日用工业品成为最主要的出口品。②

日本工业产品向海外市场的扩张，在青岛港日货进口结构上自然会有所反映——进口最多的日货为棉纱、棉布、火柴等工业品。1899 年日本棉纱开始出现在青岛市场，但数量很少，全年进口不过 4000 余担。其后进口量逐年增长，1903 年突破 10 万担，如果加上烟台港的进口，总量达到 234853 担，大大超过了英、印棉纱的进口量。此后日本棉纱的进口一直维持在较高水平。1913 年，青岛港的日本棉纱进口超过了 20 万担，比10 年前增加了 1 倍。1910 年代前期，山东棉纱输入额约占全国棉纱输入总额的 10% 左右，而输入山东的日本棉纱有 4/5 系从青岛进口。③ 这一时期，"日商力为经营，扩张其棉业贸易"，在青岛"已有日商行店数家，专运棉纱、布匹进口，亦因国界相距较近，船只往来便捷，故甚得力"。

---

① 〔日〕山東每日新聞社：《山東に於ける邦人の經濟發展并に日華親和策》，1934 年版，第 18—19 页。

② 蔡谦：《近二十年来之中日贸易及其主要商品》，商务印书馆 1936 年版，第 22—23 页。

③ 〔日〕華北交通株式會社青島出張所：《青島開港以來ノ山東省ノ經濟的發展》（謄寫本），1939 年版，第 44 页。

为此胶海关海关报告曾预言：　"将不数年，由印度进口之棉纱恐堕落无遗"。①

日本火柴最早自 1894 年开始输入山东。1898 年日本火柴的输入额为 130 万罗，1906 年后火柴输入集中于青岛口岸。1909 年日本输入山东的火柴总数达 670 万篓，而同期欧洲火柴的进口量则从 140893 罗下降至 171 罗，日本对山东的火柴输出量约占其对华出口总量的 20%。② 在德占胶澳末期的 1913 年，日本输入青岛的火柴达 700 万篓，其中大部分经由青岛输往济南，然后再由济南分销内地。此外，日本烟草的进口也逐年增加，并对英美烟公司的销售构成了有力的竞争。1915 年前后，由于日本卷烟的进口以及中国自制卷烟销量的增加，英美烟公司在济南的月销量由原先的 700 箱减至 500 箱（每箱 5 万支）。③

自 1904 年胶济铁路全线通车后，日本商品的影响便经由铁路扩散至沿线各商品集散市场。当时周村输入的日货主要为火柴、棉纱、棉布、海产品以及肥皂、毛巾、钟表等杂货。火柴全部由日本输入，价值达 10 余万银两；棉纱、棉布大部分亦为日本制品，1905 年输入额约有 200 万银两之巨；杂货输入约 30 万两，虽然"大半是由广东方面输入的仿制品"，但日货也占相当比例。另一集散市场潍县的情况与周村相仿，当地市场棉纱全年输入额约为 200 余万银两，全部为英美两国及日本制品；日本制造的火柴，全年输入额约 10 万银两；此外，"花布被面等，与山东其他各地相同，几乎都是日本制品，需要颇大"。④

在土货出口方面，日商主要从事花生、桐材、棉花等农林产品的出口。花生是近代山东对外出口的重要农产品。1909 年德国商人首次从青岛将花生装船运往欧洲，在这之后，德、日两国洋行便通过买办和行栈从内地购进大批花生，转运国外。"德商中经理此业者，首推禅臣、捷成、美最时、礼和、瑞记、锐记等洋行，每年经理输出之额，各达数万吨。"日商经营花生出口业的为三井、汤浅两家洋行，但在德占时期，其输出额

①　《宣统三年通商各关华洋贸易总册》胶州口，1912 年刊，第 43 页。
②　〔日〕華北交通株式會社青島出張所：《青島開港以來ノ山東省ノ經濟ノ發展》（謄寫本），第 47 页。
③　〔日〕滿鐵東亞經濟調查局：《經濟資料》第 1 卷，1915 年 5 月 10 日第 2 期，第 68 页。
④　日本外務省通商局：《清國事情》第 1 輯，1907 年版，第 287、289 页。

尚无法与德商抗衡。[①] 1911 年 9 月日本棉花株式会社同时在青岛、天津开设营业所，以日信洋行的名义在内地从事棉花收买业务。[②]

3. 日商在山东经营活动的特点

大体言之，日本商业资本在山东的早期经济活动呈现出以下几个特点。

（1）19 世纪末，日本在中国投资和工商业活动的地理分布，以东北、上海为中心，上海以外的商业经营活动，则集中在天津、汉口和厦门。1897年日本对华投资总额约 30 万日元。[③] 这一时期，烟台日商及其经营只占极小的比重。德占胶澳和胶济铁路通车后，日侨和日商的活动开始转向青岛、济南两城市，但人数和经营活动规模都不及烟台。民国初年，日本在华经济势力迅速扩大，尽管经营实力尚不如欧美商人，但是扩展势头却远过于后者。到 1913 年 11 月，日本在华大小工商业户已达 1329户，从业人员 80562 人，户数和从业人数超过了英、俄、德、美、法 5国企业数（1301 家）和人数（69670 人）的总和。[④] 就山东而言，日侨和日商主要集中在烟台和青岛两地，约占总数的 84%。参见表1—10、表1—11。

表 1—10　　　　　　　　1906 年山东各地外侨人口统计

地区 ＼ 国别	日本	美国	英国	德国	法国	俄国	其他
烟台	569	124	141	25	60	20	53
青岛	197	约 6	约 10	1225	4		20
威海	50	—	118	—	2		3
内地	56	约 90	约 40	约 260	34	—	约 30

资料来源：〔日〕外務省通商局：《清國事情》第 1 輯，1907 年 11 月版，第 171页；按德国侨民数不包括同期在青岛的驻军人数。

---

① 陈训昶：《山东之花生业》，《农商公报》第 5 卷第 10 册，1919 年 5 月 15 日第 58 期。

② 〔日〕日綿實業株式會社：《日本綿花株式會社五十年史》，1943 年版，第 214 页。

③ 〔日〕小林義雄：《日本對支投資の沿革》，《東亞研究所報》，1941 年 8 月第 11 期，第 54页。

④ 《支那ニ於ケル外國商人》，见《支那新聞翻譯通信》，1913 年 11 月 25 日。

表 1—11　　　　　　　　　1912 年年末山东日侨人口统计

地　区	户　数	有职业者	兼业者	家　眷	人口总数
烟台	117	200	9	429	638
青岛	52	106	1	205	312
济南	25	41	5	79	125
威海	7	17	1	30	48
合计	201	364	16	743	1123

资料来源：吉田豐次郎：《山東省視察報文集》，1913 年 12 月版，第 142—148 页。

尽管日侨和日商是在日本对华侵略的大背景下来到山东，但是在早期这种活动的展开具有一定的自发性，大部分日侨与其政府并无直接关系，就移民目的而言，他们一部分是为谋利而来，一部分是为谋生而来。比较而言，谋生而来者占了大多数，大部分属于社会下层，谋生手段主要是靠从事服务业、手工劳动和经营零售商店，甚至有不少妇女从事皮肉生涯。就谋利而言，真正具有资本实力、从事大宗商品贸易的商行为数极少。

（2）日本在山东的经济活动大都集中在航运贸易方面，工业投资还只是零星试探性质。在烟台、青岛等城市，随着日本侨民人口的缓慢增加，日商人数和经营门类虽然有所扩大，但仍以经营服务业和杂货铺生意的小商人居多，真正有实力的大商人和商行为数甚少。一般商行店铺多以初级产品和日用杂货为经销对象，经营范围限于消费品。与日侨社会的封闭性相关联，小商人和服务业大多以日人为服务对象，具有一定的封闭性。

20 世纪初，日商资本开始在工业领域进行试探。当时烟台缫丝业曾兴盛一时，有缫丝工场 34 家，其中"华泰号"虽名义上为美国资本开设经营，但所属缫丝工场实际为三井洋行所有，其规模在各家丝厂中是最大的，平均使用缫丝工 600 人以上。1902 年 10 月上旬（一说 1903 年），日商小达与吉达祥达洋行的名义在烟台开设小达铁工所，以修建船舶为业。当时工厂使用的几座厂房系租借，厂内所用机器、原料统由日本输入，共有锻造熔炉 2 座，车床 3 台、钻床 2 台、刨床、冲床各 1 台，设备已能建造 300 吨的船舶。1903—1904 年，工厂有日本技工 21 人，华工 20—30

人。迄于 1904 年 2 月，铁工所累计修理日本船 10 艘、外国船 30 艘，另外还为当地缫丝工厂修理机械和器具。①

（3）在烟台开埠初期，日货因缺乏适销性，在山东基本没有市场。日货真正大量进口是在甲午战争之后，尤其日俄战争之后，而这一时期由于日商势力薄弱，大的商行只有为数几家，因而对贸易的参与程度并不高。在对日贸易总额与日商贸易额之间存在着很大的差距，这一差距实际是由华商贸易所造成。在进出口贸易上，除三井洋行外，其他日商洋行很少使用买办，他们的经营活动更多的是与华商行栈打交道，通过华商行栈从事土产收购和日货推销。不仅如此，在进出口贸易中日商的地位也远不如华商重要。

四　日资银行的经营尝试

外国资本在华贸易经营需要有金融业与之配合。第二次鸦片战争后，外国金融资本陆续在中国沿海通商口岸建立起一批银行和金融代理机构。1863 年英国汇丰银行成立，不久便成为外国在华最大的金融机构。1889 年德华银行在上海成立，同一时期，美、法、俄等国银行也相继在华设立了银行机构。后起的资本主义国家日本，为了争夺市场，也加速向中国金融市场扩张。1893 年日本横滨正金银行在上海成立办事处，成为最早在华设立金融机构的日本银行。该行于 1879 年成立于横滨，起初为经营贸易金融与国际汇兑的专业银行，资本 500 万元，其中有政府资本 200 万元。随着外国银行在华业务的扩张，其金融资本活动的触角也延伸到山东沿海城市。自 19 世纪末起，英、美、德、日等国金融资本相继在烟台、青岛、济南、龙口等城市设立银行分支机构或代理机构，开办各项金融业务。

烟台开埠初期，对外贸易多以现金（白银或银圆）作为结算手段。后来随着贸易规模逐年扩大和贸易业务量增加，现金结算的形式渐渐不能

---

① 〔日〕递信省管船局：《東洋各港造船事業狀況》，1904 年 10 月版，第 200—202 页；〔日〕横濱稅關：《清國芝罘威海衞旅順口清泥窪牛莊膠州及上海視察鞭告》，1904 年 4 月版，第 54 页。

适应贸易的发展。为了加快进出口货物的结算，外国商行开始通过上海、香港等地银行，办理烟台与国内沿海各口岸以至国外的汇兑清算业务，而一些大洋行则借助同散布各口岸分行、代理处之间的联系，自行开办金融汇兑业务，将其作为进出口贸易的一个部门来经营。1876 年，英国汇丰银行第一个在烟台建立起代理处，其业务由太古洋行代理，主要从事与贸易相关的汇票交易。到 19 世纪末，在烟台开设代理处的已有汇丰、麦加利、有利、法兰西、横滨正金、彼得堡国际、俄华道胜 7 家银行。但是除了道胜银行办理定期存款、开设往来账户、发放有息贷款等一般银行业务外，其他银行的代理处多寄附在某个洋行内，日常业务仅限于汇兑交易。[1] 20 世纪初，在烟台经营航运和纺织品、砂糖的太古洋行，经营航运及草辫、丝绸业的和记洋行，经营航运的捷成洋行、士美洋行，都通过与银行的关系兼营金融保险业，并与各口岸洋行之间有着广泛的票汇交易及结算业务。

　　在法、俄等国银行之后，日本银行也开始在山东寻机开设分支机构。1897 年，正金银行在烟台设立了代办机构。1900 年春，日本东京第一百银行曾派人到烟台筹设代理机构。[2] 在此前后三井银行也曾在烟台开办过金融业务，但是，这两家银行维持的时间都极短暂。1904 年 6 月，正金银行在烟台正式成立营业所。营业所的设立与日俄战争期间日本在东北地区大量发行军用票有直接关系。当时日本为了应付在东北地区的庞大军费开支和各项地方费用，授权其军事机构发行军用票，发行总量达 1.5 亿元。烟台因与辽东地区经贸联系密切，故有大量军用票流入本地市场。鉴于"当地在维持军用手票声誉和支付军需品价款等方面乃军事上的重要地方"，日本政府曾要求正金银行在烟台开设营业所，[3] 而这一要求恰与正金银行扩张在华业务的欲望一拍即合。

　　烟台营业所成立后的首要业务就是受日本政府的委托，与牛庄、天津等支店一同用日币兑换回收军用票，截至 1906 年 7 月，上述地方的日本银行收回军用票所支出的日币共 19114 万元。[4] 清理兑换军用票的目的，

---

① Decennial Reports, 1892 – 1901, Chefoo, Vol. I, p. 71.

② 〔日〕東亞同文會：《東亞同文會報告》第九回，1900 年 7 月版，第 28 页。

③ 傅文玲编：《日本横滨正金银行在华活动史料》，中国金融出版社 1992 年版，第 23 页。

④ 雷麦：《外人在华投资》，1959 年版，第 332 页。

在日本国会军票委员会议事记录中说得很清楚，就是"在不知不觉之间变军用票为正金钞票"，"使满清中国官民永远在事实上承认正金纸币之流通"，而兑换收回的结果也确实造成日币大量进入中国金融市场。[①] 自1906年正金银圆券流入烟台后，不仅在口岸市场流通量逐年增多，甚至在牟平、龙口、莱阳等地也有流通。据1913年调查，烟台流通的正金银钞市价1元折银圆7角以上，流通量约25万元。[②]

正金钞票还用作东北与关内的汇兑媒介。横滨正金银行为了使其钞票易于流通，扩大发钞范围，规定凡持有该行钞票南北汇兑者，不论金额大小，一概免收汇费。如果需要从烟台向辽东地区汇款，或者相反，从辽东汇往烟台，汇款人可将手中各种货币兑换成正金钞票，而后通过横滨正金银行或其他日本银行办理。因此，在烟台、大连等货币交易所，每天都有大宗正金钞票与烟台、上海、天津等地货币买卖交易。

日俄战争后，随着时势和银行在华业务的变化，正金银行不断调整在中国各地的营业布局，新开和停闭了一些营业所。烟台营业所原是"以维持日本军用票的声誉为主要目的，并根据政府的要求而设立"。但是，战后该营业所的普通银行业务并没有多大发展，另外在该地的日本商人也为数不多，港口贸易受制于青岛，与贸易相关的银行业务前景远不如青岛，在这种情况下，正金银行不得不于1909年9月关闭营业所，从烟台撤出。

在这之后，俄华道胜银行烟台代理处升格为支行，直属上海总行管理，成为烟台最大的一家外国银行。凭借雄厚资金和广泛的金融业务，道胜银行博得烟台外商的青睐，洋行经手的大宗商品交易大都通过该行办理汇兑。民国初年，道胜银行的年汇兑额高达500万两。以低息吸收社会各种存款，转而高利贷出，是烟台道胜银行积累资本、扩大业务规模的重要手段。道胜银行的活期存款仅限于50—2万两的大额存款，该行定期存款年息4分，贷款利息则为7—9分，而且须以货物作抵押担保，贷款的折

① 傅文玲编：《日本横滨正金银行在华活动史料》，1992年版，第34页。按1902年正金银行即开始在牛莊、大連发行以日本银圆为本位的银圆券（正金银钞），1906年9月，日政府正式授权该行发行银圆兑换券，并在大連等地强制流通。1913年该行又发行金币，在東北三省无限制流通。

② 山东省地方史志编纂委员会编：《山东省志·金融志》，1996年版，第115页。

扣率为 70%—90%。① 由于外国银行对存款人身份严格保密，信用高且风险小，故常能吸收到当地官、商存款。

烟台营业所关闭后，正金银行将发展方向转向青岛。青岛开埠后，很快便取代烟台成为外国银行理想的立足地。1898 年德华银行在青岛设立支行，并长期垄断着租借地的金融业务。继德华银行之后，1912 年汇丰银行、麦加利银行、俄华道胜银行也相继在青岛设立支行或代理处。1913年 7 月，横滨正金银行董事会鉴于当时日本与青岛之间贸易的发展，决定在该地设立一小型营业所。同年 11 月，营业所正式在青岛成立。当时"日本人在青势力单薄，对日贸易方面日本人的势力根本不值一提，大部分为外国（德国）人所左右，外汇业务为外国银行所把持。自该行设立营业所后，对公对私都积极支持日本人的经济地位，致力于调节外汇行市，奖励对日贸易等。"② 三井、岩城等大洋行在经营进出口业务时，都曾获得正金银行的资金支持。但是当时正金银行势力和金融业务尚无法与德国银行相比。

在正金银行设立青岛营业所之前，日商还在龙口开设了一家合资银行——龙口银行。龙口银行成立于 1912 年 3 月 10 日，由日商田中末雄发起，与中国绅商王惠堂、张余三等人投资 3 万元开办。当时日人图谋将其势力自山东至东三省连成一片，由于青岛处于德国势力范围，所以设总店于龙口，作为联络山东与东三省的枢纽。龙口银行起初经营大连与山东间的汇兑业务，并代办钱票、军票发行业务，所发钱票、军票不仅充斥本埠，而且流通于黄县、招远一带。③ 当时龙口市面只有华商钱庄八九户，交通、山东、中国等银行的纸币均不能流通，唯俄国卢布和日本纸币流通广。1913 年，该行在大连设支店，以联络东三省汇兑为主，并在日本"关东都督府"的特别保护下做期票买卖，于是业务日渐兴盛，成立后不到一年，银行资本金便增至 10 万元。

综观日本银行在山东的早期活动，其业务主要是从事军票整理、发行日钞以及承揽洋行商业汇兑，在服务于日本在华政治军事需要的同时，为

---

① 〔日〕外務省通商局：《在芝罘日本領事館管内状況》，1921 年版，第 49 页。

② 水野天英：《山東日支人信用秘録》，1926 年版，第 458 页。

③ 〔日〕東亞實進社：支那研究業書第 8 卷，《支那の金融》，1918 年版，第 132 页。

日本洋行进出口贸易提供服务。日俄战争之后，日资银行业务重心逐渐移到商业贸易领域，活动触角扩展到越来越多的经济领域。尽管当时尚没有开展大宗存贷款业务和参与工矿业投资，但是通过发行货币，日本银行已成为影响商品市场和金融市场的重要因素。

五　山东旅日华商的商贸经营活动

1895—1904 年 10 年间，山东口岸的对日直接贸易额上升至 383.5 万海关两，显然，当时烟台、青岛口岸的日商资本实力和经营规模，尚不足以支撑这样的贸易规模。也就是说，相当部分货物贸易的经营商或经手人实际不是日商，华商在其中起着至关重要的作用。这一时期，烟台对日贸易大部分掌握在当地华商和旅日侨商手中；同样，青岛港的对日贸易，"十有八九属于青岛或神户的华商、德商经营，日商不能参与其中"。① 1908 年后，虽然三井、汤浅等洋行在棉纺织品和土产贸易中的经营比重大幅上升，但在杂货等诸多商品贸易领域仍无法取代华商。1913 年，日本农商务省官员太田世雄在调查青岛贸易状况后曾说：大阪川口旅日华商对上海、天津、汉口的输出贸易权已转入日商之手，但是由华商经营的对青岛的日货输出，仍然十分兴盛活跃且有发展。② 这一状况的形成源于通商口岸华商实力的增强，同时也与旅日华商的贸易经营活动息息相关。在近代日本对华贸易中，旅日华商的活动具有极为重要的意义，而华商在日本的创业发展又可上溯至日本开港时期。

早在日本幕府时期，中国商人就已渡海到长崎从事商业贸易，向中国出口海参、干鲍、海带等海产品。在幕府末期的庆应二年（1866 年），神户设置了外国人居留地。1867 年 5 月，神户与大阪同时开港，实行对外开放。两地开港后，为中国沿海商人提供了向海外发展，拓展贸易经营的绝佳契机。面对这一契机，华商做出了相当积极的反应。嗣后，闽、浙、粤、鲁等省商人便开始渡海到日本经商，活跃于对日贸易的各个领域。与此同时，早先在长崎经商的华侨商人也开始移居大阪，除了面向本国输出

---

①　田原天南：《膠州灣》，1914 年版，第 540 页。

②　《青岛商慣習》，见《大阪朝日新聞》，1914 年 4 月 1 日。

日本海产品之外，还从事日本火柴、棉织品、阳伞的出口及砂糖、大豆、杂货的进口，成了大阪当地欧美商人和日商强有力的竞争对手。但是在 1871 年中日通商条约之前，华侨在日本一直处于无条约国国民地位，商业活动只能依据旧的惯例进行。

从 1880 年代到甲午战争前，侨商人数一直呈逐年增长之势。旅日华商商号 1880 年为 102 家，1885 年为 139 家，1890 年达 305 家。从地域上看，华侨商人集中在神户和大阪，而同期欧美商人则集中于横滨，其次才是神户和大阪。由于华侨商人在神户和大阪商贸活动的发展，两港与中国的贸易关联性很强，欧美商人在两港的活动因此也不如在横滨那样有利。①

侨居日本的华商按乡籍分为广东帮、福建帮、三江帮和包括华北、东北商人在内的北帮，而当时北帮中人数最多的为山东籍商人。广东、宁波商人多集中在长崎、横滨，山东商人则多集中于神户和大阪两地，另外，在长崎、横滨也有少数山东商人居住经商。据 1889 年日人调查，长崎至少有 4 家山东人开设的商号，即经营杂货业的东和盛、长发号，经营面粉业的同和号以及经营客栈的鸿昌号。② 1891 年 2 月，日商南次三郎、酒井龟吉曾一次向长崎山东籍行栈洪盛福号订购豆饼 25 万斤，货值 4375 银圆，"约期银货两交，略不拖欠"。③ 旅居日本的山东商人实际是以烟台商人为主体的胶东商人，后来其来源扩大至青岛和济南。烟台、青岛的行栈商人与旅日侨商声气相通，或委托旅日华商行栈，或派人寄居于侨商开设的行栈中，以设立"外庄"（"站庄"）的方式，从事日货进口和土产出口。

从 1880 年代到 1910 年代初，是山东旅日华商发展最盛的时期，输往烟台的日本商品十有八九系通过侨居大阪、神户的华商之手，如在烟台所见的日本纺织品销售，悉为华商杂货行栈经营。当时除瑞蚨祥外，烟台没有专门从事纺织品经营的商号，经营商家一般要同时兼营柞蚕丝出口或其他杂货买卖，大商号在上海、大阪、神户设有分号或外庄，他们不需借外

---

① 梅村又次、山本有造：《日本经济史》3，《开港与维新》，三联书店 1997 年版，第 191 页。

② 町田實一：《日清贸易参考表》，東京，1889 年 9 月。

③ 《申报》1891 年 4 月 10 日（光绪十七年三月初二日），"蓬岛樱云"。

商之手，而是自行经营输出入。烟台商人和内地商人采购外货，主要通过瑞蚨祥、万盛栈、裕盛号、丰裕号、双盛泰、同泰和、西盛永、生城同、西公顺、阜丰兴、盛和昌等商栈，他们既很少购买外商直接输入的商品，也不愿看到外商在烟台自行经销外货。在这种情况下，日商开设商行来直接推销商品的做法往往困难重重。1890 年代末，曾有日商输入日货在烟台试销，结果受到当地几家华商会馆组织的联合抵制，使日货推销归于失败。① 因此，当时烟台直接经营纺织品贸易的日商除三井洋行营业所外，其他概不多见。

其实，华商不仅是日商的竞争对手，而且也是欧美商人的竞争者。华商竞争地位的确立，经历了一个前后有别的变化过程。开埠之初，烟台港的贸易大部分在外商的掌握之中，主要商品的进出口贸易都要经由外商之手，故价格为外商所左右，华商全然只能充当中间人的角色，经营中介业务。但是华商通过参与贸易经营，力量慢慢壮大，逐渐在许多领域争得了优势地位，将相当部分的对外贸易掌握在自己手中。到 1896 年时，烟台"洋商生意专在草辫、丝、煤三宗，其余均归华商生意"。② 第二年，烟台海关报告对华商的发展及贸易地位曾给予这样评述：

> 本口贸易，几为华商独占，而洋商生意年少一年，设非有洋煤厚利，则本口洋商将见减少。本关征收税课得洋商者，除船钞外，每百分几不及五分。③

在这一贸易格局之下，烟台港不同于国内其他口岸的一个特殊之处，是华商的直接对外贸易经营异常发达。一方面，他们与上海、香港的进出口商直接交易，不再经本港外商代理；另一方面，资本实力雄厚的商栈或在日本、朝鲜、海参崴设立分号，或在日本派驻外庄，通过与分号外庄的联系，不经日商代理，直接经营输出入贸易。到 1900 年前后，除了缺乏资本和经验的轮船航运、保险、银行及某些特殊商品（如发网、花边、

---

① 〔日〕東亞同文書院：《支那經濟全書》第 11 辑，1909 年版，第 743—746 页。
② 海关总税务司：《光绪二十二年通商各关华洋贸易总册》烟台口，1897 年刊，第 7 页。
③ 海关总税务司：《光绪二十二年通商各关华洋贸易总册》烟台口，1898 年刊，第 8 页。

丝绸、煤油等）外，烟台一般贸易大部分已落入华商之手。[1] 正是在这样的条件下，华商的对日贸易业务日益扩大，交易极为活跃，许多日货须经华商之手才能进入口岸市场。

1894 年中日甲午战争期间，旅日侨商因战衅已开，在日本的贸易经营难以为继，遂纷纷回国，致使华商实力减弱。战后，华侨商人陆续返日，重整旧业，渐渐恢复商贸经营，但是因"昔日商权半入外人之手"，实力已不如前。[2] 直到 1900 年前后，随着北帮华商向大阪的聚集，侨商经营活动才重新活跃。

最初到大阪经营贸易的华商大部分为广东、福建商人，另有少部分上海商人。1897 年后，旅日华商的地域分布格局发生了极大变化。原先居住于大阪的广东、福建和上海商人大部分迁往神户；相反，原先侨居神户的北帮华商则鉴于大阪已成为对华输出品的一大制造基地，京都、和歌山、岐阜、爱知等地对华贸易商品也多由大阪输出，因而相继迁往大阪营业。1899 年，大阪商船会社开通了日本通商口岸与渤海湾沿海港口的航线，渤海湾通商港口与日本的航运贸易迅速上升，从而吸引山东、天津等地一批新商人东渡日本，在大阪设立专门代理华商贸易业务的商栈，接纳国内来的客商，自营或代理各种日货和土产进出口贸易。于是形成了北帮商人集中于大阪，而南帮商人集中于神户的新格局。山东商人选择大阪，既有大阪为棉纺织品及杂货的生产集散中心，采买便利，与中国北方港口之间有固定航线，海运便捷等方面的原因；更为重要的是，大阪华商行栈能为国内商人提供周全的服务。

1910 年，在大阪共有北帮商号 27 户，其中山东商人 17 户（见表 1—12），天津商人 5 户，哈尔滨商人 2 户，营口，仁川、北京商人各 1 户。另外，在神户还有 1 户（原为 2 户）北帮商号。[3] 当时山东帮商号在大阪主要经营棉纱、棉布、火柴及杂货的采购输出业务，同时组织山东丝织品的对日出口。

---

① 〔日〕外務省通商局：《在芝罘日本領事館管内状况》，1921 年版，第 31 页。

② 〔日〕農商務省商務局：《对清贸易ノ趨勢及取引事情》，1910 年 8 月版，第 17 页。

③ 同上书，第 24—25 页。

表 1—12　　　　　　　　　　大阪山东商人开设商号一览

商　号	经　理	总号地址	自日本采购商品	对日输出商品
东顺泰	丛良弼	烟台	火柴、棉纱、杂货	柞蚕丝
丰泰仁	贺俊臣	烟台	火柴、棉纱、杂货	丝织品、柞蚕丝
中和盛	原福堂	烟台	棉纱、棉布、火柴、杂货	柞蚕丝
中顺盛	高廷臣	烟台	棉纱、棉布、火柴、杂货	柞蚕丝
中盛恒	王松坡	烟台	棉纱、棉布、火柴、杂货	
同泰和	王大华	烟台	棉纱、棉布、火柴、杂货	柞蚕丝
元复号	李溥汝	烟台	棉纱、棉布、火柴、杂货	柞蚕丝、草辫
双盛泰	赵巨川	烟台	棉纱、棉布、火柴、杂货	柞蚕丝
聚盛长	孙鹏九	烟台	棉纱、棉布、火柴、杂货	
万盛栈	单雨亭	烟台	棉纱、棉布、火柴、杂货	柞蚕丝
复和栈	李书堂	青岛	棉纱、棉布、火柴、杂货	
万顺恒	郝茂林	烟台	火柴、棉纱	柞蚕丝
文成栈	唐文光	烟台	火柴、棉纱、棉布	柞蚕丝
会复号	焦鼎臣	烟台	火柴、棉纱、棉布	柞蚕丝
泰生东	张武卿	青岛	火柴、棉纱、棉布	柞蚕丝
协茂栈	刘树栋	烟台	火柴、棉纱、棉布	
丰豫号	孙元福	烟台	火柴、棉纱、棉布	柞蚕丝

　　资料来源：〔日〕農商務省商務局：《封清貿易ノ趨勢及取引事情》，1910 年版，第 31—32 页。

　　1910 年，天津、烟台籍华商在大阪发起成立北帮商业会议所，1916 年会议所按日本社团法人法律改组为中华北帮公所。大阪北帮商人基本属于国内总店派驻的站庄或分庄性质，不仅经营人员经常更换，而且住栈商人数也随季节和商况而增减。从事贸易业的北帮商人按所经营商品分为三类，即棉纱布商、杂货商、杂货与棉纱布兼营商。此外，还有客栈商、运输商等。①

------

　　①　滿鐵東亞經濟調查局：《經濟資料》第 14 卷第 3 號，《在留支那貿易商》，1928 年版，第 3、47 页。

通常，烟台有实力的华商或在日本大阪川口派驻外庄，自行接洽贸易业务；或委托旅日华商行栈代理购销，由行栈行使代理商的职责。20 世纪初，在日本长崎、神户、横滨、函馆以及朝鲜仁川设立分号或代理店的烟台商栈有大成栈、西公顺、同和成、同豫源、丰裕盛、震盛兴、成和昌、洪顺源、盛建隆、展太滋等。当时华商不仅掌握着北海道海带的输入贸易，而且自日本输入的大米多半也由华商经营，另外，日本煤的进口则为合顺泰控制。在大阪派驻外庄的商号有益生东、中盛栈、长盛东、同大和、双盛泰、阜丰兴、万盛栈、万顺恒等，其中双盛泰、万顺恒都是当时烟台最著名的大商栈。大成栈、西公顺、盛建隆、双盛泰、震兴、福兴、瑞盛、双顺泰、万盛恒以及宁波行栈商合顺号、广东行栈商顺泰号，大都有着 20 年以上的经营历史，在烟台属于实力最强的行栈商。[1] 1906 年前后日人再次调查时，上述商栈中的大部分仍是"营业稳固，信用深厚"，依然为当地首屈一指的巨商。[2]

输往烟台的日本商品，十有八九是由这些侨居大阪、神户的山东商人经办。集中于大阪的山东商人，其经营方式与南方商人不同，南方商人以商号店铺经营为主，而山东商人多以开设行栈的方式从事经营。与这一经营模式相对应，烟台、青岛经营贸易的行栈商通常在旅日华商开办的行栈派驻商人，设立外庄（"站庄"），从事日货进口和山东土产的出口。这一时期大宗日本棉纱、棉布、火柴的进口，有相当部分是由华商通过这种方式代理进口。侨商或外庄按照烟台总号的订货单，在大阪工场或市场采购货物，由于采购量大，其采购价格往往要比当地日商的采买价格还低。[3]而大宗贸易所产生的汇兑承付业务，则经由上海转汇。

大阪行栈商原指经营贸易代理业的商行，在日中贸易中居于十分重要的地位。他们与国内行栈有着密切的资金和业务关系，其职能一是为旅日华商提供寄住寓所，并为住栈商人提供借贷、担保、托运等贸易上的便利；二是自己经营行栈代理业，为国内各地的商家采买棉纱布和杂货。在行栈寄住的商人绝大部分为北帮商人，几乎没有南帮商人。小行栈一般有

---

① 〔日〕外務省通商局：《清國商況視察復命書》，1902 年 7 月版，第 125—126、138 页。

② 〔日〕東亞同文書院：《支那經濟全書》第 7 輯，1909 年版，第 191 页。

③ 〔日〕外務省通商局：《内外商取引上注意すべき慣習其他に関する調査》，1911 年版，第 60—61 页。

客商十数人，大行栈寄寓客商多至五六十人。行栈经理从国内总店资东中选出，两年回国一次，向国内资东报告经营情况，同时调查国内市场需求以及住栈商本店的信用状况。行栈经营者中有不少是"日本通"，日本厂商往往根据行栈的实力和信用与驻栈商交易。

如前所述，甲午战争前，华商在日本经营的日货主要为海产品、煤炭和杂货三大类，即使到战后，这三类日货的进口额也仍占重要地位。从长崎、神户、横滨、函馆输入海产品的行栈主要有大成栈、西公顺、裕盛、成和昌、永来盛、同德等，而在烟台通过与侨商做对手交易，经销日本海带的商号则有隆茂、成春德等近 10 家。[1] 战后 10年间，随着日本产业发展的加快，工业品竞争力的增强，华商经营的日货转以棉纱、火柴为主。当时烟台进口业中最重要的华商有 11 家，他们通过在上海、大阪、神户设立的分号、站庄，不假外人之手，直接自营进口，尤其是大宗输入的日本棉布与火柴，几乎全由华商经手输入。[2]

在土货出口方面，尽管因山东物产资源与手工业生产与日本固有产业有一定的趋同性，出口项目和规模一直难以扩展，但即使如此，华商在这一领域也不是毫无作为。1898 年烟台向日本输出丝 32970 斤，其中万顺恒一家输出量即达 23000 余斤，其余部分也全部由经销日本杂货的华商输出。[3]

20 世纪头 10 年，在烟台从事日货（主要是杂货）销售的日商只有三四家，而华商则有数十家（见表 1—13）。日商直接从日本国内购运货物，而华商通常是经由大阪、神户旅日华商之手来采购。华商到日本采购货物，除个别例外，同一商品（如火柴、杂货）经由旅日华商行栈购入，华商的定价要低于日商，各项费用也比从日资商号进货节省。因此华商在日选购商品，除个别口商专卖品外，一般均从旅日华商处进货。[4] 结果，一方面日货进口逐年增加，火柴市场为日货独占，16—20 支日本棉纱也几可与英印棉纱相抗衡；另一方面大宗日货的进口实际基本由华商经手和

---

① 〔日〕農商務省水産局：《清國水産販路調查報告》，1900 年 6 月，第 58—59 页。
② 〔日〕東亞同文書院：《支那經濟全書》第 11 輯，1909 年版，第 745—746 页。
③ 〔日〕農商務省農務局：《清國農業視察復命書》，1898 年版，第 145 页。
④ 日本外務省通商局：《清國事情》第 1 輯，1907 年版，第 471—472 页。

控制。

日俄战争结束后，随着日本国力的增强，日商在海外的贸易经营逐年增长，而在日本通商口岸经营多年，以对本国贸易为核心业务的侨商，却因国内政治动荡而蒙受经营损失。民国初年，内外形势对旅日华商的竞争压力愈益沉重，经营实力不断受到削弱，经营出现逐渐衰落的趋势。

表 1—13　　　　　　　　烟台经营对日贸易华商一览表　　　　　单位：千两

商　号	商　帮	资　本	经营业务	贸易范围
大成栈	山东	800	行栈、海带、糖、豆货	日本、朝鲜、广东
双顺泰	山东	100	杂货	日本、朝鲜
西公顺	山东	80	行栈、海带	日本、朝鲜
万顺永	山东	200	纺织品、粮食	日本、朝鲜、海参崴
瑞盛	山东	50	杂货	朝鲜
同和盛	山东	40	行栈	日本、朝鲜
裕盛	山东	50	油房、海带	日本、海参崴
裕顺	山东	30	行栈、油房	日本
成和昌	山东	30	行栈、海带、铜	日本、海参崴
恒茂	山东	20	行栈、海带、铜	
四合	山东	20	行栈、海带、铜	
源茂	山东	20	行栈	
顺泰	广东潮州	500	杂货、煤炭	日本、朝鲜、海参崴
广德	山东	10	油房、海带	海参崴、朝鲜
德成广	广东	30	油房	
北公顺	山东	30	行栈	朝鲜
谦益丰	福州	数十万	钱庄	
兴来盛	山东	20	杂货	日本、朝鲜
裕盛栈	山东	20	行栈	日本、朝鲜
丰同豫	山东	15	行栈	日本、朝鲜
合顺	浙江	10	粮食、煤炭	日本
永兴和	山东	15	行栈、砂糖、海带	海参崴

商　号	商　帮	资　本	经营业务	贸易范围
源丰	山东	10	行栈	日本、朝鲜
顺成和	广东	10	行栈	
丰盛	广东	10		日本、朝鲜
源盛	山东	10	行栈、丝绸	日本
同源	山东	10	行栈、海带	海参崴
永来盛	山东	10	行栈、海带	日本、朝鲜
北大成	山东	10	行栈、海带	
同顺成	山东	10	行栈	日本
恒泰兴	山东	8	杂货	朝鲜
源兴顺	山东	7	行栈	日本、朝鲜
震兴	福州	6	杂货	日本、朝鲜
信昌	山东	5	钱庄	
和成泰	山东	20	行栈、粮食、草辫	日本
东盛	山东	10	行栈、衣服	朝鲜
洪永盛	山东		杂货、海带	
隆裕	山东	7	行栈、海带	海参崴
同德	山东	8	行栈、海带	日本、海参崴
隆盛德	山东	5	粮食	日本、朝鲜
金生成	山东	5	行栈	日本、朝鲜
增顺	山东	5	行栈、煤炭	朝鲜
和成兴	山东	5	行栈	朝鲜
润生	山东	2	小行栈	朝鲜
成福	山东	5	小行栈	
德顺	山东	5	行栈	朝鲜
聚盛	广东	5	行栈、油房	朝鲜
广和成	山东	4	行栈、海带	海参崴
新大广	山东	3		

续表

商　号	商　帮	资　本	经 营 业 务	贸 易 范 围
万元	山东	2	小行栈	朝鲜
成和太	山东	2	小行栈	日本
同泰昌	山东	4		日本
公太泰	山东	3	银、鸦片	
锦成	山东	4	粮食	日本
大元	山东	8	油房	
公源利	山东	2	小行栈	
公顺盛	山东	2	小行栈、代理买卖	朝鲜
永昌泰	山东	2	代理买卖	
公泰成	山东		小行栈、代理买卖	
双盛泰	山东	100	棉花	
裕庆如	山东	10	粮食	
德聚栈	山东莱州	20	砂糖	

资料来源：〔日〕外务省通商局：《清國商況視察復命書》，1902 年 7 月，127—128 页。

　　过去不少研究往往把日商在华经营活动在某个阶段出现的特征和性质，如日商对口岸贸易的控制，日商倾销日货等，作为一种具有普遍意义的判断，用来概括说明早期阶段的情况，而忽视了不同贸易阶段发展特征上的差别和历史特殊性。其实，从当时日商在口岸城市的经营状况看，真正有能力从事大宗贸易的洋行为数不多，具有资本实力的大商行更是只有寥寥几家。与通商口岸的对日贸易额相比，当时日商的资本实力和经营规模，显然不足以支撑起同期对应规模的贸易。这一特点从一个侧面表明当时日商的经营实力还比较弱，日商并非日货主要的进口经销商，相当部分日本商品的贸易要依靠华商来进行。

　　华商的经营活动及其意义，在过去显然被忽略了。实际上，华商在日本开埠口岸开设商号，从事商贸经营的时间不晚于日商来华经商，以山东而言，甚至要早于日商。1880—1910 年代初期，旅日华商在对日贸易中实际起着举足轻重的作用，山东商人通过与日本、上海、香港华商的密切联系，在一定程度上控制着若干重要商品的贸易。从日本大阪、神户到上海及山东烟台、青岛、济南等城市，华商有一条完备系统的日本商品的营销网或进出口购销链，华商在这一链条中有极大的自主性和独立性，他们根据国内市场的需求状况、汇率行市和资金周转情况来决定每次的进货，而无须假手日商。这一事实蕴含着以下重要的意义：

其一，无论在国内通商口岸，抑或日本的开埠港口，华商作为一个具备市场开拓意识的商人群体，对当时的市场变化做出了迅速而积极的反应，他们并非贸易条件单纯的被动接受者，而是能为自身经营拓展新领域的主动开拓者。

其二，由于大量日货和土货的进出口实际是由华商组织，尤其是相当部分的日货系由华商组织输入，而这一过程又是华商主动性的经营过程，因此，不应将这一时期的贸易笼统地定性为商品倾销或原料掠夺性质的贸易。同样，这一时期的"日商倾销日货"之说也是难以成立的。

其三，由于华商在早期贸易中所处的主导性地位，华商在国内和日本的发展，促进了华商资本和贸易经验的积累，使之具备了相当的经营势力，从而成为近代早期中日贸易的主导力量，日商在贸易中尚不能对华商取得优势，贸易的消长在一定程度上以华商的经营为转移。

第二章 独占山东政策的实施与
殖民统治的建立

一 占领青岛与权益攫夺

1914年第一次世界大战爆发，日本乘欧洲各国无暇兼顾远东之机，以英日同盟为借口，加入协约国集团对德宣战。英日同盟缔结于1902年，本为英日两国共同防御俄国的军事结盟，其后英日同盟两度延续用以平衡远东局势，特别针对新崛起的德国势力。英日同盟旨在以两国海军优势防止多国共同对英国或日本发动战争，但日本却以这项防御同盟为依据，于1914年8月对无意与日本启衅的德国宣战，这个事实显见日本积极主动参战，借以掳获德国在山东特殊权益的动机。[①]

此时，日本已有明确的山东政策，这一政策充分显露其对山东利权的野心。日本的山东政策从一开始就希望继承甚至扩大原德国在山东的权益，在日本对德国发出的最后通牒案中，第二项清楚要求德国无条件将胶澳租借地交给日本。实施山东政策，最有效的办法就是军事占领胶州湾。实施占领后，日本名义上为中德两国利权转移的中间人，实质却谋求以政治、军事力量迫使中国承认日本在山东的既得利益。

1914年8月8日，日本军舰出现于青岛附近。8月10日，日本向英国要求以同盟资格合作，此时日本攻取青岛已成为必然之事。针对当时形势，北洋政府曾有两种拟议：其一，对德宣战；其二，收回青岛。当时德国为避免给日本以宣战口实，以减轻在远东地区的压力，曾与中国政府非正式讨论将胶州直接交还中国，然而此时北洋政府怯于日本的恫吓，放弃

---

① 林明德：《近代中日关系史》，三民书局1984年版，第59页。

了与德谈判收回胶州湾的拟议。8 月 15 日，日本向德国发出最后通牒，要求德国海军于 8 月 23 日前撤离中国沿海，并将胶州湾租借地移交日本，以备日方日后交还中国。在最后通牒案的日文本中，日本保证胶州湾租借地会于接收后立刻交还中国；但在英文本中，却没有退还的意味，只是暗示以归还胶州湾于中国为目的。①

8 月 23 日日德断交，日本对德正式宣战。鉴于德国在胶州湾沿海部署有强大的海岸火力防御设施，日军决定选择从山东北部沿海登陆从背后进攻德军。9 月 2 日，日本不顾中国中立国的地位和提出的抗议，派遣第 18 师团在山东北部港口龙口登陆，沿途占领城镇，征取人工物料，侵扰当地居民。在相继占领平度、即墨、胶州之后，9 月 14 日其先头部队抵达青岛，开始准备对德军防线发起攻击。与此同时，9 月 23 日，日军又突然出兵占领潍县。在占领潍县车站后，日本驻北京公使日置益曾向北京政府表示，日军只是占领潍县，决不西进。但随后不久，日军又进一步西进，占领济南车站和胶济铁路全线，并在沿铁路线留驻军队。

10 月 31 日，在经过一个多月的战事之后，日英联军向驻青德军发起总攻击。11 月 7 日，德军在海军全部覆灭，陆上防线全线崩溃的情况下，向日军投降。11 日，日军进入青岛。14 日，发布占领青岛宣言，自此开始了长达八年之久的殖民统治。

日军对青岛的进攻战给青岛工商业造成了严重破坏，华商蒙受沉重损失。从 8 月初德日双方备战，青岛工商业即已停顿，中国商家因“消息迟钝，准备不及，且汇兑转运之机关大都握于外人之手，华商所进洋货无从销售，所办土货或因洋商退货不收，或因洋商延期付款”，损失惨重。日军进攻青岛期间，“富室弃产而逃，贫者束手待毙，生命财产直接毁伤于外人炮火之下者不可胜纪”，“工商业完全停顿半年之久”。据统计，因日德战事华商蒙受损失者 1548 户，直接损失达 1912 万余元。②

日本强占青岛后，攫取了德国在青岛及山东的全部利益，并派军队驻扎在胶济铁路沿线各重要城镇，在这些地方行使行政和司法权。1915 年 1

---

① 臼井胜美著、陈鹏仁译：《中日关系史（1912—1926）》，水牛出版社 1990 年版，第 64—65 页。

② 胡光明等编：《天津商会档案汇编（1912—1928）》第 1 册，天津人民出版社 1992 年版，第 621 页；按民国《胶澳志》沿革志所载，青岛华商损失 2000 余万元。

月7日，中国政府照会日本政府，要求撤去日德战争期间在山东划定的中立地带，拆除日军在龙口、张店敷设的轻便铁路，取消1914年9月3日划出的日德交战区域。但是，对于中国政府的照会，日本完全置之不理。即使如此，日本仍不满足于已到手的权益，而要进一步扩张在中国的势力。

1915年1月18日，日本驻华公使日置益代表其政府向袁世凯政府提出旨在独霸中国的"二十一条"，条款共分五号二十一款，第一号为关于山东的内容，计有4款：

1. 要求中国承认日本与德国将来转让山东之一切权益所作的任何协议；
2. 要求中国不得将山东省之土地租借与他国；
3. 要求中国允许日本建造由烟台或龙口连接胶济线的铁路；
4. 要求中国于山东境内开设商埠数处，处所应与日本协定。

所谓德国在山东一切权益，包括胶州租借地、青岛港湾、胶济铁路以及其他两条铁路的修筑权，并包括胶济铁路沿线坊子、淄川、金岭镇的矿权。"二十一条"除要求把德国在山东的铁路权益转让给日本外，并规定中国如自行建造烟台或龙口接至胶济铁路的延长线，须向日本资本家商议借款。而日本要求建筑这一铁路的目的，是要在军事上控制整个山东半岛，以与其控制的旅顺口成掎角之势，以便控制整个渤海湾。从内容上看，二十一条条款是日本企图侵吞中国巨大利权的秘密条约，其侵略性质与对中国内政的干涉达到前所未有的程度，清楚表露出日本对确立和扩大山东权益的野心与决心。

日本提出二十一条条款的时间，可谓完全配合整体战略形势。日本当时已掌握了原德国在山东的各项利权，客观上占有优势；加上列强仍忙于欧洲战事而无暇东顾，且英、法欲借日本势力稳定远东局势和保障自身在华利益，故对日本的扩张有所纵容；另外针对袁世凯称帝的企图，日本以承认帝政为诱饵，威迫利诱袁世凯同意全部二十一条条款。1915年5月7日，日本恐国际势力干预或阻碍中日直接谈判的进行，向中国政府发出最后通牒，并借军队换防增调兵力，以武力相要挟。袁世凯因惧于日本政治军事压力，虽几经谈判讨价还价，最终仍不免屈服。5 月 25 日，在日本的威逼下，北洋政府与日本签署《中日关于山东之条约》及相关附件，除极少部分略作微不足道的修改外，其余大部分条文以及条款原则均按二十一条条款开列的款项予以接受。

1916 年，日本大隈内阁倒台，寺内接手成立新内阁。大隈内阁对华政策以"二十一条"为代表，是一种丝毫不加掩饰的侵华政策，其在华扩张的野心，侵害中国主权的做法，激起了中国社会各界强烈的反抗，导致抗日风潮和抵制日货运动兴起，同时也招致其他列强的不满和非议。寺内内阁上台后，鉴于日本国内经济状况和国际形势的变化，以及中国国内对日本侵略的反应，改变了对华政策的形式，使之变得具有隐蔽性和迷惑性。对华政策转变的特征之一就是将直接的政治攫夺，转变为间接的经济渗透，以经济的手段来达到政治目的。当时财政大臣胜田就曾对寺内说：为日本的利益，经济的开发，"日本不可不着先鞭"①。经济渗透的一个突出特征，就是利用日本国内过剩的资本，对中国实施附加政治条件的贷款，从而扩展在华政治经济势力范围。

当时日本国内经济状况受第一次世界大战影响，对外贸易出现大量出超，国内资本过剩，国内财界皆以对外资本输出为急务，迫切要求对华输出资本。利用投资手段扩大在华权益的"西原借款"，即是在这一背景下产生。日本政客西原龟三是提出对华借款建议和具体联系操作之人。西原借款由日本政府暗中主持，旨在通过对华借款来推动对中国的殖民扩张，以达到"融合中日两国经济浑为一体"，使日本"原料均可仰给于中国，制成品则以中国为市场"，来实现日本所谓"自给自足"的目的。② 借款包括对华兵器借款、参战借款、铁路借款等，共计 2 亿余日元。因有国际银行团的关系，日本政府若单独公然对华大量贷款，必然引起国际间的反对，因此贷款采取以秘密的方式进行，日本政府退到后台。投资机构也另有一番安排，不再以与政府关系直接的正金银行为主导，而是选择台湾银行和朝鲜银行。

西原借款涉及山东的部分为济顺路、高徐路借款。济顺路是自济南西

---

① 王芸生：《六十年来中国与日本》第 7 册，三联书店 1981 年版，第 111 页。

② 同上书，第 135 页。

至京汉路顺德的线路，高徐路是自高密至徐州的线路。早在德占胶澳时期，德国就于1914年从中国取得敷设胶济铁路延长线济顺路和高徐路的权利。1915年日本提出的二十一条条款中，包含了对两条延长线的要求。很显然，日本若取得济顺路借款建筑权，便可控制贯通中国南北的京汉铁路；若取得高徐路借款建筑权，则可控制津浦铁路全路。

1918年9月，日本对北洋政府提出济顺路、高徐路借款要求。北洋政府则要求日本将胶济铁路日兵撤至青岛，作为答应借款的交换条件。9月24日，中日就日兵撤退签订山东问题换文，换文的主要内容为：日本允诺将胶济沿线日军，除济南留一支队外，其余均撤回青岛，并裁撤铁路沿线城市的日本民政署。9月28日，济顺、高徐借款在东京成立换文，借款额2000万日元，由日本兴业银行、台湾银行及朝鲜银行负责贷款事宜。

山东铁路借款占全部已成立的八笔借款的14%，是日本以另一种方式扩张铁路利权，进而扩大在华控制范围的反映。从经济上来说，若修建两条铁路，不仅将使日本在山东殖民权益更加巩固，而且其政治经济影响也将扩展至更广的区域。

二　日本在青岛殖民统治体系的建立

1914年11月13日，日军于进入青岛市区后的第三天，正式接管青岛行政。19日，日军第十八师团司令部发布第一号军令，宣布在青岛实行军政（军管），设立青岛、李村两个军政署，同时宣布租界内原有法规，除与军政抵触者予以废除外，其余仍暂行遵守。在同日发布的军政施行规则规定，军政署设军政委员长，由日军师团长委派和节制，负责军政署日常事务，并可在青岛征收租税和公课。27日，日本天皇命令在青岛成立守备军司令部，由其统辖占领地区各项军政、民政事务，并负责监督胶济铁路及附属矿山的经营管理，维护日本所拥有的特权。

日本守备军司令部所辖的主要军政机关有参谋部、副官部、宪兵队、通信部、经理部、军医部、军理事部、青岛军政署、李村军政署、邮电部、水道部、埠头局、港务部、山东铁道管理部、运输部、防备队、无线电信所等。以上部门除铁道部长外，全由日本军官充任首脑。1916年5

月，青岛、李村两个军政署合并，李村改设分署。①

　　1917 年 8 月，根据日本天皇第 175 号上谕，改军政为所谓民政，日守备军司令部将军政署及分署撤销，改设陆军部和民政部，分管军政民政事宜。陆军部设参谋部、副官部、法官部、经理部、军医部，分管驻军各项事务；民政部下设铁道部、递信部、警务部、总务部及财务部，掌管军队以外的所有行政事项，并辖青岛、李村、坊子三个民政署。② 9 月 29日，日本颁布《青岛守备军民政部条例》，规定自 10 月 1 日起民政部正式行使权力。民政部的设立旨在使日本对青岛的统治永久化，它以青岛为中心，通过李村、坊子分署和张店、济南民政事务官对胶济铁路沿线地区进行控制，权力实际上大于德占时期的胶澳总督府。虽然中国政府曾一再要求日本撤销所设民政机构，但却遭到日本的强横拒绝。

　　为了在青岛实行殖民统治，日本在青岛和胶济铁路沿线维持着一支庞大的常驻军队，兵力最多时计有陆军部所辖 8 个步兵大队、1 个守备大队、1 个炮兵大队、1 个铁道兵大队，共有兵力 1.8 万余人。另外，日本殖民当局还在青岛设立了宪兵总部、警察部，所辖有宪兵总队、4 个宪兵分队、25 个宪兵派出所，共有官兵 443 人、消防队 110 人，并雇佣中国巡捕 206 名。"凡中外人之旅居青岛者，均受日本法律之约束。"③ 另外，在胶济铁路沿线的高密、坊子、张店、济南等地，日本守备军也派驻有 4个宪兵分队、2 个分遣所及 45 个派出所。④ 胶济铁路沿线的重要城镇，如青岛、坊子、博山、潍县、昌乐、青州、张店、济南等地，都有日人"在乡军人会"组织，会员多至数千人，这些组织的重要职能之一就是配合日本当局对沿线地区加以控制。

　　从 1914 年年末到 1922 年青岛归还中国，日本对青岛和胶济铁路的殖民统治长达八年之久。期间，日本当局颁布实施了一系列与推行统治密切相关的法令法规。

---

　　① 〔日〕山東研究會：《山東の研究》，1916 年 4 月版，第 43—47 页。

　　② 1920 年 1 月，坊子民政署撤废，划归济南民政部事务官；1921 年 2 月，李村民政署撤并，划归青岛民政署。

　　③ 邓平三：《青岛之面面观》，《东方杂志》第 17 卷，1920 年 9 月第 18 期。

　　④ 〔日〕青岛守備軍民政部鐵道部：調查資料第 11 辑，《山東鐵道沿線重要都市經濟事情》上，1919 年版，第 26 页。

日本占领青岛后，随即颁布了《军政施行规则》《青岛守备军治罪特例》及《青岛守备军刑事处分令》，严令当地居民遵守，"不许有所稍违"，否则按军法处罚，而法律裁决由临时陆军军法会议负责。实行民政后，民政部又颁布实行了一系列法令、规则和法规。根据日守备军民政部所编《民政部成规类编》，迄 1921 年 12 月，以军政署、民政部及文部省军令、官令、告示、饬令、训令等形式所颁行的法令法规，共分庶务、教育、财政、商工业、水产、林业、卫生、保安、司法、埠头及货物、港湾、船舶及检疫、病院、水道、电气、土地及房产、通信、气象等 18 大类，总数计 642 件。在经济方面颁行的有银行、盐业、渔业、航运、工商等法规，这些法规对华商经营起着约束与监督的作用，而对日商的经营活动则具有保护和扶植作用。如 1918 年 4 月公布的《银行营业管理规则》，规定各银行须每半年通过民政署向守备军司令部递交营业报告，以致中资银行的经营尽在日方掌握之中。10 月公布的《青岛盐业管理规则》，规定开设使用盐田均须守备军司令部许可，结果使日人很容易获得盐业经营许可，导致盐业投机商蜂拥介入盐田开发。在日本交还青岛前夕的 1921 年，日守备军司令部还发布《营业管理规则》，把工商业分为甲乙两种，实行开业许可证制度，规定民政官员有权对商家检查和查禁。

为将青岛变为日本永久性的殖民地，1915 年 2 月 1 日，日守备军司令部宣布废止德占时期的市街名称，仿照日本国内市町村制，将市内区划各街、新建道路及重要地点用日本地名命名，如舞鹤滨、静岗町、熊本町、佐贺町、赤羽町、高濑町、濑户町、广岛町等；而原德国命名的街名也改为町，如河南街、直隶街改为河南町、直隶町等。在日占时期，日本当局共将 91 条新建街和旧街更改为日名，对此时人曾这样评论：

> 由市街观之，则某町某番之编制，殆与日本人之内地都会无异也，其市场陈列之商标广告之类，亦与日本之开港场无异。福建人游台湾者，谓其与治台湾无异，东三省人自南满大连来者，亦谓与治大连无异也。[1]

---

① 林传甲：《青岛游记》，《地学杂志》第 9 卷，1918 年 3 月第 2、3 期合刊，第 34 页。

　　日本占领青岛后，不但继承德占时期实行的税种，沿用旧规征税，而且增加了许多新税种，先后开征营业税、印花税、屠宰税、鸦片吸食税等，花样百出，名目繁多。据当时调查称，"日人之税章，其税则甚细，税目之大者，为房地税、营业税、货物税、舟车税等类，征收颇严。即外来之货肉者，非领有完税票，亦不许入境"。课税对象则采取了中日有别的做法，如对日本商人的商业经营不征营业税，为便于日侨买卖土地，废除了土地增价税；而对华商则尽苛严之能事，甚至街头摊贩也成为征税对象。1918 年 11 月发布告示，宣布对大鲍岛及台东镇的中国商贩征收露店税。① 1921 年又对卷烟开征统捐。在此期间还征收看货税、公秤税和渔田租、菜场租及酒专卖特许费等名目繁多的租费。但总的来说，捐税收入在日本当局财政收入中占的比重不大，1921 年税收最高年份为 41.9 万元，只占其总收入的 1.9%。从税收政策的目的和作用上看，日本殖民当局扩大征税主要是为了强化对青岛地区工商业的管理和控制。

　　日本在青岛的财政收入主要来自胶济铁路、矿山、港口经营收入以及包括发电厂、屠宰场、邮电在内的所谓官收入。1918—1922 年，日本在青岛的财政总收入为 10712.5 万元，其中铁路、矿山和港口收入 7480.8 万元，占总收入的近 70%；官收入 923 万元，占 8.6%。② 由此可见，控制港口、海关和铁路，实为日本在青岛实施殖民统治的经济基石。

　　德占时期，按条约规定关税仍为中国所有，但须任德人为税务司，代表中国管理关税经收，中国只是起监督作用。日占青岛后，以海关有涉于军政为由，向中国当局要求"自派日本人约四十名，充当海关人员"。随后日本径自占领海关，将海关公产和事权概行接收，控制了海关。1914 年 12 月 1 日，日本以军事需要为由，将德籍税务司阿理文驱逐，海关职员改从日本税关及税务署内遴选调用。12 月 6 日，实行临时规则，"凡出入口各税，转由日本设立之埠头局征收"，关税尽为日人所有。结果日本完全承继了德国的权益，掌握了胶海关的管理大权。

　　1915 年 8 月 6 日，北洋政府与日本签订关于重开青岛海关协定，以协定的形式确定日本的地位，日本由此获得了原德国对青岛海关的全部权

----

① 〔日〕青岛守备军民政部：《民政部成规类编》，1921 年 12 月版，第 85 页。
② 民国《胶澳志》，1928 年版，《财赋志》，度支，第 29—30 页。

利。按照协定条款，青岛海关交还中国，名义上由中国管理，但实际是中德《青岛设关征税办法》及 1905 年关于该办法修改协定的翻版，只不过在该协定中把"德国"换成"日本"而已。同时协定还规定仿照德国的做法，从海关税收收入中提取 20%，津贴日本殖民当局。9 月 1 日，胶海关重新开放，原大连海关税务司日本人立花正树改任胶海关税务司，日本初占时由埠头局管理的海关事务重归胶海关办理。

日本控制下的海关成为维护其殖民利益的工具。对于本国需要的农产品和工业原料，日本向山东输出的工业品，海关采取了减免税收的做法。日占青岛之初，大批军用物资以及建筑器材一概免进口税，在港口通行无阻。1919 年世界市场原料紧缺，日本国内需求增大，海关即对输日牛肉、鸡蛋、大豆等货物免出口税一年。同时在低关税的保护下，日本工业品得以源源不断地输入青岛。诚如日本学者高桥龟吉所言，大部分日本对华输出商品，"是依着关税权的特权而维持其生路的"。①

日本殖民地状态下的青岛港，形同日本的附属港。所有港口机构均为日人把持，如埠头事务所，所长、课长、课员、雇员 34 人均系日本人，此外，全所其他 56 名员工中，日人有 20 名，以全所总人数计，日人超过了华人。被雇佣的中国人只能从事一些杂务。青岛码头运输同样为日商山东运输会社所包揽，华商只能承揽一些零星散货的装运。由于日商的垄断，华商运输业经营长期难以得到发展。

日德战争期间，日本从青岛沿胶济铁路西侵，于 1914 年 9 月末占领潍县以东的一些车站，10 月 3 日，日本政府擅自宣布胶济铁路归日本经营。10 月 6 日，日军又占领济南车站和张店与博山间的铁路支线。在经济和军事上具有重要意义的胶济铁路，是日本全力控制的重点。日本占领胶济铁路全线后，将铁路改名为"山东铁道"，由日本临时铁道联队管理。铁道联队队部设于胶州，其第一、二大队全部分派至胶济沿线，对胶济铁路进行严格的军事控制。铁路各站站长及乘务员均由铁路联队的士佐担任，另外又从满铁会社调遣 80 余名职员，管理运输业务。

1915 年 3 月，日本设立山东铁道管理部，由其负责铁路的管理和运

① 高桥龟吉：《中日经济关系与日本对华武断政策》，《东方杂志》第 25 卷，1928 年 12 月 10 日第 23 期，第 59—62 页。

营。铁道管理部由日守备军司令部管辖，铁道部长以下设庶务、运输、工务、计理、矿山五个课和青岛四方机车厂。1916 年 9 月，铁道管理部内部改组，将原来的五个课调整为八个课，稍后又在淄川、济南、潍县设置矿山贩卖课。1917 年 10 月，日本当局将青岛军政改为民政，铁道管理部随之改为民政部铁道部，青岛港也同时划归该部，设立港湾事务所和埠头事务所，分管港务和码头事务。改组后的铁道部成为陆海交通运输的专管部门，下辖庶务、营业、汽车、工务、计理、采矿、贩卖七个课以及埠头事务所、四方工场等，另设车辆事务所 5 处、车站 55 处。①

在德国管理下，曾有很多中国人在铁路任职，并担任下级管理职务。但日本占据铁路后，所有管理职位上中国人大都为日人所替代，"凡路务之上下人员一概用日本人，虽中国人亦在排斥之列"，胶济铁路成为安排日本移民就业的场所。② 据统计，1921 年 11 月在铁路工作的日本人为 1658 名，中国人为 4233 名，③ 重要职务均由日人担任。中日员工在薪俸上有很大差距，1920 年日本人薪俸总额 201952 元，中国人只有 98821 元。仅 1918—1920 年日人职员开支的临时俸给、加俸、赏与三项即达 240 万元。④

日占时期，出于扩大煤炭、土产外运与日货运销内地的需要，日本铁道部对胶济铁路采取了大力扩修方针，在改造沿路站场、线路的同时，还相继修筑了金岭镇铁矿轻便铁道（1915 年 2 月建成），潍县、坊子煤矿轻便铁道（1918 年 8 月建成）和淄川煤矿轻便铁道（1919 年建成）。在运输上增加了机车车辆，加开了客货列车。德占时期，青岛济南间每日开行客车 1 对、货车 5 对，日占时期分别增加至 3 对和 10 对，日运送能力也由 2000 吨增至 5500 吨。青岛坊子间、坊子张店间、张店济南间的区间货车也由过去的 12 对增至 20 对。⑤ 这一时期胶济铁路运输设备的增加情况见表 2—1。

---

① 〔日〕青島守備軍民政部：《青島守備軍民政部鐵道部事業概況》，1918 年 6 月版，第 1 页。

② 王芸生：《六十年来日本与中国》第 7 册，1981 年版，第 293 页。

③ 寿扬宾：《青岛海港史（近代部分）》，人民交通出版社 1986 年版，第 136 页。

④ 民国《胶澳志》，《交通志》，1928 年版，第 31 页。

⑤ 民国《胶澳志》，《交通志》，1928 年版，第 31 页；日本青岛领事馆《青岛概观》，1926 年版，第 77—78 页。

表 2—1　　　　　　　　　　日占时期胶济铁路设备增加统计

项　　目	日本接收数	1922 年实有数	日占时期增加数
机车（台）	49	102	53
客车（辆）	118	196	78
货车（辆）	1154	1647	493
货车吨位（吨）	17880	31725	13845
筑路费（元）	20346340	21562121	1215781
设备费（元）	4640841	17667707	13026866

　　资料来源：青岛铁路地区工作委员会等编：《胶济铁路史》，山东人民出版社 1961 年版，第 44 页；部分统计据日本青岛领事馆编：《青岛概观》（1923 年）第77—79 页做了订正。

　　通过增修和扩建，列车通行能力较前提高，开行次数增加，运行时间缩短，各类列车每日往返达 14 次，客车单程缩短到 10 小时。铁路设施投资和营业扩充，增加了列车运行数量和运行效能，随之而来的是客货运量增大。1921 年和 1912 年相比，客货运量分别增长了 226% 和 224%。当时，青岛港与山东内地之间，通过胶济铁路每年往来运输量高达 100 余万吨。1915—1921 年 7 年间，共运送旅客 1595 余万人，货物 1035.7 万吨。日本殖民当局通过对胶济铁路的统治和经营，攫取了丰厚的收入和利润。1915—1921 年，胶济铁路的营业利润达 1885.7 万元。见表 2—2。

表 2—2　　　　　　胶济铁路收支利润统计表（1913—1921 年）　　　　　　单位：元

年　　度	总收入	总支出	利　　润
1913（德占时期）	4130162	1119691	
1915	3927614	2048736	1878878
1916	4821204	2063682	2757522
1917	5347405	2431133	2916272
1918	5632054	2877228	2754826
1919	6911413	3221174	3690239
1920	7547256	5188030	2359226

年　度	总收入	总支出	利　润
1921	8455683	5955624	2500059
总　计			18857022

资料来源：青岛铁路地区工作委员会等编：《胶济铁路史》，1961年版，第45页。

日本管理经营胶济铁路时期，日本殖民当局"力谋日军、日商之利益"，对日商采取了优惠政策和措施，给予其"运费免票种种优待"，许多经铁路运输的日本货"概不付价"，单是1920年，这类不付费的日货就达82.9万吨。[1] 日本当局"审知全路货运首以煤焦为重，乃力谋畅销，将煤炭运输分为内地、出口两业，对日商经营的出品煤运价特予减半"，使出口煤"销路日见其增，而该路收入亦有蒸蒸日上之势"。[2] 胶济铁路货运价，在通行的普通运价之外有所谓特别运价，在特别运价之中，又细分为"特价"与"专价"两种。日资控制的煤矿大多享有铁路特惠价，既有"特定运商专价"，又有"出口特约煤炭减价"以及"最低运率"的特惠。[3] 可见所谓特价和专价，实际是一种特权的享受。在煤矿区博山，民营煤矿生产的煤炭多为日商所收买，铁路当局对日商和华商采取了分别对待的政策，"非日本开采，则不为之装运"。[4] 华商煤矿往往因铁路运输问题而难以达到开采生产的最佳效能。相当一部分铁路运输业务也为日商所包揽，当时胶济沿线的日本运输商有岩城商会、东华公司、东亚公司、泰盛洋行、敬裕公司、复昌洋行、泰平公司、日华公司、万来洋行、大丸洋行、得亿公司、丸重洋行、济美公司、荣喜公司、长门武藏等。[5]

---

[1] 民国《胶澳志》，《交通志》，1928年版，胶济铁路，第31页；白眉初《中华民国省区全志·山东省志》，1925年版，第60页。

[2] 山东省政府实业厅：《山东矿业报告》，1931年版，第53页。

[3] 宓汝成：《帝国主义与中国铁路》，1980年版，第451页。

[4] 林传甲：《青岛游记》，《地学杂志》第9卷，1918年1月第1期（总第91期）。

[5] 冈伊太郎、小西元藏：《山東經濟事情：濟南を主として》，1919年版，第54页。

三　殖民政策扶植下的日本移民

1. 大批日本移民的涌入

日本占领青岛的一个直接结果，就是打开了向山东移民的道路。向青岛大批移民，是日本巩固其殖民统治的重要手段，也是与其殖民政策相辅相成的一项长期方针。

1914 年 12 月 1 日，日本占领军当局规定，自该日起，凡经日方许可，外来人口即使无财产关系也准移居青岛。12 月 28 日，日本当局宣布青岛向日本本土居民开放，自此，大批日本人开始涌入青岛。在日军入城后的两个多月里，日本人经由铁路或乘船迁抵青岛者络绎不绝。据日本青岛军政署统计，截至 1915 年 1 月 20 日，青岛新增日本移民人口 698 户，3743 人。[1] 此后，移入青岛的日人人数更是急遽上升，移居人口记录每月都在刷新，形成日本人移民青岛的第一个高峰。1915 年 2 月，迁居青岛的日本人增加到 1306 户，7988 人；4 月突破 1 万人，6 月份增至 1504 户，13442 人；10 月份达到 1693 户，15255 人。同期，青岛地区共有中国居民 4339 户、39619 人，欧美侨民 510 人，日本移民占总人口的 27.54%，与中国居民的人口比例为 1∶2.6。[2]

以前移居青岛的日人多由上海迁入，而此时移入人口中约有 2/3 来自大连和当时为日本殖民地的朝鲜、台湾，另有 1/3 来自日本本土。日侨人口成分也日趋复杂，新增日侨的籍贯以东京、长崎、大阪、新泻、广岛、山口、福冈、佐贺、兵库等地为最多。此外，也有部分来自山东其他沿海口岸。如在龙口租住当地民房的日本业户，在日军撤离后，因本地商民不愿再将房产继续租其使用，相继转往青岛；过去靠战时需要而兴起的日资商业、服务业也失去了依恃，"因生涯寥落，妓女、饭馆他徙者甚夥"，"他徙"的日人有相当一部分迁至青岛或胶济铁路沿线城镇。[3]

1916—1919 年，形成了日本移民青岛的第二个高峰，形形色色希冀

---

[1]　田中次郎：《山东概观》，日本青岛领事馆 1915 年 7 月版，第 130—131 页。

[2]　〔日〕山东研究会：《山东の研究》，1916 年 4 月版，第 56—58 页。

[3]　《农商公报》第 2 卷第 4 册，1915 年 11 月 15 日第 16 期，选载门，近闻。

乘机发财的日本人蜂拥而至。据胶海关报告称，仅 1916 年以旅游、行商等名义到青岛的日人就达 1.7 万余人，其中滞留定居的人数约 7000 余人。1917 年，青岛地区共有华人 77052 人，日人 18563 人，李村区有日人 394人。另按日人统计，该年青岛共有日侨 18576 人，其中市区 4295 户，16697 人；市区中国居民共 5351 户，28748 人。1916—1918 年，包括四方、李村在内的青岛地区日侨人口由 14241 人增至 19260 人，增长了35%，与当地中国人的人口比例约为 1∶4.1（详见表 2—3）。到 1921 年，在旧胶澳租借地范围内的日侨人口达 24551 人，约占当地居民人口（215669 人）的 1/8。[①]

表 2—3　　　　　　　1916—1918 年青岛日本侨民人口统计　　　　单位：人

年　份	日本人			中国人	欧美人
	男	女	合计		
1916 年年末	7634	6607	14241	69253	491
1917 年年末	10102	8474	18576	77076	494
1918 年年末	10519	8741	19260	78804	510

资料来源：〔日〕青岛守備軍民政部鐵道部：《山東鐵道沿線重要都市經濟事情》上，1919 年版，第 9 页。

　　为了对日本移民妥为安置，日本当局除在房地产置业方面给予优惠外，还指导协助日本商人成立金融团体，"以轻微之利息，借予资本"，扶植移民从事各项工商经营。单是一家东洋拓殖会社，自成立后至 1921年借出的息款就达 786.2 万元，贷款户达 930 余户。1921 年上半年贷款额较上年同期增加了 420 万元。其中贷给经营土地街市者 2274850 元，经营蛋粉业者 35000 元，经营采矿业者 319000 元，经营制油业者 172000元，经营运输业者 153000 元，经营电业者 34 万元，经营皮革业者3840891 元。[②]

　　济南是日侨在山东的第二大移居地。第一次世界大战前，济南日侨人

---

　　① 青岛市档案馆编：《帝国主义与胶海关》，1986 年版，第 163、266、279 页；高橋源太郎，《最近之青島》，東京：久鬆閣 1918 年 6 月版，第 8 页。

　　② 《最近青岛日人状略》，见《地学杂志》第 12 卷，1921 年 7 月第 6、7 期合刊。

口基本维持在 150 人左右，没有太大变化。1914 年 10 月 6 日，日本军队
在进攻青岛德军的同时，派遣部队占领德国管理的济南火车站。当月 23
日，日本在济南设立领事馆，随后又在济设立野战邮局。随着日军对胶济
铁路全线的占领，移居济南的日侨人口迅速增加。1915 年年初，济南计
有日人 520 余人，① 到 10 月日侨人口已接近千人，第二年年初增至 2000
余人。随着移民人口的增加，由日商发起在济南成立了日本人会，并发行
《齐鲁时报》作为其喉舌。这一时期，一些资本雄厚的日本公司、银行，
如东亚烟草株式会社、日本邮船株式会社、大阪商船株式会社、原田汽船
株式会社、横滨正金银行等，在济南开设了办事处。先是日商三井、大仓
洋行，随后汤浅、山田等洋行相继在济设立了营业所。同时受日本外务省
资助的东亚同文公所也在济开业，陈列各种日本物产标本，推介销售日
货。当时日本调查机构曾不无得意地说：“时下我官民各机构齐备，不觉
有丝毫不便，商埠地已尽入日本人势力之手。照此以往，济南之将来颇可
瞩望。为此，我官民应齐心协力，俾使济南实业界永为日本商人势力支
配”。②

　　1917 年济南日侨人口继续保持增长之势，当年 10 月达到 3056 人。
此后日侨人口略有减少，据 1918 年 6 月统计，济南市区口侨共 1140 户，
2770 人，其中男性 1630 人，女性 1140 人。

　　清末民初，烟台是山东日侨人口最多的城市。但是，随着青岛港航运
贸易的兴起发展，烟台部分贸易逐渐转移至青岛，伴随这种贸易中心的转
移，部分居住于烟台的日本人及其商贸经营活动也转向青岛。据 1917 年
刊行的日人调查，烟台共有外国人 1306 人，其中英国 504 人，日本 375
人，美国 235 人，其他各国均不足 50 人。③ 根据 1919 年 10 月日本烟台领
事馆调查，烟台共有日本人 104 户，326 人，其中男性 149 人，女性 177
人。从职业上分，官吏 16 人，公司职员 37 人，商店店员 11 人，船员 14
人，个人经营者 25 人，其他职业 67 人，家眷 163 人。④ 同年，居住于威

---

① 《济南之商工业》，见《农商公报》第 1 卷第 9 册，1915 年 4 月 15 日第 9 期。
② 〔日〕山東研究會：《山東の研究》，1916 年 4 月版，第 161—163 页。
③ 〔日〕東亞同文會：《支那省別全志》第 4 卷，《山東省》，1917 年版，第 113 页。
④ 〔日〕青島守備軍民政部鐵道部：《東北山東（渤海山東沿岸諸港灘縣、芝罘間都市）
调查报告》，1919 年 10 月版，第 330 页。

海的日本人共有 12 人，贸易商、制鞋工场、娼寮各 1 家，刘公岛有制鞋
业 1 家、理发业 1 家。①

　　1914 年日军占领青岛之后，由各地汇聚至龙口的日本移民骤然增加
到 3000 余人，其中大半是抱着对烟潍铁路修筑的预期以及能在龙口一攫
千金的梦想而来。当时在龙口开业的日商有满铁营业所、三井洋行烟台支
店营业所、大连田中汽船会社支店、大正元号（船舶业）以及由日本关
东都督府资助的大连光明洋行商品陈列所等。但是受交通、贸易区位的限
制，在日军撤离后，日商经营很快便陷入难以为继的窘境。到 1917 年，
田中商会、龙口银行、东和公司、满铁卖炭所、三井营业所等商家先后停
歇撤离。在这之后，龙口日本侨居人口减至 6 户，商号只有经营旧铁业的
三成洋行、药材杂货商大连洋行、大和洋行及喜正洋行 4 家。②

　　同一时期，伴随日军对胶济铁路的占领，日本移民也大批涌入铁路沿
线各个城镇。1916 年因走私铜钱，铁路沿线的日本人人数达到空前规模，
坊子、张店、青州、潍县、博山等城镇成为日人从事走私活动和中小资本
拓展经营的重点。后来由于对走私活动的遏制，人数开始减少。据胶海关
统计，1917 年胶济铁路沿线各地共有日侨 3561 人，济南地区有日侨 2786
人；按中国官署统计，济南市区日人为 1761 人。③ 1918 年上半年，日本
移民在胶济铁路沿线城镇的分布情况大致如下：

　　　　高密　日本在高密设有宪兵分队，当地有日本人 185 人，从事
　　　　　　　杂业。
　　　　坊子　坊子作为日本在山东扩张的重要根据地，其重要性仅次于
　　　　　　　青岛、济南。日本当局曾投资 20 万元修筑兵营，在当地
　　　　　　　设立坊子民政署，日侨则成立日本人会和各种组合，并兴
　　　　　　　建了医院、小学、旅馆等设施，"一切庶政如青岛之整
　　　　　　　饬"。1918 年末，坊子共有日侨 384 户，958 人。以职业

---

　　①　日本外务省通商局：《在芝罘日本領事館管内状况》，1921 年版，第 310 页。
　　②　〔日〕青岛守備軍民政部鐵道部：《東北山東（渤海山東沿岸諸港潍縣、芝罘间都市）
调查报告》，1919 年版，第 201—202 页；〔日〕亞洲歷史資料中心档案：B03050384700，益子齋
造：龍口近况报告书，1918 年 5 月 30 日（外務省外交史料館，外務省記録）。
　　③　青岛市档案馆编：《帝国主义与胶海关》，1986 年版，第 279 页。

划分，有商业 24 户，服务业 36 户，铁道、邮局、民政署职员 94 户，军人 47 户，官佣 81 户，工人 71 户，工匠 19 户，其他 12 户。1919 年后日侨人口减至 800 人。

青州　　1915—1916 年之交，大批日人为走私铜钱而涌入青州，起初人数约 200 余人，铜钱走私最盛时，当地日人曾多达 700 人。日本人聚居区设有小学校和商业、服务业设施，"宛成一租界，售日本杂货，收买土产，每月演戏集赌一次，收入颇丰，地方官不能干涉"。1916 年年末因地方骚乱，走私贸易亦随之低落，走私商贩人数减至 100 余人。1918 年年底，当地共有日人 42 户，73 人，其中贸易商、杂货商、药商、桐材商、茧商、典当商共 16 家，另有旅馆、料理店各 1 家。

潍县　　1915—1916 年铜钱走私盛时，到潍县从事走私活动的日人达 300 余人，日本料理店 10 余户。1916 年年末，铜价下跌，银价上涨，走私活动逐渐消歇，日侨人口也随之遽减。1918 年年末，日侨共 53 户，109 人，其中贸易商 6 户，药商 8 户，其他商户 9 户。

张店　　1915 年 1 月，张店有日人 178 人，同年 8 月，骤增至 1045 人。新涌入的日本人大都为走私铜钱而来，走私最盛时，人数多达 3000 余人。"日本人来，聚居于车站之旁，拆我旧日之民房改修之，遂设民政署，俨然日本之县知事。"与车站相接的道路两旁，全为日人学校、邮局、宪兵队兴建的日式建筑。1917 年底因铜钱走私由盛转衰，日侨人数减至 622 人。到 1918 年底，日人共有 256 户，605 人。从职业上划分，铁路职员 60 人；商业约 40 余人，其中贸易商 16 人，杂货商、药商、果品商等 20 人；料理店、饮食店、理发铺、澡堂、典当等服务业 31 人；另外艺妓、酒店侍女 31 人；工匠工人 42 人。日资企业有铃木丝厂、近藤骨粉制造所、吉田卵粉制造所、中岛曹达会社等，日本贸易商有后藤、和田、宫本、中川、中村、藤田、木村、前田、池村、松崎、高桥、山田、岩本、田中、小西等洋行。①

博山 日军占领博山后，移居日人逐年增多。1916 年 7 月约 70
人，第二年 7 月增至 145 人，1918 年 12 月达 394 人。在
当地从事土产收买的日商公司洋行约 50 家，"有收买牛
羊首者，有收买花生及花生油者"。在博山车站前丘陵河
岸一带，日人营业所、商店、旅馆及住家等形成颇具规模
的日人市街。1919 年前后，博山有日本人 400 余人，日
本殖民当局在博山设立了军邮局、小学校、医院、宪兵分
遣所，并派驻日军小分队长期驻扎。另外，日人还在博山
设立日本人会、炭业组合。1920 年后，因煤炭业经营萧
条，不少日商歇业或撤离。据 1921 年日人调查，当时博
山约有日资工商企业二十几家，其中有三井物产、铃木商
店、日华窑业公司工场、东和洋行、山东公司、中村组、
和盛洋行、怡昌洋行、山东兴业株式会社、东华公司、复
昌洋行、裕昌公司、三益公司、福顺洋行、泰升公司、坂
梨洋行、泰华公司、乾泰洋行、泰利商会、真荣洋行、华
盛公司、久米组、大仓组、高田商会、华荣洋行、丰盛公
司、福隆公司及青岛丝厂分厂。

大昆仑 在淄川南、博山北，相距各 20 华里，当地出产硅石，为博
山玻璃工业和陶瓷业重要的原料，"已为日本人包办"。

周村 车站附近有日本移民 18 户，60 余人，城内另有一家
药商。②

在日本统治青岛及胶济铁路的八年期间，日本移民在山东的地域分布

① 以上见〔日〕青岛守备军民政部：《山東鐵道沿線重要都市經濟事情》上，1919 年版，
第 264—269、322 页；中，第 18、83—85 页；高橋源太郎：《最近之青岛》，1918 年版，第
207—228 页；〔日〕青岛守备军民政部：《青岛之商工业》，1918 年 10 月版，第 55—56 页。
② 以上见林传甲：《青岛游记》，《地学杂志》第 9 卷，1918 年 1 月第 1 期（总第 91 期）；
〔日〕青岛守备军民政部，《兗州博山同鐵道沿線調查報告》，1921 年版，第 36—37 页；〔日〕青
岛守备军民政部鐵道部（淺田龜吉），《博山炭田》，1922 年 9 月版，第 8 页；青岛守备军民政部
鐵道部，《山東之礦業》，1922 年 1 月版，第 378 页。

结构一直没有大的变化，始终是以青岛、济南为中心，集中于胶济铁路沿线城市和城镇。据日青岛守备军民政部 1921 年 8 月的统计，胶济铁路沿线城市的日本移民总数为 8765 户、30325 人，其中青岛 6543 户，人口23943 人；胶济铁路沿线 1663 户，4452 人；济南商埠 559 户，1930 人。[①]另据统计，同期胶济铁路沿线城镇日本侨民的分布情况如下：胶州 60 人，高密 225 人，峄山 61 人，坊子 897 人，潍县 121 人，青州 154 人，张店 666人，金岭镇 58 人，淄川煤矿 383 人，博山 353 人，济南地区 3092 人。[②]

1917 年之前，青岛及胶济铁路沿线地区的日侨人口一直呈快速增长之势。1917 年后，人口增长趋缓，但平均年递增仍在 1000 人以上，到1921 年已达 3 万余人，比 1915 年整整增长了 1 倍。1922 年因中国行将收回青岛，不少日侨开始陆续回国，部分日资工商业经营也出现收缩，结果移民人口甚至比上年略有下降。见表 2—4。

表 2—4　　　　山东各地日侨从业者及家眷统计（1922 年）　　　单位：人

地　区	日侨户数	从业人数	家　眷	人口总数
青岛及其周边	6897	9850	14262	24112
济南及其周边	1768	2405	3201	5606
烟台及其周边	117	154	195	349
合　计	8782	12409	17658	30067

资料来源：日本外务省通商局：《海外各地在留本邦人职业别人口表（大正十一年）》，1923 年版，根据第 13 表、第 16 表整理编制。

2. 日本移民的职业结构

据 1915 年 1 月的一项职业调查，当时在青岛的 4100 名日本移民中，有职业者 974 人，职业人口不足移民总人口的 1/4。[③] 伴随日本移民浪潮，到年底，青岛各类日人经营业户从日本占领前的几十户一下增至 1038 户，经营门类遍及商业、制造业、手工业和服务业。由于初到青岛的日本移民

---

① 〔日〕青岛守备军民政部：《民政概况》，1921 年 10 月版，第 7 页。

② 张一志：《山东问题汇刊》，1922 年版，第 263 页。

③ 〔日〕亚洲历史资料中心档案：C03024427500，青岛に於ける一般状况调查の件，1915年 1 月 19 日（防卫厅防卫研究所，欧受大日记）。

大多是单身或不带子女的夫妻，多数没有固定的住所，因而旅馆、客店、饭馆、料理以及为移民服务的杂货业极为兴盛，服务业和零售业成为当时业户最多的行业，共有旅馆业 142 户，饭铺、料理店 122 户，饭店兼旅馆 46 户，杂货商 114 户。在为日侨提供服务的同时，这些行业也吸纳了大量日侨就业人口。另外，随着日本移民居住与经营设施的兴建，各类土木建筑业户达 100 余户。相对于中小业主的增加，经营大宗贸易有实力的商人增加不多，只有贸易商 15 户，中间代理商 8 户，反映了占领初期日本移民以社会下层为主的特点。[①] 详见表 2—5。

表 2—5　　　　　　　　　1915 年青岛日侨职业构成　　　　　　　　单位：户

业　别	户　数	业　别	户　数	业　别	户　数
旅　馆	142	土木建筑	93	旧　货	61
杂　货	114	料　理	87	饭店兼旅馆	46
渔　业	34	荞头店	13	豆　腐	7
饭　铺	34	绸　布	12	汇　兑	7
糕点铺	24	照　相	11	粮　食	7
药　品	20	印　刷	11	海　产	7
食品店	20	五　金	10	陶　器	6
代　书	18	家　具	10	泥瓦匠	6
物品贩卖	16	理发美发	14	殡　葬	6
运送业	16	洋服、鞋店	10	煤　炭	5
客　店	16	牛　肉	9	调料品	4
贸　易	15	木　材	9	便利屋	4
医　师	13	浴　池	8	中介业	4
水果店	5	房屋租赁	8	荞麦屋	3
文具印章	7	洗　涤	6	产　婆	3

资料来源：田中次郎：《山东概览》，1915 年版，第 131—133 页统计，部分职业统计做了合并处理，除表中所列商铺外，尚有钟表、牙医、烟草、山货、新闻、饭店外卖、木炭、肉类、牛乳、招牌制作、靴鞋等各 2 家，其他经营业户 32 家。

---

① 〔日〕青岛领事馆：《山东概观》，1915 年版，第 130—133、163—166 页。

随着大量日本侨民的不断涌入和工商经营者的增加，1917 年大大小小的各类日人经营业户达到了 2500 家。① 年底，在青岛以购销为业的日本商人共 1068 人，这些商人分布在 38 个业别，其中有杂货商 245 人、贸易及中间商 297 人、旧货商 104 人、果品商 40 人、五金机械商 23 人、药品商 35 人。从事服务业经营的共 749 人，分布于 24 个行业；职业劳动者共有泥瓦匠、木工、钟表匠、油漆匠等 19 个职业，就业者 958 人；另外农林渔业 218 人；加工制造业 11 人。②

1918—1920 年，日本对青岛的移民潮和工商业投资经营达到了鼎盛，日本人所经营的工厂、商店、银行、学校、教堂、航运、渔捞、园圃以及遗毒社会之妓馆、私贩势力，都在迅速增加。从业人口从 1918 年的 6100 余人增至 1920 年的 1 万余人。期间商业、工业、交通及公务四个行业人数增加最快，占到职业人口总数的 35%。详见表 2—6，表 2—7。

表 2—6　　　　　　　　青岛日侨职业统计（1918 年）

职　业	人　数	职　业	人　数	职　业	人　数
商　业	1118	金融业	46	工　人	279
渔　业	58	银行公司职员	305	艺妓娼寮	802
建筑业	143	医　务	114	杂　业	888
农　业	7	料理业	125	无　业	147
中介运送业	320	公职人员	1906	合　计	6258

资料来源：〔日〕青岛守备軍民政部鐵道部：調査資料第 11 輯，《山東鐵道沿綫重要都市經濟事情》上，1919 年版，第 10—11 页。

表 2—7　　　　　青岛日本人职业统计（1919—1920 年）

职　业	1919 年 3 月			1920 年 3 月		
	本业	家眷	合计	本业	家眷	合计
农林牧业	29	51	80	51	110	161
渔　业	300	176	476	142	219	361

① 小林義雄：《日本對支投資の沿革》，《東亞研究所報》，1941 年 8 月第 11 期，第 68 页。

② 高橋源太郎：《最近之青岛》，1918 年版，第 10—12 页。

续表

职 业	1919 年 3 月			1920 年 3 月		
	本业	家眷	合计	本业	家眷	合计
矿 业	173	183	356	179	253	432
工 业	1766	2851	4617	1221	1989	3210
商 业	2560	4032	6592	2287	4640	6927
交 通	1310	2459	3769	1503	2272	3775
公 务	1848	2514	4362	2406	4151	6557
自由职业	587	555	1142	468	601	1069
艺妓娱乐	1175	106	1281	936	483	1419
其他职业	1826	1322	3148	1419	1086	2505
无业者	192	340	532	3	105	108
合 计	11766	14589	26355	10615	15909	26524

资料来源：〔日〕青岛守備軍司令部：《青岛守備軍第四統計年報（大正七年度）》，1920 年版，第 35 頁；《青岛守備軍第五統計年報（大正八年度）》，1921 年版，第 34 頁。

1922 年年末，青岛及其四郊（旧德占胶澳租界范围）共有日本人6491 户，计 23566 人，其人数是战前的数十倍。但是其中有老弱妇女家属不列户主者 14118 人，供职殖民当局的军人及军属、佣役 2771 人，银行会社职员 903 人、男女仆役 1267 人，护士、神职人员等 184 人，艺妓451 人、酌妇 403 人、皮条客 51 人，三者合计 1005 人。从事独立工商经营或持一定职业为生者 3249 人，其中贸易商和仲买商（中间商或经纪人）383 人，土木承包业 186 人，杂货商 148 人，平均每 43 户日本人有一家杂货商，类似妓馆之饮食业 169 人。[1]

在另一日侨聚居城市——济南，日侨职业人口结构与青岛大致相似。按表 2—8 中统计，1918 年职业人口总数为 1748 人，经营或就职于商业、服务业的人口占了最大比重，其中贸易商 536 人，占 30%，但由于不是殖民机构所在地，公职人员比例要小于青岛。到 1921 年，除去青岛及周

---

① 岸元吉：《青岛及山東見物》，1922 年版，第 37—39 页。

边地区不计外，胶济铁路沿线各地和济南共有日本移民 2306 户，6416
人，其中家眷 3266 人、军人与官吏 865 人、官厅雇工 534 人，教员僧侣
42 人、护士 50 人、艺妓、陪酒侍女及皮条客 234 人；独立从事工商经营
的共有 659 人，约为职业人口的 1/5，其中药商 57 人、贸易商 56 人、中
间商 40 人、料理店 37 家；此外，银行、会社商店职员 410 人。[①]

表 2—8　　　　　　　济南日侨人口职业统计（1918 年 6 月）

职　业	人　数	职　业	人　数	职　业	人　数
军　人	38	铜　商	2	理发美发业	14
官　员	60	典当业	8	澡　堂	5
铁路邮局职员	192	染料业	1	裁缝业	3
银行公司职员	14	运送业	25	游戏业	1
华人雇员	5	旅　店	6	医　务	47
贸易商	536	承包业	8	艺妓舞妓酌妇	136
杂货商	32	料理业	19	女招待	13
中间商	12	洗涤业	4	官厅雇役	68
药　商	23	介绍业	2	教　员	5
果品商	11	照相业	5	泥瓦匠	15
旧货商	8	通信业	6	木　工	38
钟表商	2	洋服业	6	草垫编织	6
服装商	6	印刷业	3	僧　侣	4
副食品商	12	靴鞋业	5	其他职业	318
煤炭木材商	6	玻璃制造	1	无业者	20
用达商	3	饮食店	14	家　眷	1324

资料来源：〔日〕青島守備軍民政部：《調查資料》第 13 輯，《山東鐵道沿綫重
要都市經濟事情》下，1919 年版，第 17—18 頁，统计表对若干職業做了合并。

在铁路沿线的中小城镇，日侨的职业往往与当地产业、土产采购以及
走私相关。例如在煤矿区博山，日人经营业户以煤炭商最多，计有 34 户，

_____

　　[①]　岸元吉：《青島及山東見物》，1922 年版，第 174—177 頁。

从事其他经营的日人大多依存服务于煤炭商。而在张店、坊子等地的日人，基本以土产运销、铜钱走私为业。

从男女性别比、家眷人口及其在移民人口中的比例看，日侨移民的形式大多为家庭移民，他们组成了一个生活、就业封闭自足的社会，绝大多数就职于日本人开设的工商企业中，工作就业基本不假外求。在殖民当局的政策支持下，日人控制的铁路、港口、文教以及日资工商业，为日本移民提供了各种就业机会，他们失业的比例较低，商业机会也较多。

移民社会是日本在山东实施殖民政策的产物，作为殖民政策与不平等条约的既得利益者，他们对待中国民族运动和中国政府的态度，有着不同程度的一致性。对于当地中国普通民众，他们具有殖民者的优越感，在经济生活方面，他们享有殖民政府给予的种种优惠和照顾。但是，就个人资产和职业的社会地位而言，移民社会也并非毫无差异的群体。与上海、天津等都会城市一样，日本移民的资本及其相关职业分布实际也是呈"多层性的结构"特征。①

日本从业人口集中于四个职业领域：从业人数最多的无疑是商贸业，据 1922 年年末统计，全省物品贩卖、贸易、中介专卖行业的日商共有 1659 人，占职业人口的 13.2%；其次是公司、银行、商店职员，共 1310 人，占有职业者总数的 10.4%；再次为官吏及雇员，共 1249 人；工厂工人与其他行业的工人加起来有 2030 人；另外，艺妓、娼妓、女侍等 1208 人（参见表 2—9）。四类群体恰恰标志着日人职业结构中的社会阶层差异，这种内在差异使日侨分成了上层、中间阶层和一般社会下层。资本投资者与经营者、官员与政府雇员、军官，无疑属于日侨中的上层；银行、公司职员、洋行与商店业主处于移民社会中上层；另外日侨中还有大量从事律师、会计师、教师和医生等职业的所谓自由职业者，从事自由职业的人口大都居住在青岛、济南等大城市，一般而言，他们属于日侨中的中产阶级；服务业中的小业主、小商人、技术工人等一般属于社会中下阶层，而零售摊贩、在国内无法谋生的贱人、普通工人、手工艺人、工匠、佣人、妓女等，则处于移民社会的底层。另外，在侨民中还夹杂着不少浪

---

① 熊月之等编：《上海的外国人（1842—1949 年）》，上海古籍出版社 2003 年版，第 171 页。

人、无赖之徒，这些人赤手空拳而来，没有正当的职业，平时专以惹是生非为能事，不断制造各种事端纠纷，扰乱华人社会正常的生活与工商业经营，成为城市社会生活的祸害。

表 2—9　　　　　　　　　1922 年山东日侨人口职业分布统计

职　业	从业人数	职　业	从业人数	职　业	从业人数
农业园艺	42	物品贩卖	889	铁路工人	225
渔　业	243	其他贩卖	254	车马行汽车行	19
采　矿	23	贸易商	462	运输业	126
砖瓦窑业	13	中介商专卖商	54	军　人	353
铁工锻冶	42	金融汇兑	26	官吏及雇员	1249
钟表乐器	7	典当租赁	42	外国雇员	8
电器机械	5	中介业	13	宗　教	53
火柴工业	24	公司、银行、商店职员	1310	教　育	39
纺织工业	51	洗涤业	34	医　务	347
漂染业	16	浴　池	19	律　师	14
竹木加工	43	旅　店	38	记　者	50
食品饮料	22	料理店艺妓业	262	照相绘画	29
服装裁缝	112	游乐场剧场	10	其他技艺	37
制　鞋	10	艺妓娼妓女侍	1208	家　佣	95
土木建筑	215	理发美发业	66	其他职业	1456
泥瓦匠木匠	240	其他商业	9	其他工人	1609
印刷业	30	邮　电	121	无职业者	164
工厂工人	421	铁路职员	520	合　计	12769

资料来源：据〔日〕外务省通商局：《海外各地在留本邦人職業別人口表（大正十一年）》，1923 年版，第 13 表、第 16 表编制。

小业主、小店员、雇员手工业者等，这些人构成了日本侨民社会重要的组成部分。他们离开日本的原因是为了到中国寻找更好的就业机会和比国内优越的生活条件，在殖民地享有的治外法权、经商特权更是一种间接的推动和刺激。尽管中下层移民并无多少固定资财，生活靠自食其力，但是他们的大量移居，毕竟是日本殖民政策的产物。他们与工商资本有差别，但同时又都是殖民政策推行的受益者和既得利益者，作为殖民政策利益的共享者，他们的政治取向和利益表达与殖民政府有着某种一致性，与殖民政策的推行相吻合，因而他们对于中国政府和民族运动的态度也与日本当局有着相当的一致性。

3. 日侨社团与行业组织

军事占领与工商资本投资，是日本在青岛以及山东实行其殖民统治的政治经济条件，而向青岛及山东各地大量移民，改变城市人口结构以取得移民人口在职业上的相对优势，则是其保持殖民统治的社会基础。事实上，大量而迅速的移民过程，不仅使青岛、济南乃至胶济铁路沿线城市的日本移民人口超过了所有外国侨民人口的总和，使之成为人数最多的移民群体，而且在这些城市形式不受中国政府管辖的移民"独立王国"。

在山东各地的日本移民是一个有着特殊利益的群体，他们在侵夺的地盘上从事各种经营活动，通常不与华人社会发生密切接触。在城市侨居的日本人都设立了居留民团、日本人会。居留民团、日本人会作为自治性的社团组织，完全在日本法律的保护之下，是有权对其成员收缴捐费的财团法人。组织有居留民团的是济南、青岛、烟台等大城市，而且只是在日本移民人数比较多，日本商权比较伸张、权益已有根基的地方设立。在龙口、坊子、潍县、益都、张店、博山、周村等城市则有日本人会组织，此类组织往往附设有专为日侨服务的病院、小学校等设施。在胶济铁路各大站，还有日本退役军人组织的在乡军人会，会员多至数千人。另外，日侨还在青岛成立了市民会、实业协会、海友会等团体，1916 年市民会有会员 150 人、评议员 25 人。①

这些居留民团、日本人会作为日侨的社团组织，"具有共同的目的和使命"。② 日本在山东的殖民权益是日本工商资本和日侨在山东经济活动

---

① 〔日〕山東研究會：《山東の研究》，1916 年 4 月版，第 51 页。
② 樋口弘：《日本對華投資》，1959 年版，第 193 页。

的基础和条件，在日侨中不乏日本殖民政策狂热的鼓吹者和拥护者，他们的利益主张与日本政府的政策指向保持着相当的一致性，并时时表现出来。1919 年 11 月 16 日，日侨在青岛举行第三次山东居留民大会，到会者多达 700 人，会上有所谓"辩士"发表煽动性演说，并将决议电告日本朝野各界，要求日本政府"确保帝国既得权利"。①

日本商人则在青岛成立了行业性商业团体。1913 年，日本商人在青岛成立青岛实业协会，最初成立协会的目的是促进会员的"和亲协同"，后来随着日军占领青岛，参加协会的会员扩大到工业资本，职能也扩大为"调查各种经济事项、贸易发展、实业振兴等"，并出版了机关杂志《青岛实业协会月报》。实际上，实业协会的成员都是在青岛最具实力的日资银行、轮船公司、大商行和大工业企业。1917 年参加协会的日本工商业企业有 24 家，第二年增加到 32 家，1921 年增至 48 家，这种增加从一个侧面反映出日本大工商资本在青岛势力增强的趋势。②

各行业的日商还建有"同业组合"，统一协调本行业的竞争策略，维护共同利益。青岛水产组合最先于 1915 年成立，后来成员发展到 420 人。截至 1918 年，青岛共有各类日人同业组合 29 个，即：青岛三业组合、台东镇三业组合、汤屋组合、质屋组合、古物商组合、青岛产婆会、垒屋组合、垒职工组合、人事周旋业组合、饮食料杂货商组合、理发同业组合、兽肉贩卖同业组合、旅馆组合、通关组合、代书业组合、土木建筑业同攻会、棉丝布业组合、发结业组合、工业组合、人力车同业组合、山东盐化工业组合、青果卸业组合、菜鱼市场组合、酒类食料品杂货卸商组合、铜业组合、果子业组合、起业组合等。③ 到 1921 年 5 月，由青岛日商组成或由日商控制的同业组合增加到 51 个。新增组合有商工组合、商业组合、药业组合、棉纱布组合、桐材同业组合、海运同业组合等，而生牛买付组合、鸡卵输出同业组合、生牛牛肉输出同业组合等属于日本当局强制成立

---

① 〔日〕亚洲历史资料中心档案：C03025101900，第三次山東居留民大會の件，1919 年 11 月（防衛廳防衛研究所，歐受大日記 11 月）。

② 高橋源太郎：《最近之青島》，1918 年 6 月版，第 128—129 页；〔日〕青島守備軍民政部：《青島之商工業》，1918 年 10 月，193—195 页；吉見正任，《青島商工便覧》，1921 年 11 月版，第 206—209 页。

③ 〔日〕青島守備軍民政部：《青島之商工業》，1918 年 10 月版，第 182—184 页。

的商业组织，旨在加强对输出业的控制。①

1921 年 4 月，日本殖民当局特别指示日本商界，要在生牛、豆油、牛肉、鸡蛋、花生、花生油、茧绸、小麦等重要物产贸易业中成立同业组合，并在行业组合的基础上设立相应的组合总会。组合总会决定的事项及总会提出的业务成绩，要直接向民政署长报告，组合的成立须得到民政署的认可。② 当时生牛生肉输出同业组合有会员商 28 人，桐材同业组合有会员商 43 人，鸡卵输出同业组合有会员商 19 人。③

随着经营业户数的增加和经营规模的扩大，到 1920 年代初，一些日商组合已达到相当规模，如青岛商业组合有成员 122 人，代表着近 120 家商行、商社和商店；青岛商工组合有日商 131 家，下设涂料船具金属、土木建筑承包、家具、木材、电气机械、药品、印刷文具、建筑材料、杂货 9 个分部；由日本中小零售商组成的杂货商组合有成员商店 74 家；由专卖日货和洋货商号组成的和洋杂货同业组合有日商 46 家。另外，青岛盐业组合、青岛水产组合虽然有华商参加，但是组合的控制权却在日商手中。④ 1921 年 10 月，在实业协会和行业组合的基础上，日商成立青岛日本商业会议所，会员数 207 人。当时青岛华商为了维护自身的利益，也在早先齐燕会馆、三江会馆的基础上组建了青岛商务总会，后来又成立了台东和台西商会。青岛商务总会吸收的会员一般都是有相当资本和营业规模的行栈和号庄，1917 年时，有会员 200 余家。华商商会组织的发展起到了与日商组织抗衡的作用。

1918 年 7 月间，济南的日本工商业户成立了济南日本实业协会。协会的职能是应对各地兴起的抵制日货运动，要求中国政府减免商业税捐，调查济南及山东各地市场商贸金融情况，为日本国内商家在山东寻找联系货源或买家。1920 年，实业协会有日资工商业成员 21 家，即东和公司营业所、东亚公司、东亚兴业会社营业所、东亚蛋粉会社支店、同文商务公所、朝鲜银行、中日实业公司营业所、横滨正金银行支店、吉泽洋行营业

---

① 〔日〕青島守備軍民政部：《民政概況》，1922 年版，第 27 页。1921 年非强制性组合总数共 63 个。

② 青島守備軍民政部：《民政部成規類編》，1921 年 12 月版，第 92（6—7）页。

③ 青島日本帝國總領事館：《青島概觀》，1926 年版，第 89 页。

④ 吉見正任：《青島商工便覽》，1921 年 11 月版，第 203—206、210—229 页。

所、泰利商会营业所、玉井洋行支店、山田营业所分行、山玉分行、满洲制粉会社营业所、安部幸兵卫商店营业所、汤浅贸易会社营业所、三井物产会社、三菱商事会社、茂木合名会社营业所、清喜洋行营业所、铃木商店营业所。[1] 入会日商还按行业组成商业组合、药业组合、运输业组合、鸡卵商组合、承包业组合等专业组织，负责协调业内日商的经营和利益。

四　日本当局的土地政策与房地产开发

德国占领青岛期间，禁止当地人民私自买卖土地，规定只有德国殖民政府有优先购买权。从 1898 年到 1902 年，德国殖民当局以青岛市区为中心，先后收买土地 1.4 万余亩。临近日德开战前十余日，德国当局还在李村、沧口及海西半岛收买土地 4500 余亩。

日军占领青岛后，占领军当局对原由德国占有的土地全盘接管，共占夺市内土地 14339609 坪（1 坪 = 3.3057 平方米）及胶济铁路沿线土地 167826 坪，同时将德国人公私房产悉行没收（其中公共房屋场所 141 处），变为日本殖民当局所有，并设立特种财产管理处，将这批房产或按原有用途加以利用，或出租给日本人。[2]

日本占领青岛及其随后推行的一系列殖民政策，使"日人以为致富绝大机会，于是接踵而来"。1915 年年末，新移居来的移民人口已近 15000 人。移民人口的急遽增加，很快便造成市区内住房紧张。起初新移民大部分暂住于原 2000 多德国人和 1 万多逃离青岛中国人的住房，后来随着战事的平息，中国人陆续返回原住所，住房不足的状况变得益加突出，相当一部分新来移民租住当地华人的房屋，每月交付的房租总额在 4 万元以下。为了维护日侨的利益，日本军政署曾制定限制房租价格的规

---

[1]　《济南实业协会月报》，1920 年 3 月第 20 期，"四月定期总会"；1924 年 5 月 5 日第 49 期。1923 年 4 月协会曾为函馆、长崎、大阪日商在济寻求海货销路和牛骨货源。

[2]　白眉初：《中华民国省区全志·山东省志》，1925 年版，第 99—100 页。督办鲁案善后事宜公署秘书处编：《鲁案善后月报特刊·公产》，1925 年版，第 77—78 页；按后来日人的说法，日本占领当局共从德国人手中接管官有地 2598194 坪（〔日〕青岛居留民团等：《青岛に於ける邦人所有の土地》，1927 年 8 月，第 3 页）

定，但是这一规定并未能缓解城市住房紧缺的状况。① 1917 年年底，日本移民已达 2 万余人，骤增的移民人口导致市区出现"无宅可住"的局面。

在大量日本移民不断涌入青岛和日本工商资本积极谋求扩张之际，日本占领当局面临着如何制定土地政策以安置大量移民，如何扩大城市规模以满足日资企业扩张需要的问题。为解决与移民安置、经济扩张相关的土地问题，首先必须获取土地的所有权和使用权。对此，日本当局主要采取了以下两种做法：一是开放土地买卖，采取压低土地价格的办法，强行收买当地人民的土地，然后廉价转售或出租于日人；二是承袭沿用原德国殖民政府的城市规划，在沿海填海造地，积极进行城市扩张，为日资工业的土地需求提供资源保障。

为使当地土地拥有者出让土地，日本当局首先采取降低土地出卖税的政策。日占青岛之初，在土地制度上沿袭德国旧制，稍后不久即对不动产证明及登录手续另行制定规则，以方便日人购置房地产。1920 年又将德国人制定的土地增价税废除，规定买卖土地只征卖价 2‰ 的契税。日本当局"一方取消增价税，以便有土地行乐于出卖，俾日人得以平价购买；一方则为该国商民预留居住用地，极力收买民间土地，以为扩张地盘之用"② 1918—1922 年，日本当局先后以各种名目，采用强买的手段，压低土地价格，大量在青岛征购土地，先后共收买台东镇、沧口等处土地3511546 坪。③ 所购土地除官厅应用者外，其余仍租给原业主耕种，每亩租银 3—5 元不等。

当时日人收买土地，往往"藉军队之威力，大加强迫收买，其有不愿卖者，则用利诱势迫，不达目的不止"德占时期，德国当局收买民地，每亩价格 70 元（按中亩 360 弓计算），房屋一间作价 30 元。日人"则于商埠既兴，地价已昂之后"，对民地强为收买，每亩民地仅作价 30—60元。例如青岛沧口附近土地，原分上、中、下三等，下等每亩 50 元，中等 85 元，上等 125 元，但是日本国武农场在与沧口毗连的李村一带收买民地时，对于"尽为沃壤"的农地，每亩一律只付价 30 元，结果以低价

---

①　〔日〕青岛民政署：《青岛要览》，1918 年版，第 20—21 页。

②　民国《胶澳志》，1928 年版，《财赋志》，税制，第 17 页。

③　督办鲁案善后事宜公署秘书处编：《鲁案善后月报特刊·公产》，1925 年版，第 78 页。

强买手段，国武农场共在沧口、李村一带强买当地农户土地 13303 公亩。迄于 1921 年 9 月底，在青岛市区内外，日本私人收买的土地达 983000 坪以上。而在这之后，"亦复有加无已"，总计私人购置的土地总数在 100 万坪以上。[①]

除收买民地外，日本当局还指使其军队在大港附近海岸一带填海造地，先后共填埋低洼滩涂地 179514 坪，然后由当局转租于日人居住或经营。[②] 在日本当局的许可支持下，经营精制盐加工业的日商也相继选择在水运便利的海岸填造工厂用地，如青岛盐业株式会社在市内后海涯，日本制盐公司在沧口，兴亚起业株式会社在湖岛子西海岸，先后大规模填埋海面，兴建精盐工场，从事精盐加工生产。另据统计，日本共在大港填造土地 169671 坪，如果加上以前接收的德占土地，日本以"官有"形式在青岛占有的土地资源达 18187994 坪。[③]

德占时期，青岛市街区域曾划分为青岛区、大鲍岛区、埠头区和别庄区，大鲍岛和市区两个区域原是华商营业集中的区域。日本占领后，市区内开设了许多日本商店，临大街两旁的铺面差不多都被日本人租用。市区和大鲍岛两处原本人烟稠密，毫无隙地，北大鲍岛和西大森两处也已无空地，除了已没收的德国公有房产外，日人很难再找到新住宅地。"所以日本人要想大规模移民，非新辟一街市不可。"于是，为了最大限度地扩张日方势力范围，给日本移民生活居住和工商业扩张提供便利条件，"日军官宪乃决定扩张市街，以为容纳之计"。[④] 也就是说，制订实施城市扩展计划，在强购的土地上开拓新市区。

按照日本当局制订的"大青岛"城市扩展计划，城市街区面积将由原先的 60 万坪扩大到 350 万坪，城市扩展计划的具体实施共分三期

第一期系将德国殖民当局已着手兴建而未完成的市街工程继续完成，名为新市街区。新市街位于在大鲍岛与埠头区之间，原为德国砖瓦窑厂用

---

① 民国《胶澳志》，《财赋志》，1928 年版，税制，第 17 页；督办鲁案善后事宜公署秘书处编《鲁案善后月报特刊·公产》，1925 年版，第 77 页。

② 白眉初：《中华民国省区全志·山东省志》，1925 年版，第 104—106 页。

③ 督办鲁案善后事宜公署秘书处编：《鲁案善后月报特刊·公产》，1925 年版，第 77—78 页。

④ 张一志：《山东问题汇刊》，1921 年版，第 261 页。

地。工程于 1916 年 2 月开工，1918 年 4 月竣工，总面积约 26 万坪。新建成的新町、市场町等新市街，后求实际成为"日本人专用的商业地"，街区内日本公司商行星罗棋布。区内的所泽町成为日资大银行、会社所在地，沿街两侧有正金银行、三井物产、江商株式会社、伊藤忠商事、原田汽船等著名金融商业机构；而在早雾町附近则有青岛制粉、青岛盐业、大仓商事、大连制冰、山田铁工所等日资工商企业。① 第一期扩张市街工程完工后，日本当局随即公布了"家屋建筑规则"，要求新建房屋必须按统一规划标准施工，并指定该区为"三业地"，即料理业、艺妓业、娼妓业的集中地。不久，这一地区的日人"妓寮酒馆，好像雨后春笋一般簇生出来"，到 1918 年，区内已有妓寮 100 余家，娼妓 3000 多人。②

第二期扩张工程分别于台东镇和台西镇一带兴建，台东新建市街面积 43 万坪，用于开设商店工厂；台西新市街面积 26 万坪，用于建造住宅。如果说第一期扩张的目的是为日本人开辟专用的商业地，将青岛的商业中心逐渐转移到日本人商业集中的区域，那么，第二期工程大兴土木的目的则是为日本工业资本开辟一新的专用工业地。第二期工程到 1922 年中国政府接收青岛时已基本完成。③ 在台东镇定为工厂区后，日本工业资本利用日本殖民当局提供的各种优惠条件，相继在台东兴建了缫丝、纺织、蛋粉、榨油、肥皂、酿酒、火柴等企业，其中火柴厂就有 5 家，单是在该区的若鹤町两侧，就集中了青岛丝厂、东和油房、三井油房、山东油房、青岛火柴等十余家日资新设工厂。

第三期扩张市街计划，系在大港防波堤内填造 60 万坪土地，在台东镇以西高地平整土地 26 万坪，预备将来做工厂指定地，另在四方区的东北计划拓展土地 200 万坪。当中国政府接收青岛时，该计划已部分开工，其余工程也开始进行测量。德占时期，青岛市街总面积约 60 万坪，在日本第一期扩张工程完工后，市街面积扩大到 86 万坪，随着后来第二期工

---

① 〔日〕青岛守备军民政部：《山东铁道沿线重要都市经济事情》上，1919 年版，第 13 页。

② 张一志：《山东问题汇刊》，1921 年版，第 261 页。

③ 白眉初：《中华民国省区全志·山东省志》，1925 年版，第 99—100 页。

程的完工和第三期工程的开工，青岛市街总面积扩大至 230 万坪，[1] 也就是说，相当于德占时期的 4 倍。

对通过各种方式获得和占有的青岛市内外土地，日本当局以极低的价格，一部分优先售让给日本工商企业，一部分出租于日本移民和日本工商业者。通过其制定的土地贷下（出租）规则，日本工商业者租得大片土地，租用期限最初定为 10 年，租用期满后可优先续租，在租借地上兴建的建筑设施经官方认可，可以与土地租借权一并转让。当时租价定的很低，与德占时期基本相同，其目的是为了最大限度地照顾日本工商资本。由于日方在承租资格和手续上的种种限制，当时中国人很难租到土地，而日人则采用此法租占了大量土地。1918 年后，日人在青岛承租的官有开放地已有 310 万坪，约合 2 万亩。截至 1922 年 3 月末，官有地出租总数已达 841 万余坪，而 3 月以后租出的土地"为数亦复不少"。[2]

日本当局收买的土地，从维护日本工商资本及日本移民的利益出发，大部分廉价或贴租租给了日本人。日占时期，日本人共提出 2644 件租地申请，得到许可的 978 件；而同期中国人只提出 970 件租地申请，获准 383 件。日本人分别是中国人的 2.7 倍和 2.55 倍。[3]

华盛顿会议结束后，青岛已明确归还中国，为了借最后时机进一步扩大日人势力，使之在青岛归还后尽量多地控制土地资源，1922 年 2 月 4 日条约签字后，日本当局置条约原则规定于不顾，擅自将市内官有土地 50 万坪突然宣告廉价出卖。土地出卖价格比德人原定标准价格几乎低一半，如德人所定标准一等宅地价为 33 元，三等最低价为 5 元，而日民政部所定地价最高为 20 元，最低为 2 元。当时承买者大部分为与民政部有关系的日人，在批准的承买土地申请中，日人被许可者 178 人，而华人只有 2 人。由此，日本当局对于日人"其存心偏袒，已可概见"。[4] 日本当局的宣告尚未实行，即遭到中国政府的抗议，这一举措同样也损害了其他国家在青岛的利益，以致在青外国人对此大加指责。在中外舆论和民众的

---

① 〔日〕青島守備軍民政部：《山東鐵道沿線重要都市經濟事情》上，1919 年版，第 14 页。

② 民国《胶澳志》，1928 年版，《财赋志》，税制，第 17—18 页。

③ 岸元吉：《青岛及山东見物》，1922 年版，第 23 页。

④ 民国《胶澳志》，1928 年版，《财赋志》，税制，第 17—18 页。

反对下，日本陆军部不得不函电阻止，迫使民政部将出售改为出租。

此后，日方又改变策略，将本应交还中国的土地任意租出。1922 年租出的土地反而较往年为多，租出面积竟超过 1000 余亩（10 万坪），以致市街附近之重要土地基本租出殆尽，"且领租者强半属之日人"，其余未租出者皆旷野荒郊。对于本应交还中国的前德国官私地产，日本当局不但拒绝将此项账簿交中国政府，甚至以所谓"特种规则"为名，"任意处分，或变卖或赠与，使莫可究诘"。① 迄 1922 年 7 月前，日本共租出市内土地 1522866 坪，其中租给日人 1229971 坪，占 80% 多。另外，还租出市外土地 3015193 坪，占租出市外土地的近 30%。② 见表 2—10。

表 2—10   青岛土地承租人国籍及租用面积表

承 租 人	承租面积（坪）	
	青岛市内	青岛市外
中国人	257539	6317293
日本人	1229971	3015193
欧洲人	35356	59
合　计	1522866	9332545

资料来源：督办鲁案善后事宜公署编：《鲁案善后月报特刊·公产》，1925 年版，第 81 页。

日本在青岛的土地开发与经营，带动了市区房产开发与建筑业的发展。1917—1920 年，为日人房产建筑业最盛时期，当时不仅吸引了大量日本人投资，而且其房屋建筑面积也大幅度增长。1915—1919 年，青岛共计完成新房屋建筑 966 处，建筑面积 85868 坪，建筑费共计日金 847 万余元。城市新完成的建筑绝大多数为日人所有，5 年前日人房屋建筑面积为 58667 坪，约占竣工总面积的 2/3，而中国人只占 1/3，欧美人占不到 3%；日人建筑费 620 万元，占全部建筑费的 73%（见表 2—11）。日人建筑以工厂店铺占大多数，其次是住宅。中国人的工商建筑设施只占少数，

---

①　督办鲁案善后事宜公署秘书处编：《鲁案善后月报特刊·公产》，1925 年版，第 76—77 页。

②　同上书，第 77—78、80—81 页。

"盖在日军占据期间，我国人领租官地大非易易，每须借重日人出名，赠以重赂"。迄于1921年8月，日本人在青岛开工兴建的建筑工程达1357项，占同期工程项目总数的71.7%，建筑面积125522坪，占建成总面积的72.3%，建筑费总额1457万元，占总额的77.6%。见表2—12。

表2—11　　　　　　青岛日人华人私人建筑比较表　　　　单位：坪/日元

年份	日本人私人建筑			华人私人建筑			建筑总面积
	建筑处所	面积	建筑费	建筑处所	面积	建筑费	
1915	14	624	23637	22	1008	75530	2237
1916	62	5520	504013	40	2622	134985	8297
1917	73	13160	1383196	40	3219	294010	16533
1918	211	18970	1887603	82	8279	635288	27631
1919	260	20393	2402453	134	10056	930860	31170

资料来源：根据民国《胶澳志》，1928年版，建置志，公产，"民间建筑一览表"改制。建筑总面积中包括欧美人建筑面积。

表2—12　　　　　　　1921年青岛的建筑工程与投资

国别	建筑工程（项）	建筑面积（坪）	建筑费（元）
日本人	1357	125522	14573631
中国人	495	44625	3791061
欧美人	41	3499	413432
合计	1893	173646	18778124

资料来源：〔日〕青岛守备军民政部：《民政概况》，1921年版，第63页。

大规模的房产兴建，改变了早先华人房地产占优的格局。据1921年调查，青岛全市房屋建筑面积共计723424平方米，其中市产501288平方米，占69%，住宅99236平方米，占14%，仓库29224平方米，占4%，工厂93770平方米，占13%。在建筑总面积中日人为619134平方米，占86%，中国人为96112平方米，占13%，另欧美人为3178平方米，占不足1%。①

早在日本处理原德国所属不动产以及作为战争赔款的德国人房地产之

---

① 宋连威：《青岛城市的形成》，青岛出版社1998年版，第177页。

时，日商资本便开始投资于青岛的房地产业和建筑承包业，并附带经营不动产抵押贷款业。在日本当局的支持下，1920 年代，在青岛共有五大日资建筑承包商，即有马组、大仓组、志岐、华胜建筑公司及平冈组，这 5 家建筑商几乎包揽了日人较大的官私建筑工程。[①]

这段时期还兴起了经营房地产的行业，其中具有代表性的日资企业是山东起业株式会社、青岛土地起业会社等大公司。由于有大批日侨寻找住房和经营场所，所以除大公司外，在青岛及济南还有不少中小房地产经营者从事房地产投机买卖。

山东起业株式会社成立于 1920 年 1 月，实缴资本 262.5 万日元，是一家以东拓、兴亚起业公司为靠山的公司。这家企业负有所谓"开拓殖民地的使命"，在日本当局的支持下，以投资经营原德占官私有土地建筑为主业，后合并东拓青岛支店的土地、房产来扩大经营，"成为青岛首屈一指的集大地产、大房产于一身的日本大公司"。会社收买的土地房屋不仅地段好、结构优良，而且私有地的收买价格每坪只有 13 元。1922 年公司拥有地产 98 处、面积近 5 万坪，房产（2—5 层楼房）87 栋、面积 1.3 万余坪。上述土地房产在 20 年代中期按最低市价计达 400 万元。[②]

青岛相互建筑株式会社成立于 1919 年 6 月，公司成立的宗旨是为青岛日人尽可能多地购置房地不动产。公司代日人购置房产实行按月偿还的办法，以会员组织的名义筹集建筑资金，抽签分配住房；或推行以房地产为抵押的资金贷款，1920 年建筑贷款 76 万元。迄 1922 年，公司拥有房产 45 处，管理房产 141 户。因筹资可靠，公司业务在日侨中迅速扩大。该公司自成立后每期分红都在 20% 以上，故吸引了不少华侨投资入股，以至后来成为日中合办的公司。

为了将市内被取缔的娼妓集中收容，在日守备军当局的授意支持下，日商荒井泰治投资成立了青岛地所建物株式会社，专门负责兴建新"娱乐设施"。公司实缴资本 28 万元，于 1916 年 4 月着手兴建"新街游园地"，继而存市内建筑出租房屋，供商行及住户租赁。日占时期公司房产

---

① 水野天英:《山東日支人信用秘錄》，1926 年版，第 118 页。

② 〔日〕青島日本商業會議所:《青島邦人商工案内》，1923 年版，第 86 页；水野天英，《山東日支人信用秘錄》，1926 年版，第 434 页。

建筑的投资总额为 80 万元，部分资金依靠借款。1920 年代中期，公司拥有租借地 49575 平方米，房产 48 栋，房产建筑面积 29415 平方米。[①]

本来按照条约规定，在商埠及教会场所之外，外国人无租买房屋地亩之权。即使铁路附属地，也有面积、距离之限制，限制以外，视同内地，自日本夺占胶济铁路后，"日本人在沿线未开商埠之地，任意租地建屋，并在铁路附属地外，购买地亩，兴建屋舍，甚且对于官道公地或民地，不租不购，强行圈占"。在博山、桓台、长山、淄川、临淄、昌邑、青州、昌乐、潍县、安丘、高密、胶县一带，日本"藉军队之威力"，"欲租即租，欲购即购，欲占即占，如入无人之境"。对"有不愿卖者，则利诱势迫，不达目的不止"。中国地方官吏对此却欲管不能，无可奈何。[②]

1920 年 10 月前日人占用租购地亩情况

济南　占全福庄 5 户业主土地 52 亩，占河底庄官地及民地 1 段，
　　　建屋 5 段。

章丘　占用民地 10 余亩。

长山　占用周德长等地 1 段，擅自盖屋；租购王芝轩等地 7 段，
　　　共租赁民地 10 余亩。

桓台　占淄川界杏园庄地，建筑炮台；在金岭镇圈占地 140 亩；
　　　租购耿新甫等地 18 段，约 120 亩。

淄川　占王维芳等地两段，擅自盖屋，共租用民地 30 余亩。

博山　占学校、公所等地 16 亩；租购荆山堂等地 47 段 80 亩；
　　　共占租土地 100 余亩。

临淄　金岭镇铁路圈占 60 亩，另矿山小铁路及水管占地 2 亩余。

昌邑　占高星瑞等地 3 段。

益都　占矿山铁路用地约 300 亩；占于龙光等地 11 段，租购房
　　　德光等地 25 段，共占租 10 余亩。

昌乐　占萧太和等地 30 处，擅立电杆。

潍县　占武家庄、辛庄等处 49 户民地约 10 余亩，用作打靶场；

---

① 水野天英：《山東日支人信用秘録》，1926 年版，第 425—426 页。

② 林传甲：《青岛游记》，《地学杂志》第 9 卷，1918 年 1 月第 1 期（总第 91 期）。

坊子运煤轻便铁路占地 20 亩；租购马路局等地 15 段；开
矿及居住共占地 120 余亩。

高密　占古城营房 1 所，计 140 亩，另占房 150 间及铁路警房
1 所。

胶县　占悦来公司房屋 1 所，设邮局电杆，占 13 户业主土地。①

此外，在胶济铁路沿线矿产区，日本当局和工商资本也控制了大量房
地产。在淄川、坊子、桓台等地及青岛营业所等处的房产多达 276 栋，建
筑面积 14385 坪；占用土地共计 621353 坪，租用地 196419 坪，而年租金
只有 1313 元。②

五　日本殖民当局的渔业政策

胶州湾海岸线绵长，渔业发达。渔期集中在春秋两季。渔场有沙子
口、水灵仙岛、千里岛、褡裢岛、大公岛、大麦岛、山东岭、大湾口、阴
岛、浮山所等 10 余处。日本渔业侵入胶州湾始于 1913 年 10 月，当时日
本汽船拖网株式会社经德国当局许可，以"浦岛丸"渔轮在胶州湾从事
渔捞作业，成为日本侵入胶州湾渔业之嚆矢。1914 年日德交战时，过去
一向在辽东沿海经营嘉鲫鱼延绳钓渔业的日本渔船，转向胶州湾海域捕
捞，以鲜鱼供应军需。日占青岛后，日本渔船在山东沿海从事捕鱼作业的
渔船逐年增多，1915—1917 年从业者已有四五百人之多，并与中国渔民
屡屡发生冲突。期间日本在胶州湾的渔船及渔民情况如下：

年　份	渔船数	人　数
1915 年	108 只	475 人
1916 年	134 只	561 人
1917 年	131 只	469 人③

---

①　《日本经营山东内地之调查》，见《地学杂志》第 12 卷，1921 年 7 月第 6，7 期合刊；
按调查未能将租与购分开，这里只能照原文引述。

②　〔日〕青岛守備軍民政部鐵道部：《山东之礦業》，1922 年版，第 651—652、654 页。

③　谢开勋：《二十二年来之胶州湾》，1920 年版，第 99—100 页。

　　日本在青岛附近渔场的渔业，最初限于胶州湾内的灵山岛、大公岛、小公岛、裆裤岛一带海域，后逐年扩大范围。1917 年在海州冲水域发现嘉鲫鱼大渔场后，日本当局即对在渔场作业的日船给予补助奖励，使日船渔业范围进一步扩大。1919 年，由日本政府出资补助，日人建造大型渔船 7 只，使日船渔业捕捞能力大为提高，而鲨鱼延绳渔船，亦同时出渔于山东半岛沿海海域。于是，自海州至山东石岛的广大海域，完全成为日本渔业的活动范围。[①] 这年 6 月，在青岛海域从事水产业的日本人增至 707 人，渔业收入达 276421 日元；而同期中国渔民总数为 8622 人，渔业收入为 202952 银圆、55411 日元，渔民人均收入远远低于日人。[②]

　　1916 年 3 月，日守备军当局为控制青岛渔业起见，颁布渔业取缔规则。取缔规则共 11 条，规定凡在青岛沿海经营渔业的中国渔民，必须向日本当局提出申请，在得到许可，领取渔业鉴札（执照）后方能从事渔业；凡不合规则要求者，"不得许可为渔业，如已经许可者，得限制、停止或取消之"；对违反规则者则处以罚款。[③] 此后，日本当局在青岛实施了一系列有利于日人渔业发展的政策措施，其内容主要包括以下几个方面。

　　（1）设立青岛水产组合。水产组合系日本人从事渔业者所发起。自水产组合成立后，凡中日之从事捕鱼与贩卖者，都必须加入其中，而青岛渔业遂为该团体所把持。

　　自日本在青岛设立军政署后，日本渔船便接踵而来。当时胶州湾中国渔民约有 8000 人，日军政署认为对于当地渔民可以征收大宗捐税，便以整理渔业为名，谋求将当地渔业和渔民纳入其控制之内，同时鼓励日本渔民来胶州湾沿海从事捕捞作业。

　　1916 年 3 月 8 日，日军司令部以军令第 11 号颁布青岛水产组合规则，其内容共 12 条。名义上，组合是"以改良发达水产业、蕃殖保护水产生物暨矫正组合员营业上之弊害，增进共同利益为目的"；"不得为营

<hr />

　　① 中国第二历史档案馆编：《中华民国史档案资料汇编》第 3 辑，农商（一）江苏古籍出版社 1991 年版，第 695 页；佐佐木清治，《北支那の地理》，1937 年版，第 91 页。

　　② 〔日〕青岛守備軍司令部：《青島守備軍第五統計年報》，1921 年 7 月版，第 119 页。

　　③ 中国第二历史档案馆编：《中华民国史档案资料汇编》，第 3 辑，农商（一），第 704—705 页。

利事业"，但实际是控制胶州湾渔业和当地渔民的工具。按照规则第 4 条规定，要求凡"在组合区域内与组合员经营同一业务者，须全部加入本组合"，如违犯规定，则处以百元以内的罚金。中国渔民加入组合并非自愿，而是带有强制性。按照规则的规定，组合的组长、副组长及半数的评议员都由日军政当局任免；组合的经费预算和议决事项，须呈报日军司令官认可；日军政当局有权对组合监督和发布命令，或令民政署检查组合业务状况及财务状况。这说明渔业组合完全受日军政当局控制。

水产组合设事务所于静冈町市民会楼上，下设捕取、制造、贩卖三部，由日本人任正副组长。1916 年，组合员总数 7897 人，中国人 7299 人，日本人 598 人。1918 年，组合员总数 8606 人，其中中国人 8143 人，日本人 463 人。后来中国渔民加入者有 9200 人。水产组合名为代谋渔民公共利益，实际是专为向当地渔民课捐而设。"凡缴款稍迟者，临以军警任意虐待，每年人有人税，网有网捐，全年所纳各款计达八九千金，负义务而无权利。"水产组合日常经费依赖成员捐款，但是，"华人纳税颇重，获利无多，不过附随于日人之后，为其驱使而已"。①

水产组合对日本渔民的扶植有以下方面：凡日本渔民遇有死亡、疾病、失没渔船、渔船修理等情形，或组长认为必要时，均给予救济金；奖励日人水产业有劳绩者，或赞助该组合之进行者，中国渔民加入水产组合，"年纳捐款，为其办事经费，日本渔民则匪特可免捐纳，仰〔抑〕且屡受奖金"，其"每年所获各种奖励平均计达四五千余元"；为日本渔船保管物品，1917 年、1918 年专门建筑仓库，保管存放日本渔民之船具、网具，概不收费，使之"便利多多矣"；仲裁纷议，代办储金、汇款及通信等项事务；为日人延绳钓渔业提供所需饵料，"实行非营利的转售于日本渔民"。②

由日本人控制的渔业组织，实际上完全是日本殖民当局为本国渔业扩张服务的工具。对此当时就有调查指出：

---

① 中国第二历史档案馆编：《中华民国史档案资料汇编》，第 3 辑，农商（一），第 702 页，第 705—706 页，第 715 页；青岛市社会局，《青岛市渔业调查》，1933 年版，第 2 页；邓平三，《青岛之面面观》，《东方杂志》第 17 卷，1920 年 9 月第 18 期。

② 中国第二历史档案馆编：《中华民国史档案资料汇编》，第 3 辑，农商（一），第 702、715 页。

　　日人出渔青岛者，每际初春渔期，均由日本渡海西来。迨晚秋渔期终了，凡渔船、渔具悉托水产组合保管之，相率东归，而居青不移者少。此等渔人，大都称贷于渔业组，而以渔获利益偿还之，粮米、薪炭以及临时用费，皆由告借而来，渔获物由债权者操代售之权，手续费在所获渔利之一成内外。而独立经营不假外资所谓单独渔业者，则为数甚少。[①]

　　（2）设立鱼市场。日本占领青岛后，"即亟亟设立鱼市场，实行共同贩卖"。军政署设立仅三个月，就收到日人开设鱼市场的请愿书 24 件之多，但这些申请人"与水产有直接关系者甚少，要皆争权夺利耳"。随着日本渔船大批驶入胶州湾捕鱼和海产品上市量的增加，1915 年 6 月，日商坂井庆治等 6 人合资组成鱼市场，开始营业，鱼市场注册资本 4 万元，实际投入 1 万元。第二年又追加投资 3000 元。但鱼市场甫经开业，在经营上便问题丛生，"经营者与仲卖人以及渔民时生冲突，且因金融不灵，信用坠地，几于不能继业"。同年 5 月，青岛水产组合遵照日本军政当局训令，接办鱼市场业务，同时增加营业资本 1 万元（实际投资 3250 元），并对经营进行改组，指定 14 名鱼市场经纪人，由其担任市场中介代理，专门经营交易水产组合成员的水产品。经过改组后的鱼市场，实际"为水产组合之贩卖机关，资本 16250 元，所捕之鱼，专以供给仲买人为目的，再由仲买人供给于消费者"。[②]

　　1916 年，日本军政署公布鱼市场取缔规则。规定鱼市场是依竞卖方式经营水产委托贩卖的场所；设立鱼市场、充当鱼市场中间人，须由日本军政部门核定许可；鱼市场须将每月经手水产种类、数量、价格、集散状况、每年收支决算及业务成绩等，详报军政当局。[③] 从以上规定不难看出，鱼市场完全在日本当局的控制之下，水产品的流通也完全在其监管之下。1916 年鱼市场的年交易额为 178687 银圆，其中日本人交易额约高出中国人交易额 1 倍。1917 年，日人集资 30 万元，设立山东水产株

---

①　中国第二历史档案编：《中华民国史档案资料汇编》，第 3 辑，农商（一），第 695 页。

②　林传甲：《青岛游记》，《地学杂志》第 9 卷，1918 年 3 月第 6 期（总第 96 期）。

③　中国第二历史档案馆编：《中华民国史档案资料汇编》，第 3 辑，农商（一），第 706—707 页。

式会社，接手鱼市场的经营，同时经营水产贸易、渔业资金借贷、渔业日用品、船具渔具及钓饵供给、水产制造等。[1] 当年鱼市场的上市交易额增至 30.5 万日元，1920 年达 66.2 万元。[2] 鱼市场也为日本经营者带来可观的收入，"每年所获手数料（即值百抽十之佣金），平均计达五六万元"。[3]

（3）实行滥捕政策。日本当局对胶州湾渔业所采取的渔业捕捞政策，依其在青岛统治形势的变化而前后有所不同。在未曾明确交还青岛之前，其政策"不外奖励彼国多数渔民，用适当新式渔船、渔具，采捕黄海之上层及中层鱼类，因志在永久占领海面，故对于下层水产物之蕃殖接息，尚筹相当保护，所用渔具亦无碍于生产"。但在明确青岛将交还中国后，日本当局的渔业政策也随之改变，放弃将胶州湾作长期渔业根据地的打算，开始采取竭泽而渔的方式，允许国内大队拖网轮船来黄海沿海作业，从使用潜水器捕捞海底海参、鲍鱼，到使用流网、打濑网、地曳网等各种网具，从鲷鱼延绳钓到鳕鱼延绳钓，对沿海渔业资源"痛行滥捕"。

青岛重要渔业一向以嘉鲫鱼捕捞为主，而产鱼区域以海州海域出产最丰。"日人既以青岛为渔船根据重地，又恃彼官厅奖励保护之力，所需饵料、冰块更得水产组合源源接济"，以致在海州海面捕捞嘉鲫鱼的日本渔船达 300 余艘，年捕捞量 30 万斤。[4] 1918 年大连制冰株式会社在青岛设立制冰工厂，专门"供彼国渔民之用"，为日本渔船扩大行渔范围提供服务。此外，日人还将渔业经营扩展到海产制造养殖业。1915年日人在沙子口特设洋粉制造所。1917 年，日人在女姑口附近从事海蛏养殖。1919 年日本人又在青岛设立养贝会社，资本 20 万元，养殖面积达 300 亩。

---

① 谢开勋：《二十二年来之胶州湾》，1922 年版，第 100 页。

② 〔日〕青岛军政署：《青岛要览》，1918 年版，第 52—54 页；岩松兼經，《青岛其他諸都市视察报告》，东京，1918 年版，第 108 页；岸元吉，《青岛及山東見物》，1922 年版，第 221—222 页。

③ 中国第二历史档案馆编：《中华民国史档案资料汇编》，第 3 辑，农商（一），第 717 页。

④ 以上引文见中国第二历史档案馆编：《中华民国史档案资料汇编》，第 3 辑，农商（一），第 716—717 页。

六 日本航运资本与青岛航运

中国近代沿海航路系指国内沿海各港之间的航路，由南而北，以香港、上海、青岛、天津、大连为航运中心。由上海往北，来往于上海、天津、青岛、烟台、牛庄、大连间的航路，称为北洋航路；自上海往南，航行于上海、广州、汕头、厦门、福州等口岸的航路，称为南洋航路；由大连或青岛经上海而至南洋各港的航路，称为南北沿海航路。从航路形势上看，青岛、烟台不仅是北洋航路的枢纽，同时对南北沿海航路也具有重要的意义。

第一次世界大战期间，欧美轮船公司对中国沿海的航运已无暇顾及，航运船只和航运量大幅减少，而日本则乘机大力扩展其在华航运势力。日占青岛后，日本航运资本便开始以拓展在山东沿海的航运业为目标，陆续增开青岛、烟台与日本间的航线，派遣商船直接航行于山东各口岸，并逐步扩展内港间的航运业务。

1914 年 11 月，日本攻占青岛的战事刚一结束，大连汽船合名会社董事长田中末雄就向日军方提出开设青岛大连航线的请求，一个月后即获日青岛守备军当局的批准。① 稍后不久，阿波共同汽船株式会社也获准经营青岛、大连、朝鲜间的航线。

大连汽船合名会社的前身是北清轮船公司，1911 年在日本"关东都督府"及满铁的策划斡旋下，以开拓在渤海湾日船航运业为目的，由大连日商松茂洋行与田中商会共同投资 2 万元组建。公司成立后，每年由日"关东都督府"给予 17100 元的航路补助金。翌年，公司改称大连汽船合名会社，资本也增至 10 万元。1915 年 1 月，满铁将所属部分运输业务分离出来，投资收买大连汽船合名会社，将其改组为大连汽船株式会社，资本由原先的 10 万元增加至 50 万元，公司改组后，便立即大力扩充渤海湾的日轮航运业务，同年，开设大连、安东、天津航线以及大连、登州、龙口航线，并在青岛设立支店。当时会社共有轮船 5 艘，总吨位 3200 余吨。

---

① 〔日〕亞洲歷史資料中心檔案：C03024467300，田中末雄：大連青島間定期航路開始願ノ件，1915 年 2 月（防衛廳防衛研究所，歐受大日記，大正 4 年 2 月下）。

1921 年大连汽船又开通大连、青岛、上海航线，将渤海湾航运业向东南沿海扩展。①

阿波共同汽船株式会社成立于 1887 年 9 月，除经营本国沿海航路外，还经营着朝鲜、满洲及中国北部沿海航路网，在北方沿海有比较牢固的地盘。会社所经营的航线有以下几条：

大连、烟台、威海、仁川航线　第 36 共同丸 1499 吨
　　　　　　　　　　　　　　每周 1 次
大连、烟台、威海、青岛航线　第 26 共同丸 2010 吨
　　　　　　　　　　　　　　每周 2 次
　　　　　　　　　　　　　　第 28 共同丸 1506 吨
　　　　　　　　　　　　　　每周 2 次
大连、烟台航线　　　　　　　第 18 共同丸 794 吨
　　　　　　　　　　　　　　每月 10 次②

1915 年 1 月，日本邮船率先开通大阪、青岛航路。日本至青岛的直通航线开通后，大阪商船、原田汽船也相继加入，经营航线定期航运业务。1915 年 12 月，大阪商船会社的"大信丸"商船开始从事大阪、青岛间航运，稍后，大阪商船的"台北丸""天草丸"以日本神户、宇品、门司为中继港，每周驶航青岛一次。1916 年 1 月，"台北丸"改为专营门司、青岛航线运输。另外，大阪商船还开辟了天津、青岛间的航线，有大吨位轮船 4 艘，航行于天津、打狗港之间，每周停靠大连、青岛、上海、福州等港。原田汽船株式会社系 1915 年 4 月由大阪巨商原田六郎借助大阪商船的背景没立，主要经营辽东半岛与北方沿海各港的航运业务。会社经营的大阪、青岛间航线，系日本政府给予补助金的命令航线。

经神户、门司往来于青岛、大阪之间的航线，由于日本邮船、大阪商

---

① 〔日〕東亞研究所：《日本對支海業投資》（未定稿），東京：該所 1940 年 6 月版，第90—91 页。

② 〔日〕東亞研究所：《日本對支海運業投資》（未定稿），1940 年 6 月版，第 135—136页。

船、原田汽船三家公司的加入，成为青岛与日本航运贸易的主要通道，每周均有定期商船。所以"此条航线，尤为日人所重视，日本政府每年均协济重资，以图增进其航业"。① 实际上，这条航线也是日人向中国走私军火的主要通道，山东和北方军阀从日本购买的军火均由大阪商船会社的轮船负责转运。

除青岛、日本间的航线外，山东同盟汽船、山下汽船以及满铁所属轮船公司也投入船只，开办在山东沿海的航运业务。满铁会社开设的青岛大连航线，有 3000 吨级商船数艘，每周定期航行于大连、青岛、上海等处。青岛、香港航线则由大阪邮船会社和朝鲜邮船会社经营，每周有定期商船航行于大连、青岛、上海、香港诸港口。日本在华北航运上的扩张，使青岛成为其在华北的商品吞吐口与落脚地。无怪乎时人曾这样评论："日人之在山东，因其航业之发达，转输之便利，加之山东铁路尽入其范围，其形势已使山东成为满洲第二。"②

1919 年，以青岛为起讫港或以青岛为中转港的轮船公司计有 11 家，其中日资公司占了 8 家，另有 2 家为英国公司，中国公司只有 1 家。日本公司经营的定期远程航线有大阪——青岛、仁川——青岛、大连——青岛、打狗——天津、青岛——上海、大连——香港等航线（见表 2—13）。在山东沿海近海航路，则有日资大连汽船、中村组等公司经营青岛、海州、石臼所一带的客货航运业务。结果，在殖民当局的政策支持下，日本航运业在青岛的扩张形成了如下局面：

表 2—13　　　　　日本航运公司航线航运表（1919 年）

航　线	轮船公司	船　名	吨位	停靠港口	航　期
大阪青岛航线	日本邮船株式会社	西京丸	2849	门司、宇品、神户	2 周 1 次
	大阪商船株式会社	台北丸	2796		
	原田商会	萨摩丸	2856		
仁川青岛航线	朝鲜邮船株式会社	江原丸	762	大连、烟台	10 日 1 次

---

① 张一志：《山东问题汇刊》，1921 年版，第 102 页；另参见漆树芬《经济侵略下之中国》，上海，光华书局 1925 年版，第 240—241 页。

② 张一志：《山东问题汇刊》，1921 年版，第 103 页。

续表

航　线	轮船公司	船　名	吨位	停靠港口	航　期
大连青岛航线	大连汽船株式会社	龙平丸	724	烟台、威海	每周1次
	阿波共同汽船株式会社	第十六共同丸	1477		
大连上海航线	南满铁道株式会社	神户丸	2923	青岛	每周1次
		神丸	3402		
打狗天津航线	大阪商船株式会社	基隆丸	1576	基隆、福州、上海、青岛、大连	每月1次
		湖北丸	2610		
青岛上海航线	大连汽船株式会社	益进丸	994		每周1次
		三国丸	982		
海州航线	大连汽船株式会社	海州丸	170		5日1次
大连香港航线	大连汽船株式会社	蔚山丸	2388	青岛	每月1次

参考资料：〔日〕青岛守備軍民政部：《青岛之商工業》，1919年版，第152—154页；〔日〕青岛守備軍民政部鐵道部：《山東鐵道沿線重要都市經濟事情》上，1919年版，第94—95页。

青岛航路之交通，日本人几于垄断独登。英商怡和、太古，他处营业甚多，不专力于青岛，华商之东阜行，力量绵薄，虽有若无，于是航权随政权移于日本，而日本之各会社，如日本邮船株式会社、大连汽船株式会社、朝鲜邮船株式会社、南满铁路株式会社、阿波共同汽船株式会社、原田商会、岩城商会，无不设码头于青岛矣。[①]

1920年，青岛日本船行增至11家，有20余艘商船定期或不定期往来于神户、大阪、大连、仁川、天津、上海、福州、海州、香港等港口。1921年6月，山东同盟汽船会社成立，公司租用法国船，专门航行于青岛、大阪间，当时会社为与其他公司竞争，将航运票价减低二成，"以故大受欢迎，货客皆争相趋附"。[②] 另外，在胶州湾内还有多艘日本小轮船

① 林传甲：《青岛游记（续）》，《地学杂志》第9卷，1918年8月第7、8期合刊。
② 青岛市档案馆编：《帝国主义与胶海关》，1986年版，第308页。

行驶于沿岸一带。[①] 1920 年按照内港行轮章程，在青岛、海州间定期往来行驶的日轮只有 1 艘，1921 年增至 3 艘，1922 年达 9 艘之多，而同期华商经营的轮船只有 5 艘。

日本海运业的长足发展，离不开日本政府的奖励保护政策。"日本在山东之经济上武器，因其航线星罗棋布，于中日两国各口岸及中国沿海各口岸间，其运用益见扩大。……日本政府对于此种航线莫不竭力维持"。[②] 日本政府的扶植始于明治初年，如 1875 年三菱汽船公司成立后，政府每年给予其补助金，并不时供给其船舶，竭力扶植其发展。到 1930 年代，日本对于国内海运事业的奖励保护政策始终没变。数十年中，"奖励办法，不胜枚举"。从 1905 年日俄战争后，日本政府对于海运事业的补助资金，每年常在 650 万元以上。20 年代末则超过了 1000 万元。[③]

相对于得到本国政府呵护的日轮公司，中国航运公司及船行则处于极为不利的经营环境中，不仅资本实力弱小，而且"对于官厅有捐税征用之可虞，对于商家又鲜通融便利之联络，以此事事落后，观望不前"。由此造成的差异和结果显而易见："外国商船新辟航线本国予以补助保护，我则反是，以此航业不振，不惟不能远越重洋，以争衡于世界，而且国内航业尽被外人占去。"[④]

在德占胶澳时期，德国轮船公司在青岛航运业中占优势地位，以进出港船只论，1910 年以前德国船占 50% 以上，后来英国船、日本船锐增，德船所占比例降为 43%，英船占 30%，日本船占 17%。日本占领青岛后，德船航运中断，日船取而代之，夺得了垄断地位。1916 年青岛入港日本船 578 只，总吨位为 50.3 万吨，占各国入港船总吨数的 84%；而同期中国船入港数只有区区 5 只。[⑤] 到日本统治青岛末期的 1921 年，日本轮船公司在航运业中仍占主导地位，轮船只数占总数的 74%，载货吨位占 69%；英国居次，轮船只数占 12%，吨位占 17%；而中国轮船只数占

① 邓平生：《青岛之面面观》，见《东方杂志》第 17 卷，1920 年 9 月第 18 期。

② 张一志：《山东问题汇刊》，1921 年版，第 101 页。

③ 赵兰坪：《日本对华商业》，上海，商务印书馆 1931 年版，第 50 页。

④ 民国《胶澳志》，1928 年版，《交通志》，航运，第 43 页。

⑤ 〔日〕青岛军政署：《山東研究資料》第 2 辑，1917 年版，第 70 页。

9%，吨位占7%。① 山东沿海航运每年约有四五百万元的运费，从各国航运业所占份额看，其中大部分落入日商之手。

第一次世界大战前的1913年，进出烟台港的轮船总数为4345只，船舶总吨位45万吨、从国籍上看，日本轮船数居首位，为1749只，其次为英国，1075只。在船舶吨位上，英国则居首位，为125.1万吨，日本居第二位，99.4万吨。中国船只数量和吨位均居第三位。日本占据青岛时期，相当一批商品的贸易转到青岛，不少日商也将业务由烟台转往青岛，烟台贸易陷入长期不振境地。1918年，烟台进出港轮船总数下降至2586只，总吨位183.5万吨。中国船只与日、英等国船只处于此长彼消的格局，1918年，中国船只上升至首位，达1342只（66.5万吨），英国船只居第二位，756只（85.3万吨），而日本则退居第三位，为462只，29.3万吨，仅相当于战前的26.4%和29.5%。②

烟台没有直通日本的航路，最早有大阪北清航线，由大阪商船会社经营，以大阪为起点，经神户、门司、烟台到终点天津，航行于该线的有大智丸（780吨）、大信丸（809吨），每隔5日航行自大阪始发。在烟台沿海航线中，最重要的航线为上海线和大连线，其次为通往天津、安东、仁川、海参崴的航线。通欧美、澳洲的航路以上海为中继港，通日本的航线以大连为中继港。烟台输入的日货，大部分是由上海和大连转口而来。当时有两家日本轮船公司经营着4条航线，即烟台安东航线、烟台仁川航线、烟台青岛航线和烟台登州龙口航线。③ 见表2—14。

表2—14　　　　　　　　烟台日轮公司轮船航线表

航　线	轮船公司	轮　船	航　次
烟台安东航线	阿波共同汽船会社	第六共同丸（329吨）	
烟台仁川航线	阿波共同汽船会社	第二十一共同丸（1381吨）	1月4次
烟台青岛航线	朝鲜邮船会社	江原丸（720吨）	1月4次

①　青岛市档案馆编：《帝国主义与胶海关》，1986年版，第157页。

②　日本外务省通商局：《在芝罘日本领事馆内状况》，1921年版，第71页。

③　同上书，第70—74页。

航　　线	轮船公司	轮　　船	航　　次
烟台登州龙口航线	阿波共同汽船会社	第十六共同丸（1477 吨） 第二十五永田丸（298 吨） 第六共同丸	1 月 3 次

资料来源：日本外务省通商局：《在芝罘日本領事館管内状況》，1921 年版，第73—74 页。

第三章 殖民政策支持下的
日本工商资本扩张
(1914—1922 年)

　　日本占据青岛，攫夺德国在胶州湾与山东的权益，并不单从政治和军事价值出发，同时还具有多重的经济意义。日本在青岛建立殖民统治后，就把青岛作为其工商资本扩张的基地，进而将经济活动的范围和影响扩展到广大腹地。山东有着丰富的物产资源，商品经济的发展程度高于周边省份，这些条件都吸引着日本工商资本进行大规模的直接或间接投资。在占据青岛的 8 年期间，日本殖民当局对日本工商资本给予了各种政策扶持和经营优惠。正是在殖民扩张政策的支持推动下，伴随空前的日本移民潮，日本资本以前所未有的规模涌入青岛及胶济铁路沿线地区，在工业、商业、金融、盐业、矿业等领域的投资经营达到空前的程度，并在若干行业达到近乎垄断的地步。

　　自 1864 年烟台开埠到 1913 年德国在胶澳统治终结，这 50 年中，外国资本对山东经济的影响主要表现在市场商品贸易以及与之相关的消费方面；德占胶澳时期，德国在山东兴建的铁路、港口、矿山以及青岛市政基础设施，极大地改变了山东市场经济的发展方向，给社会经济生活带来深刻的变化。但是工业投资还只是刚刚起步，除德国当局兴办的造船厂、发电厂和屠宰场外，民间资本投资的工业只有 1 家丝厂、1 家啤酒厂和几家小型蛋粉厂。日本占领青岛期间，充分利用了德国兴建的交通、港口和城市基础设施，着力在产业领域投资扩张，日本工商资本的投资经营以及在山东的势力与影响，就程度和规模而言已远非英、德等西方列强可比。

　　在工业领域，日人经营的大大小小的工厂企业达 170 余家，合办企业近 20 家，直接、间接投资达 8000 余万元，企业投资分布于几十个行业部门，生产的产品多达百余种。在商业贸易领域，日商在青岛设立总部的会社（公司）116 家，资本 1 亿余元，设立支店、营业所的会社 73 家，母公司注册资本 8.3 亿元，个人经营者 5047 人，资本总额 2850 万元，以三井、三菱、铃木、伊藤忠、江商、安部、东和等大资本为中心，从通商口岸、开埠城市到内地城镇、乡村，从进出口贸易、大宗专业批发到店头零售，日资商业形成了一个庞大的商业贸易经营网络，并通过这一网络，控制了若干重要商品的流通，以政府为后援的金融资本，充当了资本扩张"蓄水池"的作用。正金、朝鲜、正隆等大银行与日资大工商资本的经营活动合流，为之提供资金后盾，而日本中小资本在青岛、济南组成的"地方银行"，则为日侨的工商经营活动和日常生活提供了金融保障。与此同时，胶州湾盐业、胶济铁路沿线煤铁矿产也成为日本资源开发的重要领域，矿业开采投资占该国在中国矿产总投资的八成以上。

与第一次世界大战前相比，资本的活动从原先一般性的商品贸易和商业扩张，转向以工业生产为主体的资本投资与经济控制。金融产业资本在行业与地域、资本与商品、人员与技术诸方面的齐头并进，使日本资本在国民经济的若干重要部门行业独占鳌头，成为具有一定市场控制能力的垄断势力，在山东的殖民权益对日本经济利益的重要性也随之提升。

日本资本投入规模不断扩大的过程，实际也是山东经济不断受到相关经济活动影响的过程。地区社会经济所受到的影响是多方面的，涉及商业、传统工业、金融、生活消费诸多领域。工商业扩张使许多原先靠进口的商品开始在本地大量生产，就地销售，从而与传统产业发生连带关系，改变着原有的城乡手工业生产和劳动者就业格局。

一　日本工业资本的投资经营活动

1. 工业投资概况

外国资本在华投资设厂由来已久，而明文规定允许外人在华设厂则是以 1895 年中日《马关条约》为起始。《马关条约》规定："现今中国已开通商口岸之外，应添设下开各处，立为通商口岸，以便日本臣民往来侨寓，从事商业工艺制作……"又规定："凡日本臣民，得在中国通商口岸城邑，任便从事各项工业制造。"上述规定给日本工业资本提供了进入中国的机会，日本工业资本正是以这一不平等条约为背景进入中国的，但是其发展最活跃的时期不是明治时期，而是在第一次世界大战爆发后。

在第一次世界大战前，日商在华投资集中于商业、服务业及金融业领域，经营活动大部分与贸易有关。然而单纯商品输出性质的出口贸易，并不能满足工业资本扩张的要求以及与欧美在华经济势力竞争的需要。为此，日本农商务省书记官鹤见曾说："日本果欲行对华贸易根本上之发展策，则日本国民当倾注全力于中国内地，添设工厂，以为经营出口商业之张本。"① 大战期间，欧洲各国一时无暇东顾，而日本自己又积累了巨额资本，有了充分对华输出资本的能力。正是在这一基础上，出现了日本工业资本对华投资高潮。1917 年，日资在中国设立的工业企业共 61 家，资本总额 4551 万元。到 1922 年年末，据日本外务省统计，日本在华（不包括东北地区）各类工商企业共 802 家，投资总额 12792.7 万元，其中工业5601.8 万元，商业 4093.1 万元，金融业 937.3 万元，矿业 757.5 万元。另有合办企业 28 家。②

同一时期，随着日本对华经济的不断扩张，日本在山东的投资结构也发生了显著变化。日本占领青岛以及随之而来的移民投资潮，不仅使得日本工商资本在山东的投资规模迅速膨胀，而且对投资结构也产生了直接的影响。日资在制造业的投资额大大超过非制造业，企业投资主要集中于纺织、食品（榨油、面粉、酿造）等劳动密集型产业，此外，机械和化学工业也有少量投资。但是，在西方国家技术设备居优势的一些行业，日资企业的投资尚处于试探阶段。一般而言，除纺织行业技术较先进外，大部分日资企业的技术水平较低，中小企业占了较大比重。

德占青岛时期，德国殖民当局主要忙于兴建港口、铁路、煤矿、城市道路等基础设施，德国私人资本在青岛的工业投资刚刚开始起步，开设的工厂仅限于蛋粉、砖瓦、啤酒、肥皂等少数几种加工行业，资本和生产规模都很小。这一时期，适应城市基础设施建设与城市居民生活的需要，当

---

① 许家庆译：《日本人之对华贸易发展策》，《东方杂志》第 12 卷，1915 年 7 月第 7 期。

② 有田八郎：《經濟上より見にる日支關系》，轉引自《日本對支投資の沿革》，见《東亞研究所所報》1941 年 8 月第 11 期。

地华商制造业开始兴起，但投资经营还只是处于以手工生产为主的原始工业化阶段。当时华商制造业共有 30 余家，资本和生产能力都很微弱，资本总额只有 234900 元，工人总数约 740 余人，年生产销售额 380100 元。企业分布于织袜、制盐、铁工、砖瓦、酿造等加工行业，大部分属于手工制造或加工修理性质，部分基本原料依赖进口。各家工厂的资本、工人数及生产状况见表 3—1。

表 3—1　　　　　　　　**青岛早期华商工业状况**　　　　　　单位：银圆

企业名称	开设年份	经营者	资本	职工人数	年销售额	说　明
久生工厂	1913	侯学生	1000	13	10000	织袜厂，年产 5200 打，有日制手织机 12 台
爱国工厂	1915	郑瑞庭	3000	8	4000	织袜厂，由朱文彬等 17 人投资，年产 1600 打，因日货进口生产受影响
华亨肥皂厂	1909	沈金奎	7000	8	7000	日德战前，产品销于潍县、青州等地，后因日货竞争，销路缩减
鲁丰化工厂		葛伯诚	50000			股东有 40 余人，生产采用法国工艺
云利机器铁工厂	1914	朱京云	30000	30	60000	厂内有 5 马力电机 1 台，以机械修理为主
朱同兴工厂	1915	朱金发	2000	15	15000	朱为浙江人，工厂从事铸铁及铸造件制修
朱同兴分厂	1916	朱金发	5000			机械修制
福来兴	1910	张风祥	500	5	2000	从事机械修理
宜今兴记	1910	陈乃昭	8000	10	15000	系青岛第一家华商印刷厂，厂内有手动印刷机 3 台，陈为广东人

企业名称	开设年份	经营者	资本	职工人数	年销售额	说　明
福和永	1913	刘子山	50000	260	70000	砖瓦厂，有德式制砖机制瓦机各 1 台，年产砖 600 万块，瓦 30 万个
祥利号	1913	傅炳昭	12000	59	27000	砖瓦厂，年产砖 120 万块、瓦 30 万个，产品大部分供应日本人
谦盛和	1915	辛成善	3000	25	7000	砖瓦厂，经营者为煤商，年产砖 800 万块，产品以日商平冈组需要最多
公兴义	1916	刘镜如	1000	60	8000	年产砖 130 万块
裕兴昌洋灰工厂	1916	王锡贵	4000	13	9000	独资，年产水泥瓦 15 万块，需水泥 790 桶
公和兴水泥砖厂	1918	宫仁升	6000	17		独资经营，年产砖 40 万块
义兴和	1911	胡珍堂	800	15	4040	黄酒酿造，合伙经营
吉盛楼	1909	吕宝三	500	7	4400	黄酒酿造、烧酒，由增兴隆商号投资开设
玉盛楼	1917	刘盛田	400	4	3513	黄酒酿造，合伙经营
同源涌	1917	李纪庄	100	4	5620	黄酒酿造，由德源诚商号独资经营
同兴泉	1917	王玉九	600	6	1792	黄酒酿造，兼杂货，合伙经营，职工 6 人
玉春楼	1901	战吉亭	500	5	4330	黄酒酿造，合伙经营，店员 2 人，工人 3 人
同春祥	1917	全明臣	500	4	800	黄酒酿造，个人经营，店员 3 人，工人 1 人

续表

企业名称	开设年份	经营者	资本	职工人数	年销售额	说　明
德春和	1916	高云卿		5	7400	黄酒酿造，独资经营
阜丰号	1917	徐逊卿	5000	15	71814	烧酒酿造，合资经营，店员 7 人，工人 8 人
同和酱园	1914	朱载明	16000	7	7000	周宝山、赵尔巽等 17 人投资，总店设在上海，生产南方风味酱油
裕长酱园	1905	辛子元	5000	18	12000	沙而卿独资经营，生产酱油、味精等
同　兴	1913	阎明山	3000	18	5000	合资经营，生产酱油、味精等
同和福	1909	秦金星	2000	15	3400	合资经营，生产酱油、味精等
和　兴	1914	马玉书	2000	8	6000	7 人合资经营，生产酱油、味精
万　康	1913	庄宝康	2000	9	2000	6 人合资经营，店员 8 人，工人 1 人
万玉记	1912	万子玉	10000	80	7000	兼营原盐运销，年营业额 6 万元
合　计			234900	743	380100	

资料来源：〔日〕青岛守备军铁道部庶务课：《青岛支那人经营工业事情》（誊写本），1918 年 7 月调查，第 1—53 页。

从当时青岛制造业的状况看，对日本工业资本的投资经营无疑十分有利，可以说，几乎没有任何有力的市场竞争对手。日本占领青岛后，便对山东各地的工矿业资源展开大范围的调查，并将调查结果刊行公布，以指导日本国内工商资本到山东投资。但是，日本政府机构对工业投资重心放于何处的看法却不尽一致。农商务省的意见倾向以济南为投资重心，理由是济南水源丰富、劳动力资源和原料供应充足，交通方便，产品可以就近在内地推销；而青岛日本军政当局为扩张在青岛的经济势力，巩固其统治的经济基础，则极力主张投资于青岛。为吸引其国内资本到青岛进行工业投资，日本守备军民政部采取了一系列优惠政策和保护措施，这些政策措施主要包括以下几方面：①低价出租官有地；②减轻工业原料的铁路运费；③廉价提供工业用水和工业用电；④减免各种租税。此外，在大面积强行征用收买民用地的基础上，日本当局还专门划出台东镇作为工场区，鼓励日商在区内投资设厂。当时划给日商的沧口工业用地每坪年租金仅2分，而市区近郊用地每坪年租金为2角，相差达10倍。① 上述措施为日本资本提供了极大的便利，结果在短短的一段时期内，日商资本接踵到青岛开设各种工厂企业，并将投资范围由青岛向胶济铁路沿线地区扩展。

日商在青岛开设的最早一家工厂为肥皂工厂——信昌洋行，系1915年7月设立，次月开张（一说翌年8月开业）。该厂战前系德国资本开设，制造机械全为德制，日人接办后对生产设备加以扩充，20年代初，月产各种肥皂四五十吨。②

在接手德资工厂基础上开设的日资企业还有青岛啤酒工厂。1906年"日本麦酒""札幌麦酒"及"大阪麦酒"三家啤酒公司合资开办大日本麦酒株式会社（亦称太阳啤酒公司），资本560万元，公司总部设于东京，公司成立不久即在上海设立支店，经营太阳牌啤酒。1916年9月，经日守备军当局从中斡旋，公司出资50万银圆收买英德合资青岛啤酒公司（Anglo - German Brewery Go.，Ltd.）所属的青岛啤酒厂，改称青岛工场，同年12月工厂恢复生产。1917年生产啤酒7万箱（1箱48瓶）。1920年代初，年产量增至14万箱。③ 酒厂生产的"朝日"（太阳）、"札幌"（金星）、"青岛"

---

① 〔日〕亞洲歷史資料中心檔案：B03030293400，農商務省（吉田虎雄），支那出張復命書。1922年11月（外務省外交史料館、外務省記録）；武内特派員：《支那人人より觀にる在支邦人の事業》，《大阪朝日新聞》，1921年10月16—27日。按1920年大日本紡織会社向日本当局提出在青岛设厂租用土地申请时，日本当局以青岛为投资重心的指导思想已开始有所改变。当时曾劝说将工厂建于济南，但是投资方以济南气候温差大，影响工厂效率为由加以拒绝。其实，大日本纺织会社避开济南选择青岛的真正原因，乃在于青岛容易取得廉价的土地、机器设备进口免税等因素。

② 〔日〕青島守備軍民政部：《青島ノ工業》，1919年版，第26頁；王正廷，《青島》，督辦魯案事宜公署編輯處，1922年版，第226頁。

③ 〔日〕青島守備軍民政部：《青島之商工業》，1918年版，第169頁。

三种啤酒，由三井物产公司负责在中国各省经销。

　　日资工厂的兴办高潮始于 1917 年，这一年，日人在青岛台东、沧口开办了一大批企业，其中建成投产的有铃木丝厂、向井化成公司骨粉厂、信昌洋行肥皂厂、大连制冰厂、青岛罐诘株式会社、东洋油脂工场青岛支店；新开须待次年投产的有青岛制粉株式会社、内外棉株式会社青岛工场、青岛盐业株式会社、大仓蛋粉厂、山东兴业株式会社等；"已从事建厂力图进行者"，有山东火柴公司、青岛燐寸株式会社、大星洋行蛋粉厂、三井油房、东洋油房、山东化学工业会社等。当年，日本资本在青岛开工投产的企业计有制丝厂 1 家、棉纺织厂 1 家、火柴厂 3 家、制油工厂 2 家、面粉厂 1 家、罐头工厂 2 家、再制盐 2 家、砖瓦窑厂 4 家、制皂工厂 1 家、铁工厂 4 家、蛋粉厂 2 家。[①]

　　1918 年 5 月，日本工业资本在青岛的投资已超过 1045 万日元，除内外棉株式会社青岛工场（200 万日元）、东和油房（100 万日元）、山东兴业株式会社（100 万日元）、铃木丝厂（60 万日元）、大日本麦酒株式会社（50 万日元）、大连制冰株式会社青岛工场（50 万日元）、三井油房、青岛制粉会社（50 万日元）、青岛盐业株式会社（50 万日元）、青岛燐寸株式会社（30 万日元）等大型企业外，还有 60 余家小企业分布于各类加工制造行业。[②]

　　迄第一次世界大战结束，日本资本在山东开设的工厂几乎遍及所有产业部门。1919 年，在青岛和胶济铁路沿线城镇中外资本开设的工厂共有 200 多家，这些工厂分 60 多个门类，经营资本共 5400 万银圆。[③] 其中，日本资本开设的工厂占 139 家，资本 5 万元以上已开工的企业共 88 家，生产棉纱、生丝、油脂、火柴、皮革、精制盐、蛋粉、啤酒、清酒、面粉、罐头、砖瓦、五金等 39 种工业产品，年工业生产总值约 2 亿元以上；而中国人自己办的工厂仅 93 家，无论资本规模或企业生产水平都远不及日商。日资企业按行业划分，计有纺织业 5 家、精制油 15 家、面粉加工 4 家、烟草加工 3 家、蛋粉加工 7 家、精制盐 12 家、酿酒饮料 7 家、火柴

　　① 青岛市档案馆编：《帝国主义与胶海关》，1986 年版，第 272—273 页；《産業の復興状況》，见《経済時報》第 13 號，1939 年 3 月。

　　② 平川清風：《山東を巡りて（一）》，《大阪毎日新聞》，1918 年 12 月 13 日。

　　③ 青岛市档案馆编：《帝国主义与胶海关》，1986 年版，第 178 页。

业6家、副食加工2家、畜产加工3家、皮革5家、家具制作10家、机械铁工13家、建筑材料20家、印刷5家、染料印染3家、采煤炼焦6家、其他加工工业13家。按资本规模划分：100万元以下的企业14家，50万—80万元的企业16家，10万—30万元的企业33家，5万—8万元的企业17家，另有9家企业的资本系由总公司投入（详见表3—2山东日资工业企业一览表，附表统计与表3—2统计标准有差异）。

表3—2　　　　　　　1915—1922年山东日资工业企业一览表

年　份	工　厂	会社、支店、营业所
1915	7家，其中当年开设4家，职工321人，日人10人，华工308人，其他国3人	24家
1916	共31家，其中当年开设，18家职工664人，日人95人，华工569人	33家，其中当年开业13家
1917	共38家，其中日资30家，当年开设9家，另有10家在建，职工1444人，日人83人，华工1360人	35家，其中当年开业3家
1918	62家，其中日资43家，当年开设13家，职工3899人，日人170人，华工3728人，其他国1人	59家，其中当年开业20家，普通商店200余家
1919	共228家，其中日资137家，当年开设14家，大规模工厂88家	114家，其中当年开业46家，5000元以上的投资者550余人
1920	大小中日工厂共236家，职工19554人	163家，其中当年开业56家，5000元以上的投资者600余人
1921	大小工厂共170余家	在青岛设总部的会社104家，资本总额7768万元；设支店、营业所的会社62家，注册资本70454万元；个人营业者4203人，资本总额2350万元

年　份	工　厂	会社、支店、营业所
1922	大小工厂共 170 余家	在青岛设总部的会社 116 家，资本总额 10695 万元；设支店、营业所的会社 73 家，注册资本 82739 万元；个人营业者 5047 人，资本总额 2850 万元

资料来源：〔日〕青岛守備軍副官部/司令部：《青岛守備軍第一統計年報》（1917 年）；《青岛守備軍第六統計年報》（1922 年）；〔日〕青岛守備軍民政部：《民政概况》，1917—1922 年；转见桂川光正《日本軍政と青岛（1914—1922 年）》（千田稔：《東アジアと"半島空間"》，國際日本文化研究センター，2002 年）。1917—1921 年数字据《青岛守備軍第四統計年報》《青岛守備軍第五統計年報》《民政概况》（1921 年度）做了订正。

日资工业企业按投资资金来源、产品销售市场以及企业规模等相关因素区分，大致可以划分为以下三类：第一类是以中国沿海城市以及内地为主要市场的"内销型"企业；第二类是以国外市场为主要销售对象的"出口型"企业；第三类是围绕城市市政建设和城市日常社会经济生活需要开设的一般零星加工企业。当然这只是一种粗略的划分，实际上有的企业兼具前两种特点。

2. "内销型"日资工业

在 1920 年代前期，以中国国内市场为基本销售对象的日资企业，实际主要是以山东以及华北地区为销售市场。这类企业包括纺织、面粉、火柴等工业部门，企业的投资者大多是在日本国内经营同类企业的工业资本。企业所生产的产品过去大量从国外尤其是日本进口，但是随着企业生产规模的扩大，同类产品的进口逐年下降，改变了若干商品的进口态势，从而造成了某种市场"进口替代"效应。

（1）纺织工业。在工业投资方面，市场广阔、投资收益高的纺织业始终是日商资本的投资重点，1916—1923 年，日商陆续在青岛建立了 6 家纺织工厂。

最先在山东设立纱厂的日本企业是内外棉公司，它也是打入中国的第一家日资纱厂。自日俄战争后内外棉公司就计划打入中国，1909 年 7 月该公司决定在上海创办纺纱厂，1911 年 10 月即在上海开设公司第三厂（第一、第二厂在日本国内）。此后，内外棉便开始把投资经营的重心转向中国，1913—1914 年，又相继在上海开设第四厂和第五厂。日军占领青岛后，内外棉公司也随之进入青岛，1916 年 7 月在青岛开设了第六厂，翌年 2 月纱厂投产，成为日本纺织业打入华北的前锋。

内外棉打入中国，是依据被当作日本纺织业界"恩人"的川邨氏积极政策的结果。川邨氏于 1884 年 8 月在松板屋任职时，曾被派到中国调查棉花情况，1887 年再次到中国考察，就有了在中国经营纺织业的意图。川邨认为，"利用马关条约的权益，我们亲自打入中国去办企业，是另一个长策"。川邨主张的要旨是通过着手在中国设立工厂来确保日本"商权"，从而使纺织企业的"公司利益"与日本的"国家利益"相一致。①1923 年，内外棉在华工厂已达 13 家，纱锭数达 30 万锭以上。

当时日本工业资本之所以在中国投资兴建众多的纺织工厂，按照日人樋口弘的分析，其原因主要有下列几项：①原先中国关税是按协定税率征收，但从 1918 年起关税税率提高，因而成了日本向中国输出纺织品的障碍；另一方面，也是为了和正在兴起的中国民族纺织业进行竞争。②从经营的观点看，在工资、税捐、作业时间以及原棉获得等条件上，在华纺织业都比日本国内纺织业优越得多。③由于第一次世界大战期间日本国内工业急剧膨胀，造成生产能力过剩，加之日本本币升值，这就为向海外输出资本提供了基础。④日本的对华积极扩张政策，使日本纺织工业资本在对华投资上受到了极大鼓舞。②

就山东而言，日本纺织工业资本选择青岛投资的原因还在于：山东为北方主要棉产区，企业能以低廉价格就近收购棉花；青岛气候适宜；当地劳动力便宜。当时在日本国内经营纺织业，工人之补充已极为困难，在京阪地方，招募一名织工需要投 40 元费用。一般说，中国工人的薪资只有日本工人的一半。实际上 1921 年青岛日本纱厂的中国童工的日工资只有

① 《国外中国近代史研究》编辑部编：《国外中国近代史研究》第 8 辑，中国社会科学出版社 1985 年版，第 323—325 页。

② 樋口弘：《日本对华投资》，商务印书馆 1959 年版，第 27—28 页。

0.16—0.18 元，普通工人的平均工资只有 0.35 元，而日本国内女工餐费补助之外的平均工资为 1.10 元。① 20 年代中期，日本驻青岛领事堀内歉介在调查中就曾说，山东劳动力的长处一是身体健壮，精力旺盛，适合长时间的重体力劳动；二是生活程度低，粗衣粗食，工资低廉。② 加上山东有着广大的纺织品消费市场，棉纱棉布价格在战后不断上涨，因而在青岛设立纱厂较其他投资更有利可图。

1920 年代前半期，是日本纺织企业在青岛设厂的第一个高峰期，继 1916 年开设内外棉纱厂之后，日商又相继于 1919 年设立大康纱厂（1921 年 10 月投产）；1920 年 3 月设立宝来纱厂；1921 年 10 月开设隆兴纱厂和钟渊纱厂（公大第五厂），11 月开设富士纱厂；1923 年 3 月富士投产，4 月和 5 月，钟渊、隆兴、宝来相继投产。这些工厂资金雄厚，规模宏大，其实力远远超过青岛唯一的一家华商纱厂——华新纱厂。1921 年，青岛日本纱厂的纱锭数已增至 51888 锭，其中内外棉纱厂的纱锭数为 2 万锭，大康纱厂为 31888 锭。1922 年，内外棉的纱锭增加了 1 倍多，达 42200 锭，日资纱厂的纱锭总数则达 75088 锭。③ 当时华新纱厂只有纱锭 32000 锭。

青岛纺织工业的发展造成了两个直接的后果：首先，棉纱尤其是日本棉纱的进口大幅减少。随着日本纱厂产量的逐年增长，20 年代初青岛纱厂棉纱年产量达 26 万包或 82 万担，④ 受此影响，到 1920 年，青岛棉纱进口由 1916 年的 279822 担减至 139055 担，减少了一半以上（见表 3—3）。其次，纺织机械进口大幅增加。日本纱厂的兴建带动了机器的进口，各纱厂进口机器 1921 年为 190 万海关两，1922 年增至 510 万海关两。⑤

---

① 〔日〕亞洲歷史資料中心档案：B03030293400，農商務省（吉田虎雄），支那出張復命書，1922 年 11 月（外務省外交史料館，外務省記錄）。

② 〔日〕亞洲歷史資料中心档案，B20021301104，亞細亞局第二課，北支地方/青島，支那各地本邦人經營工場狀況，1925 年（外務省外交史料館，調書）。

③ 滿鐵北支經濟調查所：《北支那工場實態調查報告書（青島之部）》，1940 年版，第 45—46 頁。

④ 白眉初：《中華民國省區全志·山東省志》，1925 年版，第 318 頁。

⑤ 青岛市档案馆编：《帝国主义与胶海关》，1986 年版，第 318 页。

表 3—3　　　　　　　　　1916—1920 年青岛棉纱进口统计　　　　　　　单位：担

年　份	华厂纱	日本纱	印度纱	合　计
1916	30639	220779	28404	279822
1917	86944	158452	40500	285896
1918	132886	105035	10817	248738
1919	118834	43348	11560	173742
1920	62242	68855	7958	139055

资料来源：叶春墀：《青岛概要》，1922 年版，第 65—66 页。

日本资本在山东兴办缫丝工业几乎与棉纺织业为同一时期，而青岛铃木丝厂为日人在山东"攫取蚕丝权之先鞭"。铃木丝厂由日本长野县片仓组的铃木格三郎开设与经营。工厂设于台东镇，1917 年 3 月开工兴建，同年 7 月部分投产。最初丝厂资本为 60 万元，只有丝车 200 部，工人 350人，年生产丝仅 150 担。1918 年 4 月丝厂增资至 60 万元，6 月扩充规模，丝车增加至 520 部，厂房、设备、宿舍、试验场等项投资达 37 万元，工人也增至 800 余人，每月支付的工人工资约七八千元。1918 年丝厂生丝产量已达 4 万余斤，购买原料约 100 余万斤，价值 50 余万元。后产量增至 1000 担（黄丝 600 担、白丝 400 担）。原料茧产地包括青州、临朐等地，丝厂特在青州车站设立丝厂分行，专事购茧烘茧。① 开工初，日产量仅 400 斤左右，后"日夕专事扩张"，日产量达 3000 斤。② 另外，丝厂还在张店设立分厂，专在周村一带收购烘制鲜茧。1923 年 5 月，张店分厂购置缫丝车 298 台，开始转向缫丝生产。

1917 年 6 月，铃木丝厂确立在华发展目标，创立东亚蚕丝组合，丝厂的业务管理转由组合负责，组合同时还负责管理在上海的制丝企业。1920 年 6 月，东亚蚕丝组合得到片仓制丝会社的投资，改组为日华蚕丝株式会社，本社设于上海，资本 500 万元。会社继承东亚组合的业务，接

---

① 〔日〕青岛守备军民政部：《青岛ノ工業》，1919 年版，第 63—64 页；刘振刚，《青岛丝厂与鲁省丝业之关系》，《山东实业学会会志》，1919 年 12 月第 3 期。

② 王正廷：《青岛》，1922 年版，第 224 页。

管其在青岛、上海的丝厂。①

日本丝厂的设立与扩张，夺占了相当一部分生丝市场，对华商丝厂的生存形成极大的压力。铃木丝厂投产不久，即有人撰文指出：该丝厂专收山东各地黄丝茧，缫成日本"扬返式"丝，"出品优美，颇得西商信用"，运往上海之货由三井洋行经售，华商自办之丝厂"对此反觉瞠乎其后"。②1918 年春，青岛丝厂的影响已渗透到青州、临朐等地。这一年青州等地茧价虽然低落，但除兴业丝厂和蚕丝劝业场购入少量蚕茧，勉强维持生产外，其余各丝厂因无力与日商丝厂竞争，"均将新茧购妥，干燥完毕，原盘尽售日人，而实行消极的倒闭政策"。青州当地市场集散的蚕茧约300 万斤，其中由青岛丝厂收买的蚕茧在 50 万斤以上。③日商丝厂购茧缫丝后，丝价一路飙升，当年冬，丝价上升至每百斤 2400 余元，丝厂借机获得丰厚利润。④与此同时，设在张店的铃木丝厂，对周村的机器缫丝工厂也构成严重的竞争压力和威胁。

（2）火柴工业。第一次世界大战时期，青岛当地及靠青岛供应地区的火柴消费量每年约 5 万火柴吨（每吨 100 罗）以上，如此大的市场自然成为外国资本觊觎的对象。日本占据青岛后，火柴工业便成为日本工业资本在青岛投资的一个重要的领域。

1917 年，两家日商火柴厂——山东火柴公司、青岛燐寸株式会社几乎同时开始筹建。1918 年夏，两家工厂相继在青岛台东镇建成投产。

山东火柴公司前身为明石燐寸制造所，由大阪燐寸株式会社投资开办，资本开始为 5 万元，后增至 15 万元。工厂有制梗机 2 台（7.5 马力），排杆机 18 台，职工 370 人，生产三星牌火柴，月产能力 800—1000吨。青岛燐寸株式会社于 1918 年 3 月正式成立，由日本共同燐寸株式会社投资兴办，发起人为宇田川贤次郎，资本 30 万元，同年 7 月开工投产。

---

①　公司其他业务为：（1）1918 年 9 月设烟草部，从事烟叶收购。1927 年 11 月与日商山东产业公司、中裕公司共同成立合同烟草株式会社；（2）1921 年 7 月成立棉花部，以张店、济南为中心，从事棉花收运业务；（3）1923 年 8 月设立盐业部，收购胶州湾原盐，向日本及朝鲜出口。1938 年 7 月日华蚕丝改组为口华兴业株式会社（姬野德一编《大東亞建設と山東》，東京：日支問題研究會 1942 年 12 月版，第 175—177 页）。

②　《日本改良青岛丝业》，见《农商公报》第 4 卷第 10 册，1918 年 5 月 15 日第 46 期。

③　岸元吉：《青岛及山东见物》，1922 年 4 月版，第 137 页。

④　刘振刚：《青岛丝厂与鲁省丝业之关系》，《山东实业学会会志》，1919 年 12 月第 3 期。

厂内设备有排杆机 23 台，职工有日人 53 名，华工 540 人，生产三阳牌火柴，日产能力 45—50 火柴吨。1920 年春，青岛燐寸工厂发生火灾，厂房机器全部焚毁。1921 年 4 月工厂重建，同时在济南兴建分厂。次年 4 月两厂相继建成投产。但开工不久即遇到经济不景气，加之产品受到抵制日货运动的冲击，经营陷入困境。宇田为此辞职，火柴厂也改由神户富商龙川家族接手经营。企业改组后，资本增至 57 万元，生产规模也有所扩大。①

在山东、青岛两家火柴厂开工后不久，日商村井八百吉、小林吉右卫门等人共同出资，在青岛成立第三家日资火柴厂——东鲁燐寸株式会社。东鲁名义资本 100 万元，实际投资 25 万元。厂内有火柴排杆机 10 台，职工 275 人，日生产能力为 120 箱（每箱 240 打），月产 550 火柴吨（每吨 6 箱）。工厂生产的"宝贝""驱马""三福"三个牌号的火柴，除在当地销售外，主要销往胶济铁路沿线地区，并通过青岛华商之手销往莒县、即墨、海州等地。1918 年东鲁曾计划将月产量提高到 1500 吨，年产值 70 万元。1920 年 3 月，东鲁燐寸与山东火柴公司合并，但生产仍分于两处。

1919 年，三家日资火柴厂的火柴总产量合计 43000 吨，其中青岛燐寸株式会社 15000 吨，山东火柴公司 10000 吨，东鲁 18000 吨，销售量约占青岛及其周邻地区火柴消费量的 4/5 多。三家日资火柴厂所需的大量火柴盒，全部交由李村附近 14 个村和即墨县的农户加工糊制，每月加工量达 4000 万盒，加工费 4000 元。②

山东火柴与青岛燐寸成立后，据说曾请求日本殖民当局颁发命令，规定在两厂周邻 25 华里范围内不许再增设新厂，即使日人也不例外。受此限制，日占时期华商一直未能在青岛开设火柴厂，日商福隆火柴厂也只好设在沧口。在青岛收回前的 1921 年，青岛、山东、东鲁、福隆四家日资火柴厂的日产量分别为 45 吨、30 吨、40 吨、15 吨，③ 日总生产量达 130 吨，另有一家齐鲁燐寸株式会社正在筹备中。

四家日资火柴厂全面开工投产后，"日本火柴受本地工厂发达之抨

① 水野天英：《山東日支人信用秘録》，1926 年 11 月版，第 424 页。

② 〔日〕青岛守備軍民政部：《青岛ノ工業》，1919 年版，第 3—7 页。

③ 王正廷：《青岛》，1922 年版，第 227 页；山东省政协文史资料委员会编《山东工商经济史料集萃》第 2 辑，1989 年版，第 262 页。

击，几乎绝迹"。1921 年日本火柴进口为 384800 罗，1922 年减至 19900 罗，而同期火柴材料的进口则大幅度增加，货值由 1921 年的 421700 海关两增至 605900 海关两。①

（3）面粉工业。山东是华北小麦主产区之一，出于增加口粮和换取现金的考虑，一般农户通常将小麦拿到集市出售或换取粗粮，因而小麦又是重要的商品作物，在内地市场有着相当大的流通量。就城市消费而言，民国成立后城市化进程的发展，使城镇对机制面粉的需求日益增长。以上两种因素为发展机器面粉工业提供了得天独厚的条件。一次大战时期，日本工业资本利用占据青岛和胶济铁路的有利条件，开始在青岛、济南投资开办机器面粉工厂。

1916 年 9 月，日本下关富商秋田寅之助等人投资成立青岛制粉株式会社，在青岛三日月町兴建机器面粉工厂，1918 年 1 月工厂正式开工投产。面粉厂资本 50 万日元，实际投入 25 万元，建筑面积 739 坪，设备总动力 275 马力，原计划年产 360 万袋，实际日生产能力 2400 袋，年产量近 34 万袋。② 工厂生产所用小麦原料大部分来自山东本省，其次为安徽、河南等地，所产鹿头牌面粉行销于胶济铁路沿线地区。开工头两年，工厂共有 6 名日本技工，43 名中国工人。1919 年后工厂股份由神户增田合资会社收买，但第二年又转到横滨平沼亮三家族手中。后来青岛制粉还在济南设立了分厂。③

1918 年 9 月，日商长川禄三郎租用前德商面粉厂的厂房，生产小麦粉，年产约 6 万袋。④ 此外日商还在青岛设立了两家机器面粉磨房，一是灰塚于 1919 年设立的灰塚工场，一是盐川炼吉经营的共荣公司。

1919 年，日商又在济南开设了一家机器面粉厂——满洲磨房（满洲制粉厂）。工厂有工人 65 人，日生产能力 3200 袋。但是这家面粉厂开工不久即因抵制日货运动影响，面粉销路受阻，工厂生产时开时停。在满洲制粉厂成立时，济南至少已有 4 家华商面粉厂和 4 家机器磨房，年产面粉

① 青岛市档案馆编：《帝国主义与胶海关》，1986 年版，第 318、325 页。

② 〔日〕青岛守备军民政部：《青岛ノ工业》，1919 年版，第 33—34 页。

③ 民国《胶澳志》，1928 年版，《食货志》，工业；水野天英，《山东日支人信用秘录》，1926 年 11 月，第 426 页。

④ 〔日〕青岛守备军民政部：《青岛之商工业》，1918 年 10 月版，第 166—167 页。

47 万担，另外土法生产面粉 3 万担。当时济南地区年消费 40 万担，剩余部分运销天津等地。① 在这种情况下，满洲制粉厂的产品很难有多少销路。1923 年，该厂终因经营困难而停业，后改组为三吉磨房。

日资面粉工厂与日本贸易商有着密切的关系，除自行购入部分小麦原料外，所需大部分原料通常由日本商行为其提供。当时在青岛从事小麦收购的日商有铃木、泰利、共荣、吉泽、茂木、安部、东和、山田、汤浅、峰村、三井等洋行；在济南，除三井、三菱、山田、汤浅外，还有吉泽、东隆、茂木等日本洋行。华商在青岛从事此项交易的有东泰、万利源、悦来等 53 家行栈，在济南有 19 家粮行，收购的小麦主要供应华商机器面粉厂。② 山东小麦市场基本为华商所控制，日商的采购量远不能满足日厂对原料的需求，需要华商供应。满洲制粉等日厂生产难以扩大的一个重要原因，即在于日商购运小麦原料必须要依赖华商中介，自身无法控制市场货源与购运价格。

3. "出口型" 日资工业

日资出口型工业大都与口岸农畜产品的出口密切相关，如蛋粉加工、精制油、冷藏加工、畜产品加工等，实际都是农畜产品出口在产业上的延伸。这类企业的原料市场在内地农村，而销售市场则在国外。既然企业的生存以出口市场的需求为前提条件，国外市场的消长便决定了企业的兴衰。此类日资企业大部分兴起于第一次世界大战时期，企业的投资大多来自商业资本，投资人往往是贸易商社、商行的经营者。1920 年是这类企业兴衰的分水岭，随着战后市场的急骤变化，原先兴盛一时的出口业务迅速萎缩，大部分企业因产品销路大幅度缩减，被迫停闭歇业。

（1）蛋粉加工业。山东有着丰富的鸡蛋资源，据民国初年青岛日本守备军调查，全省年产量大致约 1.15 亿枚，输出约 6000 万枚。③ 最初日商只是从事鸡蛋的收购输出，后来将经营扩展到蛋粉加工业。

---

① 〔日〕青島守備軍民政部：《青島ノ工業》，1919 年版，第 33—34 页。
② 〔日〕青島守備軍民政部：《山东之物产》第壹编，《落花生》，1921 年版，第 78—79 页。
③ 〔日〕青島守備軍民政部：《山東ニ於ケル主要事業ノ概況》第壹编，1918 年版，第 31 页。

成立最早的日本蛋粉厂为青岛鸡卵加工组合。加工组合以大仓组投资为主，资本 10 万银圆，1917 年 9 月在青岛兴建工场，次年 2 月竣工。1919 年由于蛋粉市场需求旺盛，为扩张业务，组合改组为股份公司——日支鸡蛋公司（日华鸡蛋公司）。新公司总资本 50 万元，实际投入资本 25 万元。厂内有日本职员 4 人，使用中国男工 62 人，女工 60 人，月加工鸡蛋 360 万个。同年，日支鸡蛋公司还在张店收买原怡昌洋行蛋厂，成立张店分工场。张店蛋厂使用男工和女工各 20 人，月加工鸡蛋 90 万个。

1918 年 1 月，大连日商大星公司在青岛成立支店，投资兴建新式蛋粉加工厂，当年 9 月蛋厂正式开工生产。蛋厂最初注册资本 9 万元，后增至 20 万元。厂内有厂房 6 座，安装有 50 马力蒸汽机 2 台，厂房设备投资 26 万元。有日本技工 3 人，华工 100 人，年产蛋粉近 45 万斤。[①]

同一时期日商还在济南开设了中华、东亚两家大型蛋粉加工厂。1918 年日商在济南五马路收买土地 2000 坪，兴建株式会社中华蛋厂，蛋厂以日商伊藤忠兵卫商店为中心，纠集青岛、济南两地日本工商资本参与投资，资本 100 万日元，实际投入 25 万元。东亚蛋粉公司总部设于上海，资本 50 万元。济南工厂于 1917 年 10 月动工兴建，翌年 5 月开工生产。厂内有搅拌、发酵、机械、干燥等车间，日打蛋能力为 30 万个。东亚蛋厂对当地经济的影响主要表现在三个方面。

第一，蛋厂有日本职工 21 人，中国工人 200 人，其中男女固定工各 30 人，男女临时工各 70 人，固定工大部分从南方招雇，临时工则招雇附近农村的农民。

第二，东亚蛋厂平均月消耗鸡蛋 500 万个（按月开工 26 日计），1918 年 4—12 月，蛋厂共消耗鸡蛋 3000 万个。蛋厂原料通常购自周围方圆 60 华里范围内的农村，也有来自百里外的。在原料供应淡季，周围农村的上市量远不能满足工厂生产的需要，为此蛋厂还在泊头、桑园、徐州、宿州、德州、济宁六地设立收购点，派人常年收买。蛋厂在山东地区的鸡蛋收购价格为每千个 35 吊铜钱，本省收购量约占 2/3；外省收购价每千个 39 吊铜钱，收购量约占 1/3。如按 1918 年消耗量计，收购成本约 110 万

---

①　〔日〕青岛守备军民政部：《青岛ノ工业》，1919 年版，第 59—63 页。

吊钱。[①] 按每家农户平均出售 200 个鸡蛋计，山东大约有 10 万农户的家庭副业受到影响，平均每户收入 7 吊钱，约合银圆 1.8 元。

第三，对华商蛋厂的影响。1919 年年初山东全省共有 10 家蛋厂，除东亚外，日商在青岛还开有 2 家蛋厂，另在洛口、济宁、兖州、德州、桑圃、张店等地有 7 家华商蛋厂。但这 7 家蛋厂都属于没有多少资本和设备的小厂，生产规模远不如日厂，在资金、原料收购等方面面临日商的竞争压力。与东亚蛋厂同处济南的洛口湖荫堂蛋厂，资本只有 2 万元，日打蛋能力只有 1 万—3 万个，1918 年终被东亚蛋厂压垮。

1919 年蛋粉加工业最盛时，青岛、济南及张店共有日本蛋厂 5 家，中日合办蛋厂 1 家，华商蛋厂 10 家，日产蛋白 100 担，蛋黄 250 担，产品有相当一部分以机器生产。[②] 华商蛋厂分布于津浦铁路沿线，日商蛋厂则集中于胶济铁路沿线，华商选择在津浦沿线设厂，一方面是因这一地区鸡蛋集散规模大；另一方面也可避开日商竞争锋芒。日本蛋厂的产品主要出口至美国和日本，产销赖于国际市场的需求。1921 年，日人在山东开设的蛋粉公司共 4 家，蛋厂 6 家，蛋厂日打蛋能力为 126 万个（日华商蛋厂生产能力比较见表 3—4）。正当蛋粉加工业发展最盛之时，美国市场的需要大幅减少，致使日厂"大受顿挫"，生产开始由盛转衰。[③] 1922 年 11 月农商务省在青岛调查时，青岛 2 家日资蛋厂已全都停产关闭。[④]

表 3—4 　　　　　　　　　　　中日蛋厂一览表　　　　　　　　单位：万个

日商蛋粉公司			华商蛋粉公司		
蛋厂名称	厂址	日打蛋数 ①/②	蛋厂名称	厂址	日打蛋数 ①
东亚蛋粉公司	济南	10/30	同发卵粉厂	台儿庄	9
东亚蛋粉公司第二工厂	济南	/50	同发卵粉厂	济宁	5

① 〔日〕青岛守备军民政部：《山东鐵道沿線重要都市經濟事情》下，1919 年版，第 400—408 页；银圆与铜钱的兑换比率按当时 1 吊钱 = 49 铜元，1 银圆 = 192 铜元折算。

② 白眉初：《中华民国省区全志·山东省志》，1925 年版，第 318 页。

③ 王正廷：《青岛》，1922 年版，第 224 页。

④ 〔日〕亞洲歷史資料中心檔案：B03030293400，農商務省（吉田虎雄）：支那出張復命书，1922 年 11 月（外務省外交史料館，外務省記録）。

续表

日商蛋粉公司			华商蛋粉公司		
蛋厂名称	厂址	日打蛋数 ①/②	蛋厂名称	厂址	日打蛋数 ①
中华蛋厂	济南	/30	同济鸡蛋厂	济宁	7
大星公司	青岛	20/8	德源公司	兖州	10
青岛生卵加工组合	青岛	10/	德源公司	德州	10—15
日支鸡蛋公司	青岛	/8	济洛公司	洛口	8
日支鸡蛋公司	张店	5/	义昌公司	济宁	
真荣公司	张店	5/	同新	汶上	

资料来源：①〔日〕青岛守備軍民政部：《山東ニ於ケル主要事業／概況》第壹编，1918 年版，第 32—33 頁；②《中國蛋粉廠》，見《銀行月刊》第 2 卷，1922 年 8 月第 8 期；另参见岡伊太郎、小西元藏《山東經濟事情：濟南を主として》，1919 年版，第 378 頁；青岛守備軍民政部《大運河及鹽運河都邑經濟事情》，1921 年版，第 212—213 頁。

（2）精制油加工业。德占时期，外商只是沿铁路线从华商手中收买花生油出口，从未自行建厂榨油。日占青岛后，花生、花生油输出贸易出现了较大增长，1907 年青岛花生油出口 10 万余担，1912 年增至 23 万担，1919 年达到 71 万担。输出贸易的扩大是推动日商投资榨油业的直接原因。第一次世界大战时期，新式机器榨油业在青岛和济南兴起。1915 年日商峰村洋行率先在青岛设立精制油工厂，1917 年又有日商东和油房成立，随后不久，三井洋行、泰和商会、东洋制油及汤浅洋行也相继设立精制油加工厂，从胶济铁路沿线收购花生油和豆油，在青岛精制加工后向海外输出，各家日资工厂的年总产量达 3850 万斤。① 迄于 1921 年，日商在青岛共开设了 17 家机器榨油工厂和精制油工厂，其中茂木洋行、东和油房、青岛制油、东洋制油、山东制油 5 家企业为榨油工厂，其余为精制油工厂，山东化学工业所则专制植物油硬化油脂。日资企业资本、产量情况见表 3—5。

---

① 〔日〕青岛守备军民政部：《青岛之商工业》，1918 年 10 月版，第 165 页。

表 3—5　　　　　青岛日资榨油精制油企业统计（1921 年）　　　　单位：万元

企业名称	业主	资本	工人数①	工人数②	年产量
三井油房	三井物产株式会社	本社支出	102	120	30 万箱
汤浅洋行油房	小林乃	日金 20	15	50	20 万箱
峰村洋行精油工厂	峰村正三	银 50	50	50	40 万箱
新利洋行油房	古贺茂登吉	日金 5	150	50	20/50 万箱
泰利洋行油房	松崎翠	日金 6	35	30	7.4 万箱
铃木油房	金子庆治	银 10	130	130	40 万箱
吉泽洋行油房	吉泽干城	日金 10	150	150	15 万箱
信昌洋行	津下信义	银 7	20	20	4 万箱
安部油房	安部幸平卫	不详	—	50	10 万箱
茂木油房	茂木洋行	不详	—	400	500 万斤
东和油房	三宅骏二	日金 100	400	—	4 万箱
青岛制油工厂	青岛制油株式会社	日金 100	—	120	200 万斤
东洋制油工厂	东洋制油株式会社	日金 80	120	90	200 万斤
山东制油工厂	山东制油株式会社	日金 100	—	80	200 万斤
长濑油房	长濑洋行	日金 300	15	30	200 万斤
山东化学工业所	佐志雅雄	日金 15	30	120	10 万斤
山东物产工厂	山东物产株式会社	日金 50	—	—	

　　资料来源：①〔日〕青岛守备军民政部：《山东之物产》第 1 编，1920 年 1 月，第 28 页；②彭望恕：《青岛之落花生及其油业》，《农商公报》第 7 卷第 12 册，1921 年 7 月第 84 期。

　　东和油房是当时生产规模最大的日商榨油企业，年加工能力为 1.5 万吨，东洋、山东两家产量合起来共 1 万吨。东和一昼夜生产消耗的原料为 50 吨，生产油 26000 斤（400 箱）。但是按东和经营者所言，其经营受到当地土制油有力的竞争，加之原料供应不足，无法做到全年满负荷生产（1921 年东和油坊的花生消耗量为 8000 吨），生产经营遇到困难，没有利润。①

---

　　①〔日〕亚洲历史资料中心档案：B03030293400，农商务省（吉田虎雄）支那出和复命书，1922 年 11 月版（外务省外交史料馆，外务省记录）。

（3）畜产品加工业。青岛肉类、禽蛋产品及水产品出口数量的增加，对装船外运前的保鲜贮藏条件提出了比较高的要求，而当时青岛只有德占时期屠宰场安装的一台冻罐式制冰机，日制冰能力只有 1.5 吨。为了改善冰藏条件，1916 年石桥洋行与美商合资开设石桥冷藏工厂。1917 年日商大连制冰会社也在青岛开设分厂。该厂资本 50 万元，厂内有制冰机 1 台，20 年代中期又新增制冰机 1 台，日制冰可达 40 吨，除制冰外，还生产饮料，日产饮料 600 打，销售于青岛市区和胶济铁路沿线城镇。[①] 青岛畜产品冷藏加工业的兴起，给畜产品的大量出口提供了条件。随着 1916 年石桥洋行、1917 年大连制冰会社青岛支店成立，1920 年大阪商船"嘉义号"冷藏船始航青岛，冷冻牛肉的出口也随之大幅度增长，到日占青岛末期，屠宰场年加工屠宰活牛 6 万头、猪 1 万数千头。[②]

青岛冷鲜牛肉等畜产品的大量出口，为相关畜产品加工业的兴起提供了条件，这类加工业主要包括骨粉加工、皮革加工、牛脂加工以及罐头加工等企业。

日商开设的骨粉工场主要有山东采油骨粉商会和向井化制公司。前者成立于 1916 年 9 月，由高桥丑吉经营，资本 15700 元，主要生产用作肥料的骨粉。1918 年共生产骨粉 200 万斤，产值 12 万元。后者由日商向井龙造经营，资本 3 万元，工厂有 10 马力电动粉碎机、干燥机各 1 台，工人 15—30 人，年产骨粉 2000 吨。[③] 两家企业的产品全部出口日本。内地加工工场的产品基本由三井、滨田等日本洋行经营输出，输出地为日本九州和鹿儿岛等地。

日本国内皮革工业的发展，使其对牛羊皮的需要大幅增长，每年进口额 1400 万—2000 万元，进口皮革大部分由中国输入。在青岛、济南有多家专门从事皮革贸易的日本商行，每年从内地或屠宰场收购大量生皮，经过简单盐制加工后出口。1920 年前后，日商在青岛开设了 3 家皮革加工工厂，其中规模较大的企业为德盛洋行。德盛皮革加工厂设立于 1916 年 4 月，由石井久次投资经营，资本 10 万元，雇员有日人 6 名，华工 17

---

① 民国《胶澳志》，1928 年版，食货志，七，工业。

② 满铁经济调查会：《山东に於ける工业の发展》，1935 年 5 月版，第 79 页。

③ 〔日〕青岛守备军民政部：《青岛ノ工业》，1919 年版，第 23—24 页。

人，厂内有 3 台马力动力设备，年制革 3000 张，销路远至蒙占。① 1920 年代后，皮革输出港转向天津，青岛经营输出业者"失败居其多数"，原先居垄断地位的三井、汤浅、大文三家洋行退出经营，后"殆以清喜洋行为独占事业"。②

青岛周边农村有着丰富的畜禽蔬果资源，不但运输方便，而且价格远低于日本。利用这一原料资源，日商在青岛开办了 3 家罐头加工厂，即山口商会支店、南条正吉、青岛罐诘株式会社（企业内有华股）。3 家企业"皆用新式机械制造物品，制造成装于铁罐之内，包以华美之纸，其上绘以所装物品形式，印以商标，输出于欧美各国"，同时"销于本地及内地者各埠者亦不少"。③

4. 普通日资加工工业

普通加工业包括市政房屋建筑材料制造、机器设备修配、家具制作、酿造、印刷等诸多行业，业内的日资企业户数最多，约占全部日资企业的半数以上，投资经营者大多属于个人投资性质，除水泥、啤酒等个别企业外，大部分企业资本 5 万元以下，其中 6000 元以下的小工厂占了 20 家，1 万—1.5 万元的企业有 10 家，多数企业生产规模都很小，一般雇佣工人在 20 人以下，生产过程普遍采用手工劳动，工艺落后，只是在工艺环节使用机器。

在普通加工工业中，工厂数和投资额最多的当属陶瓷玻璃工业。实际上在日占青岛之前，日商资本便已悄然渗透到博山窑业之中，1914 年年末，日商渡边逸次郎在博山租借当地民营窑厂，试验烧制陶管和耐火砖，窑厂由渡边与华商姜子岐二人合办，起初规模很小。1916 年 2 月和 4 月，渡边先后以东华公司的名义在博山下营购买土地，兴建烧窑场和营业楼。当年 5 月工场开工，对外称日华窑业工场，当时窑业工场有烧窑 2 座，雇工 60 人，专门为日本青岛军政署水道部试制输水陶管，生产基本

①　〔日〕青島守備軍民政部：《青島ノ工業》，1919 年版，第 66 页；〔日〕青島守備軍民政部：《青島之商工業》，1918 年 10 月版，第 170 页。

②　《山东牛皮牛骨牛油之调查》，见《农商公报》第 3 卷第 3 册，1916 年 10 月第 27 期。

③　林传甲：《青岛游记（续）》，《地学杂志》第 9 卷，1918 年 6 月第 6 期（总第 96 期）。

为手工操作。①

日本占领青岛后，日人"多注意于山东，来山东参观者、旅行者、调查者，络绎于途"日本人在山东的工商业，"着着进行，颇见发达"。在这种背景下，日本早稻田大学的教授中村康之助和商人田中惟一郎也专程到博山调查窑业。二人在博山见当地原料丰富，又多耐火材料，对经营窑业极为有利，回国后便竭力鼓吹投资开发，结果很快便得到了国内资本的响应，招集到一批日商资金。② 1918 年 12 月，日商大隈信常、田中惟一郎、林十次郎等人与华商林长民、王克敏等人合作，成立日华窑业株式会社，将募集资金全部投到渡边经营的窑厂。企业名义为中日合办，实际为日人控制经营。田中和中村分任总理和协理，经理为林长民、林十次郎、岩崎清七，监事也全部由日人担任。③

日华窑业会社名义资本 200 万日元，实际投入约 50 万日元。会社利用渡边窑业工场为基础，投资扩充，成为当时博山规模最大的窑业工厂。厂内由日人担任技师，工人总数约 330 人，其中陶管部 80 人，耐火砖部 40 人，建筑材料部 10 人，其他杂工约 200 余人。工场有烧窑 6 座，生产所需的试验室、烧窑厂、粉碎室、成型室"皆有相当之设备"。窑厂制品为直型或异型陶土管、耐火砖、低压电磁壶及砖瓦，主要产品陶土管年产约 5000—6000 根。所出制品多运往青岛、济南销售。另外，公司还经营煤炭开采运售。1919 年"五四"运动后，窑业工厂的制品因各地的抵制，销售受到相当影响。

日占青岛时期，日商资本在青岛、博山开办的窑业工厂共计 16 家，除日华窑业会社、山东窑业两家企业外，其余多是资本只有几千元至数万元不等的小型砖瓦工厂。详见表 3—6。

1917 年 9 月，日商田中末雄、秋襄二发起设立山东水泥公司。公司资本 100 万日元，实际投资 25 万元，总部设于大连，工厂设于青岛附近，

---

① 庄维民：《近代山东陶瓷业生产技术的改进》，《山东文献》第 24 卷，1999 年 3 月第 4 期。

② 马清源：《博山窑业视察谈》，《山东实业学会会志》，1923 年 11 月第 9 期，第 9—10 页。

③ 山东工业试验所：《山东工业试验所第二次报告书》，1922 年版，窑业科报告，第 41—42 页。

生产经营由山东兴业株式会社控制。工厂主要设备为日本自制直窑 1 座。原料取自工厂附近，燃料煤取自淄川煤矿。公司日产水泥 300 桶（每桶170 公斤），并曾计划将产能扩充至 700 桶。但工厂实际产量并不高，1921 年年产量仅为 7000 桶。[①]

表 3—6　　　　　　　日占青岛时期日资砖瓦工场统计表

企 业 名 称	所在地	资 本	业 主	工人数	年 产 量
宫崎制瓦场	青岛	30000 日元	宫崎重一	27	6000 万块
旭炼瓦工场	青岛	30000 银圆	井上精一	183	720 万个
青山炼瓦工场	青岛	4000 银圆	青山松五郎	62	150 万个
山东炼瓦公司	青岛	10000 银圆	平山寅夫	130	砖瓦 313 万块
孤山炼瓦工场	青岛	58000 日元	岩城卯吉		350 个
沙岭庄炼瓦工场	青岛	40000 日元	岩城卯吉		126 万
村本炼瓦工场	青岛	2000 银圆	村本升一		
大城洋行	青岛		津城太八		
久米组	青岛	20000 银圆	田中庄吉	8	500 个
富泰号炼瓦工场	青岛	7000 日元	小林宇一郎	20	40 万个
山东窑业株式会社	青岛	500000 元	伊藤守松		
岩城商会炼瓦厂	青岛		田边郁次郎		
日华窑业株式会社	博山	500000 元	渡边逸次郎		
和久炼瓦工场	金岭镇	5000 元	和久久太郎		
三益公司	博山	13000 银圆	和田泽太	30	土管 12 万个，砖 300 万个
丸久商店	博山	5000 元	寺胁久太郎	67	

资料來源：〔日〕青島守備軍民政部：《青島ノ工業》，1919 年版，第 66—67 页；葉春墀：《青島概要》，1922 年版，第 64 页。

同一时期，受日资企业开设的刺激和影响，华商也开始尝试投资经营水泥工厂。1919 年，华商投资的济南致敬水泥公司成立，公司股东全部为本省人士，资本 20 万银圆。工厂采用比利时式石灰炉型直窑，水泥磨压机购自德国，机器设备也由德国人管理。工厂日产量 250 桶，产品全部

[①]〔日〕亞洲歷史資料中心檔案：B03030293400，農商務省（吉田虎雄）支那出張復命書，1922 年 11 月（外務省外交史料館，外務省記録）。

供济南及邻近地区建筑所需。1920 年生产 9 万桶。[1] 1922 年华商还在烟台创立蓂臣水泥公司，资本 50 万元。

山东传统玻璃生产集中博山地区，随着城市社会经济的发展，玻璃制品的消费量逐年增长，传统生产已难以满足城乡需求，因而不得不仰给外货输入。1914 年前，由青岛输入的玻璃概为德国货，1915 年后，进口玻璃"悉归日货独占"。1916 年青岛港输入玻璃 1852 吨，其中从日本进口 1412 吨，占 76%。[2]

1916 年 6 月，日商在青岛成立山东玻璃制造所，由金森甚助经营，资本 15000 元。工场实际只是一家手工工场，主要生产药瓶、灯罩。另外，青岛还有一家和洋硝子制造工场，由日商杉兼次郎经营，资本 15000 元，使用日本人 5 名、华工 20 余人。后来上述两家工场合并，成立山东玻璃工业株式会社，拟投资 30 万元，从事玻璃瓶生产。[3] 此外，日商还于 1916 年 5 月在青岛开设福泰公司玻璃工厂，于 1917 年 1 月在济南开办山东玻璃制造所、怡昌洋行。日资企业生产的玻璃制品通常由日商销售。当时青岛、济南各有数家专门经销玻璃制品的商户，在青岛有日商高桥商会、神田商行、深尾硝子商店等，华商有福顺泰、德发成、义来兴、源裕兴等；在济南有日商玉井洋行、松隆洋行和大国洋行，华商则有育生大药房、启明等商号。[4]

在日本人经营的中小工业中，有不少是以修理加工为主的铁工业、家具制造业和副食品加工业，从其设备、加工能力、生产规模上看，大都是些很小的企业，投资额往往只有几千元甚至几百元，有些企业只能算是家庭手工业或作坊，生产加工带有明显的分散性。具有这类企业特征的日资中小工业，最典型的莫过于铁工业。

当时青岛铁工厂主要利用废旧铁制造小型机械，或利用进口零配件组装机械机器以及修理各种机械与车辆等。迄 1919 年，青岛共有日资铁工厂 20 家（见表 3—7）。华商铁工业 23 家，资本总额只有 53000 银圆（2

---

① 周明衡：《远东水泥事业之调查》，《科学》第 8 卷，1923 年 11 月第 10 期。

② 韩堉桦：《山东博山县及江西景德镇陶瓷事业之调查（续前）》，《山东实业学会会志》，1920 年 4 月第 4 期。

③ 〔日〕青島守備軍民政部：《青島ノ工業》，1919 年版，第 52—53 页。

④ 〔日〕青島軍政署：《山東之物産》第 2 編，1917 年版，第 190 页。

家资本不详）。这 20 家铁工厂中既有丰盛、大信、鸟羽、庄司等技术水平较高的企业，也有不少资本只有几千元甚至几百元的小修理作坊，只能从事简单的修理和外接加工业务。从经营性质上看，一部分铁工厂属于兼营性质，如孟津洋行、长谷川商店一直以商业贸易为主业，铁工厂只是其主业的延伸；另一部分为手工业者开设的作坊性质的机械修理加工厂，一般只能承接简单机器零部件的修理加工，没有批量生产能力，更不能生产整机。

表 3—7　　　　　　　　　日本铁工厂统计（1919 年）

工厂名称	业主	资本	雇工人数	说明
大信洋行铸物工场	石田荣造	50000 银圆	日 20，中 60	年产值 30 万元
久玉铁工场	佐伯清	10000 元		年产值 5.4 万元
堀向铁工场	堀向仓治	1000 银圆	23	
今武铁工场	今井锦	500 元	11	
天德铁工场	高桥林太郎	50000 元		
丰盛公司铁工场	冈本楠三	100000 银圆	40	年产值 18 万银圆
长谷川商店铁工场	长谷川太一	20000 元	176	
庄司铁工所	庄司永藏	2000 日元	7	机械修理等
矢田铁工场		1000 日金	17	电器、机械修理等
鸟羽铁工场			6	
长信洋行	吉田竹	10000 日元	26	
丸菱合名会社		300000 元		
铃木铁工所	铃木音次郎	800 元		兼营贸易业
早川金物工场	早川兵次郎	5000 元		
藤原铁工所	藤原久次郎	1000 元		
本田铁工所	本田真治	500 元	5	
孟津洋行	熊谷在重	50000 银圆	2	
久米工场	久米治太郎		20	有外人出资
佐藤组	藤田裕次郎	300 元	3	修理机械、汽车
源　茂	大谷源吉	500 元		

资料来源：〔日〕青岛守备军民政部：《青岛ノ工业》，1919 年版，第 71—72 页。

5. 日资工业的特点与影响

日本在山东工业的突出特征有如下几点。

（1）除纺织、缫丝、火柴等少数几个行业外，在一般工业领域投资较为分散，每家工厂的投资额一般比较少。纺织业的实缴资本最多，一般在 200 万元以上，火柴业、面粉业的资本大致在几十万元，其他中小企业资本大都在 5 万元以下。许多企业带有个人企业的性质，这些企业具有经营分散的特征。日资中小企业的投资，大多选择一些技术门槛低，不需大量投资，生产工艺易于掌握且有着比较稳定的市场需求的行业。

（2）企业形态，有的采取总公司设在日本而在中国设立分工厂的形式；有的采取在中国设立独立股份公司或两合公司的形式；更多的企业为个人投资经营企业形式；另有为数不多的企业采取中日合办的形式。适应对华商品输出形势变化的需要，部分日资企业采取了把本国生产出口商品的工厂迁到山东来的方式。日本工业资本投资的纱厂、火柴厂、缫丝厂等大型企业，基本都是由日本国内著名企业在华设立的分厂。这些企业资本雄厚，具备成熟的技术和管理经验，从动工兴建到投产运行，通常只需要很短的建设周期。由于这类企业与本国母公司在业务、资金财务上有着密切的联系，技术与管理人员由国内公司委派，财务与国内公司合并报表，经营资金由国内公司给予支持，因而在生产经营上与本国企业有着很强的关联性，可以看作是日本国内企业资本与业务经营在华的延伸。

（3）在地域分布上，绝大多数日资企业集中于青岛，只有少部分企业分散于济南、博山等城市。企业产品销售基本以所在城市和铁路沿线城镇为重点，其中有不少是以日本移民为销售对象。与这种地域分布格局相一致，日本工业资本的影响主要集中于青岛、博山，而对济南民族资本工业的影响则不明显。

（4）与资本投资分散性相对应，日资企业分布几乎涉及各种工业部门，其中包括与贸易密切相关的农产品加工业，如精制油、烟草、畜产加工等；与转移生产地、争夺市场相关的进口替代型加工业，如棉纺织业、丝织业、火柴业等；与日用消费品市场相关的加工业，如玻璃、面粉、肥皂、酿酒、印刷等；与城市基础设施相关的加工业，如机械修造业、窑业、木材加工业等，结果形成企业分布面广的特点。在这种对行业广泛涵盖的基础上，最终形成了既独立于中国传统产业又对其产生深刻影响的日资工业体系，而这一体系又与日商建立的商业贸易网络相联系，从资本到管理、从原料供应到产品销售，彼此密切相关，进一步构成带有浓厚殖民色彩的经济体系。

日资工业既是日本工商资本投资活动的产物，又是殖民经济体系的组成部分，同时还是以机器生产为标志的产业活动。作为一种经济变量，它势必会对所在地区的生产力要素市场、商品市场、民族工业乃至整个区域社会经济产生多方面的影响。

在劳动力方面，日资企业对劳动力的招募使用，成为当时城市人口就业的重要渠道，也是城市新增人口产生的主要来源。日资企业所用中国工人的来源有市民、市郊农民以及内地农民。1922年，日资纺织业雇用中国工人1.3万人，占当时青岛工人总数的60%。由于纺织、缫丝、火柴等企业的生产分工细致，一般工人只需经简单培训即可上机操作，因而吸收了大量的农村劳动力，当时工人来源有青岛市郊农民以及莱阳、蒲台、德州、益都等地农民。大量工厂工人的增加，改变了城市人口的职业结构，工人成为城市劳动者队伍中人数最多、最集中的群体。

日资企业不仅以农村劳动力作为其工人的主要来源，同时在生产上也与农村副业和手工业生产发生关系。日资精制油工厂实际就是利用内地土法榨油生产的粗制花生油为原料，从事精制加工生产，真正的机器榨油并不多；而日资火柴厂则利用农村家庭劳动，将火柴盒的制作承包给农户，由农户为其糊制加工火柴盒，从而使农村家庭劳动成为工厂生产的一个环节。农村最主要的家庭手工业——手工织布业所受的影响更为深远。日本纱厂的兴办和相继投产。恰与20年代铁轮织布机的采用推广、手工织布业的再度兴盛同步。16—20支粗纱的大量生产与价格的降低，为农户采用铁轮机、机制纱生产"爱国布"提供了条件，可以说，这一时期潍县及其周边地区手工织布业的初兴，以及30年代的发展兴盛，与上述条件的影响不无关系。

在商品市场方面，日资工业企业尤其是大企业的扩张，导致了通商口岸进出口贸易发生结构性的变化，这种变化表现在以下三个方面。

第一，纱厂、火柴厂、面粉厂等企业大量生产后，棉纱、火柴、机制面粉等若干原先占主导地位的进口商品，进口量大幅度减少。1913 年青岛棉纱进口接近 34 万担，到 1921 年减少至 17.5 万担，减少幅度近 50%，而日本棉纱的进口由最高年份的 22 万担，减至 1921 年的 7.5 万担，减少了近 70%。[①]

　　第二 出口型农畜产品加工企业的开设，延长了产品加工链，结果一方面使日资企业获得比单纯出口原料品更大的附加值；另一方面也导致半成品和制成品的出口比例提高，并促使整个出口增长。精制油生产的扩大，使花生油出口由德占末期（1913 年）的 14.7 万担，增至日占时期的年平均 35.2 万担，出口量最高年份（1919 年）达 71 万担。另外牛油和牛皮出口，1918 年比 1913 年也分别有 62% 和 15% 以上的增长。

　　第三，日资企业的开办使纺织、火柴、榨油等生产机器设备以及相关机械零部件的进口大幅度增加；同时生产所需工业原料（如火柴材料、化工原料等）的进口也随之递增。

　　在日本占领青岛与胶济铁路的条件下，日本工商资本在山东投资设厂具有两方面的优势。相对于日本国内企业，在青岛的日资企业具有以下有利因素，即：低廉的劳动力价格，可就近获取的廉价原料和市场销售，借助这些因素，日资企业节省了大量的生产成本和销售费用，比在其国内生产后出口具有更大的市场竞争力；相对于中国民族资本工业，日资企业则享有殖民当局所给予的各项优惠条件和政策支持，开办时有土地、用水、运价等项优惠，开工后有专营、专利保护，在技术上普遍占有优势，以出口型企业而论，榨油业中东和公司所使用的水压式榨机在当时是最先进的，而地方传统榨油业使用的普遍是楔式或螺旋式榨机，日资蛋厂几乎全部采用机械化生产，而华商蛋厂除个别企业外，几乎都是手工操作。借助上述优势，日资企业在同中国民族工业企业竞争之时便占据了一定先机。

　　在青岛以至山东全省，日资工业无论企业户数、资本总额、技术管理，还是生产规模、利润水平等项指标，均优于中国民族工业。但是，在具体城市、地区和具体行业部门的比较层面，又存在一定差异。就地区而

---

　　① 交通部烟台港务管理局：《近代山东沿海通商口岸贸易统计资料》，1986 年版，第 182 页。

言，日商工业的优势集中青岛，而在济南则无优势可言；就行业而言，日资工业在纺织、精制油、火柴、蛋粉、煤炭、精盐等形成优势甚至垄断地位，而在一般加工业领域，其优势则不明显。

日资企业在青岛的大规模发展扩张，挤占了华商创业发展的空间，日资企业对优势部门的控制，使华商很难在这些领域争得发展机会。除属于官僚私人资本投资的华新纱厂外，在青岛地区，华商尚无足够的资本、技术和管理经验兴办能与日商相抗衡的大型企业。日资企业的优势抑制了华商的投资热情，也增加了这类投资的风险。受这些因素的影响，终日占时期，华商始终未能在火柴、面粉、蛋粉、机器榨油等部门有所作为。普通民间私人资本选择投资少、技术和市场约束竞争小的领域，投资方向局限于建筑材料、机械修理、棉织、酿造以及小型化工企业，兴办中小企业。而在日本统治结束后，华商工业才真正迎来一个较快的发展时期。

迫于日资工业的压力，民族工业转向济南寻求发展。在济南，华商面临的外资竞争压力明显要弱于青岛，而华商工业立足济南，在发展策略和成效上都是成功的。1920 年代初民族资本创办的面粉、火柴、纺织、榨油等工业在济南兴起，其中面粉工业的资本总额达 400 万元，年产面粉800 万袋，成为国内机制面粉工业的中心之一。相对于华商工业的发展，日商在济南一直未能占得更多的扩展机会，日商开设的面粉、蛋粉等几家中小规模的企业，在原料供应和市场销售方面，受到华商直接或间接的抵制。第一次世界大战结束后，随着市场形势的变化，这几家工厂在经过一段惨淡经营后，最终不得不宣告停业。

上述事实具有重要的意义。因为关于外国资本对中国民族资本的影响，一向有两种截然不同的观点或判断，一种观点认为外国资本的阑入与存在阻碍了民族资本工业的发展；另一种观点则认为前者的存在对后者的发展影响不大。日本占领时期，日本工商资本在青岛所构建的日资工业体系，无疑对民族工业的发展起了抑制作用；但同一时期，华商在济南则为自身工业的发展赢得了机会，并在与日资企业的竞争中取得优势。这一事实说明，关于外国资本的作用和影响，在不同的历史空间和时间中有着不同的表现，需要结合当时历史实际加以具体分析。

二 日商控制的合办合资企业

1. 合办企业概况

从 1913 年到 1921 年，日本资本除直接投资外，还在山东以间接投资的形式开办了多家与华商合资合办的企业。日资在山东的间接投资有两种形式，一种是日本政府或日商借贷资金给中国企业；另一种则是以股份公司形式与中资合办企业。

日本政府贷款大都是以地方政府为对象，性质基本是政治贷款。日本企业资本以贷款方式参与中资企业的创办，目的则是以实际出资人的身份影响企业的经营。济南溥益糖厂即是这样一个典型。溥益糖厂主要是以北京政府安福派要人为中心，在济南以栽培甜菜及制糖为目的而设立。1919年溥益实业公司从日本东亚兴业株式会社借款 300 万元，在济南全福庄开办制糖厂。实际上公司资本完全是由东亚兴业的贷款资金构成，第一次实缴资本是利用东亚兴业的借款来缴纳，此后，东亚兴业仍继续予以贷款，并对该公司的材料与机械采购、营业会计拥有重要的发言权。溥益公司的全额认股资本金是 500 万元，而东亚兴业的贷款超过了 300 万日元，到1920 年代中期，企业贷款本利合计已接近 700 万日元。[①]

1921 年 12 月糖厂正式建成投产。工厂占地 300 余亩，有职工 500 余名，机器设备大都购自国外。建厂之初，溥益糖厂除自行种植甜菜外，还在小清河沿岸地区引种推广甜菜，将甜菜种分发给当地农民种植，秋后收购用作原料。糖厂每日需用原料 500 吨，制糖 60 吨，当年共生产糖 1000吨。1922 年糖厂开始生产制糖副产品——酒精，日产约 6000 磅。溥益糖厂开办最初几年经营尚称顺利，但后因糖价暴跌，加之生产原料供应不足，被迫于 1926 年停产歇业。[②]

以股份公司方式吸收华商和华商资本参与成立合办企业，无疑是当时合办企业最常见的形式。迄 1919 年，日本资本在山东与华商成立的合办

---

① 樋口弘：《日本对华投资》，1959 年版，第 109 页。

② 满铁北支经济调查所：《北支那工场实态调查报告书（济南之部）》，1939 年版，第377—382 页。

企业共 8 家，合办企业的资本总额 830 万元，实际投入 285 万元（参见表 3—8）。日本资本以合办投资的形式扩展到若干产业部门中，对合办企业的投资最低达到 220 余万日元。但是这些合办企业的经营大部分都没有成功，其原因表面上看是由资金、市场及管理等方面欠缺所造成，但实际上是因华商无法在平等的条件下参与经营的必然结果。剩下来的企业后来大多数完全变成日资企业，华商相继从合办企业中退出，对华商而言，合办企业的经办过程并没有产生多少积极效果。

表 3—8　　　　　　　中日合办企业一览表（1919 年）

企业名称	成立年月	资本（万日元）	实际投资（万日元）	经营范围	总部	营业地	职工（人）
龙口银行	1913.3	100	100	金融	大连	龙口、青岛	日 15 中 30
日华窑业株式会社	1918.12	200	50	窑业、采矿	济南	青岛	日 30 中 389
山东兴业株式会社	1917.9	100	25	水泥	大连	青岛	日 30 中 120
青岛罐诘株式会社	1915.10	10	5	罐头	青岛		
株式会社中华烟公司	1919.9	150	37.5	烟叶收购	济南	青岛	
株式会社日华协信公司	1918.10	50	12.5	海陆运输	东京	济南、青岛	日 18 中 13
日华车辆株式会社	1918.4	20	5	人力车出租	济南	青岛	日 2 中 38
山东实业株式会社	1918.5	200	50	信托投资	沈阳	青岛	

资料来源：〔日〕亞洲歷史資料中心檔案：B04010879500，內田康哉，支那ニ於ケル合弁事業調査，第一回，北清中清ノ部，1919 年 6 月 5 日（外務省外交史料館，外務省記録）。

在 8 家合办企业中，中方投资最多的为龙口银行。龙口银行成立于 1913 年，最初由日商田中末雄与中国绅商王惠堂、张余三等人投资 3 万元开办，开始只经营大连与山东间的汇兑业务。第二年 3 月银行增资至 10 万元，1915 年 8 月再次增资 10 万银圆，1917 年 9 月资本金扩大至 100 万日元，并根据日本商法改组为股份公司，总行也随之移至大连，龙口和青岛改设支店。银行改组后的股份共 2 万股，股东 125 人，日方股东 49 人，中方股东 76 人。截止到 1919 年 6 月，持股 300 股以上的日方股东有田中末雄（3040 股）、松村久兵卫（1000 股）、平地塚丰治郎（500 股）、滨竹松（360 股），中方股东有崔子玉（852 股）、王惠堂（820 股）、李雅琴（640 股）、张钦堂（580 股）、李子明（548 股）、苗凤山（422 股）、张松山（400 股）、福顺堂（400 股）、傅炳昭（300 股）、王宜三（300 股）等。12 名董事中中方占 8 人，日方 4 人。经理由铃木卯三吉担任，华商李子明任总办，日商平塚丰治郎任副总办。1919 年每股分红 1.67 日元，相当于年利一成。

除龙口银行外，华商在其余合办企业中的投资额都很少，但投资人大部分是商界有影响的人物，如丁敬臣、傅炳昭、隋熙麟、李莲溪等人都是青岛商界的头面人物。他们投资的意图主要不在于参与分红，而在于以少量资金对水泥、罐头、人力车、信托业等新产业进行尝试；日方与华商合办的目的也不在资金方面，而是企图利用投资人在商界的影响力，打通与华商的关系，争取中国商界的接受，以利于其开拓市场。中方投资人原本希望能在企业中担任经营职务，但是在职务安排上，中方投资人得到的大多只是名义职务，企业基本由日商控制经营。日方凭借股本和董事人数优势，对企业独断专行，实行利益垄断，结果引起中方的猜疑和不满，致使若干企业连名义上的合办也不难以为继。如山东实业公司、青岛罐诘株式会社等企业，开业后没几年便因各种原因而停业。

1921 年 9 月，日本外务省亚细亚局对合办企业进行了第二次调查，根据调查，山东共有中日合办企业 12 家，但如果将博山煤矿业中的合办企业统计在内，企业数当远不止此。12 家企业中原先的企业只剩 4 家，有 8 家是 1920 年后新成立的，全部投资额约 400 余万元，投资仍然以日商为主，华商投资不超过 125 万元，占 30% 左右，详情见表 3—9。

表 3—9 日商、华商合办企业一览表（1921 年）

企业名称	本店地址	营业地址	成立年月	注册资本	实缴资本	企业经营、主要投资者及经营者概况
青岛取引所信托株式会社	济南	青岛	1920.8.5	800	200	投资中有大杉升平 29.3 万元，森英一 28 万元；华商刘子山 62.5 万元，王缙卿 13.3 万元；董事 10 人，监事 4 人，中日各半，董事长峰村正三。
中日盐业株式会社	济南	青岛	1920.10.21	50	12.5	经营精制盐，投资者有坂口新圃（10 万元）、高桥丑吉、西川博、铃木友二郎等，华商丁敬臣（5000 元）及傅炳昭、刘子山、成兰圃等人，日方董事 4 名，中方 1 名，法人代表坂口新圃。
日华窑业株式会社	济南	博山	1918.12.10	200	80	经营采煤、炼焦及销售，投资中有渡边逸次郎 23.2 万元，岩崎清七 6 万元，股本 4 万股中，华商持股只 880 股；10 名董事，中方只有 1 人，经理田中惟一郎。
株式会社日华协信公司	东京	青岛	1918.10.9	50	12.5	经营航运业及商业中介，投资方有藤波茂时 11 万元，香西与一郎 7.5 万元，丁敬臣 5000 元（最初丁持股 200 股，陆宗舆和另 4 家商号各 100 股）；5 名董事，中方只有 1 人，法人代表藤波茂时。

企业名称	本店地址	营业地址	成立年月	注册资本	实缴资本	企业经营、主要投资者及经营者概况
青岛盐混合保管株式会社	济南	青岛	1920.12.10	20	5	经营盐的委托保管及金融业；日方股东 26 人（2720），中方股东 16 人（1280 股）；投资中有铃木商店 1.8 万元，大日本盐业、兴亚起业各 1.6 万元，万松斋 1 万元，丁敬臣 8000 元；10 名董事只有 2 名华商，法人代表为前青岛民政署长林恒四郎。
合资会社山东招工局	济南	青岛	1921.7	10	未投入	从事劳工招募；投资中有澁川柳次郎、城野芳次郎各 1 万元，王铭臣、宿同科各 2500 元；法人代表澁川柳次郎，经营全由日人掌管。
青岛车辆株式会社	济南	青岛	1921.2.27	50	20	经营车辆租售；投资中有铃木健吉 13.9 万元，石井久治 11.8 万元，王敬修 5.6 万元；董事 7 人中，中方 2 人，日人任监事；法人代表石井久治。
山东兴业株式会社	大连	青岛	1917.9.6	100	25	经营水泥、煤焦制售；投资者有丘襄二 20 万元，山田三平 17 万元，王惠堂 5000 元（最初王 100 股、马允 100 股、傅炳昭 50 股）；董事 6 人，中方只 1 人，监事日中各 1 人；法人代表田中末雄。
山东仓库株式会社	济南	青岛	1920.10.5	150	37.5	经营仓库业、委托贸易及一般金融业，投资方为东洋拓殖会社 45 万元，山东起业会社 16 万元，刘子山 4 万元；7 名董事中，中方只 1 人，监事日中各 1 人。

续表

企业名称	本店地址	营业地址	成立年月	注册资本	实缴资本	企业经营、主要投资者及经营者概况
青岛剧场	青岛		1921 7.10	10	未投入	为日、中、俄合办企业，投资者有相川丰志等7人，中方为冯芳猷，但调查时各方尚未投资，法人代表为日人。
华兴火柴工厂	潍县		1920.6	5万银圆		企业名义上由张麟阁、张锡琪开办，实际全部由小林忠雄投资，并由日人掌管生产经营，中方只是负责销售。
日支合办旭华矿业公司	济南	章丘	1920.7	20万银圆	20万银圆	冈崎忠雄、管象坤各投资10万元；日中各出1人负责管理，1921年获得采矿许可，法人代表管象坤。

资料来源：〔日〕亞洲歷史資料中心档案：B02130046700，亞細亞局：支那ニ於ケル本邦人關系合弁事業，第七表，山東省并江蘇省，1921年；B04010881700，亞細亞局：支那ニ於ケル合弁事業調查，第二回，北清中清ノ部，1921年6月（外務省外交史料館，外務者記録）。

合办企业的合作期一般在15—30年。根据资本的出资比率和两国投资人在经营企业上所分担责任的性质，可以判定企业由谁来控制。按照这一原则和企业实际经营管理状况，合办企业大致可分为以下三类：

第一类企业，名义是由中国人申请开办经营，但实际完令或大部分由日人出资，企业的经营也是由日本人掌管，生产技术由日本人负责，因而严格说，并不能算做真正的合办企业。如潍县华兴火柴工厂，企业代表人虽是华商张麟阁、张锡琪，企业经营也"全用中国人名义"，但是实际资金全部由日人小林忠雄投入，经营者也是小林。日本官方秘密调查材料曾特别注明，这家合办企业的内幕"极为秘密"，这是因为工厂足彻头彻尾的"假合办"企业。

第二类企业，华商虽然在企业中也有投资股份，并担任了董事或监事，但是投资所占资本比例极小，有的甚至只有几千元，担任董事监事的也只有一二人，对企业决策管理根本无实权，所以合办近于虚名。如：日华窑业株式会社是个资本较大的企业，股本 4 万股，日方股东 174 人，500 股以上的股东 21 人；中方股东只有 9 人，股本也只有 880 股。山东兴业株式会社股本 2 万股，日方股东 11 人，其中田中末雄 12100 股，原田虎太郎、丘襄二各 2000 股；中方股东 3 人，全部股本只有 250 股，后来调查，华商出资者只有王惠堂 5000 元。日华协信公司股本 1 万股，日方股东 14 人，石川清、藤波茂时、森邦武 3 人的持股数即达 5300 股，占 53%；中方股东 6 人，但股本只有 700 股，也就是说在企业实际投资额 12.5 万元中，华商只有 8750 元，占 7%。从股本结构和管理层结构上看，3 家企业的华商只是象征性出资，企业性质基本属于日资企业。投资额决定了对企业经营管理权的大小。日华窑业 10 名董事中只有 1 名中国人（林长民），山东兴业 6 名董事中也是只有 1 名华商董事，可见此类企业与纯日人企业相差无几。[①] 此外，中日盐业株式会社只有华商丁敬臣出资 5000 元，5 名董事中只有 1 名中国人，几乎为纯日人企业。山东仓库株式会社资本 150 万日元，华人出资仅有刘子山 4 万元而已，董事 7 人中只有中国人 1 名，管理权也在日本人手里。青岛车辆株式会社 7 名董事中，中国人只有 2 名，监事全为日人，企业投资和经营管理日人都占优势。[②]

　　这类企业吸收华商投资，与其说是看中华商的资金，不如说是为了便于利用华商在商界的关系。如日华协信公司接纳丁敬臣投资，就是因为公司和日本守备军间有"关于上海青岛间的定期航行及青岛济南间的铁路运输"的"特殊合约"，而丁所开办的运输公司在承揽货运业务方面恰具备日商所不具备的优势。

　　在第三类企业，华商的投资占相当比例，如青岛盐混合保管株式会社，日人股东 26 人，占 2720 股；华商股东 16 人，占 1280 股；而青岛取引所的华商投资甚至超过了日商，其董事监事名额也与日方对等。但是，

---

　　① 〔日〕亞洲歷史資料中心檔案：B04010879500，内田康哉，支那於ケル合弁事業調查，第一回，北清中清ノ部，1919 年 6 月 5 日（外務省外交史料館，外務省記錄）。

　　② 亞洲歷史資料中心檔案：B021300467，外務省亞細亞局，支那ニ於ケル本邦人關系合弁事業，第七表，山東省並江蘇省；張雁深《日本利用所谓"合办事业"侵华的历史》（1958 年）所引"外務省調查 7"内容与檔案相同，见氏著第 60—62、120—123 页。

这类企业的控制权仍操在日本人手中，而企业的投机经营甚至给华商造成严重损害，日商利用合办青岛取引所投机所导致的金融风潮，便是这方面的典型事例。

2. 青岛取引所（交易所）与日商投机活动

在1920年代前，青岛华商从事土产买卖和钱钞汇兑交易，均有自己的交易市场，齐燕会馆就是当时钱业交易市场，每日行市变化与华商交易息息相关，日商无从染指，更无从控制。

自1919年，日商即鼓动在青岛设立交易所。1920年2月，日本当局宣布设立青岛取引（交易）所，实行官营。8月5日，由日商和华商共同投资成立青岛交易信托株式会社，负责取引所的日常经营，办理交割、担保及垫款业务。信托会社原定资金为800万元，发行股票16万股，每股50元，先收1/4，计200万元，由中日商人平均认股。1921年已交清200万元。据同年5月调查，交易所共有投资股东548人，中国人出资多于日本人，主要出资人为刘子山（62.5万元），王缙卿（13.3万元），日人大杉升平（29.3万元），森英一氏（28万元）。详见表3—10。不过公司的代表人却是专务董事峰村正三，华人徐青甫只担任副专务董事。①

表3—10　　　　　　　交易所中日大股东持股一览表

股　东	持股数	股　东	持股数	股　东	持股数
刘子山	12514	古井清一	1280	左右田德次	700
大杉升平	5890	饭塚重五郎	1200	铃木格三郎	600
森英一	5610	川畑竹马	1150	中村弥次郎	634
峰村正三	5000	吉泽干城	1050	大内丑之助	600
峰村玉次	5000	小林乃	1050	大塚弥	600
山本睦雄	3400	丁敬臣	1050	小室德太郎	600
黑木惣平	3000	冲羽善藏	1000	宋雨亭	550
峰村力イ	2903	加藤道辅	1000	瑞和诚	550

---

① 张雁深：《日本利用所谓"合办事业"侵华的历史》，三联书店1958年版，第121页。

续表

股东	持股数	股东	持股数	股东	持股数
王缙卿	2660	铃木建吉	1000	陆曾梅	540
金子庆治	2350	隋石卿	1000	王逊卿	520
陈次治	2230	刘石济	1000	何文炳	520
石井久次	2150	刘景勉	1000	井上太助	500
刘占洪	2000	刘景随	1000	滨丈夫	500
厚德堂	2000	傅炳昭	1000	千村敏彦	500
李春亭	1950	徐青浦	1000	吉田三四郎	500
苏劻臣	1900	成兰甫	993	田中穆	500
葛升如	1750	张俊卿	925	锅岛六藏	500
山田隆次郎	1690	太田保一郎	850	后地泽次	500
河原熊太郎	1620	张鸣銮	850	铃木武彦	500
榎本胜古	1500	刘星山	850	元吉恒号	500
阪口新圃	1450	王殿臣	850	姜晓岩	500
田边郁太郎	1360	高子圣	805	邵芳庭	500
锅岛五三郎	1360	贾仁斋	800	朱润身	500
栗山通吉	1350	松永清	750	颜锡方	500
成通号	1310	杨云表	704	合计：76 人	110048
井上静村	1280	刀根ヒサ	700		

资料来源：〔日〕亞洲歷史資料中心档案：B04010881700，亞細亞局：支那二於ケル合弁事業調査，第二回，北清中清ノ部，1921 年 6 月（外務省外交史料館，外務省記録）。

取引（交易）所于 1920 年 9 月开始营业，分钱钞、物产、证券三个部，在市中心租地建立交易市场和办公楼，另在大港设立油库，兼营仓库业。参加取引所交易须委托经纪人代为办理，取引所共有经纪人 143 人，物产部日人 12 名，华人 51 名；钱钞部日人 20 名，华人 4 名；证券部日人 13 名，华人 5 名。

物产部交易以花生、花生油、豆油为限，分期货和现货两种。在物产部担任经纪人的日商有山田营业所、大杉洋行、吉泽洋行、安泰号、泰利商会、大和、嘉益商会、夏本商会、滨田洋行（丰记）、村田商店、富永洋行、乾丰洋行、山东化学工业所、中川洋行、青岛物产商会等，华商则有丁敬记、同丰益、万利源、义德栈、复诚号、广有隆等，可以说几乎囊括了青岛全部著名行栈商。① 成立最初半年，物产部共经手交易花生油25700 车，花生米 4500 车；钱钞部成交额 4 亿元，共收手续费 16 万元。1921 年，花生米成交 9864 车，成交额 1551 万元，平均日成交 36 车；花生油成交 61288 车，成交额 9241 万元，平均日成交 224 车。② 物产交易绝大部分为期货性质，交易量远远大于市场存货量，很大程度上"实则竞为空盘，助长赌博而已"。③

钱钞部的交易主要以日金交易为主，且多限于正金银行所发银票，实为买卖"老头票"的投机性交易。从事交易的日商有大和钱庄、不二商会、三泰钱庄、洪利钱庄、长安钱庄、泰来号、朝日钱庄、安泰号等，华商则有 40 余家之多。每笔交易以 1 万元为单位，每月在月中和月底交割两次。钱钞部虽非银行组织，但对青岛的金融业影响很大。成立最初半年，钱钞交易总额近 4 亿元，日均交易 294 万元。

取引所交易的有价证券全部为日资企业的股票。证券部经纪人有伊藤正广商会、神泽商店、大黑屋株式店、伊东株式店、青岛商事株式会社、常磐商会、左右田商店、大桥株式店、足立甚太郎等 10 家日商。1920 年9 月后指定上市交易的企业股票有 25 家，即：山东商事信托、青岛矿泉、青岛信托、青岛取引所、青岛相互建筑、山东起业、山东证券信托、日升银行、青岛酱油、株式会社二五会、市街自动车、青岛制罐、中日盐业、青岛玻璃制造、中华织布、ミカド自动车、山东烟叶草、青岛地所建物、山东信托仓库、山东运输、中国烟叶草、胶州湾曳船运输、山东棉纺、山东物产、青岛容器捆包等株式会社。④ 但在 1921 年 5 月之前，实际交易的股票只有前 16 种。证券买卖"仅以抬高日商之股券声价，俾日人之企业资金便于周转"。⑤

---

① 叶春墀：《青岛概要》，1922 年版，第 43—50 页；〔日〕青岛守备军民政部《山東之物産》第壹编，《落花生》，1922 年 3 月版，第 87—88 页。

② 〔日〕青岛守备军民政部：《山東之物産》第壹编，《落花生》，1922 年 3 月，147—149 页。

③ 民国《胶澳志》，1928 年版，《食货志》，商业，第 82 页。

④ 〔日〕青岛守备军民政部：《民政部成规类编》，1921 年 12 月版，第 92（31）页。

⑤ 民国《胶澳志》，1928 年版，《食货志》，商业。

太平洋会议决定收回青岛之后，日本当局于 1922 年 3 月末宣布废止取引所官营，取引所事务改归商办的信托会社管理，名称也改为株式会社青岛取引所。稍后，日商松井伊助、小西喜代松又发起成立青岛企业信托会社，资本与原取引所相同，目的是为了合并青岛取引所。当年 6 月合并告成。

取引所合并后不久，便成为日商投机的乐园，投机弊端日盛一日。每日清晨，上市交易者人头攒动，喧嚣之声不绝于耳。一批梦想一夜暴富的业主，纷纷加入交易所股票的买卖行列，结果有的在很短时间内赚取了丰厚的投机利润，而更多的人则随着股价的暴跌，资财转瞬间化为乌有。如日商大栅商店 1922 年借交易所股票投机一下赚得 2 万元，而复礼洋行则在投机中将资金损失殆尽。[1]

在日本投机商人的操纵下，交易所充斥着各种欺诈黑幕。"局中人自认之股，任意质储本所，恣为通融，一旦抬高市价，然后转售外人，以为奸利"。在日商操纵下，日资企业的股票每股平均价由 12.5 元涨至 30 余元，但是随着战后经济萧条的来临以及日资企业经营的不景气，这些股票很快便出现连续暴跌，几乎跌到了一文不值的程度。华商大股东，包括成学田（曾任青岛商会会长）、刘子山、隋熙麟（曾任青岛商会副会长）等人，当时由于参与交易活动而遭受直接或间接损失达八九百万元之多。其中刘子山控股的东莱银行，因办理股票抵押贷款（以每股 20 元的价格共办理六七万股），结果损失 100 余万元。[2] 交易所风波后，日本投机商小西等人逃之夭夭，而华商却陷于束手无策的困境。

本来在主权不受损害的情况下，合办公司形式的国外投资可以是利弊兼备。从利的方面讲，当时中国"是一缺乏资本之国家，利息又重，如为中外合办，或许外人公司之投资，则资本既得源源输入，各种事业既有开发之希望"；此外，一般华商"素对于公司经营能力与各种事业所需要之技术，均不及外人之优长，如因此得与外人合办，则可取彼所长，而补我所短"。但是，在不平等条件下兴办的中日合办企业，华商往往是被动参与的一方，合办不是华商在自主兴办企业时，为解决资金或技术而采取的主动吸收外资的结果，而是日资企业出于某种需要吸纳接受华商加入。

---

① 水野天英：《山東日支人信用秘録》，1926 年 11 月版，第 125 页。

② 〔日〕通商局第二课：《支那金融事情》，1923 年版，第 431 页。

在多数合办企业中，日资所占比重远远超过了华商，华商因入股资金比重低，对企业的影响力极为有限。在这种状况下，大部分合办企业或者经营权完全为日方控制，或者变成纯粹的日资企业。华商非但不能从合办企业中获利，反而屡屡"承受其弊"。诚如当时学者漆树芬所言"外国极富于资本，我国则短于资本，所以每一中外合办公司之出现，名为中外合办而实则我不过徒有其名，而一切之资本，均出自外人，一切之经营权，皆操之外人，垄断独占加之直接投资，无异于断送各种经济权利，间接投资不亚饮鸩止渴"。[①]

三   日本商业资本的扩张与商贸经营

1. 日本商业资本的扩张

1914 年日本占据青岛后，德国洋行全部停闭，英、美洋行也受到影响和损失，营业状况大不如前。华商经营同样受到日德战事的冲击和破坏，不少华商倒闭歇业，其中尤以即墨、黄县、沙河诸帮商人受害最甚，期间歇业倒闭的土产商号多达五六十家。当时"民三以前为华商致富时期，以后则为衰落时期"[②] 的说法，反映了战争所导致的并非华商一二人经营上的失败，而系同帮同业根本之动摇。经此劫难，华商经营曾一度出现衰落，数年之后元气才慢慢得以恢复。

从 1915 年起，在日本占领军当局的庇护支持下，大批日本商人涌入青岛，并由青岛沿胶济铁路向内地城镇渗透。日本占领青岛后不久，神户贸易商就通过兵库县知事向占领军当局提出到青岛经商的请求，并筹划成立"山东商业公司"，专做日本—青岛间贸易。[③] 战时一度停业的三井物产、江商、铃木、嘉纳合名等大商行，也于此时相继恢复营业。此后，日本商业资本以其政府为奥援，在青岛、济南及胶济铁路沿线城镇开设了为数众多的商行、商社、营业所、商店等各类商业机构。

1913 年，日商在青岛新设营业所的大型商社只有明治制革一家，

---

① 漆树芬：《经济侵略下之中国》，上海：光华书局 1925 年版，第 444 页。

② 民国《胶澳志》卷 5，1928 年版，《食货志》，商业，第 82 页。

③ 〔日〕亞洲歷史資料中心檔案：C03024373000，青島渡航に關する件，1914 年 11 月（防衛廳防衛研究所，歐受大日記，大正 3 年 11 月上）。

1915—1918 年，在青岛新开张的日本大工商企业计有 34 家，总公司资本合计达 23630 万元，其中 1915 年 8 家，1916 年 9 家，1917 年 6 家，1918 年 11 家（见表 3—11）。此时，在上海设立支店的日资大商行会社有 2/3 在青岛开设了营业所或事务所。[①] 1919—1920 年，是日本利用"山东问题"悬案竭力扩张期间，单是 1919 年，在青岛开设的资本 30 万元以上的日资工商企业就有 31 家，注册资本总额达 11000 万元。[②]

表 3—11　　　　　1915—1918 年在青岛新设日资大企业及其资本额　　　单位：万元

企 业 名 称		资本额	企 业 名 称	资本额
1915 年	神户栈桥	1200	青岛地所建物	70
	东亚烟草	1000	日本卖药	20
	前田商店	1	东和公司	10
	日本火油	20	柴谷出张所	20
1916 年	大日本麦酒	1200	青岛制粉	50
	大仓商事营业所	1000	日本棉花	5000
	大连汽船	100	青岛罐诘	10
	内外棉	1600	伊藤忠商事	1000
	原田汽船	200		
1917 年	朝鲜银行	8000	青岛盐业	50
	大日本盐业	400	日本金属营业所	100
	大连制冰	50	滨本商店	5
1918 年	龙口银行	1000	青岛仓库	15
	山东运输	30	大星公司	10
	东方公司	30	山东制油	100
	东洋盐业	100	岩崎营业所	10
	青岛燐寸	30	中村组	600
	内外交通	500		

资料来源：张一志：《山东问题汇刊》，1921 年版，第 288—290 页。

---

① 平川清風：《山東を巡りて（一）》，《大阪每日新聞》，1918 年 12 月 13 日。

② 张一志：《山东问题汇刊》，1921 年版，第 288—290 页。

　　1916 年，青岛共有欧美洋行 13 家，日本洋行 36 家，而到第一次世界大战结束时的 1919 年，资本 5 万元以上的欧美洋行为 16 家，资本 10 万元以上的日本洋行则增加到 116 家，第二年又增至 147 家（参见表 3—12）。① 当时在青岛著名的日本贸易商有三井洋行、铃木商店、东和公司、吉泽洋行、江商合资会社、清喜洋行、日信洋行、峰村洋行、三重洋行、三信洋行、协丰洋行、桂村洋行、正昌洋行、小林洋行、山田洋行、尾野洋行、穗积洋行、三共洋行、三原洋行、伊关商店等 20 余家。②

表 3—12　　青岛日、中、欧美公司（商社）家数比较（1915—1922 年）

年　份	日　本	中　国	欧　美	合　计
1915	(1023)	(1461)	14	
1916	36	6	13	55
1917	43	30	7	80
1918	(1064)	97	18	
1919	116	30	16	162
1920	147	26	18	191
1921	146	76	13	235
1922	138	76	19	233

　　資料來源：〔日〕青島居留民團：《山東に於ける在留邦人の消長》，1927 年版，第 10—11 页。按 1915 年与 1918 年括号内的统计数应为一般商行商号的家数。

　　在日本对华直接投资企业中，无论经营业户或就业人数，占最大比重的都是商业和贸易业。从各地日侨的职业构成上看，约有超过 1/4 的日侨其职业与商业贸易或服务业经营有关。1920 年 3 月，日侨总数 26524 人，其中经营商业者 2287 人，加上家眷 4640 人，商业人口约占日侨人口总数的 26%。同期，资本 5000 元以上的日资商业企业已达 550 余家，大型会社（公司）开设的支店、营业所总数达 70 余家，经营的商品种类 200 余种，几乎覆盖了所有的商业行业。③ 1922 年，资本在 50 万元以上的日商

① 日本青島總領事館：《青島概觀》，1926 年版，第 15—16 页。
② 林传甲：《青岛游记（续）》，《地学杂志》第 9 卷，1918 年 6 月第 6 期（总第 96 期）。
③ 〔日〕青島守備軍司令部：《青島守備軍第五統計年報（大正八年度）》，1921 年 7 月，绪言，第 1 页。

共有 80 家之多，日本贸易商及商行经纪人共 383 人。[1]

日本经营对华贸易的大公司商社，一向是日商在山东商贸经营扩张活动的先导和中心，而大公司的经营规模和影响力又首推三井、三菱这样的财阀。

三井物产总部设于东京，资本 1 亿日元。在华商业机构以上海为中心，分号遍布天津、烟台、青岛、济南、厦门等重要通商港口，经营着中日间大部分门类的进出口商品贸易，并代理承办一部分中国同第三国的贸易，日本国内不少大制造公司与三井有着长期商贸代理关系。三井物产有自己的轮船公司、码头和仓库，并直接经营纺织、食品、化工等工业企业。三井很早就开始在山东从事商业贸易与工矿业经营。1899 年三井在烟台设立办事处，经营纺织品与土货贸易。1907 年又专门派人考察青岛市场情况，后于 1909 年 11 月在青岛设立隶属上海分店的营业所。随着业务的逐渐发展，营业所规模亦日益扩大，1919 年 7 月升格为分店。分店内设杂货、船舶、粪肥、煤炭、机器、保险 6 个部门，各部门业务兴旺，颇有睥睨内外大小诸商之势。[2]

能够与三井物产匹敌的是三菱商事株式会社。三菱商事的前身是三菱商会。三菱商事成立于 1918 年 4 月，系在三菱合资会社营业部的基础上建立。三菱商事改组成立之时，在中国开设的分支机构有上海、汉口、香港三个支店，广州、北京、天津、济南等办事处。后济南办事处撤销，改设青岛办事处。[3]

除了三井、三菱这样的大财阀外，日本一些大的资本集团，如泷川财阀、大仓组、东洋拓殖等，在山东也有范围广泛的投资经营活动。神户的泷川财阀在青岛、济南设有工厂，青岛燐寸就是该财阀经营的企业。青岛的另一家火柴厂——华祥燐寸，系日本颇有名望的财阀宇田川贤次郎投资开设。[4] 大仓组对华投资源自于其创始人大仓喜八郎。日占青岛后，大仓组在山东的投资活动有显著进展，开办的独资企业有鸡蛋公司，合资企业

---

① 　民国《胶澳志》，1928 年版，沿革志，日本占据始末。

② 　水野天英：《山东日支人信用秘录》，1926 年 10 月版，第 389—390 页。

③ 　〔日〕东亚同文会编：《对华回忆录》，商务印书馆 1959 年版，第 443—444 页。

④ 　《青岛に於ける重要物资の生产事情》，见《青岛工商會議所所報》第 14 号，1940 年 12 月。

则有南定煤矿株式会社、青岛冷藏株式会社等。东洋拓殖株式会社最早在满蒙经营金融不动产业，1920 年 4 月在青岛开设支店，开始向华北扩展。东洋拓殖在山东的经营活动集中于两个方面，一是向日侨提供不动产贷款资金，支持他们兴办工商企业；二是对各种日资企业进行直接投资，推动企业生产日本国内急需的原料。到 1922 年年底，公司在山东投放出的贷款总额达 1158 万元。[①]

日资大公司、商社的总部通常都设在日本国内，据 1921 年 4 月调查，青岛日资商社共有 152 家。其中总部设在东京的商社支店 36 家，总部设于大阪的 12 家，总部在神户的 7 家，设于日本其他城市的 16 家。这些会社的经营范围包括商业贸易、运输、工业、建筑、房地产、盐业、保险、纺织、农业等数十个行业，会社总部与青岛分支机构的注册资本总额达63407 万元。[②]

像三井、三菱这样的大贸易商，几乎经营所有的外贸商品，但是具有这种综合贸易能力的大型商社毕竟只是极少数，一般日本商行公司大多是按经营商品门类划分，专门从事某类商品的贸易。例如东洋棉花、日本棉花、伊藤忠、江商等洋行专营棉花和棉制品贸易，住友、岩井、古河电工等公司专营工业制品，此外，经营对日输出农畜产品、手工业品的商行，大部分也是以经营某几类专门商品为主，有固定专门的经营范围。这些贸易商基本由日本内地的大贸易商采取设立分号或办事处的形式成立，其中有不少拥有相当雄厚的资本实力。

大综合商社或专业公司不仅资本实力雄厚，而且在商品交易上也占有优势。日占时期，日本大商业资本的经营基本呈逐年增长之势，若干企业的年营业额甚至成倍增长。1920—1922 年部分日本大商社的年交易额统计见表 3—13。

表 3—13　　　　青岛日资大商行年营业额统计（1920—1922 年）　　　单位：万元

商　行	1920 年	1921 年	1922 年
东和公司	165	180	220

---

① 〔日〕东亚同文会编：《对华回忆录》，1959 年版，第 442、444 页。

② 吉见正任：《青岛商工便览》，1921 年版，第 173—182 页。

续表

商　　行	1920 年	1921 年	1922 年
三菱商事	40	80	170
增幸洋行	80	100	150
山田营业所	100	100	100
吉泽洋行	370	320	350
大杉洋行	52	220	212
中国烟草		50	80
日华蚕业		244	336
伊藤忠商事	65	41	75

资料来源：〔日〕青島日本商業會議所，《青島邦人商工案内》，1923 年 10 月。

　　与早期欧美商人使用买办或通过行栈从事购销活动不同，除个别大商社外，日本商行从一开始就很少使用买办，但是却雇用了大量的中国员工。据 1923 年日本青岛商业会议所调查，208 户商业企业共使用日人1095 人，雇用中国职工 2509 人，平均每家企业使用日本人 5 人，中国人12 人。中国员工的身份只是工薪收入者，被雇用者，而不是合作者，通常中小商业使用 3—5 人或十数人，大商行雇用数十人甚至上百人。[1]

　　日本商业资本与欧美在华商业资本的不同之处，在于它有相当数量中小商业的存在。除与贸易有联系的代理商、批发商这类大商人外，在青岛、济南等城市还存在着的众多不同形式、规模和组织的日本商店。日侨经营的这类中小商业，基本都是以当地的日侨为主要营业对象。这些小商号店铺投下的资本虽然不多，但赖以生活的人口却为数众多，构成所谓"积少成多地累计起来的日本在华的重大权益"。坐落于青岛、济南等城市街面的日本中小商业，"它的特征，不消说大部分是接近个人商业，资本信用都很微小，用一句话来说，就在于它的零星性上"。[2] 这些小资本经营的商业，经营基础薄弱，往往靠日本军政当局的政策扶持和日资金融机构的低利贷款来维持。为了扶持这类日本小商人，日本当局不仅为之提

---

① 根据吉见正任编：《青岛商工便览》（1921 年）商业企业调查汇总得出。
② 樋口弘：《日本對華投資》，1959 年版，第 73—74 页。

供贷款资金、给予各种经营优惠，还在青岛专门为其设立了"公立市场"。

公立市场始建于 1917 年 11 月，1918 年 12 月竣工，共耗资 19.3 万元，市场建筑规模为当时青岛各市场之冠。但是在日商的控制下，"市场经管之积弊丛生，亦为我国市场之绝无而仅见者。市场开设伊始，即为日人捷足先登，本国商贩往往不得其门而入，甚或仰恳日本人为之出名承租，坐分其利"。日占时期，劝业场楼上日商有 55 家，而华商只有 5 家；楼下日商 29 家，华商 45 家，其中有 8 家由日本人代为具名承租；场内露天店铺日商占 18 家，华商 27 家。楼上市场属于劝业场性质，由具有一定规模的杂货商经营，华商一开始就无力插足其间，"纯粹为日本之劝业场"。① 日商又组织市场组合，组合长、副组合长、顾问均由日本人担任，20 名评议员中日本人占了 16 名，并享有红股特权。

三类日商及其所经营的商业贸易与服务业，按照与市场流通的不同关系，构成由上、中、下三个层级组成且相互关联的经营网络，网络的中上层与大宗商品的批发流通以及华商的经营活动发生关系，日货与内地土特产品的购销活动集中于这一层级；网络的基础层级则与普通日侨的经营活动密切相关，起着维系日侨社会日常生活消费的作用，并具有分销日货的功能。从横向地域空间关系上看，青岛、济南无疑是日商经营网络中最重要的两个节点，有实力的日商及其经营活动集中于这两个城市，并通过这两个市场来影响乃至控制相关市场的运行。

在日本商业资本的强势竞争势头下，能够维持经营的欧美商业金融机构，多为资本雄厚的银行、专业公司和老牌洋行，如汇丰银行、美孚石油公司、亚细亚石油公司、英美烟公司以及和记、怡和、太古、开治等洋行。欧美商行的经营业务一般集中于金融、保险、航运以及具有优势的烟草、煤油、丝绸等少数行业，而日商的经营范围则要广泛得多，几乎遍及所有贸易和一般商业行业。日本商业资本的这一特点，使其在青岛商界占据着重要位置，当时曾有人就青岛的欧美、日、华三类商人做过如下比较：

---

① 民国《胶澳志》，1928 年版，建置志，市廛，第 65—66 页。

欧美人在青岛者，不过居商户十分之一，然皆一时巨商，无小本营业者，可称为一等商人；若日商人居十分之三，殷实巨商虽多，不及欧美之富，而小本营业者，间亦有之，只称为二等商人；若华商居十分之六，小本营业者极多，而殷实巨商之数，更不逮日本，只可谓之三等商人，一等者世界之商业也；二等者本洲之商业也；三等者本国之商业而已。①

日占青岛时期，济南商埠的日资商业服务业经营规模亦呈增长之势，发展规模仅次于青岛。日德开战之前，济南的外国洋行以德国洋行势力最大，日商开设的店铺只有寥寥数家，虽有三井、汤浅、大仓三家洋行的营业所经营土洋货贸易，但是规模远不能与德国洋行相比。第一次世界大战期间，济南外国商人的构成发生了很大变化，德商全部停业，日商开业家数跃居首位。据 1918 年 6 月的一项调查，济南欧美籍侨民共 120 户，当中进出口贸易商 18 户、杂货商 16 户、餐饮旅馆业 5 户；增加最快的为日侨人口和经商业户，当时济南日侨人口已由 1913 年时的 79 人猛增至 2770 人。在执业人口中，经商人口占了很大比例，其中贸易商 536 人、代理商 12 人、医药商 23 人、纺织品商 6 人、豆腐商 6 人、肉类商 3 人、酱油商 3 人、果品商 11 人、古董商 8 人、典当商 8 人，另有钟表商 2 户、运送业 25 户、煤炭商 5 户、照相业 5 户、杂货商 32 户、旅馆业 6 户、木材商 1 户、洋服业 6 户、印刷业 3 户、饮食业 14 户、玻璃业 1 户。②

许多日商大洋行在济南设立了支店和营业所。1916 年年初，东亚烟草株式会社、原田汽船在济设立营业所，日本邮船、大阪商船在济设立了代理店，在济南从事贸易的大综合商社已有三井洋行、东和公司、汤浅洋行、岩城商会、山田出张所、大东公司等。到 1917 年，铃木商店、柴仁洋行、泰利商店、吉泽洋行、安部幸洋行、汉口的黄泰洋行以及天津的两三家洋行也在济南开设了营业所。由日外务省补助的东亚同文公所在济设

①　林传甲：《青岛游记（续）》，《地学杂志》第 9 卷，1918 年 8 月第 7、8 期合刊（总第 97、98 期）。

②　〔日〕青岛守備軍民政部：《山東鐵道沿線重要都市經濟事情》下，1919 年 3 月版，第 16—18 页。

立专门机构，从事日本商品的陈列宣传和推销，以扩大日本产品的影响。① 此外，在济设立营业所或支店的日本贸易商还有清喜洋行、久原洋行、中村组、梶野洋行、茂木洋行、白鸟洋行、吉田洋行等。② 贸易商的经营范围包括土产收购出口与日货运销，经营方式以批发为主。济南主要日资贸易商概况见表3—14。

表3—14　　　　　　　　　　济南主要日本贸易商概况

商　行	地　址	经　理	经营范围
三井洋行	二马路	小室德太郎	代理火灾运输保险及矿石分析
三菱洋行	纬三路	马渡隆芳	物产贩卖、运输业、代理中介业
清喜洋行	二马路	清水喜十郎	牛皮、牛骨、土产输出
汤浅洋行	大马路	片冈繁	土产输出
安部幸洋行	小纬六路	宫崎久三	土产输出、砂糖输入
日支商务公所	纬二路	大间知芳之助	杂货、电气与机械产品输入
白鸟洋行	纬一路	白常常义	土产输出
铃木商店	三马路	冈见保太郎	土产输出、棉纱布、砂糖输入
东亚公司	二马路	藏田信青	土产杂货贸易
吉泽洋行	大马路	大关信之助	土产输出
大仓洋行	五马路	田中元千代	一般输出入、人身保险公司代理
土桥洋行	纬六路	土桥升二	土产输出
巴商会	纬七路	胜见雄助	新旧容器买卖一般贸易
桥本洋行	纬七路	高桥贯吉	砂糖棉纱输入
高渊洋行	二马路	高渊翠士	土产贸易
平田洋行	大马路	平田嘉六	土产输出、石油贩卖

----

① 〔日〕山東研究會：《山東の研究》，1916年4月版，第162—163页。
② 〔日〕青島守備軍民政部：《山東鐵道沿線重要都市經濟事情》下，1919年3月版，第226—227页。

商　行	地　址	经　理	经营范围
东鲁燐寸会社	三马路	大江宗丸	火柴贩卖
藤祥洋行	纬四路		输出入贸易

资料来源：〔日〕青岛新報社：《濟南要覽》，1920 年 10 月版，附录，本邦人營业状态概况。

在济南从事物品贩卖的零售商和服务业经营业户大部分集中于商埠一带，另在商埠外的老城区有日本商行店铺 50 余家。零售业与服务业虽不参与大宗商品贸易，但其经营却涉及城市生活的方面面，与当地日侨及城市居民的生活密切相关，因而对城市经济生活有着广泛的影响。表 3—15 反映了 1920 年前后济南零售业与服务业日商的基本情况。

表 3—15　　　　　　　济南零售业与服务业日商概况

行　业	商　行　店　铺
杂货贩卖	华和公司、山玉分行、富久洋行（兼营缝纫机）、山田洋行、玉井洋行、森本洋行、三保洋行、鲛岛、大国洋行
运送业	岩城商会、东华公司、东亚公司、泰盛洋行、敬裕公司、信昌洋行、泰平公司、日华公司、万来洋行、大丸洋行、得亿洋行、丸重公司、济美公司、荣喜公司、长门长藏
土木建筑	石井组、平冈组济南营业所、立场工务所
卖药业	文明公司、安原药房、济盛堂药房、三水药房、日中洋行（兼乐器）、发林药房、三义公司、天和药房、有林公司、吉祥公司、日华公司、菅原药房、回春堂药房、辻本药房、济南药房、中央药房、大平堂药房、山东药房、友林药房等 50 余家
旅馆业	金水旅馆、鹤家酒店、山东旅馆、初音旅馆、常盘旅馆
典当业	楢屋质店、东洋号
绸布店、服装店	东三洋行、马场吴服店、三井吴服店、住江吴服店；三轮洋服店、梶原洋服店
五金机械	森太洋行、天益泰、东门洋行
自行车钟表	松田洋行、金轮社、内田洋行

续表

行　业	商　行　店　铺
料理店、饭店	松茂里、丸吉、花月、鱼八、玉川、峰月、升月、日进馆、寿楼、东明、桔梗家等
其　他	株式会社济南兴业公司、中日实业株式会社济南营业所、东亚烟草株式会社济南营业所、大塚事务所、樫村洋行、三荣商会、济南活版所、日华协信公司、崇文印书馆、高永洋行、满福洋行、裕泰号、中村洋行、东京堂、庄涂工部、华瀛医院、菅谷医院、共济医院等
备　注	另有青岛、博山等地日商在济南设立的事务所、营业所约30余家

〔日〕青岛守備民政部鐵道部：《山東鐵道沿線重要都市經濟事情》下，1919年3月版，第226—227頁；〔日〕青岛新報社：《濟南要覽》，1920年10月，附录，"本邦人营业状态概况"。

　　除青岛、济南外，在铁路沿线的博山、张店、青州、潍县、坊子等城市，日商也投资开设了众多的商业和服务业店铺，这些城市成为日本中小资本拓展经营的重点，日资商行店铺多达320余家。在周村有日资商店10家，其中药房6家，这些药房往往兼营烟土等毒品贩运；在张店，日商租房开店者有繁荣洋行等83家，并设立了商会组织；淄川煤矿附近有日商开设的商店24家，"零星日用杂货皆由日商贩卖，盖煤矿附近之景象，宛然日本内地矣"；在博山，日商租屋开店者有大仓洋行等62家之多，"大规模之殷实商店与手艺营生之小店，无不具备"，另有日资焦炭厂2家，制砖、缫丝工厂各1家；青州有泰东等26家日商以及日资工厂3家；潍县日商多至80余家，另有屠宰场1家；高密有日商12家，"零星小贩无所不营，甚有开押当店者"；至于距青岛较近胶县、即墨一带，日商也开设了多家商行店铺。[①]

　　在扩展工商贸易的同时，日人还在胶济铁路沿线城镇开设了为数众多的料理店、饮食店及娱乐服务业设施，艺妓、酌妇等也随之而来。据当时有关调查，日人在这类日资餐饮娱乐业中的消费额每年约30万元。另据

---

① 《日本经营山东内地之调查》，见《地學雜志》第12卷，1921年7月第6、7期合刊。

1921 年统计，在张店、博山、淄川、坊子、高密五地，共有日人料理店 26 家、饮食店 9 家，日人当年用于饮食及艺妓、酌妇身上的花费达 252336 元。[①]

对于日商在山东内地的经营扩张活动，当时曾有评论指出：

> 按条约上之规定，外人设肆营业，只准在开埠通商处所，商埠界外即属内地，概不得开放店铺，整发零售卖买货物。山东内地惟济南有商埠，但章程所规定，只准外人在界内居住营业，并未准许开厂制造，商埠界外更无论矣。今日人在胶济沿线，不论商埠内外任何处，欲开商店即开商店，欲建工厂即建工厂，条约章程俱非所承认。中国官吏虽亦抗议，但日人置之不理，亦复无可如何。[②]

2. 日商在山东内地的商业经营

日占青岛之前，日商从事贸易业以输出日货为主，对棉花、花生、花生油、生丝等若干重要商品的输出，参与的程度并不高，土货对日输出额只占日货进口额的 1/4。[③] 日占青岛后，日商对于内地的出产品，"几于无物不取，如五谷、花生、盐、煤、丝、棉花、豆油、豆粕、皮类、毛类、木料、牛羊等物，每年自青岛之运往日本者为额甚巨，他如菜类（如黄芽菜、萝卜等）、果类（如梨、枣、核桃、西瓜等），亦按时就各产地收买"。[④] 日商在内地的商业活动最初两年集中于铜钱走私贩运，但不久后即转向农畜产品及矿产品的收购经营。

（1）铜钱走私贩运。第一次世界大战爆发后，日本对各种军需物资的需求大增，铜、锌作为军火生产原料，需求更是激增，价格也随之陡涨。中国铜钱（制钱）含铜 50%、锌 25%，按当时市场铜锌价格，铜钱含铜锌的价值已高于其币值，这一状况很快便吸引了日本国内商人的注意。在日军占领青岛后不久，就有日本商人私人内地，收买贩运铜钱出

---

① 《山鐵沿綫に於ける日本人の活勤狀態》，见《濟南實業協會會報》，1922 年 2 月 20 日第 30 期。

② 《日本经营山东内地之调查》，见《地學雜志》第 12 卷，1921 年 6 月第 6、7 期合刊。

③ 《青岛の商工業——鶴見派遣官報告》，见《中外商業新報》，1915 年 2 月 14 日。

④ 邓平三：《青岛之面面观》，《东方杂志》第 17 卷，1920 年 9 月 25 日第 18 期，第 93 页。

口。1915 年春，日商及形形色色的日本移民纷纷到山东各地收购铜钱，把贩运铜钱作为一项"特种事业"来经营。

　　根据当时调查，日商每收买制钱 1000 斤，若提炼铅和黄铜，去除各项成本后可得净利 172.9 银圆；若熔炼紫铜，去除成本可得净利 180.9 银圆。另据当时调查，在胶济铁路车站，每袋（100 斤）铜钱售价为 21 日元，铁路运费约 0.5 日元，由青岛至神户运费约 1 日元，在神户出售每袋售价 28.5 日元，可获毛利 7 元。由于"凡买者、卖者均有相当之利益"，制钱走私遂成为日商极为热衷的投机活动。1916 年，在青岛专营此业的日本人共约 2500 余人。"此等日本人，各雇用中国一人，向中国内地收买制钱，有时且互相竞争，甚为激烈"。① 铁路沿线"恒有二、三百人来来往往，势力不小"，"输出、输入均在其势力范围之内"。而几家大的日商则控制了大宗制钱的交易，尤其铃木商店营业所与中松洋行，"实制钱市场之二大中心点，于制钱输出界几握霸权。其他稍有资财之人，无不争先恐后染手于制钱事业，现从事于此业之资本家及介绍之买卖人，人数非常之多"。②

　　为了协调各洋行的利益，青岛、济南等地从事走私的日本商人还组织了铜业组合或实业组合。参加青岛铜业组合的日商有三井、峰村、岩城、吉泽、铃木等 38 家洋行，参加济南铜业组合的日商共 103 人，另外，坊子铜业组合 47 人，潍县实业组合 82 人，青州实业组合 32 人，张店实业组合 65 人。③ 利用各地日商贩运组合，铃木、古河、久原、三菱等几家商行以青岛为基地，组织收购网络，成为当时规模最大的铜货贩运商。④

　　铜制钱的走私贩运主要经由胶济铁路由内地运至青岛，然后输往日本。从 1915 年 6 月开始大规模走私贩运，到 1917 年 3 月，由胶济铁路运至青岛的制钱共 37932 余吨，铜块 35633 吨，总数达 73566 吨，相当于载重 15 吨的货车 4904 节。⑤ 这一时期，胶济铁路沿线的张店成为日本收买

---

① 《中国制钱之出口》，见《东方杂志》第 13 卷，1916 年 9 月 10 日第 9 期。

② 中国第二历史档案馆编：《中华民国史档案资料汇编》第 3 辑，金融，江苏古籍出版社 1991 年版，第 283、290—291 页。

③ 〔日〕青岛守备军民政部：《山東研究资料》第 2 辑，1917 年版，第 121—122 页。

④ 高橋源太郎：《最近之青岛》，1918 年 6 月版，第 100—101 页。

⑤ 〔日〕青岛守备军民政部：《山東研究资料》第 2 辑，1917 年版，第 127—128 页。

商的根据地。走私最盛时，张店火车站每天要卸下 10 个能装 5000 元的银圆箱子，收买的铜钱有时一天可以装满 15 吨的货车 10—15 车。①

1915—1916 年，胶济铁路沿线城镇几乎遍布从事铜钱走私的日商，从各处汇集于张店从事铜钱贩运的日人达 1500—1600 人。伴随走私活动的扩展，日人在铁路沿线市镇开设的旅馆、料理店也盛极一时。不仅如此，走私活动还从铁路沿线蔓延到远离铁路的广大内地。"购买制钱之买手已深入内地，离济南三十里以外之腹地，买手遍布"。即使是远离铁路的临朐也有走私者的行迹。②

1915 年 8 月以前，青岛海关在日本军宪统治之下，铜钱贩运没有任何障碍，而在此后海关交还中国政府，铜钱的走私贩运便受到限制。按照中国法律，私自售卖制钱者，要处以一个月监禁。为了逃避稽查，走私商人变换花样，采取将制钱破碎熔炼的方式，将铜钱化铸为铜锭（每锭重 40 斤），贩运出境。起初，改铸集中在青岛进行，在青岛一地共有熔炼工场 20 处。后来贩运者为了躲避沿线检查，改在铁路沿线各集散地设置熔炼工场。到 1917 年，在青岛、峄山、坊子、潍县、青州、张店、黄台桥、济南等地，先后建起了 35 处铜钱熔炼工场。③

日商在铁路沿线的活动及其所造成的影响，引起了北洋政府和山东地方当局的严重关注，中国政府以日本人往来走私频繁，在地方滋惹事端，曾多次向日本当局提出抗议，要求禁止日本人制钱买卖。但在日本占领当局看来，禁止制钱收购买卖，"至少亦有数千日本人顿失生活基础"，"实非小问题"，因此自始至终采取了阳奉阴违的手法，表面上由日本领事传知日商禁止制钱买卖，但实际上却纵容支持其到内地收买，而日商"买卖手段异常巧妙，每难禁止"。为了阻止地方政府查禁取缔，走私者往往携带武器，组织卫队；而为搜掠铜钱，走私者甚至不惜用胁迫手段。据当时有关文献记载：

　　某国［日本］人之在胶济线者，多服华服，赴四乡收买铜钱，

①　岸元吉：《青岛及山东见物》，1922 年版，第 144 页。

②　民国《临朐续志》卷 10，1935 年版，钱币。

③　〔日〕青岛军政署：《山东研究资料》第 2 编，1917 年版，第 128—129 页。

> 乡人初不敢应，则胁之以兵，临之以威，乡人不得已而为之买收，稍
> 久则习为惯利，惟命是从，旋四乡制钱收买略尽，乡人不得已却之，
> 于是某国人复施前技，肆行威逼。[①]

铜钱走私给当时社会经济生活造成了严重的后果和影响。首先，走私活动导致基础流通货币大量外流。1916 年，青岛港共出口铜制钱（铜锭）67 万担，货值 890 万海关两，占同期青岛各类货物出口总值的 53.7%，出口铜税占海关税收的 30%。当时由青岛驶抵日本的货船，每船至少装运铜块 300 吨。其次，造成流通货币短缺。民国初年的货币以银圆、制钱为主。由于毁钱铸铜，大量外运，致使冀、鲁、豫三省的铜钱日渐减少，青岛一度铜辅币极为短缺，严重地影响了市场流通。另一方面，因铜钱短少，促使代替铜钱行使的铜钱票、银钱票等钱庄钱票逐渐盛行，以兑换辅币、日币及发行钱票为业的钱庄急遽增加，使胶澳地区钱庄业出现了畸形发展。

（2）农产品收购。经营农产品收购与输出贸易的日商集中在济南、青岛两地。

济南棉花市场兴起于清末，民国初期因国内纱厂对原料需求的增长，棉花交易量迅速扩大。迄 1919 年，济南已有 10 家花行，经由铁路和传统车马运输方式运入市场的棉花达 17700 吨，同时由胶济铁路输出 10901 吨，由津浦铁路向上海方向输出 3400 吨。自胶济铁路运出的棉花约有一半在铁路沿线地区消费；另有一半作为纺纱原料供应青岛纱厂。1917—1919 年，济南市场经由胶济铁路输出的棉花分别为 23340 担、12571 担和 181695 担，[②] 三年间增长了 8 倍。

日商在济南市场的棉花贸易，以 1918 年、1919 年之交三井、铃木、东和三家日商在当地收购棉花为嚆矢。当时济南的棉花年贸易额约为 10 万—15 万担。1921 年，日商在济设立隆和公司，开始代东洋棉花株式会社办理棉花采购业务，第二年秋，日商同文商务公所也开始为日本棉花株

---

① 庄病骸：《青岛茹痛记》，见《外交思痛录》，1917 年版，第 264 页。
② 《济南に於ける棉花の集散状况》，见《济南实业协会月报》，1920 年 7 月第 21 期。

式会社代理收买业务。① 与此同时，日商还深入到产地集散市场，直接从当地花行手中收购。如三井、山积洋行就在临清设立了营业所，从当地23 家花行处收购棉花。② 另外东洋棉花和日本棉花两家商行还分别在济南、周村设立轧棉工厂，就地加工收购来的籽棉。

在青岛从事棉花购运输出业的日商有内外棉、三井、大文、铃木、安部、茂木等洋行，华商则有立诚、复诚、元诚等 12 家行栈。青岛日商在济南设有营业所或代理商，通过营业所直接与济南花行交易，或委托代理商购买。③ 据当时《农商公报》所刊调查，因为市场出口棉花大部分输往日本，大阪市场行情的变动对济南市场亦有相当影响，因此为了解日本市场情况，"济南重要之花行，有每日打电报大阪询问行情者"。④

大规模的花生出口贸易，始于德占胶澳时期，当时德国洋行是花生市场最大的输出商。日本占据青岛后，"日商即取德国而代之"，除三井、汤浅外，峰村、东和、铃木、岩城、泰利、新利、柴仁、山田、祭原、吉泽等洋行"无不争先恐后，群起经营，或派员于产地，或用买办，努力收买"，⑤ 不久便超过了德商以往的经营规模。1919 年，青岛花生及加工品输出额达 1380 万海关两（合 3750 万日元），相当于战前（1913 年）的 5 倍。

日商在内地收购花生的方法有两种，一是派员到集散市场，寄住于当地行栈或车马店内，从当地商人处收买。如在大汶口花生专业市场，战前只有汤浅洋行派驻人员设庄收买，而到战后派驻店员的日商洋行有十几家之多。但是采用这种方式，日商因对内地市场不熟悉，费用明显要高于华商，而且货品鉴别、运输安全性及货款支付等方面都有许多困难，往往容易招致损失。因此日商最通行的方法是通过华商行栈来收买，尤其在口岸城市更是以华商行栈代理收购为主。在济南，从事花生收买的日商有三井、铃木、东和、大东、吉泽、汤浅、安部 7 家洋行，经营代理收购业务

---

① 《北支那の棉業》，見《濟南實業協會月報》，1925 年 3 月 5 日第 58 期。

② 〔日〕青島守備軍民政部：《山東之物產》第 1 編，1920 年 1 月，第 171 頁。

③ 同上书，第 174 頁。

④ 《山东棉花生产及输出状况》，见《农商公报》第 2 卷第 6 册，1916 年 1 月第 18 期。

⑤ 陈训昶：《山东之花生业》，《农商公报》第 5 卷第 10 册，1919 年 5 月第 58 期。

的华商则有立诚、复诚等 37 家,① 正是依靠华商行栈的代理收购,日商的采购规模才得以迅速扩大。1917 年各家日商洋行的花生及花生油贸易额见表 3—16。

表3—16　　　　青岛日商洋行花生及花生油贸易额（1917 年）

洋　行	花　生	花生油	洋　行	花　生	花生油
三井洋行	22606 袋 25779 担	85720 箱 53285 担	吉泽洋行	180 担	3000 箱 1680 担
峰村洋行	9791 袋 11105 担	10000 箱 5583 担	泰利洋行		9000 箱 4140 担
汤浅洋行	23907 袋 34386 担	27600 箱 12835 担	柴仁洋行	5385 袋 9902 担	
岩城洋行	13920 袋 8460 担	13920 箱 34386 担	祭原洋行		4133 箱 2294 担
铃木洋行	70 袋 150 担	39300 箱 30140 担	新利洋行		4400 箱 2454 担
东和洋行	5809 袋 3945 担	28700 箱 16295 担	安部洋行	3288 袋 4803 担	
山田洋行	5120 袋 7244 担		总计	75976 袋 71568 担	2215173 箱 1163092 担

资料来源:〔日〕外務省通商局:《在芝罘日本領事館管内状况》,1921 年版,第 107 頁;《山東之物産》第壹編,《落花生》,1922 年版,第 180—181 頁。按 1 袋重 125—135 斤。

1920 年代后,山东花生流通贸易逐渐向青岛集中,全省花生产量的 60% 最后要在青岛市场集散输出,因而青岛也成为日本花生输出商的麇集之地。当时在青岛从事现货交易的日商有东和、铃木、三菱等 13 家,在交易所从事期货交易的日商有泰利、中川、吉泽、大杉等 19 家。为了适应欧美口岸进口花生标准的提高,东和、三井、铃木、峰村、汤浅、泰

① 〔日〕青岛守備軍民政部:《山東之物産》第壹編,《落花生》,1922 年版,第 4、63—64、70—71 頁。

利、长濑、青岛物产商会等日商还在青岛设立了花生筛选工场。① 日商收买输出的花生"多转由神户运销美国，由青岛经中国商家运往上海、广东、香港者，花生米不过总额五分之一，花生油十分之一而已，余均由日商经理"。虽然"经理花生业号称大栈"的华商行栈也有 20 余家，如东泰、丁悦记、复诚、立诚等，但是华商经营基本以委托代理为主，自营批发业务受到资金实力的限制，"而每年批发之额，不及日商十数家经理等额十之一二"，结果市场大宗贸易很大程度上为日商所左右。②

山东烟草出口始于第一次世界大战时期。1917 年英美烟公司最先在二十里堡设立永久性收买场，这一年日商中户川忠三曾在坊子替东洋烟草公司收买烟叶。第二年，日商中裕公司和山东烟草会社在坊子，南信洋行在潍县正式从事美烟收买。1919 年南信洋行、合同烟草会社相继在潍县设立永久性收买场，1920 年日商米星烟草会社（瑞业公司）在虾蟆屯设立永久性收买场。③ 1921 年，在胶济铁路沿线各烟叶市场"日商活动实堪注目"，从事烟叶收买的日商有山东烟草公司、瑞业公司、中国叶烟草株式会社、东方公司、三信公司以及烟草商中户川等。瑞业、中国两家烟草公司有着雄厚的资本实力，前者以铃木洋行为背景，后者以资本 1000 万元的亚细亚烟草公司作奥援。1922 年，中国叶烟草会社的营业额达 80 万元。作为英美烟公司的竞争对手，当时日商收买烟叶的方式是"乘英美销路不良之际，先买占上等品"，造成优级烟叶求过于供，"致英美托拉斯颇陷于困苦地位"。④ 然后再转而收购英美烟公司不遑顾及的次级烟叶。

山东既是当时国内三大美烟产区之一，又是英、日等同卷烟工业激烈竞争的重要销售市场。第一次世界大战后，"山东需要烟草，日见增进，每年常达千五百万元之巨额"。最早销售于省内的纸烟为英美烟公司产品，后华商南洋兄弟公司和日本东亚烟草株式会社的产品也开始行销。⑤ 东亚烟草株式会社 1906 年由 23 家小烟草公司合组成立，资本 1000 万日

---

① 〔日〕青岛守备军民政部：《山东之物产》第壹编，1922 年版，第 36、87—88、154 页。

② 陈训昶：《山东之花生业（续）》，《农商公报》第 5 卷第 12 册，1919 年 7 月第 60 期。

③ 满铁经济调查会：《山东商业经济の発展とちの破局的机构》，1935 年版，第 51—55 页。

④ 《山东烟草去路大旺》，见《银行月刊》，第 2 卷，1922 年 3 月 5 日第 3 期。

⑤ 《山东商界筹设烟草公司》，见《农商公报》第 5 卷第 8 册，1919 年 3 月第 56 期。

元，成立目的旨在同英美烟草公司竞争。1917年该公司在青岛设立工厂，并以三信公司、一致商会、福兴裕等商号为代理店，在胶济铁路沿线推销日产卷烟，1920年销售额45万元，1922年38万元。[1]

（3）畜禽产品及桐木贸易。青岛港自日本占领后，大量牛肉、鸡蛋等畜禽产品的对日出口，成为港口贸易变化的一项明显特征。日本是当时物价最高的国家之一，面对国内肉蛋产品短缺和消费价格的不断上涨，不得不从中国大量进口食品。为扩大进口品运量，日商专门建造了几艘有冷藏舱位的船只，往返日本与山东各港之间运载冷冻畜禽产品。[2]畜禽产品贸易最初以活牛、牛肉、鸡蛋为主，后来延伸扩展到皮革、羊毛、猪鬃等畜产加工品。

山东活牛和牛肉的出口始于1898年。最初以烟台为输出港，输出目的地为俄罗斯远东城市和辽东地区。随着输出数量的增加，活牛价格大幅上涨，内地农村逐渐盛行饲育肉牛，乡村集市的活牛交易也渐趋活跃。1904年烟台出口活牛2000余头，这一年烟台道台曾宣布禁止活牛输出，但两度禁止，又两度解禁，输出贸易反而越来越盛。1909年输出活牛达5252头，牛肉88万斤。胶济铁路开通后，肉牛出口逐渐转向青岛。尤其在青岛屠宰场复工后，青岛更是取代烟台成为山东肉牛加工输出港。日德交战期间，活牛出口转经津浦铁路向浦口方向输出，迄1915年6月，输出达2万头之多。当时在青岛经营畜产品出口的基本为俄商，主要商行有世多、滋美、海茂、华顺等洋行以及美商开治洋行。[3]

在青岛成为肉牛加工输出港的同时，济南则发展成为内地最大的牛只集散市场。当时济南经营牛只贸易的洋商有永昌、滋美、哈唎、海茂、盖兴等洋行，各家洋行均拥有大型牛栏、饲草仓库，并有兽医、买办等较完备的人员组织。德国盖兴洋行的牛栏可一次圈栏1000头牛。日商介入牛只贸易较晚，起初只是代欧美洋行收买。1915年7月，日商原口新吉经营的义生公司就曾与俄商滋美洋行订立合同，为其在济南及胶济铁路沿线收买活牛，到当年10月，共为之代买牛5800吨。1915年4—12月，济南

①　〔日〕青岛日本商業會議所：《青岛邦人商工案内》，1923年10月，第24页。
②　青岛市档案馆编：《帝国主义与胶海关》，1986年版，第158页。
③　《山东牛只贸易状况》，见《农商公报》第2卷第5册，1915年12月15日第17期。

市场共向外地输出活牛 23500 头。以全年计，单是三家洋商在济南的活牛收买数即达 24000 头，其中英商和记洋行 15000 头（运浦口），日商义生公司 5000 头，滋美洋行 4000 头（运天津）。[1]

日人占据青岛之初，曾一度禁止牛肉输出，但在 1916 年年底又实行解禁。这年 1—8 月，济南牛商从内地运往浦口、青岛的活牛计 13281 头，其中运往浦口 11146 头，运往青岛 2135 头。这一时期，济南市场在交易旺季，每月交易活牛大约 2500—3000 头（每头重 360 公斤）。嗣后日本利用德国以前兴建的青岛屠宰场，大量宰杀加工活牛，每日的屠宰量多达 200 余头。比较德占和日占时期屠宰场肉牛屠宰统计，不难看出当时肉牛出口之盛（见表 3—17）。

表 3—17　　　　　　　　德占和日占青岛时期肉牛屠宰统计

德 占 时 期		日 占 时 期	
1910 年	17839 头	1918 年	36675 头
1911 年	8135 头	1919 年	47757 头
1912 年	15140 头	1920 年	56052 头
1913 年	24674 头	1921 年	36259 头

资料来源：白眉初：《中华民国省区全志·山东省志》，1925 年版，第 293 页。

1918 年后日商见山东肉牛价廉物美，开始独揽经营，大量活牛从各地经由铁路向青岛集中。当时集中于港口的牛只数量之多，以致使运送船只来不及装运。为增大运量，日本邮船会社甚至专门将"西京丸"轮船甲板改造成能容纳 200 头牛的牛栏。[2] 1914 年后活牛出口由 8000 头逐年增至六七万头。1920 年代中期，牛为青岛出口之大宗商品，牛肉、牛油、牛皮三项出口值合计约六七百万海关两。经营牛只出口给日商带来了丰厚的利润，日商每输出一头牛获益 30—50 日元，1921 年，日本在青岛的牛肉出口业所获纯利约 175000 日元。[3] 与此同时，每年向本国输出大量肉牛和牛肉，使日本京阪地方成为山东肉牛最大的消费地。出口牛的来源起

[1]　〔日〕青島軍政署：《山東牛及山東之畜産物》，1916 年版，第 42、62、68 页。

[2]　《青島物産變遷》，見《滿洲日日新聞》，1918 年 12 月 25 日。

[3]　白眉初：《中华民国省区全志·山东省志》，1925 年版，第 292—293 页。

初仅限于山东,后来随着对日输出的大量增加,贩运地逐渐扩展到河北大名、广平、顺德,河南彰德、卫辉、怀庆以及山西泽州、潞安等地。日占时期共出口活牛 20 余万头,而山东全省当时有牛不过六七十万头,这种情况一方面可能会刺激农村养牛的发展,但华北农村畜牛一向是役用、肉用兼用型,在市场价格的驱动下,牛只的大量贩运出口,在一定程度上也对山东及邻省的农业生产造成消极影响。

战前,山东鸡蛋通常由天津、上海输出,战后转由青岛输出。当时因日本国内需求增加,由青岛运往日本的鸡蛋数量骤增,出口鸡蛋大部分在神户、大阪、横滨等埠口交货。根据日青岛守备军调查,山东全省家禽总数不下 200 万只,其中家鸡 180 万只,按蛋鸡 150 万只、每只年产蛋 80 枚计,年产鸡蛋总数约 1.2 亿枚。以往由于运输成本和价格等因素,只有城镇周边农村的鸡蛋能够进入市场,而在鸡蛋出口和蛋厂采购的刺激下,随着运输条件的改善与市场价格的提高,有越来越多的鸡蛋进入市场。据 1917 年一项显然不够全面的调查,单是周村和鲁东 11 个县的市场鸡蛋集散量就达 1920 万枚。[①]

山东市场每千枚鸡蛋平均价格 14.3 元,价格低于国内其他地区,更低于国际价格。“外商见在山东可以最低价购得鸡卵,故无不尽力收买,以图周转”。1918 年青岛港出口鸡蛋为 8982 箱(每箱 320 枚);1920 年出口 167552 箱,增长近 18 倍;1921 年出口 859248 箱,比上年增长了 4 倍多;1922 年出口达 971662 箱。这一年,“日本鲜蛋商异常踊跃,营是业者成绩绝优,交易最畅”,共购运鲜蛋 3.62 亿枚,价值 448.6 万海关两,在直接出口货物中占出口货值首位。[②] 同样从事输出业的欧美洋行,因运输距离遥远,“途间需时甚长,颇为危险”,成本高于日商,在收购市场上难于同其竞争,于是“皆转移其精神,致力于制造蛋粉”。[③]

蛋品输入对日本国内民生具有重要的意义。1922 年日本国内鸡蛋年总产值约为 555 万元,而从中国输入的鸡蛋 8.1 亿枚,价值达 1700 余万元,相当于其国内产值的 3 倍多。日本国内生产的鸡蛋一般仅供上流社会

---

①　〔日〕青岛守备军民政部:《青岛之商工业》,1918 年 10 月,第 163—164 页。

②　青岛市档案馆编:《帝国主义与胶海关》,1986 年版,第 319 页。

③　《鲁省鸡卵业输出日增》,《农商公报》第 10 卷第 10 册,1924 年 5 月 15 日第 118 期。

食用，自中国输入的鸡蛋基本供国内中下层社会消费，如大城市蛋品消费量的 93% 为进口品。1921 年青岛对日输出鸡蛋约 3 亿枚，按当时日本人口 6000 万计，每人约合 5 枚，由此可见，山东鸡蛋的出口同日本国内的鸡蛋消费有着很高关联度。[①]

日本是一个毛纺织原料进口国，羊毛一部分从中国进口，一部分从澳洲进口。欧战爆发后，日本由澳洲的羊毛进口中断，而日本国内毛纺织厂对羊毛原料的需求又急遽增长，迫使日本增加从中国的进口，山东的羊毛遂吸引了日商的注意。山东羊毛产地分布于胶济铁路沿线和鲁西地区，根据当时对生产、消费和集散输出数量等方面的调查估计，羊毛年总产量约 100 万斤，其中省内消费约 20 万斤，运天津出口 45 万斤，运青岛出口 35 万斤。另外，在山东周村等市场集散交易的尚有直隶顺德、辛集、大营等地的羊毛，总量约 20 万斤。原先山东羊毛主要由欧美商行经营出口，日占青岛后，"日商以羊毛为业者，群集青岛"，而以往在青岛经营毛货的外商则全部歇业。为便于输出贸易，日商在青岛设有三家长期经营羊毛输出业的商行，即山口商店、铃木商店、三崎组，规模以山口为最大，专供日本千住制绒所、东洋莫斯纶会社、日本毛织物会社、日本毛布纺织会社、大阪毛织物会社生产原料之需。据青岛日商调查，1915 年 1—11 月，由青岛输出的羊毛共计 11363 担，其中 90% 输往日本。[②]

在羊毛贸易业中，华商因掌握着大部分国内业务，同时又能独立开展国外业务，所以占据了大部分的市场份额。在全部输出额中，华商约占七成，日商约占三成。主要华商有同泰和、协成春、立诚、大有恒、德源盛、元诚、同益恒等行栈，其中以同泰和、德源盛两家交易量最大，两家行栈都在日本神户、大阪设有分号，不须借助日商即能经营出口。[③]

山东桐木质地优良，自 1896 年日商尝试收买输出后，在日本市场销路渐广。后来日本商人以烟台为基地，在附近地区收买桐木输往日本，致使桐木出口量大增。日军占领青岛后，桐木转由青岛出口，收买范围也随

---

① 《重要往復文書》，见《濟南實業協會月報》，1924 年 5 月第 49 期；〔日〕亞洲歷史資料中心檔案：C03025324000，山東鷄卵輸出同業組合長より請原の件，1922 年 3 月（防衛廳防衛研究所，歐受大日記，大正十一年三月）。

② 《山东羊毛生产输出状况》，见《农商公报》第 2 卷第 9 册，1916 年 4 月 15 日第 21 期。

③ 同上。

之扩及到胶济铁路沿线各地。当时从事桐木出口的日商共有 9 家，收购业务主要通过华商中间商来进行。① 其中注册资本 50 万元的大桐木商有山东物产株式会社（1918 年 12 月设立），株式会社南海公司（1920 年 4 月成立于济南）；另外，还有青岛桐材株式会社（资本 5 万元，实际投入 1/4）、林田洋行、巽洋行、福祥号、复信洋行、清桐洋行等。② 1918 年青岛桐木出口 13.3 万担，1922 年达 82.9 万担，增长了 5.23 倍。收买范围也扩展到河南、直隶等省。1920 年胶海关报告中曾说："运往日本之梧桐木……日形踊跃。据云鲁省之梧桐，业经用罄，现时贩运者，皆河南、山西之出产"③，这说明山东的桐木资源已基本被购运一空。

3. 日商在口岸贸易中的地位

受 1914 年日德战事影响，青岛港贸易额曾连续两年锐减，1915 年减至 1250 万海关两。战后，青岛港贸易得以恢复，1916 年贸易额回升至 4760 余万海关两，此后每年以 20%—30% 左右的增幅递增，1922 年贸易总额达 9835 万海关两。

青岛港的统治权从德国转到日本手中后，港口对外贸易结构也随之发生了显著变化。日本一开始就将青岛视为"中日贸易的中介所"（外务省官员坂田重次郎语）。④ 由于日本商业资本的扩张活动，日本与山东沿海通商口岸的贸易规模逐年扩大，对日贸易在山东对外贸易中的比重也越来越大。战后，无论输出贸易或输入贸易，日本均高居首位，而青岛无疑是山东对日贸易最主要的口岸，在省内各港对日贸易中的比重高达 80% 以上。

在欧战期间，青岛和欧洲之间的直接贸易几乎完全停顿，但是与日本的贸易额及所占比重却大幅度上升。1916 年，由于日本工商资本以及移民的大量涌入，日货进口陡增，在直接进口货中，日货所占比例高达

---

① 〔日〕青岛守备军民政部：《山东二於ケル主要事业ノ概况》第壹编，1918 年版，第 20 页。

② 〔日〕青岛守备军民政部：《山东之物产》第 5 编，1921 年版，第 4、25—27 页。

③ 青岛市档案馆编：《帝国主义与胶海关》，1986 年版，第 303 页。

④ 《有望なるの青岛将来》，见《京城日报》，1915 年 1 月 17 日。

78%，而居第二、第三位的香港、美国只占 9% 和 5%。① 1918 年，青岛对日输出商品货物总量为 36 万吨，占输出总量的 59%；1920 年对日输出为 67.4 万吨，占总量的 69%。

航运方面也发生了类似变化。日本占据青岛后，"对于本港物品之出入极为奖励，而往来日本者，税关尤特为便利，至进出青岛之日本船舶运费亦复特别低减，以与他国之船竞争"。② 1913 年，日本轮船进出港数与载货吨位排在德国、英国之后，1916 年后日本轮船数和载货吨位大幅上升，1916—1922 年，日本航运势力已在青岛港独占鳌头，平均占艘次的 70%、吨位总数的 86%。③

截至中国收回青岛前的 1921 年，日本对青岛的直接贸易额已达 3000 万海关两，相当于德、美、俄、荷、英、法诸国贸易额的 2 倍。这一时期，"土货出口多藉外力发展，其中生货大宗，如花生、棉花、牛肉、鸡蛋、煤、盐之类，恒假手于外人，始得贩运国外"。"本国商人仅对本国沿岸贸易稍有经营，至于土货之运往外洋，洋货之运入本口，则罕有问津者。盖运输机关、金融机关以及一切设备，均不能互相应照，以致太阿倒持"。④ 1916—1920 年，胶海关关税约 80% 属于日商交纳。1920 年代前半期，日商进出口关税缴纳比例降至 54%，英商则上升至 34%，而华商所占比重不足 10%。从表 3—18 不难看出日本在青岛进出口贸易中的地位。

表 3—18　　　　青岛对日进出口货物统计（1918—1920 年）　　　单位：吨

输出商品	1918 年		1919 年		1920 年	
	出口总量	输往日本	出口总量	输往日本	出口总量	输往日本
花　生	34656	20619	57836	45989	78798	41250
花生油	32699	16976	53722	36575	43499	28090
盐	185426	147258	236115	181371	233352	179443

---

① 青岛市档案馆编：《帝国主义与胶海关》，1986 年版，第 263—265 页。

② 王正廷：《青岛》，1922 年版，第 204 页。

③ 交通部烟台港务管理局编：《近代山东沿海通商口岸贸易统计资料》，1986 年版，第 91—92 页。

④ 民国《胶澳志》，1928 年版，《食货志》，商业，第 55、76 页。

输出商品	1918 年		1919 年		1920 年	
	出口总量	输往日本	出口总量	输往日本	出口总量	输往日本
牛　肉	8815	2660	8815	3858	11368	7523
煤　炭	147741	49682	138096	85867	249413	157308
煤　焦	54106	51165	15376	14336	54106	51165
桐　材	7012	7000	9409	9366	13005	12747
豆　饼	4819	4769	19806	19762	7881	7669
输入商品	自日输入	输入总量	自日输入	输入总量	自日输入	输入总量
棉　纱	13479	33517	6457	24488	10684	19650
棉　布	7083	13167	5133	8999	4528	8416
火　柴	13559	13636	9134	9374	5249	6337
金属制品	3293	6654	7200	10214	6089	8464
机　械	2297	2862	2116	4356	2066	4701
杂　货	3693	4831	2907	4041	2550	4701
玻　璃	1617	3353	2941	3885	2570	3862
药　品	1044	4149	1847	4474	2945	5117

资料来源：青岛守備軍民政部鐵道部：《統計年報》，大正 7—9 年合订本，1921
年版。

　　同一时期，烟台港对日贸易表现出与青岛极不相同的趋势。在青岛港
贸易崛起而烟台对外贸易停滞不前的背景下，烟台商业贸易结构发生了很
大的变化。首先，盎斯、捷成、哈唎等德国洋行相继撤出烟台，而英美商
行除在航运、保险、银行业和茧绸、花边、发网、草辫等传统土货输出方
面尚占优势外，在一般日用品贸易上已让位于华商。1911 年烟台共有外
国洋行 29 家，其中日商洋行占 13 家。到 1921 年，洋行总数增加到 40
家，其中英国洋行 13 家，美国洋行 8 家，法国、俄国洋行各 2 家，德国、
丹麦洋行各 1 家，日本洋行仍为 13 家。[1]

---

[1]　Decennial Reports, 1912 – 1921, Vol. I, Chefoo, p. 194.

其次，日商的商贸经营活动重心转向青岛，在烟台的势力有所减弱。根据1919 年年末日本领事馆的一项调查，当时在烟台从事一般贸易的日商只有三井洋行上海支店营业所、岩城商会支店、大连大信洋行营业所及明大公司；经营桐木输出业的有复信、稻原、大信 3 家洋行；经营日本杂货和日用品零售业的有白石、川上、中山等洋行及齐藤商店，白石洋行还兼营铁工业；另外还有经营金银细工、典当业的上野商店，经营药品销售的大连洋行支店和陞恒洋行以及菊水亭、东旅馆 2 家旅馆。① 除三井、岩城两家商行经营范围和规模较大外，其他日商经营的主要是本国纺织品、火柴及日用杂货，土产输出基本只限于桐材和烟叶输出，农副产品和手工业品的出口规模极为有限。

最后，华商实力进一步增强。烟台开港初期，国内外百货商品的进出口，悉在外商控制之下，华商全然只能处于中间商的地位。然而，随着贸易的发展和华商力量的成长，华商在许多领域逐渐摆脱了外商的羁绊，除了缺乏经验的船舶、保险、银行及特殊输出品（如茧绸、发网、花边等）的交易之外，有相当一部分的土产贸易转入华商之手。②

新兴手工业品的生产在烟台以至整个胶东地区原始工业化进程中发展最快，且与市场联系最为密切。这类商品的产值和输出值在整个地区产业中占有很大的比重。因此，经营此类商品的外商在口岸贸易中的地位和影响自然要大于其他外商。而在这些行业和贸易领域，除了三井洋行有少量参与外，其他日商很少涉足。例如在草辫行业，烟台有英商和记、太古等洋行以及法商百多洋行，青岛有英商怡和、和记、太古等洋行，华商有恒盛隆、通聚福等行栈，而唯独没有日商的身影。再如茧绸行业，据1917 年、1919 年两个年份的调查，胶东栖霞、牟平、昌邑三县共有织机 6000 多台，茧绸年产量 98 万匹。茧绸是欧美商人贸易经营的重点，输出商中有仁德、敦和、和记、克隆、连纳、太和等英国洋行，百多、汇昌等法国公司以及希腊商永和公司，另外，华商裕丰公司、仁记公司、同德恒行栈也参与直接贸易，而日商仅三井洋行每年约

---

① 〔日〕青島守備軍民政部鉄道部：《東北山東（渤海山東沿岸諸港灘縣、芝罘間都市）調査報告》，1921 年版，第333—334 页。按另有 4 家零售店铺及鑲牙等服务业。

② 〔日〕外務省通商局：《在芝罘日本領事館管内状况》，1921 年版，第 31 页。

有 1 万元的贸易额。①

从中华民国成立到 20 年代中期，烟台港输入的日货主要为棉纱、棉布、棉线、火柴、砂糖、卷烟、肥皂和煤炭等。原先进口额一直居首位的棉纱进口呈递减之势。战时和战后英印棉纱进口断绝，来自上海的国产棉纱进口大增，日货因质量不如华纱，加之价格每捆比上海纱贵 5 银两，进口量也在减少。1919 年后，在抵制日货运动的影响下，华纱进口一举超越日纱，日货进口则几乎完全停顿。② 第一次世界大战前，烟台棉布、火柴进口基本以英美为货源地，战后英美货的进口减少，到 1922 年时已变得无足轻重。1914 年日本棉布的进口占到进口总量的一半，1918 年进口量又增加了 2 倍；日产火柴的进口也是逐年增加，并逐渐将其他外国货挤出市场，在烟台占据了优势地位。

综观日本对青岛、烟台二港的贸易，有以下突出特点：第一，就全国而言，日本对华贸易呈长期出超趋势，且出超状况逐年加剧；但就山东一省而言，对日贸易因本省大宗土货出口的增长，山东土货的出口额大于日货的进口额。

第二，日本在山东各港的贸易货品，按经济性质分类，对日输出品以原料和经过粗加工的原料为主，多为农林畜产品、矿产品和手工业品；自日本输入的商品则以制造品为主，多为纺织品、五金、机器、药品、日用百货等工业品，其中棉纱是最重要的进口品，居进口品第一位。从贸易性质上看，山东一方面供给日本所需要的原料；一方面消纳日本的工业产品。

第三，青岛日资工业的扩张，尤其是纺纱、火柴工业的发展，使得相关部门工业品的生产出现了"进口替代"效应，棉纱、棉布、火柴的进口量逐年减少，而兴办企业所需的各种机器、机械、五金产品的进口则逐年增长。"日本国内机器遂乘机勃兴，各种简单机械、机器零件及制造机器工具之产品，不但已足供给国内市场之需要，且有余量可输出国外"。日本输出之机器大部分为纺织机器、电机及机器零件，销路以华北各埠为主，尤以青岛为最多。1921—1923 年，因日商在青岛兴设多家纱厂，青

---

① 〔日〕外务省通商局：《在芝罘日本領事館管内状况》，1921 年版，第 186 页。

② 同上书，第 32 页。

岛进口的日本纺织机器价值达 960 余万海关两，天津与青岛的进口值占全国日本机器进口总值的 37%—46%。[①]

4. 日商经营活动对城乡经济的影响

日本商业资本在山东各地的扩张与商贸经营，对当地社会经济产生了广泛而深刻的影响，其表现主要集中在贸易控制权、市场流通与消费等方面。

德占青岛时期，外商势力仅限于通商口岸，华商通过与内地行栈以及旅日华商的联系，掌握着贸易中介和部分贸易的控制权。民国《胶澳志》对当时贸易特点曾做过如下概括：

> 其时外人势力限于通商口岸而止，洋货由通商口岸以入内地，土货由内地以运至通商口岸，必经华商之手，故进出口之贸易权虽操诸外人，然洋行终须用华人为买办，以与内地之行栈、商贩相互交易。例如土产之花生、棉花、草帽辫等项，由乡人售于小贩，小贩售于庄客，庄客售于号商，号商售于洋行，始得出口。

日占青岛后，上述格局发生了极大变化。日本洋行起初以经营本国商品的输入业为主，推销本国生产的廉价棉纱、棉布和火柴。第一次世界大战时，政局不宁，华商对土产贸易大都观望不前。日商则凭借雄厚的资金实力，以金融机构为奥援，不仅兜销日货，而且还"包揽华货之进出，以贩给中外之用"。经营土货出口业的日商，因持有三联单与领事馆护照，得以深入内地采办土货，而日商在通商口岸设厂生产的土产加工品，可以自行承办出口。有实力的日商"大都派员径赴内地之济南、泰安、大汶口等处设庄，直接收买花生、棉花、牛脂各项土货，于是日商之势力范围扩充至于胶济、津浦两路，向来华商、德商所把持之山东贸易权，乃转移于日商之手"。[②]

---

① 蔡谦：《近二十年来之中日贸易及其主要商品》，商务印书馆 1936 年版，第 91—92 页；青岛市档案馆编《帝国主义与胶海关》，1986 年版，第 318、324 页。

② 民国《胶澳志》，1928 年版，《沿革志》，日人占据始末。

战后，日商成为青岛贸易市场上势力最强的外商，花生、棉花、畜禽产品的出口，"大部分已操于日本人之手"。① 日商在青岛贸易市场的扩张，也给旅日华商的经营活动造成严重后果，原先青岛华商曾在日本神户、横滨、长崎等地设有分号，从事土货转运业和日产棉纱、火柴及杂货的进口，后来由于日商竞争，渐次歇业停闭。对于日本商业资本在青岛经营势力的扩张及影响，当时曾有人这样评论：

> 德人租借时，商务之大者十之八九属诸德人，今日之商业，几全为日人所握持，华人之经营者，固暗淡无色，若萤火之与日光，不足与比；即西人之货物，亦因成本昂重，不能与之颉颃也。日商善于揣知吾国之情形，以有易无，而投其好。②

随着日商在青岛、济南等商品集散市场贸易份额的迅速上升，其对市场的影响力也逐年增强，在某些行业甚至成为能左右市场供需的商业势力。以济南市场为例，1918 年济南市场的商品年集散额大致在 9000 万元以上，而同期（1917 年度）日商在济南的土产交易额约为 340 万元，日货输入额约 1910 余万元，这其中有相当部分为日商经手输入。在土货输出方面，1917 年，济南市场的花生集散量约为 2 万吨（每吨 1680 斤），其中日商交易量约占市场的 30%，广东帮商人约占 40%，即墨帮商人约占 30%。③ 按当时年度统计，日商 1917 年度的贸易经营情况如表 3—19。

表 3—19　　　　济南日货输入与日商交易统计（1917 年度）　　　单位：元

输入商品	日货输入额	输出商品	日商交易额
棉　纱	11880000	花　生	607500
棉　布	4622400	花生油	1087380
砂　糖	1396800	棉　花	727370
纸　类	108000	豆　油	68760

---

① 民国《胶澳志》卷 5，1928 年版，食货志，商业；沿革志，日人占据始末。
② 邓平三：《青岛之面面观》，《东方杂志》第 17 卷，1920 年 9 月 25 日第 18 期。
③ 冈伊太郎、小西元藏：《山东經濟事情：濟南を主として》，1919 年版，第 154—155 页。

续表

输 入 商 品	日货输入额	输 出 商 品	日商交易额
火　柴	540000	牛　皮	655550
石　油	335940	牛　油	230758
海　货	224000	牛　骨	31100

资料来源：〔日〕青島守備軍民政部鐵道部：《山東鐵道沿綫重要都市經濟事情》下，1919 年版，第 149—150 页。

另据日人调查。1918 年济南年输入棉纱货值约 1500 万元，其中有五成为日本棉纱，印度棉纱占二成，国产棉纱只占三成。济南市场年输入机制纸（洋纸）100 余万元，其中有六成为日本货，四成为上海国产纸。济南市场上销售的火柴，除部分为当地振业火柴厂产品外，其余大部分为日本进口的火柴，或青岛燐寸会社、山东火柴公司两家日资火柴厂的产品。由三井洋行代理的日本得宝牌火柴，山东火柴公司的三兽牌火柴、青岛燐寸会社的双喜牌火柴，在山东各地有着广泛的销路。①

除青岛、济南外，日商的商业经营活动对省内各大集散市场也产生了广泛的影响。如在集散市场周村，经营棉纱的大行栈有十几家，资本总额 32 万元，其中 8 家大行栈在上海、青岛派驻外庄，由上海、青岛输入棉布，输入货中有 7 成为日货。平均每家行栈的年交易量约 500 件（每件约值 200 银两），交易总额约 150 万银两。行栈以批发的方式向 200 余家零售商分销，再由零售商分销给手工织户。另外周村城内许多商家与日商保持常年交易关系，还有几家商店专门经营大阪日用杂货。②

鲁西南重要商品流通市场临沂，在地区市场经济中起着重要的作用，该地区消费的大宗商品要靠临沂市场转运分销。临沂市场每年经由青口从青岛输入火柴 5000 箱，几乎全部为日本制品，日制地球牌火柴尤占优势；此外，日制蓝鱼、扇面、红月等牌号的棉纱也十分畅销，年输入约 3000捆；每年输入的 1000 件机织布大部分为日货；自上海、青岛输入的杂货

---

① 岡伊太郎、小西元藏：《山東經濟事情：濟南を主として》，1919 年版，第 264、276、285 页。

② 〔日〕青島守備軍民政部：《山東鐵道沿綫重要都市經濟事情》中，1919 年版，第 246页；《膠濟鐵路沿綫貨物狀況（六）》，见《濟南實業協會月刊》，1925 年 9 月第 64 期。

大部分也是日货，年输入额约 20 万元。①

鲁西区域集散市场临清，年输入火柴 1600 吨、棉纱 2000 吨，有相当部分为日货；每年经由天津输入洋杂货约 2000 吨，除上海货外，其余多为日货。输入市场的日货包括卷烟、肥皂、颜料、涂料、化妆品、镜子、保温瓶、药品、伞、毛巾、腿带、毛线等日用品。与临清毗邻的聊城，日制棉纱、棉布、火柴自济南、天津输入，市场行销的肥皂、洋钉、牙粉、香水、纽扣、钟表、腿带、袜子、镜子、保温瓶、药品、绸布、毛线、蜡烛、铁制品等杂货，大多为日货。②

在次一级的地区或城镇市场，日货同样成为当地重要的流通消费品。日货通过通商口岸和区域集散市场进入腹地，对腹地城镇和农村地区的商品流通产生广泛而深远的影响。日货在内地若干城镇流通消费状况见表 3—20。

表 3—20 　　　　　　　　　　日货在内地城镇销售状况

城镇地区	日货销售状况	资料来源
临淄	市场销卖的糖及纸张，亦多日货	①
新泰	全县火柴年输入量 240 吨，济南华商火柴厂的产品占多数，青岛日商火柴厂的产品比之稍少，主要有三光、五福、单龟等牌号。	②
莒县	1919 年前后，每年输入火柴 2000 箱，其中大部分为日本黄燐火柴。	③
莱芜	棉纱、火柴、棉布、药品、镜子、化妆品等日本杂货，在当地商家店铺屡见不鲜。	④
博山	市场流通的日本货主要有棉布、棉纱、火柴、砂糖、药品、钟表、杂货等，1920 年后，自济南的输入额减少，日货转由南方输入。	⑤
德州	日货主要为三井洋行经销的日本棉纱和杂货，但因抵制日货运动，由济南输入的日货仅相当于过去的十分之二三。	⑥

---

① 〔日〕青島守備軍民政部：《南山東重要都市經濟事情》，1919 年版，第 209、311 页。
② 〔日〕青島守備軍民政部：《大連河及監連河沿岸都邑經濟事情》，1921 年版，第 52—54、64—65 页。

续表

城镇地区	日货销售状况	资料来源
东阿	市场行销的棉纱、棉布、肥皂、染料等货物多为日货，大宗货物由济南输入，零星散货由济宁、泰安输入。	⑦
汶上	市场销售的腿带、仁丹、牙粉、保温瓶、棉市、化妆品等多为日货。	⑧
东平	日货以卷烟、腿带、毛巾、手袋、牙粉、化妆品、药品、染料、文具等杂货为主，大部分从上海输入，另有部分从济南输入。	⑨
沙河镇	自烟台输入日本染色布、绸缎、针织品，极为畅销，年约 1 万银两；日本东亚烟草公司的卷烟自烟台和青岛输入；火柴销售量全年 3.5 万银两，平均每集销售 100 箱，其中有相当部分为日货。	⑩

资料来源：①民国《临淄县志》卷 13，1920 年版，实业志，商业。

②③青岛守備軍民政部：《南山東重要都市經濟事情》，1919 年版，第 74—75、145 页。

④青岛守備軍民政部：《博山兗州間鐵道沿線調查報告》，1920 年版，第 57、46 页。

⑤⑥⑦⑧⑨《大運河及鹽運河沿岸都邑經濟事情》，1921 年版，第 31、69—91 页。

⑩日本外務省通商局：《在芝罘日本領事館管內狀況》，1921 年版，第 38 页。

日商在沿海与内地的商业经营活动，以及与这种活动相关的大量日货的行销，在很大程度上改变了原先洋货的流通与消费格局，"东洋货"在某些消费领域超过甚至取代了"西洋货"。与来自欧美的西洋货不同，来自日本的东洋货其特点是："骤观之，颇精致，似与欧美者无二致；细审之，终较西洋货有逊色，其耐久又不及我国国产也。所胜者，定价廉，易招主顾"。[①] 正是凭借这一特点，日货输入逐年增加，不仅日本纺织品如棉纱、布、缎毯、内衣等大量进口，而且纸张、瓷器、火柴、纸烟、糖、颜料、金属器具等日用工业品也成为大宗消费品，另外日本产的灯具、皮包、石版、墨汁等文具，海味、药料、玩具、牙粉、肥皂等杂货类商品，在青岛、济南"亦充斥各肆中"。

[①]　邓平三：《青岛之面面观》，《东方杂志》第 17 卷，1920 年 9 月 25 日第 18 期。

作为日商经营的一个直接后果，种类繁多、低档价廉的日货行销于各地，改变了以往"洋货"在流通消费中的含义和性质。原先洋货基本只在城市社会上层消费，所形成的消费时尚因受价格因素限制，很难传导至社会中下层；日货则以廉价大众消费品的面目出现于市场和消费领域，随着进口量的增加，舶来品价格变得便宜起来，于是，洋货消费也随之由上层社会消费进入到中下层日常生活消费之中。对于洋货市场的这种变化，当时青岛海关报告曾做过这样的报道："进口货表内，向视为奢侈品，今已认为必需品，来自外洋之布匹、糖、纸张、煤油、化妆品，皆其例也。"① 进口商品由奢侈品到大众消费品的转变，消费市场的扩大，消费对象在一定程度上向社会大众的下移，一方面使广大内地成为日货的消纳市场；另一方面也在客观上为近代工业的发展提供了必要的消费需求基础和市场前提。

日本商业资本的经营活动不仅对城镇消费产生影响，而且也直接或间接地影响着部分农村的集市贸易。据1920年代初山东农会调查，日商对土货的购运活动已扩展至内地城镇和农村，如桓台所产羊毛，由"日商在张店收买"；齐河出产的花生，"由济南商埠贩卖于日本"；东平肉牛"自济南商埠卖于日本"；而博山的牛皮、牛骨、羊毛等，也"多贩卖于日本"。② 这种范围空前广泛的农畜产品采购活动，势必影响到传统农村集市最基层最原始的交易活动，导致若干原始产地市场的交易规模出现异乎寻常的扩大。以牛只贸易为例，与日本商人收购相关联的买办、牛栈、牛贩的活动直接刺激了农村集市牲畜的交易，一些重要牲畜市场的日交易量达到几百头乃至上千头。如出产鲁西黄牛的茌平，每逢牲畜大集，来集交易的活牛多达2000头，平度崔家集一集交易牛只500头，昌乐、莱阳、河疃等地集市的交易量在三四百头。鲁南地区的沂水县，每逢牲畜大集上集交易的活牛多达800头；郯城牲畜集市重沟，普通集市日上集交易的活牛约300头。③

尽管日商已从口岸深入内地，并在内地开设了形形色色的商业机构，

---

① 青岛市档案馆编：《帝国主义与胶海关》，1986年版，第306页。

② 山东省农业调查会：《山东之之农业概况》，1922，第22、42、88页。

③ 《山东牛只贸易状况》，见《农商公报》第2卷，1915年12月15日第5期。〔日〕青岛军政署：《山东研究资料》第3编，《南部山東畜産概况》，1917年版，第71、79页。

直接从内地市场收购土产，从而在一定程度上改变了原先对华商中介的依赖，但是商品流通的整体格局并没有完全改变，在绝大多数情况下，如内地花生、棉花、畜产品等的大宗贸易，日商的购销活动仍然无法完全绕开华商，全然靠自身的力量来解决。同样，许多日货尽管越来越多经由中小日商店铺销售，但仍有不少日货需由华商行庄代理分销。

在日商所处的商业贸易层级关系网络中，日商与华商行栈的关系无疑是最重要的环节。日商的贸易经营活动与各地华商行栈（花行、牛栈、蛋行、皮行、粮行等）的经营互为表里，有着一致性。行栈的业务经营与土产贸易密不可分。行栈的代理购销活动形式上看是服务于日商的购销活动，实际上是追逐市场利润主体的自主市场交易行为，因此他们又是日商的竞争对手。华商行栈通过代理和自营，获得了可观的经营收益，壮大了自身的实力，事实上，日占时期恰是行栈资本发展最快的时期。青岛、济南、烟台等地行栈资本的发展及其经营，与日商在口岸和内地的扩张经营相互作用，从而导致以下结果：一方面日商控制了农畜产品自口岸向国外的出口；另一方面农畜产品自内地至口岸的运销过程基本仍是华商占主导地位，并对日商的活动起到了阻隔作用，使日商在取得一定优势的同时仍无法全然控制土产贸易。

四　日资金融业的经营扩张

1. 日资银行的设立

金融业对于外国工商资本在华扩张具有先导和后盾双重意义。民国初期，山东的外资银行主要分布于青岛、济南、烟台三个城市。在青岛设立分支机构的有德华、汇丰、俄华道胜、渣打及横滨正金等外资银行，中资银行则有中国、山东两家银行以及十数家华商钱庄。德华银行曾一度是实力最强、且对金融市场最具影响力的外资银行，而横滨正金因开业晚，只能承揽一些与日商贸易有关的金融业务。日本占据青岛后，德华、渣打、俄华道胜等银行相继停闭，横滨正金、朝鲜、正隆、龙口等日资银行乘机取而代之。尤其横滨正金银行，"因有强固之政府为后援、为监督"，并拥有"日本政府委以发行纸币之全权"，"是以操纵市面有指挥如意之妙"，一直为"日本在青岛商业之根本"。①

　　1913 年 11 月，横滨正金银行在青岛设营业所。1914 年 8 月，因日德开战该行曾一度歇业撤离，但日军占领青岛后，很快又于同年 12 月复业。借助日本当局的积极扩张政策，复业后的正金银行更加注重直接、间接地扶植日本人的发展，特别是在扩大商权上，成为日本工商业在青岛发展的金融后盾。

　　青岛胶海关关税，在德占时期由德华银行、大清银行（民国后改为中国银行）、山东官银号三家承受，而关税存款及承汇特权则由德华银行享有。1915 年 9 月胶海关重新开关时，正金银行取代德华银行，成为控制税款的海关银行。当时胶海关关税虽由中国银行和正金银行共同经收，但中国银行所收关税满 3 万元即须拨存正金银行，在中国银行承汇时，须由正金银行支票转账。正金银行实际上把持着经收、承汇关税特权。另外，山东银行青岛分行所收税款，一般也是于每周结清后转存正金银行。

　　1915 年 10 月，正金银行青岛营业所在省城济南设立分店，分店起初是作为"青岛营业所的辅助机构"，1917 年后，银行业务转以国际汇兑和经收盐税款为重点。1918 年，该行在济南投资 29.8 万银圆，营业设施相应扩大，金融业务也发展到相当规模，营业额达 2429 万元。1919 年，青岛、济南两家营业所同时升格为正金银行支店（分行）。②

　　随着正金银行在青、济两地一般银行业务的扩展，以及所发银圆券（银票）在胶济铁路沿线的流通，"该行的中外各银行存款和保管款项，经常是库存满满，盛况空前；因有充足的发行准备金库存，发行的银行券取得了绝对的信用"。③青岛支店更以大量贷款支持日本公司和商人开厂设店，扶持其在青岛经营工商贸易。1916 年，青岛正金银行的存款余额为 46.8 万日元、145.8 万银圆又 10.4 万银两，贷款发生额为 1170 万银圆又 40 万银两，贷款余额约合银圆 90 余万元，汇兑业务总额 5907 万元。1919 年 3 月，其银行存款额增至 800 余万日元。④另外，在青岛市场作为

---

①　林传甲：《青岛游记（续）》，《地学杂志》第 9 卷，1918 年 6 月第 6 期（总第 96 期）。
②　傅文玲编：《日本横滨正金银行在华活动史料》，1992 年版，第 24 页。
③　水野天英：《山东日支人信用秘录》，1926 年 10 月版，第 458—459 页。
④　〔日〕青岛军政署：《青岛要览》，1918 年 1 月第 4 版，第 89—91 页；青岛市史志办公室：《青岛市志·金融志》，新华出版社 1999 年版，第 33 页。

硬通货的元宝银（有 50 两、10 两、5 两三种），也大半以储蓄的形式流入正金银行金库。当时元宝银一般不在普通支付中使用，只作为一种储蓄手段，而正金银行则利用这部分代存的元宝银从事贷放或转汇业务，该行吸收贮存的元宝银数额增减不定，大致在数十万两至两百万两之间。此外，正金银行还操纵了青岛的存贷款利率、外汇行市及银两与钞票兑换差价，该行支票每千元有时能加水六七的。[①] 金融业务上的全面扩展，使正金银行成为青岛金融业名副其实的"霸主"。

在横滨正金银行之后，又有多家日资银行接踵在青设立分支机构。1915 年 4 月，龙口银行在青设立支店。龙口银行起初只是一家资本 3 万元的股份制小银行，在日资工商业活动转向青岛后，龙口银行遂在青岛保定路开设支店，并将资本金增至 20 万元。1916 年，龙口银行青岛支行存款额为 43 万日元、136 万银两，贷款额为 23 万日元、86 万银圆又 109 万银两。[②] 1917 年龙口银行将总店移设大连，经营重心转向东北地区，但仍沿用龙口银行名称，注册资本也扩大至 100 万元（实际投入 25 万元）。

烟台是日本金融资本在山东最早设立机构的城市，但是其经营一直受到俄华银行的排挤。俄国十月革命后，俄华银行在当地的业务陷于停顿，这一状况恰为日本银行的扩展提供了机会。1916 年 7 月，营口的日资正隆银行在烟台设立了分支机构，正金银行也委托盘斯洋行代理其在烟台的业务。[③] 当时，欧洲银行的业务基本委托烟台当地洋行代理，如渣打、有利、东方汇理等银行的业务由和记洋行代理，汇丰银行业务由太古洋行代理，德华银行业务由捷成洋行代理，除正金、汇丰银行的代理行外，其他代理洋行通常只从事汇兑，而不经营一般银行业务。于是，正隆、龙口两家银行便包揽了外商的存贷款和汇兑业务。1920 年 9 月，正隆银行在青岛设立支店，经营重心也随之转向青岛。是年，该行资本达 2500 余万元，形成一个有十几家分行和 360 处营业所的银行网，实力几乎可与正金、朝鲜两家银行相匹敌。

---

① 〔日〕通商局第二课：《支那金融事情》，1923 年版，第 79 页。
② 〔日〕青岛军政署：《青岛要览》，1918 年 1 月第 4 版，第 89—91 页。
③ 〔日〕东亚实进社：支那研究书第 8 卷《支那の金融》，1918 年 10 月版，第 125 页；正隆银行成立于 1906 年，由营口中日商人投资设立，1911 年由安田家族接管，资本增至 100 万元，同时总行也迁往大连，该行业务经营得到日本安田保全会社的支持。

在第一次世界大战期间，另一家日资银行——朝鲜银行也开始向中国内地发展。朝鲜银行成立于 1907 年，资本 4000 万元。1917 年 10 月初，该行在青岛设立支店。青岛支店的成立，为朝鲜银行在中国内地设立分行机构之嚆矢。支店除办理外汇业务、发行日金流通券外，还同时兼营储蓄及抵押放款业务。1918 年，支店共向青岛日商贷出资金 130 万日元。①

朝鲜银行青岛支行成立第二年，即以青岛为根据地，将营业网扩展至济南、天津。1918 年 9 月该行在天津设立支行，同年 10 月，与东洋拓殖会社在山东拓展业务相配合，该行又在济南设立支行。在剩下的两个月中，济南支行贷出洋银 42487 元，收付 343 万日元、395.7 万银圆，业务对象基本为日商和日侨。② 此后日商在内地的贸易结算和汇兑业务，大部分依靠正金、朝鲜两家银行在济南的分支机构来完成，济南与上海间的日商金融汇兑（申汇）则由上海的住友、三井、三菱等银行办理，济南由此成为日资银行在山东活动的另一中心，以济南为立足点，日资银行的经营活动范围扩展到胶济铁路沿线地区。

正金银行和朝鲜银行的业务对象基本为日本大商社和大企业，一般不与日侨中的小商家发生借贷关系。这一状况自然引起日本中小商人业主的不满，他们一直谋求成立能够经营小额贷款业务的金融机构，以方便获得小额经营资金。在这一情势下，1916 年 6 月，日商实力派人物吉泽干城、井上精一郎等人抓住中小商人谋求自办金融业的时机，在青岛组织成立青岛储蓄会，专门针对日侨经营小额贷款。开始储蓄会只有资金 1 万元，但很快在经营中赢利，1918 年 10 月，资本增加至 10 万元。第二年 4 月，储蓄会改组为"营利组合青岛银行"，资本扩大至 50 万元（实缴 12 万元），并开始办理普通银行业务。该行平时只办理小额存放款业务，其贷款利率低于正金、朝鲜等大银行。1920 年 1 月，青岛银行第二次在日人中募集资金，股本总额扩大至 100 万元（实缴 25 万元），并在此基础上改组为股份制银行。成立于 1915 年 1 月的日升银号，同样是一家以日侨和小商人为对象的日资银行。1917 年该行改组为股份制日升储蓄银行，总资本

---

① 美濃部：《海外銀行ノ活動卜朝鮮銀行》，1918 年 2 月版，第 14 页。

② 〔日〕青島守備軍民政部鐵道部：《山東鐵道沿線重要都市經濟事情》下，1919 年版，第 442—443 页。

100 万元（实缴 25 万元），经营业务也随之扩大到存贷款。[1]

在青岛之后，济南日商于 1917 年 9 月成立了济南金融组合，其业务对象同样为小商人和普通日侨，以办理小额存款和抵押贷款为主要业务。起初金融组合的规模很小，1917 年末，存贷款分别只有 7537 元和 12165元。第二年也只是略有增长，存贷款均不足 2.5 万元。1919 年度，济南金融组合的资本总额增至 66885 元，贷款总额 5 万余元，当年赢利 7232元。[2] 1920 年，按中国银行业条例，济南金融组合改组为济南银行，并继承了组合原有的业务。这年底，该行存款额 158967 银圆，放款额 282759银圆。1923 年济南银行在青岛设立支行。该行不仅与上海、天津、大连等城市通汇，而且与日本东京、大阪、名古屋等城市也有通汇业务，并可自任何日本邮局办理转账储蓄。

1920 年代，日资银行的业务经营具有很大的封闭性，基本只对日商办理业务，如日商在济南开办的 3 家银行，平时"专与日侨往来，华人向不与发生关系"。[3] 各银行发行的兑换券虽然由日本当局作为"法定货币"强制流通，但主要行使于青岛、济南及其周边市场的日本人中间。

除银行之外，日商还在山东城市开设了一批金融辅助性机构，其中在青岛就有青岛信托会社、青岛商业储蓄组合、共济银号及各类典当铺 40余家。1918 年年末，青岛共有日本金融商 18 人，典当铺 28 家。同期，华商在青岛经营的汇兑庄、钱庄有 20 余家，典当业 4 家，规模明显不如日商（见表 3—21）。[4] 1919 年，青岛 17 家经营高利贷放款业的日本商家，全年共放款 10223 笔，放款总额 349.4 万元，放款收益 124669 元。另外，在胶济铁路沿线还有 23 家日商典当行，年典当贷出金额 89264 元，赢利 11547 元。[5]

---

① 〔日〕青島守備軍民政部：《青島之工商業》，1918 年 10 月版，第 185 页。

② 〔日〕青島守備軍民政部鐵道部：《山鐵沿綫重要都市經濟事情》下，1919 年版，第440—443 页；《濟南金融組合營業報告》，见《濟南實業協會月報》，1920 年 3 月第 20 期。

③ 孙宝生：《历城县乡土调查录》，1928 年版，第 89 页。

④ 〔日〕青島守備軍民政部：《山東鐵道沿綫重要都市經濟事情》上，1919 年版，第 46页。

⑤ 〔日〕青島守備軍司令部：《青島守備軍第五統計年報（大正八年度）》，1921 年 7 月版，第 206 页。

表 3—21　　　　　　青岛中日典当商比较（1917—1919 年）

年份	日商(家)	典当额(元)	赢利(元)	华商(家)	典当额(元)	赢利(元)
1917	37	350464	42186	6	265352	3722
1918	37	459177	67879	4	198649	33928
1919	35	668952	97880	6	284560	35731

资料来源：〔日〕青岛守備軍司令部：《青岛守備軍第五統計年報》，1921 年版，第 206—207 页。

2. 日资银行的经营活动

（1）货币发行。德占青岛期间，只有德华银行经营普通银行业务，在青岛有发行纸币特许权，"胶济铁道遇他种货币，多有挑剔，唯此独否"。日德战争期间及日本占领青岛初期，"则日本军用手票流行市面，胶济铁道又唯此为最优货币"，[1] 市场流通货币也随之复杂化。

日军在山东、青岛行使军用票，目的是"以战养战"，将军费转嫁到作战地区。军用票以日本政府的名义印发，有 10 钱（1 角）、20 钱（2 角）、50 钱（5 角）、1 元、5 元、10 元等面额。1915 年 4 月 15 日，日本青岛守备军司令部以军令的形式规定：凡属公缴纳税、市场交易、债权债务、租金等，一律用军用票或横滨正金银行银券及日本本国货币来计算，军用票兑换银圆价格，按日本当局规定的行市每口公布。[2] 军用票的流通完全是强制性的，由青岛日军负责稽查推行：

> 凡稽查有携带大宗银款者，十九没收，此事发现于青岛者屡屡，于是银价大落。又以日军用票便于携带也，则以多易少，甚至四五十两之银块，仅易一五元之日本军用票。周村等处生涯最发达者，为某国之御料理、啤酒店、旅馆，一入其中，则腰缠累累者，皆胁挂百壳枪，用纸票如飞蝶。[3]

---

① 余逊斋：《山东产业调查记》，《中华实业界》第 2 卷，1915 年 10 月 1 日第 10 期。
② 〔日〕青岛守備軍民政部：《民政部成規類編》，1921 年版，商工業，第 91 页。
③ 庄病骸：《青岛茹痛记》，见《外交思痛录》，1917 年版，第 268 页。

在强制使用军用票的同时，日本殖民当局采用的另一手法是提高铜元与军用票的兑换比例，以诱使当地人使用军用票。日方规定凡向官厅及征税机构缴款者，原定银价如以日钞折合缴纳，给予优惠。军用票兑换铜元价格，最初以 1 元换铜元 120 枚（当时普通银圆 1 元约换铜元 135 枚），而日本控制的胶济铁路局收费则每元加至 150 枚，促使商民换购日钞缴纳。军用票遂得以流行。[①] 军用票及日币用途和兑换范围的扩展，不仅扩大了其流通量，而且导致以兑换钱币为业的小钱庄增多。日占时期，军用票发行总额约 1181 万日元，市场流通额为 296 万元。[②] 1915 年 4 月后，因青岛和胶济铁路沿线改由横滨正金银行统一发行货币，军用票才陆续由日本占领军收回。

在停止使用军用票后，日本占领当局又采取行政措施，来强制推行日本钞票，排挤其他货币。日本发行的钞票有金元钞票（金票）、银圆钞票（银票）两种。金票与日本国内货币相同，以日本金元为本位。

金票最早于 1905 年日俄战争期间在大连行使，1909 年后流入烟台。1912 年烟台金票市价 1 元折合银 0.72 两，与银圆价值大致相等。1916 年 7 月正隆银行在烟台开设支行后，开始在当地发行日本金圆券。1918 年 5 月后，烟台证券交易所"将日币交换，流通市场"，借以牟利，致使当地金票流通额骤增，"一跃而达百万元以上"。但是时过不久，在当年 10 月间日币出现暴跌，结果使大批持有日币的华商蒙受极大损失，"一时钱庄中达到破产之域者亦为不少"。[③] 在这之后，烟台流通的日钞基本只在日侨中使用，其功能与其说作为一般流通货币用于市场流通，不如说是主要用于异地汇兑，或者作为日商之间结算支付的手段。因此日钞的市场流通额极不稳定，多时 50 万元，少时三四万元。当时日本银行钞票约占日币流通额的八成，正金银行钞票约占二成，而朝鲜银行的钞票因发行时间短，仅在少部分日人中间使用。[④]

日本银行、朝鲜银行和正金银行都曾在山东发行过金票。1917 年 10

---

① 青岛市史志办公室编：《青岛市志·金融志》，1999，第 86 页。

② 中国人民银行金融研究所编：《资本主义国家在旧中国发行和流通的货币》，文物出版社1982 年版，第 33 页。

③ 骆达：《烟台贸易年报》，《农商公报》第 5 卷第 7 册，1919 年 2 月 15 日第 55 期。

④ 〔日〕外务省通商局：《在芝罘日本领事馆管内状况》，1921 年版，第 65—66 页。

月，朝鲜银行在青岛设立支店（分行），日本当局的金库业务也随之由正金银行改为朝鲜银行代理，钞票发行权移归朝鲜银行，正金银行专营存放款和汇兑业务。朝鲜银行先后在青岛发行过 1 元、5 元、10 元、100 元及 10 钱、20 钱、50 钱七种面额的金票①，因票面印有伊藤博文头像，俗称"老头票"。同时发行的还有银辅币及铜辅币。金票初发时与银圆的比价为 1 : 1.25，在青岛及胶济路沿线与正金银钞并行流通，流通额在 100 万—200 万元之间。大约到 1918 年末，正金银行由于大连支店停业，终止发行金票，日本银行钞票也日趋减少，只有朝鲜银行金券流通额显著增加。

1915 年 2 月，正金银行青岛营业所恢复营业不久，即获准在青岛发行"青岛通用银圆券"和银两钞票。银圆券以日本旧银圆为本位，与中国通行银圆等价，分 1 元、5 元、10 元、50 元、100 元五种主币，以及 10 钱、20 钱、50 钱三种辅币券；银两钞票则分 1 两、5 两、10 两三种。当年 5 月银圆券发行额达 200 万元。1919 年 9 月，济南分店也获准在济发行 1 元、5 元和 10 元三种面值的"济南通用银圆券"。②

自 1915 年起，日本占领当局便不许日本银行以外的银行（包括北洋政府官办中国银行）在青岛发行钞票，青岛市面上的"标准货币，系日本银圆"。市面上的普通交易及铁路票款、地租等的收纳，均以此为本位。正金银钞虽以银圆为本位，但不能兑现，仅在同上海汇兑时与上海"规元"作价，直到 1922 年 8 月，才被迫接受兑换要求。正金银行钞票因"属无限制法定货币，在市面流通者，其数颇多"。这些银圆纸币不仅在青岛地区广泛流通，而且"在山东铁道沿途西至济南府，均可通行"。③

由于日本当局采取各种措施强制推行日本钞票，排挤其他货币，使正金、朝鲜等银行的发钞额随着日本工商企业的发展而持续增长。1915 年年末日本银圆钞票发行额为 140 万元，1916 年突破 300 万元，1917 年超过 700 万元，1918 年 9 月末最高额达到 873 万元，成为青岛地区的主要流

---

① 王正廷：《青岛》，1922 年版，金融；按叶春墀所说，正金银行发行的金票中还有 20 元面额一种（见氏著《青岛概要》，1922 年版，第 58 页）。

② 叶春墀：《青岛概要》，1922 年版，第 58 页；傅文玲编：《日本横滨正金银行在华活动史料》，1992 年版，第 46—49 页。

③ 青岛市档案馆编：《帝国主义与胶海关》，1986 年版，第 259 页。

通货币。1919 年在"五四"运动的影响下，山东各地抵制日货和日币，银圆票的流通额减为 310 万元，1921 年在青岛的流通量又恢复到 423 万元。终日本占领青岛时期，正金银行当时发行的钞票达 2800 万日元，由青岛一直流通到胶济路沿线。①

这一时期，青岛流通的银圆（现洋）一开始就与正金银票每日有兑换行市，后来中国、交通、山东等中资银行发行的银圆钞票（大洋兑换券）与正金银票也有兑换行市。为了扩大日元钞票的发行和流通，日本殖民当局采取了强制和优惠相结合的手段，一方面为强制推行使用日钞，日本当局规定凡向官厅、税局缴纳税款或购买铁路客货票，一律使用日元钞票；另一方面规定如以日钞缴款，在折合原定银价时给予优惠，即可获 3% 的折扣，以诱使中国商民使用日钞。日钞兑换银圆的优惠行市由日军司令部每日公布，即所谓"军定行市"。通常军定行市较市面行市约低 2 分，假如市面行市 1.10 日金兑 1 银圆，军定行市则为日金 1.08 兑 1 银圆。一些商民为图折扣、少缴款，大多以日钞交纳税款。日本当局采取的上述措施，扩大了日币在青岛金融市场的流通，结果造成"市面以日币为主体，中国货币对于内地流通之必要上，备一格而已"的局面。②

由于日本当局在青岛推行使用日钞，日钞的兑换量大幅度增加，经营兑换业的钱庄随之活跃起来，市面上大小钱庄林立，街头钱摊亦是星罗棋布。③ 1920 年日本当局成立了青岛取引所（即交易所），并在所内设立钱钞部，专门经营日金交易，于是日金又成为交易市场投机牟利对象。随着众多华商日商的加入，交易所"现市、期市均呈活跃，每日成交在数百万以至千万，此为钱庄业鼎盛时代"。日商经营活动范围的扩大，对日钞的流通也起到了推波助澜的作用。1920 年前后，日人在济南商埠"设立钱店、钱桌多处，并雇华人多名，分赴临清、武定等处，及胶济路附近，收买现洋，凡胶济路乘车运货者，必用日币，一面将正金钞价跌落，使华

---

① 青岛档案馆存正金银行卷，1936 年，见中国人民银行青岛分行《青岛金融志》编纂办公室编：《青岛金融史料选编》上卷第 1 册，第 165 页。

② 叶春墀：《青岛概要》，1922 年版，第 58—59 页；中国人民银行总行金融研究所编《近代中国金融市场》，中国金融出版社，第 303 页。

③ 青岛商会档案，1936 年 1 月，见中国人民银行青岛市分行《青岛金融志》编纂办公室编：《青岛金融史料选编》上卷第 2 册，1991 年版，第 821 页。

人以现金易日钞，转售旅客，从中渔利"。①

1915—1922 年，横滨正金银行在青岛发行的各种兑换券总额达 4086 万元，该行的兑换券随着日本的经济扩张，由青岛流向胶济铁路沿线地区。当时青岛地区主要流通货币，是横滨正金银行发行的银圆钞票和日本银行、朝鲜银行发行的金元钞票，"银圆纸币均在铁路沿线内地城镇、农村及济南等处广泛流通"。1921 年底银圆钞票在青岛地区的流通量为 420 万余元。迄 1922 年秋，正金银行发行的银圆钞票在青岛及铁路沿线的流通额约达 1000 万元，占当地钞票流通额首位。② 正金银圆券在青岛占有标准通货的地位，交易所交割、大宗交易的清算、均用其来进行。该行发行的钞票采用等额准备金制（1919 年 3 月，正金银行的存款余额已达 800 余万元），因而应对风险的能力较强。同一时期，日本银行和朝鲜银行发行的金圆券流通额各约三四十万元。日本金圆券使用范围小于银圆券，只是在日本殖民政府部门、侨民和进行店头交易的日本人之间使用。③

（2）存贷款业务。存贷款业务一向是日资银行最基本的业务之一，存贷款业务规模反映了银行的资金实力，同时也代表着资本和企业经营活动的整体水平。据当时日本官方和私人团体有关工商调查显示，日本各工商企业几乎无不在日资银行开设账户，日常经营活动中的资金周转、借贷、汇兑基本依靠日资银行来完成。

就存款业务而言，日资银行存款的主要来源为日本工商企业和日侨，但同时也有部分来自中国上层社会。随着日本工商业在青岛的发展，日资金融机构拥有的存款也逐年上升。据日本青岛军政署《山东研究资料》所列 1919 年 3 月青岛各银行存款概数，如将日金、银两折算为银圆，分别为正金银行 530 万元、朝鲜银行 200 万元、龙口银行接近 40 万元，三家日资银行共 770 万元；中资中国银行 60 余万元，山东商业银行 100 万元，东莱银行 300 万元，共 460 万元；另外汇丰银行不到 20 万元。在存款总额 1245 万中，日资银行占 61.8%，中资银行只占 37.1%。④ 1919

① 张一志：《山东问题汇刊》上卷，1921 年版，第 287 页。

② 青岛市档案馆：《帝国主义与胶海关》，1986 年版，第 162、202 页。

③ 〔日〕通商局第二课：《海外经济调查报告书》（其一）《支那金融事情》1923 年版，第 82 页。

④ 山东省地方史志编纂委员会编：《山东省志·金融志》，1996 年版，第 412—413 页。

年年末，日本银行的日元存款占到中外各银行日元存款的 96%，银圆存款占到 68.5%。

日本金融资本与工商资本从来就是彼此支持相互为用的。为了帮助日本企业在山东和华北地区收买农副产品、运销商品，银行通过贷款、透支、贴现、押汇等方式，扶持日本公司企业开展业务。不仅三洋、三菱、铃木、伊藤忠等大洋行以正金银行为奥援，即使买卖土洋杂货的专业洋行也不时从该行贷款。1919 年 3 月，青岛各银行的放款余额约为 1200 万元，其中正金、朝鲜、龙口 3 家日资银行约 857 万元，占 71.4%；中国银行、山东银行、东莱银行 3 家华资银行约 315 万元，占 26.3%；英商汇丰银行约 28 万元，占 2.3%[1]。同年末日资银行贷款余额达 995.8 万日元，507.7 万银圆（见表 3—22）。1922 年 12 月中国收回青岛以后，日资银行在放款中仍占很大份额。

表 3—22　　　　　　　　　1919 年日资银行经营业务概况表

日资银行	存款		贷款		汇兑	
	日元	银圆	日元	银圆	日元	银圆
正金银行 青岛支行	3819039	5848463	1445724	2918549		105906978
朝鲜银行 青岛支行	2982845	1540962	6122492	1399221	54932079	1575310
青岛银行	911295	27141	978240	1700		
日升银行	73964	352	129212	157		
正金银行 济南支行	51011	262319	10032	290473	17788666	
朝鲜银行 济南支行	170308	85709	162232	120500	3190655	1452016
龙口银行	558036	116658	1109934	346378	1936988	
合计	8566498	7881604	9957866	5076978		

资料来源：〔日〕青岛守备军司令部：《青岛守备军第五統計年报》，1921 年版，第 198—202 页。

---

[1]　山东省史志编纂委员会编：《山东金融志》，第 472—473 页。

除商业贷款外，作为带有政策银行性质的横滨正金、朝鲜等日资银行还执行着某些"政府使命"的贷款，由日资银行支持的山东实业借款即属此类贷款。在日本金融机构的支持下，1917、1918 两年，中日实业公司对山东省政府贷款 350 万日元，作为山东省实业调查资金，这笔贷款是兴业、台湾，朝鲜三家银行的资金。借款指定以税金和山东省库券 200 万元作担保。1919 年 4 月，山东地方政府与日方签订延期合同，将借款延期一年，并规定日后如进行调查及兴办实业，必须先与该公司磋商办理。①

商品中的大宗贸易，主要以商品的输出输入为主，这一类营业的中外汇兑，中资银行虽可代办，但是中资银行在海外并没有设立机构，对外汇兑业务仍须转请外国银行代办。同样，因无独立对日汇兑机构，凡与日本的直接汇兑业务悉由日本银行揽去，中资银行和银号的汇兑业务不过是国内华商之间的流通往来。

总之，日资银行业的扩张是全方位的，这种扩张后面既有日本殖民当局的支持，同时又与日本侨民社会、日资工商业、航运业有着盘根错节的关系，对此曾有调查者做过如下评述：

> 正金、朝鲜等先后成立，乃操纵鲁省之进出口贸易，复以钞票流通市面，利用胶平银之虚本位筹码，以收利益。当时华商银行如中国、东莱等，势力尚不十分雄厚，市面流用正金钞票，日人复乘机创立各大工厂，如纺织厂、榨油厂、火柴厂、面粉厂等等，青市工业机关，十之七八为日人所经营，交通亦复如是，除胶济路被其管理外，海上交通以日本邮船，大阪商船，山下、原田及大连株式会社各轮船公司为主要机关，保险则为三菱保险公司执其牛耳。工商保险交通打成一片，而以金融为中心，青市经济活动完全在正金、朝鲜两银行范围之内。②

---

① 樋口弘：《日本对华投资》，1959 年版，第 161 页。1934 年，该借款在国民政府的承认下，山东省地方政府与日方成立了清理协定。

② 实业部国际贸易局：《中国实业志（山东省）》，1934 年版，（癸）第 22—23 页。

综合上述，日资银行的经营活动特点可以归纳为以下几点：

第一，日资银行的经营活动基本以青岛、济南两城市为中心，在这样的通商港口或开埠城市日本或享有充分的治外法权，或有很多日侨聚居该地经营各种工商业。金融活动围绕着正金、朝鲜两家大银行的经营来展开，经营活动区域集中于所在城市和铁路沿线城镇，并不能以山东全省为对象进行活动，因而具有某种地方银行性质。

第二，正金、朝鲜等大的日资银行，其经营活动基本以日本大公司、商行和工业企业为对象，为这些企业提供资金借贷和汇兑服务；而日资中小银行和非银行金融机构通常则以普通日侨或小商家为对象，经营小额存贷款业务，两类金融机构构成了一个较完整的金融网络。这个网络具有相当程度的封闭性和独立性，所办理的存款、放款、汇兑等业务，大部分都是以日侨或日资企业为对象，对其活动给以金融支持。尤其中小日资银行，既很少与当地华商打交道，也很少同日本国内大银行发生资本上的关系，几乎完全依靠所在地的日人资本来经营。

第三，尽管日商银行尤其中小日资银行很少与华商的经营活动发生联系，更是很少与华商工业企业打交道。但是，日商在内地从事农副产品的购销业务，因日本银行在内地没有分支机构和业务联系，在金融上，又往往不得不借助华商金融机构的资金融通，这就使华商金融机构如银号、钱庄等与日商银行发生频繁的业务关系。在对日贸易上，尽管日本贸易商与日本国内的贸易结算完全由在日资银行进行，但是，涉及经中国口岸转的贸易业务，仍不免要通过上海的华商金融机构来进行。

3. 竞争条件下华商银行的发展

第一次世界大战期间，是中国传统金融业转型时期，传统的钱庄银号在国内政治经济动荡的环境下，经营陷入困境，大量停歇倒闭。辛亥革命前烟台钱庄业有 50 余家，到 1918 年维持经营的不足原先的半数。青岛原有钱庄数十家，日德交战时曾全部闭歇，直到战后才逐渐恢复。清末，济南有钱庄 117 家，经过辛亥革命和"二次革命"后减至 105 家。尽管如此，有实力的钱庄仍然在华商当中拥有相当的信誉和影响。如青岛复诚号有资本 150 万元，烟台钱庄谦益丰资本 100 万两，顺泰号资本 150 万两，济南瑞生祥资本七八十万元。这些钱庄不仅在外埠设有分号，而且还兼营棉纱、棉布、杂货及土产贸易。① 钱庄在动荡中虽然受到沉重损失，但在华商中仍有很高的信誉，与华商有着千丝万缕的联系，外资银行很难扯断这种联系，更无法对其加以控制。

长期以来有一种流行的看法或误解，即认为在日占青岛时期，因中资银行的成立与发展受自身和外部条件的种种限制，以致华商金融业完全被日本银行所控制，但实际情况与这种认识还是有相当差距的。

这一时期，民族金融业获得了相当的发展，一些由旧钱庄蜕变而成的银号开始兴起，在官办银行之外出现了一批商办银行。当时在青岛开设的中资银行有8家之多，除中国、山东、交通等官办银行外，还有山左、东莱等商办银行。山左银行由华商集资60万元设立，出资人大部分为青岛华商，其中有著名商人傅炳昭、刘鸣卿、袁述之等，华商在该行的存款达80万元，而该行贷款也达100万元，对当地华商的商贸经营活动形成有力支持。同一时期，济南的中资银行也获得了相当的发展，资本实力逐年增长，在华商经营活动中起着重要的作用。到1922年，济南华商银行已有16家，其中总行8家，分行8家，2家成立于清末，6家成立于1913—1918年，8家成立于1919—1922年，这一分布反映了第一次世界大战后华商银行扩展加快的趋势。16家银行的资本总额约1000万元。另外，还有28家银号，计有资本100余万元。② 各家银行的资本与经营情况见表3—23。

表 3—23　　　　　　　济南中资银行资本与经营情况一览表　　　　单位：万元

银行	成立年份	注册资本	实际投入①	实际投入②	存款	贷款	发钞
山东银行	1912	500	200	141.1	100	150	100
山东工商银行	1918	200	100	63.9	20	60	50
济南通惠银行	1917	60	30	33	10	50	30
当业银行	1920	30	10	10	—	20	10
泰东银行	1917	40	10	10	—	—	10

① 〔日〕東亞實進社：支那研究叢書第8卷，《支那の金融》，1918年10月版，第126页。
② 〔日〕通商局第二課：《支那金融事情》，1923年版，第446—465页。

续表

银行	成立年份	注册资本	实际投入①	实际投入②	存款	贷款	发钞
丰大储蓄银行	1920	50	12.5	50	30		
道生银行	1922	50	25	15	不明		
齐鲁银行	1916	50	25	30	—		
中国银行	1912		200	200	100	200	150
交通银行	1909		100	150	50	50	50
中国实业银行	1921	600	60	60	不明	不明	30
东莱银行	1918	200	50	50	50	50	
大陆银行	1920	300	50	50		30	
边业银行	1921	125	30	30	不明	50	20
上海储蓄银行	1918		50	10	—	20	
中华懋业银行	1920		50	50	40	不明	

资料来源：①《濟南に於ける支那金融業者一覽表》，见《濟南實業協會月報》，1923 年 10 月第 46 期；②〔日〕通商局第二課：《支那金融事情》，1923 年版，第 446—465 页。

　　就总体水平而言，虽然华商银行资本充足率和存贷款业务弱于日资银行，但是在济南等内地城市和华商经营的商业贸易领域，中资银行与华商的业务关系密切，这就使其在华商中的金融业务量占据绝对优势，并能够以此为基础与日资银行开展竞争。在与日资银行竞争的条件下，中资银行的存款业务仍然有所发展。山东银行的定期存款和活期存款，1915 年分别为 35.9 万元和 130 万元，1918 年分别增至 61.6 万元和 379.8 万元。济南通惠银行 1918 年这两种存款分别为 19.6 万元和 22.8 万元。中资银行的发展，为华商贸易和兴办近代工业提供了资金上的支持。

　　面对日资银行对华商银行发展空间的不断挤压，华商银行也不断扩大业务来为自身发展拓展空间，与日资银行展开竞争。在第一次世界大战期间，华商银行利用列强放松控制的有利时机，放款业务取得了较快发展。1918 年，山东银行放款达 487.8 万元，东莱银行放款达 144.4 万元，山东工商银行放款达 74.1 万元，通惠银行放款将近 60 万元。济南的华商银行中有一多半从事土产贸易的资金贷放业务，单是山东、工商、通惠三家银行的信用、担保、短期、临时等各类贷款就已超过 1000 万元。

日本占领青岛期间，尽管日本货币"乃市面上最流通之纸币也，各种交易均可用之"，但是，中国货币在华人中仍广泛使用。"华人视华币为最重，盖西洋币只流通于通商大埠中，日币仅盛行于日人之范围内，均不如华币之通行于中国各处也，华币遂因之抬高，恒昂日币五六分"。① 所以当时海关报告曾说："市上流行之现币，概系中国银圆，行市较高，兑换均须贴水。"②

当时青岛几家按近代银行制度组织营业的中资银行，曾发行 1 元、5元、10 元、50 元、100 元的纸币以及 1 角、2 角、5 角的辅币，但是由于日本银行和其他外国银行的货币发行，严重地影响了中国本国银行的货币发行，这些纸币在内地的流通量很少。1923 年，商办山东银行发行的纸币仅有银圆钞票 50.25 万元，铜元票 261516 千（折合银圆 68820 元），合计发行银圆 571320 元。③ 中国银行在青岛的发行额约为六七十万元（按华商银行统计为 100 万元），交通银行的发行额约为二三十万元（按华商银行统计为 50 万元）。④ 1922 年中国政府收回青岛后，日本银圆纸币方由横滨正金银行收回。在摆脱外币压力的情况下，中国银行、交通银行发行的纸币才开始逐步在市场得以流通。

民国初期，济南中资银行业为扩大经营，大多发行纸币，以代替现金参与流通。最早发行纸币的中资银行有中国、中国实业、交通三家银行，1917—1919 年，交通银行在济南发行钞票 117.3 万元。其后，交通银行的钞票逐渐在全省流通，1920—1923 年该行在山东的钞票发行流通额累计约 724 万元。⑤ 1920 年代初，济南计有发钞银行 9 家及 1 家中外合资银行，按当时日本人的调查估计，中资银行的发钞额约三四百万元，准备金约为发钞额的 1/3—1/2。其中有统计数的山东、工商、交通、中国实业、

---

① 邓平生：《青岛之面面观》，《东方杂志》第 17 卷 18 号，1920 年 9 月。

② 青岛市档案馆：《帝国主义与胶海关》，1986 年版，第 320 页。

③ 山东省史志编纂委员会：《山东省志·金融志》，1996 年版，第 550 页。

④ 〔日〕通商局第二課：《支那金融事情》，1923 年版，第 81 页。

⑤ 中国第二历史档案馆档案，398—629，交通银行：《鲁行业务概要》，参见《济南金融志》编纂委员会编：《济南金融志》，1989 年版，第 67 页。

通惠、当业 6 家银行的发钞额为 225 万元，流通额约 110 万元。

就银行赢利水平而言，尽管在 20 年代最初几年，多数华商银行经营遇到了困难，但是几家资本较充实、业务范围较广的华商银行，其经营管理和赢利水平并不亚于日资银行，甚至在若干年份还优于日资银行。以设于济南的山东银行为例，1920 年度赢利 26 万元，1921 年度赢利 30 万元；另一家商办银行——青岛东莱银行，除 1922 年度营业因交易所风波遭受损失外，其余各年的赢利一直呈逐年增长之势，1920 年度赢利 36 万元，1921 年度赢利 48 万余元（见表 3—24），1923 年度赢利 60 万元。[①]

表 3—24　　　　　　　　1921 年度济南中资银行赢利统计

银行名称	总行地址	实际资本（万元）	年度赢利（元）	资本赢利率（%）
中国银行	济南	200	97270	4.86
东莱银行	青岛	300	482841	16.1
山东银行	济南	141.1	301168	21.34
山东工商银行	济南	63.9	100084	15.65
惠通银行	济南	36.7	76678	22.78

资料来源：〔日〕通商局第二課：《支那金融事情》，1923 年版，支那银行营业一览表。

五　日商对胶州湾盐业的投资经营

1. 盐田开发

胶州湾水浅潮低，岸线曲折、滩涂广袤，具有盐业生产得天独厚的有利条件。胶州湾盐业生产始于 1900 年。1904 年，盐商王朝麟经德胶澳总督署批准，在胶州湾择地开筑盐滩，采用晒盐法制盐。此后，盐商盐户纷纷效法，盐滩晒盐日盛一日，盐田逐年扩大。1908—1910 年间，胶州湾共有盐滩 254 处，晒盐斗子 961 付（1 付斗子占地约 32.2 亩，合日亩 2

---

① 〔日〕通商局第二課：《支那金融事情》，1923 年版，第 431 页、第 448 页。

町步）。丰年产量 150 万担，歉年产量约为 90 万担，平均年产约 120 万担。①

德占胶澳时期，清政府的引盐、票盐制度不再能在胶澳地区行使。1909 年，德国殖民当局颁布盐田规则，开始对出口盐征收出口税。按其制盐章程规定，制盐者须将盐滩地址及斗子数目向德巡捕局注册，由巡捕局发给执照，每付斗子年收税 4 元；按其销盐章程规定，凡运盐出口，每担盐须缴纳码头税 3 分，并纳存栈及装船费 3 分。此时经营盐田者均为当地盐商盐户，德国除征收滩税和盐税外，并未直接参与盐田开发和经营。

根据清政府与德国当局签订的《胶澳盐滩合同》，胶澳地区所产盐只能在本地销售。当时该地区每年盐的消费量仅为 20 万担，这一销量远不能消纳盐场产量，结果造成盐大量积压，限制了地区盐业的进一步发展。内地不能运销，胶澳盐只能从国外寻找出路。德占末期，青岛盐开始输出香港、海参崴和朝鲜。青盐最大的出口市场是香港，出口商为本地华商。1912 年，日商葛城猪之助从青岛购盐 8 万担运往朝鲜，为青盐出口朝鲜之始。② 但是，青盐的出口并不能完全消纳胶澳盐场的生产量，结果盐场的盐往往积压贮放数年不能售出，以致出现盐田荒废、生产萎缩的状况。当时盐业面临的问题是如何扩大销售范围和输出规模，以缓解生产过剩。当日本占领青岛之初，胶州湾盐田规模已比原先缩小，总面积为 855.3 付斗子，年产量约 90 万担。③

1914 年底日本取代德国统治青岛后，在沿袭德人盐税征收的同时，从政策和措施上鼓励支持日商组织盐业公司，开辟胶澳盐滩，将青岛盐场作为向日本输出原盐的基地。

胶州湾盐田因采用晒盐法生产，故成本低廉。日本国内因天气多雨，空气潮湿，制盐只能用煎熬法，每百斤生产费用 1.5—2 日元，比胶州湾生产费用高 10 倍以上。另按当时日本人的说法，日本国内每百斤盐的生产成本是日金 3 元左右，而胶州湾每百斤盐的生产成本仅 0.15 元。④ 日

---

① 〔日〕滿鐵庶務部調查課：《青島監と關東州監の今後》，1926 年版，第 6 页。

② 景本白：《胶州湾盐业调查录》，北京：盐政杂志社 1922 年版，第 1—2 页。

③ 〔日〕山東研究會：《山東の研究》，1916 年 4 月版，第 131 页。

④ 张一志：《山东问题汇刊》上卷，1921 年版，第 265 页；岸元吉：《青島及山東見物》，1922 年版，第 79—80 页。

本虽为一岛国，却缺乏适宜制盐的海岸条件，国内生产的盐尚不敷民食之需，因此大量工业用盐需从国外输入。第一次世界大战前，日本国内正常年景盐产量约 10 亿斤，而盐年消耗量为 12 亿斤。大战期间，日本盐化工业的发展使工业用盐量骤增，盐的需要量由 12 亿斤增至 16 亿斤，求过于供的矛盾益加突出。为了补充对国内盐的供应，必须每年从国外进口大量原盐。战时日本国内盐价高涨，这不仅刺激了日本商人从中国输入大量盐，而且极力谋求投资于中国盐业。由于胶澳晒盐成本低廉，加上日本当局推行在青岛扩张盐业的政策，鼓励日商在胶州湾开辟盐滩，故吸引了众多的日本工商业者投资于青岛盐业，以谋取比投资其他行业更为丰厚的利润。

1914 年日本占领青岛之初，垄断东北盐业经营的大日本盐业会社就奉关东州总督的命令，开始对胶州湾盐田进行调查。日军占领青岛后，对胶州湾盐田"乃以大规模经营之，盖日本需盐，群视为利薮"。日本当局为了将青岛盐田纳入其控制之下，"采积极促进之手段"，扶植日商投资开设盐场。1916 年，日本人成立青岛盐业株式会社、东洋盐业株式会社等制盐企业，在原先荒废的旧盐田上着手开设新盐田。1917 年，日人在胶州湾开设了 8 付盐田斗子，第二年又增辟新盐田 43.2 付斗子。[1] 1918 年日本国内盐田遭受风暴灾害，年产量由正常年景的 10 亿斤下降为 6.8 亿斤，致使国内出现盐荒。与此同时，日本工业用盐量激增，从原来的 10 亿斤增至 17 亿斤，盐的进口随之大幅增加，当年从胶州湾输入盐 3.7 亿斤，从其他国家进口 1 亿斤。在这种情况下，日本殖民当局对日商在胶州湾开设经营盐田，采取了更加积极的鼓励扶植政策。

1918 年 10 月 7 日，日本青岛守备军司令部制定《青岛盐业管理规则》，按盐业规则，开发盐田须得到日军司令官的许可。由于日本当局采取滥发盐田许可证的做法，日商很容易就能获得许可证。结果"凡可制盐之地，莫不交日商领办，而华人旧有之盐田则设法收买之，致华人所有者日减，而日人日增，迄于交还之前，盖已全部分配净尽"。[2] 通过盐业

---

[1]　按白眉初的说法，1917 年日商有 60 付斗子，华人有 790 付斗子，到 1920 年日商斗子数增至 994 付，年产盐量达 99410 吨（白眉初：《中华民国省区全志·山东省志》，1925 年版，第 62 页）。

[2]　白眉初：《中华民国省区全志·山东省志》，1925 年版，第 61—62 页。

规则和各种扶植政策，日商使用盐田的成本非常低，使用一副盐田斗子每年只需交4银圆。在日本当局盐业开发政策的鼓励支持下，1918年下半年后，日本商人纷纷到青岛投资于盐田开发经营及开办精盐工厂，于是，大规模的日商盐田开始在胶州湾出现。

1919年后，日本人经营的盐田开始大量增加，成片成片的日资盐田出现在胶州湾沿海一带。1919—1921年三年之中，日本人新辟的盐田分别为242付、694付、395付。相比之下，华商盐田则发展缓慢，新增盐田数明显落后于日本人。"且华人产业中，有许多已为日人收买，而名义仅存，故日商产业尚不止此数"。据1921年3月日方统计，日本对盐田的资本投入达167.9万元。① 日本企业及商人开设盐田情况见表3—25。

表3—25　　　　　　日本企业、商人开设盐田一览表　　　　单位：付，通

经营者	斗子数①	斗子数②	经营者	斗子数①	斗子数②
东洋盐业株式会社	391.1	357.2	坂本鉴四郎	28.1	28.1
大日本盐业株式会社	214.1	214.1	北支那盐业公司	22.1	
青岛盐业株式会社	200.2	164.0	谷本嘉城	10	10.0
中华盐业株式会社	189	153.1	马场清止	4.2	4.2
中日盐业株式会社	114.2	114.2	胶州盐业公司	32.3	32.2
兴亚起业株式会社	55	55.1	合资会社中和公司	28.3	
东海曹达株式会社	64.0	64.0	平田盐业合资会社	32.3	32.3
株式会社青岛洋行	65.1	65.1	大兴公司渡边阳吉	18.2	22.1
化学盐业株式会社	53.1		中岛勇一	6.0	6.0
日华盐业株式会社	56.0	56.0	合计	1587	1380.1

资料来源：①满铁庶务部调查课：《青岛監と關東鹽の今後》，1926年版，第21—22页；②景本白：《胶州湾盐业调查录》，北京：盐政杂志社1922年版，第40—42页。按：小数点后单位为通，4通为1付斗子。

此时，日本人经营的盐田面积已超过中国盐商的经营面积。1919年华人盐田所占比例为78%，日人为22%，而到1921年华人盐田比例下降

---

① 白眉初：《中华民国省区全志·山东省志》，1925年版，第62页。

至 44%，日人则上升至 56%（见表 3—26）。① 此外，日本人尚有未竣工的盐滩斗子 1342 付。

表 3—26　　　　　　　　青岛中日盐田斗子及产量比较

年份	中国盐商斗子（付）	盐产量（吨）	日本盐商斗子（付）	盐产量（吨）
1917	700.3	55440	8.0	420
1918	867.3	92020	43.2	2600
1919	982.0	173440	286.1	43360
1920	1057.2	128892	980.1	99420
1921	1071.2	77381	1375.1	36110
1922	1092.3		1384.3	
1923	1092		1587.3	

资料来源：白眉初：《鲁豫晋三省志·山东省》，1925 年版，第 252 页；满鐵庶務部調查課：《青島鹽と關東州鹽の今後》，1926 年版，第 20—21 页。个别数字做了订正。

自 1917 年后，到青岛从事盐田开发的日人每年都在增加。1920 年，日本盐田经营者共有 29 人，中国经营者 498 人，盐工 3212 人。② 当时从日本到中国的盐田开发者和从事盐业者，究竟是怎样一些人？关于他们，曾在青岛有过盐田开发经历的日本人田中国隆在其回忆录中这样讲述：

> 盐业公司如雨后春笋般出现。……但除大日本盐业之外，其他公司有关于盐业经验者甚少，资金也不太充足，刚刚创立即陷于困境者有之，不得不对前途担心者也有之。③

---

① 因每副斗子的实际面积存在很大差异，中日盐田面积差距实际要小于按斗子计算数，如按实际面积折算，日商盐田面积为 3233 町，华商盐田面积为 2976 町，相差 257 町，约合标准斗子 130 付。

② 木村三郎：《青岛盐》，大阪：访问杂志社 1921 年版，第 115 页。

③ 渡边淳：《山东问题与青岛盐业》，《城市史研究》第 21 辑，天津人民出版社 2002 年版，第 111 页。

很显然，有相当一批到青岛经营盐田开发的日商是抱着投机或便于经营其他业务的目的，并未对盐田的开发与生产投入必要的资金。青岛日本民政署规定，凡经营盐田 50 付斗子以上者，方具有将青盐输入日本内地的资格，才能取得日本盐业专卖局颁发的输入许可证。由于从事盐业输出比经营盐田更有利可图，故日人为取得输出资格，极力参与盐田开发和扩大盐田面积，至于所筑盐田产量如何则并不重要，可谓醉翁之意在彼而不在此。①

当时国内有识之士对于日商的这种投资经营曾给予揭露和抨击，左树珍在《青岛盐田最后之献议》一文中就有如下评论：

> 溯自欧战发生，日人乘机收得青岛。彼国浪人习闻中国盐商擅专盐利，多以豪富著称，无不歆羡中国盐业，群赴青岛，侵占华民盐滩，以为莫大之利益，设立种种公司名目，招集股份，其最多额号称四百万元，或三百万元，最少者亦称数十万元，核其实际，大都以公司为名藉得骗取股本者居其多数。彼国资本家受其煽惑，并未实行经营盐田，则此种公司半属诈欺行为，即其盐田之开辟，要亦不过少数。②

到 1922 年中国收回前，尽管日商盐田的面积规模超过了华商，但是盐产量却明显少于华商。其中原因一是中国人开设的盐田大多是开发较早、产盐较多的"熟田"，日本人新开的盐田则处于熟田化的过渡时期。另外，中国盐田多为靠近于海岸的小规模盐田，开发成本相对较低，安全性较高；日本人开设的盐田与之相反，往往在离海岸较远的滩涂投资经营大面积盐田，这类盐田经营成本高，风险也相对较大。1921年，中国人一付盐田的造价仅需 500 元，而日本人的盐田则需要1300—1400 元。

日人盐田建筑费远高于华人，但因地势不良，工程欠佳，大部分为草

---

① 黄尊严：《1914—1922 年日本帝国主义对青岛盐的经营与掠夺研究》，《北方论丛》，1995 年第 4 期。

② 渡边淳：《山东问题与青岛盐业》，《城市史研究》第 21 辑，2002 年版，第 112 页。

率筑成，故已竣工的 1377 付斗子中，实际只有 800 余付斗子能产盐，且产量低的盐田占了绝大多数，产盐量也远不及华人盐田。中国人盐田每付斗子年产 3 万余担，日本人盐田每付年产只有 1.2 万担。[①] 1919 年为青岛盐田丰收之年，华人盐田平均每付斗子产量比日人盐田高 6.1%。1921年，因遇暴风雨和大涨潮盐田歉收，华人盐田比日人盐田则平均高产13.75% 左右，日人盐田等级之低由此可见一斑。而且，日人盐田因引水不易，运输不便，生产成本也较华人盐田高。

2. 日资精盐工厂

在竞相开辟胶澳盐滩的同时，日本工商资本还在青岛先后建立了 19所精盐加工企业（其中有 2 所未开工），这些企业生产包括再制盐、粉碎盐、洗涤盐及粉碎洗涤盐在内的各种精盐。

再制盐生产是把原盐先溶于水，然后将澄清后的盐水加热蒸发，制成精盐。1915 年 12 月，日商有长虎在青岛设立了第一家再制盐工厂，当时日产精盐仅 1 吨。第二年日商又开设一家再制盐工厂，产量与前厂相同。1917 年日商成立青岛盐业株式会社，开始兴建大型再制盐工厂。翌年 2月工厂投产，日产量达 1000 担，全年生产精盐 18.7 万担。此后，日商见再制盐有利可图，纷纷投资设厂，1920 年又增设再制盐工厂 5 家，1921年日资再制盐工厂总数达 12 家。

粉碎盐是把原盐置入粉碎机内压磨制成，主要用于鱼类盐藏。洗涤盐系将原盐经过洗涤机械，用饱和卤水把原盐中的杂物析出而制成，盐质更加纯净。粉碎盐及洗涤盐工厂，最先由中日盐业株式会社于 1920 年 2 月创设，到 1922 年已有 7 所。与此同时，日商青岛盐业株式会社还在小港工厂内投资 18.5 万元，设真空罐 3 台，拟采用先进的真空罐制盐法生产精盐，预计日产量可达 37 吨。[②] 在投资精盐工厂的同时，日商也开始涉足盐化工业。1918 年，山东盐化工业组合在沧口设立了一家小规模的苏打制造工厂。同期，青岛盐业株式会社在青岛南万盐田附近投资 10 余万

① 满铁庶务部稠查课：《青岛盐と关东盐の今后》，1926 年版，第 19—21 页；渡边淳：《山东问题与青岛盐业》，《城市史研究》第 21 辑，2002 年版，第 111 页。

② 景本白：《胶州湾盐业调查录》，1922 年版，第 43 页。

日元，用苦卤提取氯化钾、溴素、碳酸镁等化工产品。但工厂开工不久，因欧洲战事结束，市场对军用化工品的需求锐减，公司鉴于无获利希望，遂将工厂收束停业。①

　　1920 年日商共开设精盐工厂 16 家，年可生产精盐 150 万担，粉碎盐 200 万担。到 1922 年日商在青岛设立的精盐工厂已达 19 家，其中再制盐厂 12 家。1918 年日商工厂共生产再制盐 5150 担，1919 –1921 年，再制盐产量分别为 193380 担、231905 担、525800 担，另外 1920 年、1921 年分别生产精制盐 7020 担和 669600 担。② 见表 3—27。

表 3—27　　　　　　　　青岛日本精盐工厂一览表（1922 年）

经营者	分类	资本	许可年月	盐釜数	年产能力
有长虎	再制盐	1000 银圆	1915,12	1	9000
清水安藏	再制盐	5000 银圆	1916,10	2	6000
帝国盐业株式会社	再制盐	500000 日元	1919,9	32	226800
苟原兼助	再制盐	5000 日元	1919,9	4	16800
藤本末雄	再制盐	14000 日元	1920,8	8	20160
水口道造	再制盐	250000 日元	1920,7	20	184800
株式会社中村组	再制盐	150000 日元	1920,8	30	405000
高桥丑吉	再制盐	500000 日元	1920,11	10	100800
青岛盐业株式会社	再制盐	100000 日元	1920,12	20	240000
平田盐业株式会社	再制盐	130000 日元	1920,2	8	220762
渡边阳吉	再制盐	40000 日元	1921,5	20	100800
兴亚起业株式会社	再制盐	300000 银圆	1921,5	11	1653922
渡边阳吉	精盐煎熬	100000 日元	1920,6	20	252500
水口道造	精盐粉碎	250000 日元	1920,7	机械 4 台	800000
东洋盐业株式会社	粉碎洗涤	100000 银圆	1920,7	机械 2 台	300000
中日盐业株式会社	粉碎洗涤	500000 日元	1920,7	机械 4 台	126000
兴亚盐业株式会社	粉碎洗涤	300000 银圆	1920,2	机械 3 台	627600

---

　　①　〔日〕青岛守備軍民政部：《青岛之商工业》，1918 年版，第 166 页。

　　②　景本白：《胶州湾盐业调查录》，1922 年版，第 46 页。

续表

经营者	分类	资本	许可年月	盐釜数	年产能力
化学盐业株式会社	精盐洗涤	40000 银圆	1921,5	机械 3 台	202400
株式会社中村组	精盐洗涤	100000 银圆	1920,6	机械 3 组	1050000
总计	再制盐 12 精盐 7	846000 银圆 2539000 日元		盐釜 186 机械 19	6543344

资料出处：景本白：《胶州湾盐业调查录》，1922 年版，第 44—45 页；《青岛制盐厂之概况》，《银行月刊》第 2 卷，1922 年 8 月第 8 期，按：帝国盐业、中村组实际未投产。

3. 青岛盐的对日输出

德占时期，青岛盐已经由华商输出到香港、上海，或通过德国商人运销海参崴等地，但因销量有限，每年盐场仍有大量盐积压。为此，丁敬臣等人曾组织盐商发起成立盐务总会，谋划扩大胶澳盐的运销。1912 年由于朝鲜盐业歉收，侨居仁川的日商葛城猪之助、安藤哲三与德商订立 5000 吨的购买合同，开始从青岛向朝鲜输出原盐。此后，设于仁川的日本盐业会社、堀商会以及釜山日商小川佐一等人也相继经营青岛盐输出，1914 年，单是大仓组就自青岛输出盐 1 万吨。[①]

第一次世界大战期间，日本化学工业发展很快，1913 年共有大型制碱企业 16 家，年消耗原盐 3200 万斤，到 1919 年制碱企业增至 100 余家，原盐年消耗量也增至 1.5 亿斤，为战前的 4.7 倍。为了保护扶植本国化学工业，日本政府一改过去的原料盐专卖制度，开始实施允许企业自主输入原料盐的制度，制碱企业可以自行收购输入原料盐。工业原料盐必须是廉价的，具备这一条件的青岛盐自然成为主要的进口对象。日本国内化工企业自行输入青岛盐始于 1917 年，这一年旭硝子会社首先开始直接进口青岛盐。此后，青岛日资盐厂生产的精盐几乎全部运销日本内地。1918 年，日本制碱工业共消耗原盐近 1 亿斤，其中有 6449 万斤为青岛盐。[②] 1919 年，日本三家主要的制碱企业联合在青岛成立化学制盐公司，自行采购输

---

① 满铁庶务部调查课：《青岛盐と关东盐の今後》，1926 年版，第 104—105 页。
② 木村三郎：《青岛监》，1921 年版，第 15—17 页。

出青岛原盐，成为当地最大的原盐采购商。

为扩大青岛盐对日输出，日本当局规定青岛盐输往外省每担盐税 2.5 元，附加捐 1.5—1.8 元，而出口日本的盐每担只征税银 3 钱，远低于内销盐税。在这一税收政策影响下，1917 年后青岛盐主要销往日本，其次为朝鲜，再次为香港、海参崴。1918—1921 年对日输出量逐年增加，期间年输出盐 320 万—440 万担，其中大部分输往日本，原盐也由此成为青岛对外贸易的大宗出口商品。1917—1922 年，青岛输往日本的原盐总共近 13 亿斤，大致相当于同期原盐输出总量的 68.7%。青岛盐对日本、朝鲜历年输出情况参见表 3—28。

表 3—28　　　　　　　青岛盐输出统计（1917—1923 年）　　　　　单位：万斤

年份	输往日本	输往朝鲜	输往香港等地	合计
1917	6166.7	4924.2	1746.6	12837.5
1918	27373.0	9171.2	928.9	37473.1
1919	35021.3	8850.4	871.4	44743.1
1920	25382.9	4084.2	11240.8	40707.9
1921	19047.3	6859.8		25907.1
1922	16819.5	6832.8	3714.7	27367.0
1923	817.8	5163.2	9.0	5990.0

资料来源：滿鐵庶務部調查課：《青島鹽と關東鹽の今後》，1926 年版，第 107—108 页。

1919 年，输出日商有青岛盐业株式会社、东洋盐业株式会社、株式会社中村组、许斐友次郎、谷本嘉城、藤谷房助，华商为丁敬臣等。翌年，从事青岛盐交易的日商增至 50 余人，而华商人数大致也接近于此数。[1] 与此同时，从事精盐输出中介的日本中介商达 30 人，中介商的投机贸易，使交易量大大超过实际的输出量，一年间达 4 亿—5 亿公斤（50 万—60 万吨）。[2]

---

[1] 〔日〕青島守備軍司令部：《青島守備軍第五統計年報（大正八年度）》，1921 年 7 月版，第 124—125 页；木村三郎：《青島鹽》，1921 年版，第 93 页。

[2] 田中国隆：《山东盐业的沿革及其回忆》，1954 年版，第 6—7 页；转见渡边淳：《山东问题与青岛盐业》，《城市史研究》第 21 辑，天津人民出版社 2002 年版，第 113 页。

根据日本青岛民政署规定，从事青盐出口的商人必须要有日本盐业专卖局发给的许可证，并经营盐田 50 付斗子以上。这一规定为资本雄厚的大盐商控制青盐输出开了方便之门。在青岛从事盐业输出的日商有青岛盐业、东洋盐业、化学盐业、大日本盐业、中村组、平田盐业、中日盐业等株式会社以及渡边阳吉、葛城猪之助、江川繁一等盐商，总共 20 余家；华南仅有丁敬臣、万子玉、朱文彬、杨特轩等 4 家而已。"其输出之权，往日本者，全操于日人之手；输出朝鲜之盐，则中日人共操之；往香港、海参崴者，则归我国商人所掌握"。① 实际对朝鲜输出大部分也操于日商之手，华商仅能附于日人之后经营其中一小部分。由于青岛当地用盐与输往香港等处为数有限，"青岛盐业之生死荣枯，不得不视供给日、鲜之多寡以为准绳。于是，垄断操纵，一任日商所为"，而在其管辖之下的盐商、盐民只能是"敢怒而不敢言"。②

青岛盐由于盐价低，从事盐业输出的日商从中获得了丰厚的商业利润。据盐业专家估算，1917—1918 年间，青岛本埠原盐每吨售价 4 元左右，1919—1920 年间每吨售价 5—7 元不等，1921 年每吨售价 8 元左右，而运至日本内地可卖 15 元，除去青岛盐价、装运费及其他税金外，每吨可获纯利 2—3 元。精盐运至日本每吨可卖 30—33 元，可获纯利 6—7 元。③ 从事输日的盐商所获纯利之高，由此可见一斑。

六　对山东矿业的投资和经营

德占青岛时期，日本就曾对山东的矿产资源做过多次调查，并一直寻找投资机会。德国在山东开采的矿山共有三处，即淄川煤矿、坊子煤矿和金岭镇铁矿。依照 1911 年的划界，三矿面积共 1229 平方公里（近 200 万亩），矿区之大堪称国内各矿之冠。1914 年日本在占领胶济铁路的同时，将该三处矿山占为己有。此后不久东和等 6 家日资公司通过贷款方式，与华商订立包买合同，利用华商开采 8 个矿区。后来日本又在淄川矿区新开

---

① 青岛市政府社会局：《青岛市盐业》，1933 年版，第 2 页。
② 吴祖耀：《青盐志略》，1933 年版，第 6—7 页。
③ 《青岛盐田调查概略》，见《中外经济周刊》第 8 号，1923 年 4 月版，第 6 页。

十里庄、南旺两处煤矿。1919—1921 年，日本在山东共采煤 300 余万吨，获利 2000 余万元，开采铁矿获利 260 余万元。

这时期，淄川煤矿由日本当局直接经营，坊子、博山矿区则由日商采取几种不同的方式投资经营，这些方式包括租借包采（坊子煤矿）、委托经营（华坞煤矿）、包买煤炭（博山煤矿）、合办等，投资形式既有直接投资，又有间接投资，间接投资主要是介入民营小煤矿开采，以达到对其实际控制的目的。

1. 日商在坊子煤矿的租借包采

1902—1914 年，坊子煤矿由德国投资开采经营。期间德国曾在煤矿开凿坊子、安尼、敏那三口竖井，并开设洗煤、炼焦等工厂。受地质状况影响，德国经营的坊子煤矿累年亏损，到德占后期，矿区内的坊子、安尼、敏那等旧矿井实际已弃置不用。日军占领胶济铁路之时，坊子煤矿已停工半年之久，矿井内积水几乎淹至井口。由于煤矿恢复工程艰巨，加之煤矿可采储量不多，日本当局"鉴于前辙，不敢经营"，遂决定放弃开采，而将矿厂设备陆续转往淄川洪山煤矿，仅保留一处炼焦厂维持生产。

1917 年后，因国际市场对煤的需求增加，煤矿生产供不应求。于是"山东日商群起呈请日军当道开放坊子煤田"。[①] 由于矿区内的矿层结构只适宜于小规模经营，日本当局遂将矿区划为东、西、南、北、中央五个矿区，以"租借"的方式，交由日商投资开采。最初开采的只有东、西两矿，每日出煤约 400 吨左右。1918—1919 年，日商又陆续获得其他三个矿区的开采权。

西矿区距坊子西 5 华里，面积 330 余亩，由吉木周治、中山辰治郎合开的坊子炭矿株式会社经营。公司资本 300 万日元，实缴 75 万元，而后来实际资产价值达 97 万元。[②] 1917 年 6 月，公司由日守备军铁道部获得采煤许可，矿区面积 18.2 万坪。煤矿最初只有一口矿井。当时亦称丁家井煤矿公司。后来日商山田三平加入，增加了开采资本。1918 年 2 月，新开的 1、2、3、4 号矿井相继出煤。该矿机器设备在坊子各矿中是最完

---

① 山东省政府建设厅：《山东矿业报告》第 4 次，1934 年版，第 162 页。

② 白眉初：《中华民国省区全志·山东省志》，1925 年版，第 239—240 页。

备的，矿井内运煤轨道长达 22.3 万尺，设备日生产能力达 500 吨，实际日产煤 250—300 吨。煤矿土地、房屋、设备投资 40.2 万元，矿井坑道投资 49 万元。1920 年年末，矿上每天平均使用日本人 29 人，中国矿工 707 人，年度产煤 8.8 万吨，同年销售额 47 万元。在煤矿开采鼎盛期，吉木周治所获利润累计达十数万元。[①]

迄 1926 年 6 月，西矿区共出煤 57 万吨，获利 70 余万元（一说一百数十万元）。此后，煤矿因储量告罄而停工。吉木后来将矿区转租给日人经营的善芳公司，每年从承租收入中抽取 14% 的租金。善芳公司承租后，因资本不足，除自办外，又将部分矿区分租给华商张润堂开办的兴华公司。在兴华公司失败后，又与利合公司的葛善堂订立转租协议。1927 年，利合公司再次将矿权转租于中孚公司。这样，矿权在经过几次转手后，善芳公司和兴华公司、利合公司便都成了中间人，依靠原承租权的转租来获利，而最后拿到开采权的中孚公司则背上沉重负担。中孚公司每生产 100 车煤，吉木要从中抽 14 车，兴华抽 10 车，利和扣 9 车，中孚自己只得 67 车。结果两年后中孚公司便因赔累而停业。[②]

东矿区位于坊子车站南 2 华里处，矿区面积 2280 亩，由铃木友二郎、松波银之亟合组的日华兴业公司承办。公司总部设在济南，资本 50 万日元，实际投入 35 万日元。东矿区的开采始于 1917 年，这年 8 月铃木友二郎与铁道管理部矿山长阪口新圃签订卖矿协议，获得在东矿区的开采权。矿井投入生产后，年产约五六万吨。迄 1920 年末，会社投资额约 45 万元，当年上半年获利 11979 元。[③] 但在随后几年，煤矿在生产上问题迭出，经营入不敷出，累计亏损达 70 余万元（一说 50 余万元），最后不得不停办。松波病死后，公司尚负外债 16 万元，拖欠矿工工资 4 万余元。1925 年公司将煤矿设备转租于中国包工头伙开的东鲁公司，以租办的方式从事开采。东鲁公司除照章每吨向鲁大公司缴纳 2 角租赁费外，另从中

---

① 水野天英：《山东日支人信用秘録》，1926 年 11 月版，第 217、358—359 页；〔日〕青岛守備軍民政部鐵道部：《山东之物産》第 6 编，《礦産》，1922 年版，第 90—91 页。

② 民国《潍县志稿》卷 24，1941 年版，实业，第 21—22 页；山东省政府建设厅：《山东矿业报告》第 4 次，1934 年版，第 168 页；第 5 次，1935 年版，第 225 页。

③ 〔日〕青岛守備軍民政部：《山东之物産》第 6 编，《礦産》，1922 年版，第 96—99 页。

提取 10% 作为租金，为松波清理债务积欠。①

1922 年中国收回坊子煤矿之时，东矿区与西矿合计年产煤约 13 万吨。但是"因成本较重，利益甚微"，均处于负债经营，难以维持的状态。按收回时中方调查，两矿资产所剩不过 30 万元，而日商则言称耗资 200 余万元，这种对投资数额的夸大，目的是为了在交还矿权时向中方多索要补偿金。②

北矿区距坊子西北 1 华里。1919 年 6 月，东京商人藤波茂时从铁道部获得采矿许可，矿区面积最初定为 75 万坪，后来扩大到 300 万坪。藤波与铁道部订有卖炭契约，并曾一度与三菱会社矿山部合组公司，但未能成功。后来藤波与中山辰次郎合组"营利组合坊子北炭矿"，资本 13 万日元。组合于 1920—1921 年曾连续两年在矿区勘探试采，但迟至 1924 年 1 月才正式着手开采，投产后日产量达到 100 吨。③

坊子南矿区位于坊子南 16 华里处，在昌乐县界内，矿区面积 360 亩。1918 年日商河野广吉获得南矿区采掘许可，由日商高宅庆夫投资，着手恢复开采。但是由于矿井内积水严重，排水作业难以进行，最后只得再次停止开采。1924 年 7 月，高宅等人重新招募资本，添设大型排水设备，对矿井积水实施高强度排水，勉强使矿井恢复生产。

中央矿区在坊子西南 5 华里处，面积 330 余亩。矿区最早由日人渥美驹次郎租办，后改为与小川惣太郎、松波银之助、铃木友二郎、小岛文六、绪方功等人合伙经营。1919 年 6 月，渥美驹次郎等人从铁道部获得采掘许可，成立"营利组合坊子中央炭矿"，注册资本 30 万元，实际投入 20 万元。1920 年煤矿 1 号煤井出煤，1923 年 2 号井也开始出煤，次年开始铺设煤矿通坊子车站的轻便运煤铁轨。④ 1922—1926 年，煤矿累计亏损约 20 余万元，后改由日商金子秀太承租经营，但结果仍摆脱不了亏损

---

① 山东省政府建设厅：《山东矿业报告》第 4 次，1934 年版，第 164—165 页。

② 白眉初：《中华民国省区全志·山东省志》，1925 年版，第 240 页；督办鲁案善后事宜公署：《鲁案善后月报特刊（矿产）》，1922 年版，第 97—98 页。

③ 〔日〕青岛守备军民政部：《山东之物产》第 6 编，《矿产》，1922 年版，第 102 页；水野天英：《山東日支人信用秘録》，1926 年版，第 358 页。

④ 水野天英：《山東日支人信用秘録》，1926 年版，第 357—358 页。

局面。①

2. 日本对淄川煤矿的直接经营

淄川煤矿原为德国投资开采，截至 1914 年，德国累计在淄川煤矿投资 623.8 万马克。② 同年 9 月底 10 月初，德国人分两次陆续撤出煤矿，同时将煤矿机械设备拆卸带走，煤矿生产随之停顿。10 月 5 日，即德国人撤出后没几天，日本大仓组就派人到淄川，私自接管了煤矿，并雇用当地人看管煤矿。一周后日本独立步兵第一大队的"特遣队"才正式占领煤矿。11 月中旬，阪口新圃率领铁道联队到达矿场，开始了对淄川煤矿的接管经营。当时三号矿井已全部被水淹没，机器也完全损坏。为了满足铁路用煤的需要，日方一边修复机器，一边排水，翌年 1 月 26 日煤矿开始恢复采煤作业。当时日人在生产上基本沿袭德国人的做法，采用华工包工头制，全矿共有日本人 52 人，中国矿工 576 人，日出煤约 300—400 吨。③

日本当局对淄川煤矿的直接经营，虽也以获取利润为目的，但它更看重的是淄川煤矿所产煤的军用价值。日本占领淄川煤矿后不久，就先后把淄川煤送到满铁的中央试验所和海军水雷艇上进行分析试验。试验结果表明，淄川煤性能与当时日本海军所使用的英国煤不分上下。正是淄川煤矿的这一军事价值，日军铁道部在把坊子煤矿让与日本私人资本包工开采的同时，把淄川煤矿紧紧控制在自己的直接管理之下，集中财力、物力扩大淄川煤矿的开采。淄川煤矿起初归日军临时铁道联队管辖。1915 年 3 月，青岛守备军宣布将所控制的铁路、矿山转归山东铁道管理部，淄川煤矿也随之改由该部矿山课管辖，由阪口新圃任矿山长。1917 年 10 月青岛守备军实行民政，矿山又改属民政部的铁道部管辖，由铁道部采矿课掌管淄川、坊子、金岭镇三矿的一切事务。从这以后淄川煤矿的生产、行政事务均在铁道部管辖之下。

---

① 山东省政府建设厅：《山东矿业报告》第 4 次，1934 年版，第 173 页。

② 〔日〕青岛守備軍民政部：《山東之礦産》第 6 编，《礦産》，1922 年版，第 184—185 页。

③ 〔日〕青岛守備軍民政部鐵道部：《山東鐵道會社ニ關スル調査報告》，東京：秀英舍 1920 年版，第 186—188 页，第 242—244 页。

　　日本当局直接经营淄川煤矿后，从军事和经济需要出发，很快地就将德营时期开凿的三个竖井恢复生产。同时，根据日益增长的煤炭需求，日本矿山当局还投资在矿区新开第四竖井。第四竖井亦称大昆仑矿井，于1921年6月着手开凿，1926年6月完成入气井和部分排气井工程，矿井深达380米。在尚未全部完工的情况下，日产已达120吨。① 除此之外，鉴于开凿小竖井投资少、见效快的特点，铁道部还投资在十里庄、南旺各新开二处小竖井。十里庄第一矿井于1918年6月开凿，次年3月完成，日出煤约百吨。第二矿井开凿于1919年6月，次年3月完成，日出煤约130吨，后来年产达10万吨左右。南旺煤矿第一竖井于1920年5月着手开凿，1922年3月完成；第二竖井于1924年11月开凿，1926年3月完成，两处竖井年产量各10万吨左右。

　　日本占领当局直接经营淄川煤矿后，年产量虽然较德营时期有所增长，但由于大战时期军事和工业扩张对煤炭需求骤增，新增需求量达40万吨以上，这就需要在淄川煤矿以外的煤田从事新矿的开采。于是，日本当局便将注意力转向南定矿区。

　　南定矿区地处淄川北部，矿区包括张博支线南定车站至张店车站之间的广大区域。最早进入淄川南定矿区的日商为大仓组。早在1915年2月，大仓组即向日本陆军大臣申请经营淄川煤矿和金岭镇铁矿的许可证。1919年，大仓矿业株式会社（代表大仓喜七郎）、合名会社藤田组（代表藤田平太郎）开始合作租借经营南定矿区，经过数年的探凿，已有部分煤井开始出煤，日产约二三百吨。1920年12月，借助与日本当局的特殊关系，大仓组与藤田组获得了合作采掘南定矿区的特许。1921年2月，大仓组与藤田组共同投资成立淄川炭坑株式会社，资本金500万元，实际投入125万元。公司总部设于东京，在张店设营业所，在南定设事务所。公司成立后第三个月，便开始在南定火车站周围钻探煤矿，经勘探后确定在华坞附近开凿矿井，这就是后来的华坞煤矿。② 1922年2月，东洋拓殖会社入股会社，使投资增至170万元，同时又在青岛增设事务所，在华坞设

---

　　① 山东实业厅：《山东矿业报告》第2次，1931年版，第119、124、128—129页；俞物恒：《淄川煤矿调查报告》，《矿业周报》，1929年4月7日第41期。

　　② 〔日〕青岛守备军民政部：《山东之物产》第6编，《矿产》，1922年版，第133页。

立南定矿业所，由其具体负责煤炭开采。

按照会社与铁道部签订的契约，煤田开采期为 20 年，必要时可以延长，在 10 年规定期内以原价向铁道部上缴煤炭。从守备军对大仓组的许可书与包工契约规定来看，煤矿的采掘、经营、设备购置等均应受铁道部长制约监督，对矿场职员和矿工工资的规定也须经铁道部长同意。此外还规定煤矿所出之煤 "在时价的范围内以原价全部缴纳于铁道部"，而矿山生产经营用煤，则 "在原缴纳的煤值上再加每吨银 1.5 元，然后由铁道部从缴纳煤炭中供给之"。① 从以上规定看，大仓组等对南定矿区的投资经营实际是一种租采的形式，控制权仍掌握在日本当局手中。煤矿的经营须服从于当局的需要，配合日本政府既定的方针政策，在特定的矿区进行投资和经营。

除了日本矿业公司独资开采外，日商还将买煤协议的方法用到南定矿区。20 年代初，日商山口世基与矿商李云梯订立买煤合同，1918—1921 年 9 月，用于采煤设备上的投资近 20 万元，煤产量也达到日产二三千吨。煤矿以德能公司的名义经营，生产由日本技工监督，全矿有固定矿工约 200 人。②

从 1914 年日本接管经营淄川煤矿，到 1922 年归还中国，煤矿年产量由 25961 吨增至 67.5 万吨，8 年中共累计生产煤 429 万吨。③ 1918—1920 年，淄川平均每年向日本输出煤 12.3 万吨，焦煤 1.5 万吨。淄川煤除输往上海外，大部分出口日本德山、八幡以及门司、横滨、若松等地，供日本军舰使用，或供应日本炼铁企业，如日本八幡制铁所、德山炼焦所每年使用淄川煤数万吨。④ 日占青岛时期，从事煤炭出口经营的日商大致有以下十几家：三井洋行、铃木商店、中村组、新利洋行、东和公司、日华窑业株式会社、中村洋行、富士商会、许斐支店、青岛薪炭株式会社、吉泽洋行、南昌洋行青岛出张所。1918 年前后，每年经三井、铃木之手，供给日本德山海军炼炭制造所淄川煤 5 万吨以上，两家商行还垄断了国内市

---

① 淄博矿务局、山东大学编：《淄博煤矿史》，山东人民出版社 1985 年版，第 93—94 页。

② 〔日〕青岛守备军民政部：《山东之物产》第 6 编，《矿产》，1922 年版，第 134 页。

③ 山东实业厅：《山东矿业报告》第 2 次，1931 年版，第 169—170 页。

④ 高世元：《中日合办淄川炭矿调查报告摘略》，《山东实业学会会志》，1923 年 11 月第 9 期，第 7 页。

场，每年向上海输出煤约 4 万吨。①

　　1915—1921 年，淄川煤矿总收入近 4462 万日元，支出 2200 万日元，如不计铁矿收入，日本从淄川煤矿的经营中共获利 2000 万日元。② 与矿山经营盈余额相比，日本对矿山的投资额则要小的多。根据对当时几种统计的综合分析，同一时期，日本在淄川、坊子、金岭镇三处矿山的投资总额大致为 300 万—500 万元，就投入产出比而言，单是一处淄川矿山的盈余大约是其总投资的 4—7 倍。日本对矿山的投入和历年盈余见表3—29，表3—30。

表3—29　　日本对淄川、坊子、金岭镇三矿投资汇总表（1915—1921 年）

单位：元

投资类别	（1）鲁大公司统计	（2）胶济铁路矿山报告	（3）调查部报告（至 1921 年底）	（4）调查部报告（至 1922 年 3 月）
土地	659.7			
房产	353496.2	249000	274395.0	341859.6
营建物	1565763.2	1543000	2036552.0	2185123.7
机械	840866.9	805000	814864.2	1401115.1
其他		438000	1074965.6	1074965.6
总计	2760786.0	3035000	4200776.8	5003064

　　资料来源：督办鲁案善后事宜公署：《鲁案善后月报特刊（矿产）》，1922 年版，第98—100 页。

表3—30　　日本经营淄川煤矿及金岭镇铁矿盈余表（1915—1921 年）

单位：日元

年份	营业收入	其中铁矿收入	营业支出	历年盈余
1915	2493333		991998	1501335
1916	6108252		1085629	5022622

　　① 〔日〕青岛守备军民政部：《山东之物产》第 6 编，《矿产》，1922 年版，第 238—241 页。

　　② 按谢家荣、朱敏章的说法，1915—1922 年，日本经营煤矿的煤炭总产量为 400 万吨，历年所获净利为 1508.4 万元（谢家荣、朱敏章：《外人在华矿业之投资》，1932 年 8 月，第 6 页）。

续表

年份	营业收入	其中铁矿收入	营业支出	历年盈余
1917	6126399		1388632	4737767
1918	5195895		3016113	2179782
1919	6773358	743768	6149728	623630
1920	9744085	1370855	4669744	5074340
1921	8178650	489634	4703919	3474730
总计	44619975	2624258	22005765	22614209

资料来源：据督办鲁案善后事宜公署：《鲁案善后月报特刊（矿产）》，1922 年版，第 101 页表甲一、表甲二编制。按：统计数只保留至个位数。

3. 日商对博山民营小煤矿的投资

博山矿区横跨博山、淄川两县，分黑山区、西河区及博山北区，面积约 418 平方公里。博山矿区的特点是分布着众多的民营小煤井，这些小煤井资本薄弱，一般只有 1 万元左右，矿区面积通常在 1500 亩上下，采矿技术落后，很少使用机器设备，即使个别土法和新法结合的矿井，所用机器也只是绞车而已。资本不足、流动资金缺乏，使众多的小煤井不得不靠借贷维持生产。[1] 迄于 1913 年底，博山土洋法并用的大煤井有 7 处，平均每口井有矿工 500 人，年产煤 1000 吨；中等规模的土法井有 8 处，平均每口井有矿工 100 人，日产煤 40 吨；土法小煤井有 20 余处，平均每口井有矿工 10 人，日产煤 5 吨。各处煤井矿工总数约 4500 人。[2]

第一次世界大战时期，博山小煤井数量增加很快，小矿井多达数百处，但这些煤井因缺乏资本和技术，倏开倏闭，经营缺乏持续性。据日本人 1920 年 9 月调查，当时博山共有民营小煤井 132 处，但实际正常开工的只有 63 处。据称投资 10 万元以上的煤矿只有东和公司（黄家大洼）、

---

① 据山东省农矿厅调查载："东地风俗，因煤矿营业借贷与平常迥异，在淄、博、章一带，名日押堆。……即矿主借贷后，须订立契约，允将产额之全部或一部，照预定价目，售于债权人，即以此价煤偿还债权人之债务，此种契约，以债务清偿完毕为止。其预定煤价，常较市价低至一倍，甚至低于其成本者，故煤矿若有押堆情事，则未有不赔累日甚者"（山东省政府农矿厅：《山东矿业报告》，1930 年 5 月版，第 94 页）。

② 〔日〕满铁矿业课：《山东矿业资料》，大连，1914 年版，第 92、94、101 页。

日华窑业（西河）、兴发公司（西河）、永乐公司（白孤堆）开设的四个矿井。全矿区各民营煤井日产煤总共约 1125 吨。①

1914 年日本出兵占领青岛和胶济铁路后，青岛日本守备军和满铁调查课曾先后多次派人到淄博矿区进行大范围勘查，掌握了煤矿和煤井的分布。从 1916 年秋季起，日商纷纷进入淄博矿区，在博山一带的煤矿投资活动也随之开始，在博山直接或间接经营煤矿的日商达百余人。与日本当局、日资大企业投资开采淄川煤矿不同，在博山矿区煤矿投资者大多系日本中小商人。1915 年 7 月 11 日，北洋政府发布全国小矿业临时条例，规定煤田面积不足 270 亩的矿区，一律称作小矿区，小矿区不得与外国人订立合办合同或借贷外国资本。在这种背景下，日本资本无从取得对民营煤矿的合法经营权，只能采取运动当地矿商出面，暗中出资控制经营的方式进行渗透。

博山煤的销售与坊子煤矿不同，其运销权完全操在铁道部手中，煤矿不能自己销售，只能在铁道部的监督下进行。在博山车站建有贮煤场的日本炭商计有 14 家，把持着大部分煤炭的外销渠道。博山一些民营小煤矿往往因销路不畅而亏累。日商乘机而入，暗地与矿商订立买炭借款合同，通过预付煤款实施资本渗透，以达到控制煤矿的目的。这一时期与日商有卖煤借款关系的民营小煤矿约有 30 余家。② 1918 年 5 月，日本驻济领事吉田茂在给外务省的报告中，共列出与日资有包买煤炭关系的民营煤矿32 家，涉及投资额 644633 元。其实据日人浅田龟吉 1920 年实地调查，博山矿区与日商发生借款关系的民营小煤矿尚不止 32 家，涉及的矿井共74 处，日商预付的买煤资金总额达数百万元。详见表 3—31。

另据 1920 年 8 月日人调查，日商在整个博山矿区的各项投资大致约在 300 万—500 万元之间，③ 其中有详确统计的 10 家日资企业的煤矿投资额为 85 万银圆、日金 61 万元，另外日商 1 万元左右的其他小额投资以及隐匿投资，总额大致也在 150 万元以上。10 家日资企业的投资情况如下：

---

① 〔日〕青岛守备军民政部铁道部：《山东之矿业》，1922 年版，第 554、559—562 页；另据日人调查，1920 年博山共有民营小煤井 200 余处，当中只有 20 余处矿井使用机器（马场锹太郎：《支那经济地理志（交通全编）》，1923 年版，第 1047 页）。

② 民国《续修博山县志》卷 7，1937 年版，实业志，矿业。

③ 〔日〕青岛守备军民政部：《山东之矿业》，1922 年版，第 376—478、753—754 页。

表 3—31　　　　　博山与日商有卖炭合同的华商煤井（1920 年）

日商	华商	矿井数	日商	华商	矿井数
怡昌洋行	振业公司	3	大仓组	洪泰号	1
"	恒盛井	1	山东公司	岳连祥	1
"	王福山	1	"	张恕忠	2
阪梨洋行	振业公司	1	"	不明	2
东和公司	信成公司	5	华昌公司	尹东盛	1
"	不明	1	高田商会	岳连祥	1
和盛公司	南大成公司	1	山田文七	张光堂	1
"	天利公司	2	乾泰洋行	同记公司	1
"	不明	2	"	北大成公司	1
中村组	合兴厚	8	泰升公司	晋成公司	1
"	吉成公司	3	福顺洋行	天成堆	1
山东兴业株式会社	周庆荣	1	日华窑业株式会社	不明	1
"	不明	1	太昌号	房汝远	2
兴友公司	不明	1	"	房京康	1
古贺洋行	张希孟	1	"	房某	1
泰利商会	文泰公司	1	"	王廷瑞	1
三井洋行	不明	1	"	不明	2
华盛公司	徐华清	1	坂口某	不明	1
"	不明	2	真荣洋行	不明	1
久米组	聚星公司	1	山田洋行	张恕忠	1
"	汇昌炭栈	1	铃木商店	张恕忠	1
"	义昌堆	2	不明	协和公司	1
"	于海云	1	不明	合兴厚	1
"	不明	2	不明	不明	2
福隆公司	不明	1			

资料来源：〔日〕青岛守備軍民政部：《山东之物産》第 6 编，《礦産》，1922 年版，第 154—155 页；〔日〕青岛守備軍民政部：《山东之礦業》，1921 年版，第 458—463 页；淺田龜吉：《博山炭田》，1922 年版，第 91—97 页；《山東鐵道沿綫重要都市經濟事情》中，1919 年版，第 165 页。

东和公司	银 50 万元	兴友公司	金 30 万元
日华窑业公司	银 20 万元	村井贸易	金 18 万元
三井物产会社	银 5 万元	山东兴业会社	金 6 万元
久米组	银 3 万元	丰盛公司	金 5 万元
和盛公司	银 7 万元	中村组	金 2 万元[①]

日商向民营煤矿预付资金，先是换取买煤合同的签订，紧接着便是对资金短绌的民营煤矿加以控制，将买煤预付款转成投资，使煤矿变成名义上合办，实则由日方控制的性质。东和公司与博东煤矿即是由买煤合同转为投资合办的典型事例。

博东煤矿位于博山县城东南，早在 1909 年，当地矿商徐永和就陆续呈领福山坡、王家峪、黑山前根等处矿区从事探采。1914 年 8 月，徐重新向省财政厅呈请探采黑山前根煤矿，当年 12 月获准改探为采，矿区面积为 1122 亩。后来徐永和因资本不足，难以为继，于 1916 年夏同日商东和公司订立包买合同，私自以福山坡、王家峪、黑山前根等处矿山作抵押，向东和公司预支押款 3 万元。1917 年 3 月徐又与东和续约，再次向日商预支押款 5 万元。事实上，徐永和与日商东和公司订立的合同并非单纯的卖炭契约，其矿场设备已有日商投资在内，卖炭契约只不过是表面文章。通过不断投资以债权人的方式控制矿权，使日商成为博东的实际主持者。1918 年 1 月，矿商徐永和出卖矿权，与日商私订押款契约之事败露。1 月 15 日，山东财政厅下令将三处矿区一并封禁；实业厅则"以该商与外人私订合同有违矿法，且以矿作抵，有损利权"，令其取消合同，设法清偿。省议会、商会、农会、教育会等组织"一时闻风兴起，金以徐商盗卖矿权，联电农商部要求将他的矿权取消。后来取消矿权虽没有达到目的，而部、省两方均责令徐商偿款废约，断绝外人一切关系，却是这运动的结果"。[②]

1919 年 8 月，徐永和以"偿债废约，措资开采，对内对外，一人之

---

① 〔日〕青岛守备军民政部铁道部（浅田龟吉）：《博山炭矿》，1922 年 9 月版，第 98—99 页；另说日华窑业投资为 25 万元，井村贸易投资为 20 万元（《山东之矿业》，第 463 页）。

② 徐梗生：《中外合办煤铁矿业史话》，商务印书馆 1946 年版，第 209—210 页。

力，实难兼顾"为由，呈请将矿权转让于商人陈翰轩。按照转让协议，当时矿区及矿产作价 8 万元，由陈翰轩付现洋 3 万元，其余 5 万元则投入新公司作为资本，以前徐永和与日商间的债务由陈负责还清。翌年 12 月，陈翰轩从农商部领取了新矿照，矿区面积增至 5587 余亩。① 陈翰轩以偿债废约为条件接办煤矿，但是前后接办了三年，非但债务未还清，契约也未能废除。这一事实恰说明"日商既钻进了博东，便决不愿轻易退出博东"。② 后来博东煤矿的中日合办就是在这种背景下进行的。1923 年初，经陈翰轩与日商三宅骏二多次交涉，达成合办矿山的协议。3 月陈翰轩与三宅骏二向农商部呈请合办，当年 9 月获得批准。1924 年 7 月成立了中日合办的博东公司，至此，日商经过多年苦心谋划钻营，终于在博东取得了合法采矿地位。

日商在与徐永和续约的同时，还包买了信成公司开采的黑山煤矿的三处矿井。华商信成公司资本 1.5 万两，由二十五六名投资者集资创办，矿区在黄家大洼。因缺乏资金，信成公司经营一直难以为继。1916 年 9 月，东和公司以 7 万元购得信成公司煤的经销权（即买煤契约），信成公司则依赖东和出资来维持生产经营。为了避免引起当地人士的非议，合同由东和公司经理吴子臣出面订立。1917 年 7 月，由于信成公司没能履约，日方便以信成公司未履约导致债务为由，强行将该矿委托债权者东和公司经营。东和公司迫使信成公司与之缔结租借开采合同，取得了博山矿区 30 万坪 15 年的开采权，并计划逐步将矿区扩展到 60 万坪。③ 此外，华商义成公司赵家洼、高家林两处矿井的煤也由东和公司包买。实际上，当时在博山矿区"利用华商出面冒领矿权，自己却享有矿权，而分给华商一盅羹，是日人常用的方式。这种张冠李戴的方式，是逃避中国矿法约束最有效的方式"。④

当时日商很少投资于煤井的生产、运输等生产环节，大多是以买炭合同的形式投入的预付款（抵押金），通过买炭协议来控制煤井的采煤与运

---

① 民国《续修博山县志》卷 7，1937 年版，《实业志》，矿业。

② 徐梗生：《中外合办煤矿业史话》，1946 年版，第 213 页。

③ 〔日〕青岛守备军民政部：《山东之物产》第 6 编，《矿产》，1922 年版，第 156—159 页。

④ 徐梗生：《中外合办煤铁矿业史话》，1946 年版，第 211 页。

销，当矿商无力履行合同之时，包买商便变成了债权人，从而获得了煤井的实际经营权。以此种方式获得经营权的日本公司有东和公司、兴友公司、古贺洋行、村井贸易、和盛公司、日本窑业、丰盛公司等，其他均为单纯的买炭合同关系。日商与民营小矿井的关系反映的只是日本资本投资博山煤矿最盛时期（1917—1918 年）的状况，1919 年战事结束后，因煤炭销路缩减，矿业经营不景气，华商与日商的买煤合同或自动解除，或因人事关系变动而终止，华商矿权关系也发生了种种变化。日本资本在博山的投资尽管达到了 300 万元，但是这些资金并没有或很少用于采矿及运输设备的投资，与其说是投到设备技术的更新改造，不如说大半落入不端华商煤矿主的私囊，或者落入日本和当地煤炭中间商之手。[①]

在投资参与博山煤矿开采的同时，日商还在当地开设了炼焦企业。在博山采用新式炼焦窑从事生产的日资企业有东和公司、怡昌洋行、中村组、山东兴业株式会社等 4 家。东和公司有窑 31 座（一说 21 座），投资 2 万元，每座可装煤 1.5 吨，月产 300 吨。中村组、怡昌各有炼焦窑 20 座，可一次生产焦炭 20 吨，山东矿业所可一次生产 8 吨。[②] 但到 1920 年代初，维持经营的只有东和一家。

日商攫取矿业合办权，有时采取利用华商出面，以其名义呈领采矿执照，然后通过资产抵押或股权转让等手法获得采矿权。1918 年矿商张忠恕呈领到博山夏家山煤矿后，即与日人佐藤头博私订合同，将矿权全部抵押，并将矿照交给日人收执，嗣后日人投资开办，张忠恕只是在该矿顶充经理虚名，每月支领薪金 100 元，担任与官府交涉事宜。

日本矿业投资者对博山煤矿的渗透，除采用对民营矿井贷款的方式获取煤矿经营权外，还采取了直接与华商合办的方式介入煤矿经营。1917 年 10 月矿商刘缙甫领得博山罗圈沟煤矿采煤执照，1919 年领得博山胡城煤矿执照，1923 年 1 月呈请合并矿区。后来刘与日商石丸忠实合办协成公司，1925 年 9 月，合办公司始获批准。公司资本 20 万元，刘与石丸各投资 10 万元，合办期限 30 年。但是公司成立 8 年之久，并未能正式开工

①　〔日〕青島守備軍民政部鐵道部：《山東之礦業》，1922 年版，第 463、560 页。

②　〔日〕青島守備軍民政部鐵道部：《山東鐵道沿綫重要都市經濟事情》中，1919 年版，第 156 页；〔日〕青島守備軍民政部鐵道部：《山東之礦業》，1922 年 1 月版，第 481—482 页。

采煤。[①]

　　除了谋求以合办方式在博山进行煤矿开采外，日商还制订了在章丘矿区进行较大规模开采的计划，手段依然是采用合办方式。在章丘矿区天尊院日商冈崎与矿商管象坤，三菱与矿商李晋分别建立了合资开矿的关系，两处煤井取得了合办许可。在巩家坞地方则有与满铁和东洋拓殖合办并接受其投资的同益公司。

　　旭华矿业公司位于章丘矿区。民国初年，莒县人管象坤、管象复兄弟创立华兴公司，在章丘县普济镇的天尊院、韩家庄之间开凿煤井两口，部分采用新法开采，产煤最多时日产达四五百吨。后来因日德交战，运输中断，营业无法继续，遂至停工，煤井也为水淹没。日占胶济铁路后，管氏兄弟为筹资恢复经营，遂与日商犬塚信太郎合组旭华矿业公司。1917 年10 月，向北京农商部呈请中日合办。此后不久犬塚病死，日方改由神户商人冈崎忠雄任代表。1920 年 7 月经农商部核准，翌年 3 月，颁发采矿执照，获得天尊院煤矿 30 年期限的开采许可。公司资本银总额 20 万元，中日各出资 10 万元，总公司设青岛，由管象坤为公司代表人，日人担任矿长，另外重要职员由双方各派一人担任，所得利益平均分配。是年，旭华公司在天尊院附近钻探，预备着手动工。但是，日方因青岛和胶济铁路即将由中国收回，“态度观望，不欲即行开办”，以县地方不安为借口一再拖延，致使煤矿迟迟未能动工。[②]

　　1917 年 8 月，矿商李晋呈领章丘天尊院和淄川台头崖、白家庄三处煤矿，矿区面积 15458 亩。同时由日商滨丈夫与矿商李晋提出合办协泰公司的申请，经济南领事馆见证允可，1921 年，华商李晋经营的协泰公司与日本三菱合资会社（滨丈夫）合办煤矿企业，资本 20 万元，中日各半，合办期 35 年。合办合同还规定，每出煤 1 吨，抽提现洋 1 角 5 分，作为华方优先利益。但在取得开采权之后，因运输问题，煤矿一直未能开工出煤。[③] 到 1929 年滨丈夫放弃经营，该公司遂全归李晋接办。但李晋实际也只开采了白家庄一个矿井，天尊院和台头崖两个矿井因欠交矿税，

---

① 山东实业厅：《山东矿业报告》，1930 年 5 月版，第 419—420 页。
② 张雁深：《日本利用所谓“合办事业”侵华的历史》，三联书店 1958 年版，第 121 页。
③ 徐梗生：《中外合办煤铁矿业史话》，1946 年版，第 215—216 页。

在 1931 年被取消了矿业权。

同益公司由议员马英俊创办经营，公司矿区位于淄川吕家河、章丘巩家坞等地，面积 9495 亩。1923 年，公司因资金短绌，马英俊遂与在天津的日本人吉田房次郎商定合办同泰煤矿公司。合办煤矿资本定为 30 万元，中日出资各半。合资公司接手原中资煤矿的设备进行开采，1923 年因矿井冒水而停工。1924 年 5 月公司因亏损 40 余万元，欠税 3000 元，由实业厅查封。[①]

日本矿山投资者通常是在华商矿井经营者因缺乏资金、遇到困难而难以为继的情况下，以买炭合同的方式介入民营煤矿的开采，因而能够以比正常方式低得多的成本取得矿山的实际控制权。从几家中日合办矿业公司的创办和经营的过程看，这种自出资预买煤炭→承包开采→中日合办，可以说是日商在博山一带投资煤矿业的基本模式。随着时间流转，这些被日资介入的煤矿逐渐为日方所控制。到 1925 年，中日合办的煤矿公司有博山协成公司、章丘旭华公司、同益公司和协泰公司。进而言之，1895—1926 年间，中外合资的煤矿公司有 9 所，其中中日合办的即有 7 所，并且 5 个集中于博山、章丘地区。

博山是继青岛、济南之后，日商在山东第三大投资集中地。1919 年博山共有日资工商企业 35 家，投资总额 156.5 万元，不少公司的投资一直呈增长之势。1916 年 9 月东和公司在博山开业时，投入资金 5 万元，后增加至 30 万元；山东公司 1917 年 5 月开业时投资 2 万银圆，后增至 15 万元。但是日商在博山的投资具有分散的特点，大多从煤炭运销方面介入，目的是获取廉价的煤炭资源，通常包买合同取得的煤炭比市价低二成。[②] 对于开采日商并没有给予多少关注，整个投资对博山煤矿的技术进步并无多少促进。华商与日商订立卖炭合同，大多迫于资金和销路问题，许多接受日商预付资金的民营小煤矿，很少考虑将资金用于改进煤矿生产，也很少有余力对矿井进行改造，结果不少煤矿仍沿用传统的土法采煤，即使兼用新法，至多也只是部分使用动力卷扬设备而已，在采掘作业

---

① 《日人侵略下山东矿业之一斑》，《矿业周报》，1932 年 6 月 14 日第 194 期。
② 〔日〕青岛守备军民政部：《山东鐵道沿綫重要都市經濟事情》中，1919 年版，第 129 页。

上仍是使用人力。

4. 金岭镇铁矿

金岭镇铁矿位于胶济铁路张店车站和金岭镇车站之间，矿区内有铁山、四宝山、玉皇山、凤凰山等矿山，面积约 204 平方公里。1899 年当德国修筑胶济铁路时，德人梅海里（Mihaelis）在金岭镇发现铁矿。1901 年德国铁路公司派人调查探明铁矿分布。1904 年铁路公司在矿山开凿了 7 口钻探井，1912—1914 年又先后开凿 12 口钻探井和 3 口试采井，并在矿山开凿一深达 300 米的坑道。经过 10 年的勘探调查，1914 年铁路公司最终决定对铁矿进行正式开采，并计划于 1916 年在青岛沧口建造 130 吨、150 吨两座炼铁炉。当年秋，铁路公司已完成了购地、矿场选址、兴建房屋等前期准备工作，并开始着手矿井和坑道的掘进。到日军占领铁矿时，矿井已掘进约 300 米，距矿层已不足七八十米。[①]

金岭镇铁矿按当时探明的储量，以年开采 20 万吨计，可连续开采百年，而且矿石铁质好，矿石含铁量达 60%，开采运输费用低，每吨开采费只需 2.5 元，加上运费关税等也不过 12 元，而当时日本枝光制铁所生产的每吨生铁价格是 45 日元。[②] 所以从很早铁矿就成了日商觊觎的目标。1914 年夏，日本松昌洋行曾根据日本松若制铁所的授意，与德国山东铁道公司联系，向其提出以 200 万元收购铁矿的提议，但是未得到德方的答复。同一时期，日本枝光制铁所也通过松昌洋行为中介，派遣制铁所技师前往铁矿进行实地调查，并与德方签订 10 年期的买矿契约。三井洋行也加入了买矿行列，这年 8 月 3 日，在经过多次谈判后，三井与德方签订了输出矿石协议，每吨青岛码头交货价 4 元。[③]

1914 年 11 月 7 日在进占胶济铁路的同时，日本将金岭镇铁矿夺为己有。翌年二三月间，日本若松制铁所技师与日守备军福知山工兵队一同前往金岭镇，招募当地华工 1200 人，修筑连接矿山的轻便铁路，并开始进行试采。矿石样本送往日本分析后，证实品质优于湖北大冶铁矿，日本遂

---

① 山东省农矿厅：《山东矿业报告》，编者刊，1930 年 5 月，第 165 页。

② 张一志，《山东问题汇刊》上卷，1921 年版，第 266 页。

③ 〔日〕青岛守备军民政部鐵道部：《山東鐵道會社ニ關スル調查報告》，1920 年 10 月版，東京，第 254—257 页。

决定于 1916 年正式开采，并通过铁矿采矿预算，先期投入开采费 30 万元。①

1916 年 10 月至 1917 年末，日本人在金岭镇铁矿试钻调查矿床，为开采作准备。1916 年月 11 月从坊子煤矿拆运 1 台锅炉和 1 台空压机到金岭镇铁矿，12 月开始主要矿井掘进，并利用德国开凿的水平坑道进行采掘。1918 年 6 月，日本当局在东京决定对金岭镇铁矿采取官营方针，并通过以下决定：1919 年度由金岭镇铁矿向日本官营铁厂供给铁矿 20 万吨，投资 25 万元铺设支线铁路，矿山矿车等设备投资 90 万元，为保证铁矿输出 1918 年度补助临时事业费 70 万元，1919 年度补助 110 万元。② 同年，开矿设备和矿山轻便铁路铺设完竣，并于当年在铁山开凿巷道，开采铁矿 15083 吨。第二年 1 月铁矿正式开始出矿。

1919 年 4 月 23 日，金岭镇运输铁矿的第一列列车开至青岛港。这一年矿山共生产铁矿石 111532 吨（一说 128164 吨），1920 年生产 97491 吨。铁矿主要供给日本枝光制铁所，与制铁所定有年供 20 万吨铁砂的合约。1919 年向日本输出 63256 吨，1920 年输出 168176 吨。③ 第一次世界大战结束后，市场钢铁和铁矿石价格跌落，矿山开采成本高的问题凸显出来。此时铁矿已达日产 1000 吨的生产能力，但是因铁厂需求不足，只能日产 400 吨。华盛顿会议后，按中日两国协议，金岭镇铁矿由中国政府特许的中日合办公司接办。1922 年，铁矿由中日合组的鲁大公司接办。鲁大接办后，铁矿停采，铁矿一切设备运往淄川煤矿，铁矿完全停止经营。

---

① 《金岭镇大铁矿之发达》，见《农商公报》第 2 卷第 7 册，1916 年 2 月 15 日第 19 期。

② 〔日〕青岛守备军民政部鐵道部：《山東之物産》第 6 编，《礦産》，1922 年版，第 45—46 页。

③ 1919 年铁矿石产量 142251 吨，铁矿产量与输出量之间的差异由容积吨与重量吨之间的差别造成（〔日〕青岛守备军民政部：《山東之物産》第 6 编，《礦産》，1922 年版，第 46—47 页）。

第四章 青岛收回后日资工商业经营的变化
（1923—1928 年）

太平洋国际会议之后，随着山东问题的解决，中国于 1922 年末收回青岛主权，日本在青岛的殖民统治宣告终结。青岛的日侨和日本工商资本由此丧失了大部分直接形式的特权，失去了原先一直依恃的政治奥援和政策扶持。大批日侨跟随日本军队一同撤离回国，原先就职于殖民政府机构、铁路、港口及其他公共部门的日籍职员、技术管理人员的工作也随之结束，一批原先以殖民机构、军队以及日侨日常生活需要为对象的普通商业、服务业及建筑业，骤然间失去了生计，只好停业关张。

战后经济形势也发生了极大的变化：一方面，美英在远东地区的经济势力日益增强，与日本工商资本的竞争日趋激烈，战时一度退出远东的德国资本卷土重来，重返商品与资本市场；另一方面，日本国内经济因战时极度膨胀，当战争结束后，原先虚假的需求锐减，产业出现了严重的生产过剩，导致日本国内工商业发生了第一次严重的经济萧条，在海外的工商业投资也面临着同样的局面。在这种情况下，日本在山东的工商业与金融业，经历了一次程度不同的大范围变化与调整。

就海外投资而言，由于日本国内经济的衰退，其对中国的工业投资一般采取了收缩的姿态，资本输出的规模和能力缩减，而同期中国国内的抵制日货运动却不断高涨，这就迫使一些企业采取暂时观望的态度，结果除纺织业和少数几个行业外，其他行业的投资出现暂时的收缩。某些曾经吸引大量投资、兴盛一时的行业，如盐业、榨油业、蛋粉业等，或因中国政府收回自办，或因市场不景气而纷纷停业；一些综合性的大公司、商社解体，就职于银行、商社的日籍职员也比原先明显减少；日资金融机构也受到了信用过度膨胀而出现大量呆坏账的影响，有的撤离，有的停业，其业务对象也有所改变。但是到 1920 年代中后期，经过调整、兼并、重组后，日本工商资本的元气得到恢复，重新开始了扩张的势头，而纺织业、航运业的扩张实际一直没有停顿。

这一时期华商资本的发展与民族工业的成长，使原先由日商独占、控制或占据优势的行业出现了变化，华商在面粉、火柴、化学、机械等工业部门取得了较快的发展。但是，日本工商资本变化调整的具体情况如何，民族资本的发展究竟在何种程度上影响到中日资本力量的对比消长，日本工业技术对地区工业化具有怎样的影响，却一直缺乏系统的研究和分析，而这种变化的意义更是一直未得到合理的解释。

一 "山东问题"谈判与青岛收回

"山东问题"是指日本所强占的青岛及胶济铁路的归还问题。1919 年巴黎和会不但未能解决这一问题，反而做出了让日本继承德国在山东权益的决议，从而激起了中国人民的强烈反对，成为"五四"爱国运动的导火索。在国内民众运动的影响下，中国代表团拒绝在巴黎和约上签字，此问题遂成为悬案。

1921 年，美国召开华盛顿会议，邀请欧洲列强与中、日等八个国家参加，商讨各国裁减海军、太平洋事务与远东局势问题。中国对会议十分重视，迫切希望能得到英美的支持，在华盛顿会议上解决山东问题，反对与日本直接交涉该问题。日本则将山东问题列为"特定国间问题"，要求直接与中国谈判，抵制将山东问题列入华盛顿会议。由于英美态度暧昧，日本坚持其一贯的中日直接交涉主张，致使山东问题无法顺利列入九国会议讨论议程。

11 月，华盛顿会议召开在即，在美国的协调下，对讨论山东问题做出了进行"边缘"会谈的安排。所谓"边缘"会谈，即在九国会议之外，另行组织中日山东问题会谈，达成的协议载入会议记录，作为会议所接受记录的一部分，在会谈时，美、英两国派观察员列席。这一安排实质上是各方面相互斗争与妥协的结果，既非中国要求的会内讨论，也非日本所要求的直接交涉。对"边缘"会谈的安排，中国政府表示愿意接受。

大会会议主要针对"二十一条"条款存废问题与山东权益问题进行

讨论，但中日双方立场存有严重分歧。就二十一条条款，中国以其严重损害中国的独立及领土完整，要求再行讨论并予取消；日本的态度非常强硬，不同意中国的要求，只是声明放弃部分特权。中国虽据理力争，但日本丝毫不为所动，结果在"二十一条"问题上中国一无所获。

1921 年 12 月 1 日，中日两国出席会议的全权代表开始谈判山东问题。中国代表团发言表示，山东问题是中国存亡的关键，中国国民希望这次会谈有一个公平圆满的结果，同时宣布了中国政府对山东问题交涉的 4 项先决宗旨，表明中国的坚定立场。当谈判进入实质问题讨论时，中国代表团提出了收回胶济铁路的要求，日本则提出胶济铁路由中日合办的主张，意图继续控制胶济铁路。为避免会谈僵持停顿，双方决定先从较简单的问题着手，然后再集中讨论铁路问题。12 月 5 日，日本宣布放弃中德 1898 年条约中规定的用人、投资、供给物料等优先权，对中国一直坚持的立场予以承认。在海关问题上，经过坚决的抗争，中国收回了青岛海关。在英美的调停下，经过中国据理力争，官产、公产问题也基本得到了解决。

胶济铁路是山东问题中最关键、难度也最大的问题，亦是中日之间长期争执的焦点。12 月 13 日开始谈判这一尖锐问题。此时，日本仍坚持胶济铁路要由中日合办。对于这一无理要求，中国代表严词拒绝。14 日，日本代表提出赎路办法三条。其中第一、二条是有关核定胶济路财产问题，在第三条关于赎路办法上，双方意见无法一致。日本以"不断利益关系"为理由，提出借款赎路的办法：即由日本提供贷款，贷款使用期间聘用日本推荐的总工程师、车务长和会计师各一人，其用意还是要长期控制铁路，继续保持日本在山东的经济权益。这当然遭到了中国代表团的坚决反对。针对日方要求，中国提出立即筹款赎路或以有价证券分期付款的方案，同时声明如果日本不及时承认中国的赎路办法，中国宁愿终止交涉。赎路方法一时间成了胶济铁路谈判的焦点。在中国的坚决斗争及美英的调停下，日本最终放弃了其借款赎路主张，但仍要求在路款偿清前，由中、日各派副车务长、副会计长一人管理铁路。

中国为推进谈判，做出了一定的让步。但日本政府仍不断提出新的要求，结果导致谈判再度停顿。后来，在中国政府的坚持下，同时受到中国舆论的坚决反对和美英的压力，日本政府不得不表示退让，重新回到筹款赎路的前提上来。1922 年 1 月 4 日，中日重新恢复谈判。1 月 18 日，日本代表提出新的修改方案，同意中国以国库券赎路，期限 15 年，同时要求该路雇中日会计长各一人，职权相同，并雇日人为车务长。这样，经过两个多月 36 轮的艰难谈判，中国利用较为有利的国际形势及列强之间矛盾，迫使日本在山东问题上做出一定让步，中日双方终于在 1922 年 1 月 31 日达成协议。2 月 4 日，中日正式签署《解决山东悬案条约》及附属细目协议。条约及附约内容主要有以下四点：

（1）胶州德国旧租借地（青岛）交还中国。条约规定，"日本应将胶州德国旧租借地交还中国"；中国政府应"将胶州德国旧租借地全部开放为商埠，准外人在该区域内自由居住并经营工商及其它合法职业"。条约还规定租借地内所有公产全部移交中国政府；公产中为日本官厅所购置、建造或前属德国所有经日本增修者，中国应按所用实费给予补偿；公产中日本领事馆及日本居留民团所设学校、寺院、墓地等，仍归日本保留。

（2）日本军队撤出山东。条约规定，驻扎于青岛、济南及胶济铁路沿线的日本军队，包括宪兵在内，应于 6 个月内撤退，其中驻青岛日军守备队，应在交出行政权后 30 日内撤尽。条约所附协定条件中还规定，"无论何种日本兵力概不得留于山东境内任何地方"。

（3）中国赎回胶济铁路。条约规定，胶济铁路及其支线由中国备价赎回；中国政府用国库券支付赎金，该国库券以铁路产业及进款作抵押，期限 15 年，但满 5 年后，本息可在任何时候全部或分期偿清；在国库券未偿清前，中国任用日本人为车务长和会计长，在遴选日人人选时，应与日本政府协商。

（4）收回海关、矿山、盐场及电信设施。条约规定，自条约实施起，"青岛海关应即完全为中国海关之一部分"；原由日本占有或经营的矿山、盐场、海底电缆、无线电台等，均移交中国，移交办法由中日关于行政权及公产移交的联合委员会商定。

中日《解决山东悬案条约》的签订，是当时国际关系变动的产物，同时也是中国废约斗争史上取得的一个胜利。中日山东问题前后历时八年，最终由华盛顿会议的"边缘"谈判而将中日"民四条约"、中日山东问题换文，以及对德和约中涉及山东的三项不平等条约、条款统统推翻，收回了部分主权，在法律形式上结束了日本对青岛的军事占领和政治控制。

中国在华盛顿会议能顺利收回山东利权，主要由于中国自"五四"运动以后，国民的民族意识不断提高，反日浪潮此起彼落，在这种形势下，日本对华政策不得不有所变化，对山东问题的处理方式也随之不断改变。大隈内阁以军事力量占领为重点，全面攫夺德国在山东的权益；继任的寺内内阁则以政治贷款从经济上谋夺山东各项利权；而原敬内阁及以后政党政治时期，则主张维持日本既得利益以避免中日关系过分激化，但整体目标仍为在中国容忍程度以内，尽量索取最大程度和范围的利益。鉴于以往军事侵略或政治贷款操控式的对华政策，只会进一步激化中日矛盾，故原敬内阁新政策改以较温和的手段，试图缓解平息中国国内的反日浪潮，笼络北京政府。正是由于以上因素的交互影响作用，遂使山东权益顺利以和平方式交还中国。

但是，中国也为此付出了沉重的代价，不仅要偿付高额的铁路赎金，更为重要的是日本通过安插日人车务长及会计长，仍然间接控制着胶济铁路。同时，由于中国政府在解决山东问题时仰赖美、英的帮助，因而作为妥协未能在取消治外法权、恢复关税自主权、取消外国势力范围、废止"二十一条"等方面取得实质性成果。相反，却同意列强所提出的"机会均等""门户开放"要求，允许日本在青岛保留领事裁判权。北京政府接管青岛后，依照华盛顿会议留下的许多不合理条款，被迫承认日本在青岛保留12项"特殊权益"，即：规定山东不再割让；开放山东省主要城市；对高徐、济顺铁路有优先贷款权；准许外国人（即日本人）自由居住并经营工商业；合办鲁大矿业公司的权益；青岛屠宰场及电灯公司改为中日合办的权益；日本所保留的特殊不动产所有权；办理日文电报权；胶州湾原盐输出权；海关和日本商人之间使用日语权；侨居的外国人市政参与权；关于山东实业借款的利权等。上述权益使日本仍然在山东和青岛拥有一定的政治经济特权，成为其日后继续扩张的依据，作为遗留问题为山东与日本的关系走向埋下了伏笔。

华盛顿会议后，中日根据条约第二条规定组织联合委员会，具体谈判解决将青岛主权和山东权益交还中国的事宜。联合委员会由中日各派委员三人，中方由王正廷任委员长，日方由小幡酉吉任委员长。6 月 29 日联合委员会在北京正式开会，分行政（第一部）、铁路（第二部）两部，第一部谈判讨论公产、税关、盐场、矿山、邮电等收回代价事项，第二部专门讨论胶济铁路的移交代价等问题。由于日方漫天要价，中日间的谈判异常艰难激烈。从 6 月 29 日至 11 月 30 日，第一部开会 50 次，第二部开会 21 次。经过长达 5 个月的谈判，中日双方于 12 月 1 日和 5 日分别签订了《山东悬案细目协定》和《山东悬案铁路细目协定》。

《山东悬案细目协定》正文计 28 条，附件 10 项，其基本内容规定：日本于 12 月 1 日交还行政权；日军 20 日内完成撤兵；日方保留公产 19 处；青岛佐世保海底电缆无偿交还中国一半；青盐对日输出，自 1923 年起 15 年内每年输出额 1 亿—3.5 亿斤；中国付给日本 1600 万日元，作为青岛公产、盐田及精盐工厂的赎金，先付 200 万元现金，其余以国库券支付，年息 6 厘，期限 15 年，以关税、盐余为担保；淄川、坊子、金岭镇矿山由中日合组公司承办，由中国付给日本赎金 500 万日元，合组公司赢利超过 8 厘时以半数交付日本。

《山东悬案铁路细目协定》正文 18 条，附了解事项 7 项，其基本内容为：中国应偿还日本铁路价款为 4000 万日元，以国库券交付，国库券年利 6 厘，期限 15 年，满 5 年后本息可全部或分期清偿；国库券以胶济铁路财产及进款为担保；铁路收入须存入正金银行青岛、济南支行；在该国库债券的偿还期限内，中国方面有义务聘用日本人担任运输主任和会计主任。除铁路始发站外，各处日军均撤出，但胶济线巡警队及各重要车站要聘日人为顾问。上述规定实际使胶济线仍控制在日人手中。

按照鲁案会议协议，所有日人开办的盐田、精盐工厂、仓库及附属土地设施，概由中国盐务委员接收。关于日本盐产收回问题的谈判，双方谈判争论的焦点一为盐产评价，一为供给办法。当 1922 年中日联合委员会讨论盐田移交事宜时，日人盐场、堤堰已大部分毁坏，依照当时实际勘估，盐厂和盐滩两项共值 205 万元。日方不仅无视日人盐田工程质量差且多已损毁的事实，蓄意抬高日人盐田与工厂的价值，而且大肆勒索盐业补偿金，提出索要盐田补修费、预想利益、盐户结束营业津贴等三项"补偿费"，其中所谓"预想利益"一项开至 290 余万元。结果，日方所报盐业"公产"价格（7877883 元）比中国调查估价高出 2.73 倍。实际上，其资产价值与日方要求相去甚远，"日本谈判代表亦知日人要求过当，又不能过拂其意，于是归入公产偿金一并解决"。[①] 经过双方多次辩论，日方虽被迫放弃了上述三项补偿要求，但却提出盐业与公产价值一并计算，由中国支付赎金，备价收回。

盐业赔偿使日本盐商获得了巨额赔偿，为其日后的经营提供了资金。如日商山田祯三曾在胶州盐业公司中任主任，1923 年获得相当赔偿后，开办山田商会。谷本嘉诚曾于 1916 年在青岛创办株式会社南海公司，经营盐田和盐的输出，后获巨额赔偿。日商高桥丑吉所获巨额赔偿为其日后的经营打下了基础。在 20 年代中期，高桥乘地产房价低落之时，利用这部分资金大量买进，以等待房地产回升，谋取投机暴利。[②]

日人在胶州湾所建盐田全部收回后，当局采取标售方式招商承办。永裕盐业公司以标价银圆 300 万元、分 15 年摊缴的条件，购得全部盐田、工厂。永裕盐业公司成立于 1924 年 7 月，由天津久大盐业公司与青岛、济南盐商合伙投资，实收股本 80 万元，其中济南、青岛股东各缴 27.5 万元，久大公司缴银 25 万元。永裕公司既拥有盐滩、精制盐工厂，又拥有码头堆栈和向日本输出盐专商之权。但是公司开办之初，所收回的盐田、工厂荒废已久，需投入大量资金进行修复，而销盐又因日方原因不能正常进行。迄于 1926 年底，公司在三年中累计亏损 715985 元，资本金几乎损耗殆尽，不得不向银行贷款，以资周转。直到 1926 年恢复对日原盐输出后，公司营业始见起色。[③]

本来，按照盐业细目协定，日本购买青岛盐的数量，每年在最高额 350 万担，最低额 100 万担范围以内。但是会议结束之际，日方又在协定附件中增加规定，声明协定所载购买数量，如两国遇有难于接受上列数量之事情时，可不拘上开之协定数量，而临机协定之。结果，谈判所定的购买数量限制实际变成空文。1924 年 2 月和 4 月，中日曾多次举行青盐输出会议，但因在输出承办者、价格等问题上主张不一，会议未能达成协议。由于中日双方迟迟不能达成协议，胶州湾盐业输出停顿达数年之久。1925 年 10 月，中国盐务署与日本公使馆签订青盐协定草约，规定永裕公

① 青岛市政府社会局：《青岛市盐业》，1933 年版，第 3 页。
② 水野天英：《山東日支人信用秘録》，1926 年版，第 173、179 页。
③ 山东档案馆馆藏档案：山东分局短期卷，《永裕盐业公司历年经营情况及要求合营的意见书》，1953 年版。

司向日本输出盐，须委托日商代理，同时由盐务署指定 14 家华商承办对日工业用盐和朝鲜用盐的输出。1926 年，中日盐务协定正式签订，粗盐对日输出开始恢复。是年输出 25 万担。到 1929 年输出达 314 万担。[1] 此时青岛盐的输出"其名虽在华商，买盐之权仍属操诸日本政府。日人对于华人盐商，不特无保证购盐之责，抑且以压迫为能事，其商人对于青盐，素具操纵之惯技，于是居间取赢，剥削无厌"。[2] 青盐对日输出的数量、定价权一直为日商控制，主动权不在华商之手。

二 日本移民的减少与职业结构变化

日本归还青岛后，日本军队和殖民政府官员陆续撤离，日本移民失去了往日的依恃，也随之成批回国，移民人口以急转直下之势激减。1922 年 9 月，青岛日侨共 6795 户，24105 人。第二年 1 月，日侨减至 5588 户，20109 人，比上年减少 4000 人；2 月份人口进一步减至 18591 人。[3] 到年底，青岛日侨人口总共减少了近 9000 人。1924 年日侨人口继续减少，到 5 月末减至 13782 人，以后几年维持基本在 13500 人左右。[4] 表 4—1 中的人口变动统计，反映了青岛收回后日本移民人口减少的趋势。

表 4—1　　　　青岛商埠各国人口变动表（1915—1926 年）

年份	日本人	欧美人	中国人	合计
1915 年 2 月	316	2095	187000	189411
1916 年末	11613	483	163975	176070
1917 年末	18561	525	183292	202468
1918 年末	18652	510	180363	199435
1919 年末	19998	362	192201	212561
1920 年末	24536	398	207824	232759

---

[1] 青岛市政府社会局：《青岛市盐业》，1933 年版，第 3—5 页。

[2] 吴祖耀：《青盐志略》，1933 年版，第 98—99 页。

[3] 〔日〕青岛守备军民政部：《行政引續竝其後ノ經營綜合概況》，1923 年版，第 4 页。

[4] 〔日〕青岛居留民團、青岛日本商工會議所：《山東に於ける在留邦人の消長》，1927 年版，第 2—3 页。

年份	日本人	欧美人	中国人	合计
1921 年末	24262	469	215669	240400
1922 年末	24132	387	217355	241874
1923 年末	15266	404	231246	236916
1924 年末	13504	575	236175	250254
1925 年末	13439	657	263492	277588
1926 年末	13468	630	269944	284042

资料来源：〔日〕青岛居留民团等：《山東に於ける在留邦人の消長》，1927 年版，第 9 页。

　　胶济沿线城镇的日本人也随之大幅减少，众多原先聚居于铁路沿线各城镇的日侨陆续撤离回国，一些日资商家也相继关门停业，日商经济势力明显减弱。以前日本人盘踞的张店，日人最多时达 1600 人左右，后减至300 人；周村日商只剩 9 家，当中有 5 家卖药商、3 家土产商、1 家旅馆；潍县日人的势力也"已很微弱"。1927 年 7 月，铁路沿线日侨人口总数共计 310 户，1115 人，其中坊子 59 户，200 人；潍县 18 户，30 人；昌乐 3户，9 人；高密 3 户，4 人；张店 69 户，227 人；周村 21 户，76 人；青州 9 户，36 人；博山 6 户，152 人；南定 11 户，27 人；淄川 111 户，354人。同期，烟台有日侨 235 人，威海 9 人，龙口 67 人。[①]

　　与青岛的情况不同，济南的日侨人口非但没有减少，反而有所增加，所经营的商业贸易也有一定扩展。1924 年济南有日侨 1670 余人，1927 年达到 2800 余人，日商业户也增加到 250 余家，其中除少量工业企业外，大部分集中在商业服务业领域，经营的商品和服务几乎无所不包。据1927 年调查，日本人在各业中的人数分布情况大致如表 4—2 所示。

表 4—2　　　　　　　济南日侨职业人口统计（1927 年）

类别	行业和主要经营项目	从业人数	家眷
工矿	矿业、火柴等	18	41

---

　　① 〔日〕青岛居留民团等：《山東に於ける在留邦人の消長》，1927 年版，第 4—9 页。

续表

类别	行业和主要经营项目	从业人数	家眷
食品	杂粮、鱼、酒、点心、豆腐、料理店	26	57
服务业	旅店、澡堂、理发、洗衣	20	55
服装业	和服、洋服、裁缝	11	37
百货	家具、器皿、估农、古玩、西药、照相、钟表	91	226
建筑、器材	建筑、五金、电料、机械	36	66
钱当	当店、钱铺	10	18
杂业	游艺、炭商、派报、裱糊、经纪人等	141	284
娼妓	妓户、艺妓	99	44
其他	银行职员、官吏、教师、医生、律师、记者、雇工、园艺及无职业者	552	1007
合计		1004	1835

资料来源：据周传铭《济南快览》（1927 年）相关统计综合整理。

据同期的另一项调查，1927 年，济南市区共有外国侨民 3439 人，洋行总数共 210 家，其中美、德、英及其他国家侨民 925 人，日本侨民 2514 人，约占外国侨民总数的 73%。日侨从事商业的人口（包括家眷）为 2335 人，其他行业 179 人，经商人口占 93%。[①]

据 1925 年 10 月日本各领事馆统计，日本在山东的移民人口共 16390 人，其中职业人口 6182 人（含失业者），家眷 10208 人。人口总数比 1922 年的 23566 人减少了 30%，有职业者人口数比 1922 年的 9448 人减少了 35%。当时日侨主要集中在青岛、济南、烟台三城市及周边地区，其分布情况如表 4—3 所示。

表 4—3　　　　山东各地日侨人口分布统计（1925 年 10 月）

城市及周邻地区	职业人口	家眷	男性	女性	人口总数
青岛及胶济沿线地区	5072	8579	6928	6723	13651
济南及周邻地区	983	1456	1257	1182	2439

---

①　孙宝生：《历城县乡土调查录》，1928 年版，第 47 页。

城市及周邻地区	职业人口	家眷	男性	女性	人口总数
烟台及周邻地区	127	172	141	159	300
山东全省合计	6182	10208	8326	8064	16390

资料来源：济南日本總領事館：《山東概觀》，1926 年 11 月，第 98 頁。

1928 年侨居山东各地的日本人口总数为 16821 人，大致与 1925 年的人口数相当。就地区分布而言，青岛人口略有减少，济南人口略有增加，而烟台则与以前持平。详见表 4—4。

表 4—4 　　　　　山东各地日侨及中外人口统计（1928 年）

地区与城市	日侨			欧美侨民	中国人
	男	女	合计		
烟台领事馆辖区	147	155	302	729	
烟台	93		208	645	92460
龙口	50	39	89	8	
威海	4	1	5	76	
青岛领事馆辖区	6832	6696	13528	628	
青岛	6616	6551	13167	593	314977
其中：市区	5385	5358	10743		77692
即墨、胶县	10	3	13		
坊子、潍县、昌乐、高密	206	142	348		
济南领事馆辖区	1533	1458	2991	124	
济南市	1075	1020	2095	109	287491
博山、淄川	278	264	542		
张店、周村、青州	180	174	354		
合计	8512	8309	16821	1481	

资料来源：根据〔日〕外務省亞細亞局：《支那在留本邦人及外國人人口統計表（第二十一回）》，1928 年 12 月版，第 94—100 頁编制。

据 1925 年 10 月日人调查，山东日侨有职业者共 5919 人，在主要行业的分布情况为：公司、银行、商行职员 2122 人，贸易商 201 人，代理中间商 123 人，行商 6 人，零售业（物品贩卖）635 人，其他商业 38 人，服务业 252 人，汇兑业 5 人，典当租赁业 35 人，农牧渔林业 197 人，矿业 25 人，工业手工业制造 161 人，交通运输和邮电业 102 人，建筑业 139 人，艺妓、娼妓、酌妇等 655 人。① 迄 1928 年，山东日侨职业人口增至 6201 人，其中青岛地区 4780 人，济南地区 879 人，烟台地区 114 人。从行业分布上看，公司、银行、商行职员 1756 人，比以前减少约 17%；贸易商略有增加；而零售业人数则明显减少，由 635 人减至 340 人，反映了这一时期日本小商人经营低迷的状况。具体情况见表 4—5。

表 4—5　　　　　　　　　1928 年山东日本侨民职业分布统计

职业	从业人数	家眷人数	职业	从业人数	家眷人数
农业林业	39	94	其他商业	308	976
渔业盐业	171	129	金融、保险、租赁	45	100
采矿冶金	28	53	艺妓、娼妓、女侍	720	9
窑业	5	15	理发、美发、浴池	51	104
金属工业	22	63	邮电	9	36
机械工业	8	23	铁路	14	50
化学工业	15	34	车马行、汽车司机	11	28
纺织工业	19	48	航运业	40	104
洗染业	22	60	运输代理	54	156
皮革工业	14	38	官吏、雇员及军人	280	691
竹木加工	16	40	宗教	43	101
食品工业	90	225	教育	136	287
服装工业	50	113	医务	231	298
土木建筑	131	291	律师	10	24
印刷业	16	42	新闻记者	45	87
娱乐装饰等	20	63	艺术	40	101
其他工业	28	68	自由职业	101	144

职业	从业人数	家眷人数	职业	从业人数	家眷人数
工厂工人	59	138	其他职业	201	405
公司、银行、商行职员	1756	3529	旅店、料理店、艺妓经营、游乐场等	218	517
物品贩卖	340	860	家佣	150	54
贸易商	229	648	学生	163	1
中介	17	28	无职业者	236	525

资料来源：根据日本外务省通商局《海外各地在留本邦人職業別人口表（昭和三年）》，1929 年，第 8 表、第 9 表编制，部分职业作了合并。

　　日人在青岛的土地权益被日本视为在青岛保留的最重要的权益之一，亦是其维持和扩张工商业经营的基础。日占时期，"对于取缔房户，开拓地皮，建筑楼房诸大端，积极进行，不遗余力，且以营造房屋，整顿租户，为发达埠务，扩充商业之要义"。[①] 在中国政府收回青岛之后，日本在青岛市内外仍占有大量的土地和房产。1923 年，中国政府先后收回日人占据的房地产 240 余处，但由于日方的阻挠等因素，结果又为日人重新夺回 69 处。[②] 日人在青岛的土地既得权利分为两种，一种是对青岛土地的私有权，一种是对公有地（官有地）的租用权，租用权系在日占时期依据日本当局土地出租法规获取，与 1922 年 12 月中国收回主权后取得的租用权有所区别。例如，在青岛收回之初，日人尚有租用的宅地和工厂用地约 100 万坪以及 130 万坪农用地。直到 1920 年代中后期，日人仍在青岛租占着大量土地，有契约的土地租占面积达 2019636 坪，无契约的土地租占面积为 392323 坪。按市内外官有地年租金划分，日本人具名下的租金为 202829 元，中国人具名下的租金为 124562 元，欧美人具名下的租金为 15800 元。[③] 20 年代中期，由于普通日

---

　　① 胶澳商埠局：《胶澳商埠行政纪要续编》，1929 年 4 月版，第 283 页。

　　② 田中秀太郎、萬德五三郎：《山東還附後ノ邦人事業》，1924 年版，第 14 页。

　　③ 〔日〕青岛居留民團、青岛日本商業會議所：《青岛に於ける邦人所有の土地》，1927 年 8 月版，第 8 页；按：《胶澳志》载，"官有地年租金，中国人具名项下 137470 余元，日本人具名项下 201300 余元，欧美人 16500 余元"（财赋志，税制，第 18 页）。

商和日侨房地产出租户经营不景气，拖欠了大量地租，迄1928年底，共欠缴地租398658元。[1]

迄于1927年8月，日人在市内外的私有地共156处，面积2610268平方米。其中市区内日人私人占地共76处，面积526088平方米（年税额32813元），相当于市区内全部私有地面积的33.3%；市郊日人私有地共80处，面积2084180平方米，相当于全部市郊私有地面积的2%。此外，日人在青岛共计拥有宅地面积152605坪，四方、沧口日资纺织工厂占地140350坪，国武农场面积401414坪（实际45万坪），其他农场面积约60万坪，合计约1294369坪。此外，日人在市区和工厂区的各类房屋建筑总面积达30万坪。[2] 日人占据的私有地和租用地，不仅是其主要的不动产投资，而且也是其经营活动中用于融资的工具，无论日常生活借贷还是工商业贷款，无一不是以房地产作抵押担保物。

原先日人在胶济铁路沿线城市占据的土地与房产，大部分也仍在其手中。以济南为例，迄1924年3月，单是日本居留民团和东文学校管理的地产就有104处，总面积438.6亩，另外日本济南医院占地98.5亩。[3]

青岛归还中国后，日侨和日资工商企业利用保留的各项权益，继续在青岛兴建了一批工厂、商店及住宅建筑，但是房屋建筑开工数和建筑面积在逐年下降。1923年日人私人建筑开工数计67处，建筑费72.7万元；1928年私人建筑开工数下降至7处，建筑费降至2.2万元，反映了在日本移民人口减少及工商投资经营调整的背景下，日资相关房地产经营活动的低落。1923—1928年，青岛共完成城市私人建筑726处，其中华人占60%，日人占30%，欧美人占10%。中国人的建筑面积为147767平方米，占建筑总面积的64%，日人建筑面积58340平方米，占25%。[4] 详见表4—6。

---

[1] 胶澳商埠局：《胶澳商埠行政纪要续编》，1929年4月版，第165—166页。
[2] 〔日〕青岛居留民團等：《青岛に於ける邦人所有の土地》，1927年8月版，第1—9页。
[3] 《濟南國有土地調》，见《濟南實業協會月報》，1924年4月第48期。
[4] 民国《胶澳志》，1928年版，建置志，公产，第62页。

表 4—6　　　　青岛中日私人建筑统计（1923—1928 年）　　单位：平方米/元

年份	日本私人建筑			华人私人建筑			建筑总面积
	处所	面积	建筑费	处所	面积	建筑费	
1923	67	36769	727450	85	26261	742450	63030
1924	40	10959	337630	171	45719	793047	59304
1925	11	2498	64760	74	21119	517410	36286
1926	15	2227	51680	56	9477	211100	19934
1927	14	4803	122850	94	22041	543665	27354
1928	7	1084	22080	37	23510	375720	24914

资料来源：根据民国《胶澳志》，建置志，公产，"民间建筑一览表"改制 1928 年为 1—7 月的统计。1924—1928 年建筑总面积中包括欧美私人建筑面积。

三　青岛收回对日资企业的影响

1922 年中国政府恢复在青岛的主权后，青岛的日侨人口和商行数便开始减少。1928 年，在山东从事于商业、金融业及服务业的日人由 1922 年的 3488 人减至 1928 人。因失去了原先依恃的政治奥援和殖民当局的经济扶持，一部分日商停业或收缩业务，金融机构也处于业务收缩状态。"小本营生之日商，因日本官吏与军队、铁路人员以及眷属人等离青，亦复大受影响"。[①] 1922—1928 年，全省日资零售业商人由 889 人减至 340 人；服务业就业人口由 429 人减至 289 人。从事大宗贸易的贸易商人数也整整减少了一半，由 462 人减至 229 人。1923 年日本综合性公司（商社）减至 101 户，而欧美公司（商行）则相应增长，于当年增至 38 家。1926 年，中国公司（商行）由 1922 年的 76 家增至 120 家，欧美商行由 19 家增至 64 家，而日本公司（商社）则由 138 家减少至 96 家。详见表 4—7。

表 4—7　青岛中、日、欧美公司（商社）消长比较（1922—1926 年）

年份	中国	日本	欧美	合计
1922	76	138	19	233

---

①　青岛市档案馆：《帝国主义与胶海关》，1986 年版，第 322 页。

年份	中国	日本	欧美	合计
1923	60	101	38	199
1924	100	96	55	251
1925	140	91	61	292
1926	120	96	64	280

资料来源：〔日〕青岛居留民团等：《山东に於ける在留邦人の消长》，1927 年版，第10—11 页。按：日资商社资本为 10 万元以上，其他国公司资本为 5 万元以上。

日本公司商社不仅家数减少，而且一些公司的经营状况也急转直下，出现了不同程度的低迷和委顿。1918 年第一次世界大战结束，原先依靠战时需要维系的市场虚假繁荣迅速消退，第二年日本国内便发生了经济危机。1921 年因青岛归还在即，日本停止了在青岛的官方投资，翌年，随着青岛的归还和殖民机构的撤销，使日资企业失去了过去一向依恃的政治经济奥援。这一时期，山东与国内各地的抵制日货运动，使"日本输入中国重要货品，如棉纱、洋布、洋货等，皆大受其影响"①，销售市场一度出现萎缩，对日商经营也起到了一定的抑制作用；而此前日资企业不顾一切的扩张和市场投机，又为日后的经营危机埋下了诱因。上述因素最终导致一些日资企业出现经营困难和亏损，甚至关停歇业。表 4—8 是这类日资企业的若干典型事例。

表 4—8 　　　　　　　　　　　　　经营不景气日资企业示例

日资企业	经营状况
山东运输会社	1923 年山东运输会社在青岛归还后，所享有的码头作业与装卸承揽特权被取消，终因丧失了原先那些特殊"业务"而解体。
中国烟叶株式会社	会社所收购的烟叶，起初由日本专卖局包销，获利丰厚。后因竞争者增多，营业不振，转而进行金融投机，导致资金无法收回，加之企业内讧和经营负债，业务几乎处于停顿状态。

---

① 《青岛出口货增加》，见《农商公报》第 10 卷第 1 册，《近闻》，1923 年 8 月第 109 期。

日资企业	经营状况
山东烟叶株式会社	1919 年 9 月成立，与山东窑业为关联公司，有名古屋商人伊藤守松的投资。因生意不景气，到 1926 年累计亏损 10 万—13 万元。
山东窑业株式会社	成立于 1918 年 12 月，由伊藤守松创办，资本 50 万元（实缴 25 万元），受青岛归还影响，连续数年亏损，亏损额约 5 万—6 万元。1925 年后因有上海工部局和纺织厂定货，经营始见好转。
山东产业株式会社	会社成立于 1920 年 12 月，最初称山东农事株式会社，1923 年 6 月改组为产业株式会社。资本 50 万元，实缴 12.5 万元，收支不抵，处于亏损状态。
青岛冷藏株式会社	1919 年由大仓营造厂与俄美开治洋行合并成立，最初赢利颇丰，但后来出现严重亏损，1923 年后停止营业，仅靠租赁冷藏工厂维持开支。
青岛食料品加工株式会社	公司原经营一般食品杂货，后开设加工厂加工副食品，但开工后市场行情每况愈下，仅能勉强维持经营。
青岛贸易株式会社	原系日本炭商为统一青岛同业而组成的青岛燃料株式会社，1922 年改组为贸易公司。会社成立后即陷入困境，加上受日军撤军影响较大，终因营业入不敷出而转营其他业务。
大仓商事株式会社	日占时期曾经生意兴隆，后来在经营冷藏、冻肉出口及其他业务上，连续出现巨额亏损，被迫于 1923 年对公司所有业务进行整顿收缩，经营规模大幅缩减。
青岛相互建筑株式会社	1918 年成立后，连续数年分红率为 20%。1923 年后，居住青岛的日人锐减，经营每况愈下，因融资困难，会员无力偿还贷款，结果导致资金呆滞，经营陷入困境，累计亏损 28222 元。
复兴建筑株式会社	原为东洋殖产株式会社，1920 年 4 月成立；1923 年总部迁至青岛，改称复兴建筑株式会社，但不久即因经营不善而停业。

日资企业	经营状况
山东兴业株式会社	公司由田中末雄发起，吸收部分中国人参加，资本 100 万元（实缴 50 万元），田中投资占 70%。公司在沧口的工厂 1918 年开工，但因经营欠佳，当年亏损 20 万元，后因每况愈下而停业。
田中商事株式会社青岛营业所	1919 年成立之初营业兴旺，后因经济形势急转直下，经营接连受挫，不复有昔日盛况，只是充当三家保险公司的代理店。
秋田株式会社青岛分公司	虽然仍小失为同业中一流的老牌公司，但因市场不景气，其经营规模大为缩小，不复有当年盛况，1925 年利润仅 7304 元。
青岛印刷株式会社	1919 年成立，资本 10 万元，成立之初经营颇佳，1921 年后因经济形势逆转，营业受到挫折。1923 年被迫将资本核减为 4 万元。直到 1925 年后，经营才开始好转，当年赢利率为 10%。
山东棉业株式会社	1919 年以三隆棉行为基础成立，资本 30 万元，开业后一直经营不佳，曾一度减资 5 万元，后因经济萧条，经营亏损，再次减资 10 万元，资本缩减至 15 万元。1925 年后经营始有起色。

资料来源：水野天英：《山東日支人信用秘録》（1926 年）各相关企业调查条目。

原先的中日合办企业也受到了影响。1918—1921 年日资企业扩张最盛时期，共开设了 12 家以日资为主体的中日合办企业。这些合办企业多数为日方控制，但有些只是徒有其名，实际连资本都没有缴纳。合办企业的实缴资本合计为 470 万日元，其中日方出资约占半数以上，为 250 万日元左右。[①] 第一次世界大战后，受日本国内两次经济危机以及中国收回青岛所产生的连带影响，这些原本就问题重重的合办企业大部分解体或倒闭。如日华协信公司，原来是接受青岛日本驻军的委托，办理上海、青岛间定期运输以及青岛、济南间铁路货运的运输公司，后来因业务萎缩而停业；山东兴业公司则转卖给了另外的业主；山东仓库公司因华商退出而实际变成纯日资公司，1930 年合并于同一系统的山东兴业公司；华兴火柴工厂和青岛车辆公司也在无形中解体。结果在合办企业中，尚能勉强维持

---

① 樋口弘：《日本对华投资》，1959 年版，第 98—100 页。

的只有旭华矿业公司。而旭华矿业公司的煤矿开采实际一直未能进行，只是到 1925 年在得到山东矿业公司资金上的援助后，方才重新恢复生产。

为了应对企业所处的困境，进一步扩大资本实力，增强同欧美公司以及华商的竞争能力，一些日资企业采取了诸如调整企业内部组织，增加融资渠道等方式，对企业组织和资本构成进行了改组，他们或将个人独资企业改组为合资、股份企业，或将合资企业改组为股份公司。如：

增幸洋行——原系横滨巨商安部幸兵卫开办的商行，1920 年后因经济萧条，安部陷于濒临倒闭的边缘。1921 年 8 月改组为合资会社增幸洋行，资本 10 万元，承接原安部在上海、天津、青岛的产业和业务。1925 年进一步改组为股份公司，并添设济南、张店、莒县等营业所。

合资会社三保本店——原为独资性质的青岛三保洋行，1926 年 6 月为应对经营危机而改组为合资公司。

和田制材厂——成立之初，原为个人独资企业，1924 年改组为合资公司，并与三井物产会社建立起密切关系。

岩城商会——原先为经营航运和贸易代理业的个人独资企业，1925 年改组为合资企业，营业范围也相应扩大。

柽村洋行——1923 年由个人独资改为股份制企业。①

此外，一些日本个人独资企业通过增资等方式，经营规模也有所扩大，某些个人企业的资本和经营规模甚至不亚于法人企业，如医药业中的井上诚昌堂就与日本卖药株式会社并立为青岛最大的两家日资药店。②

第一次世界大战后，日本大工商企业在华的投资份额和比重呈上升之势，1920 年代后，这一趋势更趋明显。随着带有垄断性的日资大型公司、商社在华投资额逐年上升，其投资比重和地位也日益提高，1927 年，日本 89 家主要在华公司的投资额为 92600 万元，占其海外全部投资的 89%，

① 水野天英：《山東日支人信用秘録》，1926 年版，第 389、391、420、463 页；黄光域：《外国在华工商企业辞典》，四川人民出版社 1995 年版，第 417、746 页。

② 水野天英：《山東日支人信用秘録》，1926 年 10 月版，第 34 页。

其中在东北地区投资 76060 万元，占其在华投资的 80%，而在关内的投资大部集中在诸如上海、天津、青岛、武汉等沿海沿江大城市和一部分矿产区。在行业分布上，纺织业投资所占比重最大，17 家纺织企业的投资占 15360 万元，纺织业以外的投资 810 万元。1925—1927 年，日本 89 家海外主要企业的投资额逐年上升，经营收益也逐步提升。

大企业投资的迅速增长，使大资本在日本工商资本海外投资中占据了首要地位，这一特点在山东也有突出表现。日本 89 家海外主要投资企业中，在山东投资的有 20 余家，这 20 余家企业包括大日本纺、泰安纺、同兴、丰田纺、长崎纺、内外棉、日清纺、上海纺、公大纺、上海制造绢纺、富士瓦斯、日华蚕丝、共荣起业、大连制材、青岛燐寸、东亚烟草、大连制冰、大日本麦酒、南满洲铁道株式会社、古河合名、坊子炭矿株式会社等①。表 4—9 是 89 家日资大企业在华投资概况。

表 4—9　　　　　　　　　**日本海外主要企业在华投资统计表**

年度	海外投资额（万元）	对华投资额（万元）	其中关内投资（万元）	投资收益（万元）	投资收益比（%）
1925	94860	85940	16760	830	4.95
1926	97204	87150	16540	810	4.89
1927	10365	92600	16600	930	5.60

资料来源：〔日〕商工省商务局贸易课：《海外ニ＝於ケル主要本邦商社ノ投資事業》，1929 年版，第 1—10 页。

四　日商工业投资的变化

1. 企业投资的一般状况

北洋政府统治末期（1927—1928 年），日本在华投资总额有几种不同的估计。按照正金银行总裁小田切的估计（此项估计由太平洋国际学会日本委员会提出），日本在华主要投资总额为 253963 万日元，其中借款

————————

① 〔日〕商工省商务局贸易课：《海外ニ於ケル主要本邦商社ノ投資事業》，1929 年版，第 44—49 页。

73047.7 万日元，包括工矿、商贸、金融等在内的一般投资 180915.4 万日元。同期，日本在青岛的投资共约 13964.5 万日元，投资额在关内仅次于上海（27400 万日元），其中工商业投资 90683840 日元，地产 48493000日元，公共类投资 468160 日元。但是，此项统计经美国学者麦雷审核认为错误甚多。日华实业社根据正金银行报告及其他资料估计，1926 年末日本在青岛的投资约 8800 万日元，其中纺织业 4300 万元，普通工业 1500万元，其他不动产 3000 万元。① 另外，按照青岛日本商业会议所的统计，日本在山东的工矿业投资总额共约 9900 万元，其中在青岛的纺织业投资5000 万元，其他工业投资 1500 万元，在胶济铁路沿线和济南的各项工业投资 1000 万元，沿线矿业投资 2400 万元。② 但是这项统计没有包括纺织业中的 1200 万元流动资金，如果将该项资金和其他地区的零星工矿业投资计入，日本在山东的工矿业投资应在 1.1 亿日元以上。

　　日本的工业投资依旧集中于青岛。八年的殖民地经营，使青岛的日资纺织业以及其他加工制造业有了很大的发展。日商所经营的榨油、烟草、屠宰、皮革、蛋粉、轧花及啤酒等工业，大多数是以对山东本省土产品原料进行加工制造为特征。在这些行业只有中小华商资本所经营的各种中小工厂，也很少有英、美等拥有大资本的外国企业与之竞争，从某种意义上说，这是日本工业的独占地带。

　　日本归还青岛后，随着大批日侨的回国和部分日商资本的转移撤资，许多日资中小企业停业倒闭，在短短的二三年时间里，先后停业的日资企业有 70 余家，但是，资本实力雄厚的大企业基本没有受到太大影响。1925 年，日本青岛领事馆领事堀内谦介给日外务省大臣币原喜重郎的调查书载，青岛共有日资工厂 103 家，实际开工企业 96 家，其中纺织工业13 家，化学工业 24 家、机械工业 12 家、食品工业 28 家、其他工业 19家，注册资本 35000 万元。③ 在青岛四方、沧口一带，集中着内外棉、大康、隆兴、钟渊、富士、宝来 6 家纱厂，在台东镇附近则麇集着日华蚕

---

　　① 刘大钧：《外人在华投资统计》，1932 年 8 月版，第 23—28 页。

　　② 〔日〕青岛居留民团等：《山東に於ける邦人の企業》，1927 年 8 月版，第 13 页；按：原统计中是分列数与合计数不符，已据分列数做了订正。

　　③ 〔日〕亞洲歷史資料中心檔案：B20021301104，亞細亞局第二課：北支地方ノ青岛，支那各地本邦人經營工場狀况，1925 年（外務省外交史料館，調書）。

丝、大日本麦酒、山东火柴、青岛燐寸、东和油房等大型日资工厂。关于日资企业的行业分布与资本情况，详见表4—10。

表4—10　　　　　　　　青岛日资工厂统计表

工业部门	企业类别	开工企业数	停工企业数	资本（日元）
纺织工业	纱厂	6		184780000
	缫丝厂	1		2500000
	织布厂	2	1	5200000
	杂工场	4		20000
化学工业	造纸厂		1	不详
	制革厂	1		100000
	制皂厂	1		60000
	燃料	1		100000
	医药	4		250000
	火柴	3	1	1338000
	窑业	9		2707000
	染料	3	1	120500
	肥料	2	1	90000000
机械工业	铁工厂	9		608000
	镀金	3		523000
食品工业	罐头	6		98000
	酿造	8		40245000
	烟草	2		550000
	面粉	1		500000
	蛋粉		1	500000
	饮料	2		530000
	榨油	9	2	19432000
杂工业	家具	5		158000
	印刷	6		175500

工业部门	企业类别	开工企业数	停工企业数	资本（日元）
杂工业	皮革	4		115000
	竹木	4	1	300000
合计		96	9	350760000

资料来源：青岛居留民團等：《山東に於ける邦人の企業》，1927 年 8 月版，第 2—5 页；日本青島總領事館：《青島概觀》，1926 年版，第 90—92 页；按：原统计"化学工业"栏、"食品工业"栏小计与合计数不符，本表按各业相加得出总数。

　　表中所列企业，从企业组织形式上看，在青岛设立总公司的有 14 家，设立分公司的有 4 家，两合公司有 7 家，较大的独资工厂有 20 多家。1927 年，资本 50 万元以上的日资企业有 20 家之多，资本总额不下 1 亿元，而华商同等规模的企业只有华新纱厂和永裕公司。[①] 各厂生产的产品种类有棉纱、啤酒、火柴、建材、面粉、皮革、烟草，等等，产品销路以山东全省以及广大华北为市场，部分企业在出口方面非常活跃，产品主要销于日本。

　　同一时期，日本资本在济南开设的企业有面粉、皮革、药品、蛋粉以及轧花等工厂，但后来皮革、药品等工厂因经营不善而倒闭。1925 年，济南的日资企业有 6 家，这 6 家企业是祥阳火柴公司、安泰骨粉工场、满洲制粉会社、中华蛋厂、出水肥料济南工场、千代田罐诘工场，但尚在营业中的只有祥阳、安泰两家工厂。祥阳火柴厂成立于 1925 年，是青岛东亚燐寸株式会社在济南开设的分厂，资本 30 万元，厂内有火柴机 15 台，职工 400 人，其中男工 100 人，女工 50 人，童工 250 人，年产值 30 万元。安泰骨粉工场资本 9 万元，雇工 50 余人，年产值 20 万元。出水肥料、千代田罐诘、满洲制粉三家工厂均因经营不善而停业，中华蛋厂则转为个人经营。1928 年祥阳工厂也因工人罢工而停业。这一年，日本人齐藤利一和川崎益荣又在济南开设鲁兴火柴公司，资本 3 万元，有工人 400 人，产品商标为"五福""松福"，销于本埠及津浦铁路沿线。此外，在烟台地区还有一家日资企业——龙口中山矿业公司。这家公司原由中山辰

---

① 民国《胶澳志》，1928 年版，《食货志》，工业，第 100 页。

次郎个人经营，1925 年 3 月改组，吸收其他日商投资，出资者除中山外，另增加了 4 名日商，资本也增至 20 万元。[①]

这一时期，日本在华合办企业大致分为以下几类：①根据中国公司法而设立的企业；②根据特殊条约或协定设立的企业；③根据日本商法，经过日本领事馆登记，吸收中国人资本参加而成立的企业。当时山东三家主要的中日合办企业都是根据"特殊协定"而设立的。根据 1923 年 1 月"山东悬案细目协定"，在对日本占据的原德国经营的矿山企业进行估价的基础上，成立了三家特殊的合办公司，即在接收淄川、坊子煤矿和金岭镇铁矿基础上成立的鲁大矿业公司，在接收青岛电灯公司基础上成立的胶澳电气公司，在接收屠宰场基础上成立的青岛宰畜公司。

胶澳电气股份有限公司成立于 1923 年 5 月 27 日，原为德国青岛总督府直营的发电厂，日占时期为日本当局经营的青岛发电所。日本交还青岛时，根据"山东细目协定"改为中日合办。公司资本 200 万元，实际投入 150 万元。总股本 12 万股中，中方股本 64800 股，占 54%；日方股本 55200 股，占 46%。中方股东 393 人，大股东为王雍记（4586 股）、王子雍（3385 股）、隋石卿，（3400 股）、宋雨亭（2500 股）、宫淑芳（1200 股），中方股东以小股东占多数，20 股以下的股东占 147 人；日方出资主体是青岛电气公司，拥有胶澳公司的股份 23600 股。日方股东 27 人，当中有铃木格二郎、西川博、石桥藤次郎、田边郁太郎等著名日商。公司董事中日各占 5 人，监事中日各 2 人。华商隋石卿任董事长，村地卓尔任副董事长，王子雍任经理。日商桥光隆任经理。[②] 电厂交还前，设备装机容量 5000 千瓦，后来随着需要的增加逐步扩充，供应市内电灯和工厂动力用电。青岛屠宰场于 1923 年 11 月改为中日合办，翌年 5 月正式成立。公司资本为 40 万银圆，中方出资 54%，日方出资 46%。

按日人樋口弘估计，日本参与三家企业合办后，对鲁大公司的投资，除实缴资本外，加上贷款及其他形式的投资约 1000 万日元；对于胶澳电气公司出资和贷款两项投资约 250 万日元；青岛宰畜公司投资估计约 50

① 〔日〕亞洲歷史資料中心檔案：B20021301105，亞細亞局第二課：北支地方/濟南，支那各地本邦人經營工場狀況，1925 年；B20021301106，北支地方/芝罘，支那各地本邦人經營工場狀況，1925 年；日本濟南總領事館：《山東概觀》，1926 年版，第 68—69 頁。

② 胶澳电气股份有限公司：《中华民国十二年第一期营业报告书》，1923 年。

万日元。合并计算，日本对三家特殊合办公司的投资约 1300 万—1500 万日元。[①] 青岛两家合办企业为日方获得了可观的利润，胶澳电气公司规定股东官利为年利 1 分，开业当年第一期红利 4.4%，1925 年每股红利上升至 6%；同期屠宰场每股红利率为 8%。[②]

2. 日资企业经营态势的变化

1920 年代中后期，由于国内外市场需求变化和日本工业资本投向的调整，日资企业的经营格局与态势也发生了若干显著变化，按行业消长和企业经营态势，变化大致分为以下三类。

第一类企业，因市场条件和经营环境的变化，逐渐由盛转衰，有的停业，有的规模缩减。最突出的为蛋粉、榨油、砖瓦、面粉加工等几个行业。

鸡蛋加工业兴起于第一次世界大战时期，当时蛋粉等加工品作为军需品有大量的输出。但战争结束后，国际市场对蛋粉的需求减少，蛋粉工厂受此影响，渐次倒闭歇业。大阪巨商伊藤忠兵卫投巨资在济南开设的中华蛋厂，是当时规模最大的一家日资蛋厂。蛋厂成立于 1920 年，厂内拥有最先进的机器设备，产品直接向欧洲出口。但该厂开工不久便因银价和蛋价上涨，经营出现亏损，生产难以为继，最后只得宣布停业。20 年代初，从事加工蛋粉的日商工厂悉数停业，只有德商经营的天成洋行还有少量生产。日资鸡蛋加工业由蛋粉转向冷冻蛋加工出口。1923 年成立的日资石桥洋行即属冷冻蛋加工企业，日生产能力为液体蛋 15—20 吨，年产约 5000 吨，日消耗鸡蛋 50 万—70 万个。企业生产设备有约克式榨机 3 台，冷藏库容量 800 吨。产品以日本和英国为销售市场。[③]

日资精制油业在 20 年代初曾盛极一时，加工工厂多达十几家。但是，"日人经营油坊以输出为本务，若专事制油亦难获利"，随着战后欧美花生油进口的减少，大部分靠收买内地粗制油加工出口的工厂，便因开工不足只能勉强维持。到 1920 年代中期，日资加工企业只剩东洋制油、东和

---

①　樋口弘：《日本对华投资》，1959 年版，第 95、104 页。

②　水野天英：《山东日支人信用秘録》，1926 年版，第 383—384、412—413 页。

③　封昌远译：《山东的鸡卵加工业概况》，《农学月刊》第 1 卷，1935 年 12 月第 3 期；民国《胶澳志》，1928 年版，《食货志》，工业。

公司、峰村洋行、三菱油坊 4 家，真正具有机器榨油能力的东和与峰村两家油房，也处于半开工状态，后来峰村因资不抵债由汇丰银行接管。尽管日资加工业处于衰落状态，但其规模仍超过了华商，东和依旧是青岛最大的榨油企业，年制油 5500 吨，年消耗花生 22.5 万担，而华商数十家油坊，"不能敌日商一家之产量"。①

日商面粉工业投资一直没有大的变化，开设于济南的满洲磨房早就歇业；青岛制粉株式会社因市场关系，日产 3000 吨的能力只能处于半开工状态，年产面粉约 40 万—50 万袋。1925 年 10 月，日商在青岛成立福星面粉公司，工厂只有一台制粉机，动力 20 马力，基本属于小型机器磨房性质。同期山东全省共有 11 家面粉厂，其中日商工厂 2 家，总产量约 100 万担。②

这类企业经营不景气甚至停业倒闭的原因主要在于，企业生存很大程度上依存于战时国际市场的特殊需要，当战争结束后，市场需求大幅缩减，企业生产因产品无销路，很快便难以维持。此外，某些企业（如砖瓦厂、窑业工厂）的经营，是以日本殖民政府市政建设为条件，靠与当局的特殊关系承揽工程用料，青岛交还中国后，这些企业自然失去了生存的条件和基础。

第二类企业，基本维持原先的格局，变化不大，如火柴业、铁工业、家具、印刷等行业。

北洋政府时期，青岛共有三家日资火柴厂，三家火柴厂的日生产能力达 245 吨，其中青岛燐寸 90 吨、山东火柴 120 吨、华祥 35 吨。③ 山东火柴工厂由日本火柴业中的巨头、神户的吉右卫门家族经营。1920 年 3 月购并明石惣五郎经营的山东火柴公司，1925 年又购并东鲁燐寸株式会社，合并后的火柴厂资本金 100 万元，占地 1 万坪，建筑面积 3000 余坪，规模宏大，年产量达 4 万吨，成为青岛火柴行业的霸主。华祥燐寸株式会社成立于 1924 年 4 月，由青岛燐寸株式会社创办人宇田贤治郎创办。开始

---

① 民国《胶澳志》，1928 年版，《食货志》，工业，第 94—96 页。

② 民国《胶澳志》，《食货志》，工业，第 94 页；白眉初：《中华民国省区全志·山东省志》，1925 年版，第 318 页。

③ 青岛居留民團、青岛日本商業會議所：《山东に於ける邦人の企業》，1927 年版，第 8 页。

公司资本只有 3.8 万元，系一家中日合资的小火柴厂。第一期分红率为
15%，第二期为 35%，第三期资本增至 7.1 万元，为了扩充资本，公司
大幅度增加公积金，分红率降为 15%。①

　　铁工业中的日资铁工厂规模一般较小，以生产加工铁器为主，并兼营
维修，资本很少有超过 5 万元的。5 家主要的日资铁工厂，梅泽商会资本
4 万元，锦信铁工厂资本 2 万元，津野铁工厂、胶东铁工厂、兼元工厂 3
家资本都只有 1 万元。② 严格说，这些日资铁工厂与华商铁工厂处于同一
层次。

　　第三类企业，资本投资和生产规模不断扩大，赢利也处于较高的水
平。棉纺织业和缫丝业无疑是这类企业典型。

　　第一次世界大战结束后，日本国内发生了第一次经济危机，日本工业
资本为了降低原料、运输等生产成本，以摆脱国内市场萧条和资本过剩的
局面，将眼光转向中国沿海城市，而有着丰富腹地棉花资源和廉价劳动力
资源的青岛，也自然成为纺织业投资的重点地区。继内外棉纱厂之后，
1919—1923 年，日本纺织业资本利用日本当局的支持，先后在青岛投资
开设了大康、富士、隆兴、钟渊（公大第五厂）、宝来 5 家机器纺纱厂，
形成了日商纱厂第一次扩张高峰。1923 年一年之中就有隆兴纱厂、公大
第五厂、宝来纱厂三家日资纱厂建成投产，同时内外棉、大康也分别将纱
锭增至 63200 锭和 58000 锭，5 家日资纱厂的纱锭总数达 167912 锭，是同
期华新纱厂纱锭数的近 6 倍。1924 年宝来纱厂建成投产后，青岛日本纱
厂增至 6 家，第二年纱锭总数达 231800 锭，投资规模仅次于上海，居国
内第二位（各厂情况见表 4—11）。日资纱厂集中于四方、沧口两地，占
地面积达 68.7 万坪，其中拥有 30 年使用权的借用地 55.3 万坪，私自填
埋土地 13.4 万坪。6 家工厂共有固定资本 5000 万元，流动资本金 1200 万
元，年生产棉纱 25 万捆，产值 5500 万元。6 家工厂共雇佣日本人 550 人，
华工 1.5 万人，年生产费用 750 万元，其中劳动工资 280 万元，年煤炭消
耗量达 7.5 万吨。③

————————

　　①　水野天英：《山东日支人信用秘録》，1926 年版，第 75、第 387—388 页。

　　②　侯厚培、吴觉农：《日本帝国主义对华经济侵略》，1931 年版，第 260 页。

　　③　〔日〕青岛居留民团等：《山东に於ける邦人の企业》，1927 年 8 月版，第 5—6 页。

表 4—11　　　　　　　青岛日资纺织工厂概况统计（1925 年）

企业名称	工厂名	土地面积（坪）	建筑面积（坪）	纱锭数（锭）	注册资本（元）
内外棉株式会社青岛支店	银月纱厂	105954	8883	63200	16000000 元
大日本纺织株式会社青岛工场	大康纱厂	90410	16303	58000	51000000 元
日清纺织株式会社青岛工场	隆兴纱厂	58148	6965	20600	10000000 元
上海制造绢丝株式会社青岛支店	锺渊纱厂（公大五厂）	246785	26352	40000 织机 860 台	10000000 两
长崎纺织株式会社青岛支店	宝来纱厂	60893	6682	20000	5380000 元
富士瓦斯纺织株式会社青岛支店	富士纱厂	125600	8842	30000	45200000 元
合计		687790	74029	231800	127580000 元 10000000 两

资料来源：〔日〕亞洲歷史資料中心檔案：B20021301104，亞細亞局第二課：北支地方/青岛，支那各地本邦人經營工場狀況，1925 年（外務省外交史料館，調書）。

1928 年，6 家日资纺纱厂的纱锭总数达 247080 锭，自动纺机 1710 台，纱锭数是青岛华新纱厂（3.3 万余锭）的近 7.5 倍，是华新、鲁丰两家纱厂纱锭总和（6.1 万锭）的 4 倍。最大的日本内外棉纱厂有纱锭 6.32 万锭，超过了两家华商纱厂纱锭的总和。[1]

华商纱厂与日资纱厂的差别不仅表现在纱厂家数和资本规模上，同时也反映在生产技术水平上。据 1930 年代初的有关调查证实：华厂纺 20 支纱，每 1 万纱锭须用工人 550—600 人，日厂只须 500 人；华厂在 24 小时内，每支纱锭可纺 16 支纱 1.15 磅，日厂在 22 小时内可出 16 支纱 1.20

① 滿鐵北支經濟調查所：《北支那工場實態調查報告（青岛之部）》，1940 年版，第 45—46 页。

磅；华厂在 12 小时内，每台织机可出重 13 磅宽 36 英寸棉布 60 码，日厂在 11 小时内，每机则可出同样的布 65.68 码。以上对比表明，日厂的劳动生产效率要明显高于华商纱厂。[①]

日本纱厂对华商纱厂构成的威胁和竞争压力是显而易见的。当时山东省内只有青岛华新和济南鲁丰两家华商纱厂，尤其华新纱厂孤处于日资纱厂的包围之中，面临着严峻的竞争压力。据当时华新纱厂经营者周志俊回忆：纱厂开工之初，生产经营年年有赢利，但是"嗣后各外厂勃兴如雨后春笋，财力丰富，锭数较多"，华新纱厂"规模既小，夹处其中，营业困难，远非局外人所能预测。故一九二四年度竟无余利可分"。[②] 后来为应对日厂竞争，华新纱厂不得不将赢利大部用于技术改进和扩大再生产。

日资纱厂具有明显的优势，致使华商纱厂处于极为不利的境地，但是日本纱厂却始终未能将华商纱厂压垮。孤悬于日商纱厂包围之中的华商纱厂之所以能够保持不败，且有所发展，原因是多方面的。既有华商纱厂本身不断进行的自我更新扩张，也有市场方面的因素。当时市场对棉纱存在的大量需求，给中资工厂留下了一定的生存空间，使纱厂产品仍能有相当的销路。所以当时曾有人对中日纱厂的竞争形势做过这样的判断：

> 现在华厂与日厂的竞争并不是生死存亡的竞争，乃是争赚利多少的竞争，故并不严重，将来的竞争，才是生死存亡的竞争。中国棉业现在没有问题，问题是在将来。[③]

青岛日本纱厂及华商纱厂的发展，使日本对青岛港的出口货物结构发生了很大变化。"各厂所出之纱与粗布不仅敷供境内之需求，且有多数余货运往外洋及通商口岸"。结果棉纱进口减少，机械设备进口增加；粗纱进口比重下降，32—42 支细纱的进口增加。1923 年日本对青岛的棉纱出口由上年的 119346 担减至 72741 担。1924 年又进一步减少至 24025 担。

---

① 皮斯：《中日两国棉业调查的报告书》，转见王云五主编东方文库续编，《丝业与棉业》，商务印书馆 1933 年版，第 102 页。

② 周志俊：《青岛华新纱厂概况和华北棉纺业一瞥》，全国政协文史资料研究委员会编《工商经济史料丛刊》第 1 辑，文史资料出版社 1983 年版。

③ 王云五主编东方文库续编：《丝业与棉业》，1933 年版，第 100 页。

同一时期，日资纱厂生产的棉纱、棉布逐渐成为青岛重要的出口商品。1924 年共输出棉纱 1.32 万件，翌年增长 1 倍，1927 年达 6.4 万件。1925 年输出市布、粗布 26 万匹，1927 年增至 55 万匹。[①] 此时，日本棉纱除在本省即墨、潍县、昌邑等处销售外，还行销至京津地区、长江流域和东南沿海省份以及东北地区。

1920 年代中期，日本工商资本共在中国设立了 6 家机器缫丝工厂，其中山东就占 3 家，即铃木丝厂、张店丝厂和公大丝厂。1927 年，3 家日商丝厂共有丝车 1332 台，而全省 7 家华商机器丝厂（全部集中在周村）总共只有丝车 760 台。[②]

青岛铃木丝厂开设于日占时期，20 年代后，铃木丝厂的规模不断扩大，资本达 250 万元，年产量增至 1500 担。厂内共有 5 个缫丝车间、2 个烘丝车间、3 个再缫车间、2 座锅炉房、电气动力 25 马力，缫丝机总数 736 台，另外丝厂还拥有回转式选茧台、中原式煮茧机等先进设备。丝厂生产完全由日人控制管理，工人从当地招募，共有缫丝工 736 人、再缫工 60 人、选茧女工 43 人，加上其他工序的杂役，工人总数约 1100 人。1923 年丝厂营业额为 370 万元，1925 年达 420 万元。[③]

1923 年，原先负责为铃木丝厂购买蚕茧原料的张店丝厂实行改组，扩充资本至 20 万日元，成为独立的丝厂。丝厂设备有缫车 298 台、锅炉 3 座，主要利用当地原料从事生产。

同年，日商上海制造绢丝株式会社（钟渊纱厂的投资方）在青岛设立了第三家日资丝厂——公大丝厂。公大丝厂有缫丝机 200 台，同时还安装了获得日本国内专利的新式直缫机 26 台，直缫机可同时缫制 36 条丝，每个丝条有自动添绪器和丝框自动制动机，技术水平在行业内处于领先地位。

据 1925 年的一项调查，周村蚕茧的年集散额约 300 万斤。而日商青岛丝厂在当地市场的收买量为 60 万斤，约占 20%，其余的 80% 由当地 4 家华商机器缫丝工厂收买。华商机器丝厂生产的生丝产品运到上海市场出

---

① 青岛市史志办公室编：《青岛市志·纺织工业志》，新华出版社 1999 年版，第 41 页。

② 徐新吾主编：《中国近代缫丝工业史》，上海人民出版社 1990 年版，第 634—635 页。

③ 青岛市档案馆编：《帝国主义与胶海关》，1986 年版，第 213 页。

口，手工座缫丝则在当地市场出售，用作本地织绸原料。① 在张店，每当收茧季节，铃木丝厂恃其资本雄厚，大肆收购。"买茧之季，日本正金银行充量供给其用款，等于无息之贷款"，每年丝厂收买茧数约 20 万斤以上。结果"山东之蚕丝业大受其影响，茧市几全为该厂所操纵"。②

三类企业中，棉纺织业的赢利水平无疑是最高的，第二类企业基本维持原来的水平，而其余企业大多处于亏损或微利状态。与商业企业相比，工业企业的整体赢利水平算是高的。

在华日资纱厂大半隶属于本国母公司，财务报表与母公司合并，结果使纱厂投资的利润和红利难以单独反映。但是若按 1927 年日本商工省根据 89 家公司报告的估计，日本在华纺织业投资为 15360 万日元，利润为 840 万日元，差不多有 5.5%。③ 青岛内外棉纱厂作为日资纱厂的典型，其利润的变化在一定程度上折射出日资纺织企业利润的波动情况。1921 年前期内外棉的资本利润率为 74%，后期高达 84.9%。1922 年因青岛归还中国，日资工商业经营普遍受到影响。当年前期内外棉利润率比上年减少了一半，后期又比前期减少一半多。此后二年因资本扩大，纱厂资本利润率有所下降，但利润绝对值却恢复了上升之势。1927 年在国内形势的影响下，纱厂利润率降至最低点，前期为 3.1%，后期为 4.5%，然而若就全年利润相加总计，利润率仍有 7.5%，高于同期在华日资纺织业平均水平（详见表 4—12）。

表 4—12　　　　青岛内外棉纱厂历年利润统计（1921—1928 年）　　　单位：元

年份	总资产	负债	资本金	当期利润	资本金利润率(%)	总资产利润率(%)
1921 前期	2437442	697893	1000000	739549	74.0	30.3
1921 后期	3575619	1726915	1000000	848704	84.9	23.7
1922 前期	5413386	4009742	1000000	403644	40.4	7.5
1922 后期	5882952	4718026	1000000	164926	16.5	2.8

① 《膠濟鐵路沿綫貨物狀況（六）》，見《濟南實業協會月報》，1925 年 9 月第 64 期。
② 《日本经济侵略山东丝业状况》，见《国际贸易导报》第 2 卷，1931 年 6 月第 6 期。
③ 雷麦：《外人在华投资》，1959 年版，第 371—373 页。

续表

年份	总资产	负债	资本金	当期利润	资本金 利润率(%)	总资产 利润率(%)
1923 前期	7196255	2924158	4000000	272097	6.8	3.8
1923 后期	7413225	3022063	4000000	391162	9.8	5.3
1924 前期	10069581	5376068	4000000	693513	17.3	6.9
1924 后期	11803784	6740715	4000000	1063069	26.6	9.0
1925 前期	13867226	8422060	5000000	445166	8.9	3.2
1925 后期	12791104	7265721	5000000	525383	10.5	4.1
1926 前期	9482486	4072142	5000000	410344	8.2	4.3
1926 后期						
1927 前期	9201860	4049109	5000000	152751	3.1	1.7
1927 后期	9440873	4217932	5000000	222941	4.5	2.4
1928 前期	8400582	2943219	5000000	457363	9.1	5.4
1928 后期	8188829	2589058	.5000000	599771	12.0	7.3

资料来源：桑原哲也、阿部武司：《在華紡の經營動向に關する基礎資料——内外棉：1921—1934 年》，《國民經濟雜志》第 182 卷第 3 號，2000 年 9 月（神戶大學商業研究所）。

根据日人所做调查，日资企业的利润水平按其所处行业和经营状况有着很大差别，大致而言，在 5%—15% 之间。表 4—13 是青岛部分日资企业 1925 年或 1926 年度上期赢利和股东分红情况，其中有些企业是独立核算，有单列的资产负债表，而有些企业与母公司合并报表，资产负债表没有单列，所以不能完全代表该企业真实的利润水平，只能以总公司的资产负债表和赢利作参考。

表 4—13　　　青岛日资纺织企业与其他企业赢利比较

企业名称	年红利 （%）	说明
大康纱厂	20	资本 5200 万元，1926 年上半年利润 6817302 元，按股东年利 20% 计，同期分红 520 万元。

续表

企业名称	年红利（%）	说明
内外棉纱厂	15	实缴资本1325万元，1926年上期利润139万元，按股东年利15%计，同期分红99.4万元。
富士纱厂	12	实缴资本3400万元，1926年上半年利润214.6万元，按股东年利12%计，同期分红204万元。
宝来纱厂	12	实缴资本418万元，1926年上期利润分红25万元。
山东棉纺株式会社	10	实缴资本46500元，1926年上期利润1248元，滚存利润7177元，分红2400元。
日华蚕丝株式会社	8	1924年度分红利率8%。
大日本麦酒株式会社	30	实缴资本2700万元，1926年上期赢利620万元。
大连制冰株式会社	15	资本金50万元（实缴62.5万元），1926年上半年利润48550，按股东年利15%计，同期分红37500元。
华祥火柴株式会社	15	资本71000元，1926年度上期利润18304元，按股东年利15%计，分红5325元。第二、三期分红曾达35%和30%。
青岛输出牛取引株式会社	10	资本15万银圆，1926年上期利润11870银圆，按股东年利10%计，同期分红7500银圆。
青岛大旅馆株式会社	10	资本35万元，1925年度利润86075元，按年利10%计，分红34901元，1924年前年利为25%。
美星烟草株式会社	10	实缴资本50万元，1925年分红率10%，1926年度利润17053元，同期分红率4%。
大连汽船株式会社	9.6	1925年度总收入550万元，纯利约53万元。1925年度分红9.6%。
江商株式会社青岛支店	8	实缴资本2000万元，1926年上期利润901802元，按股东年利8%计，同期分红80万元。
东洋棉花株式会社	8	实缴资本1500万元，1926年上半年赢利170万元。

企业名称	年红利（%）	说明
东洋拓殖株式会社	8	实缴资本 3500 万元，1925 年度赢利 329.5 万元，分红 280 万元。
青岛制粉株式会社	5—10	实缴资本 37.5 万元，赢利情况不详。
山东起业株式会社	5—6	实缴资本 250 万元，1926 年上期利润 75408 元，按股东年利 5 分多计，同期分红 64000 元。
中国烟叶株式会社	5.1	1926 年上半年利润 15490 元。
山东仓库株式会社	5	实缴资本 375000 元，1926 年上期利润 17915 元，按股东年利 5 分多计，同期分红 9375 元。
兴亚起业株式会社	3	1926 年上半期分红率为 3%。
秋田株式会社	—	资本 75 万元，1925 年利润 7304 元。
青岛土地建物株式会社	—	实缴资本 35 万元，1926 年上期利润 6169 元。
青岛印刷株式会社	—	实缴资本 4 万元，1925 年上期利润 2022 元。

资料来源：水野天英：《山東日支人信用秘録》，青岛興信所 1926 年版。

为了对日资企业的经营利润水平有一个更全面的认识，有必要将这一时期日本国内企业的平均红利率拿来做一比较。1925—1928 年日本国内企业的综合红利率平均为 6.08，工业企业为 7.51，商业为 3.99。由此可见，尽管 20 年代前期山东的日资企业经历了委顿不振，但在经过改组兼并和追加投资后，其经营赢利水平多数情况下仍然高于日本国内平均水平（详见表 4—14）。

表 4—14　　　　　日本国内企业分红利率（1925—1928 年）

年　份	综合红利率	工　业	商　业
1925	6.11	7.97	3.67
1926	6.21	7.55	3.51
1927	6.02	7.20	4.30
1928	5.97	7.33	4.49
平均	6.08	7.51	3.99

资料来源：赵兰坪：《日本经济概况》，上海：黎明书局 1932 年版，第 120 页。

五　技术引进对地区工业化的影响

清末（20 世纪最初 10 年），由官方倡导的兴办实业活动在各地兴起，民间创办实业的活动也有所发展，部分传统产业接受外来影响逐渐改进。与之相关的改进集中于轧花业、手工织布业、榨油业、缫丝业及印刷等行业。产业改进最直接的动力和最主要的内容是以机器设备和生产技术为载体的技术改进。鉴于当时国内经济技术的发展状况，引进日本机械和采用日本技术，或以其技术改进传统机械，或比照其式样进行仿制，以提高劳动生产效率，便成为原始工业化进程中技术改进的一条重要途径。以下是一些当时文献记载的事例。

潍县　县令袁梦梧"在日本购回轧花及制造胰子机器，开办工艺局。闻此种机器不用锅炉，但以人力助之，便能转动，事半功倍，皆日本最新之品"。

济南　西关工艺局"前从日本携回蚕学机器全付，刻已安置局中"。
工艺局员前由日本购回织布机一架，现已照式仿制，将近竣工。若能如洋式灵巧适用，便须续造数十架，开办织布事宜。
1905 年，沈景臣在济南开设简报馆，由日本购进四开大石印机 1 部，印刷报纸。此外，工艺局也新从日本购到石印机器。

长山　商人郭方彭自日本观博览会归，仿制足踏缫丝机器，……灵巧合度，将来周村各丝厂均可购用此机，改良工业。①

沂州　1905 年，沂州知州托人在日本代购织布钢机，以更换本地纺织局木机。②

高唐　城内轧花局系用东洋打花、轧花各机制成花绒。

---

①　以上见《济南汇报》第 8 期，29 期，33 期，45 期，"海岱丛谈"。
②　《东方杂志》第 2 卷，1905 年 12 月第 11 期，实业，第 198 页。

冠县　现已改用洋轧车，较旧式轧车，其速增至四倍。①

乐陵　迩者风气甫开，有购东洋木机以纺织者。②

滋阳　所出细布和毛巾，系"购取洋纱，仿日本人力木机织成"。③

胶州　1909 年 7 月设有油房一所，系用日本机器，专做豆油花生油。④

烟台　1905 年，仁增盛、恒利两家烟草公司引进日本增田式切烟机和卷烟机，中安、隆盛两家烟草公司则使用美国卷烟机器。华顺号绸庄安装丰田式织机，雇聘日本技师和织工制织茧绸。⑤

1908 年，油坊从日本引入蒸汽榨油机，以代替旧式手工榨油，截至 1911 年，烟台蒸汽动力榨油工场已发展到 11 家。⑥

由上述事例中不难看出，清末民初政府与民间资本对日本制造业技术的引进采用，采取的是一种主动的方式，根据自身生产经营的需要，直接从日本或国内口岸引入，而日本工商资本在其中并无多少直接的作用。建于清末的官办近代企业如洙源造纸厂、博山玻璃公司，民营企业如济南电灯厂、火柴厂等，其设备大部分自英、德等国购入，设备安装与生产工艺指导一般也由技术输出国负责。与机器工厂技术设备的引进路径不同，官办手工工场、民营小企业以及家庭手工业的工具改良，往往借助从日本引进。这种引进基本是自发的，当引进在生产经营上获得一定效果后，便以一种"各地效仿"的模式推广。民国初期，日本加工机械和技术引进推广，提高了用户的劳动生产率，并改进了产品的质量，对原始工业化起到

---

① 《山东全省实业表》，清宣统抄本，藏北京大学图书馆。

② 宣统《乐陵县乡土志》，山东国文报馆 1909 年版，商务。

③ 光绪《滋阳县乡土志》，1906 年抄本，物产。

④ 《宣统元年通商各关华洋贸易总册》胶州口，1910 年刊，第 30 页。

⑤ 田原天南：《胶州湾》，1914 年版，第 407 页；〔日〕東亞同文已書院：《支那經濟全書》第 12 輯，1909 年版，第 333 页。

⑥ Decennial Reports. Chefoo, 1902—1911, Vol. I, p. 230.

了助推作用，而轧棉机、织布机和丝织机的改进，便是当时最具典型意义的事例。

近代轧花技术的改进首先是从引进日本轧花机开始的。引进始于清末，到民国初年逐渐推广普及。日式轧花机的普及得力于其低廉的价格和较高的轧花效率。陵县轧花铺所用轧花机为日本大阪中桐制，价格每台40 元，一台轧花机日加工籽棉 200 余斤，比较适合小资本的个人经营；德县农村原先使用的土制轧花机 1 小时只能轧花半斤，日制新式轧花机 1 小时可轧花 3 斤，效率比土制轧花机提高 5 倍，民国初年全县有日式轧花机 819 台（每台价格 50 元）。[①] 到 1914 年，山东各主要产棉县已广泛采用日本丰田式轧花机。据当时实业司调查，各产棉县日式轧花机的推广情况如下：曹县 410 台、巨野 70 台、堂邑 450 台、馆陶 800 余台、高唐1100 台、清平 1500 台、恩县 1025 台、临清 1860 台、夏津 1020 台、武城440 台、邱县 200 台、冠县 400 余台，以上 12 个县日式轧花机超过了9275 台。[②] 另外，蒲台、滨县、利津、沾化、定陶等地农村也开始使用新式轧花机。

民国初年（1917 年前），济南织布业中使用的织机大部分为天津日本田村洋行制造，其次为济南三义第一工厂的仿制品和天津郭天成工厂的出品。田村洋行所制织机的机台和机梭系从日本大阪输入，织机的足踏部件采用铁制件，而国内铁工厂仿制品则采用木制件。当时各织布厂所用织机的关键部件——机梭，以日本杉田式最为普及，其次为日本爱知县生产的平野式机梭和天津田村洋行及郭天成工厂的制品。1919 年前后济南织布业使用日本织机或日式仿制织机已比较普遍，各主要织布工厂的使用情况如下：

长丰织染工厂　足踏织机 25 台，全部为村田洋行制品。
益华织布工厂　足踏织机 11 台，其中 8 台为天津广庆洋行出品，
　　　　　　　3 台为济南三义工厂生产。

---

① 〔日〕青島守備軍民政部鐵道部：《周村德州间及德州石家莊滄州間調查報告》，1920 年版，第 62、81 页。

② 〔日〕青島守備軍民政部：《山東之物產》第 2 編，1917 年版，第 148—155 页。

岱北织布工厂　蒸汽织机 20 台，2 台为日本丰田式，其余为工
　　　　　　　艺局仿制；另有足踏织机 30 台，系天津郭天成
　　　　　　　和济南三义工厂制造。
恒顺织布工厂　足踏织机 12 台，全部为村田洋行制造。
文源长织布厂　足踏织机 11 台，全部为村田洋行制造。
官立工艺局　　足踏织机 20 台，3 台为村田洋行制造，其余为
　　　　　　　仿制。
历城监狱织布厂　足踏织机 37 台，悉为三义工厂和郭天成工厂
　　　　　　　仿制。
官立教养局　　足踏织机 22 台，全部为自制。[①]

　　潍县是山东最早使用脚踏铁轮织机的地区之一。1912 年潍县东乡人
从三井洋行购入"石丸式"脚踏织机，不数年间，脚踏织机便在潍河沿
岸各庄推广使用。20 年代脚踏铁轮织机的使用得到进一步的推广。1920
年桓台"荣家庄人购洋机织家洋布，邻村效之，洋布机至 30 余张，岁出
布约二千余匹。嗣渐推广增至四千余张，且改拉梭为足踹铁机"。同期济
南购用新机改良织布的手工织布工场达 30 余家。1923—1924 年间，铁轮
织机逐渐普及于潍县全境，织户年收入 720 万银两。[②]

　　1921 年前，周村丝织业所用织机"俱属旧式，周转不灵，而织物纹
样简单平板，仅能制单层织物"。当时曾有调查者建议："宜改用加柯尔
机，以期纹样翻新，织物进步。"[③] 1922 年后周村丝织业发生了很大变化，
而这种变化与采用日本制加柯尔织机有密切关系。当时周村"因各种华
丝葛、线春等织物，流行市面，花样新奇，木机提花，不能适用，遂改用
日本佐佐木工厂铁丁合制机"。加柯尔织机比传统木机灵巧，传动部分采
用铁制部件，并增加了捻丝装置，织品丝条比木机匀细，"提花美丽，出
品精良"，所以一经引入，便迅速在周村丝织业中推广。在技术改进的推

① 安源美佐雄：《支那の工業と原料》第 1 卷上册，1919 年版，第 629—632 页。
② 见庄维民：《近代山东市场经济的变迁》，中华书局 2000 年版，第 391—392 页。
③ 王永熙：《周村丝织业调查报告》，载《山东工业试验所第一次报告书》，1921 年版，第
212 页。

动下，当地丝织"事业因以大振，继起者颇多，商号增至二百余家"。[①]
最初日制加柯尔织机经由上海输入，每台价格 250—300 元，后来国内亦
能仿造，逐渐改由天津铁工厂购入。

日本技术最初主要用于原始工业（手工业）领域，因而对原始工业
化有一定促进。从民国初年到 1920 年代，技术转移表现为多源和多向性，
技术因来源不同而有一定的竞争，许多华商企业的设备和技术分别来自几
个国家。在创办火柴、纺织、面粉、染料、机械、缫丝等机器工业过程
中，华商往往有选择地引进采用不同国家的机器设备和技术，并聘用各该
国的技术人员来指导生产。一般而言，工业化水平较高的制造行业，机器
设备和技术的引进基本以欧美国家为主，不假手日本企业。纺织业和面粉
工业的情况即是如此。青岛华新纱厂自 1919 年建厂，到 1930 年代中期，
先后十次大规模的设备扩充，新增机器设备均购自美国和英国，纺纱技术
也是循着英美式的道路发展。这种技术选择策略，不仅使华新纱厂提高了
生产工艺水平，赢得了市场，逐步完成了从单一纱厂到纺纱、织布、印染
全能厂的发展；而且增强了与日本纱厂竞争的实力，使其能在众多日资纱
厂的包围竞争中立于不败之地。济南各纱厂的纺织机器，大都从当时纺织
业技术先进的英国引进。如仁丰纱厂的纱机和锅炉即是向英国怡和洋行订
购，但工厂布局和厂房结构、形式则是仿照日本公大纱厂的式样。[②] 济南
面粉工业的成套设备大部分由美国引进，多系"脑达克"厂出品，代理
商为上海恒丰洋行，另外亦有部分厂的面粉机自英国引进，而动力设备则
大部分从英国、德国和瑞士引进。1934 年，山东华商面粉厂共有面粉机
159 台，其中大部分购自美国，少部分购自英国和德国。[③] 此外，济南电
气公司的发电设备大部分为英国拔柏葛工厂和德国西门子公司制造，只有
一台透平发电机为日本三菱制造。

先进工业生产设备技术，如机器造纸、平板玻璃、发电技术等，最早
也是从工业化水平高的德国、英国引进，但是，自欧美国家的技术引进往
往成本较高，不适合中小资本。以 1916 年成立的洙源造纸厂为例，机器

---

① 吴英若：《周村一带丝织业调查报告》，《山东建设月刊》第 4 卷，1934 年 1 月第 1 期。

② 中国民主建国会济南市委员会等编：《济南工商史料》第 2 辑，1988 年版，第 49—51
页；第 3 辑，第 5 页。

③ 张伟贤：《山东面粉事业之调查》，《商业月报》第 15 卷，1935 年 6 月 30 日第 6 期。

设备从德国引进，需数十万银两，生产延聘德国技师指导，月薪高达 500 银两。这种投资规模和运营费用，民间中小资本根本无力承担，这类企业通常只能由大资本兴办或走官办的道路。日本作为一个后起的工业化国家，与当时工业先进的欧美国家相比，工业设备技术显然是落后的。其特点是：技术含量普遍不高，设备传动部分使用人力，工序间的衔接需人力手工操作；但机器结构简单灵巧，易于操作，便于管理和维护，非熟练工人比较容易掌握和操作；而且价格低廉，如织机只需四五十元，火柴机械每台只需几十元到几百元；同时，设备的运行维护成本也较低，零部件可以在当地修配。这些特点对于资本、技术和管理技能都十分匮乏的华商企业来说，无疑是一种便宜的选择。事实上，引进采用日本机器设备和工艺技术的华商企业大多为织布、火柴、印染等投资较少的中小型企业，引进推广采用的机械工具往往以旧生产工具的改良为特征。民营企业和手工工场生产规模小、资金短绌、缺乏科学管理人才的特点，与日本工业机器技术的特点恰好吻合。

1920—1930 年代，技术引进发展出现了两个显著的特点：其一，华商企业对引进机器设备和技术工艺的模仿仿制能力明显提高，先是简单仿制，后来是在模仿的基础上加以改进或改制。1920 年代初期，青岛华商火柴厂最主要的生产设备——排杆机等，大部分购自日本大阪平尾铁工厂，后来当地德顺炉与复源兴两家铁工厂亦能仿制，而且在价格和机器性能上堪与日本机器相比。其二，日本工业技术设备的引进使用逐渐扩展到火柴、印染、机械、橡胶等行业，这一时期引进的设备和技术尽管仍以小型机械为主，带有半手工性质，但是动力机器设备的比例在提高。而且设备技术的引进往往与技术人员的引进使用相联系。表4—15便是二三十年代华商企业引进采用日本机器设备和技术的若干事例。

表 4—15　　　　　　　　华商企业自日本引进机器设备示例

企业	说明
济南华东印刷局	1921 年，由日本购进胶版机，开始胶印。
威海德威火柴工厂	1928 年，从日本购进火柴装杆机、理杆机等设备，1930 年投产。
青岛双盛潍染厂	1928 年，自日本和歌山株式会社购进全套染色机械。

续表

企业	说明
威海中威胶皮厂	1929 年，自大阪高木铁工厂购入蒸汽机，其余设备购自东北。
忠记制针厂	1929 年，自日本购入制针机器，聘用 10 余名日本技工。
潍县大华染厂	1930 年，购用原双盛潍染厂的日本染色机械，筹建大华染厂。
潍县信丰印染公司	1932 年，自日本和歌山株式会社购进染印机器。
济南东元盛染厂	1932 年，自日本和歌山铁工厂购进染色机器设备，自制一部分，扩大机器染布规模。1935 年仿制日本上野式织机 40 余台。
青岛阳本染厂	1934 年，自日本购进整套印花机器及辅助设备。
同泰胶皮工厂	1934 年，自日本购入自行车轮胎制造机器，并聘日人担任技师。
德和永染厂	1934 年，由和歌山铁工所购进机器设备，部分由当地工厂定制。
辛泰东织布厂	1936 年，购进日本丰田式电力织机 12 台。

资料来源：据各种资料整理汇总。

引进日本设备和技术的工厂企业，往往雇聘日本技师负责机器和工艺流程的操作，企业生产技术在一定程度上自然也由日人掌管。清末，烟台几家烟草公司均聘日人为技师，如中安公司聘用日本技师 2 人，恒和公司聘用 1 人。裕兴、维新、中国三家染料工厂成立初期，都曾聘用过日本技师负责生产技术；青岛火柴业中"中国工厂之技师，亦多系日厂出身"；溥益糖厂建厂时曾聘用日本技师 2 人，协助机械和化学等项技术。[①] 但是，受聘于企业的日籍技术人员往往出于自身利益考虑，采取技术不外传的做法，不肯将技术传授给中方职工。而华商厂方为获取技术，避免受日方掣肘，则采取了各种方式和途径，想方设法从日方获取技术。由于技术转移过程往往受到有意的阻挠，结果，几乎每一家企业为获得技术都有一段"偷艺"的故事。

---

① 关于烟台烟草公司、青岛火柴业和溥益糖厂的情况，参见富士英《中国北部之烟草情形》，《农商公报》第 3 卷第 1 册，1916 年 8 月第 25 期；山东大学化学社：《科学的青岛》，1933 年版，化学工业；《糖》，见《科学月刊》第 2 卷，1930 年 6 月第 6 期。

技术改进是原始工业化进程和民族机器工业发展的先决条件之一，而技术转移则构成改进的重要内容。技术转移的重要方式是机器设备及相关工艺的引入、外资企业技术的流出、外国技术人员的使用，等等，而技术转移的路径和方式，又受到接受国所处政治经济环境的制约和资本实力的限制。由于日本企业在山东的长期投资扩张等历史原因，以及日本工业技术特点与民族资本经营特点的吻合，日本的机器设备及技术工艺的输入自然便成为近代技术转移的重要来源。但是技术转移过程往往受到有意或无意的阻挠和控制，结果，技术转移完全是一种自发的过程，没有包括技术选择、合同谈判、人员培训在内的有意识的技术输出，所以也不存在真正意义上的技术转让。

日本企业的设立与扩张无疑给刚刚兴起发展不久的民族工业以压力和造成困难，但是从另一方面看，日本企业的设立在若干民族工业无经验和技术积累基础的行业，亦起了一定的示范激励作用，日资开设了最早的机器榨油、皮革加工、罐头、冷藏等企业，形成了一定的产品市场，为后来民族企业开设同类企业提供了某种客观条件。

六 日资商业经营的调整与变化

1. 三类日资商业的变化

日占青岛时期，日本商业资本按资本额、经营范围、经营规模以及销售利润水平划分为三类，1920 年代中后期，商业资本的划分基本仍保持了旧有的格局。

第一类是经营进出口贸易的综合性大商行、商社或专业性大公司，这类公司数量不多，只有一二十家，但却拥有中小商人无法比拟的雄厚资本实力，控制着大部分的商业资源。中国收回青岛之初，尽管日资中小工商企业受到一定的影响，但是，一些有国内财阀背景和支持的大公司及其营业所、分店，经营状况并没有受到致命性影响，业务继续有所扩展。进入"昭和时代"（1926 年后），其资本规模和经营范围甚至有相当程度的扩大。

与第一次世界大战时期的情况相同，日资商社经营规模仍是首推三井洋行（三井物产株式会社），三井在青岛的年贸易额高达 2000 万元，贸易范围涉及数十个行业和上百种商品。其次为三菱商事株式会社。1918
年 6 月，三菱商事在青岛设立营业所，1923 年后，专门经营花生油、花
生仁及各类土产、煤炭的出口和一般杂货的进口，并代理经营明治制糖、
旭玻璃、三菱内燃机、三菱电气、三菱造船等企业的产品，同时兼办火灾
保险业务。在青岛设立营业所的铃木洋行，同样在日资商业中占有举足轻
重的地位。营业所经营土产杂货贸易，尤其注重煤、花生、花生油、棉
花、骨粉等产品的出口，以及棉纱、砂糖、铁器和机器设备的进口。营业
所还在台西镇设有骨粉工厂、精制油工厂，并投资 20 万元，费时 3 年建
成一座规模仅次于交易所大楼的营业大楼。[①]

　　随着市场贸易的回升，一些原先未在青岛开业的大商行公司，也陆
续在青增设分支机构。1923 年瀛华洋行（总部在上海）在青岛开设支
店，后又在临清设立营业所，从事棉花收买业务。同年，神户第一水产
株式会社在青岛开设第一洋行，并投资 250 万日元建造"海龙丸"冷藏
船，定期航行于青岛、门司、大阪、神户间。到北京政府统治末期，几
乎所有著名的日本大商行公司都在青岛、济南设立了分（支）店或营
业所，另外，所有在上海的著名日资商社几乎都在青岛有分号。这些分
（支）店和营业所的设立是大商业资本在华布局的重要一环，也是其对
华商业扩张的一个组成部分。通常，分支机构是日商区域商业活动的中
心和枢纽，在山东乃至华北地区担负着收买土产和分销日货的职能。诸
如三井、三菱、铃木、江商、日棉、东棉、伊藤忠这样的大商行，其商
品购销量在日商贸易总量中占有举足轻重的地位，它们不仅与本国企业
关系密切，而且经营的范围也极其广泛，从商业、服务业到工矿业和交
通运输业，涉及贸易、生产、消费等诸多领域，所经营的商品从农畜产
品、日用品到机械、化工产品，几乎无所不包。当时青岛年交易额 100
万元以上的日本法人公司有东洋拓殖、铃木商店营业所、三菱商事营业
所、三井物产支店、江商会社支店、日本棉花支店、东洋棉花支店、伊
藤忠商事支店等。[②] 表 4—16 是 20 年代中后期日资大商社在山东设立
分支机构的概况。

---

　　①　水野天英：《山東日支人信用秘録》，1926 年版，第 445 页。
　　②　日本青島總領事館：《青島概觀》，1926 年版，第 87—88 页。

表4—16　　　　　　　　日资大综合商社设立分店、营业所概况表

商社名称	成立年份	创建人或家族	总部	分店、营业所	说明
三井洋行	1876		东京	青岛、济南、德县、龙口、济宁、周村	日名三井物产会社，1909年改组为三井物产株式会社，资本1亿日元
三菱公司	1873	岩崎弥太郎	东京	济南、青岛、烟台	
大仓组	1878	大仓喜八郎	东京	青岛、济南	
伊藤洋行	1825	伊藤忠兵卫	大阪	青岛、济南	日名伊藤忠合名会社，1918年在青岛设营业所
义大洋行	1837	饭川藤二郎	京都	青岛、济南	原称高岛屋，后改组为高岛屋饭田株式会社。
铃木商店	1868		神户	青岛、济南	1915年到山东，1902年改为名名会社，1927年停业
岩井洋行	1871	岩井文助	大阪	青岛	
日信洋行	1892		大阪	青岛、济南	日名日本棉花株式会社，在济南有工厂
丸永洋行	1895	不破家族	大阪	青岛、济南	1910年代来华
江商洋行	1895	阿部市太郎	大阪	青岛、济南	1917年改为江商株式会社，1930年资本1800万元
瀛华洋行	1895	土井伊八	大阪	青岛、济南、临清	
安宅洋行	1904	安宅家族	大阪	青岛	1919年改组为株式会社安宅商会

商社名称	成立年份	创建人或家族	总部	分店、营业所	说明
东洋拓殖株式会社	1908		东京	青岛	投资隆和公司 500 万元，投资山东起业 1000 万元。
三昌洋行	1916	冈本久雄		青岛、济南	
东棉洋行	1920		大阪	青岛、济南	张店、潍县、临清设营业所
大阪合同株式会社	1923	井村健三郎	大阪	青岛、济南	

资料来源：根据各种资料综合整理。

　　第二类为一般贸易商行商店，这类商行的经营业务不外两个方面，一是推销日货；二是收买中国土产，如棉花、花生、烟草、油料、骨粉、皮毛等。此类企业既有独资性质，也有合资或股份公司性质。不少商贸企业有日本国内大财阀或大公司作后盾，如山东烟叶、山东窑业两家公司均为名古屋富商伊藤家族的投资；和田制材所有三井的背景；而米星烟草株式会社最初是铃木商店以瑞业烟公司为名开办。这类公司经营日货往往采取代理经销国内企业产品的形式，一些大的商行公司往往代理着十数家日本企业产品，成为日货进入内地的分流通道。如颇有名气的福成公司就是日本石油、东京制绒、日本油漆、丰国水泥、古河电气、九州水电、日本蓄音机、安川电气等十数家企业产品的代理商。由吉泽干城经营的吉泽洋行除拥有月产 1000 吨的榨油厂外，同时也是几家欧美大公司和满洲制麻、日本石油等日资公司的代理商，代理经营的商品包括机械、石油、棉纱布、麻袋、面粉、砂糖等，并占有山东大半个麻袋市场。[1] 另一家三信公司则为东京广江商会所属东亚烟草公司的特约代理商。而青岛 4 家最著名和洋杂货商——香川洋行、寺庄洋行、松冈洋行、白石洋行——也都是日本国内企业和知名商品品牌的代理店。当时青岛年交易额 50 万元以上的

---

[1]　水野天英：《山东日支人信用秘録》，1926 年版，第 218 页。

日商独资公司有吉泽洋行、大桥畜产商会、大杉洋行、有长商店、峰村洋行等。

第三类是主要以日人为对象、直接经营日货零售的小商行商店，另外还包括专以日人为对象的饮食店、菜店、肉食店铺以及各种服务业。在日商中这类商家店铺户数最多，且绝大多数经营者为小商人。

不少日本中小商店和服务业的业主，其出身原为日资企业或商行的店员，在积累了一定的资金和业务关系之后，脱离与原店主的雇佣关系，自立门户，从事独立经营。尤其在 1922 年后，一批在青岛设立分店、营业所的日资企业，因经营不景气停业或收缩业务，将原营业所的业务转给其职员经营。这种关系使继承旧业的新经营者仍旧保持着与原来老东家这样或那样的联系。一些中小商行商店其业务从属于大商行，为大商行代理购销业务，依附于大商行从事经营。如青岛山田商店即为三井物产会社支店煤炭部的零售店。有些日本商行店铺的开设，则直接接受了大资本的资助和支持。如：木贞洋行依靠长崎石硷株式会社社长高田增次郎的支持；中村洋行代理日清汽船株式会社（康记洋行）的客货运输业务；中井商店借大连山田洋行的支持而在青岛开业；日轮公司由大阪金谷弥吉出资支持；德田洋行有大阪野田洋行的支持。[①]

1920 年代中后期，日本政府加强了对在华日本工商资本的政策支持，日资商业经过兼并重组和扩大投资，重新恢复了在不同地区和行业的扩张势头。据《青岛商工案内》载，1926 年青岛共有日资商行商社 312 家，所用华籍职工 1369 人，另外日人所开小商店尚有 645 家。同期，华商在青岛经营的大商号有 210 家，人数约 4000 余人；小商店市内约有 2300家，加上沧口、李村等周边市镇 300 余家商铺，共约 2600 余家。[②] 另据日本商工会议所和日人实业协会统计，1928—1929 年间，青岛经营进出口商品的日本贸易商共 398 家，其中输入业 246 家，经营 27 个门类的商品；输出业 152 家，经营 21 个门类的商品。[③] 与过去相比，经营纺织品和杂货业的商家变化不大，而经营五金（19 家）、机械（24 家）、橡胶（4

---

① 水野天英：《山东日支人信用秘录》，1926 年版，第 104、110、169、190 页。

② 民国《胶澳志》，1928 年版，民社志，职业，第 76 页。

③ 侯厚培、吴觉农：《日本帝国主义对华经济侵略》，黎明书局 1931 年版，第 325—326页。

家）、自行车（9 家）、电气材料（11 家）、玻璃（6 家）、钢铁（7 家）的商家则有较明显的增加，这一变化反映了日本商业资本经营重心的结构性转变。

这一时期，由于日商的区域经营活动中心已完全转向青岛、济南及胶济铁路沿线地区，烟台日商势力进一步萎缩，大的会社商店只有 6 家，真正有一定经营实力的只有三井洋行营业所、岩城会社、大连汽船营业所 3 家；而同期英国商行为 13 家，美国 5 家，德国 3 家，法国、俄国各 1 家，其他 12 家。① 日货在当地市场的销路也不如以前。日本火柴每年由三井洋行、胜田洋行经营进口，虽然"运来甚多，但因其价格较高，销路反不如华商"。当地华商昌兴火柴公司出产的小盒火柴，价格只相当于日本火柴的一半，在烟台本埠和附近各县有很广的销路，每年生产约 2 万箱。②

1920 年代，济南已成为华北地区最重要的商品市场之一，商品流通无论对通商口岸还是内地市场都具有重要的意义。作为新崛起的区域中心市场，从第一次世界大战后到 20 年代中期，济南市场有三点显著的变化和发展。

其一，华商资本的力量显著增强，据 1927 年统计，济南旧城、商埠两地工商业共计 9100 余户（商业 6500 户），较 1914 年的 2300 余户增加了 6700 多户，14 年中增长了近 2 倍。

其二，市场规模明显扩大，商品吞吐量也有显著增长。1920 年，济南市场向外发送各类货物 24.3 万吨，输入货物 16.5 万吨。1924 年，经胶济、津浦铁路输入济南的货物计 45.4 万吨，输出货物 44.6 万吨；当年商品输出入总额为 18618 万元，其中输入 10887 万元，输出 7731 万元。1927 年，商品输出入总额增至 21295 万元，其中输入额增至 12498 万元，输出额增至 8797 万元。③

其三，土产贸易的发展，促进了资本主义商业的发展，商业形态以及

---

① 〔日〕亞洲歷史資料中心档案，B03050385400，市川書記生：芝罘一般事情調查，1926 年 11 月，各國事情關係雜纂，支那ノ部，芝罘，第 2 卷（外務省外交史料館）。

② 《烟台经济状况（续）》，见《经济半月刊》第 2 卷，1928 年 6 月 15 日第 12 期。

③ 岸元吉：《青岛及山东見物》，1922 年版，第 168 頁；孙宝生：《历城县乡土调查录》，1928 年 1 月版，第 144—147 页。

商人资本结构均有所变化。商品流通市场的中心已由西关转向商埠，占首要地位的已不是西关"五大行"，而是集中于商埠地区的粮、棉、油、牛、蛋等行业，与之一致，各类行栈纷纷成立，在商贸领域崭露头角。

在济南市场，不论是土货输出还是洋货进口，都有日商的广泛参与，其商贸经营活动占有重要的地位。尤其是一些大宗土产输出贸易行业，与日商经营有着很大的关联度。当时在济南设立支店、营业所的日资大商社、公司共 28 家，其中有三井、三菱、日本棉花、东洋棉花、古河合名、增幸洋行、高岛屋、伊藤忠、铃木、瀛华洋行等。[①] 日商因资本实力强，业务经销量大，实际已在若干类商品贸易中占据了主导地位。1928—1929 年间，在济南经营进出口商品的日商共 126 家，其中输入业 80 家，经营 15 个门类的商品；输出业 46 家，经营 14 个门类的商品。[②] 这一时期在济从事各类土产和日货交易的日商行业分布如下：

小麦交易　三井、三菱、铃木等数家。

花生交易　三井、铃木、吉泽、安部等数家。

棉花贸易　三井、铃木、日本棉花、中外棉花、东洋棉花、安部、清喜、内外棉、吉诚公司、协昌棉行、瀛华洋行、华康洋行、协信号、隆和公司等。

畜产交易　清喜洋行、德盛洋行、三井洋行等。

桐材交易　山东物产株式会社、株式会社南海公司。

鸡蛋贸易　青岛鸡卵、日本鸡卵、东洋鸡卵合资会社、白鸟洋行、植松洋行、竹中洋行、三井洋行、浪华洋行、福明公司、有长洋行、高渊洋行、松川洋行、伊藤洋行等。

火柴交易　三井洋行、青岛燐寸等。

洋纸交易　三井洋行、吉田洋行。

铜锭交易　土桥洋行、新泰号、巴商会（1927 年三家日商所定次年 3 月的期货合约达 50 万斤）、三井、铃木、大江等。

---

① 前田七郎：《府县别济南在留邦人人名录》，日华社 1927 年版。

② 侯厚培、吴觉农：《日本帝国主义对华经济侵略》，1931 年版，第 327—328 页。

运送业　山东仓库株式会社、中和公司、协信号、通运公司、大
丸洋行、茂秦洋行、泰平公司。[①]

相对于日商在贸易领域的全面扩展，欧美商行公司的经营范围要小得
多，据 1926 年 10 月济南外国商行调查，欧美商行公司集中在商埠区，主
要经营煤油、烟草、染料、一般进出口贸易和金融保险等行业，当时华商
企业所需的面粉加工、机械制造设备大多由欧美商行代理进口，欧美商行
在这些行业比日商有着明显的优势。以下是济南欧美洋行情况：

英国　亚细亚火油公司、英美烟公司、卜内门洋碱有限公司、祥
泰木行公所、南英商保险公司。

美国　慎昌洋行、友邦人寿保险公司、美孚洋行、德士古火油公
司、大东洋行、南星颜料厂、瑞通洋行、花旗烟公司、恒
丰公司。

德国　礼和洋行（设计承包、保险代理）、爱礼司洋行（一般进
出口）、隆培洋行（一般进出口）世昌洋行（一般进出
口）、世昌益利机器公司（承揽机械类）、大隆洋行（绒
线毯出口、杂货进口）、义利洋行（杂货）、信利洋行、
德成公司、石泰岩旅馆。

法国　陆版洋行（古董）、仪品公司（借贷）。
白俄　丰记洋行（面粉、牛油、土货贸易）。[②]

日本洋行的优势在于土货出口和日本纺织品、火柴材料、一般化工产
品的进口。1924 年度，济南经由胶济铁路输出入的 16 种主要商品中，日
商所占货运比重有 7 种高达 100%，有 9 种占 20%；若是以 1925 年度胶
济铁路货运计，有 10 种承运商品全部为日商托运，有 13 种货物日商的托
运量占 50%，另有 11 种货物日商运输比重占 20%。表 4—17，4—18 是
济南胶济铁路主要货运商品日商所占比重统计，统计情况说明许多重要商

---

① 《濟南實業協會月報》，1923 年 5 月第 39 期；1926 年 3—5 月第 67—68 期。
② 《在濟南外國商館調》，见《濟南實業協會月報》，1926 年 9 月第 70 期。

品的输出入交易已为日商所独揽。

表 4—17　　济南胶济铁路货运商品日商所占比重（1924 年度）

输出货物			输入货物			
商品	装车数（辆）	货运量（吨）	日商比例（%）	商品	装车数（辆）	货运量（吨）	日商比例（%）
棉花	1360	16327	100	煤炭	10000	150000	20
花生油	625	6254	20	焦煤	2000	30000	20
花生仁	3595	53930	20	棉纱	676	10142	20
鸡蛋	914	13718	100	棉布	628	9423	20
桐材	591	8877	100	砂糖	712	10683	20
骨粉	164	2447	100	染料	66	993	20
活牛	2584	31015	100	纸	62	931	20
麦麸	1908	28269	100	火柴材料	137	2065	100

资料来源：《貨捐在濟邦商負擔額》，《濟南實業協會月報》，1924 年 11 月 5 日第 54 期。

表 4—18　　济南日商在胶济铁路所占货运比例（1925 年度）

货物种类	货运量（公斤）	日商比例（%）	货物种类	货运量（公斤）	日商比例（%）
棉花	29683374	100	木箱	807196	50
棉籽	1294695	100	建筑材料	3096008	50
花生	14782803	50	棉纱	59292125	50
花生仁	120356520	50	蚕丝	545664	50
牛骨	1496507	100	水泥	3822669	20
猪鬃	782243	20	染料	5876112	20
活牛	13450133	100	火柴	6058054	20
蚕茧	1511379	50	肥皂	475040	20
鸡蛋	17217150	100	香烟	19050513	20
皮革	966715	100	生油	26364585	20
煤炭	1204836194	50	蛋粉	15000	100

续表

货物种类	货运量（公斤）	日商比例（%）	货物种类	货运量（公斤）	日商比例（%）
煤焦	55614816	50	糖	21199475	50
油脂	1496565	20	外国药品	2900700	100
鲜鱼	11435879	20	骨粉	4057512	100
火柴材料	1918090	50	玻璃	1803650	20
桐材	4425809	100	棉布	3374（吨）	50
布袋	4911023	50	纸	1116（吨）	20

资料来源：《膠濟鐵路貨捐加征問題》，《濟南實業協會月報》，1925 年 9 月 5 日第 64 期。

1927 年济南市场的商品吞吐量已达到相当规模，市场交易额已达 2.2 亿元，输出土货中有棉花 50 万担、面粉 500 万袋、花生 8 万吨，向日本输出鸡蛋 50 万箱，价值约 2000 万元；麦麸 60 万袋，价值 1500 万元；桐木 1 万吨，价值 400 万元；向日、德、美输出牛只 3 万头，价值 300 万元。输入商品中，火柴 2000 吨，全部由日本输入；另外部分由日本输入的商品有棉纱、五金、染料、糖、海参等，当时棉纱的年输入量为 15 万件，价值 3750 万元；五金 500 万件，价值 500 万元；染料 1000 吨，价值 50 万元；钟表 5.5 万件。这些商品总值 4300 万元，约占商品输入额的 35%。[①]

2. 日商的土产贸易经营

1920 年代后，日商在内地和青岛等口岸的商贸经营进一步向棉花、花生、烟草、畜禽产品集中，运往日本的农畜产品分别输往大阪、神户、门司、横滨等港，经营这类贸易的日商所占市场份额逐年扩大，对市场的影响也愈益凸显。

20 年代中后期，青岛是山东花生流通贸易的终极市场，全省花生产量的 60% 最后要在青岛市场集散输出，因而青岛也是外国花生输出商的

---

① 孙宝生：《历城县乡土调查录》，1928 年版，第 143—146 页。

麇集之地。这一时期，德国洋行逐步恢复了花生输出业务，而宝隆洋行则超过日商，成为最大的花生输出商。当时经营花生出口业的欧洲洋行有瑞典的宝隆洋行、德国的大成、礼和、禅臣、美最时等洋行，英国的绍和洋行、峰村洋行（原为日资，后因资不抵债由汇丰银行接管经营），日资商行则有大杉洋行、吉泽洋行、三井物产、三菱商事、东和公司、小林洋行、大青洋行等。"三井洋行鉴于花生油业之发达，特备轮船数艘，由青岛装运花生油出洋。"① 三井洋行每年花生及煤的经营额约 2000 万元，大杉、铃木洋行每年的营业额也达四五百万元，而当时广东帮中的景昌隆、广有隆等 8 家行栈，每家年营业额约 100 万—150 万元，8 家总和不及日商一家。②

由于日本在青岛设有六家纱厂，因而对棉花的需求量相当大，其中有一部分依靠从美国、印度进口。此项贸易"上海日商，实司其枢纽"，青岛港的进口也完全归日商掌握。华商因资本薄弱，不经营远洋航路，只能由外商左右市场。③

日资纱厂所需原料大部分购自国内原棉市场，尤其是山东的原棉市场。为了确保其垄断地位，日商一方面派出调查人员对山东产棉区以及棉花产量、质量进行调查，并根据需要鼓励农民植棉；一方面在济南等地设棉行购买。据记载，日商在济南设有隆和、东棉、大同、瑞丰等十余家洋行。这些洋行有青岛日本纱厂作后盾，实力雄厚，每年购运量占上市原棉的 60% 以上。如 1921 年，济南市场上市棉花不过 50 万担，仅隆和一家就购去 20 万担，占 40% 多。在原棉上市时，"日商派人四处收买，种种利诱，而内地农夫亦利其现金，乐与成交。日商组织既佳，资本充裕，华商无可如何"。④ 这样，无论输入的外国原料棉，或山东本省的原棉销售，其销量和价格在一定程度上便为日商所左右。

1920 年代后，青岛日商纱厂及华商纱厂对原棉的需求不断增加，按 1924 年统计，6 家日资纱厂和 2 家华商纱厂的纱锭总数为 268660 锭，年需用棉 40 万担，其中使用济南棉 20 万担。1922—1924 年，济南向青

---

① 陈重民：《今世中国贸易通志》，1924 年版，第 106 页。
② 民国《胶澳志》，1928 年版，食货志，商业，第 76 页。
③ 侯厚培：《中国近代经济发展史》，上海大东书局 1929 年版，第 101 页。
④ 同上书，第 102 页。

岛发送原棉分别为 14127 吨、16327 吨、29164 吨（合 19 万包，每包重 150 斤），内中向日本出口 3 万—4 万担。当时因长江流域棉产区歉收，迫使上海、无锡等地纱厂转向江北购买原棉，1922 年济南经津浦铁路发往上海无锡的棉花仅 1917 吨，但是到第二年，发运量猛增至 18780 吨，1924 年为 17328 吨（合 16 万包）。济南棉花市场的规模也随之扩大，1921 年棉花集散量一跃达 30 万担，第二年上升至 40 万担，1924 年 7 月突破 60 万担，济南由此成为北方地区仅次于天津的第二大棉花市场。[①]

与此同时，经过几年的业务扩张，日商在棉花市场已具有相当的势力。从 1920 年代起，经营棉花收买及输出业的外国商业资本，几乎全部为日商洋行，其贸易经营基本集中在济南、青岛、张店三地。

济南市场的棉花，除部分供应当地华商纱厂及部分销往上海外，其余部分由当地和青岛的日商收买。"青岛之日商纱厂及洋行为济南棉花之大主顾"，在济南从事棉花收买业的日本商行有日本棉花栈、东棉洋行、瀛华洋行、东裕洋行、义昌洋行、瑞丰洋行、米仓洋行、吉诚公司、永荣洋行及大同洋行等，此外铃木、土桥、江商、日信、义昌、集成、立元、仪腾等日商洋行以及张店的永丰等洋行，也在济南设有临时收买机构。这些洋行从华商花行处购进棉花，然后发运给青岛的日商纱厂或日商洋行。在青岛经营棉花贸易的日商有东裕洋行、中村洋行、东洋棉花、高桥商会、大冢洋行、公记洋行等。另外在张店棉花市场还有和顺泰等 8 家日资洋行，洋行年棉花交易量 14 万担，成交后全部发运青岛。三处棉花市场的洋行主要服务于青岛日资纱厂。

在济南棉花交易市场，从事棉花收买的棉商和厂商共有三方，即以日商为主体的洋行帮、上海纺织帮、鲁丰纱厂与华新纱厂，与三者交易的卖方主要是花行。在交易额分配上，上海申新纱厂、广勤纱厂、振利纱厂约占 30%，济南鲁丰纱厂与青岛华新纱厂各占 15%，胶济铁路沿线占 10%，青岛的 6 家日商纱厂及向日本出口占 30%。[②] 20 年代初，日商只有隆源等少数几家专业商行在内地从事收买，中期后虽有日本棉花、和顺

① 《北支那の棉業》，见《濟南實業協會月報》，1925 年 3 月 5 日第 58 期。

② 《濟南棉花市場》，见《濟南實業協會月報》，1924 年 5 月 5 日第 49 期。

泰、协昌三家日商在滨州等地收买，但是多数日商仍是通过济南的花行从事收买。在济南棉花市场，日商收花业务主要依靠华商花行代理。当时济南共有 15 家花行，其资本状况如表 4—19 所示。

表 4—19　　　　　　　济南花行户数与资本统计

花行	资本（万元）	花行	资本（万元）
阜成信西记		兴华泰	1
阜成信东记	10	天兴裕	1.5
文记	5	恒升	2
天聚兴	10	万恒	1
崇实	5	东武	2
华信	3	广益成	
恒祥栈	5	济东	2
益隆增	15	合计	64.5

资料来源：《濟南棉花市場》，見《濟南實業協會月報》，1924 年 5 月第 49 期。

就资本实力而言，日商明显要优于花行。华商 15 家花行的资本总额只有 64.5 万元，尚不及一家大日商的资本额。在加工设备方面，日本棉花、东洋棉花、东和公司都有专门的大型仓库，而华商只有小仓库，多数是靠场院堆放；日商拥有打包机 8 台，华商只有阜成信、申新各有 1 台。[①] 因有青岛 6 家日资纱厂的常年订货，日商生意兴隆，门庭若市。1923 年 9 月，日本棉花株式会社在济南开设营业所，在当地开办了两家棉花打包工场，有轧棉机 6 台；第二年 7 月又在地处鲁北棉区的张店开设营业所与棉花打包工场，扩大在鲁北的棉花收买规模。[②]

日资纱厂"购棉多经洋行之手，而不直接与花行往来，故棉花交易以洋行为中心"，纱厂所需原棉均由日本洋行代为采购。洋行与华商花行间的交易大致如下："当纱厂需用棉花时，通知洋行在某种价格之下需用棉花若干，洋行再转询各花行'有事''无事'（即有无成交之意），有事者派人至洋行商议，洋行复与事先预定各种棉花之价格及需要数量，各

---

① 《北支那の棉業》，見《濟南實業協會月報》，1925 年 3 月 5 日第 58 期。

② 〔日〕日綿實業株式會社：《日本綿花株式會社五十年史》，1943 年版，第 220—221 页。

花行代表互相商议认销数量（实际各花行每日均派人至洋行，询问交易及行情，因济南棉花行市决之于青岛之纱厂，而由洋行转达）。商妥后，即在洋行内定立'批单'，然后洋行再派人至花行看样子，三日内过秤缴款。"①

日商在内地城乡的棉花购运经营活动集中于两个市场，在鲁西棉区集中于临清，在鲁北棉区集中于张店。1923 年临清棉花输出总量约 3 万包，日商的运销量占六成，其中三井洋行 7000 包、隆和 7000 包、大仓洋行 4000 包，而华商阜成信等 5 家大花行的经销量只有 9500 包。② 鲁北棉区包括博兴、滨县、桓台、高苑、青城、商河、惠民、沾化、利津、无棣等十几个县，张店因系胶济铁路枢纽，交通便利，自然成为鲁北最大的棉花集散地。1921 年，在张店开业的日本棉行有和顺泰、日信、瑞丰等 3 家，后来增加到 8 家。据 1925 年统计，张店中日棉商共 25 家，年交易总量 175782 担，其中瑞丰等 8 家日商，年交易量 140500 担，相当于张店棉花交易总量的 80%；华商复成信等 17 家的交易量只有 35282 担，占 20%。最大的日商棉行瑞丰年交易量达 6.2 万担，而最大的华商棉行复成信年交易量只 8390 担，相差甚远。一些小花行的年交易量只有几百担，更是难与日本棉商抗衡。③ 由此可见，张店棉花市场基本操控在日本棉商手中。

1920 年代后，美烟种植在胶济铁路沿线两侧农村迅速扩大，1923 年胶济铁路沿线美烟产区烟产量达 1050 万公斤，比上年增加了约 3 倍。因美烟品质优良，极适宜卷烟生产，结果吸引了中外烟公司争相前往收买。外国烟公司设庄收买烟叶，集中在潍县、坊子、二十里堡、虾蟆屯及峄山等地。1923 年英美烟公司收买量达 600 万公斤，华商南洋烟草公司收买 112.5 万公斤。同期，另外两家华商公司的收买额只相当于外商的零头，中裕公司只收了 82500 公斤，东方公司只收了 37500 公斤。

日商在山东收买烟叶始于 1917 年，1920 年日商米星公司和南信洋行分别在虾蟆屯、青州设立烤烟工场，日商山东农事会社、山东叶烟草会社

① 金城银行天津调查部：《山东棉业调查报告》，1936 年版，第 151、160 页。

② 〔日〕亞洲歷史資料中心檔案：B03050335300，松村書記生：山東西北部地方事情調査報告，1923 年 10 月（外務省外交史料館，外務省記録）。

③ 淄博市政协文史资料委员会等编《淄博经济史料》，1990 年版，第 220 页。

则相继在青岛李村与台东镇设立烤烟工场。日商公司收买的烟叶大部分转售给日本专卖局，而"日本专卖局亦极注意山东美烟，每年必命青岛日商收买"。1923年专卖局委托日商烟公司代买56.3万公斤，而实际收买量大大超过此数，当年米星公司收买112.5万公斤，山东叶烟草会社37.5万公斤，南信洋行28万公斤，山东产业会社23.6万公斤。[1] 1925年，日商山东烟草会社、南信洋行又在谭家坊子、杨家庄设立临时收烟场，收烟活动扩展到胶济铁路沿线中部地区。

1920年代中期，英美烟公司与日本烟草公司在上述市场形成了相对固定的势力范围，各自在势力范围内收烟，并对收烟地区的烟叶行情有相当的影响力。当时"英美烟公司势力最大，收买之数，恒居大半"；"日商或组织会社或由个人收买，一至烟叶上市，各方面互相争夺，盛极一时。收买之后，或送至工厂制造，或加以整理，转售诸日本专卖局及其他公司"。

日商最大的烟草收买公司为美星烟草株式会社，该公司虽然规模不及英美烟草公司和华商南洋兄弟烟草公司，但拥有先进的烤烟设备，其势力与前二者成鼎足之势。公司成立于1920年，原由铃木商店以瑞业烟公司的名称经营，1921年12月改组为美星公司，注册资本100万元，实缴资本50万元。1920年4月美星公司选择胶济铁路沿线的虾蟆屯，投资35万元，建立大规模干燥工场，工场内安装有最新式的自动干燥机，年生产能力为3000吨，所加工的烟叶主要依靠日本烟草专卖局包销及东亚烟草株式会社委托收购。同时，公司还在美烟产区开设了美国烟叶模范试种场，免费向烟农分发种子及肥料，指导改良栽培方法及烟叶烘烤技术，并出资奖励提高烟叶质量。公司自成立后，营业颇有盈利，年分红10%。1926年度利润为17053元。[2]

从山东经由青岛口岸每年输出至日本的活牛约10万头。其中约有1/3，即3万—4万头系由济南车站发送。1920年发送总数为44080头；1921年发送32186头；1923年31015头。活牛输出由青岛、济南的外商来组织，当时济南有日商3家、美商1家。从事活牛输出的外商一般不到

① 《山东之烟叶》，见《中外经济周刊》，1925年1月31日第97期。
② 水野天英：《山东日支人信用秘録》，1926年版，第355页。

内地收买，货源基本依靠华商专营商号——牛栈来提供。济南市场的活牛大部分由本省（由泰安、禹城中转）、直隶、河南、山西而来，买卖完全要经牛栈之手，当时济南共有牛栈 40 家。山东地方政府对活牛输出只是采取了一些表面限制的措施，从 1921 年起，一方面，以限制活牛出口的名义，对每只外运活牛征收 2 元输出税；另一方面，又不愿减少这项税费收入（年收入 10 万元），因而采取了放任的态度。①

在输出活牛的同时，日商利用青岛屠宰场先进的屠宰设备和大规模加工能力，并制造数艘大型冷藏船，逐步将经营重点转向冷鲜肉输出。1928年在青岛有日本牛肉商 35 家之多，资本共计 251 万元（不明者除外），1929 年出口总值达 5595240 元，出口牛肉在东京、大阪、神户、名古屋、门司等地市场销售。②

3. 山东商人在日经营活动的低落

1920 年代，日本货在山东各地的销售范围和数量已达到相当大的规模，城市中几乎到处都有日货出售，一些商家销售的日货品种多达上百种。但是，在各地广为销售的日货却并非都由日商经营进口，甚至有若干商品的进口大部分不是由日商经手输入。从日占青岛到 1920 年代末，尽管日商在贸易上的扩张使其取代华商成为日货最主要的进口经销商，但仍有相当部分日本商品的贸易是由华商经营。从日本大阪、神户到上海及山东烟台、青岛、济南等城市，华商有一条内外衔接的日本商品营销网或进出口购销链，华商在这一链条中有极大的自主性和独立性，他们根据国内市场的需求状况、汇率行市和资金周转情况来决定每次的进货，而无须假手日商。

从民国成立到 20 年代，尽管济南市场上的棉毛布大部分来自日本和上海，但是日商并不是主要的进口商和经销商，货物大部分系由华商自行进口。例如，济南批发商华庆号就在大阪设有分号华顺号，专门负责向总号发运日货，然后由总号在济南市场批发销售。③ 济南当时经营此项商品

　　① 《濟南を經由する日本向生牛》，《濟南實業協會月報》，1922 年 2 月 20 日第 30 期。

　　② 侯厚培、吴觉农：《日本帝国主义对华经济侵略》，1931 年版，第 163—166 页。

　　③ 〔日〕亞洲歷史資料中心檔案：B03041705500，日貨卸賣商華慶號主人ノ日貸排斥ニ對スル不平，青岛民政部政況並雜報，第 2 卷，1921 年 6 月。

的批发经销商共有 13 家,华商大商店大多在大阪及其他重要港口派驻营业员站庄,且对本地市场熟悉,因其有自行进货的有利条件,在价格上并不比日商卖价高。另外,华商进货一般根据条件分批陆续购入,而日商则因库存品占压大量资金和支付利息,造成经营成本高企。[①]

1920 年代,北帮商人集中于大阪,南帮商人集中于神户的经商格局基本没有大的变化。在大阪,北帮商人集中居住于西区的川口町、本田一町、二町、三町以及本田通、梅本町一带。据 1925 年当地警察署调查,居住区内共有华人业户 96 户,总人口 1313 人,其中商贸业 1091 人。[②] 据同期另一项调查,在大阪从事贸易的华商店号共约 300 家,属于南帮者 26 家,属于北帮者(北帮公所会员)265 家,1927 年北帮会员商共 282 名。1925 年,大阪对华贸易输出额为 34000 万日元,其中旅日华商(川口帮)输出额 12550 万元,即占 37%,另外对日输出土货 250 万元。如去除上海、大连不计,天津、青岛等北帮商人经营的日货贸易额大致为 6000 万元。华商自日本输入的商品主要为棉纱、棉布、杂货、海味、糖、药品、机器等。当时"日纱北方交易,概操之于我侨商之手,而输往上海者,殆全操之于日商之手"。而旅日华商所经营的杂货贸易,"尤为川口贸易之特色。输入我国者,几全部为我侨商,日商则瞠乎其后。杂货中最要者,为卫生巾衫、帽子、洋伞、镜子、玻璃器、肥皂、纽扣、刷子、化妆品、文房具、日用小杂货等"。[③]

行栈商是北帮商人在日经营贸易的主体。行栈原指经营贸易代理业的商行,大阪行栈的职能一是为华商提供寄住寓所,并为住栈商提供贸易上的便利;二是自己经营行栈代理业,为国内各地的商家采买棉纱布、杂货。在行栈寄住的商人绝大部分为北帮商人,几乎没有南帮商人。1927年,大阪从事贸易的华商行栈共有 16 家,除 2 家经营者情况不详外,计有山东籍行栈 8 家,天津籍 2 家,宁波 2 家,营口、哈尔滨各 1 家。这 16 家行栈的大致情况见表 4—20。

---

① 《綿毛布と濟南》,見《濟南實業協會月報》,1922 年 7 月第 33 期。

② 〔日〕東亞經濟調查局:經濟資料第 14 卷第 3 號,《在留支那貿易商》,1928 年版,第 12 頁。

③ 实业部工商访问局:《大阪神户华侨贸易调查》,1931 年版,第 24、28—29、32 页。

表 4—20　　　　　　　大阪华商行栈概况表（1927 年调查）

行栈名	属地	经营者	开业年数	住栈商人数	其中：杂货商	资料
双兴号	河北	高兴寿	25	7	6	①②
德顺和	烟台	王博九	22	36	10	①
泰东洋行	山东	王岐山	25	17	5	①
恒昌号	山东	卢少熙	31	11	2	①
德盛泰	烟台	王树东	6	16	8	①
万义栈	山东	王植生	23	20	5	①
乾生栈	山东	李尧臣	11	45	23	①
公顺栈	哈尔滨	刘汉卿	20	24	13	①
德昌裕	天津	马敏卿	23	12	1	①
玉成栈	天津	黄观亭	23	25	6	①
通德源	营口	桑佐臣	29	14	10	①
福昌信	—	—	—	—	11	①
振祥永	烟台	颜振祥	18	16		②
东和商行	山东	张俊卿	7	4		②
正泰昌	宁波	黄剑青	8	3		②
惠昌栈	宁波	葛和甫	16	4		②

　　资料来源：①〔日〕東亞經濟調査局：經濟資料第 40 卷第 3 號，《在留支那貿易商》，1928 年 3 月，第 18—19 页；②〔日〕大阪市役所產業部：《大阪在留支那貿易商及び其の事情》，1928 年 7 月，第 20—21 页，按：住栈商和杂货商人数为 1925 年统计数。

　　旅日行栈商在日中贸易中居于十分重要的地位，与国内行栈有着密切的关系，而烟台、青岛等口岸城市的大行栈商，有不少在日本大阪、神户行栈内派驻站庄，经营日货进口。如烟台东顺泰行栈就曾派人在大阪设庄，专门经营日本火柴采购业务，他们向日厂定制火柴，甚至指定商标，在产品上标注"东顺泰监制"字样。行栈经销的"三光""山狮"等日本火柴，行销于山东、河南等省。小行栈一般有客商十数人，大行栈寄寓客商多至五六十人。行栈经理从国内总店资东中选出，两年回国一次，向国内资东报告经营情况，同时调查国内市场需求以及住栈商在国内的信用状况。关于行栈的经营情形和作用，当时曾有调查做过详细介绍：

> 经营行栈者，概皆久居日本而又熟悉日本社会情形者。……其所营业务，除供旅客及庄客居住外，并为之绍介交易机关，充当翻译，运送货物，办理保险、银行往来及其他一切日常业务。如庄客归国，并为之代理交易。新往日本之商人，概皆不通日本商情，住于行栈，则不必支付食宿，由交易额提供给百分之一乃至千分之五之报酬。……行栈有时居于行家地位，往来客户有数十处之多，故一等大栈，每年交易数达数百万元。然近来因竞争之故，看利较低，利益较少。但行栈主均有相当资产，营业范围颇广，且有对住客为资金融通者，则例外也。①

日本杂货商为了协调同华商贸易的共同利益，自 1913 年 10 月就谋划成立商业组织，第二年 3 月正式成立大阪输出同志会。加入该会的日商共 60 人，主要为向上海及长江流域输出日货的日商。同年 5 月，经营对天津、青岛、营口、大连日货输出的日商，在大阪成立北支那输出同业组合，会员商 160 人。6 月，经营对华南和南洋日货输出的日商成立大阪输出同盟会。1923 年 3 月，以上三组织实行合并，共同成立大阪贸易同盟会。同盟会下设三个部，第三部承担对华北贸易。此外，与大阪华商做对手贸易的还有两个日商组织——大阪棉纱商同盟会和大阪棉布商同盟会。② 上述日商贸易组织的成立和运作，对旅日华商的贸易活动构成强有力的竞争，并在很大程度上限制缩小了华商的贸易活动范围。

华商向国内发运货物的业务，原先大部分由华商公司办理，但后来日商以低廉的承运价格，夺走了相当部分货运业务。20 年代，大阪华商运输公司有同益股份公司、三益合伙公司，烟台籍行栈德盛泰也兼营运输代理业，代理大阪华商与日本轮船公司交涉货运业务。承揽华商货运的日商

---

① 实业部工商访问局：《大阪神户华侨贸易调查》，1931 年版，第 18—19 页。
② 〔日〕東亞經濟調查局：《在留支那貿易商》，1928 年版，第 10 页。

有日丸组回漕店、桥冈回漕店、三木运送店等，另外还有一家山东运送店，专门代理山东侨商货运业务。

经营大阪华商汇款业务的大阪日本银行最初为朝鲜银行、正金银行、台湾银行，后来三井、三菱、安田、住友等银行也开展此项业务，而汇兑额最高的为朝鲜银行。山东侨商汇款至日本主要通过朝鲜、正金、安田三家银行的大阪支店，汇出地为青岛。1925 年，国内华商汇入大阪的采购资金共计 12520 万元，关外东北地区（满洲）为 5160.7 万元，关内上海4412.9 万元、天津 2273.3 万元，青岛占关内第三位，计 681 万元。上海因系国内贸易和金融汇兑中心，故山东华商进口日货的汇款有一部分系经由上海汇出。华商从大阪承兑银行收取汇款后，通常存入大阪市内的业务往来银行。1920 年代中期前，业务量最大的为日本十五银行、近江银行和加岛银行。1925 年后，这几家银行关闭了在大阪的分支机构，于是，野村银行千代崎桥支店、山口银行九条支店以及山口银行、三十四银行、住友银行、三井银行在川口的支店，成为与大阪华商往来业务的主要银行机构。[①]

1906 年日俄战争结束后，随着日本国力的增强，日商在海外的贸易经营逐年增长，而在日本通商口岸经营多年，以对本国贸易为核心业务的旅日华商，却因国内政治动荡而蒙受经营损失。民国初年，内外形势对旅日华商的压力和竞争愈益严重，经营实力不断受到削弱，经营逐渐衰落。及至 1920 年代中期，一批历史最久且最具实力的华商相继凋零，不少华商被迫回国，只是在大阪、神户两地尚有部分华商勉强维持经营。"运华之日货，如精糖、印刷用纸、香烟、纺织机器、工业药品、面粉、酒、啤酒等，均由日本商人之手，侨阪之贸易商人毫无势力也"。[②]

到 1920 年代末，对日输出入贸易，无论在日本还是在国内口岸，绝大部分已操于日本商行之手。当时有论者曾就旅日华商与日商的不同境况和地位做过如下比较：

---

① 〔日〕東亞經濟調查局：《在留支那貿易商》，1928 年版，第 55—57 页；又见大阪市役所產業部：《大阪在留支那貿易商及ひ其の取引事情》，1928 年 7 月，第 28—29 页。

② 实业部工商访问局：《大阪神户华侨贸易调查》，1931 年版，第 32 页。

　　　吾国在日侨商，虽有一二十家，亦营中日间之输出入贸易，但因
　　资本不足，经营不良，既无势力雄厚之金融机关之援助，又无政府领
　　署之奖励与指导，一任自然，不加闻问，数十年来，日见消沉；而日
　　方经营中日贸易之商行，于数量日见增加，于资本日见雄厚，于管理
　　日趋新颖，加以金融机关之援助，日轮公司之联络，繁荣隆盛，日进
　　无已。①

　　旅日华商商贸经营的衰落由两方面原因造成。就外部环境而言，自甲
午战争后，中日国际地位的对比关系发生逆转，中国国势日弱，日本国力
日强，跻身列强侵华阵容。在日本对华侵略扩张政策的庇护下，日商的经
营竞争力和影响力迅速扩大，在诸多过去由华商控制的贸易领域，大的日
商商行商社凭借其资本和经营优势，逐步取代华商。而国内政治经济的动
荡不宁，对华商经营无异于雪上加霜，国内政府对侨商跨国经营很少给予
关注和支持，这种漠视态度无疑增大了华商经营的风险，迫使不少华商退
出相关贸易领域。就华商经营而言，由于日商的竞争，经营进口品的利润
减少，经营者不得不收缩业务范围。加之华商过去一向以经营日货进口为
主，对土货出口重视不够，国内产品对日出口华商不占优势，结果限制了
自身经营的扩展。民国成立后，国内民族工业的发展和外资在华工业的扩
张，对进口品产生了某种替代作用，使得进口同类商品的经营优势减弱，
利润下降，经营者不得不收缩业务范围。在这种情况下，一些华商退出贸
易经营，选择了回国发展实业的道路，利用在日本积累的经营经验和资
本，在国内创办企业，从贸易转向工业。

　　在日经营日货进口的行栈商和住栈商，在长期经营中积累了相当的资
本和经营管理经验，为日后回国开创近代工业奠定了基础。民国初期，旅
日华商回国创办了一批近代工业企业，成为近代工业的开拓者。其中丛良
弼、王敬亭等人即是典型人物。旅日华商归国创办企业的若干事例见
表4—21。

---

　　①　赵兰坪：《日本对华商业》，商务印书馆1934年版，第56页。

表 4—21　　　　　　　　　　旅日华商归国创办企业示例

企业	创办人	创办缘起
振业火柴厂	丛良弼	丛良弼为东顺泰大阪庄经理，在日经营火柴时积累了资本，并学会火柴生产工艺和经营管理。1913 年，丛回国集资 10 万元，在济南创办山东第一家火柴工厂——振业火柴厂。
裕兴染料工厂	王敬亭	青岛裕东太商号在大阪开设外庄，负责购销业务的住栈商王敬亭看到日本硫化染料制造简易，成本低，适合国内农村需要，便鼓动行栈经理邹升三联合青岛源裕兴、恒祥茂两家染料商，1919 年在济南创办裕兴染料工厂。
裕鲁染料工厂	张荆芳	张荆芳原为大阪住栈商，在大阪采购货物时看到日本染料工业发达，硫化煮青染料可以畅销国内，遂在日本学会染料制造工艺技术，回国招集投资人，由丛良弼等 50 余人集资 5 万元，于 1923 年在潍县成立裕鲁染料工厂。
维新染料工厂	张忠卿	1920 年，青岛杂货商福顺泰派驻大阪的外庄住栈商张忠卿，以每人月薪 200 元的高薪，聘用日本技师儿岛熊吉、前原亥角、光出等三人，负责染料制造技术，由福顺泰经理杨子生出资开设维新染料工厂。
忠记制针厂	尹致中	1926 年，尹致中与刘朴斋在日本经销日本针，结识广岛针厂经理贞赖，并学会制针技术，后购日本机器回国，创办忠记制针厂。

资料来源：艾鲁川：《济南裕兴化工厂简史》；王中廷：《潍县裕鲁染料股份有限公司概况》；王第荣：《青岛染料工业的萌芽与发展》；刘朴斋：《冀鲁制针厂创业简史》，均见山东省政协文史资料委员会编《山东工商经济史料集萃》第 1 辑，山东人民出版社 1989 年版。

七　金融业新旧格局的转变

青岛收回后，如同在工商业领域发生的调整变化一样，日资金融业随着政治经济形势的改变也发生了极大的变化。

日占时期，正金、朝鲜、正隆三家银行在青岛三足鼎立，控制着当地的金融业。1920 年代中期，正金银行的实力仍然居各家银行之首，而朝鲜银行则因业务过度膨胀，在经济萧条发生后，投放出去的资金和贷款多数无法收回，形成大量呆坏账，亏损达 3580 万元，银行业务一度陷入停顿状态。1924 年该行由日本大藏省监管，次年 8 月，银行被迫实行清理整顿，资本核减一半，同时关停一批分支机构，其中青岛支行也在关闭之列。随着青岛分支机构的停业，朝鲜银行的势力暂时从山东退出。另一家日资银行——青岛银行的命运与朝鲜银行极其相似。1921 年末至次年春，青岛银行的业务曾极度膨胀，一味扩张，结果在中国收回青岛后，因日侨撤离和日资工商业经营活动收缩，致使银行大量贷款不能按时收回，导致资金周转不灵，经营出现连年亏损。1926 年在资不抵债情况下，该行只得宣告停业。

随着青岛的收回，原先由日本银行控制的货币流通也发生了显著变化。中国银行未设青岛分行以前，青岛及胶济铁路沿线所用纸币，只有正金银行所发日本银圆票具有法定货币地位，流通额约 1000 万元。收回青岛后，中国银行、交通银行发行的钞票流通渐广，而日本银圆票失去了原先独一无二的法定货币地位，发行量剧减，流通范围也明显缩小，除有少量流通于日本商民之间外，大部分被收回。结果，市面上流通的日钞逐年减少，"此虽由于政治情形演变之所致，然亦金融界一大转变"。[1] 1925年，在朝鲜银行青岛支店决定收回流通中的朝鲜银行券后，流通的日钞只剩下日本银行券，其流通额在 100 万—200 万元之间。[2] 但是日本商人各种贸易上的付款以及在青岛交易所的外汇交易，仍以正金银行的银圆券为汇率基准。另外，部分中国商人（如食糖商人）以日金与日本进口商签订交易合同，销售中收入的银币，在结算时经常要到钱钞交易所兑换成日金。[3] 同时，日币在济南及胶济铁路沿线地区也仍能自由流通。这样，日

---

[1] 青岛市档案馆编：《帝国主义与胶海关》，1986 年版，第 202 页。

[2] 日元现钞通常只在日本人之间使用，当时日常实际交易需要量在 20 万—40 万元之间。流通最超出实际需要量的原因，是青岛取引所以日银圆券作为钱钞交易品种，由投机商人大量交易所造成（中国人民银行青岛市分行：《青岛金融史料选编》上卷第 2 册，1991 年版，第 852—853 页）。

[3] 侯厚培、吴觉农：《日本帝国主义对华经济侵略》，1931 年版，第 362 页。

本银行券仍在商业贸易和金融业中占有一席之地。

1924 年后日资银行的经营开始复苏，金融势力重新活跃。与原先正金、朝鲜、正隆三家银行称雄的局面不同，在朝鲜银行撤出后，形成了正金、正隆、济南三家银行三足鼎立的新格局。

归还青岛后，正金银行仍是青岛金融市场的中心。胶海关关税在日占时期由正金银行和中国银行两家承受，而关税存款及承汇特权则由正金银行享有。中国收回青岛后，胶海关关税仍由正金银行和中国银行代收，所有经收税款虽由海关分存两行，但由中国银行经收的关税，满 3 万元后即须拨存正金银行，关税汇上海，也是由正金及各外国银行投标承汇。直到 1929 年 6 月后，中国银行与交通银行才被允许参与投标承汇。但在中国银行中标承汇时，须由正金银行开支票转账。这样正金银行实际上仍然享受经收、承汇关税特权。

正隆银行自 1920 年 9 月开设青岛分行后，规模便不断扩大。借助十几家分行和 360 处营业所构成的银行网，其实力与正金、朝鲜两家银行相匹敌。1925 年 12 月，正隆合并龙口分行，青岛分行也迁至龙口银行旧址。当年夏，朝鲜银行停止了日元结算业务，12 月，朝鲜银行济南支行停业。该行乘机扩展业务和势力范围，填补了朝鲜银行撤除后造成的空缺。[①]

济南银行原先一直以济南为经营地盘，业务对象为日侨中的中小资产者。1923 年 5 月在青岛设立分行。青岛分行成立后，"利用进出口要道——胶济间协调合作关系的空白，乘虚而入，逐渐向内地发展关系，稳步占领地盘，先是青岛银行停业，接着龙口银行也宣告破产，该行作为中产以下日侨的金融机构，占有越来越重要的地位"。[②]

1922 年底，中国从日本手中收回青岛，中资银行逐年增多，通过存贷款业务和汇兑、发钞业务的扩展，经营实力也有一定程度的增强。据 1927 年 8 月日人所办的山东兴信所调查，青岛各日本银行存款总额为日金 574.8 万元，银圆 1157.5 万元，放款总额为日金 374 万元，银圆 486.7 万元，其中正金银行约占半数以上（详见表 4—22）。日占时期，日资银

---

① 水野天英：《山東日支人信用秘録》，1926 年版，第 448 页。

② 同上书，第 443 页。

行贷款规模最高年份（1919 年）曾达 996 万日元和 508 万银圆，与前相比，日资银行的存贷款规模已有明显缩减，这从一定程度上折射出日资银行经营的变化，银行资金实力和对金融市场的控制能力已有所减弱。但是，由于进口贸易大权仍然掌握在外商手中，如日商三井洋行、三菱洋行等，英商怡和洋行、太古洋行、颐中烟草公司、亚细亚火油公司等，德商美最时洋行、禅臣洋行等，美商美孚火油公司、祥泰木行等，均属财力雄厚，规模宏大，特别是三井洋行出口花生米、花生油、煤炭等，年营业额可达 2000 万元。因此，青岛大宗金融业务仍集中在以正金、正隆等银行为首的外商银行手中。

表 4—22 　　　　　青岛日本各银行存放款调查表（1927 年 8 月）　　　　　单位：元

行名	存款（金）	存款（银）	贷款（金）	贷款（银）
正金银行	2748645	10034545	293773	2800477
朝鲜银行	866855	1060416	514026	1388309
正隆银行	1953694	422080	2515396	618262
济南银行	176693	58129	186435	60009
青岛银行	2065		231370	115
合计	5747953	11575171	3741003	4867173

资料来源：青岛交通银行档案，山东兴信所 1927 年 8 月，见中国人民银行青岛市分行《青岛金融志》编纂办公室编《青岛金融史料选编》上卷第 1 册，1991 年版，第 173 页。

在华日本工商资本根据日本对华经济扩张政策而行动，而日本政府对其海外资本的活动则给予各种扶植。当中国政治经济形势发生变动，在华日本工商业受到威胁或碰到重大危机时，日本官方和准官方金融机构便会秉承政府意旨，通过发放低利贷款，对日资工商业和移民给予资金支持，帮助其稳定恢复营业。

从事贷款扶持业务的日本金融机构除银行外，还有若干非银行金融投资企业，东洋拓殖株式会社便是此类机构的代表。1919 年 8 月东洋拓殖在青岛设立分公司（营业处），以山东、河北、江苏等地为营业范围。分公司成立后活跃于各个领域，并在天津、济南设立了办事处，专事提供拓殖资金，各种贷款投资总额达 300 余万元。鉴于日本在华纺织业的发展，东拓投资 500 万元成立隆和公司，在胶济铁路沿线地区发放棉种，推广美棉种植，以帮助日资纱厂解决原棉不足问题。在青岛经营不动产的山东起业株式会社和经营小港民船贸易的山东仓库株式会社都有该公司的投资，同时东拓还为青岛的日本人提供不动产长期贷款，作为其在市区经营商业及房地产的资金。[①]

　　青岛归还中国后，针对在占领期间发展起来的日本工商业将要发生重大变化的情况，为了维护和发展当地日资商业，1923 年东拓代理大藏省向青岛和胶济铁路沿线的日人发放低利贷款 300 万日元。这笔低利贷款是以土地、房屋、有价证券和货物证券为抵押的贷款，其中有一部分贷款资金在济南和胶济铁路沿线城市发放。贷款利息 4 厘，由侨民团经手转放，侨民团追加利息 1 厘。1928 年济南“五三惨案”后，日本又于次年向济南日侨贷放恢复业务资金 35 万日元，利息 3 厘，贷款同样由侨民团经手转放，追加利息 1 厘。[②]

　　1920 年代初，日本非银行金融投资机构还曾对山东地方政府和企业贷放过多笔贷款。1925 年 4 月 8 日山东省政府曾与日本中日实业会社订立一笔 350 万元的实业借款，用于山东实业调查，借款月利 0.86%，规定 1927 年 2 月归还，借款方以山东省货物税、牲畜税、屠宰税、牙税、契纸税、注册税、胶济铁路货物税以及财政厅发行的 20 万元金库券为担保。此笔借款到 1927 年年底未付本息已达 3896570 元，其中利息 396570 元；而到 1934 年未付本息上升至 6427250 元。[③] 针对企业的贷款（有两笔以个人名义）总共 11 笔，贷款额 476 万元，这些借款因利息高，企业经营业绩不佳，大部分未能按时偿还，形成长期债务，到 1925 年底，未付本息总额 5206208 元（不含吕子仁未还本息）。1927 年 11 项借款本金共 486 万元，未付本息共 5385964 元（不含铁路借款未付利息）。迄 1934 年，4 项积欠借款本金共 385 万元，未付本息累计

　　①　水野天英：《山東日支人信用秘録》，1926 年版，第 452—454 页；按：后來隆和公司因蝕損 100 余萬元而宣告破產，業務轉歸東洋拓殖。

　　②　樋口弘：《日本对华投资》，1959 年版，第 194—195 页。

　　③　〔日〕亞洲歷史資料中心档案：B02130020300，亞細亞局：對支借款一覽表，地方政府部分，1927 年 12 月 31 日；B02130154100，對支借款一覽表，地方政府部分，1934 年 12 月 31 日（外務省外交史料館，調事）。

高达 8260400 元。关于 1920 年代日本金融机构对华商贷款，详见表
4—23及相关说明。

表 4—23　　　　　　　1920 年代日本金融机构对华商贷款统计

借方	贷方	借款时间	还款期限	年利（%）	借款额（万元）	1927 年未还本息（元）	说明
齐鲁银行	东洋拓殖株式会社	1920.12.20	1925.10.31	13	50	532610	①
济南电灯公司	同上	1920.9.29	1925.9.25	16 13	30	12883	②
马官和	同上	1921.3.25	1924.3.10	15	4	29548	③
吕子仁	同上	1921 5.	1921.6.	13	5	102436（1934 年）	④
济南电话公司	同上	1921.8.8	1926.11.3	12	40	566712	⑤
博山电灯公司	中日实业会社	1918.9.26	1925.9.26	9	14	140000	⑥
博山电灯公司	同上	1919.7.25	1925.9.26	9	13	130000	
溥益公司	东亚兴业株式会社	1920.5.14	1931.12.5	10	200	3496516	⑦
		1922.10.14	1926.12.5	11	60		
		1922.10.14	1927.6.25	12	30		

续表

借方	贷方	借款时间	还款期限	年利（%）	借款额（万元）	1927 年未还本息（元）	说明
博山轻便铁道公司	中日实业会社	1919.11.14	1924.11.14	10	40	477695	⑧

资料来源：〔日〕亞洲歷史資料中心檔案：B02130019700，亞細亞局：封支借款一覽表，個人部分，1925 年 12 月；B02130020400，對支借款一覽表，個人部分，1927 年 12 月；B02130154200，封支借款一覽表，個人部分，1934 年 12 月（外務省外交史料館，調事）。

说明：①以齐鲁银行股票 25.5 万元、博山 5 处煤矿采矿权、奉天和亲王府庄地 82959 亩地权、济南商埠宅地 4 亩 125.8 坪为担保。1925 年未付本息中含利息 204390 元。1927 年未付本息 532610 元。1929 年未付本金 25 万元，未付利息和违约金高达 825868 元。

②借款以公司土地、房屋、机器，公司股票 30 万元为担保，原年利率为 16%，1921 年 10 月后改为 13%。

③马官和为济南电灯公司经理，借款用作营业资金，贷款以坊子、济南租地权、建筑及机械，博山电话公司所有动产、不动产及公司股票为担保，本息中含利息 12837 元。

④吕子仁借款实际为齐鲁银行借款，由河南财政厅大东公司担保，以齐鲁银行股票 5 万元担保品，1934 年末付本息 102436 元。

⑤借款用于购置机器设备，以公司全部财产、股票 25 万元（实际价值 70 万元）作担保，1925 年未付本息中含利息 87519 元。

⑥借款用于营业资金和扩大经营，以博山电灯公司全部财产及营业权为担保。

⑦借款用于糖厂建设、购买设备和资金周转，以公司动产、不动产及营业收入为担保。1924 年借款利息 368494 元，迄 1934 年本息增至 7032056 元，其中利息 4090390 元。

⑧博山轻便铁道借款以公司全部财产、收入、营业权、公司股票 11 万元及将来发行股票的半数为担保；借贷资金实际由东洋拓殖融通支付。

华商借款基本属于为扩展企业经营而借贷的商业性借款，日本投资公司贷款除附有极苛刻的担保抵押条件外，还向借款企业追加了若干条件，如溥益公司借款的附加条件为东亚公司派日人会计师入厂监督糖厂财务；

东亚公司有材料供应优先权，工厂如使用外国机器，须由贷款方代理；糖厂开业后，经营纯利的 10% 用于支付贷款，等等。济南电话公司借款条件为东拓有续贷优先权；东拓为公司推荐外人技师和会计师；若将来开办统一的山东电气事业，所需资金应先与东拓磋商。中日实业对博山电话公司贷款的附加条件是资金向朝鲜银行融通，同时聘用中日实业推荐的日本技师。以上借款大部分未能按期归还，形成了长期债务，客观上有利于日方控制借款企业的经营，并最终掌握企业的所有权。

八　日本航运资本对航运业的垄断

中国收回青岛初期，随着一部分日商的归国和日商贸易的跌落，日商航运业也曾一度出现不景气。1923 年日本进出青岛港的轮船较上年减少了 231 艘，载货吨位减少了 29 万吨，按内港行轮章程行驶的日船也明显减少。① 1924 年后，日商因装运大量花生出口，航运贸易开始恢复旧日规模。往来于青岛日本之间的日本定期轮船逐渐增加，原先的小轮船也改换为大吨位船。

1920 年代末，在日本对华航运业中，由日本政府指定的远洋航线共有 7 条，其中日本邮船公司经营 5 条航线，由日本政府每年补助 250 万元；大阪商船公司经营 2 条航线，日本政府也同样给予一定的补助金。7 条航线中有 2 条连接青岛，一条为大阪商船公司经营的大阪—神户—青岛线，配船 1 艘，载重 3900 吨；一条是日本邮船公司经营的大阪—神户—青岛线，配船 2 艘，共 5000 余吨。依靠政府的扶植，该公司在华开设了上海、汉口、香港、广东、青岛、天津 6 处支店。②

日本政府指定的航行中国命令线，即所谓官定航线，由日本递信省补助费用。至于每年的补助费数额和补助方法，则严守秘密，外界一概不知。据日本大藏省所编资料，每年由日本政府补助各航线公司的资金，少则 500 余万元，多则 800 余万元，而且补助金的开支是连续的，不管各航

---

① 青岛市档案馆编：《帝国主义与胶海关》，1986 年版，第 324 页。

② 赵兰坪：《日本对华商业》，1934 年版，第 54 页；张心澂：《中国现代交通史》，上海良友图书印刷公司 1931 年版，第 306 页。

运公司的盈亏状况如何。① 根据表4—24 所载历年统计，1920—1927 年日本政府对其国内航运业拨付的补助金累计达 6156 余万元。

表4—24　　**日本政府补助航业费一览表**（1913—1927 年）

年　份	补助费（日元）	年　份	补助费（日元）
1913	8406450	1923	7612685
1914	5558255	1924	8549589
1920	5826309	1925	7281909
1921	7841323	1926	8156070
1922	7512772	1927	8782085

资料来源：侯厚培、吴觉农：《日本帝国主义对华经济侵略》，1931 年版，第82—83 页。

　　与日占时期相同，青岛的对外国际航线基本为英、美和日本的轮船公司所控制。太古洋行和怡和洋行掌握着上海、青岛、广东间的南北洋航线，投入航运船只共 15 只，而日本轮船公司则垄断着中国与日本间的航线，同时在欧美航线也占有相当份额。如欧洲航线有日本邮船会社的船只航行于利物浦、汉堡、青岛之间，除 9—11 月份外，邮船会社每月都有船到青岛装运货物；北美航线则有三井物产株式会社、国际运输株式会社经营航运业务。在花生上市期，三井会社的货船定期到青岛港装载花生驶航西雅图；国际运输会社主要代理川崎汽船株式会社北美太平洋沿岸各港的航运业务，所属船只每月都要到青岛装运货物。② 这一时期，日本轮船公司经营的以青岛港为始发港或靠泊港的定期、准定期国际航线，有大阪线、横滨线及仁川线。

　　沿海航线是日本航运公司在山东扩张航运业务的重点。日本轮船公司对沿海航线占绝对优势，1920 年代中后期，日本航运业资本在中国北洋航路上经营的航线计有 7 条，即上海青岛线、上海青岛大连线、上海青岛大连天津线、烟台大连威海青岛线、大连天津上海线、大连青岛线、天津大连青岛线。这些航线大部分由日轮公司经营，从事航运业务的日本轮船

---

　　①　侯厚培、吴觉农：《日本帝国主义对华经济侵略》，1931 年版，第82—83 页。

　　②　民国《胶澳志》，1928 年版，交通志，航运。

公司和商行共有 10 家之多，这 10 家公司为大连汽船会社、中村商店、日本邮船会社、福岛洋行、日华协进公司、大阪商船会社、日清汽船会社、岩城商会、永记洋行和高桥会社。行驶 7 条航线的日轮共有 45 只，上海青岛线和上海青岛大连天津线各有 12 只日轮，投入船只最多的是大连汽船会社，共 17 只。①

大连汽船会社原名大连合名轮船会社，资本 50 万元，系田中末雄等人 1910 年在大连设立，当时只有几只小轮船经营大连、安东、龙口间的海运业。1915 年 1 月由满铁投资 200 万元，改组为股份有限公司。1923 年增资至 300 万元。1926 年会社为扩大在华北沿海的航运业务，又进一步增资至 1000 万元。到 1926 年大连轮船已有轮船 18 艘，总吨位 35036 吨。公司开辟经营的航线有以大连为起始港的安东——天津线、青岛——上海线、龙口线、香港线等。1925 年公司总收入 550 万元，获纯利约 53 万元。大连汽船在青岛设有分公司，有"西京丸""神丸""大连丸"等定期或临时航班频繁往来于青岛航线。1925 年，青岛分公司进出港轮船 270 艘次，载运乘客 1.4 万人，劳工 1.8 万人，各种杂货 4 万余吨，煤炭 4 万余吨，居同行业各公司之首。

除大连汽船外，其他几家日轮公司对青岛远洋航运和山东沿海航运业参与经营的情况如下：

（1）日本邮船株式会社。日本邮船会社有雄野丸（4700 吨）轮船担任门司、阪神、青岛间航线，每月两班定期航行，与大阪商船、原田汽船相竞争。日本邮船株式会社以中国为中心的 16 条远洋航线中，除青岛为终点的大阪青岛线，还有两条经由青岛的航线：李浦线、汉堡线。②

（2）原田汽船株式会社。青岛收回后，原田汽船在门司阪神航线每月两班定期通航，由原田丸（4000 吨）担当航线航运，年货物输入量约 3.5 万吨，输出量 6 万吨，乘客 6000 余人。在当时与日本邮船、大阪商船势均力敌，而且经常处于领先地位。

（3）山下汽船株式会社。1922 年 2 月，山下汽船在青岛设立营业所，1924 年山下改组为股份有限公司，资本 2000 万元。经营青岛、阪神、横

---

① 章勃：《日本对华之交通侵略》，1931 年版，第 246—251 页。
② 侯厚培、吴觉农：《日本帝国主义对华经济侵略》，1931 年版，第 83 页。

滨航线，青岛、名古屋、横滨航线及广东航线，由"丰国丸"（3300吨）、"寿满丸"（3020 吨）、"久满加多丸"（1850 吨）三艘担任航行，在青岛的年运量为 6 万吨。

（4）合名会社岩城商会。商会经办大阪商船会社在青岛、阪神、台湾、福州、上海、天津航线，以及阿波共同轮船会社的大连、烟台、威海航线的代理业务，并附带担任大阪海上、日本海上、帝国海上、东洋生命四家保险公司的代理。通常每年的经营船舶数 200 余艘，7 万—8 万吨的进港货物和 8 万—9 万吨的出港货物，以及 4 万—5 万人的（包括劳工）的渡航业务。

（5）田中商事株式会社。20 年代会社资本增加到 500 万元，有轮船"福浦丸"（4500 吨）、"英龙丸"（5900 吨）、"平龙丸"（2000 吨）三艘航行于大连、青岛、阪神之间不定期航线。青岛营业所成立于 1919 年，1920 年后业务经营接连受挫，迫于生计，兼做"满洲船坞""大连海上火险""富士生命保险"等代理业务。[1]

这一时期，日本势力控制的大连港，实为渤海湾沿海各港的航运中心，日本轮船公司在大连与渤海湾天津、烟台、龙口、安东以及青岛诸港之间，均设立了往返定期航线。在大连与山东沿海港口间，有大连汽船经营的大连、龙口、蓬莱航线，田中商事经营的大连、烟台航线，阿波共同株式会社经营的大连、烟台、威海航线，而华商只有烟台政记公司在大连烟台航线有航运业务。政记公司的船只大都是几百吨的小轮船，而阿波共同会社的轮船则在千吨以上。[2] 此时在烟台虽没有专设的日本轮船公司，但是有 5 家日本轮船公司以大连为基地，经营着以烟台为中继港的航线，其航运业务通常由日商岩城商会及华商鹿玉轩、政记公司等轮船公司代理，凡烟台货物之运往日本者，多向各代理公司接洽。[3] 除招商局、政记公司以自营航运业为主外，华商小轮船公司多以代理行驶外国轮船为生意。

---

① 水野天英：《山東日支人信用秘録》，1926 年版，第 378、456、460 页。

② 〔日〕滿鐵庶務部調查課：《北支那沿岸の航路網》，大连：编所 1928 年 4 月版，第 2 页。

③ 《烟台经济状况（续）》，见《经济半月刊》第 2 卷，1928 年 6 月 15 日第 12 期。

表 4—25　　　　　　　　日本航运公司航线航运表

船行或代理	航线	船名	经过港口与航班
日本邮船株式会社	青岛大阪线	日光丸	
大阪商船株式会社	同上	泰山丸	
原田汽船株式会社	同上	原田丸、东莱丸	
第一洋行	同上	海龙丸	
朝鲜邮船株式会社中村组代理	青岛仁川线 安东烟台大连线	平安丸、会宁丸	木浦、釜山、烟台，每月 3 次
阿波共同汽船株式会社	青岛烟台大连线 大连烟台仁川线	十六共同丸 廿一共同丸	青岛、威海、烟台，每月 5 次
大连汽船株式会社	大连上海线 天津上海线 大连香港广州线	大连丸、奉天丸、神丸、天津丸 益进丸、英顺丸、兴顺丸、第一东洋丸	青岛、大连每周往返 7 次 肯岛、烟台、上海不定期
日清汽船株式会社康记洋行代理	天津上海线	唐山丸、华山丸	青岛、大连
大阪商船岩城商会代理	天津台湾线	长沙丸、盛京丸、福建丸	青岛、福州、上海、高雄，10 日 1 次
中村组	塔埠头线 青岛海州线	保清、安乘、新隐歧丸、第八隐歧丸、登安	每日 1 次 石臼所
协信公司	青岛海州线	第四福山丸	石臼所
高桥商会株式会社	烟台大连线		鹿玉轩代理

资料来源：民国《胶澳志》，1928 年版，交通志，航运，第 46—50 页；日本青岛领事馆：《青岛概观》，1926 年版，第 67—71 頁；〔日〕亞洲歷史資料中心檔案，B03050385400，市川書記生：芝罘一般事情調查，1926 年 11 月，各國事情關系雜纂，支那ノ部，芝罘，第 2 卷。

　　1920 年代，华商轮船公司的沿海航运业也有所发展，但只是经营沿海为数很少的几条航线。如政记公司在 1924 年 4 月间在青岛开设了分行，定期行驶于上海、青岛、大连诸港之间，并有不定期轮船行驶于南北沿海各口岸，轮船总数共 22 艘。华商航运业的发展，使青岛华船载运吨数由 14.5 万吨增至 28.9 万吨。但是，华商轮船公司没有远洋航线，凡日本输华货物基本由日商交其本国轮船承运，就是中国输往日本的的货物，因出口商业大部分操于日商之手，故也多归日轮装运。结果造成中日贸易的航运业务大部分为日商所掌握。不但中日间的贸易品纯由日商装运，就是中国对欧贸易的商货，也有一大部分为日船所吸收，如大阪商船经营的纽约航线，就经常靠泊青岛、大连等港装货。[①]

中国政府收回青岛主权后，英、美船日增，德船亦恢复，但日船仍占 50%。在外国轮船业的排挤倾轧下，中国民族资本在青岛的航运业发展步履艰难。中国轮船来往青岛最初年不过万吨，接收后航运吨位逐渐增至 44 万吨，但是，到 1926 年又骤减至 20 万吨，仅占港口航运总吨位的 4%。同年，青岛运往沿海通商各埠的货物共值 2625 万海关两，其中日本船承运货值计 1380 余万海关两，英国船承运货值 815 万海关两，中国船的承运额只有 350 万海关两。1927 年，沿海航运货值共 3765 万海关两，英日两国的船运额各占 1800 余万海关两，而中国船的货运值则降至 89 万海关两。

自马关条约签订后，日本不仅获得了在中国沿海、沿江通商口岸的航运权，而且进一步取得了内河内港的航行权，从而开国际法上未有的恶例。所谓内港航行，是指通商口岸与非通商口岸之间，或非通商口岸之间的航行。实际上，内港航业并不限定于内地，沿海非通商口岸也可以称为内港。日本航运资本在华经营的内港航运业分为两种，一是在江南沿江的内港，一是在北方和东南沿海的内港。在北方沿海，以青岛为中心的内港航线占有突出重要的地位。

以青岛为中心的内港航线包括通海州、石臼所、塔埠头等民船港的航线，最主要的为青岛海州航线。往来该航线上的乘客大多为往返东三省的外流农民，平均每日在千人以上。航线货运冬季以石臼所、涛雒花生为大宗，从当年 10 月末到次年 3 月，每日到小港码头的花生在 150 吨以上，

---

① 青岛市档案馆编：《帝国主义与胶海关》，1986 年版，第 333—334 页；赵兰坪：《日本对华商业》，1934 年版，第 55 页。

货运总量在 22500 吨左右。

青岛海州航线在德占末期就有德船福安、平安等船往来航行，日占青岛后，日人相继派船加入航运，但一开始航运时航时辍，航运量一直不大。1923 年后，日船开始大增，到 1927 年夏季，航行于此线的日轮已增加到 8 只。1928 年"五三惨案"后，因中国人的抵制，大鹰丸、第二隐歧丸、胶海丸等日船先后为中国人所收买，另有日船福山丸改为福兴，福庆丸改为庆兴，以致出现一船有两国国籍的状况。虽然南京政府交通部不许航业公会允准外轮驶行内港，但在不平等条约废除前，这类部颁规定最终只能是一纸空文。1929 年后，青岛海州间航行的日轮急遽增加，到 1930 年，已增至 18 只。①

---

① 章勃：《日本对华之交通侵略》，上海：商务印书馆 1931 年版，第 267—269 页。

第五章　殖民政策调整与经济扩张势头的恢复
（1929—1936 年）

从 1929 年国民党南京政府在山东建立政权，到 1937 年日本发动全面侵华战争，在 8 年多的时间内，山东的政治经济状况发生了许多新的变化，而日本的对华政策及其在华北和山东的具体实施也出现了若干新的迹象。日本自 1931 年侵占东北后，又进一步进窥华北，在进行政治威逼、军事挑衅的同时，积极谋求经济"开发"扩张，并将其作为侵华国策的重要内容。这期间，日本一方面拉拢山东地方实力派脱离国民政府，一方面积极制定实施"华北开发"政策，从国家战略角度出发，有计划地推行经济领域里的扩张。这样，随着一系列华北经济开发政策的实施，日本在华工商业投资的官方色彩愈来愈浓。

国民党在山东建立政权后，山东社会形势较前稳定，经济处于缓慢发展时期。期间，以民间资本为主的日本工商资本以青岛为龙头，以胶济铁路沿线主要城市为目标，与本国殖民扩张政策相呼应，持续不断地扩展其经济势力，在纺织、橡胶等工业领域扩大规模，进而使其在这些产业部门的优势地位益加巩固。另一方面，日本商业资本也恢复了扩张的势头，青岛、济南及胶济铁路沿线城镇的日本商行、商店逐年增加，与华商展开激烈的市场竞争；日本在山东口岸贸易中所占比重达到 1/3，沿海航线的航运业大部分为日本航运公司所控制；山东与日本的经济联系远远超过与其他国家的联系，而这种联系又从多方面对山东社会经济的演变产生影响。

1920 年代末到 30 年代中期，也是民族工商金融业历经磨难而有所发展的时期。民族资本工商业所处的环境尽管有许多不利于自身发展的因素，如世界经济危机、外商企业的竞争倾轧、内战与苛捐杂税等，企业经营发展遇到重重困难，甚至往往因此而亏损倒闭。但是就整体而言，他们并非不堪一击。借助抗日救亡运动、抵制日货运动、国货运动等社会运动的声援，同时依靠自身管理和技术的不断改进，凭借与商业资本及市场天然的密切联系，民族资本具有相当的抗争性和市场竞争力，表现出顽强的生命力。在20年代发展的基础上，华商资本仍在不断地成长壮大，在工业、商业、金融业领域与日本资本展开顽强的竞争，在若干产业领域迫使日本资本步步退缩，逐渐在竞争中争得了市场，在某些实力强的领域甚至占据了一定的上风和优势。

一 地区殖民政策的调整

1. 拉拢地方实力派脱离南京政府

1927年4月南京政府成立后，在经过一番内外调整后，掌握了军政大权的蒋介石决定第二次北伐，消灭奉系军阀。1928年4月5日，蒋介石在徐州誓师北伐，同月9日下达总攻击令。为了扶持亲日军阀势力，日本田中内阁随即决定对中国实行以"强硬外交"为核心的"积极政策"，其重要步骤就是出兵山东，干涉中国内政。1928年5月1日，北伐军队进入济南。两天后，出兵山东的日军寻衅滋事，公然践踏国际法准则，制造了震惊中外的"济南惨案"。此后一年的时间内，日本军队占据济南、青岛及胶济铁路沿线，日本资本也乘机而入，锐意经营，保持并扩大其经济势力。

在日本的压力之下，国民党山东省政府被迫退避泰安组建。在当时主权遭到严重侵害的情况下，地方政府根本无法实施有效的管理。1929年3月，中日"济案"协定在南京签订。5月日军陆续撤出济南、青岛及胶济铁路沿线，同时山东省政府各机关也由泰安迁回济南。在日军占据济南等地的过程中，被北伐军击溃的奉系军阀张宗昌，纠集各路势力，与被国民党改编的刘珍年部在胶东展开战事，成为山东政局不稳的重要因素。1930年9月，中原大战战事平息后，南京国民政府为稳定山东局势，任命韩复榘为省政府主席。此后，山东政局渐趋缓和，韩复榘成为占据一方的地方实力派，日本也开始了对其拉拢的过程。

韩复榘原为西北军中一员将领，与国民党没有历史渊源关系。他执掌山东政权后，对国民政府采取了表面服从、暗中疏离的做法，始终保持着

"半独立状态"。在山东主政七年，韩复榘这一做法颇见成效，统治地位日益稳固，使山东在华北地区内成为具有一定独立性的省份。作为地方实力派，韩复榘既执行南京政府的法令法规，又保持着一定的独立性，这一状况构成当时南京中央与山东地方政权微妙的关系格局，而这种关系格局为日本在山东进行分裂活动提供了条件和契机。日本正是利用中央政府权威不足，地方政府专权的政治状况，逐步展开了对韩复榘的拉拢诱迫活动。

1927 年 4 月，日本田中义一内阁上台后，决定对华采取"积极政策"。此后召开的东方会议通过了《对华政策纲领》，确定了将"满蒙"从中国本土分离，并对中国实施武力干涉的政策。这表明日本主要的利益指向在满蒙地区，企图通过分离满蒙，获取或扩大地区特殊权益；在关内则是干涉中国统一，并不惜使用武力。日本武力干涉中国统一的政策，在三次出兵山东的过程中得到充分体现，成为这一时期山东政局动荡的重要原因。通过出兵山东，日本在山东的政治、经济权益得到巩固，为以后进一步扩张制造了条件。

国民党建立山东地方政权之时，正是日本以青岛、济南为桥头堡，保持扩张势头，并与山东经济联系日趋密切的时期。1920 年，日本对华投资达 4.66 亿美元，占各国对华投资总额的 23.1%，在英国之后居第二位；到 1930 年，日本对华投资已升至第一位，达到 14.89 亿美元，占各国投资总额的 40.8%，是这一时期投资增长最快的国家。[1] 1920 年代后半期，日本资本输出约有 90% 集中于中国，而山东与日本关系的特殊性，成为其投资的重点地区。尽管华盛顿会议后中国收回了青岛和胶济铁路，但日本仍保留着诸多"特殊权益"。这种特殊权益"自从日德战争以来二十几年间，对日本人经营事业的背后发挥了一种压力作用"[2]。如何利用中国政局变化，维护归还青岛后所保留的权益，发挥山东作为"特殊权益地区"的作用，成为日本政府及其工商资本所关注的问题。

日本出兵山东、制造"济南惨案"，引发了中国激烈的抵制日货运

---

① 许涤新、吴承明主编：《中国资本主义发展史》第 3 卷，人民出版社 1993 年版，第 39—41 页。

② 樋口弘：《日本对华投资》，1959 年版，第 210—211 页。

动，日本对华贸易出现下降的局面。1929 年日本对关内输出总额 3.46 亿日元，比 1926 年的 4.21 亿日元下降了 17.9%。[1] 日本一向依靠向中国输出工业品，特别是轻工产品来获得贸易盈余，并谋求建立与英美对抗的"日元经济区"，因此，对外贸易对日本经济有着举足轻重的作用。为克服贸易输出下降的局面，摆脱国际孤立地位，解决中日间一系列悬而未决的问题，继田中内阁上台执政的滨口雄幸内阁，于 1929 年 7 月开始实施以标榜"协调外交"为特色的第二次"币原外交"，中日关系出现了变化。这一变化在日本对山东的政策上也有所体现。日本改变了直接支持奉系军阀的做法，将目标转向韩复榘，开始了一系列拉拢诱迫活动。

近代日本政治体制中军人干政的传统影响制约着外交政策的实施，在华日军更是不断挑起事端，制造事件。这种由军方、外交人员交织在一起共同干涉中国内政的做法，在其对韩复榘的工作中得到体现，而军方的作用更为突出。1931 年 8 月，日本陆军参谋部人员就曾以驻济领事馆武官的身份，在济南对韩复榘进行离间工作，劝其反对蒋介石、张学良。"九一八"事变后日方更是与韩复榘频频接触，活动力度加大。事变后的次日，日本驻济总领事西田畊一按外相币原的训令会晤韩复榘，要求其负责保护在山东的日本侨民，并责令烟台、龙口等地官员取缔反日活动。日方之所以明目张胆提出要求，即因韩上台后不久就下令解散反日团体，取消反日宣传，并布告全省，如有召集会议或张贴标语，需经国民党省党部及省政府审查允准，表现出对日亲和的态度。9 月 28 日，韩与西田私下密谈，表示"如果出现断绝国交、通过宣战时，自己也只能服从政府命令，但对与战争无直接关系的人民则要互相进行保护，对贵国人当然也要充分保护"[2]。

上海"一二八"事变期间，韩复榘公开通电支持十九路军抗战，同年 4 月，还曾成立"山东救国集款委员会"，自兼主席。凡此种种，在公开场合对全国重大事件，韩复榘的表现是服从南京国民政府，恪守地方官员职责。与日本人接触，密切关系，韩复榘的目的是借以壮大自己，巩固统治，因此多是秘密会晤，私下联络。这样不仅使双方有了一种默契，也

---

① 守屋典郎著，周锡卿译：《日本经济史》，三联书店 1963 年版，第 250 页。

② 臧运祜：《七七事变前的日本对华政策》，社会科学文献出版社 2000 年版，第 32 页。

给日方一种错觉，感到韩复榘可以合作与利用，将其作为向华北渗透过程中的重要人物。因此，对韩复榘诱杀张宗昌、驱逐刘珍年等事件，日方表示了谅解，对其公开的抗日救国言论和表面上的缉查私货，查办毒品交易等也未作抗议。[①] 日本对韩的工作是从长计议并期待时机成熟。

1932 年 3 月，日本扶持建立"满洲国"之后，即进窥华北。这一阶段，山东是日本对华北施策的重点地区。对山东的谋略虽未取得明显效果，但密切了与韩复榘的联系。1933 年 10 月，斋藤内阁"五相会议"拟订的"帝国对华政策"，明确宣示要在日本的指导下实现日满华三国的提携共助，在华北采取建立亲日地方政权的"分治政策"。日本还通过塘沽协定（1933 年 5 月）的善后谈判，对华北开始了经济上扩张，将其视为军事资源的补给基地。随着华北谋略的步步深入，日本军部尤其关东军和支那驻屯军图谋分离华北的野心日趋膨胀。1935 年 9 月 24 日，日本支那驻屯军司令官多田骏在天津发表声明，声称要把反满抗日分子驱逐出华北，推动华北经济圈独立，用华北五省军事合作防止赤化。以此为标志，日本正式拉开了华北自治运动的大幕。

在"多田声明"前后，日本对韩复榘即展开了多方游说，在日本看来，韩曾下令停止国民党县党部活动，拒绝中央军进驻山东，取消反日组织及活动，已是在执行协定中的内容，是"自治"的理想人物。因此，1935 年 11 月 12 日，在日本向平津卫戍司令宋哲元施压，要求其 20 日前宣布"自治"的同时，多田骏飞往济南，要求韩复榘响应"自治"，并邀其赴北平参加"自治"商谈。11 月 22 日，日本松井大将到济南与韩密谈，劝其脱离中央，参加华北五省自治。[②] 月底，日方再次邀韩商谈，向其提出正式宣布"独立"并签订协定的要求。

日本策动华北自治的举动，引起了南京政府的警觉，很快便采取一系列应对措施，告诫其勿为日方离间所动。此间国民党五全大会召开，团结抗日形势正在形成；"一二九"大规模学生爱国运动进一步激发起民众的抗日热情；日本政府担心在即将召开的伦敦裁军会议上引起国际纠纷，加之华北地方实力派并不情愿受日本挟制，日本华北自治的阴谋受到挫折，

---

① 吕伟俊：《韩复榘》，山东人民出版社 1985 年版，第 379 页。
② 同上书，第 387 页。

未能取得明显成效。韩复榘未往北平参与谋划，对公开表态、签订协议也不置可否。

1936 年日本迅速走向法西斯主义，受军部支配的广田内阁于 8 月间制定"对中国实施的策略"和"第二次华北处理纲要"，将中国分为华北、南京政权、其他地方政权、内蒙四个部分，分别采取相应的政策措施，反映出日本分治中国的战略企图。其中对华北的扩张政策是其对华政策中首要目标。其核心是将"华北自治"上升为"华北分治"，在实施"政治分治"的同时"开发华北经济"①。此时日本的对华政策，虽然对原先忽视南京政府的做法有所改变，决定与南京政府交涉，但并未放弃拉拢地方实力派。对韩复榘日本军方、外务人员也未放松工作，仍旧频频接触，促其表态。

1936 年 1 月，石野继任日本驻济总领事，开始了第二轮诱使韩复榘的工作。3 月，日军师团长土肥原途经济南，与韩商谈"山东独立"。4 月，石野、西田领事与韩进行秘密会谈，要求韩果断解决影响"山东独立"的障碍，设法除掉持反对意见的部下。韩复榘则以"时机未到"加以敷衍，并回拒了日军司令官邀其赴天津会晤的请求。② 9 月，日本驻华大使川樾茂在济南会晤韩复榘，离间其与南京政府关系，韩则再一次表现出暧昧的态度。"西安事变"后，中国国内停止"内战"、一致抗日的呼声成为主流，1937 年初支那驻屯军司令官田代派遣师团长板垣等赴济南，迎韩复榘去北平参加华北自治会议。日方认为韩有左右华北局势的作用，但结果韩拒绝了日方的要求，其谋略再遭挫败。此后韩对日态度有所强硬，日本对其"伪化"的策略无果而终。

日本对韩复榘的拉拢诱使活动，是其华北谋略的重要组成部分，也是其培植亲日势力、分裂华北政策的重要一环。这一时期山东与日本的关系，较华北其他省份有特殊性的一面。这不仅在于自 1894 年甲午战争后日本在山东有 40 年的经营历史，日侨人口居华北地区之首，有着雄厚的殖民经济基础；同时还在于英美势力在山东较弱，日本遇到的竞争也较

---

① 复旦大学历史系编：《日本帝国主义对外侵略史料选编（1931—1945）》，上海人民出版社 1975 年版，第 203—208 页。

② 天津市政协文史资料委员会编：《天津文史资料选辑》第 2 辑，天津人民出版社 1979 年版，第 66—68 页。

弱。民国初期，日本就曾收买统治山东的各派北洋军阀，不断扩展在山东的势力。南京国民政府时期日本对韩复榘的利诱活动，实际是其扶植亲日势力，推行分裂活动的延续。这一活动虽未能达到在政治上使山东"自治""分治""独立"的目的，但日本利用双方所达成的默契，通过推进所谓"经济提携"，在山东的工业投资、商业贸易、矿产开发等经济扩张活动均有新的进展，日本工商资本在山东的势力进一步扩展和巩固。

2. "经济开发"政策的制定与经济调查

1922 年华盛顿会议后，中国依据与日本签订的《解决山东悬案条约》收回青岛和胶济铁路。但是，日本凭借条约中保留的诸多权益，仍持续不断地向山东进行经济渗透，以谋求将山东变为"独占地带"，使之成为对华北经济扩张的中心地区。北京北洋政府时期，日本在山东的投资经营活动已深入到国民经济的各个领域，如商业、贸易、金融、交通、轻纺、农畜产品加工、采矿，等等，投资者既有财阀资本，也有中小资本，投资形式既有直接投资，也有合办投资、贷款、借款，投资最为主要的区域是青岛、济南以及胶济铁路沿线地区。日本对山东的资本输出，压倒英美等列强而占据首位，这并非其有高于英美等国的投资能力，而是受"在华的军事政治力量，势力范围和特权的制约"①。1920 年代的日本投资经营活动，基本以获得原料、倾销商品、赚取高额利润为目的，尚未达到从国家战略角度出发、有计划地掠夺国防资源的地步，与后来的经济扩张政策则有所不同。

"九一八"事变后，日本在中国东北地区扶持建立伪满洲国，随后，日本军方、外务部门便开始拟订有计划的华北"经济开发"与"经济提携"政策，设立实施机构，大力向华北地区扩张逐步演变成为日本的国策。华北与东北在人口、地缘上有着极为密切的联系，正是基于这一特点，华北不仅被日本视为满洲国的外围阵地，也是其战略资源的补给基地。在从关外向关内扩张过程中，日本已不满足于一般的投资设厂和商业贸易，转而开始从攫取战略资源的考虑出发，制定新的经济扩张政策。在这一过程中，山东的地位尤显重要，成为其华北"经济开发"的特殊

---

① 吴承明：《帝国主义在旧中国的投资》，人民出版社 1955 年版，第 87 页。

据点。

日本视山东为"特殊权益地区",在经济扩张政策中,不仅有详细的筹划内容,而且有具体的针对性措施。1931年4月,日本驻青岛总领事川樾、济南总领事西田、烟台总领事内田以及张店、博山、坊子等地办事处主任,在青岛举行山东领事会议。会议讨论的主要事项有两方面:一是维护日本在山东的各项权益。当时南京国民政府提出废除治外法权,日本认为会涉及山东地区,故提出此问题,决定对日本在山东的权益进行调查,并提出相应对策;二是加强日本在山东的经济扩张。针对中国修订关税、保护本国产业的做法,会议强调日本在华产业政策的重要性,要求转变日本移民观念,官方机构应与商工会议所等民间机构联合一致、内外呼应,在领事馆配备负责工商事务的专门人员等。这次会议召开于"九一八"事变之前,"是继华盛顿会议'解决'山东问题8年以来,日本第一次比较明确地提出向山东进行经济扩张的问题",表明日本对在山东权益的重视和急于进一步扩展的意图。①

从"九一八"事变到"卢沟桥事变",日本对华北的经济扩张伴随着政治渗透而步步推进。面对中国日益高涨的抗日运动和西方国家的不满与压力,日本华北政策的制定与实施,有一个从确保既得权益到获取新权益的过程。1933年8月,日本政府内阁制定出《从国际关系出发的处理时局方针》,暗示要培养地方政权分立,特别提到对"山东地方及北支"的政策,认为该地区危险性较小,应努力保持平衡状态。这是"九一八"事变后,日本第一次在"阁议"中明确其华北政策的内容,而其中将山东与华北并列,反映了山东在日本对华政策中的重要性。在此之后,日本对山东"倍加关注",拉拢韩复榘、分立山东等活动的一个重要目的,就是确保并扩大其在山东的经济权益。

1935年7月,日本"支那驻屯军"司令部制订出《北支新政权诞生后的经济开发指导方案》,认为获得新权益比扩大既得权益更为重要,日本"由于国防上的需要,要尽可能迅速向获得新权益迈进"。于是,"历来以山东省为中心的经济扩张,转变为以整个华北为对象的经济控制,即尽管应开发的地区涉及整个华北,但因山东省已经有了相当的权

---

① 臧运祜:《七七事变前的日本对华政策》,2000年版,第195—196页。

益，所以除了金融之外，山东暂作为第二位"①。这一方面说明此前日本对在山东经济扩张的重视，同时也表明日本从控制华北，建立"日满、华北经济区"的角度考虑，仍将山东视为其整个扩张计划的重要一环。事实上，这一阶段，日本军方、外务部门一系列华北施策方案计划中，常常将山东与华北并称。对此，当时在满铁调查部从事调查的岸田英一曾说：

> 随着满洲国的发展，满洲同华北、山东在各方面都有着密切的关系。所谓日满经济区，不仅是有待同河北、山东两省实行经济合作之后才能完成，而且如果考虑到满洲国 3000 万民众的大部分都是山东人这一事实，促进华北的经济工作，诚可谓恰合时宜。②

1920 年代至全面抗日战争爆发前，是外国在华投资增长最快、增加最多的时期，而这其中日本名列首位。1920 年日本投资占各国投资总额的 23.1%，到 1930 年已占 40.8%，超过英国而居第一位；到 1936 年占 46.1%，年增长率 8.9%。③ 日本投资区域主要集中于中国、朝鲜，1914 年日本对华投资占其国外（不含中国台湾、朝鲜）投资总额的 83%，1930 年上升至 93.9%。④ 从日本经济势力在中国急剧膨胀的态势，可见中国大陆市场对日本的重要。与此同时，日本在山东的投资规模也不断扩展。依靠在山东的特殊权益，凭借先进的技术设备和经营管理，加上资金融通与贸易上的优势，日本资本在纺织、贸易及若干制造业领域形成优势。

1929 年世界性经济危机发生后，日本以低汇率为武器，扩大了对中国和东南亚市场的纺织品、日用品的出口，但对美国生丝出口的萎缩、燃料进口的扩大造成了贸易赤字，并且由于外汇、黄金管理的加强，中断了

---

①　依田憙家著，卞立强等译：《日本帝国主义和中国（1868—1945）》，北京大学出版社 1989 年版，第 282 页。

②　同上书，第 278 页。

③　许涤新、吴承明主编：《中国资本主义发展史》第 3 卷，1993 年版，第 40—41 页。

④　陈争平：《1895—1936 年中国国际收支研究》，中国社会科学出版社 1996 年版，第 120 页。

来自英美等国外资的引进，减少了外汇筹集渠道，重化学工业发展受阻。在这种情况下，日本寄希望于在远东地区强化推行经济扩张政策，借殖民地经营来解决国内的经济困扰。这样，在 30 年代前半期日本构筑"日满支日元经济区"的同时，更加注重从殖民地获取资源，其政策也由占领地政府主导的殖民地政策，向总体战体制下强制推行帝国一体化殖民地政策过渡。①

1933 年 5 月，塘沽协定签订后，日本对华北的政策渐趋明朗。同年 10 月，内阁连续 5 次召开由首相、外相、藏相、陆相、海相参加的"五相会议"，制定日本外交方针，其中对华北政策的主旨是"在帝国的指导下实现日满华等三国的提携共助"。1934 年 12 月，日本陆、海、外三省有关课长拟定《关于对华政策三件》，明确提出"扩张在中国的商权"②。在日本政治上分离华北的强劲势头下，1935 年 12 月 27 日，日本支那驻屯军司令部制定了《北支产业开发指导要纲》，其方针是设想在华北建立亲日政权的条件下，采取垄断排他性的开发方式，将涉及国防资源的重要企业归诸日本，较易开发的产业则以中国为主体，日本给予金融、技术上援助，外国利权皆在排斥之列；同时将日本在华企业分为禁止企业、统制企业（矿业、交通、通讯、特殊商品等）与自由企业（棉纺业、面粉业）三种。此纲要仿照日本在伪满洲国实行的经济控制方式，是经济统制的翻版。所不同的是中国驻屯军不满意关东军让满铁垄断满洲国经济的做法，而提出"帝国政府必须敦促财阀巨头奋起"，也就是要求日本财阀资本迅速进入华北。从 1936 年开始，伴随着日本华北经济开发中枢机构——兴中公司的设立，日本在华北的经济扩张有计划大规模地展开。以山东地区为开发重点，向华北其他区域辐射，成为这一阶段日本华北经济政策的重要特征。

在日本华北政策的制定过程中，为增强针对性、计划性，充实经济扩张的内容及措施，作为"国策会社"的满铁和地位不断提高的中国驻屯军，对华北经济资源、社会状况做了大规模实地调查，并汇集成数量庞大的调查资料和报告。日占青岛时期，日本青岛守备军及所属民政部就曾对

---

① 中村隆英、尾高煌之助编，厉以平监译：《日本经济史·双重结构》，三联书店 1997 年版，第 295 页。

② 转引自臧运祜《七七事变前的日本对华政策》，2000 年版，第 88、92—93 页。

山东社会经济进行过"丰富而且较为基本的调查"①。华北调查利用了这一条件，所涉及的调查范围更为广泛，调查结果后来成为日本制定华北及山东开发计划的依据。1932 年 1 月，应关东军的要求，满铁正式设立"经济调查会"。翌年 12 月，经济调查会制订完成《华北经济调查计划》，并在天津、青岛、上海筹设经调会分会，在济南、烟台等 11 个城市设立调查组。1934 年 5 月，满铁又对山东和整个华北地区的各种资源、交通、一般经济、利权等事项进行调查，并起草对策。截至战前，满铁经济调查会共先后完成 9 类 37 项"调查立案报告书"。

在满铁开展调查活动的同时，日本中国驻屯军也开始行动。1934 年10 月，中国驻屯军参谋长酒井隆致函满铁总务部长，要求满铁协助成立调查机构，调查华北经济资源。1935 年和 1936 年，日本军方与满铁密切合作，开展了范围广泛的华北经济调查。根据 1934 年 10 月中国驻屯军司令部制定的《华北重要资源经济调查之方针及要领》，调查的目的是"为助长帝国发展对华经济，使战时我国国防资源易于补充，同时扶持并增强帝国在华北的经济势力，并促成日、满、华北经济圈"②。当时日本军部主管经济的官员认为，华北经济开发计划的立案，要借助经调会才能完成，于是借用经调会人员，并于 7 月完成《华北经济调查班编成要领》。③

1935 年 8 月，中国驻屯军与关东军、伪满洲国、满铁共同组织人员，开始调查工作。由伪满洲国组成"甲嘱托班"，负责调查通货金融、财政贸易、政治外交、产业、交通等 5 个部分，研究并提出迅速分离华北的经济政策；由满铁组成"丙嘱托班"，负责调查经济、金融、税制、贸易，提出"华北独立"的对策。两个月后调查结束并提交了报告。④ 1935 年10 月，满铁经调会派出人员组成"乙嘱托班"，分总务、矿业、工业、铁道、港湾、经济 6 个班，担负"适应眼下形势需要急施事项的调查"，并

---

① 松崎雄二郎著，舒贻上译：《日本人的山东开发计划》，山东新报社 1947 年 11 月版，第1 页。

② 中村隆英：《日本の華北經濟工作》，见近代日本研究会《近代日本と東アツア》，山川出版社 1980 年版，第 162 页。

③ 黄福庆：《九一八事变后满铁调查机关的组织体系（1932—1943）》，《中央研究院近代史研究所集刊》上册，1995 年 6 月第 24 期，第 377 页。

④ 中村隆英：《日本の華北經濟工作》，见近代日本研究会《近代日本と東アツア》，山川出版社 1980 年版，第 163—165 页。

"尽快制定具体方案，提出献策"①。该班调查工作持续到 1937 年 3 月，人员最多时达到 380 人，调查区域覆盖山东、河北、山西、河南、绥远、察哈尔等省区，其中矿业、铁道、港湾等项调查最为具体详细。此外，乙嘱托班还配合日军进攻华北的企图，对资源、水运、供水、铁路、税制、行政等展开与"作战计划"有关的调查。整个调查共完成调查资料 85 册，成为日军华北经济调查的"集大成之作"。此后满铁还应中国驻屯军的要求，进行了 1937 年度华北调查。

日本军方和满铁大规模的分项与综合性经济调查，伴随着日本华北政策的制定实施而步步深入和扩展，体现出国策性、基础性和实用性，为其华北经济开发计划的形成奠定了基础。在这一过程中，山东无疑是其重点，不仅综合性调查涉及山东，而且有专门针对山东的分项调查，如日本经济权益、农业资源、煤炭、青岛港、胶济铁路延长线、金融、税制，等等。这些调查有一个基本共识，即"山东省的重要性，就在它的广大地域在地理上具有适宜的条件，富有煤、铁及其他种种地下资源，还有农业、畜产也很旺盛，并且这些资源和特产物运往海港极其便利，只须使用较少的经费资材，即可对于现局给予很大的寄予"②。显然，日本已充分意识到在"日满华经济区"内，山东的区位重要性在于可供开发利用的丰富资源，以及可观的投资回报价值。为此，满铁经调会依据大范围的实地调查，策划、制定出若干具体的山东经济开发计划。

日本原定 1937 年夏召开大陆经济会议，"综合研究朝鲜、满洲、华北的产业五年计划"，后因"七七"事变而未果，然而提交会议讨论的山东开发计划早已准备就绪。计划内容主要包括：《山东省经济开发计划要纲案》《对山东投资机关对策案》《山东省产业开发计划案》《山东省矿业开发五年计划大纲》等。③ 所谓山东经济开发计划的目标，实际就是"准备对苏联作战，获得国防资源，确保日本产业所必要的原料，增进居留民

① 《乙嘱托班调查概要》，第 13—14 页，转见解学诗：《七七事变前后的满铁华北经济调查》，《社会科学战线》1998 年第 6 期，第 133 页。

② 松崎雄二郎著，舒贻上译：《日本人的山东开发计划》，1947 年版，第 4 页。

③ 原件藏黑龙江省档案馆，4 种文件均为油印件，封面注明日期为"昭和 12 年 6 月"（1937 年 6 月），并有"满铁经济调查委员会"字样，内文有"大陆经济会议准备小委员会"字样。满铁经调会已于 1936 年 10 月为产业部所取代，文件形成时间应在这之前。

的购买力，发展我生产力"；"应对英美势力渗透、苏联东扩所产生的危机，保证民众对日本的依存"。对于开发实施的方针，提出"要从日满华依存关系紧密化的使命进行施策，诱导中国方面协力完成"；"开发必要的国防资源，对重要企业予以援助、指导"。关于开发投资机构，除原有的日本银行、企业投资外，还要动员东洋拓殖、满洲兴业银行加入。统制企业的投资经营以及在山东的"统制事业"，由兴中公司负责，同时设立银公司，吸收满铁、华北政府、中日民间资本加入，形成"日满华经济圈"，并由"自由进出"向统制经济转变。在 1936—1937 年满铁和中国驻屯军拟定的 4 项华北经济开发计划中，山东作为"特殊权益地区"归并到开发计划之中，准备予以重点开发。列入重点开发的项目有：修建高（密）徐（州）、济（南）道（口）铁路，修筑青岛港，疏浚小清河，改造北运河，开采招远金矿和金岭镇铁矿，开采博山、淄川等地煤矿，开发山东电力、原盐、纸浆、硫铵及农畜产品生产等。[①]

综观日本假经济提携、共同开发为名，在山东和华北地区所进行的种种调查，不难看出其目的是为获取上述地区的战略资源。在其制定的各种开发方案和计划中，山东作为日本的"特殊权益"地区，被列入"重点开发"对象，铁路、港湾、矿产、粮棉及畜产品成为其经济开发的主要对象。在日本后来的侵华过程中，上述调查和开发计划成为其进行经济扩张的依据和指导，而山东资源的存在及其供给可能，曾促使日本"由历来以山东省为中心的经济扩张，转变为以整个华北为对象的经济控制"[②]。

3. 庇护走私活动

走私，通常系指违反主权国家的贸易和关税管理，非法运输、携带、邮寄货物、金银、货币等进出国境，逃避海关监督、偷漏关税的行为。日本对山东及华北的走私活动，除表现出上述一般特征外，还带有明显的国策性、地域性特征。

"九一八"事变后，日本在华北地区掀起了一波紧似一波的走私狂

---

① 四个计划分别是：《华北投资设想》（满铁）、《开发华北经济五年资金计划》（中国驻屯军）、《开发华北经济资金计划》（满铁）、《开发华北产业计划》（满铁），参见《国外中国近代史研究》第 14 辑，中国社会科学出版社 1989 年版，第 60—66 页。

② 依田憙家：《日本帝国主义和中国（1868—1945）》，1989 年版，第 282 页。

潮，成为当时日本分裂华北、破坏中国经济的一个重要方面，日本对华北的大规模走私活动，山东首当其冲，构成"华北走私的先声和开端"。1933 年 5 月塘沽协定前，辽东半岛到山东半岛的海路是日本私货偷运的主要通道，而山东渤海湾沿岸民船港则是私货集散的中心地，走私量最大的日货为人造丝、砂糖和卷烟纸。即使 1933 年走私集中地转向河北冀东地区，这条通道仍旧存在，私货从未设海关的鲁北海口上岸，然后经张店销于省内各地，或南运上海等地。由于走私活动行事诡秘，加之冀东地区走私泛滥，一定程度上掩盖了山东未设关海口的走私活动。1935 年 8 月何梅协定后，天津成为日本私货的大本营，济南则是走私货的分销地和中转站。此外，青岛、烟台、龙口等口岸每年也有大批私货走私入境，结果四处蔓延的走私活动，使山东成为日本走私货的泛滥之地。

日本走私活动伴随着其华北分裂政策的制定和实施而展开。一方面增兵备战，寻衅挑事；另一方面鼓动走私，建立网络。走私活动是在官方和军方的认可和庇护下进行的，被缉查后由其出面调处。走私通道由海路而陆路，由山东而河北，规模不断扩大，并向公开化、合法化演变。私货在沿海省份公开销售，日本借机在青岛、济南、张店等城市扩张商业资本，华商也多有参与以谋其利。大批私货通过铁路、公路、水路运输向西、南两个方向辐射，销售范围达到西北、西南、华中各地。1936 年 9 月日本驻北平特务机关长松室孝良少将在向关东军提交的报告中，对华北走私有如下陈述：

> 帝国货物之向华走私，为帝国对华之断然手段，其用意在促进华北特殊政治体系之成立，而隶属于帝国独力之下，届时政、经、军诸般问题，均可依帝国之意志而实践的解决；……帝国唯有抚情顺势，积极采用走私办法，作有力逼切之威胁，其功用可输入帝国大批商品，救济生产过剩之恐慌，侵袭英美列国之市场而代替之，促成全华北物价之下落，既可抵制欧美列国货品，又可博得民众的欢心，增进其消费力与购买力，培养为帝国先锋之浪人深入华北内地作特殊之活动，吸收各地亲日分子，以为帝国消灭华北实力派之羽翼，鞭策华北，使其官民对帝国怀普遍的恐惧心，并以走私贿诱手段作当地官吏

性格之考金石。①

报告提出的对华走私政策，充分反映了日本支持走私活动的目的，这就是破坏中国关税收入，排挤英美经济势力，扰乱市场秩序，配合政治军事谋略，以求得对华北地区的独占地位。

1920 年代末，"在黄金解禁引起萧条的国内因素和世界经济危机的国外因素双重打击下"，日本发生了"昭和经济危机"，国内经济"陷入了步履艰难的凄苦境地"。为克服危机，日本政府于 1931 年采取低汇率、低利率和财政扩张措施，来刺激出口贸易。1933 年后，日本外贸出口额开始剧增。世界性经济危机使日本经济对殖民地经济的依赖加重，为开辟新兴商品市场和资源供应地以及为资本寻找出路，日本对华经济扩张不断升级，"日满经济区"也随之开始向"日满支经济区"转变。但是，日本以低汇率为武器，扩大日货对华出口的做法，一方面在中国市场引发贸易磨擦，一方面也受到中国抵制日货运动的抑制。"九一八"事变后全国规模的抵制日货运动，造成日本对华贸易所占比重急剧下降，美国取而代之居于首位。但就华北各通商口岸进出口贸易而言，日本仍占首位，其势力呈由北而南递减的态势。

美英在华经济势力的发展，对日本构成竞争压力，使得日本急于通过扩大商品贸易，来维持其在华北的地位。伪满洲国政权成立后，随着日货的大量进口，原先贸易出超的东北地区迅速变成贸易入超地区，但大量日货又无法完全在该地区消纳，迫切需要寻找新的出路。华北地区无疑是最理想的日货消纳地，然而英美商品的竞争和华商工商业的发展，却使日本无法在华北建立像东北那样的排他性贸易。若使日本商品具备较强的竞争力，扩大市场占有，唯有走偷逃关税，走私贩私之途。

日本掀起大规模华北走私活动，与 1920 年代末至 30 年代初中国关税自主运动有一定关系。南京国民政府成立后，即于 1927 年 7 月 1 日宣布修订不平等关税条约，实行关税自主。翌年 7 月至 12 月，中国先后与英、美、德等 11 个国家签订了关税条约，只有日本迟迟不肯废除旧约。后南

---

① 秦孝仪主编：《中华民国重要史料初编——对日抗战时期》第 6 编第 2 册，台北：中央文物供应社 1981 年版，第 39—41 页。

京政府从关税中拨出 500 万元作为偿还"西原借款"担保，以此为交换条件，日本才于 1930 年 6 月签订了关税协定。但协定附件中规定：自协定生效之日起，中国应于 3 年期内，维持指定货物（包括棉纺织品、海产品、麦粉、杂货等）的"最高税率"，这实际等于"指定货物"3 年内不能改变税率。1933 年 5 月中日关税协定期满，中国获得法律上的关税自主权，而实施过程中最大的障碍便是日本的反对。1929 年 2 月，南京国民政府颁布实施的第一个《国定进口税则》，便因日本反对，以日货为主的项目未能实行。1931 年 1 月实行的第二次修订税则，进口税率较 1929 年税则有所提高，但对进口的日本棉纺织品，仍按 1929 年税率征收。1933 年第三次修订税则，提高税率较多的货品是日本棉纺织品和海产品，税率最高达 80%。日本政府宣称新订税则专为打击日本、偏利英美，增税"全以日货为主"，向南京国民政府提出抗议。1934 年 7 月第四次修订，在项目上做了有利于日货的调整。1935 年 3 月，南京国民政府准备再次修订税则，因日本反对而未果。

通过数次修订税则，中国进口税率较以前协定关税有所提高，平均税率在 10%—15% 左右，实际仍低于日本平均 17% 的税率水平。日本不愿看到因中国关税提高造成其商品价格升高，降低竞争力，于是将华北走私归结为"中国税率过高所致"①。另外，当时国际市场上金银比价及汇率变动，也影响着国际贸易形势的变化。1929 年开始的世界性经济萧条，导致主要工业国物价下降，而国际市场银价下跌更为严重，跌势一直延续到 1934 年。中国作为实行银本位货币制度的国家，在银价下跌幅度大于物价下跌的情况下，对出口贸易产生了一定的刺激，出口仍保持 1929 年以前的高水平。同时，银价下跌使中国货币汇价贬值，以此结算的进口商品价格上升，在一定程度上抑制了国外商品的进口。日本受危机冲击，出口大幅下降，虽一再扩大向远东殖民地尤其是伪满洲国的出口，但在关内却遇到英美等国家的激烈竞争。为改变因关税、汇率等因素造成其商品出口受阻，便力图在华北实施大规模的走私活动，为其商品倾销寻找新的途径。

由辽东半岛向山东及华北地区推销日货为其通道之一，而走私是其主

---

① 日本驻华大使川樾茂语，《申报》1936 年 4 月 29 日。

要做法。

"九一八"事变后，中国东北地区成为日本独占地带和"日元经济区"，日货入超虽愈演愈烈，但市场缺乏消纳能力，因而急需寻找新的销售市场。在关外与关内陆路交通完全中断的情况下，唯有海路可以通达，而山东渤海湾沿海各海口与日本控制的辽东半岛交通最为便捷，船只往返，一日可达。于是，日本、朝鲜浪人开始使用帆船偷运货物，路线乃由大连港装货，至山东沾化下洼、无棣埕口一带卸货，然后由公路运输至胶济铁路中段各城镇，私运货物主要为人造丝、砂糖和卷烟纸等。截至到1933 年，走私活动虽然受运输工具的限制，规模不大，但偷运频率高，并与地方驻军、官员勾结，活动较为隐蔽，所以未引起社会关注。据大连海关 1933 年调查，"大连港进口货物中，大半用于走私到中国北部一带地区"。从大连运往华北各地的私货每月在 200 万元左右，其中 64% 运销到山东沿岸。① 受走私影响，从 1931 年开始，青岛港正当报关入口的日本人造丝、砂糖等货物逐年减少。当时山东人造丝年需要 300 万斤，而1933 年青岛港正常进口仅 11 万余斤；砂糖进口减少 50% 以上，1933 年为 34.2 万担。②

1933 年后，走私活动迅速蔓延，不仅河北省各海口开始盛行，山东设关海口也屡见不鲜。"在山东沿岸起卸之私货，利用铁路与公路，而运销各地之消费市场，其主要卸货地为羊角沟、虎头崖、芝罘、龙口、威海卫、青岛"③。走私货物除人造丝、砂糖、卷烟纸等税负较高的商品外，还有枪支、毒品、白银、酒、酒精、染料、胶鞋、轮胎、罐头、化妆品、电气材料、海产品、纺织品等。除投机商人外，日本航运公司也卷入走私活动，使用数十吨至上千吨轮船运送私货。1933 年 8 月，大连海关废除预纳金制度，促使私货输出进一步发展，对山东沿岸各海口形成包围之势。随着沿海走私活动的扩展，青岛、济南及胶济铁路沿线城市的日本洋行、商号纷纷参与私货贸易，部分华商也被卷入其中。

1933 年 5 月 "塘沽协定" 后，华北大门洞开，经北宁路运抵天津的

---

① 张希为：《走私问题及其对策》，《国论》1936 年 6 月 20 日第 12 期。
② 〔日〕青岛日本商工會議所：《經濟時報》第 5 號、1934 年 6 月，第 15—17 页。
③ 叶笑山等编：《中国经济年刊》，上海：中外出版社 1936 年版，第 9—10 页。

日本走私货迅猛增加。1935 年 6 月 "何梅协定" 签订前后，随着河北境内海关缉私的松弛，日本公开怂恿大规模走私，天津遂成为私货聚集地，山东境内的走私活动也随之发生变化——济南骤然成为走私货的分销地和转运地。运抵济南的走私货来源，一是由天津经铁路、公路运入，一是由沾化下洼陆路运入，走私大宗仍为砂糖、人造丝、卷烟纸等。1936 年 8 月以前，由天津至济南的私货主要是经津浦铁路运输。起初贩私者将私货作为货运物资办理，海关成立路运稽查处后，为逃避查禁，伪装成旅客行李，运往济南，"关员若加诘问，私犯立即以武力抵抗，以致被殴受伤情事，时有所闻"。8 月下旬以后，"私犯以铁路沿线海关缉私严厉，遂幡然变计，取道公路，以运货汽车满载糖、人造丝等，由日韩浪人携带手枪及其他军械护送，自天津南向鲁省一带运输"。于是 "利用公路，潜运私货以入内地者，络绎不绝，而运销鲁省者，更势如潮涌，源源而来" [1]。

关于山东沿海走私的数量难于做出准确统计，据海关税务司记载，1934 年烟台港直接进口洋货 760 万元，1935 年为 970 万元，表面上呈增加趋势，但 970 万元货值中，缉查的私货即占 200 万元，是年该港关税总额的 1/3 系征自充公私货，仅上半年缉获私货案件就有 130 起。海关统计中所列人造丝进口 36.8 万公斤，皆为充公私货；砂糖 1.9 万公担，也多系私运货品。龙口港 1933 年关税收入 130 万元中，所征缉获私货进口税占 13%。1934 年海关统计进口货物中，人造丝 140854 公斤，而上年仅 12690 公斤；糖由上年 4260 公担升为 16570 公担，两项激增的原因是缉私数额飙升。1935 年龙口海关关税较上年增收一成，其中 22% 征自充公私货，是年，缉获走私人造丝 123793 公斤、砂糖 1263 公担，反映了当时走私活动已发展到相当严重的程度。[2] 1936 年，青岛港凡是有 "私运进口之大宗货物"，相应的合法进口贸易 "均趋跌落"。后来当地政府对于由铁路南运私货严加稽核，正式进口贸易才得以恢复。

走私活动搅乱了原来的正常贸易渠道，以砂糖为例，1932 年后，"济南从胶济线运进的砂糖减少一半"，低税糖经天津流入济南，换出胶济沿

---

① 海关总税务司署统计科：《民国二十五年海关中外贸易统计年刊》，1936 年版，第 15—16 页。

② 海关总税务司署统计科：《民国二十四年海关中外贸易统计年刊》，1935 年版，第 24—28 页。

线的著名土产品。济南不但是山东全省最大的砂糖市场，而且也成为四个邻近省份的一大砂糖市场"①。1935 年济南市场白糖每担约 22 元，红糖每担约 18 元，而私货仅有 12 元和 10 元左右。高额利润诱使日本洋行、商号与部分华商结合，大量储存和销售走私砂糖。据 1936 年 6 月济南市商会海味杂货业同业公会调查，全业参与糖品走私的商号达 68 家，共存有砂糖 17366 包（每包 90 公斤），平均每户 240 余包，多者达千包以上。面对华北猖獗的走私活动，南京国民政府曾颁行一系列海运、路运缉私条例、办法及细则，以期堵塞漏厄。但是，驻鲁韩复榘部队在缉私过程中，常常参与放私贩私，结果走私活动并未得到有效控制。当时无海关税票的砂糖大量囤积济南，为了规避被查获的风险，使走私货的运销合法化，走私商号向同业公会和商会施加压力，由其出面与省政府交涉，要求省政府颁发运销票证。1936 年 6—10 月，济南获准销售的走私糖达 10756 包，占同期走私糖查获量（20559 包）的 52%。②

　　大规模的走私活动，不仅扰乱了山东市场正常的流通秩序，破坏了正当贸易，而且使民族工业备受冲击，表现最突出的是生丝和丝织行业的衰落。这一时期日本廉价人造丝的大量走私倾销，使原已衰落的生丝生产雪上加霜。1930 年后，因国内丝织业改用价格较低的日本丝和人造丝，"日本丝遂乘机倾销，人造丝亦如惊涛骇浪卷至，生丝市场惨受打击，再加世界经济不景气，德国、瑞士购力减退，华丝世界销路杜绝，本省丝业一落再落，遂至于破产"。1933 年的一项关于山东丝业衰退的调查曾指出：

　　　　全省所产蚕茧，因中国丝厂倒闭，有十分之九为日丝厂以廉价购去，损失不下二千万，今年依然如故，中国丝厂苦无救济丝厂办法，将归日商把持盖可断言。本省丝去年运至上海未销之陈丝，有三千八百箱，资本积压，不能周转，亦为丝商所最感困苦者也。③

　　同时，以人造丝为生产原料的丝织业也因走私活动的影响，经历了大

　　① 〔日〕濟南日本商工會議所：《濟南事情》，1941 年 1 月版，第 255 页。

　　② 济南市工商业联合会、济南总商会编：《济南工商文史资料》第 2 辑，1996 年版，第 215—216 页。

　　③ 《鲁省丝业衰退》，见《工商半月刊》第 5 卷，1933 年 4 月 15 日第 8 期，第 77 页。

起大落的过程。人造丝以化学原料制成，具有仿真丝效果，生产成本比生丝低 5—10 倍。1927 年周村自上海购入人造丝原料，开始用其生产生丝与人造丝混织的丝织品（当时这类产品统称"麻葛"）。周村为山东丝织业中心，1920 年代后期全埠丝织机 6 千余台，从业人员 3 万余人，年产丝绸 100 万匹（约合 2500 万米）。① 1928 年生丝价格上涨，人造丝用量激增，周村丝织业普遍改用日制加柯尔式铁机，生产人造丝织品，致使纯丝制品数量锐减。到 1933 年，周村丝织业所用原料人造丝计 4310 担，占64.2%，而生丝只 2306 余担，占用丝量的 35.8%。②

　　走私活动兴起后，人造丝开始通过走私渠道进入周村。私货一是由下洼、埕口卸船，在向驻防军队缴纳一定捐费后，便可自由进入周村；一是由天津、秦皇岛发运，经由铁路运抵周村。另外，青岛、龙口未被查获或被查补交税款的走私人造丝也大量涌入，一时间人造丝汇集周村，日商、华商趋之若鹜，刺激着丝织业的畸形发展。1934 年前后，每日由火车运抵周村的人造丝，少时约 4—5 节货车，多时达 13 节货车，每节车可装货300 箱。③ 1930 年代初，周村全埠丝织业增至 1.4 万余台，从业人员 5 万余人，年产量 300 万匹，年用人造丝约 9 万箱，合 180 万市斤。当地丝绸商、银钱商等纷纷投资丝织业，甚至稍有储蓄的当地居民也购置丝机，雇人开设织绸作坊；周边长山、淄川、桓台等县也有众多拥有二三台丝机的作坊。依赖日本人造丝原料，建立在走私基础上的周村丝织业，在当时特殊的历史条件下，出现了畸形的发展和繁荣。但好景不长，随着走私形势的变化，丝织业很快便步入衰落。

　　面对走私狂潮的泛滥，南京国民政府加大了缉私的力度，除督促海关订立缉私章则，建立缉私舰队，成立关警队外，还加强了铁路、公路、内河运输稽查和民船管理。1935 年南京政府一方面委派胶海关到周村缉私，另一方面扣留了储存在上海的周村丝绸，严令丝绸商和丝织业主将所有人造丝、半成品和成品补交关税；产品出境须领取运输证，并在车站、邮局设卡。这样，丝织产品不交罚金不能出境，原料来源日紧，价格上涨，因

---

① 山东省政协文史资料委员会等编：《周村商埠》，山东人民出版社 1990 年版，第 156 页。

② 实业部国际贸易局：《中国实业志·山东省》，1934 年 12 月（辛），第 77 页。

③ 山东省政协文史资料委员会等编：《周村商埠》，1990 年版，第 31 页。

而业户生产成本上升，资金周转困难，不足一年使用人造丝生产的丝织工厂和作坊纷纷歇业，周村丝织业一落千丈，陷入长期不振的境地。

1936 年后，随着山东各海口缉私工作的加强，日商在山东沿海的走私活动开始有所收敛，但走私活动并未绝迹。自大连到青岛的日人，往往"经营有组织之私运，且辄以武力拒绝查缉，而每次抵埠之际，岸上浪人复助纣为虐，以致缉务甚感棘手"①。此类方式的走私活动一直持续到全面抗日战争爆发。

二 扩张政策下的移民与"事业"投资

自 1922 年中国收回青岛后，青岛及胶济铁路沿线的日本移民人口便呈逐年递减之势，直到 1928 年后，日侨人口才重新恢复增长。1928 年济南"五三惨案"后，日本在加紧对华北扩张的同时，以维护在华"特殊权益"为名，加强了对日侨利益的保护和扶持，从而促使日本移民和工商资本重新向青岛等城市聚集。

从日侨地域分布看，基本仍是集中于青岛、济南及胶济铁路沿线地区。1936 年底，青岛市区日侨共 11910 人，占山东日侨人口总数的 63%，济南市区日侨 1873 人，约占总人口的 10%。此外，烟台 291 人，坊子 123 人，潍县54 人，张店 270 人，周村 134 人，青州 57 人，博山 188 人，淄川 401 人②（参见表 5—1）。从职业人口分布结构上看，从事工商业的人口仍占最大比例。据1935 年日人调查，青岛从事工商业经营的外侨共 6573 人，其中日本为 5942人，英、美、德、法、白俄共 249 人，其他国家 115 人。③

表 5—1　　　　　1929—1936 年山东各地日本移民人口统计

年份	青岛领事馆区	其中：青岛市区	济南领事馆区	其中：济南市区	烟台领事馆区	其中：烟台市区	合计
1929	14843		2729		328		17900
1930	14143	11211	2990	2048	324	212	

---

① 青岛市档案馆编：《帝国主义与胶海关》，1986 年版，第 396 页。

② 〔日〕满铁产业部：《北支那经济综观》，日本评论社 1939 年 2 月版，附录，第 3—4 页。

③ 高木翔之助：《北支の现势》，天津：北支那社 1937 年 4 月版，第 317 页。

年份	青岛领事馆区	其中：青岛市区	济南领事馆区	其中：济南市区	烟台领事馆区	其中：烟台市区	合计
1931	14485	11502	2889	1867	306	210	
1932	13882	11053	2639	1634	296	204	
1933	13965	11287	2663	1634	262	185	
1934	13978	11297	2678	1671	310	210	
1935	14663	11477	2856	1779	331	232	
1936	15412	11910	3029	1873	428	291	18869

资料来源：〔日〕外务省亞細亞局：《支那在留本邦人及外國人人口統計表》，第23—25 回，昭和 5 年 12 月—7 年 12 月，1930—1932 年；〔日〕外务省東亞局：《滿洲國及中華民國在留邦人及外國人人口統計表》，第 26—29 回，昭和 8 年 12 月—11 年 12 月，1933—1936 年。

1920 年代末，日本对华政策开始由"满蒙政策"向"华北政策"转变，资本投资扩张便是政策推行中的一项重要内容。在经过 20 年代末和 30 年代初短暂调整之后，借助于殖民政策的支持，日本财阀势力和民间资本在山东的投资重心和扩展方向显露出某些新的迹象。在资本经营格局、与民族资本的关系、对区域社会经济影响等方面，形成了若干不同于 20 年代的特征。

1930 年代前后，西方列强对华投资较第一次世界大战前后总体上呈趋缓的态势，但日本有所不同。中国市场对日本投资意义重大，日本不惜借助政治、军事、外交等手段来推动经济扩张，1914 年日本对华投资占其国外投资总额的 83%，1930 年时达到近 94%。日本工业化进程的加快曾使其出口商品结构发生重大变化，食品、原材料和半制成品出口不断下降，制成品比重迅速上升，而中国恰恰相反，农产品和矿产品出口不断增加。虽然日本在资本主义世界贸易总额中的比重直到 1930 年仍只占 1% 左右，但其对华贸易总额与所占比重都居各国之首，分别为 5.437 亿海关两和 24.7%。① 对华贸易长期出超使之获得稳定的投资资本来源，促使投

---

① 陈争平：《1895—1936 年中国国际收支研究》，1996 年版，第 116—117、120 页。

资数额逐年增加。1930 年日本对华贸易出超已达 9.87 亿美元，投资总额达 11.37 亿美元，占各国对华投资总额的 35.1%。[①]

1929 年开始的世界性经济危机，造成了西方各国经济普遍的萧条和停滞。日本为克服危机，推进重化工业建设，其殖民地经营在 30 年代发生了一系列变化。首先，建立日元经济区，强化中国台湾、朝鲜、"满洲国"与日本的经济联系，增强与英美抗衡的经济实力；其次，加大殖民地的投资开发，解决日本长期存在的粮食不足和资源匮乏问题；第三，扩大殖民地区域，特别是将侵略矛头集中于中国，通过"日满支经济区"贸易盈余，弥补与欧美国家的贸易赤字。这些变化是日本资本投资作用的结果，恰如日本学者所言：

> 20 世纪 30 年代由于偿还外债而减少了对外债务，以及资本输出热带来对外债权激增等原因，结果被称为第二个资本输出时期。不过，如果注意资本输出完全集中在殖民地的情况，那么那一时期还可以称为殖民地投资时期。[②]

日本对中国关内的投资虽低于其对朝鲜、伪满洲国的投资，但考虑到当时全国普遍高涨的抵制日货运动、民族资本的顽强抗争等情况便不足为奇。同时，在其他各国对华投资趋于下降的态势下，日本仍以咄咄逼人的姿态，凭借多年形成的优势，伴随着政治威逼、军事挑衅在华北地区大肆进行经济扩张。

按日本东亚研究所小林义雄根据该所各种调查报告所做综合统计，战前日本对华投资总额（包括直接投资、合办投资、借款投资）已达 19.46 亿日元，其主要"事业投资"，即纺织业、银行业、商业贸易、矿业、其他工业、航运业、投资业等总计为 11.1 亿日元，其中纺织业、矿业、其他工业投资额分别占 34%、10% 和 8%，数额分别为 3.8 亿元、1.07 亿元和 9660 万元，合计为 5.8 亿元，占主要事业投资总额的 53%，[③] 以此观

---

① 郑友揆：《中国的对外贸易和工业发展（1840—1948 年）》，1984 年版，第 120 页。
② 中村隆英、尾高煌之助编：《日本经济史·双重结构》，1997 年版，第 282 页。
③ 小林義雄：《日本對華投資沿革》，《東亞研究所報》第 11 號，1941 年 8 月。

之，日本对华投资无疑已成为列强在华经济扩张的头号势力，而工业投资占其总投资的半数，表明其投资基本以产业扩张为主导方向（见表5—2）。

表5—2　　　　　　　　日本对殖民地圈投资统计　　　　单位：百万日元

国家与地区	1926 年	%	1927 年	%	1936 年	%
朝鲜	1127	26.7	1507	27.9	2409	30.0
中国台湾	519	12.3	685	12.7	707	8.8
满洲	1402	33.3	1757	32.6	2919	36.4
中国本部	1166	27.7	1446	26.8	1994	24.8
合计	4214	100.0	5395	100.0	8029	100.0

　　资料来源：中村隆英等编，厉以平监译：《日本经济史·双重结构》，1997 年版，第282页。

　　"满洲国"建立后，华北被纳入日本殖民地经济圈地区，其丰富的矿产品、农产品、畜产品资源和人口密集而形成的巨大消费市场，成为日本急需攫取和侵占的首选目标。日本以政治分离、军事挑衅与资本渗透互相配合，企图尽快地将华北变成第二个"满洲国"。在此背景下，日本在山东的投资扩张依靠原有基础，以获取国防资源、控制内外贸易、扩大商品市场、增设重要产业为目的，来配合其华北开发政策的推行。

　　从第一次世界大战开始，山东一直是日本在华北投资扩张的重点地区，青岛更被视为"工业独占地带"。至1928年，日本对北京、天津、青岛等华北三地的投资达18278.4万日元，分别为717.8万元、3596.2万元、13964.3万元，对青岛投资额超过北京、天津两地之和而占76.4%。[①] 此后，随着日本华北政策的陆续出台，以及一系列华北经济开发计划和方策制定实施，其投资开发的官方色彩愈来愈浓，显示出计划性、重点性、战略性、垄断性等种种特征。

　　关于战前日本在山东投资额统计，目前所能依据的基本为当时日本人的调查统计资料，这些调查统计主要有以下几种。

　　（1）樋口弘著《日本对华投资》（1940年）。樋口弘将日本在山东的

---

　　① 〔日〕满铁产业部：《北支那经济综观》，日本评论社1939年5月版，第125页。

投资分成两类，一类是"直接的事业投资"，另一类是"特殊权益"。前者包括青岛银行、交易所 1000 万日元；纺织业 8000 万日元，如果把全部资产都估计进去，可能达 1.2 亿—1.3 亿日元；制造业 2000 万日元，其中青岛 1700 万日元；贸易及商业投资约 6000 万日元，商贸领域里的日资公司、商店共 945 家，其中 5 万元以上的商业企业 96 家；官有和私人不动产投资（不包括纱厂、贸易商占有的土地）及零星企业投资约 3000 万日元；在济南的各种企业投资 3000 万日元。"特殊权益"包括"特殊合办企业"鲁大公司及其他矿业投资约 3000 万日元，胶澳电气、屠宰场约 300 万日元；胶济铁路 4000 万日元；合办事业、企业贷款、政府借款等约 1000 万日元，其中 11 家合办企业实缴资本 477.5 万元，日方占一半以上，约 250 万元。按其统计，战前（1936 年）日本在山东的各项投资共约 3.2 亿日元，约占同期日本关内投资的 1/4。[①]

（2）松崎雄二郎著《北支那经济的新动向》（1942 年）。松崎曾供职于青岛日本商工会议所，抗战后被国民党政府留用，对日本在山东的活动情况比较了解，按其统计，日本在华北企业投资额，青岛 1.5 亿日元，胶济铁路沿线约 5000 万日元，天津、北京约 4000 万日元，合计约 2.4 亿—2.5 亿日元。[②]

（3）满铁天津事务调查课编印的秘密调查资料（1937 年），据该项调查统计，战前日本在山东的投资总额约为 2.3 亿日元，各部门投资的具体情况见表 5—3。

表 5—3　　　　　　战前（1936 年）日本在山东投资统计

投资分类	投资额	说明
铁路借款	4000 万元	此系日本勒索北京政府的赎金，日方并无实际投资支出
济顺高徐铁路借款	2000 万元	系日本给予北京政府的政治借款，实际并没有投入山东

---

①　樋口弘：《日本对华投资》，1959 年版，第 98—100、104、211—218 页。

②　松崎雄二郎：《北支那經済の新動向》，大日本雄辯會講談社，1942 年 8 月版，第 155 页。

续表

投资分类	投资额	说明
山东实业公州借款	580 万元	原为山东实业公司向中日实业公司借款,借款额350 万元,后累计本息 700 万元,南京国民政府时期中日谈判核定为本金 350 万元,利息 300 万元,每月偿还 6 万元,截至 1936 年未还本息余额为 580万元
运河借款	1128109 美元	原从日本兴业银行借款 391243 美元,1921 年 6月三年偿还期满,迄 1931 年尚有未还本息 1128109美元,约合 2256218 日元
私人实业借款	8833990 元	
纺织业	59515400 元	1936 年年底青岛 9 家日资纱厂共有纱锭、线锭600180 枚,织机 11181 台,按每枚纱锭 80 元,每台织机 1000 元计,共计 59515400 元,但未计入厂房、自备电厂及其他资产
一般工业	2370 万元	其中 21115000 日元,2638000 银圆,统计中不包括济南的日资企业,也没有将青岛啤酒工厂、大连制冰以及合办企业青岛电厂、屠宰场的日资计入
矿山	1530 万元	其中合资公司:　　独资公司及其他公司: 鲁大公司 625 万元　南定大仓矿业所 120 万元 旭华公司 195 万元　坊子炭矿 100 万元 博东公司 375 万元　天源公司 10 万元 同泰公司 15 万元　同益公司 40 万元 招远金矿 39 万元　山东 30 万元
不动产投资	2325.5 万元	青岛 1500 万元,济南 500 万元,其他 325.5 万元
动产投资	1000 万元	
银行存款	2413 万元	青岛 2198 万元,济南 108 万元,其他 107 万元

　　资料来源:满鐵天津事務所調查課:天調資料 47 號,《山东省二於ケル日本側經濟權益》,1937 年版。按:美元按 1936 年 1 日元＝0.5 美元折算。

　　(4)《山东开发的现状及其将来》(1940 年)。该书由山东日伪政治、经济界主要人物撰稿，据撰稿人日本济南银行经理浅井秀次称，截至 1936 年年底，日本在山东的投资共 2.2 亿—2.3 亿日元。其中矿山投资 1600 万—1700 万日元，包括鲁大公司 775 万元、旭华矿业公司 145 万元、博东煤矿公司 375 万元、南定大仓矿业所 120 万元、坊子炭矿 100 万元、招远玲珑金矿 100 万元；纺织业投资占第一位，青岛九大纺织厂投资额 1.5 亿日元，1936 年年底共有纱锭、线锭 600180 枚、织机 11181 台，按每枚 80 元、每台 1000 元计，价值共 5951.5 万元；一般工业投资 2370 万日元。①

（5）真锅五郎著《北支地方都市概观》（1940 年）。据该书统计，战前日本在山东的投资，在纺织、火柴、制油及其他工业方面有新的进展，其中纺织工厂投资约 1 亿日元，胶济铁路沿线的矿业投资约 2800 万日元，合计约 1.53 亿元，占各国投资额的八成，另外居留民拥有官、私有土地一百数十万坪，价值 1200 万日元的建筑物，投入资本总额突破 2.5 亿日元。②

以上关于战前日本在山东投资的统计，因统计依据不实或数据不全，与日本实际投资数存在较大偏差。这种偏差表现在三个方面：

第一，日本官方和社团机构的调查统计，无不以计算日本在山东的所谓"经济权益"为前提，并有意将"权益"与"投资"混淆，甚至有的学者对此也不加区别。实际上，"权益"与"投资"是两个截然不同的概念，权益是日本通过各种政治、军事手段攫取的在华利权，如铁路、矿山、电厂的产权，这些产权并不是建立在日本实际出资的基础上，而是建立在一系列不平等条约基础上。若干重要统计项将日本在山东攫夺的权益作为投资，例如将日本对山东铁路的所谓借款、贷款计入投资项，而实际上并无资本投入，完全是日本依靠军事占领夺得的非法权益。

第二，统计项目不全面，基本以工业投资为主，未将金融业、航运业以及经营业户最多的商业资本投资明确列入，造成统计遗漏，尽管在不动产和动产投资统计中可能包含了部分商业和金融业投资，但与整个行业部

---

① 姬野德一：《山東開發の現況及其將來》，東京：日支問題研究會 1940 年 12 月版，第 133—134 页。

② 眞鍋五郎：《北支地方都市概觀》，大連：亞細亞出版協會 1940 年 2 月版，第 68 页。

门的实际投资状况相比无疑存在很大偏差；就地区而言，只统计了青岛、济南的投资情况，忽略了烟台、博山等地的日本工商业投资。

第三，计算标准不一，如樋口弘统计中既包括现有的投资，又包括了曾经存在但后来解体的合办企业，如 11 家合办企业除个别外，大部分实际已不存在；统计应是当时实有的投资数额，而不应包括曾经发生的投资，否则将使统计标准发生混乱。

综合各种投资调查统计，战前（1937 年 8 月前），日本在山东的投资总额超过了 3.5 亿日元，各项直接与间接投资应包括以下 11 项：①纺织业投资：当时 9 家日资纱厂共有纱锭 662524 锭，线锭 58296 锭，织机 12616 台，按每台织机折合 15 支纱锭，每支线锭折合 3 支纱锭，每支纱锭按 120 日元计，共折合纱锭 1026652 锭，约合 12320 万日元；[①] ②一般工业：2370 万日元；③商业贸易投资：6000 万日元；④矿业投资：2600 万—2800 万日元；⑤不动产投资：2325.5 万日元；⑥济南：3000 万日元；⑦胶济铁路沿线及烟台、威海等地投资：1000 万日元；⑧一般与特殊合资企业：400 万日元（不含鲁大公司）；⑨其他：动产投资和日人存款共 3413 万日元；⑩借款：山东实业借款、运河借款、私人借款共 1690 万日元；(11) 航运业投资（包括船舶、码头、仓栈等），投资额不详。

就投资形式而言，日本在山东的投资基本是直接投资，即通过投资开设贸易、金融、工业、交通企业及涉足经营房地产业，直接获取经营利润。投资这些领域的既有日本国内大财阀资本，也有盘踞青岛、济南等城市的日本在华工商资本，这其中也包括日侨中小私人资本在内。到后期随着日本大规模经济扩张的进行，日本"国策会社"——兴中公司也开始插手山东经济，设立合办电力企业，谋划矿产资源开发。受中国由协定关税向自主关税转变的刺激，日本工商资本扩大和新设了高税品制造企业。如日本在青岛的棉纺织业，1930 年代由原来的 6 家增加到 9 家，原有旧厂则增加了纱锭、织机，其增设幅度虽低于同期的天津，但仍是除上海以外投资最为集中的地区。再如在青岛开设的日资橡胶、火柴、机械工厂，一直利用技术、设备和管理的优势与民族资本企业展开竞争。日本开设的银行及交易所等金融机构，直接为其工商业户筹集资金，提供投融资服

---

① 当时一般日厂纱锭按 110 日元折算，但青岛日厂有数家自备电厂，故按 120 日元折算。

务。日本商业贸易势力的扩展使日本商品深入山东腹地偏僻乡镇，用于出口的农畜产品相当部分为日商收购，山东与日本的经济联系在某些方面甚至超过了与邻近省份的联系。

1930 年代日本工商资本在山东的直接投资，无论数量还是规模均有所增长，其资本与技术同山东廉价劳动力相结合，迫使地方经济发展按照"工业日本、农业山东"的格局运行，依附性特征愈加明显，日本资本在山东国民经济领域中的实力更为膨胀。日本对山东的直接投资，除重点仍在贸易、纺织、煤炭等行业外，在行业范围上也有进一步扩展。如矿业扩大到采金业，机械、金属制品、橡胶、缫丝、染料、烛皂、皮革、淀粉、骨粉、木材加工、酿造、蛋品加工、烟草、砖瓦制造等行业均有新工厂设立，从而在山东形成日本工业资本的优势格局和部分行业的垄断地位。

日本对山东的间接投资，即政府、企业的贷款借款等，这一阶段大不如前。一则由于国民党政权形式上统一了中国，政局趋于稳定，地方政府无权也无需与日本政府进行政治性借款；二是民族资本受抵制日货运动的影响，多不愿向日本工商资本借款，以免波及正常经营；三是日本工商资本投资一般行业未受中国政府制度上的限制，不需用借助民族资本牟利。日本工商资本的间接投资为数寥寥，主要表现为追讨北京北洋政府时期地方政府所借款项，以此给地方当局造成压力，确保某些权益。同时，受到限制的行业如采矿、电力等则采用合办方式，共同开发经营。

依照中日《山东悬案细目协定》附件的规定，青岛归还后，原日本经营的电厂改为中日合办，由中日双方投资 200 万元，合资成立"胶澳电气股份有限公司"。1930 年代随着青岛工商业的发展，特别是日本纺织企业的不断扩张，电力需求旺盛。为此，日本不断扩大对胶澳电厂的投资，至 1936 年年底，日本共投入贷款 332.8 万日元，主要用于增装发电供电设备。[①] 1932 年青岛发电所经过设备更新和扩建，装机总容量为 1.38 万千瓦，成为当时山东第一家装机容量超过 1 万千瓦的电厂。1934 年 10 月，公司开始兴建四方发电所，翌年 12 月新电厂正式投产发电。1936 年年底装机容量达 3 万千瓦。此时，胶澳电气股份有限公司发电设备总容量为 43800 千瓦，年发电 6415 万度，而山东各地共有火力发电公

---

① 〔日〕東亞研究所：《日本對華投資》上册，東京：原書房 1974 年版，第 352 页。

用供给企业 23 家，总发电量 52044 千瓦，年发电 8254 万度，胶澳一家分别占到 84.2% 和 77.1%。①

1936 年，中日实业公司与山东省政府联合投资 200 万元合办鲁东电力公司，为开发坊子、博山等地煤炭资源提供电力。战前山东火力发电公用供给企业固定投资达到近 1200 万元，其中日本在胶澳、鲁东两家合办企业的投资额（包括贷款）接近半数。1936 年济南、青岛及胶济、津浦铁路沿线共有企业自备电厂 44 处，装机容量 50441 千瓦，其中青岛 6 家日资纱厂自备电厂装机容量即达 24100 千瓦，占总容量的 47.7%，如再加上鲁大、博东两家合办煤矿公司，发电量达到 36800 千瓦，占总容量的 72.9%。② 这反映出日本对山东电力工业的投资已达到相当规模。

三 日本经济势力的扩展及其影响

1. 工业资本优势格局的形成

1930 年代前期伪满洲国成立后，日本以政治诱使、军事威胁的手段，谋划"华北自治"，迫不及待地向中国华北地区渗透。伴随日本分裂华北活动的展开，其经济扩张的步伐也益加急切，而工业投资则成为经济势力扩张的重要领域。山东在华北的地位，政治上虽不及北平、天津，但却是日本进入大陆最早的地区之一，青岛、济南等地的日资工商业经过多年经营已有相当基础。因此，当日本"由历来以山东省为中心的经济扩张转变为以整个华北为对象的经济控制"之时，山东在其"经济开发"战略中仍起着桥头堡和聚集地的作用。③

在 1935 年前后形成的日本资本"华北进出热"中，日本对以天津为主的河北工业投资，其力度和规模因"支那驻屯军"的支持而超过山东，然而由于山东为其多年经营之地，累计投资额仍居华北首位。据战前

---

① 李代耕编：《中国电力工业发展史料（1879—1949）》，水利电力出版社 1983 年版，第 17、20 页。

② 松崎雄二郎：《北支經濟開發論：山東省の再認識》，東京：鑽石社 1940 年 8 月版，第 700—702 页。

③ 依田憙家著，卞立强等译：《日本帝国主义和中国（1868—1945）》，1989 年版，第 282 页。

（1937 年 6 月）调查统计，在山东、河北两省主要工业（以纺织业为主的轻工业）资本系统中，山东有日本企业 61 家，资本总额 1.5 亿日元；民族企业 162 家，资本总额 3220 万日元。河北有日本企业 32 家，资本总额 2175.6 万日元；民族企业 90 家，资本总额 4347.3 万日元。见表 5—4。

表 5—4　　　　　山东、河北主要工业企业国别统计（1937 年）　　　单位：万日元

国别	山东		河北		资本额小计	占资本总额比重（%）
	工厂数	资本额	工厂数	资本额		
日本	61	15006.7	32	2175.6	17182.3	60
中国	162	3320	90	4347.3	7667.3	26
其他国家	6	1829	24	1572	3401	12
中日合办	—	—	2	468.7	468.7	2
中外合办	—	—	1	1.6	1.6	—
合计	229	20155.7	149	8565.2	28720.9	100

资料来源：〔日〕滿鐵調查部資料課：《滿鐵調查月報》，1938 年 6 月號，第 164 頁。

依行业划分，日本资本占优势的有纺织、丝织、淀粉、清酒、冷藏、麦酒、橡胶、骨粉等行业；其他外国资本占优势的有毛纺、打包、卷烟、蛋粉加工、木材加工、饮料等行业；中国资本占优势的有精盐、制碱、水泥、面粉、火柴、染料、皮革加工、造纸、肥皂、罐头、洋酒、制糖、机械加工、金属制品等行业，详情见表 5—5 和表 5—6。

表 5—5　　　　山东、河北日资工业优势行业概况（1937 年）　　　单位：万日元

业别	日资工厂		中资工厂		备注
	工厂数	资本总额	工厂数	资本总额	
纺织业	14	15800	8	2581.6	纺织业有 1 家中日合办企业未列入；丝织业有若干小企业未列入
丝织业	1	25	4	6.7	
淀粉业	3	31.5	—	—	
清酒业	9	13	—	—	
冷藏制冰	4	36.5	2		
啤酒业	1	300	1	20	

业别	日资工厂		中资工厂		备注
	工厂数	资本总额	工厂数	资本总额	
橡胶业	9	164.5	5	16.3	
骨粉业	6	62	4	49	

资料来源：〔日〕满铁调查部资料课：《满铁调查月报》，1938 年 6 月號，第164 页。

说明：原统计多有错讹之处，如日本各行业家数相加多出总数 2 家，所占优势资本表中酱油酿造、玻璃、染料三个行业的资本额均少于民族资本。

表5—6　　　　　山东、河北中资优势工业行业概况（1937 年）　　　单位：万元

业别	日资工厂		中资工厂	
	工厂数	资本总额	工厂数	资本总额
精盐业	4	662	—	—
制碱业	9	662.5	—	—
水泥业	2	1420	—	—
面粉业	23	815.1	1	30
皮革加工业	22	76.9	1	10
造纸业	5	57.2	—	—
肥皂业	16	30.6	2	15
火柴业	34	498.6	6	222.4
罐头业	9	27.1	—	—
洋酒业	2	220	1	5
制糖业	1	500		
机械器具业	20	132.6	15	33.9
金属制造业	8	32	3	7.5

资料来源：〔日〕满铁调查部资料课：《满铁调查月报》，1938 年 6 月號，第 165 页。

以上行业反映了日本工业投资以下特点：第一，由于日本工业资本进入山东时间较长，并且凭借各种权益，进行了领域广泛的持续投资，所以到战前山东仍是华北地区投资最为集中，数额最大的地域。主要轻工业制

造工厂数量为河北的近两倍，投资额为 7 倍多；第二，日本在山东以纺织业为主的轻工业投资，整体资本优势远远超出民族资本和其他外国资本。日本企业数量不到民族企业的半数，资本额却达近 5 倍。6 家其他外国企业平均资本额虽高于日本企业（每家 304.8 万元比 246 万元），但总体资本实力无法与日本抗衡；第三，日本对华北地区工业投资主要是纺织业，占两省轻工业投资的 91% 以上。民族资本投资的重点领域亦是纺织业，说明日本企图利用雄厚资本、先进技术装备和管理压倒民族资本纺织业，以建立和保持其优势地位。

战前日本以纺织业为主的工业资本对山东的渗透，经过长期的投资活动，形成了规模优势。据战前满铁天津事务所调查，日本工业资本在纺织业中占据绝对优势，在橡胶、酿酒、木材加工等行业也形成一定优势。详见表 5—7。

表 5—7 　　　　　　　　战前日本资本在山东工业投资　　　　　　单位：万元

行业	企业总数	其中日资	资本总额	其中日资	备注
纺织业	13	9	21750	20950	资本额为注册（名义）资本额
机械器具业	28	11	61.9	9.5	6 家中资和 7 家日资资本不详，另有英国资本 1 家
火柴业	33	2	333.4	120	
橡胶业	7	3	1020.7	1000	1 家日资不详，1 家日资为总公司资本
染料业	9	1	131	50	中资 2 家资本不详
肥皂业	9	2	19.5	1.5	
皮革业	10	1	1021.7	1000	日厂为总公司资本
酿酒业	11	8	1169.5	940.7	日厂为总公司资本
制冰冷藏业	1	1	225	225	日厂为总公司资本
酱油酿造	2	2	3	3	
鸡蛋加工业	11	1	471	1	中资 1 家资本不详，另有美、英资本各 1 家

续表

行业	企业总数	其中日资	资本总额	其中日资	备注
骨粉业	3	2	22	12	
术材加工业	11	4	233.9	222	

资料来源：根据满铁产业部编：《北支那经济综观》（1939 年 2 月）第 369—376 页的两个统计表改制。

说明：原表中还有 1 家日资淀粉企业，资本额 5000 元；原表中资本额一栏数字有不确之嫌，最为明显的是纺织业投资额，多以母公司资本额作为在山东企业的资本额，以致难以按统一标准汇总日资工业在山东的投资总额。

1930 年代中期，是青岛工业发展相对比较快的一个时期，工业投资已达 9400 余万元，速度和规模在当时国内都居前列，据 1933 年 5 月前的一项调查统计，青岛纺织、化学、机械、水电、印刷、饮食 6 类工业共有机器工厂 174 家，除 10 余家企业资本不详外，其余各厂资本共计 94224210 元，工人 33173 人。其中华商工厂共有 125 家，占 72%；日资工厂 42 家，占 23%；欧美工厂 7 家，占 4%，中日合资 1 家，占 1%。华商企业资本总额 1759 万元，占 19%；外资企业资本总额 7663 万元，占 81%，而日资又占外资九成以上，可见当时"所谓外国工厂者，实际即日人工厂"。[1] 日本工业资本在纺织、化学工业中占据优势，华商资本在机器、水电、印刷、饮食工业中占据优势。但由于纺织工业资本占 6 类工业资本的近 80%，而其中日本纺织资本占近 76% 的份额，因此华商工业总资本远远落后于日本工业资本，比例接近于 2∶8。详见表 5—8。

表 5—8　　　　　　　　青岛中外工厂比较（1933 年）

行业	华商工厂			外（日）资工厂			
	工厂家数	资本（元）	工人人数	工厂家数	其中日厂	资本（元）	工人数
纺织工业	23	2956000	2626	8	8	71480000	17674

----

[1] 高治枢：《青岛港之现在与将来》，《青岛工商季刊》第 2 卷，1934 年 3 月第 1 期。

续表

行业	华商工厂			外（日）资工厂			
	工厂家数	资本（元）	工人人数	工厂家数	其中日厂	资本（元）	工人数
化学工业	18	614000	2397	9	9	1327000	1583
机械工业	48	2434260	2897	18	15	1622500	641
印刷工业	16	91450	339	5	5	65000	100
饮食工业	18	6494000	1580	9	5	2140000	2986
水电工业	2	5000000	350				
合计	125	17589710	10189	49	42	76634500	22984

资料来源：易天爵：《青岛工商业概况》，《都市与农村》1935 年 6 月第 5—6 期；高治枢：《青岛港之现在与将来》，《青岛工商季刊》第 2 卷，1934 年 3 月第 1 期。

另据 1933 年 7 月至 1934 年 8 月的调查，青岛使用动力的工厂中，华资企业 113 家，资本总额 9988415 元；日本企业 78 家，资本总额 228833500 元，前者不足后者的 1/20。日本工业资本在纺织工业拥有最多投资，且占据绝对优势，除机械器具工业（四方机厂）外，其在能够比较的各类产业中均具有资本及技术优势。具体情况见表 5—9。

表 5—9　　　　　　青岛中日工业调查统计（1933 年）

行业		中资企业	资本（元）	日资企业	资本（元）
纺织工业	棉纱业	1	2700000	9	172380000
	棉织业	2	60000		
	针织、丝边业	8	47200		
	小计：	11	2807200	9	172380000
食品工业	榨油业	11	41100	17	4330000
	啤酒、清酒业			8	8658000
	汽水业	3	22000		
	制蛋业	4	2120000		
	面粉业	2	600000	2	1200000

续表

行业		中资企业	资本（元）	日资企业	资本（元）
食品工业	精盐业	1	80000		
	卷烟业	3	226000	4	3055000
	制冰业			3	4409000
	小计：	24	3089100	34	21652000
化学工业	玻璃业	1	20000		
	染织业			2	2500000
	制皮业	1	20000		
	火柴业	8	635000	4	1005000
	制杆业	5	53000	1	300000
	染料业	3	230000		
	橡胶业	1	20000	4	21132000
	小计：	19	978000	11	24937000
五金机械工业	机器制造	4	45000		
	机车修造	1	1738400		
	机器修理	37	116175	8	224500
	铁器制造	7	18290		
	钢钉钢针业	2	17000	4	595000
	自行车业			1	20000
	小计：	51	1934865	13	839500
其他	印刷业	5	59250		
	胶澳电气公司		1080000		920000
	机制砖瓦	3	40000	9	4305000
	制材业			2	3800000
	小计：	8	1179250	11	9025000
总计		113	9988415	78	228833500

资料来源：据〔日〕上海東亞同文書院大學《東亞同文書院大學東亞調查報告書》（昭和16年度），1942年10月，第423—427页统计整理。

　　制造业直接投资是指日本除重点开发山东纺织业、矿业外，由日本民间资本为主体的一般工业投资，构成了这一阶段日本对山东经济领域范围广泛的扩张。1920 年代后期至日本发动全面侵华战争前，日本和山东的一般工业投资呈现如下特征：

第一，仍以一向视为"独占地带"的青岛为大本营，同时在济南及胶济铁路沿线也有若干投资，投资规模和行业分布均有所扩大。据 1933 年统计，山东省资本金 5 万元以上的 62 家工业企业中，华资 39 家，日资 23 家，而其中 50 万元以上的工厂华资为 13 家，日资为 17 家。[①]

第二，与此阶段日本以山东等地为重点的华北谋略相契合，日本军政当局制定了鼓励和支持"民间资本自由进出"华北的政策，促使日本工业资本不断加快进入的速度，扩大进入的规模，在"华北事变"前后形成热潮。到战争爆发前的 1937 年 6 月，日本在山东开业的主要制造业工厂有 61 家，资本总额 15006.7 万元，民族资本则有 162 家，资本总额仅为日资的 1/5 强。[②]

第三，民族工业由于此时期社会相对安定、政府经济政策引导、数次修订关税等因素的刺激，亦处于发展较快的态势。另外，英美资本在烟草、蛋品加工等行业仍处于优势，对日本资本构成竞争压力。对此，日本民间各类资本为提高竞争力，利用在华北特别是山东的政治优势和各项殖民权益，在增设和扩大纺织工厂的同时，将工业投资扩展到电力、橡胶、化工材料等行业，并在若干行业形成"群小企业进出"的局面。关于日本在山东的一般工业投资（除纺织、煤矿以外），据战前及战时日本人的统计，估计为 2000 万—2300 万日元左右。[③] 见表 5—10。

第四，日本在山东的制造业投资主要集中于青岛，也是战前日本工业资本在华北最大的投资区域，使青岛工业构成呈现日本资本支配的局面，即：以棉纺织业为基础，带动染料和染色加工业；以山东特产农作物为原料，开办榨油、烟草、蛋品加工、面粉、酒精等工业；利用港口城市的便利条件和廉价进口原料，开发橡胶、煤、染料、啤酒等工业，以及开办服

---

① 〔日〕满铁经济调查会：《山東に於ける工業の發展》，1935 年版，第 117—118 页。

② 〔日〕满铁经济调查课：《满铁调查月报》，1938 年 6 月号，第 164 页。

③ 樋口弘：《日本对华投资》，1959 年版，第 217 页；〔日〕日支问题研究会：《山東開發的現況及其將來》，東京，1940 年 12 月版，第 134 页"一般工业日本人的投资额，事变前推算在 2370 万元以上"，这些估算均不包括纺织、煤炭等行业。

务于上述行业金属机械器具工业，产品行销国内和国际两个市场。据战前（1937 年 4 月）日本人统计，其在青岛的台东镇、四方、沧口等地租用的工厂用地达到 990693 坪。[①]

表 5—10　　　　　　　　制造业日资主要企业一览表　　　　　单位：千日元

行业	企业名称	成立年月	资本额[①]	资本额[②]
机械器具	胶东铁工所		30	
	梅泽商会铁工所	1917.10	20	
	田中铁工所	1934.4	20	
	松山铁工所	1923.12		20
	广田铁工所	1934.4		10
	中尾铁工所	1935.7		10
	昭和铁工所	1931.6		10
金属制品	华祥洋钉工厂	1931.7	10	105
	日轮公司工厂	1917.4		50
化学材料	光阳硫化燐工厂	1925		100
	新隆洋行青岛酸素工厂	1936		350
	青岛化学工业社	1930.4		100
	合资会社铃木制药厂	1924.11		100
火柴	青岛燐寸株式会社	1917.6	570	570
	山东火柴工厂	1920.3	500	700
	华祥燐寸株式会社		108	200
	合资会社益丰火柴厂	1930.9		38
	东华火柴厂	1931.11		50
橡胶	青岛足袋株式会社	1935.5	10000	100
	青岛胶皮工厂	1934.8	80	100
	大裕胶皮工厂	1930.4	50	100
	鑫和胶皮工厂	1936.6		179

---

①　松崎雄二郎：《北支經濟開發論：山東省の再認識》，1940 年 8 月版，第 120 页。按：每坪 = 3.306 平方米。

续表

行业	企业名称	成立年月	资本额①	资本额②
染料	维新化学工艺社		500	
肥皂	信昌洋行造胰厂	1915.7	10	60
	白阳商店肥皂工场		50	
面粉	三吉面粉厂	1936	300	
榨油	东和油房	1917		1000
	东和油房第二工厂	1922		400
	三井油房	1918.1		
	三菱油房	1917.12		
皮革	大仓洋行		10000	
淀粉	味真美公司		5	
酿酒	大日本麦酒株式会社青岛工厂		94000	
	友田商店		50	
制冰冷藏	大连制冰株式会社青岛支店		2250	1775
	济南冷藏公司		65	
蛋品加工	石桥洋行	1924	100	400
骨粉	安泰骨粉工场		70	
木材加工	和田制材所		200	200
	和田木材株式会社青岛支店		1300	
	滨恒制材所	1924.12	500	1000
	河合工厂		20	
窑业	山东窑业株式会社	1921		500
	合资会社孤山窑厂			200
烟草加工	火星烟草株式会社	1921.12		1125
	山东烟草株式会社	1919.9		625
	华北烟草株式会社	1936.10		500
	合资会社东映烟草工厂	1936.6		55
加工棉布	日华兴业株式会社	1917		2500

资料来源：①滿鐵天津事務所調查課：《山東省ニ於ケル日本側經濟權益》（譽寫本），1936 年版，第 9—12 页；②〔日〕興亞院青島出張所：《青島工場要覽》，1939 年。

2. 纺织业

日本工业资本在山东最具优势地位的为棉纺织业。棉纺织工业是近代中国发展最快的机器工业，到 1930 年代中期已有了替代进口洋布洋纱的生产能力，但却始终未能顺利地走出一条以民族工业为主体的工业化发展道路。第一次世界大战前日本在华纺织业次于英国居第二位，此后通过新设、兼并、扩建等多种方式扩大规模，形成了与华商不相上下的局面。

第一次世界大战时期，日本工业资本在青岛设立了 6 家纱厂。此后，日本在关内的投资重点地域由华中转向华北，其方式在青岛是极力增设新厂和扩充设备，在天津是低价收买华商纱厂。"上海的日本纱厂已经接近饱和点，与此相反，青岛不论从工厂用地的选择、经营工厂的适合条件、原棉的取得、产品贩卖市场的关系以及政治条件等等关系来看，它的发展可能性是较大的"。①

日本纺织业资本由华中向华北地区转移扩张中，青岛以其优越的条件成为"首屈一指的纺织地带"。日商看中青岛并投入大量资本发展纺织工业，主要基于以下有利条件：第一，纺织业需要投入大量的固定资本，青岛虽不像上海拥有租界所提供庇护条件，但治安状况优于上海，并且可以由日本海军加以维持，1930 年代为镇压青岛纱厂工人罢工，日本海军曾数次登陆青岛即是明证；第二，生产所需棉花和煤炭的供应充足而便利，山东及周边省份美棉种植的推广和产量增长，使纱厂可以获得大量质优价廉的棉花原料，而所需动力煤可从日本控制的淄川、博山煤矿获得，并有胶济铁路运输价格上的优惠；第三，毗邻产品消费地，拥有销售上的便利。青岛日本纺织产品中棉纱在山东省内销售约占七至八成，棉布约占四成左右，其余绝大多数销往华北、西北地区，恰与上海日资纱厂形成市场分工；第四，山东劳动力资源丰富，工资费用低，且具有质朴勤勉的特性。② 这些条件是日本纺织业资本不断在青岛增加投资的重要原

---

① 樋口弘：《日本對華投資》，1959 年版，第 39 页。

② 中原松雄：《青島の紡織業》，《經濟俱樂部》，第 10 卷第 5 號，1940 年 5 月，第 50 页。

因，并由此形成长时期内执青岛纺织工业牛耳的状况。

　　青岛是日本纺织业资本进入较早的地区，也是除上海之外其投资最为集中的区域。日本持续扩大在青岛的纺织业投资，采取了原有工厂增加生产设备和筹建新厂两种方式。1918—1923 年创办的内外棉、大康、隆兴、公大、富士、宝来等 6 家日资纱厂，在 1928 年之前，纱锭总数基本没有太大的变化，该年纱锭总数为 247080 枚，比 1924 年（216399 枚）增长14%。但是 1929 年之后，日商纱厂的纱锭开始大幅度增加，当年有 2 家纱厂共增加纱锭 22500 余枚。1930 年内外棉、日清纺、钟渊三家纱厂共增加纱锭 7.3 万余枚，几乎相当于增加了一家大型纱厂。[①]

　　如果说在 1934 年之前日资纺织业的扩张采取的是扩充设备的方式，那么在这之后，投资开设新厂便成为其扩张的重要途径。在经过 1918—1923 年第一轮投资高峰后，1934 年后日商又掀起了第二轮投资高潮。"九一八"事变后，日本在实施华北政策中，极力谋求经济扩张，并逐渐改变了在该地区"不许财阀染指"的做法，倡导"民间企业自由投资"，实行以促进纺织业为主的各项产业投资。随着 1935 年前后日本军事、政治力量渗入华北，日本工业资本（包括官方和民间）再度膨胀。与在天津低价收买华商纱厂的做法不同，日本纺织资本在青岛的工业扩张以新建和扩建纱厂为主。

　　1935 年和 1936 年日本纺织企业转移资本，由原在上海设厂的 3 家公司在青岛筹设新厂。1935 年 3 月，上海纺织株式会社在青岛开设上海纱厂，该厂纱锭 40488 枚，织机 720 台，使用工人 1300 余人，年生产能力为棉纱 1 万捆。同年 6 月，丰田纺织株式会社投资 1000 万元在青岛设立丰田纱厂，该厂纱锭 35600 枚，织机 540 台，使用工人 1200 余人，年产棉纱可达 1.4 万余捆。1936 年 7 月，同兴纺织株式会社投资 1500 万元在青岛设立的同兴纱厂开业，该厂纱锭 30720 枚，织机 1152 台。到 1937年，9 家日本纺织企业共有分厂 19 处，拥有资本金 2.2 亿元，纱锭523214 枚，线锭 38762 枚，织机 8790 台，年产棉纱近 21 万捆。见表 5—11。

---

　　① 〔日〕满铁北支经济调查所：《北支那工场实态调查报告书（青岛之部）》，1940 年版，第 47—48 页。

表 5—11　　　　　　青岛日本纺织业投资概况（1937 年）

公司名称	资本（万元）	厂数	纱锭（枚）	线锭（枚）	织机（台）	中国工人	年产棉纱（捆）	原棉消费（担）
同 兴	1500	1	30720	—	1152	1670	—	12315
富 士	4500	2	31360	1600	480	1539	18722	98761
钟 渊	1500	6	107152	9240	3218	7255	11819	312408
日 清	2850	1	42660	3746	520	1659	28259	82870
内外棉	3300	3	90400	8000	—	3619	66000	233000
长崎纺	1000	1	43602	2040	—	1446	22400	80161
上海纺	1200	1	40488	—	720	1915	10197	90113
大日本	5200	3	101192	14136	2160	3940	36112	272279
丰田纺	1000	1	35640	—	540	1539	14676	85000
合 计	22050	19	523214	38762	8790	24582	208185	1266907

资料来源：根据馬場鍬太郎：《北支八省の資源》（1937 年），磯部和夫：《北支經濟大觀》（1938 年），樋口弘：《日本對華投資》（1959 年）等资料整理而成。

从 1936 年到 1937 年 8 月中旬，在短短的一年多时间内，日本纺织业资本在青岛的投资扩张达到了异乎寻常的程度，所有 9 家纱厂都进行了大规模设备投资，纱锭、线锭、织机都有大幅度增加，精纺机总数达 662524 锭、线锭 58296 锭、织机 12616 台，分别比一年前增长了 27.3%、93.9% 和 43.6%。[①] 日本还曾计划在济南开设纺织企业，后因山东各界反对、地方政府未准而作罢。已在青岛设立公大纱厂的日本钟渊纺织株式会社利用与韩复榘的私交，1937 年 2 月在济南市郊凤凰山购地 300 亩，建设中日合办织布厂。此事公开后，社会舆论一致反对，韩复榘未敢应允，该会社被迫将已购土地退还。

在青岛投资设厂的日本资本，既有未在上海设厂的富士纺、日清纺和长崎纺等日本国内实力雄厚的纺织业资本巨头，也有原在上海的丰田纺、上海纺、同兴纺和裕兴纺等转移资本，落户青岛。日本利用青岛优越的设

① 〔日〕滿鐵北支經濟調查所：《北支那工場實態調查報告書（青岛之部）》，1940 年版，第 44—50 页。

厂条件，扩充设备，增设新厂，到中日爆发全面战争前青岛与上海比较，厂数及设备虽仍有较大差距，但增设计划数则大大超出。日本在山东青岛的纺织业投资是仅次于上海的第二大集中投资区域。

日本在华纺织业投资六成以上集中于上海，1930 年代中期青岛日资纱厂投资有加快的趋势，使在华日本纱厂的地域分布结构发生了某些变化——上海所占比重下降，青岛、天津所占比重上升。1937 年与 1925 年相比，日本在上海纱厂纱锭所占比重由 79.1% 下降至 64.9%，青岛则由 19.3% 升至 28.3%；纱厂织布机比重由 83.8% 下降至 56%，青岛则由 17.5% 升至 36.2%。三地情况见表 5—12。

表 5—12　　上海、青岛、天津日资纺织业比较（1925—1937 年）

设备	年份	总数	上海	%	青岛	%	天津	%
纺纱机（千锭）	1925	1234	976	79.1	238	19.3		
	1930	1478	1109	75.0	344	23.3		
	1935	1869	1352	72.3	492	26.3		
	1936	2068	1350	65.3	523	25.3	170	8.2
	1937.7	2093	1358	64.9	592	28.3	219	10.1
织布机（台）	1925	6430	5312	83.8	1109	17.5		
	1930	12341	9172	74.3	2869	23.2		
	1935	22932	15518	67.7	7114	31.0		
	1936	27788	17298	62.2	8790	31.6	1400	5.0
	1937.7	31010	17370	56.0	11238	36.2	2102	6.8

资料来源：根据小岛精一：《華北經濟讀本》，1937 年版，第 115—120 页有关统计制成。

青岛日资纺织企业不断投资扩张，加强了其优势地位，华商纱厂为此承受着越来越大的竞争压力。华新纱厂作为青岛的唯一一家华商纺织工厂处在日商的包围之中。1936 年华新纱厂共有纱锭 44332 枚，仅占 9 家日资纱厂拥有数（523204 枚）的 8.47%；线锭 8960 枚，占日资纱厂（38763 枚）的 23.1%；布机 211 台，而日资纱厂为 8990 台。当时除青岛华新纱厂外，济南尚有 3 家民族机器棉纺织企业，即鲁丰纱厂、成通纱厂和仁丰纱厂。1935 年统计，山东日资纱厂有纱锭 489620 枚，华资纱厂有纱锭 104684 枚，为日资企业纱锭数的 21.4%；日资纱厂有线绽 16940 枚，华厂 10640 枚，为 62.8%；日资纱厂有织机 7114 台，华厂 611 台，为 8.59%；日资纱厂年产棉纱 205255 捆，华厂 79489 捆，为 38.7%，日本纺织业实力明显占压倒优势。[①] 见表 5—13。

表 5—13　　　　　　　　　　山东日商与华商纱厂增长指数

年份	日本资本		民族资本	
	纱锭（枚）	指　数	纱锭（枚）	指　数
1920	20000	100	29964	100
1925	235756	1179	57192	191
1930	346178	1731	68684	229
1935	489620	2369	104684	379

　　资料来源：滿鐵天津事務所：《山東紡織業の概況》，1936 年 3 月版，第 8—9 页。

　　在华北两大纺织中心的青岛和天津，均形成日本独占的态势。在天津，日本通过借款、清偿债务、合办收购方式从 1931 年还无任何自办纱厂，发展到 1936 年拥有 5 家纱厂，控制了该市的棉织业。在青岛，日本则凭借优势资本，通过扩大规模获取了垄断地位。1931 年青岛全市共有纱厂 7 家，日资纱厂有内外棉、富士、公大、隆兴、宝来、大康等 6 家，华商仅华新纱厂。日资厂共有纱锭 363652 枚，织机 4436 台；华资厂 43564 枚，没有布机。1932—1936 年期间，日本纱厂除不断扩充原有厂的设备外，又新设富士、隆兴两家布厂、同兴 1 家纱厂和上海纺织、丰田纺织会社 2 家分厂。5 年之间，日资厂纱锭增加到 520340 枚，布机增加到 8784 台；而华新纱厂纱锭 48044 枚，布机 500 台。日资厂纱锭总数比 1931 年增加 43.09%，织机增加 98.02%；纱锭总数占青岛全市纱锭总数的 91.8%，织机总数占 94.3%。[②]

　　日本纱厂不仅资本金雄厚，而且重视公积金留存，以确保企业资金周转。如内外棉纱厂历年分红一般只占盈利的 50%，盈利高的年份分红率在 30%—40%。华资企业则与此不同。1933 年日本在华 29 家纱厂统计，

　　① 磯部和夫：《北支經濟大觀》，滿洲日新聞社 1938 年 8 月版，第 85—88 页。
　　② 严中平：《中国棉纺织业史稿》，科学出版社 1955 年版，第 236 页。

平均每厂资金 478 万元，公积金 64.7 万元，同期 81 家华资工厂资本金平均 187 万元，公积金 6.1 万元。[①] 当时华新纱厂资本金 270 万元，内有公积金 81 万元；鲁丰纱厂 186 万元，公积金 41648 元；成通纱厂 150 万元，公积金 1.7 万元；仁丰纱厂 150 万元，公积金 2500 元。[②] 济南成通纱厂简章中规定：纯收益的 1/10 作为机器折旧，"其余共作二十成，以二成为公司公积金，以二成四为董事长及常务董事之花红，以二成二为监察人、董事之花红，以一成四为经、副理及事务员之花红，下余十二成按收到股本数目及日期平均分配于各股东"。[③] 华资企业公积金留存少是导致资本薄弱、流动资金短缺的重要原因，不利于设备更新和扩大再生产。

日本纺织工业资本优势还体现在生产规模上。1935 年，华新、鲁丰、成通、仁丰 4 家华资企业与隆兴、丰田、大康、内外棉、上海纺、宝来、富士、公大 8 家日资企业比较如表 5—14。

表 5—14　　　　　山东中日纱厂生产规模比较（1935 年）

	中资纱厂总数	每厂平均	日资纱厂总数	每厂平均
纱锭（枚）	104692	26173	445172	55646.5
线锭（枚）	8960	2240	12795	1599.4
布机（台）	211	52.8	7214	901.8
电力（千瓦）	2400	600	29320	3365
工人人数	4598	1149.5	23336	2917

资料来源：据满铁天津事务所调查课：《山东纺织业の概况》（1936 年）第 13—25 页整理而成，电力数有 1 家日资厂未计入。

1930—1934 年山东 6 家日资纱厂与 4 家华资纱厂棉纱产量比较，华资企业虽由最低年份（1931 年）的占 13.79% 升至最高年份（1934 年）的 26.2%，但 5 年之中有 4 个年份未超过 20%。详情见表 5—15。

---

① 杜恂诚：《日本在旧中国的投资》，1986 年版，根据第 215 页统计表得出。
② 〔日〕满铁天津事务所调查课：《山东纺织业の概况》，1936 年 3 月版，第 23—25 页。
③ 山东省政协文史资料委员会等编：《苗氏民族资本的兴起》，山东人民出版社 1988 年版，第 184 页。

表5—15　　　　　　山东中日纱厂棉纱产量比较（1930—1934年）　　　单位：包

年份 纱厂	1930	1931	1932	1933	1934
日资纱厂	176950	227213	214406	223332	192840
比重（%）	82.7	86.2	81.8	82.5	73.8
其中：内外棉	50000	56700	73000	75244	72570
富士	20000	19394	57032	57032	22787
公大	29450	72419	12716	15185	17202
隆兴	14600	26200	26350	27871	28716
宝来	20800	24000	22808	23000	21000
大康	42100	28500	22500	25000	30565
中资纱厂	37000	36350	47612	47148	68469
比重（%）	17.3	13.8	18.2	17.5	26.2
其中：华新	17000	15010	22560	19000	22800
鲁丰	20000	21340	25052	20528	23085
成通	—	—	—	7620	14000
仁丰	—	—	—	—	8584

　　资料来源：据满鐵天津事务所调查課：《山東紡織業の概况》，1936年版，第28—29页整理。

　　日本纺织工业资本优势地位不仅表现在资金雄厚、生产规模大、技术设备先进方面，而且劳动生产率和资本收益率高于华商纱厂。日资纱厂劳动生产率高于华商纱厂有多种原因，如资金充裕，利息支出低于华商纱厂；设备和管理先进，用工和工资支出少于华商纱厂；统税税则中粗纱重于细纱，日资纱厂细纱产量比重高于华商工厂，因而税负低。以上因素降低了日厂产品的成本，经得起跌价竞销。据30年代初调查，华商纱厂20支纱每包生产成本43.7元，日资纱厂仅20.4元。1935年调查，华商纱厂平均每人占有纱锭数19.19枚，日资纱厂为32.39枚；华商纱厂人均年产纱15.07件，日资纱厂为26.19件。① 1922—1936年纺织企业纯益率

---

　　① 许涤新、吴承明主编：《中国资本主义发展史》第3卷，1993年版，第134—139页。

（纯益与实有资本比），青岛华新纱厂最高 17.5%，最低 -2.3%，年平均为 7.35%；全国 16 家华商纱厂平均最高 22.3%，最低 -2.8%，年总平均为 9.28%；在华日本纱厂平均最高 51.3%，最低 7.9%，年总平均为 18.78%。[①]

1930 年代中期，日本在青岛的纺织企业年利润额约为 1300 万元。总体生产经营情况为：年产棉纱 25 万捆，价值约银 5000 万元，棉布 550 万反，银 3850 万元，合计产值 8850 万元；年消费原棉 120 万担，价值约银 6240 万元，年消费煤炭 15 万吨，银 150 万元，年工资支出银 400 万元。纺织用品年购入费约银 300 万元，年统税额 330 万元，年关税（美棉及用品输入）130 万元，合计成本 7550 万元。[②] 对纺织业的投资是日本在山东最大的工业投资领域，也是其工业资本优势最为显著的领域。

由于机织纱替代农村手纺纱过程的加快，纱厂自行织布变得更为有利可图，于是日资纱厂开始增加布机，以动力机织布挤占土布市场。青岛日本纺织企业从 1923 年钟渊纱厂 28 台动力布机开始，1925 年达到 1015 台，1930 年达到 4865 台。到 1935 年 9 月，青岛棉纺织企业共有动力布机 7366 台，除华资华新纱厂有 211 台外，其余均为日资纱厂所有。[③] 此后华资纱厂虽增加织机，1937 年华新纱厂拥有 371 台，仁丰纱厂拥有 240 台，但日资纱厂也不断增加，同期增至 9620 台，棉布产量占到 90% 以上。

动力机织布以低廉的价格冲击土布市场，以潍县为中心的山东棉织业 30 年代以后逐渐受到冲击。动力机织布替代手工机织布在当时中国虽将有一个漫长的过程，然而日本纺织资本的优势则是显而易见的。时人曾对日本纱厂与手工织布的关系这样分析：

> 一面廉价倾销棉纱，促成潍县织区民国廿一年至廿三年的迅速的进展；一面又将潍产各种布匹的样子，运去青岛，用机器仿制，运来潍县，廉价出售。……青岛日本纱厂这种倾销棉纱，使潍布去压迫内地手织业，开辟新市场；同时仿制潍布，暗地里把潍布所开辟的市场

---

① 杜恂诚：《日本在旧中国的投资》，1986 年版，第 219 页。

② 中原松雄：《青岛の紡織業》，《經濟倶樂部》第 10 卷第 5 号，1940 年 5 月版，第 51 页。
按：每反＝长 2 丈 8 尺，宽 9 寸。

③ 〔日〕滿鐵天津事務所調查課：《山東紡織業の概況》，1936 年 3 月版，第 60—61 页。

据为己有的政策，对于潍县区织业前途，乃是一个致命的打击。①

青岛日资纺织工业的迅速扩张，带动原棉消费的急剧增加。1930 年山东棉纺织企业（日资 6 厂、中资 4 厂）原棉使用量为 783365 担，1931 年突破百万担，此后三年分别为 1099510 担、1054734 担、1141105 担。②此时山东的棉花生产在达到历史最高产量 2170658 担（1930 年）后，由于多种因素产量连年下滑，1933 年产量下降至 1389859 担。③ 而同期青岛日资纺织业仍在持续扩展，原棉需求量不断攀升，因山东及周边地区棉花生产无法满足供应，使其不得不从美国、印度等地大量进口。为确保原料供给，日本纺织业资本开始将注意力转向棉花生产及收购。1933 年青岛日本在华纺织同业会发起设立山东棉花改良会，会员有 9 家日资纱厂和东棉洋行、日本棉花、江商洋行、瑞丰棉行、和顺泰、东裕洋行等棉花经销商，华商会员有华新纱厂和复成信、庆丰和等花行。1934 年改良会从朝鲜购入"金字棉"良种 3.5 万斤，以张店为中心，在胶济铁路沿线地区以及高苑、博兴等地推广。此后两年又分别购入 6 万斤和 10 万斤，配发范围除张店周围地区外，又向临清、高唐、夏津、武城、长清、章丘、高密、沂水扩展。④ 1936 年日本外务省指派驻济南总领事西田畊一具体负责山东棉花改良事务，表明日本政府为巩固本国纺织业在山东的优势地位，极其重视利用山东棉产区带来的便利，并对纺织业资本的改良活动予以了直接支持。

3. 其他日资优势工业

（1）橡胶工业。1920 年代后，山东城市对胶鞋的市场需求逐年增长，据 1933 年业者估计，全省每年的需求量约在 2000 万双以上，其中由青岛港进口 60 万双，其余由上海、天津等地运入。基于胶鞋的市场消费与销售状况，华商资本曾于威海等城市兴办胶皮（橡胶）工厂，但生产经营

① 章有义编：《中国近代农业史资料》第 3 辑，三联书店 1957 年版，第 423 页。

② 〔日〕满铁天津事务所调查课：《山东纺织业の概况》，1936 年 3 月版，第 41—42 页。

③ 松崎雄二郎：《北支经济开发论：山东省の再认识》，1940 年 8 月版，第 481 页。

④ 中原松雄：《青岛の纺织业》，《经济俱乐部》第 10 卷第 5 号，1940 年 5 月版，第 51 页。

水平都处于原始状态。① 从 1929 年开始至 1936 年日本资本在青岛设立了 5 家橡胶工厂，投资 213 万元，生产胶鞋、车胎和胶管、胶带，在当时山东橡胶工业中占有优势（见表 5—16）。当时青岛、烟台、威海有 4 家华商橡胶工厂，投资额共计 6.2 万元，仅为日资的 2.91%。② 日本工业资本在青岛集中开设橡胶工厂有以下有利条件：第一，治安条件良好；第二，劳动力供给充足，且薪金低廉；第三，原料输入运费低，生产胶靴用的原料布，可由当地棉纺厂供应；第四，产品市场需求量大，运输便利；第五，电力供应可有所保障。日本在山东发展橡胶工业通过两种方式进行：一是投资办厂，如日本橡胶、青岛橡胶、鑫和橡胶、大裕胶皮 4 厂；二是利用资金、技术优势兼并华商工厂，1936 年日商川岛熊吉在青岛以 2 万日元购买华商富字胶皮工厂，改为泰安胶皮工厂。

表 5—16　　　　　　　青岛日资橡胶工厂概况（1937 年前）　　　　　单位：万日元

日资企业	资本额	设立年份	产品
日本橡胶株式会社	1000（本社）	1934	胶鞋底、运动鞋、胶鞋、雨鞋
青岛橡胶株式会社	1000（本社）	1935	各种车辆轮胎、胶管
鑫和橡胶工厂	30	1936	自行车、人力车轮胎、胶管
大裕胶皮工厂	10	1930	胶鞋底、运动鞋、胶鞋、雨鞋
泰安胶皮工厂	2	1936	胶鞋、雨鞋

　　资料来源：〔日〕满铁调查部：《北支商品綜覽》，1943 年版，第 433—434 頁表；松崎雄二郎：《北支經濟開發論：山東省の再認識》，1940 年 8 月版，第 731 頁表。

　　日本橡胶企业在资金、技术、产品上占有优势，华商企业仅青岛同泰胶皮工厂能够生产自行车轮胎、胶管，其余只能生产胶鞋、胶鞋底。就生产胶鞋的中日企业比较，1936 年青岛各厂产量为 3703929 双（包括华商山东胶皮工厂），同年烟台同成胶皮工厂产量 8 万双，威海中威胶皮工厂 151914 双，以青岛华商山东胶皮工厂资本金为威海中威胶皮工厂的 1/3 计，扣除青岛各厂产量中的华商厂部分，日资工厂胶鞋年产量约为

---

　　① 《山東省に於けるゴム工業の概觀》，见《調查極秘資料》第 2 辑，1943 年 6 月版。
　　② 松崎雄二郎：《北支那經濟の新動向》，1942 年 8 月版，第 170 頁。

360 万双，占中日企业总产量的 9 成。[①]

（2）制胶工业。日商在青岛开办的制胶工厂主要以畜骨为原料生产骨胶。1926 年在青岛成立了中日合办的肥田骨粉公司，资金 20 万元，中日股份各半，以生产骨粉为主，产品主要销往日本。1932 年该公司出资 2.5 万元收购济南日商安泰骨粉厂，改称青岛肥田骨粉公司济南营业所（亦称北厂）。1936 年该公司又出资 2.3 万元收购青岛日商兴亚骨粉厂。各厂均采用机械动力生产，设备主要有锤式砸骨机、蒸胶机、盘管式蒸发机等。抗战前山东市场畜骨资源丰富，骨胶产品销售旺盛，当时肥田骨粉公司青岛、济南两厂合计，年生产骨粉 1400 吨，骨胶 40000 斤。骨粉主要向日本出口，1936 年北厂出口 900 吨，翌年达到 1000 吨；骨胶除在省内消费外，主要向上海等南方市场销售。[②]

（3）酿造业。日本对酿造业的投资主要包括啤酒、日本清酒、酱油、汽水等，投资区域集中于青岛。日占青岛时期，日本以 50 万银圆收买了德国人开办的日耳曼啤酒青岛股份有限公司，改名为日本麦酒株式会社青岛工场，生产黄、黑两种啤酒，商标注册为"札幌"、"太阳"、"福寿"、"麒麟"等品牌。1922 年产量达到 4300 吨后，由于设备老化，原料供应不足，产量逐年下降。1920 年代后期，日本麦酒株式会社投资对青岛工场进行了大规模改造和扩建，新建和扩建了贮酒室、冷却房、前发酵室、锅炉房、制冰室等，添置了各种设备，1936 年啤酒产量达到了 3208 吨，产品畅销上海、广州、汉口、天津及香港等地，成为当时北方最大的啤酒生产企业。随着日本侨民不断涌入青岛，以符合其生活习性的食品企业也多有设置，日本麦酒生产即是其中主要项目。1915 年池崎商店开始在青岛经销日本麦酒，1921 年金水、氏家两家开始在青岛设厂酿造麦酒，1925 年后又有角政、坂田、丰国等商社开办麦酒工场，投资额一般为 10 万元以下。1932 年中井商会投资 30 万日元开办麦酒工场，1936 年船桥酒造场开办，投资额 10 万元。为加强联络、协调，1934 年在青岛的日本麦酒工场组成青岛酒造组合，有 7 家商社加入，年产量可达 20 万公升

---

① 〔日〕滿鐵調查部：《北支商品綜覽》，日本評論社，1943 年 2 月版，第 446—448 頁。

② 〔日〕滿鐵北支經濟調查所：《北支那工場實態調查報告書（濟南之部）》，1939 年 11 月版，第 316 頁。

以上。①

1919 年日商投资 4 万元开办富士食品加工厂，开始在青岛生产酱油。1929 年、1930 年、1934 年、1937 年先后又有星光号、荒木商店、松岛出张所、岩木酱油店开办酱油酿造工场，投资近 20 万元。当时日本厂家生产的酱油不仅在本地销售，还销往省内其他区域，连同日本进口酱油对山东市场影响甚巨。山东全省每年酱油消费额约在数百万元以上，"仅日本酱油之行销于本省者，年以数十万计"，青岛日商岩木酱油店、富士食品加工厂等，"出品甚多，推销亦几遍全省"。②

（4）榨油工业。花生是山东重要的经济作物，据 1934 年《农情报告》第 9 期所载，该年度全省种植面积占全国的 17.6%（4504 千亩），产量占全国 20%（13252 千担），居全国之冠。青岛则是中国花生油主要输出港，出口量占全国出口量的半数左右。"一战"时期日本开始在青岛设立工厂，至 1933 年共有 5 家，资本额 240 万元。日商兴办的榨油工厂均采用电动榨油机，资本和生产规模占有优势。其中吉泽油坊资本 30 万元，工人 50 名；东和油坊资本 50 万元，工人 100 名；三菱油坊资本 10 万元，工人 30 名；大杉洋行制油厂资本 100 万元，工人 33 名，4 家榨油工厂各有电动机 1 台；峰村油坊资本 50 万元，工人 100 名，电动机 3 台，柴油机 3 台。而此时华商资本榨油企业 28 家，资本最多的为 36 万元，有 4 家在 10 万元左右，余为 3 万—6 万元之间。日本企业的生产效率远高于使用人力木榨机和螺旋铁榨机的华商企业。

（5）木材加工业。使用电动机具加工木材的日商企业集中于青岛，1919 年创办的日商和田木厂，主要从事各种木材加工和各种建筑木材及木器的贩卖。1927 年该厂新增电动锯 2 台，扩建厂房，人员增加到 30 多人。1930 年又得到日本三井、三菱洋行的资金支持，规模进一步扩大，人员增加百余人，生产能力不断增加。1936 年，日商开办柳岛木器制作所，从事木材加工和木制器具的生产经营。当时青岛还有日商投资生产火柴梗的和合工厂。

此外，主要为日商机械工厂服务的金属器具工业，这一时期在青岛也

① 〔日〕青島日本商工會議所：《所报》第 22 號，1941 年 8 月版，第 19—20 页。
② 国立山东大学化学社：《科学的山东》，1935 年 6 月版，工业，第 21 页。

有数家工厂设立，成为当地工业结构中的一个方面。1934 年 4 月，日商投资 1 万元的广田铁工所开办，主要从事纺织机械的修理和附属品制作。同年 7 月，田中铁工所青岛工场设立，投资额 3 万元，主要从事纺织机械、汽车的维修。1935 年 7 月，中尾铁工所开业，投资额 1 万元，主要修理纺织机械。[①]

四　华商工业的发展及其与日商的竞争

国民党南京政府在山东建立政权后，山东民族资本工业较之 1920 年代取得了新的发展，尤其在轻工业领域，形成了面粉、火柴、染料、印染等具有一定竞争优势的行业。尽管同一时期，日本在山东制造业投资有新的发展，日资企业的优势既表现在整体实力上，也表现在若干重要行业上，但这并不等于说日资企业在所有行业都占据优势，也不表示在某些曾占优势的行业中能够始终保持行业优势。实际上，民族资本工业在与日资企业竞争中，并不是以往认为的那样弱不禁风，不堪一击，或者是无所作为，任人宰割。相反，通过加强企业管理和技术改进、与商业资本联手协作，民族工业在竞争中提高了实力，逐渐在若干领域获得竞争优势，甚至在某些行业将日资企业挤出。

20 年代中期后，民族资本逐渐在精盐、制碱、水泥、面粉、火柴、染料、皮革加工、制纸、肥皂、罐头、洋酒、制糖、机械加工、金属制品等行业取得优势，而优势最突出的为面粉、火柴、染料三个行业。在这三个行业中日资企业曾有过激烈的竞争，最终民族资本的发展超过了日资企业，具体情况如下。

（1）面粉工业。山东省盛产小麦，民国成立以后近代机器面粉工业发展较快，主要集中于济南、青岛及烟台、济宁等地，是民族资本超过外国资本的为数不多的行业之一。外国资本介入山东机制面粉工业唯有日本，这一阶段尚未开设新厂，原有 2 家中亦有 1 家歇业，但日商通过收买华商工厂和增加投资，扩充了生产能力。1920 年日商开办的满洲制粉株式会社济南分厂，资本额 30 万元，日生产 2300 包（每包约 44 斤）。该厂

---

① 〔日〕興亞院青島出張所：《青岛工场要覽》，1939 年 7 月版，第 25—26 页。

开工投产后一直经营不佳，1928年"济南惨案"后因产品受市场抵制日货影响，销路不畅，最终于1929年停产歇业。此后直到战前日商未再于济南设厂。设立于1916年的日商青岛制粉公司经营也不佳，后被日商高桥丑吉出资收买，改组为青岛精良面粉厂。1936年由三井、高桥商会购得，翌年增资70万日元，改组为东亚制粉株式会社第一厂，日产面粉3200包。[1]青岛原华商中兴面粉公司几经易手，1936年被日商以30万元收买，改称东亚制粉株式会社第二厂。全省机制面粉产量达800万袋，日厂产量只占1/10，另从美国、上海进口250万袋。当时不仅大型华商面粉厂计划增加设备，扩大生产，省内一些城镇的华商也购置小型制粉机器，开设了多家小型机器磨房。

（2）火柴工业。山东是民国以后火柴工业发展最为集中的地区，到1936年共有30多家火柴厂，全年生产能力达60万箱以上。[2]山东火柴企业主要集中于青岛、济南、即墨、潍县、日照、临清等地，厂家数量约占全国的1/3，产量亦接近1/3，其中青岛火柴产量则占全省的1/3以上，约占全国的1/4左右，产品畅销津浦、陇海、京汉铁路沿线的河南、江苏、安徽、陕西、山西、河北等省区。

山东民族火柴工业是在与日本资本的竞争中发展起来的。清末山东市场上火柴均为日本产品，最初由日商直接经营，后逐渐由华商代销，并指定商标在日本生产后运销山东、河南等地。在此过程中，华商逐渐了解掌握了生产工艺和技术，到民国初期开始筹资设厂，并渐成规模。同一时期，日商借青岛日本殖民当局提供的各项投资优惠条件，也开始由输出销售转为投资设厂，先后共在青岛设立了4家火柴工厂。青岛归还中国后，华商火柴厂在青岛和胶济铁路沿线纷纷成立，济南的华商火柴厂也扩大投资，增设分厂，于是中日火柴厂的竞争局面形成。

国民党建立政权后，日商在青岛、济南采取不同方式谋求火柴业的扩张。在青岛，日商采用投资新厂，增加设备扩展火柴工业。1931年和1932年日商分别投资5万元、3.8万元开办了东华、益丰火柴厂。

---

① 上海社会科学院经济研究所编：《中国近代面粉工业史》，中华书局1987年版，第65页。

② 青岛市工商局编：《中国民族火柴工业》，中华书局1963年版，第114页。

1924 年开设的日商华祥燐寸株式会社增添了 15 台排梗机。① 在济南，由于"五三惨案"所引发的抵制日货运动，日商采取委任华人经营和参股的方式渗入火柴工业。日商齐藤利一、川琦益出资 3 万元于 1928 年开设鲁兴火柴厂，总经理职务由华人王乐山出任。1931 年 10 月开办的华资东源火柴厂由于资金短缺，次年增资扩股 2 万元，其中便有日商4000 元。②

然而华商的发展还是超过了日商。从几个时期青岛中日火柴厂生产水平的对比变化，不难看出二者实力在竞争中的消长：1916—1926 年，日资火柴厂 3 家，年产量 37600 吨（每吨 100 罗）；华商工厂 2 家，产量9000 吨。1932 年，日资工厂 4 家，年产量 48404 吨；华商工厂 8 家，产量 71537 吨。1933 年，日资工厂 4 家，年产量 38691 吨，下降 21%；华商工厂 8 家，产量 84713 吨，增长 18.4%。③

1932—1933 年间，山东各地火柴厂已有 39 家，其中日商有青岛燐寸、山东火柴、东华、益丰 4 家火柴生产厂和生产火柴原料的华祥燐寸工厂。当时华商企业在资本、产量、产值三项主要指标方面都超过了日资企业，据南京政府统税署统计，1933 年全国火柴生产量 701616 箱，山东火柴工业的产量为 369805 箱，其中华商工厂 288024 箱，日商工厂 81770 箱。华商有统计的 29 家火柴厂资本 209.6 万元，日厂资本约 140 万元。④ 另据 1935 年统计，全省 22 家有统计的华商火柴企业的资本共计 428.3 万元、年产量达 159028 箱、产值 492 万元。华商企业不仅在济南等地占优势，而且在青岛也渐居上风。青岛 7 家华商火柴厂的年产量 62208 箱，产值 248.8 万元；而 4 家日资火柴厂的年产量 38634 箱，产值 154.5 万元。华商火柴工业除整体实力上升外，单个企业的实力也有所增强，如青岛的华北厂、济南的振业厂都是能与日资企业抗衡的大厂。济南振业火柴厂在青岛、济宁设有分厂，总资本 100 万元，单是济南一家的年产量即达 52000 箱，价值 110 余万元，所生产的安全火柴"品质堪与舶来品相

① 青岛市工商局编：《中国民族火柴工业》，1963 年版，第 39—40 页。
② 《山东工商经济史料集萃》第 2 辑，山东人民出版社 1989 年版，第 245 页。
③ 〔日〕满铁调查部：《北支那化学工业调查资料》，1937 年 12 月版，第 38—39 页。
④ 同上书，第 36—39 页。

抗衡"。① 1936 年，山东共有火柴厂 38 家，公称资本 600 万元，年产火柴 20 万吨，产值 800 万元以上。其中日资火柴厂 2 家，资本 107 万元。各厂生产的火柴除在省内销售外，还输出至河北、河南、山西等省。参见表 5—17。

表 5—17　　　　青岛中日火柴厂产量比较（1932—1936 年）　　　　单位：箱

火柴厂名	1932 年	1933 年	1934 年	1935 年	1936 年
日厂：青岛燐寸	42812	43337	37947	27195	33857
山东燐寸	25764	22397	20243	3817	3446
东华燐寸	12523	11097	160	89	265
华祥燐寸	—	—	1289	2522	861
计：	81099	76831	59639	33623	38429
华厂：华北火柴	31931	47655	60458	64908	75683
振业火柴	25308	24808	32590	22830	32174
鲁东火柴	14011	18415	12040	9523	12445
兴业火柴	10504	16361	14320	9798	7772
信昌火柴	15714	19821	21770	12200	13378
华盛火柴	7872	1966	4134	72	
计：	105340	129026	145312	119331	141452
合计	186439	205857	204951	152954	179881

资料来源：根据〔日〕興亞院青岛都市計劃事務所《青岛都市計劃經濟調查書》第 2 編，（1939 年）第 302 页表编制。

火柴工业的扩张使进口火柴数量逐年递减，但由于 1931 年火柴改行统税后，1933 年又提高了税率，火柴工厂利润下降，加之国人购买力低下、瑞典火柴倾销等原因，造成火柴滞销，火柴厂漏税销售，市场混乱。火柴业之间不平等竞争的一个重要表现，是日本火柴的走私泛滥。当时设在青岛的 4 家日资火柴厂一方面采用各种方法漏税，一方面将所产火柴运往东北，再由东北走私入关。据国民党全国经济委员会的调查，青岛日资

---

① 国立山东大学化学社编印：《科学的山东》，1935 年 6 月版，工业，第 86、99—100 页。

火柴厂偷逃税款、私运出厂的火柴占其产量的 23%。① 1933 年后火柴生产的相对过剩，使火柴工业最为集中的山东面临较其他区域更为突出的困境，在此情况下，山东中日火柴企业参与了华商刘鸿生提议举行的火柴统制的谈判，日商提出需弥补因抵制日货所遭受的损失、增加产额的要求。

1936 年 3 月中华全国火柴产销联营社成立，分设华中、青岛、天津 3 个分社，管辖华中六省、山东、河北三区。产销联营社按各区产能分配火柴产量，以防止业内恶性竞争。在所核定的产量中，山东区分得 391740 箱，占总量 46.18%。日商企业也加入联社，并获得 101714 箱的份额，约占山东产量分配额的 26%。日商参加联社出于多种考虑。一方面，日厂虽在技术上优于华商企业，但企业家数、生产规模、价格及市场推销明显不如华商，华商企业在各地的广泛分布以及与农村市场接近的特点，对于日资企业具有相当的竞争优势，这是日资厂所忌惮的；另一方面，瑞典火柴的大量进口，也使日产火柴在城市的销路受到挤压，没有竞争优势。在这种形势下，加入联合社，既可以使日厂按资本额确定营业额，并有增加产额的优惠，获取相当的市场份额，又可以规避风险，维持高额利润。从联营社成立到山东全面沦陷，联营社虽因华商小厂的抵制运行并不通畅，但日商保持了市场占有量，也为战争开始后实施火柴统制提供了条件。

（3）染料工业。近代棉纺织工业的快速发展，带动了染织和染料工业的兴起，传统的植物、矿物等天然染料逐渐为化学染料取代。山东市场上的洋货染料（即硫化煮青），初期由德国商行垄断，"一战"开始后被日商取代。在此后的演变过程中，华商借鉴日本的生产工艺，聘用日本技师开办近代染料工厂，生产市场所需的化学染料。1919 年青岛杂货商福顺泰经理杨子生出资，聘用三名日本技师，创办了山东第一家近代染料工厂——维新化学工艺社。工厂起初为中日合办，生产技术由日本人掌握，原料大部分也是从日本进口。后来华商从经营中退出，维新化学工艺社变成为日资企业。1931 年维新厂得到日本染料工业巨头帝国染料株式会社和三星染料株式会社的支持，改组为股份公司，资本增至 20 万元，其中帝国染料 8.4 万元，三星 3.4 万元，儿岛熊吉 8 万元。1935 年 6 月又增资

① 全国经济委员会：《火柴工业报告书》，1935 年版，第 2 页。

至50万元（实际投入35万元），生产规模也随之扩大，除生产碱性染料外，并试产冰染染料和还原染料。

尽管日资企业在资本、技术上占有优势，但在中日企业竞争中，华商借助规模优势和与农村用户的广泛联系，依然在市场上取得优势。实际上，1930年代前期，华商染料企业基本处于上升期，华商染料工厂发展到9家。战前（1935年），9家染料工厂的生产能力达70800担，日资维新厂为30000担；其中5家华商工厂的产量为37500担，维新厂为16000担（详见表5—18）。华厂生产的产品在省内消费300万斤，其余远销于山西、河北、河南、陕西等省。①

表5—18 　　　　　　1930年代中期山东染料工业一览表

企业名称	所在地	国别	开设年份	资本金（万元）	工人数	年产量（箱）
裕兴化学染料公司	济南	中国	1919	20	68	18000
振华颜料厂	济南	中国	1931	5	52	7000
天丰颜料厂	济南	中国	1934	5	26	4000
华丰颜料厂	济南	中国	1932	3	—	2000
维新化学工艺社	青岛	日本	1919	50	87	16000
中国颜料公司	青岛	中国	1920	20	66	8500
中国正业颜料公司	青岛	中国	1933	10	17	3000
大华颜料厂	青岛	中国	1928	1	8	（停业）
裕鲁染料股份公司	潍县	中国	1924	10	102	16000
华德染料公司	潍县	中国	1935	20	55	6000

资料来源：满铁产业部：《北支那经济综观》，日本评论社，1938年5月版，第404—405页。

1930年代中期，维新厂在与中国、正业两家华商工厂竞争市场。成立于1929年的中国染料股份有限公司，最初资本只有3万元，1932

---

① 姬野德一：《最新对华经济资料》第5辑，日支问题研究会，1937年10月版，第54页。

年得到山左银行协理刘鸣卿的支持，资本增至 20 万元（实际投入 11.5 万元），成为在青岛与日厂竞争的有力对手。在与日厂竞争中不断改进技术，扩大销售市场，1933 年曾获纯益 7.5 万元。但此后因与日厂竞争，于 1935 年又亏损 1 万元。尽管产量和产值上升，1935 年全年生产销售额达 100 万日元，但营业收益却比以往大幅下降，实际收入只有 2 万元。①

在民族纺织、面粉、火柴、机械等工业兴起的基础上，民族资本在若干新的工业部门如橡胶、制鞋、印染、罐头、化学工业等领域，也取得了新的进展。1930 年代的关税税率改革和国货运动，在很大程度上对外资和外货进口倾销起到了抑制作用，对民族工业的发展则具有保护和促进的功效。依靠技术改进和与市场的紧密联系，民族工业生产的日用工业品的竞争力逐渐增强，在市场上取代了日货和其他进口货。过去依靠从日本进口的针（广岛制品），在进口税率上调 100% 后，自日本的进口几乎断绝。国货生产和产品销售显著增加，青、济两地华商工厂的年产量 540 箱（每箱 25 万根）。铁钉进口税率上调至 65% 后，进口量锐减，年进口额仅 2 万元，国货取而代之，产量达 3000 桶（每桶 100 斤）。同期，烟台钟表行业年产座钟 10 万台，因价格低廉，取代了日本尾张钟表和名古屋钟表，日本钟表的进口骤减。②

"七七"事变前，一些原先依靠进口的日用工业品，如针织品、胶鞋、袜子、火柴、肥皂等，进口几乎绝迹。省内针织工场发展到 20 余家，年产量约 20 万打。华商肥皂工厂生产的洗衣皂已完全替代了进口产品，但是香皂生产质量低下，高档产品需要从国外进口，如每年从日本进口高级香皂 750 箱。染料工业的发展使染色布产量大幅度增加，染色布的进口骤减。1932 年青岛港进口染色布 22134 捆，1933—1935 年，进口量递减为 9001 捆、1215 捆、1082 捆。③ 日用工业品从完全靠进口，到逐渐能仿制生产，从部分自给到逐渐取代进口货，这完全是民族工业发展的结果（参见表 5—19）。

---

① 〔日〕滿鐵天津事務所：《北支那硫化染料工業》，1936 年版，第 27—54 页。

② 姬野德一：《最新對華經濟資料》第 5 輯，1937 年 10 月版，第 53—54 页。

③ 姬野德一：《最新對華經濟資料》，1937 年 10 月版，第 50 页。

表 5—19　　　　　1930 年代中期山东华商优势工业行业一览

行业	企业总数	华商工厂	日资工厂	资本（万元）	其中日资	产量	职工人数	其中日厂
面粉	16	15	1	476.6	30	800 万袋	1495	27
蛋粉	11	10	1	471			1558	
火柴	38	35	3	600	107	20 万吨	5483	635
染料	9	8	1	120	50	710 万斤	355	70
肥皂	63	60	2				200	
针钉	8	7	1	25	1	钉 3000 桶 针 5400 箱	473	16
印染	26	24	1	956	250			
袜子	20	20		5.6		20 万打	354	

资料來源：姬野德一：《最新對華經濟資料》第 5 輯，1937 年版，第 59—65、74—81 页。

五　日本商业资本的扩张

1. 商业资本扩张的恢复与加剧

自 1914 年日占青岛之后，日本商业资本便以青岛为基地，沿胶济铁路向内地扩展，在殖民政策的支持下，逐步在若干商业贸易领域确立了优势地位。这种建立在殖民统治基础之上的商业扩张，在 1922 年中国收回青岛后方式有所改变，并因 20 年代初的战后经济危机而出现收缩和调整，但在 20 年代中期后，商业资本的经营扩张势头又重新恢复，并在 1928 年"济南惨案"后至 30 年代上半期获得新的发展。

1934 年日本政府提出华北经济政策，而"扩张商权"成为其重要目标之一，对于这一目标的内涵，当时日方有如下表述：

在中国建立牢固的经济地位，不但其本身就是我对华政策的根本目的，另一方面也是依靠我方势力来控制中国，使它不得不要求与我接近的有力手段。因此，为了扩张上述商权，重要是严格纠正中央及各地政权的排日态度，注意维持中国各地特别是与我经济联系密切的地区的治安，在一般的官民之间酿成对日依存的空气。①

日本在华北"扩张商权"与其政治军事谋略相结合，政治军事扩张又为商业资本的活动提供了政策支持。日本一向视山东为"经济联系密切的地区"，因此其扩张商权的活动尤为积极。

青岛是日本在山东商业扩张的中心区域。20年代中国收回青岛主权后的一段时间内，青岛日侨人口和商行数量减少，1928年"济南惨案"后又有所恢复。1930年，在青岛登记注册的日本工商企业注册资本总额14059万元，其中株式会社（股份公司）30家，资本3300万元；合伙公司50家，资本200万元；商行支店29家，资本500万元；个人独资商店、行号及其他营业，资本1000万元。②截至"七七"事变前，日本商业贸易投资在其投资总额中列纺织业、不动产之后居第三位，约3000万元。③1935年，欧美各国在青岛开设的商行共121家，资本超过5万元的有60家，其中英国商社有26家，资本1200万元，美国25家，资本700万元，德国31家，资本600万元，其余6国资本在40万—90万元之间，各国商业资本合计不及日本一国资本。④

1930年代中期，青岛全市计有华商6320家，外商1046家，其中日商908家，英商17家，美商18家，法商3家，德商32家，俄商51家，其他外国侨商17家。另据统计，在商业服务业领域，青岛（市区）华商共4438家，资本总额7000万元，资本额约为日资商业的2倍多。外商计1045家，其中日商905家。华商带有对外贸易性质的土产业，如山货、南北货、蛋业、油业、行栈业、堆栈业、榨油业等，资本最为雄厚，资本总额3000万元，员工4500人。其次为日用消费服务业，其中服务业540家，资本656万元；饮食业1283家，资本900万元。经过1920年代的发

---

① 转见臧运祜《"七七"事变前的日本对华政策》，2000年版，第203页。

② 〔日〕山東毎日新聞社：《山東に於ける邦人の經濟發展并に日華親和策》，濟南：1934年版，第194、310页。

③ 〔日〕青島日本商工會議所：《經濟時報》第17號，1940年5月版，第5页。

④ 同上书，第61—62页。

展积累，华商商业资本总额超过了日商，但诚如当时调查者所言："以商店数量言，华商固居多数，苟以质量言，则外商类系大资本营业，能操纵一切，而进出口贸易，尤在外商掌握之中"。①　与资本及商贸经营规模相对应，日商在金融汇兑业中也占有优势。30 年代中期，青岛年汇兑交易额 2.5 亿元，当中日商资本约占 1.3 亿元，欧美商行约占 7000 万元，而华商资本只占 5000 万元。②

迄 1936 年年底，青岛日商增至 1094 家，营业种类达 127 种。经营土特产品和日货贸易商户数的增长，是这一时期日本商业资本扩展的重要表征。土产输出商包括：农产品 107 家，畜产品 66 家，矿产品 38 家，海产品 7 家，林产品 9 家，工业及手工业品 20 家，纤维废料 19 家；产品输入及零售商包括：饮食饮料品 200 家，服装品 80 家，日用杂货及化妆品 59 家，家具及家庭用品 37 家，机械器具及金属制品 72 家，建筑材料 48 家，燃料品 35 家，农工矿业用品及肥料 24 家，橡胶制品 9 家，医疗器械、药品及染料品 39 家，铁炮火药 2 家，汽车、自行车、人力车 13 家，图书、文具、纸张及娱乐品 52 家，印刷、雕刻 6 家，照相及器材 10 家，渔具、船具品 26 家，市场经营 3 家，其他 68 家。③　此调查系按经营类别划分，实力雄厚的商业资本，如三井、三菱、日本棉花、东洋棉花、伊藤忠、江商、大仓等，均是经营多个行业，并在青岛商业贸易中居垄断地位。

1928 年"五三惨案"后，济南商业市场主要变化表现为民族商业普遍萧条，而日本商户迅速增加。1928 年旅居济南的外国侨民计有 3459 人，其中日本 2514 人，从事商业经营的 2335 人。1928—1933 年，日商新开业户 171 家，累计开业者 269 家，营业种类 63 种，其中经营户数超过 10 家的有胶鞋、药品、土产、古玩、杂货、绸布、棉花、洋广货品、典当、估衣等行业。详情见表 5—20。

---

①　胶济铁路管理委员会：《胶济铁路经济调查报告汇编》分编一，1934 年版，青岛：第 28—29 页；高治枢：《青岛港之现在与将来》，《青岛工商季刊》第 2 卷，1934 年 3 月第 1 期。

②　〔日〕山东每日新闻社：《山東に於ける邦人の經濟發展并に日華親和策》，1934 年版，第 310 页。

③　〔日〕青岛日本商工會議所：《青岛商工案内》，1937 年 6 月版，第 1—92 页。

表 5—20　　　　　　　济南日资商业分类统计（1933 年）　　　　　单位：户

业别	1928 年前	1928 年后	合计	业别	1928 年前	1928 年后	合计
胶鞋业	1	14	15	纸业		2	2
火柴业		4	4	便鞋业		3	3
药业	10	10	20	制冰业	1	1	2
土产业	5	22	27	蛋业	3	1	4
古玩业	4	8	12	木器业	2	5	7
杂货业	6	6	12	茶食业	2		2
棉花业	8	4	12	油漆业	1		1
绸布业	4	7	11	照相	1		1
新闻业	3	2	5	理发业		1	2
旅馆业	3	2	5	编席业	1	1	2
典当业	6	13	19	木炭业		1	1
估农业	1	12	13	杂粮业	1		1
洋货业	3	10	13	渔业		1	1
洗染业	2	4	6	浴池业	1		1
酱油业		2	2	钟表业		1	1
钱业		4	4	缝纫业		1	1
炭业	2	2	4	书业	1		1
保险业	1	2	3	鲜果业	1		1
电料业	2	2	4	球场		1	1
车行		2	2	汽水业		1	1
瓷器业	2	2	4	养蜂业		1	1
转运业	3	2	5	印刷业		1	1
丝绵业	1	1	2	油业	1		1
胶货业	1	1	2	火酒业	1		1
建筑业		2	2	畜产品	1	1	2
大米业	3	1	4	罐头业		1	1
汽车行	1	1	2	娼妓业	6		6
绒被业		2	2	其他	1	3	4

资料来源：根据实业部中国经济年鉴编纂委员会：《中国经济年鉴续编》（1935年），第 14 章第 3 节，第 497—504 页各地商情概况表修理而成，原表中的分类做了部分合并。

1930 年代初，济南日商资产总额共计 700 万元，其中现金存款 100

万元，房地产等不动产 500 万元，商品存货等流动资金 100 万元。资产结构中大部分为不动产，流动资产比例不高，经营资金主要靠日资金融机构贷款。[①] 30 年代中期济南商业、服务业统计，53 个行业共有商行 3554 家，其中华商 3298 家，日商 220 家，英商 8 家，美商 6 家，德商 16 家，朝鲜 4 家，苏联和比利时各 1 家，全年营业额 167069765 元，从业人员 36381 人。[②] 日本商行、商社是济南市场主要的贸易商之一，经营业务占据了较大的市场份额。1930 年，日商经由胶济铁路济南站输出的货物约占该站货物输出总量（228673 吨）的 22%，输入货物约占输入总量（313240 吨）的 8%。在棉花、花生等大宗输出品中，日商经营额约占二成左右；在棉纱等大宗输入品中，日商约占三成。具体统计见表5—21。

表5—21　　　　胶济铁路济南站日商输出入货物统计（1930 年）　　　单位：吨

输出货物	输出总量	日商输出量	比重（%）	输出货物	输出总量	日商输出量	比重（%）
棉花	28823	5710	19.8	棉纱	14296	4282	29.95
花生	78007	15601	20.0	砂糖	26070	—	—
鸡蛋	8320	3282	39.4	纸类	4567	455	9.96
麸皮	23477	18770	80.2	碱	1305	258	19.77
花生油	5757	5188	90.0	火柴原料	3566	—	—
牛油	15	14	100	火柴	15283	1057	6.92
骨粉	1050	1050	100	煤炭	149080	14883	9.98
牛皮	17	17	100	旧衣	435	435	100
牛骨	895	895	100	白米	2610	546	20.92
麻油	803	803	100	木材	6480	1944	30
麻子	225	225	100	麻袋	1822	182	9.99

资料来源：〔日〕山东每日新闻社：《山东に於ける邦人の經濟發展并に日華觀和策》，1934 年版，第316—317 页。

---

① 〔日〕山东每日新闻社：《山东に於ける邦人の經濟發展并に日華親和策》，1934 年版，第 320 页。

② 实业部中国经济年鉴编纂委员会：《中国经济年鉴续编》，商务印书馆 1935 年版，第 497—504 页。

在胶济铁路沿线城镇，日本商业资本渗透加剧，凭借优于华商的资金实力，根据不同区域的不同物产扩大收购规模和网络，同时推销洋货，促进销售。

早在日占青岛时期，日本商人便已在周村商埠地设立洋行，并成立了侨商组织——"仁会"。至 1930 年代初，入会日商共有 36 家，其中以日华蚕丝株式会社、铃木洋行周村营业所势力最大，经营范围涉及蚕丝、棉花、棉纱、粮食及矿产品。每逢蚕丝上市季节，铃木洋行即在周村周边邹平、长山、淄川、博山、莱芜、章丘等县收买出产的鲜茧，年收购量最高可达 120 万斤，平均年份为 70 万—80 万斤，货值 50 万—60 万元。并且收购棉花、粮食，批发人造丝、棉纱、砂糖给当地丝绸庄、线庄和杂货店，经营规模在当时首屈一指。铃木洋行营业所拥有资金 20 万元，年交易总额 119 万元，其中收购生丝 6 万斤，货值 1.5 万元；销售棉纱 5000件，货值 110 万元；人造丝 150 箱，货值 7.5 万元。①

2. 对山东贸易优势的巩固与扩大

日本商业资本的扩张及其商贸经营，对山东口岸与内地市场贸易具有突出的影响。日商凭借雄厚的资金实力，以其金融机构为奥援，不仅广泛从事口岸市场洋货的进出口贸易，而且深入内地市场参与土货资源的争夺，在相当程度上控制了进出口贸易。

对华进出口贸易在日本大陆政策长期实施过程中，一直是其期望实现工业日本、农业中国的重要一环，持续的贸易出超使日本不断增强了对华投资的实力，对华贸易出超与在华投资增加呈现正相关态势。② "一战"时期日本对华贸易发展迅速，占据了东北和华北 60% 以上的对外贸易份额。此前，"日本对华投资可说一无所有，但到 1914 年竟增至占总额 13.6%"。③ 依靠军事政治力量、势力范围和特权，原本资本匮乏的日本倾其对外投资的绝大部分在中国扩张，至 1930 年在中国进出口贸易、直接投资、间接投资等方面都已领先其他列强。

---

① 胶济铁路管理委员会：《胶济铁路经济调查报告汇编》分编五，1934 年版，周村，第17—18 页。

② 郑友揆：《中国的对外贸易和工业发展（1840—1948）》，1984 年版，第 120—121 页。

③ 雷麦著《外人在华投资》，蒋学楷译，1959 年版，第 53 页。

表 5—22　　青岛港进出口贸易额国别统计（1929—1937 年）　　单位：千元

年份	输出入	日本	%	美国	%	英国	%	合计
1929	输出	39153	67.1	2920	5.0	7914	13.6	58292
	输入	49544	69.6	14701	20.6	1591	2.2	71197
1930	输出	24584	37.2	12163	18.4	9992	15.1	65989
	输入	48857	67.0	14359	19.7	3529	4.8	72868
1931	输出	36159	48.4	8680	11.6	10838	14.5	74754
	输入	49132	68.2	13991	19.4	82437	3.4	72063
1932	输出	18047	44.4	654	1.6	5633	13.9	40606
	输入	60751	69.3	16919	19.3	3351	3.8	87644
1933	输出	24912	59.9	1570	3.8	4339	10.4	41608
	输入	45616	64.4	12227	17.2	5595	7.9	70846
1934	输出	22936	65.0	1328	3.8	3515	10.0	35285
	输入	34389	70.9	8008	16.5	3133	6.5	48485
1935	输出	22470	46.3	6428	13.2	5201	10.7	48555
	输入	36917	72.0	6771	13.2	1579	3.1	51236
1936	输出	30235	58.7	8839	17.1	5076	9.8	51533
	输入	35465	64.8	4331	7.9	5521	10.1	54752
1937	输出	24109	41.5	7606	13.1	7348	12.7	58039
	输入	30641	61.5	8590	17.2	2599	5.2	49813

资料来源：〔日〕青岛日本商工會議所：《經濟時報》第 15 號，1939 年 7 月版，第 7—9 页。按：原统计表中所列国家和地区较多，制表时仅保留日、美、英三国，其余略去。

归还青岛后，日本人仍视山东为其"特殊权益地区"，在贸易投资方向上不遗余力，咄咄进逼。这一时期，美国对青岛港进出口贸易有大幅度提升，所占份额逐年增大，在美国的竞争之下，日本对山东的进出口贸易所占份额虽较占据青岛时期的 70%—80% 有所下降，但日商利用原有的优势基础条件，不断扩大日货的出口和土货进口，仍保持着半数左右的贸易份额。

从表 5—22 可以看出，受 20 年代末开始的世界经济危机和 1932 年开

始的中国经济危机的影响，青岛港对外贸易 30 年代上半期呈下降趋势，
1935 年在跌入低谷后有所恢复。1929—1937 年青岛港总贸易额，除 1932
年为入超外，其余年份均为出超；但同期对外贸易额除 1931 年和 1937 年
为出超外，其余年份则为入超。在对外贸易中，对日贸易额占 50% 左右，
所占比重远远高于美英等国。青岛港贸易量占山东进出口贸易的 80% 左
右，其贸易状况的变化足以反映山东经济与日本的关联度。青岛对日贸
易，日本始终处于出超地位，输入额高于输出额 8%—29%。此时对日进
出口贸易大部分为日商洋行经营，并在青岛对外贸易中占据优势地位。

　　这一时期，日本在山东对外贸易中的优势地位还可以从占青岛港输出
入货物数量变化中反映出来。1930 年代上半期，日本所占份额远远高于
英、美、德等国，数量最多年份的 1933 年，为 81.2 万吨，虽不及 20 年
代最多年份 1920 年的 86.7 万吨，但大大高于同期其他国家的进出口货物
量，并在总体上呈增长之势。见表 5—23。

表 5—23　　　　　1930 年代上半期青岛港进出口货物数量国别统计　　　单位：吨

年份	日本	英国	美国	德国	总计
1930	585952	27369	93022	42524	1916506
1931	583530	31619	86955	28384	2171377
1932	743652	28674	35729	25175	2181602
1933	812459	26810	40497	18887	2317330
1934	723825	30603	41324	11528	2424275
1935	809014	22075	86624	10238	2575674

　　资料来源：〔日〕青岛日本商工會議所：《經濟時報》第 17 號，1940 年 5 月版，
第 62—63 页。

　　这一时期，占山东进出口贸易量约 80% 的青岛港，贸易总额因 1931
年"九一八事变"而出现持续低迷（1931 年 3.4 亿元，1932—1937 年分
别为 2.49 亿元、2.04 亿元、1.77 亿元、2.05 亿元、2.36 亿元、2.33 亿
元）。[①] 其中对日贸易仍维持在一半左右（见前），居对外输出贸易国别的
首位。在青岛港出口货物花生、牛肉、棉花及制品、生丝及制品、蛋品、

---

① 松崎雄二郎：《北支經濟開發論：山東省の再認識》，1940 年 8 月版，第 269 页。

粉丝、原盐、煤炭、烟、草编类等10大类别中，有13种货物在1933—
1936年对日本出口中，10种达50%—100%，3种达11%—35%。
见表5—24。

表5—24 **青岛港主要商品对日出口所占比重（1933年、1936年）** 单位：千元

商品种类	1933年			1936年		
	总输出额	对日输出	比重（%）	总输出额	对日输出	比重（%）
牛肉	2940	2477	85	3416	3409	100
盐	2241	1322	60	2092	2092	100
棉花、落棉	627	620	100	2490	2441	98
麦麸	1310	1302	100	1167	1162	100
棉纱	3486	1052	30	1897	672	35
棉子	452	426	95	378	377	100
花生	8138	907	11	5057	615	12
烟叶	2347	825	34	5802	1517	26
花生饼	779	666	85	761	612	81
牛皮	616	493	80	1212	1168	97
骨粉	324	315	99	299	248	83
生丝	404	400	100	381	381	100
煤炭	619	494	80	2737	2394	85

资料来源：〔日〕青岛日本商工會議所：《青岛商工案內》，1937年版，第40—
41页。

青岛港"洋货采购区域，首推日本，历年占进口贸易之首位；其次
为上海；再次为香港、大连"。[①] 进口前10类货物为棉货、煤油、食糖、
颜料、人造丝、钢铁、机器、食粮、烟叶、火柴材料。1933年、1936年
14种主要进口货物中，有13种由日本进口的比例占到40%—100%，仅
车辆船舶在10%以下，主要从欧美进口。详见表5—25。

———————

① 胶济铁路管理委员会：《胶济铁路经济调查报告汇编》分编一，1934年版，青岛，第30
页。

表 5—25　　　青岛港日货进口占外货进口比重（1933 年、1936 年）　　单位：千元

商品种类	1933 年			1936 年		
	总输入额	日货输入额	比重（%）	总输入额	日货输入额	比重（%）
机械器具	1387	664	48	2805	2519	90
金属矿石	2511	1128	45	2558	1925	74
棉织品	6308	6298	100	250	250	100
砂糖	1963	1247	63	546	321	58
杂货	1925	1603	83	1373	1103	80
海产品	793	742	93	1076	1026	95
木材	2258	1169	52	1435	591	42
纸、书籍	1247	656	52	1207	773	64
医药化学品	1732	1014	59	1399	878	64
金属制品	729	438	60	462	379	82
棉制品	428	417	97	246	242	97
车辆船舶	1818	274	10	4731	349	7
染料	273	114	52	590	255	43

资料来源：〔日〕青岛日本商工會議所：《青岛商工案內》，1937 年版，第 41—42 页。

日本商业资本的不断膨胀促使日本对山东贸易的持续扩张。在这种资本的扩张与渗透过程中，"三井、三菱、日本棉花、东洋棉花、伊藤忠、江商等商业贸易资本，正金、朝鲜、正隆、济南等银行资本，邮船、商船、原田、山下汽船、中村组等海运资本的发展汇合起来"，[①] 并最终在口岸商贸领域形成优势资本。借助金融资本的支持，日本商业资本不仅获得了对日大宗贸易的控制权和对内地的销售批发权，而且通过在胶济铁路沿线和内地城镇遍设商行，广泛参与内地市场的土货交易，大举收购农副产品、畜产品和手工业产品。于是，土货由内地向口岸的流动过程，实际

① 〔日〕满鐵經濟調查會：《山东商業經濟の發展とその破局的機構》，1935 年 5 月版，第 7 页。

成为日本财阀资本与各地日资洋行、商社相互配合，不断向内地扩展商贸经营规模和范围的过程。

3. 日商在内地的农产品收买活动

民国时期，山东商品性农业发展的突出特点是棉花、花生、烟叶生产与流通的扩大，日本工商资本广泛参与了三种农产品的贸易，而此类农产品贸易曾对当时市场经济的演变产生了重要的影响。

从 1920 年代起，经营棉花收买及输出的外商几乎全部为日商洋行，其贸易经营基本集中于济南、青岛、张店三地。济南棉花市场形成于民国初期，1930 年代达到鼎盛，成为中国最大的转运市场之一。这一时期济南市场棉花来源，除山东高唐、夏津、临清等 10 余县及河北清河、威县、大名等 10 余县以外，还有部分自山西榆次、大同，陕西渭南、咸阳，河南彰德、灵宝等地输入。30 年代济南市场交易量占山东棉花产量的 6 成以上。见表 5—26。

表 5—26　　　　济南市场棉花交易量统计（1932—1936 年）　　　　单位：担

年份	山东棉花产量	济南市场交易量	%
1932	1769394	1054947	59.62
1933	1468932	1073939	73.11
1934	1334053	1172421	87.88
1935	407215	1109487	272.46
1936	1790227	1520157	84.91

资料来源：〔日〕滿鐵調查部：《北支棉花綜覽》，1940 年 10 月版，第 345 页。

1929—1933 年，通过胶济铁路由济南站运往青岛的棉花逐年增加，年平均达到 569814 担。[①] 1935 年 10 月至 1936 年 9 月，济南市场棉花交易量 101.6 万担，其中供给青岛纱厂 92.3 万担，占 90.9%；1936 年 10 月至次年 8 月，济南交易量 130.5 万担，供给青岛纱厂 121.8 万担，

---

① 〔日〕滿鐵經濟調查會：《山東商業經濟の發展とその破局的機構》，1935 年 5 月版，第 38 页。

占 93.3%。①

上市原棉除部分供应当地华商纱厂及部分销往上海外，其余大部分由日商收买，东运青岛被日本纱厂消费，1930 年代中期济南市场鼎盛之时，华商花行达 30 余户，资本额约 77 万余元，打包机 7 台。日商洋行 12 家，即：东棉洋行（东洋棉花，1925 年）、日信洋行（日本棉花，1924 年）、江商洋行（江商株式会社，1925 年）、伊藤洋行（伊藤忠商事，1925 年）、大同洋行（1931 年）、东裕洋行（1930 年）、米仓洋行（1933 年）、瀛华洋行（1925 年）、大塚洋行（1933 年）、三菱公司（三菱商事，1925 年）、瑞丰洋行（1931 年）、吉诚公司（1925 年）。这些洋行多数隶属日本财阀资本系统，财阀资本往往融商业、工业、金融资本为一体，资金雄厚，具有很强的市场影响力。如操纵远东棉货贸易的商业资本日本东棉洋行、日本棉花株式会社、江商株式会社均在济南开设了分支店。他们不仅垄断中国的棉花进出口贸易，而且控制了棉产贩运事业。仅东棉洋行和日信洋行在济南市场上的棉花收购量即占日本洋行总收购量的 65%—70%。②

青岛市场主要经营棉花交易的日商有东洋棉花、日本棉花、江商、三菱、瑞丰、东裕、瀛华、兴源、南商店、一郡、三和、南海棉行等洋行，其中势力最大的东棉、日棉、江商 3 家洋行年交易额约为 45 万担、35 万担和 20 万担，三菱、伊藤忠、东裕、瑞丰 4 家洋行年均交易额可达 10 万担。日商除为日本纱厂组织收购原棉外，还从事经营青岛口岸棉花进出口业务，在青岛棉花市场上超过华商势力占据优势地位。③

青岛日资纱厂"购棉多经洋行之手，而不直接与花行往来，故棉花交易以洋行为中心"，纱厂所需原棉均由洋行代为采购。他们与济南日商洋行保持密切联络，逐日报告青岛市况，济南洋行据此决定当日收购价格和数量。而济南市场棉价升降，亦以此为标准，各华商花行遂奔走于日商洋行之间，了解行情。洋行与华商花行间的交易大致如下："当纱厂需用

---

① 〔日〕满铁调查部：《北支棉花综览》，日本评论社 1940 年 10 月版，第 349—351 页。
② 〔日〕满铁北支事务局调查部：《北支主要都市商品流通事情》第七编，《济南徐州》，1939 年 4 月版，第 128 页。
③ 〔日〕满铁北支事务局调查部：《北支主要都市商品流通事情》第八编，《青岛》，1939 年 4 月版，第 66—67 页。

棉花时，通知洋行在某种价格之下需用棉花若干，洋行再转询各花行'有事''无事'（即有无成交之意），有事者派人到洋行商议，洋行复与事先预定各种棉花之价格及需要数量，各花行代表互相商议认销数量（实际各花行每日均派人至洋行，询问交易及行情，因济南棉花行市决之于青岛之纱厂，而由洋行转达）。商妥后，即在洋行内定立'批单'，然后洋行再派人至花行看样，三日内，过秤缴款"。这样一种交易模式，导致"济南棉花行市决之于青岛之纱厂，而由洋行转达"的市场运行格局。①

张店棉花市场兴起于 1920 年代，后取代周村而成为鲁北最大的棉花集散市场。日本在青岛开设纱厂后，认为张店北部博兴、滨县、桓台、高苑、青城、商河、惠民、沾化、利津、无棣等县棉产丰富，是原棉供给的理想基地，遂采取推广良种，加强技术指导，预付收购订金、提高棉价等措施，推广扩大美棉种植面积。随着鲁北地区美棉产量的增长，张店市场棉花输出量迅速增加，1928 年为 10.3 万担，1932 年上升至 28.6 万担，1935 年增至 40 万担，1936 年达到 55 万担。②

张店市场棉花集散以青岛为终端市场，30 年代，张店经营棉花收购的花栈、花行有 40 余家。华商花行主要从事代客买卖。在当地参与棉花交易的日商有十几家，势力最强的为日信、瑞丰、和顺泰、东棉、久记、昌隆 6 家棉行，其中前三家每年运销棉花均在 8 万—10 万担不等。由张店市场集散的棉花，几乎全部经日商棉行之手运往青岛，销售于当地纱厂。1933 年张店棉花年交易额 510 万元，而日商瑞丰、日信、和顺泰三家即达 350 万元。③

美种大粒花生自 1860 年代传入山东，民国初期种植区域迅速扩展，到 1930 年代种植范围已达 82 县，并在胶莱地区和胶东半岛、鲁北、鲁南等地形成多个集中产区。据《农情报告》第 9 期载：1934 年山东花生种植面积 450 万亩，占全国种植总面积 2558 万亩的 17.6%；产量 1325 万担，占全国总产量 6628 万担的 20%，两项均居全国首位。山东所产花生

---

① 金城银行天津调查部：《山东棉业调查报告》，1936 年版，第 151、160 页。

② 淄博市政协文史资料委员会等编：《淄博经济史料》，中国文史出版社 1990 年版，第 218 页。

③ 同上书，第 218—219 页。

自 1908 年经德国商人首次出口欧洲后，随着产量的增加海外销路不断扩大。1920 年代后，青岛成为山东花生流通贸易的终极市场，全省花生产量的 60% 由此地集散输出，因而青岛也是花生输出商的麇集之地。青岛市场的花生主要通过三条途径汇集，一是由济南经胶济铁路运来；二是由胶济铁路沿线地区运入；三是经海路由民船运入。

　　1930 年代，青岛港输出欧美国家的花生及其加工品多于日本，欧美输出商势力亦大于日商。同时向华南等地移出也占相当比例，因此华商也占一定比重。经营花生货品贸易的日资商行主要有三井物产、三菱商事、东和公司、吉泽洋行、小林洋行、南商店、大青洋行、增幸洋行、吉田号、新泰号、静商号等，既有财阀资本，也有普通民间商业资本，但日商只有生油输出可与欧美商人抗衡。济南为花生交易重要的集散市场，30 年代上半期通过胶济路输出的花生年均约 7.5 万吨，由广东帮、青岛帮、济南帮、洋行帮购入后，向青岛发送。其中洋行帮即为日商，收购量约占 13%，其余三帮分别占 59%、20% 和 8%。① 参见表 5—27。

表 5—27　　　　　青岛港外商花生出口贸易比重（1936 年）　　　　　单位：元

种类	交易总额	日商		华商		欧美商	
		交易额	（%）	交易额	（%）	交易额	（%）
生米	4101085	84450	—	488200	12	3528435	88
生果	699462	62775	9	19575	—	617112	91
生油	10435680	4440360	43	1259040	12	4736280	45
生饼	170175	42150	24			128025	76
合计	15406402	4629735	31	1766815	11	9009852	58

　　资料来源：松崎雄二郎：《北支經濟開發論：山東省の再認識》，1940 年 8 月版，第 472 页。

　　美种烟草由英美烟草公司于 1910 年引入山东试种，到 20 年代后期在胶济铁路沿线，从黄旗堡至辛店间形成了东西 120 公里、南北 60 公里，包括 12 个县的三片相连的烟草集中种植区。1936 年最盛之时，种植面积达到 405480 市亩，产量达 4687.5 万公斤。参见表 5—28。

---

① 〔日〕濟南日本商工會議所：《濟南事情》，1940 年 12 月版，第 235—240 页。

表 5—28　　　　　　1930 年代中期胶济铁路沿线烟草集散状况　　　　单位：百公斤

地区	主要集散地	产地	年交易量	地区交易总量
东部	黄旗堡 虾蟆屯	安丘全境，诸城、高密部分地区	33263 2419	35682
中部	坊子 二十里堡 潍县	潍县、昌乐、昌邑	3629 42335 3024	48988
西部	谭家坊子 杨家庄 益都 辛店	临朐 益都、临淄 寿光 广饶、博兴	60479 36287 24192 96766	217724
合计			302395	302395

资料來源：〔日〕滿鐵調查部：《北支商品綜覽》，1943 年 2 月版，第 259 页。

胶济铁路中段美种烟叶收购交易原为英美烟草公司所控制，1917 年日商中裕公司在坊子收买烟叶，日本商业资本开始渗入，其后日商南信洋行、米星烟草公司、山东烟草公司、山东产业公司、中国烟草公司及东洋烟草公司，也相继在胶济路沿线经营烟叶，推广烤烟种植，设立烤烟厂。1920 年代后期，日商逐渐合并成三家公司，即合同烟草公司、米星烟草公司和山东烟草公司，资本金合计达到 195 万日元，1933 年收购烟叶 33750 公斤，占当年山东胶济铁路沿线烟草收购量的 14%；1936 年为 53216 公斤，占 12%。日商实力和收购数量虽较英美烟草公司尚有较大差距（占收购量的 70%—80%），但打破了英美烟草公司的完全垄断地位，形成英美商、日商、华商竞争的局面。[①]　见表 5—29。

表 5—29　　　　　日商在胶济铁路沿线开设烟草收买场概况

日商烟草公司	市场	开设年份	收烟设施
南信洋行	潍县	1919	永久性收买场
	谭家坊子	1925	临时收买场
	杨家庄	1925	临时收买场
	辛店	1927	临时收买场

---

①　〔日〕滿鐵調查部：《北支商品綜覽》，日本評論社 1943 年 2 月版，第 272 页。

日商烟草公司	市场	开设年份	收烟设施
合同烟草会社	潍县	1919	永久性收买场、烤烟场
米星烟草会社	虾蟆屯	1920	永久性收买场、烤烟场
	谭家坊子	1931	永久性收买场、烤烟场
	辛店	1931	临时收买场
山东烟草会社	谭家坊子	1925	临时收买场
	杨家庄	1929	临时收买场
	辛店	1931	临时收买场

资料来源:〔日〕滿鐵經濟調査會:《山東商業經濟の發展とその破局的機構》,1935 年 5 月版,第 53—55 页。

　　1930 年后,随着山东美烟种植区域的扩大以及国内外卷烟工业对美烟需求量的增长,中外商家纷纷进入烟产区,在各烟叶市场从事收买,尤其华商公司曾一度增至 35 家之多。在这种情况下,1920 年代形成的英美烟草公司和日资烟草公司的势力范围格局有所变化,英美烟草公司仍是最大的买家,收购量约占市场交易量的 60%—80%,日商收买量占 15% 左右,华商因规模过小,收买量仅占 5%。1936 年英国颐中烟草公司(原英美烟草公司)收烟 30585 吨,占当年市场收购总量(53040 吨)的 57%;美国联华公司收烟 5970 吨,占 11%;日商山东烟草、米星、南信三家公司收烟 6660 吨,占 12%。[①] 见表 5—30。

表 5—30　　　　中外资本在山东收烟比例(1933 年、1936 年)　　　单位:百公斤

收烟公司	1933 年	(%)	1936 年	(%)
英美烟草公司	172607	80	224520	70
美商			47920	
日商	33750	14	53216	12
华商	13152	6	77280	18
合计	219509	100	422936	100

资料来源:〔日〕滿鐵調査部:《北支商品綜覽》,1943 年 2 月版,第 272 页。

---

① 李心田:《山东美种烟草调查报告》,《国际贸易情报》第 2 卷,1937 年 3 月第 9 期。

　　日本商业资本在山东的扩张，除主要表现为对日货进口、土货出口等贸易业的渗透乃至控制外，在城市商品零售业领域也具有一定实力。被视为日本在山东大本营的青岛，日商在市区设立了为数众多的商行、商店，经营范围包括饮食品、服装、糖品、家具及家庭用品、机械器具与金属制品、建筑材料、燃料油料、工矿用品、橡胶制品、药品及医疗器械、枪支火药、文具书籍及娱乐品、印刷、照相及材料、渔业用具及杂品等数十个门类。日商与华商比较，由于资本条件的差异和经营理念、习惯的不同，经营成本高于华商，经营收益亦不同。据 1932 年的调查，中日商业经营比较如下：店铺租赁费，日商平均每坪月租费为 5.8 元，华商为 3.2 元，比日商低 40%；生活费，日商店员各项生活费开支日均 1.37 元，华商店员为 0.6 元，低 60%；薪俸开支，日商店员每月薪水平均 29.85 元，华商店员平均为 11 元，低 70%；资本金，日商固定资本为流动资本的 3.5 倍，华商固定资本与流动资本大致相等；资金周转，日商平均日周转 3 次，华商平均日周转 4 次；销售额结构，批发与零售相比，日商零售额占销售总额的 50%，华商只占 20%；利润率（纯收益），日商利润占销售收入的 13%，华商占 8.8%，日商高出华商 4.2 个百分点。采购渠道，日商进货大多从大阪采购，店员直接负责，成本较高；华商则自上海、大连及大阪等地进货，派员驻货源地，成本较低。在利率和贷款支付方式上，依据商业习惯，华商多采用信用借贷，利率较高；而日商借款则以有价证券、不动产担保，利率低于华商。营销手段，日商为吸引争取新顾客，广泛采用广告宣传等方式，华商多采取传统的薄利多销策略。[①]

　　从以上比较不难看出，日资零售业商并不是在所有方面都优于华商，而是各有其优势。日商销售对象大致与 1920 年代相同，基本为日侨和一般小工商业户及城市社会上层，经营优势集中于五金、橡胶、西药、照相器材、工矿用品、化工产品及部分奢侈品；华商经营则集中于城市居民的日常生活消费品，华商的经营成本普遍低于日商，与消费者的关系更为直接和密切。华商经营尽管利润率低于日商，但是依靠薄利多销的经营方式，依然能在若干传统商业领域顽强生存和发展。正是这种经营上的差

---

　　① 〔日〕山东每日新闻社：《山東に於ける邦人の經濟發展并に日華親和策》，1934 年版，第 203—206 页。

异，除个别依靠投机致富外，零售日商很难在华商占优势的领域谋得扩展，更无法全然在零售业中取代华商。

六 日本金融资本的变化

1930 年代，日本在山东的金融资本出现了若干新的变化。在山东金融中心青岛，由于南京政府推行的金融货币改革，民族金融资本的发展与竞争实力的增强，日占时期形成的日本金融资本的优势地位有所下降。但是，日本工商资本的产业与商贸经营活动，仍离不开日本金融资本的支持，日资银行仍担当着日资工商业资金"蓄水池"的作用，为其经营活动提供资金保障，并对市场货币流通发挥重要的影响；日资非银行金融机构如金融组合、银号、典当以及保险业等，对数以万计日侨的日常生活与经营更是起着重要的作用，而日商资本在交易所的投机活动则对当地商品和金融汇兑市场产生了广泛的影响。

1923 年中国政府正式收回青岛主权后，青岛市场上日本银圆纸币由横滨正金银行逐渐收回，只有金元纸币（金票）继续在日商和日侨中流通。与此同时，中国银行、交通银行发行的纸币开始流通，打破了日钞垄断的局面。但是，由于青岛大宗对外贸易仍以胶平银为结算单位，而胶平银的汇价又由正金银行决定，因此正金银行仍起着某种中央结算银行的作用。南京国民政府成立后，中国、交通两行联合其他华商银行倡议废除"胶平银"。经过青岛银钱业的协商，1929 年 7 月 26 日在齐燕会馆钱市正式宣布停止使用"胶平银"，所有交易往来一律以银圆为准，并由青岛市商会函请市政府布告执行。是年 9 月，青岛中国银行邀请银、钱两业会商，在市商会、工会及国民党青岛市党部的支持下，发动各业商号、市民及捐税征收机关一律拒用正金银行钞票。济南各界也闻风而动，持有正金银行钞票者争相赴青岛支店兑换。通过此举，迫使日资银行与中资银行开户往来，相互收用钞票，中国银行、交通银行遂成为中外银行票据交换枢纽。此后华商银行纷纷在青岛设立营业机构，银行业务不断扩展，实力明显增强，而日资银行则处于委顿停滞的状态。1931 年 2 月 28 日，正金银行济南支店因业务萎缩，被迫宣告停业。

1929 年废除"胶平银"后，日本银行与华资银行开户往来，形成了激烈竞争局面。在竞争之下，日资银行的地位虽然下降，但由于国内战事不断，政局不稳，华资银行业务扩展也受到很大限制。正金银行、朝鲜银行在扩张受限的情况下，凭借雄厚的资金实力和青岛、济南等地日资工商业的经营活动，仍维持其优势地位。在 30 年代上半期日本对华北地区经济扩张过程中，日本在青岛的金融投资依然占有重要位置。当时在青岛的正金、朝鲜、济南、正隆 4 家日资银行，注册资本总额 1.5 亿元，12 家中资银行资本总额为 8207 万元，仅相当于日资银行的 52.3%。[1] 1936 年末，日资银行在青岛的投资为 2514.5 万元，济南为 165.3 万元。同期青岛日资银行的存款额为 1967.5 万元，在关内仅次于上海（5141 万元）。[2]

正金银行作为最早进入中国的日本银行，在其政府的大力支持下，资本一直处于不断扩充之中，成为日本对华金融活动的主要支柱，该行除在东北地区遍设金融网络，确立了中央银行的地位外，在关内的经营活动主要集中于上海、青岛、天津等地。在青岛，直至 1930 年代，虽有其他外商及华资银行的竞争，但正金银行受一系列特权庇护，仍是金融业中优势最为显著的外资银行，特别是钱钞交易及汇兑市场仍然为正金银行所操纵。

同时，居住在青岛、济南等城市的日侨，还以个人资本或集资方式设立各种金融组织，包括典当、信托公司、保险公司、信用组合等，通过提供信用借款服务，保障工商业经营活动的顺利进行；并利用青岛交易所（株式会社青岛取引所）开展钱钞交易，从事中国银圆与日本金票的投机交易。1922 年中国收回青岛后，日本政府提供低利基金 300 万元，由青岛、济南等地日侨居留民团组织统一管理，用以扶助日本侨民建立金融组合、信用组合。1931 年 8 月，青岛日侨以原信用组合（1923 年成立）为基础，从日本青岛居留民团借入低利资金 16.7 万元，募集股本 10 万元，成立青岛金融组合，办理组员的金融借贷事务。1932 年，金融组合计有会员 600 人，发行股票 2381 股，股本金 119050 元。

1930 年代中期，朝鲜、正金银行相继从济南撤除，只剩一家济南银

---

① 胶济铁路管理委员会：《胶济铁路经济调查报告汇编》，1934 年版，分编，青岛市，第 30—31 页。

② 〔日〕東亞研究所：《日本對華投資》上册，原書房 1974 年版，第 85、99—100 页。

行维持营业。1925 年济南日侨曾利用日本政府的低利资金成立济南金融
组合，1934 年存续期满解散后，又于次年 2 月重新恢复，到 1938 年 3 月
共有成员 127 人，出资额 78100 元。1930 年 1 月，由日本政府贷给居留民
团低利资金 8 万元，建立济南信用组合。至 1937 年 3 月，信用组合共有
成员 180 人，集资 46152 元，期间共办理小额贷款 141 笔，贷款 17 万
元。① 另外，1929—1931 年，日商还在济南开设了金融组合事务所、兴昌
号、金林洋行、裕通洋行 4 家银号，银号的日常业务为存放款和兑换日本
金票。② 金融组合和银号都是专门服务于日侨的金融组织，服务对象为缺
乏资金的普通日侨，并为经营饮食、日用品的小商户提供周转资金，为其
解决经营资金短缺问题。

　　典当业在山东历史悠久，这种以物品为抵押，提供小额借款的民间交
易方式广泛存在。1926 年前，济南原有典当 9 家，"设立有年，资金充
足"。张宗昌督鲁时，滥发纸币，充斥市面，并强迫商家使用，打破了典
当业典赎一律使用现洋的约定。后来"省钞跌价，各当收回赎金全为省
钞，大受损失"，加之军人索要高价或以赃物入典，致使当商赔累不堪。
1928 年"济南惨案"发生后，因地方秩序纷乱，致使华商典当纷纷歇业。
1926 年日商在济南开设的典当业只有福利、共丰两家，华商的歇业为日
商发展提供了良机，"商埠日侨乘机设立者，前后达 20 余家之多"。一些
华商当铺为规避风险，也采取与日本人合办方式。迄 1931 年，在济南开
业的日商当铺多达 19 家。③ 日商在青岛开设典当业始于日占时期，20 年
代后期开业家数逐年增加，到 1933 年日商典当业已达 34 家，其中 1926—
1931 年设立的就有 21 家，而华商仅 4 家。日商典当业当期短，利率高，
当期一般为 3—5 个月，月利率 3—7 分；华商典当一般当期为 13 个月，
月利率 2 分，加保管费也仅 3 分。日商典当兴盛的原因是其对"质当物品
估值折成，比华商略高，且受当古玩字画"。④

　　据 1936 年统计，华北地区的日商典当共 59 家，资本 966899 元，其

① 松崎雄二郎：《北支經濟開發論：山東省の再認識》，1940 年 8 月版，第 582 页。
② 胶济铁路管理委员会：《胶济铁路经济调查报告汇编》，1934 年版，分编，济南。
③ 同上。
④ 实业部国际贸易局：《中国实业志（山东省）》，1934 年版，（癸）第 103—105、
112 页。

中山东 41 家，资本 739399 元，分别占 69.5% 和 76.5%。日商典当在山东各城市的分布为：济南 17 家，资本 337000 元；青岛 20 家，资本 327399 元；烟台 1 家，资本 15000 元；博山 3 家，资本 60000 元。[①]

日商还在青岛、济南、烟台等地设立了数十家保险机构，这些机构多为日本大保险公司开设的事务所、营业所、办事处等分支机构，主要是对进出口贸易和交通运输，承保火险、水险等险种业务，另外某些日本洋行也承揽部分商业保险业务。1933 年，"华、英、美商在青岛市经营保险业者，有 20 余家，多系分公司或代理处。日商有 9 家，以三菱、三井为最大，占全市保险业之半数"。[②]

在日商与华商竞争的条件下，开设于 1918 年的青岛交易所（青岛取引所）这一时期也发生了较大变化，1931 年"九一八"事变前后，东北局势日趋紧张，日本在东北地区开办的交易所相继停办，山东商人在东北地区的资金大量回流，仅烟台商帮调回的资金即达 600 万—700 万元。回流资金集中涌向青岛市场，市面游资充斥，银根松弛，青岛交易所钱钞交易顿形活跃。不少钱庄为给余资寻找出路，以经纪人身份参与交易所钱钞交易。为数众多的日本投机商人更是趋之若鹜，通过日金买卖从事投机套利活动。于是，在金融市场投机因素的影响下，以日本金票为主的钱钞交易额大增。1931 年日金交易总额为 21480 万元，1932—1934 年，年平均交易量增至 7.5 亿元，1934 年达到创纪录的 80425 万元。在地方割据、货币不统一的情况下，货币兑换原是银钱业调剂余缺和同业融资的一种方法，但大宗日金买卖构成过度投机。这种投机套利活动，很大程度上与日本商业资本左右钱钞交易和汇兑业有着密切关系。1935 年中国实行币制改革后，法币币值趋于稳定，各地汇兑划一，日金交易才逐步下降，慢慢趋于平缓。[③]

"九一八"事变后中国各地出现日益高涨的抵制日货运动，在此背景下，青岛商民从维护本国商权、抵制交易所独占青岛市场出发，要求国民党青岛市政府出面支持华商创办交易所。1933 年 2 月，华商创办的青岛

---

① 杜恂诚：《日本在旧中国的投资》，1986 年版，第 368 页。

② 实业部国际贸易局：《中国实业志（山东省）》，1934 年 12 月版，（壬）第 28 页。

③ 中国人民银行总行金融研究所：《近代中国的金融市场》，中国金融出版社 1989 年 1 月版，第 304 页。

交易所正式开张，营业额逐日增多，华商纷纷加入。华商交易所成立后，在业务上与日商展开竞争。日商交易所钱钞交易额 1935 年为 50184 万元，日成交额 200 万元；1936 年上半年日成交额降为 117 万元，下半年再降为 43 万元，全年成交 20867 万元。[①] 1935 年中国币制改革后，法币同英镑挂钩，币值相对稳定，日商控制的原交易所生意更显清淡，日本驻青领事、居留民团代表以及当地日本报纸一同发起攻击，提出划分市场要求，并通过外交、军事施加压力。在日方压力之下，青岛市政当局先是允许日商化名进入交易所，后来青岛市政府、市商会又与日方多次谈判，最后商定华商设立标纱、杂货市场，让出土产市场归日商经营，原日商控制的青岛取引所继续营业，华商交易手续费的 30% 付与日方交易所。

1930 年代初期，受国内战事和日本侵略东北影响，国内政局动荡不宁。由各种因素造成的农村经济衰落，导致农村、地方城镇资金向城市尤其是口岸城市集聚，金融市场一度出现呆滞局面。在这种情况下，一方面，废除胶平银后，华商银行各项金融业务有所拓展，以正金银行为代表的日本金融势力有所削弱；另一方面，日本金融资本仍拥有这样那样的特权，保持着雄厚的经营实力，在整个经济运行中无处不在，尤其在青岛，其金融势力仍在一定程度上影响甚至控制着金融市场。这一时期金融市场有如下特征。

第一，日本银行在经历了 1920 年代的调整之后，经营业务得到一定程度的恢复和巩固，同时面临的竞争也比以前加剧。一方面，正金银行不仅继续享受统收划解关税的特权，而且胶济铁路票款收入也不时存入该行，使之成为资金的汇聚划拨中心；另一方面，日资银行也面临着欧美银行和华商银行的竞争。1923 年德华银行在青岛重新开业，1927 年麦加利银行在青岛设立分支机构，随着欧美银行业务的扩展，大量与外贸相关的存贷款、汇兑业务转向这些银行；同时华商银行也取得了一定的发展，青岛中资银行增加至 14 家，济南中资银行最多时达 18 家，20 年代末虽因军阀政治的影响家数减少，但在 30 年代中期又逐渐恢复。在竞争条件下，日资银行的活动范围有所调整，朝鲜银行停止了在济南的业务经营，1936年，正隆银行也将业务从青岛转向朝鲜。

---

① 松崎雄二郎：《北支經濟開發論：山東省の再認識》，1940 年 8 月版，第 582 页。

　　第二，外国银行的金融经营范围与本国商业资本的贸易活动范围密切相关。汇丰银行与欧美大商行的关系，占金融业务量的 70%；朝鲜银行基本以经营对日贸易的日商为业务对象；正金银行则以经营对欧美贸易的日商为业务对象，其活动很少能逾越这一范围界限。对日资工业企业的资金支持是日资银行的另一经营重点。日资纱厂的扩张离不开金融资本的扶持。如三井财团所属的三井银行，其在华投资重点就是棉纺织业。在青岛开设纱厂的钟渊纺、日清纺、丰田纺、上海纺等日本纺织业资本，都是通过三井银行与三井财团发生资本联系，使三井成为它们的共同母体。日本在华最大纺织集团之一的钟渊纺织会社，其最大投资者就是三井银行。

　　中资银行的经营业务集中于土产贸易，为行栈资本提供融资，其活动带有很大的季节性特点。为与日资银行竞争，中资银行改变了过去只重视汇兑业的做法，将大部分经营资金转向商贸及工业领域。在贸易方面，中国银行设立了中棉公司和中国打包厂，建成大规模棉花仓库，专事棉花收购信贷业务，并在农村举办合作社信用贷款，上市棉花由与中行关系密切的花行收购，外商往往难以插手，在一定程度上控制了对日资纱厂优质棉的市场供应。商办银行与经营粮食、花生、丝绸业的行栈有着广泛的联系，银行资本中有行栈的投资，而行栈的收购资金亦依靠银行提供，通常行栈在经营资金上很少求助于日商银行。在工业方面，银行与企业的联系也有所加强。交通银行对华新纱厂贷款，中国银行对中兴面粉厂和义利油房的贷款投资，缓解了华商企业的经营资金紧张。[①] 见表 5—31。但总的来说，华商银行对工业投资的热情一向弱于商业，为工业提供的融资无法与日资银行抗衡。

表 5—31　　　　　中资银行贷款分类统计（1933 年 12 月）　　　单位：万元

银行	资本额	土产贷款	棉纱贷款	杂货贷款	不动产贷款
中国银行	600	250	150	50	50
交通银行	200	250	150	50	50
中央银行	100	50	30		

---

① 〔日〕朝鮮銀行調查課：《最近山東の於ける日支經濟活動狀況》，1937 年 9 月版，第 40 页。

银行	资本额	土产贷款	棉纱贷款	杂货贷款	不动产贷款
中鲁银行	50	40	30		10
山左银行	50	100	40	10	10
大陆银行	50	40	10	20	
中国实业银行	100	100	60	20	20
明华商业储蓄银行	20	20	10		30
金城银行	50	50	50	20	
上海商业储蓄银行	50	50	20	20	10
东莱银行	30	30		20	10
农工银行	20	15	5	20	
民生银行	20				
合计	1340	995	555	240	190

资料来源：〔日〕滿鐵經濟調查會：《山東商業經濟の發展とその破局的機構》，1934 年版，第 65—66 页。

　　第三，由于青岛对日贸易处于对外贸易的主导地位，占青岛港贸易最大比重的对日贸易基本为日商所控制，因而在相关的汇兑业、申汇市场及外币买卖市场上，日资银行具有较强的金融控制实力。日本金融资本以汇兑和投资作为两大主干业务，在一系列特权保护下，不断提高融通资金的能力，以便在与华资金融资本和其他外商金融资本的竞争中保持优势地位。以青岛为中心的金融循环关系，在土特产品收购旺季，银行金融机构约需 1000 万元储备资金。1933 年，青岛 18 家中外银行银圆保有量近 2000 万元，其中三家日本银行资金占 27.6%，正金银行一家即达 500 万元，华资只有中国银行与之持平。这一方面说明进出口贸易是中外金融资本活动的主要领域之一，另一方面说明日本金融资本仍具有优势地位（参见表 5—32）。1936 年，正金、朝鲜、济南 3 家日资银行在青岛的存款额为 1967.5 万日元，在关内仅次于上海（5141 万日元）而居第二位。[1]

_____

[1]　杜恂诚：《日本在旧中国的投资》，1986 年版，第 352 页。

表 5—32　　　　　青岛中外银行现银保有量统计（1933 年）　　　单位：银圆

银行名称	现银保有量	银行名称	现银保有量
中国银行	5000000	东莱银行	20000
交通银行	3500000	青岛市农工银行	15000
中央银行	400000	山东省民生银行	20000
中鲁银行	30000	外资银行：	
山左银行	30000	麦加利银行（英）	2000000
大陆银行	30000	汇丰银行（英）	1600000
中国实业银行	1400000	横滨正金银行（日）	5000000
明华银行	30000	朝鲜银行（日）	350000
金城银行	30000	正隆银行（日）	30000
上海银行	10000	合计	19495000

资料来源：〔日〕滿鐵經濟調查會：《山東商業經濟の發展とその破局的機構》，1935 年，106 页。

第四，青岛收回后，中国、交通两银行享有法定发钞之权，不少商办银行也开始发行纸钞。迄至 1936 年，中央、中国、交通以及民生、农工商等中资银行在青岛的钞票发行额约 2500 万—3000 万元，济南民生银行等金融机构的发钞额约 4000 万元，全省中资银行货币发行流通额约为 6000 万—7000 万元。① 相形之下，失去以往法定货币地位日本金票，只有少量在市面流通。但是日本银行钞票仍具有潜在的势力，依然影响着青岛市场的货币交易和流通。日币不仅在日人中间使用，从事对日贸易的华商在与日商签订交易合同时，也经常以收入的银圆与之兑换日币；加上华商利用青岛、天津两地差价，从事日币投机交易，结果青岛市场仍有大量日币流通。1930 年代前期日商在华北地区大肆套取中国银圆，走私至日本及大连等地与日币交易，于是通过青岛交易所钱钞交易从东北回流大量日本银行金票，到 1934 年底，青岛市场上估计有朝鲜银行金票 250 万元、日本银行金票 150 万元。1935 年，青岛等地约有日币 1100 万—1200 万

① 〔日〕朝鮮銀行調查課：《最近山東に於ける日支經濟活動狀況》，1937 年 9 月版，第 29 页。

元，其中日本银行券650万—700万元，朝鲜银行券450万—500万元。这一状况直到中国币制改革后才有所改变。1935年中国币制改革后对外汇加强了管理，加之"西安事变"对外汇市场的冲击，华商纷纷抛售日币，日币在青岛市场的流通量锐减。1936年金融危机后，日本银行券全部停止流通，市面流通的货币全是中国、交通等政府银行发行的货币，即使与国外贸易的汇兑业务，结算货币也基本为中国银行所控制。至1937年"七七事变"前，青岛及山东内地估计仍有979万元日本金票。金票的流通量在100万—150万元之间。①

七　鲁大公司与中日合办煤矿

1930年代中国煤炭生产发生了新的变化，这与日本国内经济和对华经济政策不无关系。"九一八"事变后，日本向准战时体制过渡，军工生产及其他各业煤炭需求增加，造成其出口减少、进口增加，1936年入超400万吨。而中国煤炭贸易从1935年起由入超变为出超，是年输出量为86万吨，翌年增至132万吨，其中70%系对日本输出，出口煤中就有山东中兴（峄县）、博山（黑山）煤矿的原煤。②

矿业投资是日本对华投资的重要领域。中国煤炭资源大部分集中于华北地区，当时山西煤炭储量虽远多于河北、山东，但因距海港和工业中心城市较远，开发程度不及后者。1932—1934年全国煤炭产量中（不包括东北地区和台湾），河北平均占36.7%，山东平均占13%。③这一时期，华北各省煤炭产量持续增加，这对于缺少煤炭资源尤其缺乏炼焦用煤的日本具有极大的吸引力。日本对华北煤炭资源的重视程度，在其30年代一系列"华北开发计划"中得到充分体现。1934年10月，日本中国驻屯军参谋长酒井在致"满铁"总务部长石本的文件中指出：

---

① 〔日〕朝鲜银行调查课：《最近山東に於ける日支經濟活動状況》，1937年9月版，第28页。

② 淺田喬二编：《日本帝國主義下の中國：中國佔領地經濟の研究》，1981年版，第201页。

③ 中国地质调查所：《中国矿业纪要（第五次）》，1935年版，据第41—42页统计计算得出。

为在华北"确立日本的经济势力，最有力的措施是对煤矿投资"。[1] 随着日本准战时体制下煤炭需求量的增大，日本对中国煤矿业的投资扩张也进一步加剧。

日本在山东的矿业投资居华北地区首位，同时占其在山东直接投资的第二位，据日本人计算，战前投资额累计达 3000 万元，反映出日本产业资本对山东矿产资源的重视。[2] 这一时期的投资又以胶济铁路沿线煤矿为重点，矿业投资形式和特点主要以合办投资为主，由"山东矿业会社"作为投资主体，辅以贷款投资和直接经营。依靠不平等条约赋予的特权，通过控制中日合办的鲁大公司，来间接控制胶济铁路沿线的煤矿资源，便是上述投资的突出写照。

鲁大公司的成立源自两个条约，一是解决山东悬案条约，一是山东悬案细目协定。根据条约和协定，日本占据的山东淄川、坊子、金岭镇三矿交还中国，由中日合组一合资公司经营管理，中日出资各半，合办方法及条件则由中日联合委员会决定。

为了保持在山东的矿业权，日本政府和民间企业鼎力合作，日本内田外相与财界人士团琢磨、和田丰治于 1922 年 8 月召集国内资本家 30 人，发起成立投资委员会。1923 年 1 月，根据日本政府部门的要求，满铁与东洋拓殖、大仓、三井、三菱、久原等财阀共同出资 500 万日元（实收 125 万日元），组织山东矿业株式会社（董事长为大仓喜八郎），由山东矿业株式会社负责对鲁大公司的日方投资。满铁会社作为日本"国策企业"，早在鲁大公司筹备成立之初，满铁社长早川便秘密与鲁大公司中方出资人接触，答应为其出资提供全部或部分贷款融资，谋求在资本上控制公司。这一活动后来因早川突然病死而中辍。继任社长川村改变直接对中方贷款的做法，决定直接向山东矿业株式会社投资，认购发起人股 2 万股，并收购大仓、藤田所持股份。[3] 后来在山东矿业株式会社的 10 万股中，满铁拥有 55% 的股份，大仓财阀仅占 7% 。由此不仅可以看出满铁经营范围已越出东北，伸向山东，同时亦显示出日本官方对山东煤矿确实抱

---

① 淺田喬二編：《日本帝國主義下の中國：中國佔領地經濟の研究》，1981 年版，第209—210 页。

② 樋口弘：《日本对华投资》，1959 年版，第 216 页。

③ 〔日〕滿鐵經濟調查會：《鲁大公司成立迄ノ經過》，1936 年 8 月版，第 5—19 页。

有浓厚的兴趣。①

　　1922年2月，鲁绅吕海寰等以事关国家主权和鲁省民生，发起组织公司，要求收回承办，并报呈农商部批准备案。3月26日，日本三井、三菱、大仓、久原等财阀与军阀赵尔巽、前国务总理靳云鹏等人成立筹备会，与山东矿产株式会社共同组建中日合营的鲁大矿业公司，经营淄川、坊子两煤矿和金岭镇铁矿。另外，山东矿业株式会社除对鲁大公司的实缴股本投下了125万元外，还以出资或贷款等形式对旭华公司等矿业进行投资。1923年4月5日，鲁大矿业公司成立总会，中国资本代表为靳云鹏、赵尔巽、潘复，日本资本代表为田边滕治、田中末雄，总办靳云鹏，会办田边滕治，田中末雄为专务董事。1923年8月12日，经由中日外交折冲，鲁大矿业公司正式成立，总公司设在青岛。鲁大公司资本额定为1000万银圆，实收股本为250万元，是公司资本金的1/4，中日各出资125万元。日方由山东矿业株式会社出资，中方由靳云鹏、王占元、张子衡等以私人名义出资，当时仅凑足75万元。鲁大成立之初，日人将德国经营时的矿山财产作价500万元，由公司直接偿还日本政府，偿还方法为公司赢利年利息在8厘以上时，将赢利的一半用于偿还。所以鲁大公司资本日方实际占625万元，中方只有75万元。

　　鲁大公司成立后，胶济铁路沿线原日本管理的矿山改属鲁大公司。到1936年末，鲁大、博东、旭华等数家中日合办的矿业企业实收资本557.5万日元，日方实际投资额达到1238.4万日元。如再加上1936年日本投资80万日元合办的招远玲珑金矿，日本投资总额为1318.4万日元，资产总额1844.2万日元。② 在北洋政府时期末，鲁大公司在淄川矿区有矿井14处，其中淄川6处、十里庄3处、南旺3处、大昆仑2处，各矿井均采用了机械设备，采矿工人共约3000余人。1928年出煤506436吨，同年，潍县矿区出煤109986吨。③ 1923—1935年，鲁大公司年产煤量平均68.1万吨，占同期全省年产量的21.63%。见表5—33。

---

　　① 陈慈玉：《1920年代日本对山东的煤矿投资》，见《国父建党革命一百周年学术讨论集》第2册，台北：近代中国出版社1995年版，第381—416页。

　　② 杜恂诚：《日本在旧中国的投资》，1986年版，第153页。

　　③ 谢家荣、朱敏章：《外人在华矿业之投资》，中国太平洋国际学会1932年版，第33页。

表5—33　　鲁大公司历年产量及所占全省产量比重（1923—1935 年）　单位：吨

年份	全省总产量	鲁大公司产量	比重（%）	年份	全省总产量	鲁大公司产量	比重（%）
1923	2476605	724164	29.2	1930	2108398	454543	21.6
1924	6817181	792091	11.6	1931	3162273	624685	19.8
1925	2544045	731473	28.8	1932	3223429	688774	21.4
1926	2218906	658236	29.7	1933	3655413	740553	20.3
1927	2051413	710590	34.6	1934	4019860	787433	19.6
1928	2419141	738515	30.5	1935	3949369	647663	16.4
1929	2286600	555136	24.3				

资料来源：山东省政府建设厅：《山东矿业报告》第五次，1936 年 12 月版，第118—120 页。

　　鲁大公司成立后，原先日商在淄川、坊子、博山等矿区投资经营的煤矿，通过采取与鲁大公司签订包采合同，得到了延续和进一步的发展。1925 年 9 月，鲁大公司同日商南定矿业公司订立合同，以 20 年为期，将鲁大所属华坞岭煤矿采掘工程承包给南定矿业公司，名为南定采煤包工合同。[①] 按照合同，南定公司的贩卖活动受制于鲁大公司，南定煤必须委托鲁大在胶济铁路沿线贩卖和出口，贩卖价格则由双方协议。南定矿业公司1922 年由日本守备军铁道部发给开采执照，资本 500 万元（实缴 125 万元），最初是由大仓组和藤田组出资，1930 年代改为全部由大仓组出资，是战前"极罕见的对关内直接投资的公司"。[②] 日商在坊子矿区的投资开采活动也得到了延续。鲁大公司成立后，即与原来的五个日本矿主订立契约，规定他们有权继续经营，方式是由日人向鲁大公司订约承租。此后坊子煤矿仍由日人独占，但真正由日人自行开采的仅为西矿区的一部分，东、南、中及西矿区则由华商转租开采，而北矿区则停止开采。

　　到 1936 年末，坊子南北炭矿合资会社、善芳公司投资 45 万日元和36.2 万日元开采坊子地区煤炭资源；南定矿业株式会社投资 125 万日元经营博山煤矿，所采原煤为粘结性煤，产品出口日本。这一阶段，日本出

---

　　① 陈慈玉：《1920 年代日本对山东的煤矿投资》，见《国父建党一百周年学术讨论集》，1995 年版，第381—416 页。

　　② 樋口弘：《日本对华投资》，商务印书馆1959 年版，第118 页。

资 10 万日元、40 万日元与华商合办开发章丘煤炭资源的协泰公司和同益公司，因经营不善处于歇业状态；旭华公司 1935 年得到山东矿业公司资金支持后重新趋于活跃。合办经营开发煤炭资源的中方资本，权力有限，仅可分些余沥，日方多通过股份转让、垫款、扩大矿区开采范围、操纵经营与管理等形式加以控制，因此从企业实际运作上可以视为日本的直接投资。

鲁大公司名为中日合办，实际是由日本垄断资本一手操纵，中日合办有名无实。一方面，当时靳云鹏名义上虽为公司总理，但本人远居天津，公司的重要职权大部分操于日人之手，如公司与煤矿实际由专务董事田中末雄掌权，矿业所所长为日本人半田盛次郎，而中国副所长一职始终空缺，其他重要职务也没有中国人担任；另一方面，在日本的控制操纵下，鲁大公司沿袭日占时期的做法，将胶济铁路沿线淄川南定、坊子矿区的煤矿继续租让于日资企业或日人开采。因此，日人认为鲁大公司作为同日本有关系的矿山完成了"重大使命"。[①] 对于日人对鲁大公司的操控，曾有这样的评论：

> 鲁大自组织以来，其名虽为中日合办，其实一切大权，仍操于日人之手，中国人之所谓总理助协者，不过徒有虚名，尸其位耳。至于实际之规划，悉惟日人马首是瞻。……更就用人而论，如淄川炭矿，为鲁大公司目下之生产惟一处，主任以上无论矣，即小职员，中国人亦寥寥无几，情形既如此，所以万事为日人所独裁。如淄川炭田，惟一可以炼焦之华坞炭坑，则租让于藤田、大仓组。淄川炭矿，有充分增加出产之可能，又适金涨银落之时，乃缩小工程，以厚公司之赔累，其处心积虑，果何在乎，凡有头脑者，当能想及。[②]

相对于日本当局与大财阀企业联合方式投资于山东淄川地区，在博山地区投资煤矿者大多系日本中小企业者。和对淄川地区一样，也是从第一次世界大战发生以后，他们开始了在博山一带的煤业投资活动。最明显的例子就是博东煤矿公司。

---

① 樋口弘：《日本对华投资》，1959 年版，第 117 页。
② 山东省政府实业厅：《山东矿业报告》第二次，1931 年版，第 154—155 页。

　　1923 年 3 月陈翰轩与三宅骏二向农商部呈请合办，当年 9 月获得批准。1924 年 7 月成立了中日合办的博东公司，开始营业。公司资本 60 万元，中日出资各半，日方以对前矿商徐永和的债权及矿场设备房产等作价 20 万元，另追加投资 10 万元。公司重要职务对等分派，总理由中方担任，协理由日方担任。后日商又以从呈请合办到开始营业，日方已用去 20 万元，要求提高日方所占资本比例。最后"经许多之波折"，双方商定将中日各方的资本各作 50 万元，公司资本总额定为 100 万元。中方的 50 万元系以矿区及旧有设备作价，日方则以添置的机器设备及工程设施作价，另外，双方再各出 5 万元作流动资本。① 公司开工生产后，又陆续添增机器设备，追加投资，到 1929 年末，除 10 万元流动资本不计外，资本总额已增至 150 万元。中方以矿区充当资本的 2/3（50 万元），其余部分系向日方借贷。②

　　1924—1930 年，博东公司经营 7 年，只得纯益 4 万余元，经营并不成功。当中虽有运输不便、流动资本缺乏等原因，但不是主要的，而该矿与东和公司订立的买卖契约，"实为其致命伤"。博东煤矿产煤质地优良，易于推销，但是博东与三宅骏二经营的东和公司有卖炭契约，煤炭大多由东和经售，博东自己出售的很少，日方通过东和公司掌握了煤炭的销售权。博东与东和间的卖煤价格又极不合理，"东和买煤每吨作价四元九角至五元四角，而博东煤市价在博［山］则为七元。博东卖与东和之煤每吨无形中损失二元。若以半数卖与东和计算共计五万吨，则总损失为十万元"。这种不合理的经售定价，使东和大得其利，1930 年东和赢余达 20 余万元，而博东仅为 3 万元。所以当时的调查者就指出："若该矿欲谋发展，非将该买卖契约取消，不能期营业之发达。"③

　　中日合作的不平等，又是由双方资本与权力的不平等造成。中方担负

---

　　① 民国《续修博山县志》卷 7，1937 年版，实业志，矿业。

　　② 山东省政府实业厅：《山东矿业报告》第二次，1931 年版，第 348—349 页。

　　③ 山东省政府实业厅：《山东矿业报告》第二次，1931 年版，第 355—358 页。根据另一项调查，"东和公司收买之炭，得享受比市价每吨低价一元之特殊利益。故东和尽量收买其炭，藉以渔利。此种不平等契约，实为博东公司之致命伤"。按当时博东日产煤 350 吨计，若以 8/10 售于东和，则博东每日无形损失 280 元，全年损失 89600 元（山东省政府建设厅：《山东矿业报告》第四次，1934 年 10 月版，第 212 页）。

之资本除以矿区作价 50 万元外，其余一部系向日方借款，因此日方对于
公司权利时有把持之举。博东公司和鲁大公司类似，董、监事表面上中日
人员对等，但实质上日方操纵了生产和经营大权。中方对于东和公司收买
博东煤炭所享有的"特殊利益"早就不满，1930 年召开的董事会上，中
方提议取消与东和公司买卖契约，终因日方反对而未能实现。关于公司用
人，"中国人几只限于事务方面，故在总公司中国人较多，工程方面十之
八九均系日本人，在工程方面之一二中国人，又多无责任心，故公司基本
之工程全为日方把持"。①

　　日本资本自控制经营鲁大公司、博东公司、章丘旭华公司三家合办公
司后，便通过加大贷款投资，利用矿区矿产税低和运费决定特权，谋求提
高产量和扩大销量。1923—1933 年，淄川煤矿年产量平均 53.65 万吨，
约占全省年产量的 18.34%。如再加上坊子煤矿、博东煤矿和章丘旭华煤
矿的产量，中日合办煤矿年产量约占山东全省煤炭年产量的 1/5—1/4。
1934 年，3 家公司共产煤 92 万吨，占山东全省产量的 26.4%。外销原煤
中，除运销上海等大城市外，开始输出日本（主要是中兴煤和博山煤）。②
鲁大公司所经营的淄川煤矿产量在山东省煤炭产量中的比例，1930 年代
比 1920 年代有所降低，主要原因是淄川煤矿一般稳定在 50 多万吨年产量
情况下，全省原煤产量则从 200 万吨上升至 300 多万吨，而其中主要是民
族资本中兴煤矿产量的增加。中兴煤矿 1932 年产量 97 万吨，1933 年 113
万吨，1934 年达到 130 万吨。③ 1935 年山东省中资煤矿与中日合办煤矿
资本、产量状况见表 5—34。

表 5—34　　　　　　　　中资煤矿与中日合办煤矿比较（1935 年）

煤矿	资本额（万元）	比重（%）	年产量（吨）	比重（%）
中资各煤矿	1847	60.55	2002248	76.48
中日合办煤矿	1209	39.45	927121	23.58
其中：鲁大公司	1000	32.72	647663	16.48
博东公司	189	6.18	220000	5.60

---

① 山东省政府实业厅：《山东矿业报告》第二次，1931 年版，第 377 页。

② 《国外中国近代史研究》第 6 辑，中国社会科学出版社 1984 年版，第 43—45 页。

③ 〔日〕兴中公司：《华北煤矿概要》，1938 年版，第 191 页。

煤矿	资本额(万元)	比重（%）	年产量（吨）	比重（%）
旭华公司	20	0.65	59458	1.50
	3056	100.00	3929369	100.00

资料来源：山东省政府建设厅：《山东矿业报告》第五次,1936 年 12 月版,第 114 页。

　　1937 年，山东各煤矿共计产煤 498 万吨，枣庄中兴煤矿产煤 173 万吨，新泰、莱芜矿区产煤 15 万吨，而胶济铁路沿线的章丘、博山、坊子矿区共计产煤 310 万吨，其中日合办的鲁大、南定、善芳、旭华、博东 5 家公司共产 134 万吨，占 43%；中国民族资本煤矿出产 176 万吨，占 57%。在外销的 118 万吨原煤中，9 成运销上海，1 成输出日本。[①] 1930 年代中日战争全面爆发前山东原煤产量大幅增加，表明中日两国工业资本均在加大投入，形成激烈竞争的局面。

　　拥有经营淄川、坊子、金岭镇矿山开发特权的鲁大公司，取得了可观的绩效。1923—1936 年的 12 年间，有 10 年盈利，4 年亏损（其中1928—1930 年系由于政局动荡所致，1935 年系发生透水事故无法进行采掘所致），盈利额合计 285 万银圆，亏损额 125 万元，盈亏相抵仍有余利 160 万元（见表 5—35）。经营博山煤矿开发的中日合办的博东公司，这一时期也是盈利大于亏损。

表 5—35　　　　　鲁大公司历年盈亏统计（1923—1936 年）　　　　单位：银圆

年份	银圆数	盈或亏	年份	银圆数	盈或亏
1923	180652.051	盈	1930	199997.046	亏
1924	223472.008	盈	1931	323954.373	盈
1925	140123.739	盈	1932	520621.323	盈
1926	314009.691	盈	1933	460990.711	盈
1927	241515.054	盈	1934	204598.613	盈
1928	388454.889	亏	1935	173396.588	亏
1929	488828.960	亏	1936	257571.942	盈

资料来源：《淄博煤矿史》，山东人民出版社 1986 年版，第 150、319 页。

[①]　松崎雄二郎：《北支經濟開發論：山東省の再認識》，1940 年 8 月版，第 523、516 页。

第六章 殖民统治的建立与经济
统制政策的实施
(1937—1945 年)

一 日本侵占山东与建立日伪政权

1937 年 7 月 7 日,驻兵华北的日本军队在北平城西南卢沟桥附近挑起事端,并由此开始了全面侵华战争。

"卢沟桥事变"后,通过扩大事态,发动全面侵华战争很快成为日本政府的共识。7 月 11 日,日本内阁召开紧急会议,讨论并通过华北方案,同时发表声明,宣布"立即增兵华北"。[①] 7 月 17 日,日军参谋本部制定《对华战争指导纲要》,以占领华北为目标,预定时间为两个月;全面进攻占领全中国,预定时间为 3—4 个月。日军在兵力集结就绪后,分三路进犯华北,形成对北平的包围态势。7 月 29 日,北平失守。翌日,天津失陷。

日军占领北平、天津后,一面扩大战区,一面使部队集结完成后,实施华北作战。8 月下旬,日军参谋本部成立华北方面军,总兵力约 37 万人。日本基于三个月内灭亡中国的基本判断,采取"速战速决"战略,沿铁路线长驱直入,以重兵歼灭中国军队,攻占政治经济中心地区。华北日军于 8 月占领张家口后,完成战略展开,开始实施大规模华北会战。1937 年 9 月底,沿津浦铁路南进的日军占领沧州,进抵德县,准备进攻山东。10 月 13 日,占领恩县、平原。至此,日本军队将战火

---

① 复旦大学历史系编译:《日本帝国主义对外侵略史料选编 (1931—1945)》,上海人民出版社 1975 年版,第 240 页。

引入山东境内。

在日军整个侵华战争部署中，夺取山东是一项重要战略目标。10 月中旬，日军向济南方向进攻。此时作为山东省政府主席兼第三集团军总司令的韩复榘，虽已对日本决绝，并率部在鲁北地区阻敌作战，但拥兵自重、保存实力意识仍占主导地位，未能全力以赴抵敌，贻误了不少战机。11 月 5 日日军分兵三路南下：一路向东先后占领陵县、临邑；一路向西南攻占临清、高唐；一路沿津浦线南下，侵占禹城。11 月中旬日军逼近黄河北岸，韩复榘部队退至黄河南岸。这样，山东黄河以北地区大部沦陷。

1937 年 8 月 13 日，日本大举进攻上海。翌日，日本内阁决定出兵青岛，开辟山东战场，以配合北平、天津、上海的战事。8 月下旬在青日侨开始撤离，至月底共有 2 万余日侨撤离青岛，日本工厂和商店也随之关闭。12 月 4 日，蒋介石电令沈鸿烈实行"焦土抗战"，相机撤离青岛。18日，沈鸿烈下令炸毁日本在青岛的几大纱厂、青岛啤酒厂、铃木丝厂、丰田油厂、两家橡胶厂、四方发电厂以及船坞等设施。25 日沈又下令将困在胶州湾内 20 余艘舰船凿沉于港口主航道之中。期间，设于青岛的国立山东大学迁至西安；胶济铁路局 107 台机车、213 辆客车、1858 辆货车大部调往陇海、粤汉两线；四方机车工厂主要机器设备和 360 名技术人员也迁往内地。青岛官绅富商、市民百姓或迁移内地，或到乡村避战逃难，市区一片恐慌。

1937 年 12 月 18 日，日本大本营正式下达大陆命 34 号，命令华北方面军使用第二军攻占济南、青岛，夺取胶济铁路全线。12 月 23 日，日军开始分两路强渡黄河：一路由济阳过河，于 25 日占领周村，并沿胶济线东侵；一路由齐河过河，27 日占领济南，并沿津浦线南侵，至 31 日占领长清、肥城、莱芜、泰安，1938 年 1 月 4 日入侵宁阳、兖州、曲阜、蒙阴。日军前锋直逼汶上、济宁，运河成为山东的最后防线。

与此同时，日军加紧了侵占青岛的步伐。12 月 26 日，日本海军封锁青岛海上交通，1938 年 1 月 10 日凌晨，日本第四舰队出动 40 余艘舰艇，未发一弹侵占青岛。日本陆军 14 日侵占高密，15 日进入胶州，19 日进入青岛市区。至此，山东津浦、胶济两铁路线主要城镇全部沦陷。

1938 年 2 月，日本大本营制定《中国事变帝国陆军作战指导纲要》，提出确保胶济、津浦沿线已占地区，不扩大现有地区以外的作战面。① 华北方面军仍然强烈要求扩大战果，沿津浦线向南突进，直取徐州。3月中旬滕县保卫战后，日军已进至鲁南地区。日军第五师团2月22日从潍县南下，23日占领莒县、沂水，3月开始向临沂大举进攻。日军在攻占鲁南地区滕县——峄县——临沂一线后，仍决计孤军深入进攻徐州。与此同时，日军自青岛沿青烟公路先后占领了烟台以及胶东半岛各县，并进一步向周边地区扩展，谋求扩大占领区域。

1938年4月上旬，日本大本营决定放弃不扩大作战面的方略，由南北夹击徐州，以图迅速消灭中国军队主力，使中国尽快丧失抵抗能力。7日日军下达徐州作战命令，参战日军共25万人。18日会战开始后，日军于5月5日进至濮县，11日攻陷郓城，14日占领菏泽；与此同时，日军自济宁西犯，先后占领金乡、鱼台。至5月下旬徐州会战结束时，山东大部地区沦陷。此时留驻山东的日军有第一〇四、第一二〇师团全部及第一〇三、第一一〇、第一一九师团各一部，另有三个守备队，共计约4万余人，主要控制着中心城市、重要港口以及铁路交通线，借以支持日军向正面战场进攻。

在日本大举军事进攻的同时，还采取政治诱降的策略，积极寻找亲日人物，成立政权机构，实施"以华制华"的统治政策。1938年1月日军侵占南京、镇江、济南、青岛等重要城市后，近卫内阁于16日发表不以国民政府为对手的政府声明，提出"期望真能与帝国合作的中国新政权的建立与发展"，表明日本军部主流派要把整个中国置于其扶植政权统治下的方针，作为国策正式确定下来。

1938年8月14日，日本关东军制定的《对时局处理大纲》中明确提出："华北政权大致以五省自治为最终目标，先将河北及山东二省（将来包括山西）组成一个政权。另将察南、察北合并建立一个政权"；"两政权内各配以有能力的日本顾问"；有关政治、经济等问题，由设在北平、张家口的特务机关长，通过日本顾问，对其进行幕后指导。② 在谋求建立

① 日本防卫厅战史室编，田琪之译：《中国事变陆军作战史》第2卷第1分册，中华书局1979年版，第5页。

② 日本防卫厅战史室编：《华北治安战》（上），天津人民出版社1982年版，第49页。

政权之前，日军在占领区域内首先组织了"地方维持会"，拉拢依附分子出任首脑。1937 年 12 月 27 日，日军占领济南。1938 年 1 月 1 日即挂牌成立"济南治安维持会"，由原皖系军阀亲日分子马良出任会长。维持会实际隶属于伪中华民国临时政府，直接受日本华北方面军特务部济南特务机关长指挥。集中于维持会的一批旧军阀、政客、亲日分子成为日后伪山东省政权的骨干力量。1938 年 1 月 10 日，日军占领青岛，17 日"青岛治安维持会"成立，赵琪任会长，亦隶属于伪临时政府，受青岛特务机关长指挥。山东其他城镇沦陷之初也成立了地方治安维持会，日本占领者据此控制了当地行政事务。随着日军侵占区域的扩大和各地抗日武装的不断涌现，占领地后方安全开始受到严重威胁，分散的维持会难以应付局面，日本占领者抓紧建立统一的全省伪政权组织。

伪中华民国临时政府成立后，其管辖范围与日本华北方面军统辖范围一致，由北平、天津扩展至河北、山东及山西、河南、江苏等省的部分地区，华北方面军司令部也于 1938 年 1 月日由天津迁往北平，以加强对临时政府的"指导"。山东省日伪政权的行政系统基本仿照南京国民政府时期已有的形式，分为四个层次，即省级、道（市）级、县级、基层（区乡镇）行政组织系统。3 月 5 日，伪临时政府发布成立山东省公署的命令，任命马良为省长。为加强控制，日本占领者采取派遣"顾问"的方式，"进行内部指导"。"顾问"由日军任用或聘请日本人充任，政府行政若无其同意不得实施。省公署日本顾问由西田畊一充任，1943 年 11 月由园田庆幸接任，直至 1945 年 8 月。[①] 1940 年 3 月，汪精卫"国民政府"成立后，临时政府改为"华北政务委员会"，山东省公署受其管辖。1943 年 8 月，省公署改称省政府，并设省保安司令部，省长兼保安司令。这一体制一直延续到日本战败。

伪山东省公署设置的同时，也开始建立省以下地方机构，全省划为两个市公署和四个道公署。济南市公署成立于 1938 年 4 月 6 日，直属省公署，由日人任市公署顾问。青岛特别市公署成立于 1939 年 1 月 10 日，直接隶属临时政府管辖，同样设日本顾问和辅佐官。道作为省与县之间的一

---

① 〔日〕濟南日本商工會議所：《濟南事情》，1941 年 1 月版，第 81 页；中央档案馆等编：《日本帝国主义侵华档案资料选编·汪伪政权》第 6 辑，中华书局 2004 年版，第 343 页。

级行政组织，为"所辖各县之行政监督指导及省长委任事项之执行机关"。道区政权组织虽然成立，但由于日伪兵力限制，占领区与国统区、抗日根据地犬牙交错，时有变化，三类政权组织并存，因而日伪政权所能施政的范围多局限于城镇和交通干线。1938 年，山东省公署设立鲁东、鲁西、鲁南、鲁北 4 道。1940 年 6 月，为加强对地方的控制，省公署将 4 道撤销，全省改划为济南、登州、莱潍、青州、沂州、兖济、泰安、曹州、东临、武定 10 个道区。

1944 年，山东省政府又对地方政府机构设置作了部分改动，成立青州特别行政公署，辖益都、淄川、博山、长山、临淄、桓台等县，同时成立张店地区专员公署，原设青州道公署取消。至此，道（市）区变为 9 个道（市）特别行政公署和 1 个专员公署。各道成立时间与变化情况如表 6—1。

表 6—1   山东各道及模范区变化及所辖县数

道及模范区	成立时间	道公署所在地	所辖县份	改划后的道	所辖县份
鲁东道	1938.3.5	烟台	下辖 17 县，1939 年 6 月，即墨、胶县划归青岛	登州道 莱潍道 青州道	辖 12 县区 辖 8 县 辖 11 县
鲁西道	1938.5.4	泰安	12 月 18 日迁至济宁，下辖 32 县	兖济道 曹州道 泰安道	辖 12 县 辖 13 县 辖 7 县
鲁南道	1938.4.18	益都	下辖 21 县	沂州道	辖 7 县
鲁北道	1938.4.23	德县	下辖 37 县，后改辖 32 县	东临道 武定道	辖 17 县 辖 13 县
济南模范区	1939.3		包括济南周边 5 县	济南道	辖 7 县

资料来源：新民会中央总会：《山东省各县概况一览》，1942 年 8 月，山东省道县表。

县级政权是日本占领时期省、道之下的一级政权组织。1938 年 5 月 15 日，伪山东省公署颁布《山东省县公署组织暂行规则》，规定各县建立县公署，置县知事 1 人，分设秘书及警务、财政、教育、建设等科

（局）。10 月以后，县公署相继增设了县征收处、县保卫团等机构。至
1939 年底，全省 105 个县（即墨、胶县划归青岛市，直隶伪临时政府管
辖）中，成立伪县公署的有 95 个县。至 1940 年底，全省伪县公署计有
104 个。日本占领者通过设于各地的特务机关向县公署派出联络员，指
挥、监督政权组织和行政人员的活动，将施政纳入其统辖之下。1943 年 8
月，伪县公署改称为县政府，机构设置依旧。

　　日本占领者对县以下政权组织的控制，主要是通过恢复重建区乡镇长
制度与保甲制度来实施。1939 年伪临时政府决定重建保甲制度，并强制
推行保甲条例。山东省公署据此制定了各县保甲办法和经费征收办法，
1940 年后在占领区实施。保甲制度集地方行政、军事、经济活动为一体，
力图通过"地方自治"维持地方治安，较区乡镇长制度强化了对民众的
控制功能。从 1940 年 4 月开始，日本占领区各县实行户口填报，到年底
80 余县共设置 22148 保、356160 甲，30.7 万人被编入保甲自卫团。①
1941 年 6 月 94 县上报统计，已编联保 3672 保，编保 35738 保，38 万甲，
自卫团员 32 万余人。② 至 1944 年日占区编成保甲者共 5575 乡镇，56622
村，5632 联保，54116 保，51 万甲，18366 个自卫团，计 30 万人。③

　　日本占领者在军事占领下组织起系统的行政机构，利用其推行政治上
"以华制华"、经济上"以战养战"的殖民政策，建立殖民统治秩序。随
着省、道、县三级政权的建立，各类亲日分子、旧官僚、地主豪绅进入管
理机构和组织。据伪山东省公署统计，1940—1941 年省政权系统新任命
各级职员 3875 人，1944 年任命 965 人。全省百余县政权各级官吏达数
万人。④

　　为加强对各级地方政权的控制，根据日本军方与临时政府行政委员会
1938 年 4 月签订的关于派遣政府顾问的约定，日本顾问及辅佐官"协力
援助"行政、法制、军事、治安及警务等事项，日军在各地的特务机关
成为地方政权的幕后操控者。1938 年初日军在济南、青岛设置特务机关，

---

　　① 山东省公署：《山东省公署二十九年工作报告》，1941 年版，警务部分。

　　② 新民会中央总会：《山东省各县概况一览》，1942 年 8 月版，山东省各县概况择要统计
表。

　　③ 山东省政府秘书处：《山东省政府三十三年工作报告》，1944 年版，警务部分。

　　④ 吕伟俊主编：《民国山东史》，山东人民出版社 1995 年版，第 751—752 页。

负责组建和指挥山东、青岛市伪政权，此后又在烟台、益都、济宁等地设立特务机关。在向省、市派出顾问及辅佐官的同时，特务机关还向道、县派出联络员（"顾问"），具体负责对施政的监控，未派专人的县份则由日军"宣抚班"人员兼任。日籍职员也被各级政权任用，1940 年山东省公署中即有 161 人，翌年增至 226 人。1942 年 11 月后，日军特务机关改称"陆军联络部"，其联络员改以"新民会"参事名义继续操纵县政。日本对地方各级政府部门和基层政权人员的物色和管理，以及对各级机构的控制操纵，表明军事占领状态下的政权组织只能是为其所用的伪政权。

二 军政统治与社会控制

1938 年 11 月武汉、广州会战结束后，日本侵华战争呈现出持久化趋向。日本 34 个师团有 24 个陷在中国广大战场上，受到正面战场和敌后战场的夹击，形成战略相持。在此形势下，面对风起云涌的敌后战场抗日武装力量的活动，日军开始转向对占领区的"治安肃正"作战，对敌后抗日武装进行大规模"扫荡"。此时中共山东党组织通过发动抗日武装起义，在各地创立了若干处抗日游击根据地。国民政府亦设立了鲁苏战区，整编地方武装，建立山东各级行政组织，试图恢复对全省的控制。国民党和共产党领导的抗日武装保持着统一战线关系，成为日军进攻的目标。从 1938 年底开始，日军分三期在华北实施"治安肃正"作战，以保证占领区的"安全"。在三期作战中，日军占据了山东大部分县城，并开始向重要乡镇延伸。1938 年日本"恢复"占领 2 市 53 个县（不含青岛）；1939 年达到 2 市 98 个县。[①]

为达到"肃正作战"的目的，日军不断向山东调集兵力。1940 年，日本有两个师团和 4 个混成旅团驻兵山东，总兵力约 3.6 万人，并组织伪军 8 万人。另外，日军控制了山东境内全部铁路和将近 5000 公里的公路，建立据点 1156 个。到 1942 年，日军兵力又有所增加，总兵力约 4.7 万人，伪军人数增至约 16 万人，并控制山东境内公路 6900 余公里，建立据点 3700 个。据点数量最多的冀鲁边区，平均 8 个自然村就有一处。

---

① 山东省公署：《山东省公署二十七八年工作报告》，1940 年版，"民政概说"部分。

日本在山东占领区的"治安"作战，旨在占领"点"、"线"的同时，扩大"面"的区域范围，谋求建立巩固的"华北兵站基地"，为其进一步扩张创造条件。鉴于华北敌后中共领导的抗日武装不断发展壮大，日本华北方面军制订了一整套对付中共抗日游击战争的新方案，实行军事、政治、经济、文化相结合并更加强调利用伪政权的所谓"总力战"。1941年 3 月至 1942 年 12 月日军在华北发动了五次"治安强化运动"。

第一次"治安强化运动"，自 1941 年 3 月 30 日至 4 月 3 日，为期 5天。实施目标是："培养和加强区、乡、村的自治自卫力量"；"加强扩大民众组织"；"剿灭扰乱治安分子"。[①] 按照华北方面军同年 2 月制定的《治安强化运动实施计划》，各地方伪政权与日军合作，扩大保甲组织，训练扩充自卫团，通过各种方式宣传"东亚新秩序"观念。在展开治安强化运动的同时，日军对山东各抗日根据地进行连续"扫荡"，使抗日武装遭受较大损失。

通过不断的"扫荡"和治安强化运动，截止到 1941 年 6 月，整个华北区日军与中共武装力量控制范围大致相当，主要城镇、交通干线、重要资源地周围大约占 10% 的地区，为"治安区"，日伪统治较稳固；另有10% 的地区为中共的中心根据地，日伪不能插手；其余 80% 地区为双方势力交错地区，其中 60% 大致日伪势力占优，为"准治安区"，20% 则为中共势力控制。在日伪恢复县政的 102 个县中，控制联络村占 69%，保甲村占 55%，纳税村占 68%，低于河北、河南两省，高于山西省。[②]

1941 年 7 月 7 日至 9 月 8 日，华北日军及伪政权进行了第二次"治安强化运动"，方针是剿灭中共及其武装团体。在实施过程中，日本当局更加注重发挥各级日伪政权的作用，头面人物纷纷出马，赴各管辖地区督导，配合"讨伐"作战。山东省公署于 7 月 18 日制定《治安强化运动促进委员会暂行办法》，成立专门指导机构，以配合日军对抗日根据地的"扫荡"。

1941 年 11 月 11 日至 12 月 25 日，日军及伪政权实施了以经济战为主体的第三次治安强化运动，日本华北方面军制定了《实施要纲》，"运动

---

① 日本防卫厅战史室编：《华北治安战》（上），天津人民出版社 1982 年版，第 373 页。
② 同上书，第 415—416 页。

的重点在于进行灵活的军事行动的同时，断然进行强有力的经济战。即彻底封锁所有敌占地区，一切物资一概不准外流。另一方面，积极确保能够获得的物资，并实行合理的配给，促进华北经济自给自足"。① 为推进运动，省公署将原"治安强化运动促进委员会"改组为"治安强化运动本部"。至 11 月上旬，各道、市、县也先后成立"治安强化运动本部"。经济封锁是此次运动的重点。日伪当局建立了两个封锁区，重点对鲁南、鲁中、清河等抗日根据地实行物资封锁。1941 年 11—12 月间，日伪军组成的警备队侵入根据地共 269 次，掳获物资从武器弹药、钱钞到牲畜、粮食、棉花、衣被等，无所不有。②

1941 年 12 月日本发动太平洋战争后，华北作为"大东亚战争基地"的作用日显重要。为确保华北占领地的稳定，1942 年 3 月 20 日至 6 月中旬，"华北政务委员会"发起第四次治安强化运动，其实施目标为："剿共"，发挥"新民会"的作用，促进警备队积极行动，开展粮食增产活动，对民众进行武装训练和保甲训练。山东省公署为此制定了第四次治安强化运动要纲，改组充实省"治强运动"本部，并将本部成员编成四个班分赴各道、县巡视指导。③ 同年 10 月 8 日至 12 月 10 日，华北伪政权又进行了第五次治安强化运动，提出"完成建设华北和大东亚战争，剿灭共产党与肃正思想，确保农产，降低物价，改善生活，安定民生"等口号。6 月，华北政务委员会设立了"华北治安强化运动总本部"，并在各省设立常设支部。9 月，省公署省政会议通过"实施要领"和"宣传要领"，组织人员到各地训导推行。

在第四、第五次治安强化运动中，日本占领者一方面继续在华北推行"治安肃正"，对治安区、准治安区、未治安区分别实施"清乡"、"蚕食"、"扫荡"行动，以确保统治秩序；另一方面加强对华北资源的开发和掠夺，为战争提供物资支持。日军对抗日根据地的"扫荡"和"蚕食"，致使山东各根据地被分割、封锁而进一步缩小。抗日根据地除鲁中、滨海、胶东区尚有较大块根据地外，鲁南、清河、冀鲁边区均被分割

① 日本防卫厅战史室编：《华北治安战》（上），天津人民出版社 1982 年版，第 449 页。

② 山东省公署：《山东省公署三十年度治安、治安强化运动、粮食、经济报告书》，1941 年版，第 10 页。

③ 山东省公署：《山东省公署三十一年工作报告》，1943 年版，总务部分。

为分散的小块根据地和游击区。1942 年底，山东抗日根据地面积缩至 2.4 万平方公里，人口减至 750 万，八路军等抗日武装不足 10 万人。

日伪政权推行的五次治安强化运动，前后持续将近两年时间，每次都有实施重点，尤以"剿共"和"建立东亚新秩序"为中心，推行过程涉及军事、政治、经济、思想等各个方面，并且范围和规模不断扩大，体现了其"总力战"的特征。治安强化运动与日本侵华方略相配合，企图摧毁民众的抗日意志，分割乃至消灭抗日根据地和抗日武装，最大限度地获取山东的人力、物力、财力资源，以达到"以华制华"、"以战养战"的目的。

日本占领者在占领区扶持建立了各级地方政权，占据着主要城镇、交通干线和重要资源产地，但抗日武装与民众的反抗和斗争，使其控制范围和统治效率受到极大影响。面对此种困境，日本殖民当局仿照在台湾、朝鲜、东北等殖民地的某些做法，力图通过强化社会控制，建立起有效的统治秩序。这些强化控制政策和措施带有强制性、长期性的特征。

建立与强化军警宪兵特务组织，是构筑殖民统治秩序的重要一环。这些组织或直接隶属日本军政当局，或为伪政权系统，或两者兼而有之，形成庞大的社会控制网。军事占领与大批日军的驻扎，是日本在山东殖民统治的基础。1938 年 6 月至 1944 年初，驻山东日军主要是华北方面军第十二军，共约 4 万人。1944 年 2 月，第十二军一部调往郑州和南方，军队人数减至 2.5 万人。日本占领时期，日本军队充当了进攻抗日武装、"扫荡""蚕食"根据地、维护殖民统治主力的角色。

作为推行"以华制华"的政策的一项重要内容，日本占领者还收编了大量接受其指挥的武装部队，即通常所称的"伪军"。这些隶属于不同系统的伪军既有属于伪中央政权的正规军，如隶属于华北政务委员会的"治安军"；也有属于地方政权的保安部队和警察部队。地方各级政权建立后，即成立了由省公署警务厅统辖，包括署、分署、分驻所、派出所上下隶属系统的警察部队。至 1939 年 8 月，省内各级伪政权共设立警察局（所）75 处，共有官警 7291 人，1940 年增至 13951 人；1941 年计有各级警察署所 783 处，官警 2 万余人；1942 年增设各级警察所 537 处，增加官警 1 万余人；另外各警察署、所还设有经济警察课（系），官警 1108 人；

是年各地共有警察武装 31256 人。① 随着保甲制度在占领区的推行，各地自 1939 年开始组织自卫团，1943 年又开始组织保甲自卫团，据统计全省人数达 300 万之多。

日本宪兵组织和特务组织隶属于军队系统。1938 年 8 月，日军成立了"驻中国宪兵队司令部"，隶属于华北方面军司令部，下设 10 个宪兵队，其中青岛与济南宪兵队分别负责山东东西两大区域，并在张店、德县、惠民、临沂、兖州、泰安、烟台等地设分队。宪兵队主管地方治安，监督控制警察事务，并组织情报机构，"按照华北方面军司令官的意图，担任思想情报，特别是国共方面秘密组织的活动及民心动向为重点的情报搜集工作"。② 日本华北方面军派驻山东的特务机关及后来改称的陆军联络部，主要负责指导监督各级伪政权以及新民会、合作社、劳工协会等组织。设于济南、济宁、张店、高密的特务机关（联络部）受命指挥各道联络部，并向省公署提出日军的要求事项。③

日本占领当局者除利用军警宪特等组织外，还利用政治、社会组织来强化统治秩序。其中规模最大、涉及社会层面最广的便是"新民会"。

新民会是日本占领者扶持成立的"与政府表里一体"的政治组织。该会仿照满洲国设立的"协合会"，于 1937 年 12 月 24 日在北京成立，标榜宣扬"新民主义"，实行所谓"王道"政治。1938 年 7 月新民会在济南成立山东省指导部，省长马良出任部长。新民会初期的活动与日军宣抚班的活动纠结在一起，两者组织形式具有一致性——会内职员日本人多于中国人，各级新民会负责人由伪政权首领兼任，实权则为日籍职员掌握。宣抚班是日军在军事占领过程中，为"扶持地方行政机关和民众团体"而设置的机构，"隶属于军特务部长"，配合日军"肃正作战"，开展"宣抚"工作。④ 济南、青岛、烟台等地均设有"宣抚指挥班"，铁路沿线大站和县城设有"宣抚班"，每班几人至十几人不等。宣抚班随军队行动，

---

① 山东省公署：《山东省公署二十七八年工作报告》、《山东省公署二十九年工作报告》、《山东省公署三十年工作报告》、《山东省公署三十一年工作报告》，1939—1943 年刊，警务部分。

② 日本防卫厅战史室编：《华北治安战》（上），1982 年版，第 767 页。

③ 中央档案馆等合编：《日本帝国主义侵华档案资料选编·华北治安强化运动》第 10 辑，中华书局 1997 年版，第 945—947 页。

④ 日本防卫厅战史室编：《华北治安战》（上），1982 年版，第 71 页。

主要是通过在新占领地区组织"治安维持会"，设置"爱护村"，召集青年学生受训等方式，对民众推行"剿抚并施"。1940 年 2 月，日占区共有宣抚班 105 处，成员 551 人；22 个县（市）设有新民会指导部，职员370 人。[①]

1940 年 3 月，北平"临时政府"改组为华北政务委员会，日本华北方面军借机将宣抚班与新民会合并。4 月，新民会山东省指导部与日军宣抚班合并改组为新民会山东省总会、省长唐仰杜兼任总会长。[②] 这样，新民会由教化团体转变成政治机构，反映出日本当局谋求加强"与政府一体"的新民会组织，以扩大政权的社会基础。

新民会与宣抚班合并后的山东省总会，下设事务局负责日常事务，会长兼任局长，日人西崎敏井任次长。1940 年底各道区也陆续成立新民会总会，道尹兼任会长。新民会内各级正职由华人担任，副职由日人担任，与初期同宣抚班纠合一起时的情况有所不同，日本当局更注重利用新民会实施"以华制华"的政策。新民会成员分为部员、雇员、临时雇员 3 类。日人均为部员，在山东新民会内最多时达 500 余人。[③] 华人 3 类均有，需分别在中央总会、省总会、道总会训练后方可担任。1940 年底统计，山东共有省市青年训练处 57 处，受训人员 11729 人，各级新民会有日人职员 434 人，其组织规模在华北地区居第二位。[④]

1941 年 2 月，日本华北方面军制定治安肃正建设重点事项，要求新民会"进一步将矛头指向剿共工作"，"逐步由县城走向农村推进工作"，"扩大对新民会本身的基层组织"。为此，新民会于 1941 年 5 月再次进行调整，注重分会组织的扩充。省、道、县三级新民会总会由省长、道尹、县知事兼任会长和事务部长，事务部内均由日籍顾问担任参事。从 1941 年下半年开始，伴随"治安强化运动"，新民会通过设置模范分会，强化训练，利用合作社贷款，提供医疗服务以及食盐、火柴等生活必需品统制

---

① 洪桂已编：《近代中国外谍与内奸史料汇编——清末民初至抗战胜利时期》，台北"国史馆" 1986 年版，第 458 页。

② 《中华民国三十年度新民会山东省联合协议会会议录》，1942 年版，第 45 页。

③ 同上书，第 51 页。

④ 洪桂已编：《近代中国外谍与内奸史料汇编——清末民初至抗战胜利时期》，1986 年版，第 462 页，460 页。

配给等措施，强行建立基层分会组织，诱迫民众入会，使分会组织和入会成员持续增加。在城镇基本按原有职业社会团体进行组织；在乡村则将原保甲、自卫团及"青苗会"、"联庄会"等加以登记备案，组成分会。1941 年 6 月山东共有新民会分会组织 1527 个，会员 536674 人，年底"会员已突破百万人记录，为华北各省市之冠"。1942 年 6 月，分会扩大为 4546 个，会员 167.6 万人。① 其中农村分会 3589 个，商业、职工、教育等分会 957 个；农村会员 156.1 万人，占 93.2%，这说明新民会组织扩充的重点主要在农村。

　　为了扩大新民会的号召力，各级新民会还成立了诸多隶属社会团体，并按职业、学术、文化、宗教、公益 5 个类别建立起"外廓团体"，由新民会指导规范其活动。1941 年 6 月，新民会在山东共有各级隶属团体 937 个，会员 21.9 万人。② 此外，各级新民会均设有联合协议会，充当所谓"民意代表机构"，定期邀集政客、遗老、富商、豪绅等各类人物开会，以求缓解尖锐对立的民族、社会矛盾。

　　日本占领当局借助建立发展新民会，企图建立能拥有民众基础，并能与国共两党力量隔离的牢固的殖民统治体系。而新民会则遵从日本当局的意志，配合日伪政权在不同时期的战略部署和实施要纲，进行了一系列维护殖民统治的活动。这些活动主要集中在两个方面：其一，对民众进行奴化教育和宣传，灌输新民会的各种说教，实行精神控制；其二，协助、配合日伪政权开展各种运动，实行社会控制。新民会自成立之日起，便动员各级分会收集情报，协助日军镇压各地的抗日组织。在历次治安强化运动中，新民会除配合宣传外，还着力进行"农村自卫"、推行"保甲制"和经济封锁等活动，充当"治安强化运动"的"突击队"。配合经济统制政策的推行，新民会还依照伪政府的规定，协助对火柴、煤油、食盐等生活必需品实施统制配给，聚敛各种物资，在经济上对抗日根据地进行封锁。实际上，在日本卵翼下设立的新民会组织，作为日本实行总体战的重要一翼，不仅是其在占领区开展"治安肃正"、强化社会控制的"核心力量"，而且是其在城乡社会基层推行经济统制的重要工具。

---

① 《中华民国三十年度新民会山东省联合协议会会议录》，1942 年版，第 59 页。

② 同上书，第 62—63 页。

三 经济统制政策与产业开发计划

在全面侵华期间，日本在山东占领区建立起了较为完备的殖民地经济体系，其突出特点是排斥资本的自由竞争，对国民经济各个部门实施国家资本的绝对统制，建立"日满支"经济共同体，重点掠夺煤炭、矿石、原棉、原盐等重要资源，发挥"兵站基地"的辅助作用。

战时日本在山东及整个华北地区所推行的经济统制政策，由侵华战争的性质和其在中国战场面临的政治经济形势所决定，同时也与日本国内经济体制的转变分不开。1920 年代末世界经济危机爆发，日本在经过激烈动荡后做出了如下选择：政治体制方面否定宪政政治，实行军事独裁，变天皇立宪制为实质上的天皇法西斯制；经济体制方面否定自由放任，限制自由竞争，变自由经济体制为统制经济体制；以此为基础，在对外关系方面，放弃一贯奉行的对英美协调主义，转而大力推行亚洲门罗主义，开始大规模的军事扩张。[①] 1931 年日本商工省通过《重要产业统制法》，统制经济体制由此开始出现。随后在军部积极主张与推动下，日本政府陆续制定了一系列法规，旨在加强对经济的统制。伪满洲国建立后，日本开始在中国东北进行统制经济试验，建立"日元经济区"。1936 年底日本国际收支出现巨额赤字，进口激增导致外汇储备告罄。而此时的广田内阁提出了以军费为主的 30 多亿日元的庞大预算，通货膨胀进一步加剧。1937 年 6 月，近卫内阁提出"财政经济三原则"，着手研究对经济实行直接统制的具体政策。"七七事变"爆发后，日本政府于 7 月和 8 月先后提出 5 亿日元、20 亿日元的临时军事预算，几乎相当于当时的国家预算。在此背景下，对经济的统制立即变为现实。1938 年 3 月日本国会通过《国家总动员法》，规定"战争时期"为了"实现国防目的"，政府可以"统制、运用人力和物力资源"，这一法律以敕令或省令的形式在日本国内付诸实施，并推行至"日元经济区"，标志着日本统制经济的形成。

1938 年上半年，日本军队已占领了山东大部地区，并建立起殖民政

[①] 杨栋梁等：《近代以来日本经济体制变革研究》，人民出版社 2003 年版，第 113—114 页。

权，开始了对占领地经济的经营与开发。由于其在伪满洲国实施统制经济的试验和战前对山东经济资源、产业开发的调查，日本在山东的经济掠夺一开始就表现出计划性和统制性的特征。战前，满铁经济调查部（1936年10月改组为产业部）和中国驻屯军（即后来的华北方面军）就曾在山东进行过广泛的资源产业调查，在山东的日本民间机构也曾进行过类似调查，而调查的出发点是把山东作为"中、日、满联盟经济"的一环。① 日本对山东经济开发构想随着其政治军事的扩张步步深入，1935年"华北事变"后，日本将山东纳入其华北经济开发计划之中。1936年和1937年上半年，中国驻屯军、满铁、兴中公司制订了实行统制的产业开发计划，主旨是将日本殖民地、占领区以及势力扩张区域联系起来，建立由其控制的大经济区，而将山东及华北地区纳入"日元经济区"，则是整个统制开发计划中的重要内容。1937年春，日本决定在同年秋召开中央经济会议，以"综合研究朝鲜、满洲、华北的产业五年计划"，并预定当年8月先期召开大陆经济会议，满铁经调会5月18日决定在满铁产业部设立大陆经济会议筹备小委员会，负责为会议拟订计划方案。同年6月满铁经调会提出了《山东产业开发五年计划案》，在"开发方针"中指出："山东的贸易和投资与日本有紧密的联系，日本必要的军需物资不应由第三国支配，因地理关系和与满洲的密切经济关联更应引起注意"；"应确保日本在山东的既存权益并不断扩大，确保准战时体制下的资源和市场，尽量避免日本国内事情及国际关系引起的摩擦，排除中国中央政府的支配"；"在山东省目前的政情下，应着眼于将来基础地盘的培植，倾力于日本所必需的棉花、羊毛、小麦资源的流通机构，以期顺利获得"。② 与此同时，大陆经济会议筹委会还分别制定了《山东省经济开发计划要纲案》（下称《要纲案》）、《山东省矿业开发五个年计划大纲》（下称《计划大纲》）、《对山东投资机关对策案》（下称《对策案》）等。③

《要纲案》对开发山东经济提出两项目标，即："为对苏作战获得利用国防资源的培植地域，以及为日本产业确保必要的原料资源"；"协力

---

① 松崎雄二郎著、舒贻上译：《日本人的山东开发计划》，山东新报社1947年11月版，第2页。

② 满铁经济调查委员会：《山东产业开发计划案》（誊写本），1937年6月版。

③ 以上文件均为誊印件，藏黑龙江省档案馆，估计还有农畜业、交通等方面的开发方案。

推进与山东联系的依存度，抑制英美和苏联势力的渗透"。关于开发的方针亦提出两点，即："以日满支依存联系紧密化为主轴，诱导山东方面协力助成"；"援助、指导为开发国防资源而进入的企业，帮助其解决困难"。《要纲案》还对省财政、金融、农林渔业、矿业、电力、盐业、一般工业、交通通信、债券发行以及引入日本资金等，制定了计划要领和对策，体现了日本对山东经济开发的大致构想。

《计划大纲》则对开发山东工矿业制订了五年计划，主旨是从日满集团资源补给出发，扩大强化日本在山东已有的势力。其主要方针是：第一，扩大强化日本资本经营的铁矿、煤矿、盐场的开发，依据增产计划向华商企业渗透；第二，在日本势力下扩大电力、采金等重要产业；第三，在日本势力下开发纸浆、矾土等重要工矿业；第四，以日本势力进入为原则，鼓励日本企业投资一般加工工业，由当局给予适当援助。具体开发计划为：在金岭镇附近建设年产 20 万吨炼铁厂，由鲁大公司经营，产品输出日本；扩大胶济铁路沿线日资煤矿的采掘，并逐渐向华商煤矿渗透；利用新设计的高徐铁路，开发沿线煤矿；博山矿区以博东公司为中心争取年产达 400 万吨以上，其中 250 万吨向日本输出；鲁大公司所属各矿争取年产达 320 万吨以上，南定（大仓）、旭华（山东矿业）、明水（三菱）、坊子诸矿争取年产 80 万吨，两者每年向日本输出 200 万吨；依据青岛盐输日协定，山东盐业会社每年对日输出盐 20 万吨，并可突破输出限额；在招远玲珑金矿设立日处理矿石 300 吨的精炼所，对胶东和鲁中地区金矿资源实施调查，并制订开发对策；以淄川、博山煤矿为中心实施火力发电，并完成 15 万千瓦发电设备的安装；由兴中公司和满化负责设立年产 5 万吨的硫铵工厂，为华北棉花增产生产肥料；在张店设立工厂，利用棉花结秆生产纸浆；开发博山、淄川等地矾土矿资源；当局给予必要援助，促使日本民间资本自由进入包括纺织、橡胶、染料在内的一般工业。

《对策案》中对经济开发中投资机构作了规划，其方针是将山东作为特殊权益地区，利用金融机构和华商资本，成立银公司作为投资管理机构。银公司资本构成，满铁和兴中公司持股 1/4，华北地方政府持股 1/4，日中民间资本持股 1/2。投资区域分为日人居留地区域和山东内地。在居留地，由横滨正金、朝鲜银行、济南银行等日本银行负责一般商业金融，由东洋拓殖或满洲兴业银行负责长期金融投资；统制事业投资和经营，由兴中公司负责，其他行业由日资企业自主经营。在山东内地，金融投资和事业投资经营，由兴中公司负责其中的统制事业，其他方面由日资企业自主经营。

大陆经济会议因"七七事变"爆发未能召开，但这些方案却为后来日本在山东经济掠夺计划的制订和实施奠定了基础。上述计划方案具有以下特点：第一，与日本的华北经济开发方案相配合，并成为其中的重要组成部分，体现了日本"日满华一体化"经济圈的构想；第二，以重要的战略资源开发为重点，针对山东主要煤矿、铁矿、原盐以及农产品资源，建立以日本国有资本为主，吸纳财阀及民间资本，利用地方华商资本的统制经济，增强日、满与山东及华北经济的相互依存关系；第三，通过成立专业投资公司，谋求对各重要行业的控制；第四，贯穿"满铁至上"的原则，各方案均体现了满铁的主导地位，力图以满铁为中心来从事各项开发。总之，尽管方案还相当隐蔽和粗糙，但可以看出此时日本建立日满华一体化统制经济的构想已经成熟。

1937年7月日本发动全面侵华战争后，在山东及华北占领区建立起配合其战略推进的殖民地统制经济，开始实行有计划的经济开发和掠夺，广泛而有重点地攫取资源，以支撑规模不断扩大的战争。整个战争期间，日本在山东及华北地区推行"以战养战"的经济政策，视该地区为兵站基地，其经济统治机构的设置、方针政策的确立、开发计划制订补充、产业开发的实施，随着形势的变化而处于不断演变之中，每个阶段的特点都有所不同，然而其"征服中国并利用其资源"的主旨则是既定不变的。

"七七事变"前，策划对华北经济侵略，制订产业开发计划的主谋是日本中国驻屯军、满铁和关东军，"直接实行机关"则是由满铁设立的兴中公司。事变之后中国驻屯军扩编为华北方面军，成为战时华北占领区内日本最高军事指挥机构。1937年9月该军设立特务部，其职能之一就是策划、主持华北占领区经济统制。同年11月，日本内阁秘密设立的第三委员会也在策划将国内统制经济扩展到中国占领区的具体方案。期间，华北军特务部联合满铁等机构制订了一系列针对华北的经济开发计划。12月底，日本内阁正式通过"华北经济开发的根本方针"，其要点为：①华北经济开发的总目标是使日、满、华北三方经济形成"共存共荣"密不可分的关系，大力促进日本、"满洲国"政府和民间资本向华北投资，为此华北开发计划必须依照日、满产业开发需要和可能来制定，使之成为日、满、华北产业开发计划之一部分；②对华北交通、港湾、通信、电力、煤铁、盐业等基础产业和资源产业，必须加以统制，方法是在各行业设置相应的特殊投资公司来统一管理，每一行业委托日本国内相应行业的专业团体和大公司来经营，承担经营的专业团体和公司自行筹措资金，提供技术和物资保障；③为对统制产业进行总体调控，设立进行统一计划、投资、监管的最高统制机关，即垄断性的特殊投资公司——"国策会社"。统制产业的一切事宜须由该会社审议通过后才能实行；④对各项统制产业，日本政府将给予资金及其他经营上的保证以及相应的特权；⑤在"国策会社"成立前，作为过渡办法，仍由满铁设立的兴中公司主持华北经济开发。①

与此同时，日本政府还决定成立以战时经济统制决策机关企划院为中心，由华北军、关东军参加的"华北开发委员会"。1938 年 3 月 26 日，日本成立日华经济协议会，由该会负责审议有关开发的指导方针，并决定金融、工商业、贸易等部门的紧急政策。"所有政策经该会审议后，交由中日各机关协同执行，为要更有效的达到这一目的，并令伪组织成立实业部从旁协助"。②该会成立后，制定通过了"对华北的综合开发计划"，以及一系列与之配套的金融货币、工商贸易、农业等方面的紧急对策。是年11 月，经日本国会批准的华北开发公司正式成立，成为日本在华北占领区实施经济统制的中枢性"国策会社"。

随着战火由华北向华中、华南扩展，战线的延长使日本的经济开支愈益庞大，物资短缺和通货膨胀日趋严重，国际收支状况愈益恶化。日本所制订的山东及华北经济开发计划，所设定的战略资源的生产和输入数额极其庞大，但其计划却因资金匮乏而难以实现，在占领区从事经济扩张所需的资金、设备等物质条件并不可靠。战争初期，兴中公司和日本私人资本在华北的经营活动，主要是对未内迁中资工厂的军管理、委托经营和恢复工矿企业的生产，并未投入大量资金，开发计划也只是处于制订阶段。

---

① 〔日〕東亞新報天津支社：《華北建設年史》，1944 年 12 月版，産經，第 79—80 页。

② 郑伯彬：《抗战期间日人在华北的产业开发计划》，南京资源委员会经济研究所，1947年 10 月版，第 4 页。

1938 年 10 月战争进入相持阶段，面对业已显现出的战争长期化趋势，日本政府开始调整对华政治经济策略，设置统一对华政策的机构，以协调陆军省、外务省等各方关系。11 月 30 日，日本内阁制定《调整日华新关系的方针》，确定了"以战养战"的经济策略。与此同时，内阁还决定扩大兴亚院在华机构设置。兴亚院除本院设于东京外，在占领区设立华北、蒙疆、华中、厦门 4 个联络部，并在华北联络部下设立了青岛办事处。[①] 兴亚院主旨在于统一负责对华政治、经济统制，然而政务方面由日本"现地军"掌握，其工作重心实际在经济方面，即实施经济统制的最高指导机关。兴亚院在中国各地所设置的联络部及事务所占有非常重要的地位。从机构设置和人员构成上看，华北、青岛作为战前日本的"特殊权益地区"，其地位受到特别的重视。

兴亚院及其在占领区各联络部的设立，标志着日本经济统制的国家指导机关在中国占领区已有了统一设置，而对华北占领区负责具体统制的则是同期设立的华北开发公司。此后，为适应形势的变化，日本又重新修订山东及华北的经济开发计划，并进入实质性实施阶段。1938 年 6 月，日本企划院第三委员会决定由华北方面军特务部、满铁和兴中公司共同制定"华北产业开发第一次五年计划草案"，实行期为 1938—1942 年。后来因计划迟迟不能进行，华北方面军特务部又将其修改为"华北产业开发四年计划"。这些计划的制订，带有明显的"速战速决"、军事殖民化色彩，计划指标异常庞大，缺乏实际可行性，"开发"项目实际大多无资金开工，表现出极大的盲目性。当时，华北占领区经济受到严重破坏，各地抗日活动愈演愈烈，加之物资短缺，物价暴涨，大量粮食和日用品不得不从日本国内及华中地区调入；另一方面，军管理工厂的委托经营效率低下，原有的日资企业也只是刚刚开始恢复，躲避战乱的华商将资金集中于城市；同时，日本在华北的贸易外汇统制、铁路港口运输等也存在诸多问题。日本当局在占领区面临的困境，迫使其不得不重新修订计划，对所推行的政策和措施加以修补。

1939 年 6 月，兴亚院华北联络部根据日本和伪满洲国生产力扩充和物资动员计划，将第一次五年计划修改为"华北产业开发修正三年计

---

① 本荘比佐子等编：《興亞院と戰時中國調查》，岩波書店 2003 年版，第 10 页。

划"，实行期为 1939—1941 年。该计划与以前计划相比，各种战略资源的产量指标均有降低，但突出了对交通运输和电力的投资和利用。[①] 之所以如此，是与日本决策部门对华北经济地位的认识分不开的。华北资源开发是为了弥补日、满资源的不足，扩大电力生产和提供便捷的运输，是扩大华北煤炭、矿石生产输出的前提条件，因而开发计划的重点便转向交通和电力。

1939 年 9 月，第二次世界大战全面爆发，日本与德国、意大利结成同盟，从而构成对英美的挑战。当美国对日本的威胁采取报复措施，限制对日资源出口后，国际形势的变化导致日本殖民地政策发生变化，促使其在殖民地加紧推行"以战养战"的政策。1940 年 4、5 月间，日本企划厅提出华北产业开发应实行"重点主义"，7 月企划厅制定了"华北产业开发五年计划综合调整要纲"，将原先的全面开发调整为重点开发。要纲将1941—1945 年定为第二个五年计划期，强调开发要实行重点化、综合化和具体化，开发目标以增产煤炭和粮食为重点，交通、电力等部门要围绕目标重新调整。同年 11 月，日本政府制定"日满华经济建设要纲"，提出用 10 年时间将日满华经济连成一体，建立起自给自足的经济体制，按地区实行产业分工，关内占领区重点发展矿业和盐业，确保粮食及棉花增产。[②] 由此可见，日本对占领区经济开发的目标和重点有了明确的调整和规定。1941 年 10 月，兴亚院华北联络部重新制定了"华北产业开发五年计划"。该计划仍坚持"重点主义"的开发方针，并将重点产业加以扩展，其原因是"为着节约海上输送力"。计划中煤炭增产及运输能力提高仍是重点，所需资金数占计划总数 61.7%。[③] 该计划虽在太平洋战争爆发后被"大东亚经济建设计划"所替代，但基本原则和重点仍被坚持下来，并对华北经济开发产生重要影响。

1941 年 12 月日本发动太平洋战争后，美国冻结了日本所有海外资产，对日实施全面的物资禁运政策，使日本军需生产与物资供应受到很大打击。在此背景下，日本把建设"日满华自给自足共同体"扩大为包括

---

① 郑伯彬：《抗战时期日人在华北的产业开发计划》，1947 年 10 月，第 34—52 页。
② 〔日〕東亞新報天津支社：《華北建設年史》，1944 年 12 月版，産經，第 95—96 页。
③ 郑伯彬：《抗战时期日人在华北的产业开发计划》，1947 年 10 月版，第 66 页。

东南亚诸同在内的"大东亚经济共荣圈"。1942 年 8 月末，日本兴亚院制定了"中国经济建设基本方策"，计划以 10 年为期，前 5 年配合战争，后 5 年全面建设。华北地区"要随着资源的开发，完备重轻工业和交通通讯设施"。同年 11 月，日本内阁成立大东亚省，将原拓务省、对满事务局、兴亚院、外务省东亚局及南洋局撤销，其职能全部归入大东亚省。在中国关内占领区，将原来的兴亚院联络部及领事馆合并，设立日本大使馆办事处，作为大东亚省的派出机关。青岛事务所等归入当地总领事馆。12 月，华北开发会社制定了"基于大东亚经济建设基本方策的华北经济建设十五年计划"，实行期为 1942—1956 年。这是一个野心勃勃的庞大计划，以每 5 年为一期，第一期发挥华北兵站基地作用，为日本的战争需要服务，后两期建设旨在使华北变为向日本提供资源和加工品的殖民地。此时华北开发公司经日本政府允许，已可以直接经营统制事业。

在太平洋战争初期，日本虽夺占了东南亚资源地区，但要将各种战略物资运回日本国内，必须保障海上运输线畅通。1942 年日本在中途岛海战中战败，丧失了对海上运输的控制权，从 1943 年下半年开始，海上物资运输急剧减少。在此情况下，日本不得不修改其经济开发计划，在华北采取"超重点主义"产业政策，集中人、财、物力，提高优质煤产量；同时，将单纯发展重化工原材料产业和对日满出口，转变为在占领区有重点地发展某些重化工原料加工业，如炼铁、炼铝、炼焦、液化煤、耐火材料、制碱等工业，变出口原料为出口成品或半成品，以减轻运输压力。1943 年 7 月，华北开发公司根据日本内线作战计划，制定了"华北产业建设要纲"，实行期为 1943—1957 年。该计划谋求以黄海、渤海沿岸地区为中心，建设稳固的经济体系。其实施结果不仅导致占领区迅速产生出一批小型重化工加工业，而且普通生产和生活物资进一步受到控制。日本对产、供、销、输出、配给实行了全面统制，使占领区经济呈现出典型的殖民地化特征。

日本在山东的经济侵略活动被纳入到对华北的经济统制之中，构成其在华北占领区建立殖民地经济的重要组成部分。战争期间，日本各机构林林总总的华北调查与开发计划中，山东以其重要的战略位置和丰富的资源而占有显要地位。日本军事占领山东后，迅速在山东建立起殖民地经济统制，并开始了以国家资本为主、吸收民间资本、利用华商资本的大规模经济"开发"，重点获取煤炭、铁矿、棉花、原盐等战略物资，从而使山东占领区经济成为"日满支经济共同体"的一环。根据战争需要和基于调查所制订的各种开发计划，既有纳入华北综合性计划之中的，也有专门关于山东的；主持制订者既有官方机构，也有民间工商团体（如青岛、济南商工会议所）；既有关于某一地域的，也有关于某一部门的。计划庞大，头绪繁多，且中间夹杂着若干复杂变化。

日本关于山东经济的开发计划与其华北经济开发计划密切相关，以向日本、伪满洲国输出物资为战略目的。如何快捷、有效地获取和输送战略物资，是日本制定华北掠夺性开发政策的出发点。当时，日本占领当局对以天津还是以青岛为物资主要输出地，或者说华北经济开发是以天津为主还是以青岛为主，存在不同的认识。大致而言，陆军系统及在北平、天津的日本人主张前者，海军系统及在青岛的日本人主张后者。战前日本在天津、北京的政治、军事势力强于其经济势力，在青岛则反之，全面侵华战争沿续了这一态势，并造成天津为主说在前、中期占据优势，太平洋战争后青岛为主说影响增大。这种争执反映在山东及华北的开发计划方案中，对具体实施过程也造成了重要影响。归纳日本在山东的开发计划，主要有交通、矿业、农业、工业等几个方面。

（1）铁路计划。铁路计划以提高胶济铁路输送能力为核心。战前胶济铁路年运输量约 350 万吨，青岛港进出口货物主要靠该路输送。日本要控制山东乃至华北经济，必然会围绕胶济铁路大做文章。铁路计划主要包括两个方面，一方面通过改建扩建，提高胶济路运输能力；另一方面修筑支线，向周边地区辐射。日本曾设想将铁路单轨改为双轨，以成倍提高运量。修筑支线的计划则更为庞大，一是修筑济南至彰德的胶济铁路延长线，与平汉铁路相连，向中原地区延伸；二是修筑高密—莒县—兖州—济宁—兰封支线，与津浦、陇海铁路连接，深入至河北、河南平原地区；三是修筑高密至徐州支线，解决中兴煤矿外运问题，吸收陇海铁路附近物资；四是修筑潍县至烟台支线；五是修筑潍县至天津的支线。在山东和华北的开发计划中，围绕胶济铁路的预定修建线路最多，受以天津港为中心观念的影响，这些线路的开发未付诸实施，最后只是新建了几条短距离的运送煤铁的专用线。

（2）青岛港扩建计划。日本曾就青岛港扩建制订过庞大计划，并与

胶济铁路改扩建相衔接，试图将青岛港吞吐能力提高数倍。计划设想待铁
路改建新建项目完成后，青岛的物资集散量达到 1770 万吨，其中煤炭一
项达 810 万吨。青岛港扩张计划分为两个时期，前期为现有防波堤内的扩
建，后期为在防波堤外增筑新港。主要工程包括码头维修、扩建，修筑煤
炭专用码头，筑造新防波堤，建造 5 个新码头。前期工程完成后，吞吐量
达 1000 万—1200 万吨；后期工程完成后，吞吐量可达 2000 万吨。日本
认为，华北港中最具价值的是天津港和青岛港，两港比较，港域条件、扩
建条件及前景，后者优于前者；腹地范围和资源，前者优于后者。日本既
要利用前者的优势向本国输送战略物资，又要利用后者增加山东物资的输
出。1939 年 8 月，兴亚院通过《青岛港扩张计划案》，拟定投资 3900 万
日元，修扩建防波堤内港口工程，施工期为 1939—1943 年，竣工后港口
通过能力要求达到 695 万吨。工程计划从 1939 年底至 1940 年陆续
开工。①

（3）煤炭开发计划。山东煤炭储藏量在华北不及山西等省，但因有
便利的铁路运输条件，在日本有关山东及华北的各种开发计划中，山东原
煤始终占有重要位置。"七七事变"后日本第一个华北开发计划，即 1938
年 3 月兴中公司"华北产业开发计划要纲"，就决定以河北、山东为中心
开发煤炭资源，由当时年产 1300 万吨增至 5 年后的 3000 万吨，山东煤矿
区则由 460 万吨增至 1418 万吨，几占半数。1938 年 6 月，日本企划院通
过了"华北产业开发第一次五年计划"，将山东煤矿区划为中兴煤矿、大
汶口煤矿、山东煤矿（淄川、博山）三大矿区，拟由华北开发会社、山
东矿业、三井、三菱共同投资开发，计划到 1942 年产量达到 890 万吨
（不包括大汶口煤矿）。② 1940 年 7 月，企划院通过"华北产业开发第二
次五年计划"，采取以煤炭、食粮为中心的"重点主义"开发方针。计划
1940—1945 年出口至日本的山东原煤，自 150 万吨增至 420 万吨，占中
国煤炭对日输出量的 30% 左右。③ 日本开发山东煤炭，看中的是炼焦煤的
对日输出，因而海上运输至为关键。战争后期，随着日本制海权的丧失，

---

① 松崎雄二郎：《北支經濟開發論：山東省の再認識》，1940 年 8 月版，第 8—18 页。
② 郑伯彬：《抗战期间日人在华北的产业开发计划》，1947 年 10 月版，第 18 页。
③ 同上书，第 26—27 页。

运输能力急剧下降，山东原煤对日输出不断减少，煤炭开发计划也因此变得难以实施。

（4）农业计划。在日本占领初期，对农业原无开发计划，重点集中在商品性农产品的收购与抢夺上，特别是对棉花资源的夺取。由于受长期战争及自然灾害的影响，山东农业生产出现严重衰退，农作物大幅减产，造成占领区严重的食粮危机。1938 年，小麦、玉米、稻谷、棉花、烟草 5 种主要农作物的产量平均比战前减产 50% 以上；1939 年小麦等 6 种粮食作物平均减产 40%，棉花减产 38%，烟草减产 37%。[1] 农业减产造成严重粮荒，日本当局不得不从海外进口粮食，或从伪满洲国、华中调集粮食。由于外汇短缺，从 1940 年秋开始，已无力向山东及华北地区输入粮食。在此形势下，日本当局要求军队及相关人员采取就地自给方式，解决食粮供应问题，有关机构也纷纷制订农业开发计划。1940 年兴亚院制定了“华北主要农产物增产方策实施要纲”，山东省陆军特务机关据此制定了“山东省农产物紧急增产方策”。该方策计划用 10 年（1941—1950 年）时间，通过采取凿井灌溉、种子消毒、增施肥料、土地改良、设立推广机构、提供贷款等措施，来促进农业增产。该计划以 1932—1935 年平均产量为基准，谋求分四期恢复和提高主要粮食和经济作物产量。参见表 6—2。

表 6—2　　　　　　　　　　日本的山东农业开发计划

作物种类	耕种面积（万亩）			亩产量（市斤）			总产量（万担）		
	基准期	1941	1942	基准期	1941	1942	基准期	1941	1942
小麦	5949	3022	5886	113	110	120	5740	3493	7063
高粱	2147	1373	2104	161	148	170	3468	2031	3576
谷子	1921	1353	1916	172	143	175	3309	1944	3135
玉米	1025	892	1068	159	121	160	1635	1008	1709
稻米	35	3	36	80	99	100	20	4	36
甘薯	362	148	403	1093	949	1200	3975	1407	4435
棉花	487	398	670	25	24	27	124	113	131

---

[1] 中國問題研究所：《支那經濟旬報》第 41 號；《東亞經濟年報》，1942 年版，第 88 頁。

续表

作物种类	耕种面积（万亩）			亩产量（市斤）			总产量（万担）		
	基准期	1941	1942	基准期	1941	1942	基准期	1941	1942
烟草	81	5	103	116	116	120	135	5	125
麻	5	2	6	100	106	105	5	2	62
花生	509	349	521	245	191	250	1252	668	1302

资料来源：松崎雄二郎著：《日本人的山东开发计划》，舒贻上译，1947 年版，第 40 页；按：1932—1935 年为基准期。

（5）棉花增产计划。棉花是战时日本在山东及华北竭力获取的重要农产品。战争初期日本便对棉花生产与获取给予了高度重视。1938 年 10 月，日本有关机构制订"华北棉花增产计划"，预计 1939—1946 年，华北四省棉田面积达到 3000 万亩，纺织用棉达到 1000 万担，1940 年恢复至战前（1936 年）水平。[①] 为扩充植棉面积和提高产量，计划采取的措施包括：整顿扩充农事试验和指导机关；在提高粮食单产的同时，腾出土地改种棉花；开垦利用盐碱地植棉；推广优良品种；改善水利设施等。1941—1942 年，以兴亚院华北联络部、华北政务委员会为中心，华北棉花协会、华北棉产改进会、华北农事试验场进行动员，开始扩大棉田推广工作，推进计划实施。然而，在战时生产条件不断恶化的状况下，棉花增产计划的实施有难以逾越的障碍，加之日伪当局收买统制造成价格的不合理，推广工作资金匮乏和使用混乱，华商资本退缩等原因，计划与实际推行之间存在着巨大的差距。参见表 6—3。

表 6—3	山东各地棉花收购统计（1945 年 4 月）	单位：担
地区	分派收购数	实际收购数
东临道	500000	109269
济南道	49300	2060
武定道	150000	4211
青州道	32500	467

---

①　松崎雄二郎著、舒贻上译：《日本人的山东开发计划》，1947 年 11 月版，第 46 页。

地区	分派收购数	实际收购数
莱州道	21800	449
曹州道	25900	401
合计	780000	116885

资料来源：松崎雄二郎著《日本人的山东开发计划》，舒贻上译，1947 年版，第 56—57 页。

日本的农业开发计划，其目的是要保障战时情况下粮食等物资的供给，确立紧急自给体制，发挥占领区兵站基地的作用，克服食粮危机。但是，由于存在资金、资材、输送、劳工等诸多难以解决的困难，农业开发计划实施仅一年时间，便从生产转向了流通，如何收买、获取农产品成为日伪当局考虑的首要问题，农业增产归于失败。

（6）工业计划。占领初期，日本在山东的工业开发计划主要是获取矿产资源，避免山东工业的发展与日满发生冲突，以确保日本商品对山东市场的占有。太平洋战争后，由于日本海上运输能力下降，转而实行"适地适产"和"重点开发"政策，在山东开始发展以煤炭、铁矿、原盐、矾土矿为原料的加工工业，改原料输出为成品、半成品输出。列入统制开发计划的项目有：以金岭镇铁矿和淄川、博山煤炭为原料，由日本制铁会社、日本钢管会社、华北开发公司共同出资，在当地建立制铁所，并在青岛设立钢管厂；以煤炭为原料，由日本帝国燃料会社、华北开发会社投资建厂，采用低温干馏工艺生产沥青和煤液化产品；以张店附近矾土矿为原料，设立铝加工工厂，制成半成品供给日本及伪满洲国；利用胶州湾原盐建立制碱工厂。日本对山东的工业开发还曾有过更大的设想，提出沿胶济铁路建立工业带的计划，即在青岛建立钢铁工业；在淄、博地区开发煤、矾土、铁矿等矿产资源，建成制铁、硫铵、铝粉、水泥、煤炭液化及发电在内的重化工业地带；以济南为中心，设立纺织、酿酒、肥料、制药、烟草、造纸、染料等轻工业产业地带。[①] 上述计划设想，是日本华北产业开发由以平津为中心，向以山东为中心转变的产物，只不过尚处在酝

---

① 松崎雄二郎著、舒贻上译：《日本人的山东开发计划》，1947 年 11 月版，第 76—77 页。

酿阶段。日本在山东的工业开发项目多数尚未建成即因战败而中辍，少数建成后也未能正式投产。

（7）盐业计划。1937 年 10 月，日本大藏省专卖局提出了开发中国海盐的完整计划，其中包括华北的长芦、青岛两大盐区，实施期为1938—1945 年，计划完成后青岛盐田面积将达到 13.5 万亩，预计盐产量 55 万吨，其中对日输出能力 45 万吨。为此，日本在青岛设立了山东盐业股份有限公司，由经营青盐输日的三家公司联合投资，专营山东盐业开发和对日输出。1937 年 12 月，该公司成立之时就制定了"山东盐五年增产计划书"，提出通过直接投资、贷款盐民、恢复旧滩等方式，共投资 350 万元来扩大盐田面积，计划完成时达到年产 75 万吨的目标，其中 15 万吨供日本、朝鲜居民食用，45 万吨供日本工业之用。1938 年3 月，该公司吸收三井、三菱财阀投资，资本额由原 100 万日元增至1000 万日元，于是又制订更为庞大的开发计划，开发区域由胶澳盐场扩展到金口、石岛盐场，计划到 1941 年完成新辟盐田 12 万亩。① 在日本占领时期，公司所控制的盐田生产能力虽超过了以前，但与计划数仍有较大差距。

整个侵华战争期间，从日本政府到占领地各种殖民统治机构，针对包括山东在内的华北地区制定了许多经济开发计划和方案，这些带有战时经济统制特征的计划方案，与日本对华经济的殖民扩张有着极强的关联性。战前，日本就曾在华北区域内进行过大规模的调查，为其制定扩张计划和实施方针提供了基础；战时，日本各种机构仍不遗余力对占领区进行调查，为其实施经济统制政策和开发计划服务。各种开发计划虽因局势变化而不断有所更改，但贯穿其中的目标是一致的，即始终以获取煤、铁、盐、棉等战略资源为重点，旨在通过扩大上述资源的开发生产，将占领区变成为其提供战争资源的"供出地"。在经济统制政策和相关开发计划的指导下，日本殖民当局通过所推行的一系列统制措施，使山东及华北日占区经济走上了具有浓厚殖民地色彩的经济统制之路。

---

① 南开大学经济研究所经济史研究室编：《中国近代盐务史资料选辑》第 3 卷，南开大学出版社 1991 年版，第 15、28—30、68—72 页。

四 交通、电业统制与开发

作为国民经济基础产业的交通、电力部门，是日本在占领区建立统制经济、掌握经济命脉的重点之一，也是日本实施产业开发计划中投融资比例最高的领域。山东及华北地区作为日本发动全面侵华战争后的战略资源输出地，始终被视为"日满华"自给自足经济共同体的重要一环。战争伊始，基础产业部门就是日军夺占的重点，在占领后又作为统制行业实行统一管理和经营，并成为日本投资最多的行业。

日占时期，山东港口、铁路、公路、航运、电力等基础产业成为日本投资扩张活动的重点，在恢复运营的同时倾力开发扩充，投资高峰时期各项经济技术指标超过了战前。这种发展服务于日本获取战略资源的需要，目的是推行"以战养战"政策，为建立殖民经济统制体系提供条件。基础产业的急速膨胀，在一定程度上带动了采矿、冶炼、制盐、化工等行业的扩展，然而这种依靠榨取、挤压民族资本、借助武力强制维持的扩充方式，遇到了由自身矛盾而产生的障碍，在军事统制力下降、资金投入不足时，破绽便显现出来，急速膨胀变成迅速萎缩，开发基础产业促进重化工业发展的举措最终失败。

1. 交通统制

日军在山东占领铁路、公路、港口后，即实行军事管制，并以接收"敌人官产"的名义予以没收。随后日本占领当局一方面设立交通统制机构进行管理；一方面开始对受战事破坏的交通设施进行应急性抢修。胶济铁路 1938 年 2 月恢复通车，津浦铁路 1939 年春基本通车，实行南北分段联运，1940 年始恢复全线通车。青岛港于 1939 年 3 月重新开放码头。战前山东共有省、县道公路 65 条，全长 7927 公里。至 1938 年底被日军侵占的有 5000 余公里，主要是城镇间的汽车营运路线。

日本在华北占领区设立的交通机构，依据所实施的统制经济政策，是作为统制企业由"国策公司"进行运营管理的。在经过若干变化之后，统制机构逐步形成一元化的管理格局。铁路是日本军事进攻和经济掠夺的"生命线"，占领之初由满铁组织办事处、铁路局等机构临时负责运营管理。满铁极力主张华北铁路应作为日本统制中国铁路的一环，由其负责经营。然而日本内部主导性意见则是设立特殊公司，实施一元化经营，只是由满铁负责设备、人力保障。为此，1938 年 9 月华北方面军司令部制定《华北交通股份有限公司设立要纲》，4 月公司正式设立。根据公司条例规定，该公司开办资本为 3 亿日元，是日本华北开发公司的子公司，对铁路、汽车运输及内河水运进行投资，负责运营。为掩人耳目，避免承担原铁路债务，公司采取了中日合办形式，但实权全部操在日方手中。原满铁华北事务局的一切业务由该公司继承，划归后的济南铁路局仍负责山东境内铁路事务。

战争期间港湾的归属和运营问题，因日本陆军、海军、满铁、华北开发公司各方互相存有争议，一直未有明确的方针。山东半岛地区的烟台、龙口、威海诸港由日伪政权设置机构管理，日本驻军加以操控。青岛港最初由日本海、陆军和总领事馆 3 家组成港湾委员会，负责对港口和航运事务的监督控制，但后来港口事务由日海军所设立的码头事务所独揽。青岛港和天津港是华北最重要的贸易港口，海军独揽码头事务管理，引起了陆军、满铁以及在青岛日商的不满，也给港湾运营业务造成不便。1939 年 9 月，日本当局仿照大连港模式，成立青岛码头股份有限公司，资本 200 万元，由满铁和 11 家日资海运公司以及财阀、青岛日商共同投资。为实施青岛港扩张计划，1941 年 9 月该公司资本金增至 2200 万元，其中华北开发公司出资 1000 万元，华北交通公司出资 500 万元，东亚海运公司出资 500 万元。原满铁的股份由华北交通公司继承，这样青岛码头公司便被置于华北开发公司一元化统制之下，成为其子公司。据战后华北开发公司移交清册载，至战争结束时，华北开发公司给青岛码头公司投融资总额达 4.373 亿元，其中短期融资额为 3.676 亿元。[①]

日本在建立交通业统制机构后，即开始依照开发计划进行铁路、公路、水运、港湾的投资扩张。虽然这些计划因日本内部意见分歧和战争形势变化而不断有所更改，然而日本当局对交通业的投融资比重一直在基础产业中位居前列。截至 1943 年上半年，华北开发公司对交通等基础产业

---

① 居之芬主编：《日本对华北经济的掠夺和统制——华北沦陷区资料选编》，1995 年版，第 147 页。

的投融资额占总额的 60%—70%，此后至战争结束一直保持在 40% 以上。[1] 在日本看来，"华北的交通在防共和国防上有重大的关联，同时肩负着作为资源开发、产业发展骨干性的最重要的使命，其运营的好坏，不仅仅关系华北，而是关系到东亚的安危和国运的消长，实际上确实对日满中三国共存共荣的成败影响甚大"。[2] 基于此种认识，从 1939 年开始，华北开发公司投融资重点转向包括交通业的各统制企业，并且注重吸收财阀资本，利用华商资本，采用设立子公司的形式，实行一元化统制经营。

日占区港口的扩建以青岛港为重点，这是与日本在华北"建立以门户港为中心的海、陆交通运输网"扩张方针分不开的。华北的门户港只有天津、青岛两港，但对两港的港口条件、腹地范围和资源、扩建条件和前景，日本内部存在不同的认识。日本青岛商工会议所提出的以青岛港为中心港加以扩建的主张，曾得到满铁和日本海军方面的首肯，1939 年 8 月兴亚院通过的《青岛港扩建计划案》即以此为蓝本。满铁一直企图控制青岛港的经营，青岛码头公司开办投资中即有其 45% 的股份。在占领初期，满铁主张港口与铁路（胶济路）一体化经营，并提出多个对策案。但是华北开发公司设立后，满铁在华北的地位逐步被其取代，加之天津为日军在华北的大本营，以天津为中心港的主张最终占了上风。这样，日本有关方面大规模扩建青岛港、成倍增加吞吐能力计划的实施便受到了很大限制。

日本在山东的交通业开发，既是其华北产业开发计划的落实，也是山东区域计划的实施。1939 年 8 月兴亚院通过的《青岛港扩建计划案》即是实施开发的张本。计划案主要针对港口通过能力不足的问题，工程主要为原有码头扩建、增建煤炭、原盐和杂货码头等，工程费用 3000 万元，1939—1943 年用 5 年时间完成。该计划完成后，港口通过能力由 400 万吨提高到 600 万吨。[3] 1939 年末港口扩建工程陆续开工，1940—1943 年形

---

① 〔日〕東亞新報天津支社：《華北建設年史》，1944 年 12 月版，産經，第 134—135 页。

② 参见张利民：《抗战期间日本对华北经济统治方针政策的制定和演变》，《中国经济史研究》，1999 年第 2 期，第 46 页。

③ 〔日〕大連商工會議所：《黃海經濟要覽》，1940 年版，黃海經濟聯盟，第 402 页。

成高峰。扩建后的青岛港在原大港与小港间出现了中港，大港码头泊位由
32 个增为 36 个，建成煤炭、原盐等专用码头，吞吐能力有了明显提高。
由于资金短缺和日本对天津港投资的侧重，港口扩建进展并不顺利，煤炭
装卸设备、港口铁路等改扩建工程一再延搁，特别是 1943 年后日本海上
运输受到盟军封锁和袭击，海上运输和港口的作用下降，扩建工程未能
完成。

统制政策的推行和青岛港扩建计划的实施，造成日本垄断青岛港局面
的出现。具体反映在以下三个方面。

（1）航运逐渐被日本控制，形成其垄断地位。战前青岛港海上运输
是华商、日商和英美商三足鼎立的态势，战争开始后华商船只或南撤，或
被夺占和征用，维持航运者数量大减。英美商船在 1941 年以前曾一度较
为活跃，这与日本急于出口内地农副产品以换取外汇，进口用于恢复工业
的器材设备有密切关系。但随着英美等国对日贸易封锁的展开，来往于日
本占领地港口的英美船只逐渐减少，太平洋战争后断绝。而日本在青岛多
达 11 家的海运公司则乘机扩张营业，进出船只和吨位在 1940—1941 年达
到高峰，其后虽然快速下滑，但所占比例一直处于上升状态。具体情况见
表 6—4。

表 6—4　　　　　　　青岛港轮船进出港统计（1937—1943 年）

年份	进出港船只数	日船所占比例（%）	船只总吨位
1937	3396	29	6031222
1938	2446	62	3946515
1939	3525	73	5736515
1940	4044	80	5628516
1941	4277	83	5404509
1942	3333	84	4051300
1943	2278	90	2688819

资料来源：根据总税务司署统计科民国二十六年至民国三十二年《海关中外贸易
统计年刊》胶海关部分整理而成。

（2）港口吞吐量较战前增加，形成以日本及其殖民地为中心的贸易
走向。1941 年前青岛货物进出口大体持平，而对日进出口贸易持续增加，

占到对外贸易额的 60% 以上。除花生、牛肉、蛋品等农副产品继续大量输出外，日本及其统制经济圈所急需煤炭、原盐等战略物资的出口开始迅速增加，使占领区贸易成为日本战时经济的附庸。青岛港吞吐量在太平洋战争前达到历史高峰。1938 年吞吐量为 121.8 万吨，1939 年 281.7 万吨，1940 年达 343.8 万吨，超过了 1936 年的战前最高水平（298.8 万吨）。此后，与英美贸易停顿，日本因国力下降限制对占领区的出口，青岛港贸易急转直下，进口少于出口，支撑对外出口的货物主要是煤炭、原盐等日本竭力获取的物资。

（3）占据海关，控制沿海民船业。日军占领青岛后，1938 年 1 月即由日本人出任胶海关税务司。期间关税收入由横滨正金银行接管，日本当局实施的新海关税则，对进出口日本的主要货物实行减免税办法。日本还对山东近海民船航运进行管制，成立行业公会加以控制。1938 年 2 月设立华北航业总公会，并在青岛设立办事处。1941 年 2 月统计，青岛办事处管理的民船有 8450 只，近 9 万吨。[①] 民船多为 70—350 吨的各式木船，以青岛小港为集散港。日本利用民船将腹地物资汇集于口岸，再转运日本，充分发挥大港口的辐射力。

山东沿海其他港口被日本占领和接管后，港口贸易和航运也为其所控制，纳入其统制管理。1938 年 11 月，日本海军设立芝罘港务局，接管烟台港码头、船舶航运业务，港口装卸、驳运业由日本国际运输株式会社统一管理。翌年 1 月接收东海关，税务司由日人取代英人出任，烟台及威海卫、龙口两分关关税存入横滨正金银行。日占初期，1938 年日商在烟台开办了 60 余家商行，在改订进出口税则的影响下，日商贸易经营迅速恢复。1940 年烟台港进出口贸易呈上升趋势，1941 年后对英美贸易中断，对日本、朝鲜、伪满洲国货物进出口成为贸易的主要走向。

1939 年 2 月，日军侵占龙口港，并由日人出任港务局长。1940 年日本当局为扩大货物进出口和装卸军火，采用突击方式修建浮桥码头，以停泊几十吨的轮船。这一时期龙口有 23 家日商公司开张，而民族商业相继倒闭者达 160 家（战前共有 503 家），华商经营的土货贸易受到日商排

---

① 〔日〕上海東亞同文書院大學：《東亞同文書院大學東亞調查報告書（昭和 16 年度）》，1942 年 10 月版，第 9 页。

挤，致使日货进口大于土货出口，贸易呈下降趋势。①

日本在山东曾有庞大的铁路开发计划，主要目标是提高铁路运输能力和增加煤炭、铁矿外运量，以配合"资源开发"。日军接管胶济、津浦铁路时，铁路运输已陷入瘫痪。根据日本华北方面军的要求，满铁派遣工程技术与管理人员组成抢修队，"负责破坏设施的应急性修理，以达战场附近的应急运转"；同时从日本国内和伪满洲国调入车辆投入运营，1938 年 1—5 月，从青岛港运入的机车有 50 辆，货车 1133 辆。经过补充，胶济铁路机车、货车数恢复至战前水平，津浦铁路因破坏严重，营运不如战前。

铁路恢复运营后，日本占领当局对铁路交通统制的重点转向继续增加车辆数量，改建扩建铁路沿线设施，实施新的运行规程，增强运输能力，以确保其军事行动和资源开发"生命线"的畅通。为此，日本不断增大对铁路的投资力度，到 1942 年 6 月，华北开发公司对交通、通信、电力、采矿、原盐及其他统制行业的投资总额为 43483 万元，融资总额为 65441 万元，合计为 108924 万元。其中对交通业投资额为 24110 万元、融资额为 51677 万元，合计 75787 万元，分别占投融资总额的 55.5%、78.9% 和 69.5%。② 作为华北占领区铁路统制机构的华北交通公司，其运营"事业资金"主要依靠华北开发会社的直接融资，1939—1942 年比例高达 60% 以上，此后虽有所下降，但仍保持在 35% 以上。而 1940—1944 年华北交通公司事业费支出预算中，铁路建设改造、车辆购置及修理费用占其预算费用总额的 85% 以上，可见其交通统制与开发仍是以铁路为中心，兼及港湾、公路和水运。③ 运营资本的来源基本以国家资本为主，同时吸纳财阀等民间资本参与。

战时日本在占领区的铁路交通开发，围绕运送战略物资、支持战争而展开。为此，日本在增加资本投入的同时，还采取多种措施增强铁路运营效能。

---

① 交通部烟台港务管理局编：《近代山东沿海通商口岸贸易统计资料》，1986 年版，第 26、83 页。

② 〔日〕北支那開發株式會社：《北支那開發事業概觀》，1942 年 8 月版，第 15 页。

③ 淺田喬二編：《日本帝國主義下の中國：中國占領地經濟の研究》，東京：樂游書房 1981 年版，第 429—430 页。

　　其一，调入大量技术和管理人员，强化各级统制机构。济南铁路局设立后，上至局长下至处、科长正职均由日人出任。1943 年前后，铁路局员工 19257 人，其中日人 5202 人，占 1/4，从事管理和技术的职员雇员也是日人多于华人。铁路局在青岛、济南、张店设立监理所，人员多数为日本人，代表路局对辖区各站点进行业务指导和管理监督。

　　其二，增加机车车辆和通信设施，提高机车维修能力。日本占领后，除从各战场掳获各类车辆并从日本、朝鲜、伪满调入外，华北开发公司还于 1940 年 6 月组建华北车辆公司，专门负责车辆的制造、修理和购置。从 1937—1942 年，日本在华北各铁路局的机车由 748 辆增至 1561 辆，客车从 773 辆增至 1625 辆，货车从 13318 辆增至 22433 辆。[①]

　　其三，强化路政管控和技术规范，增加行车效能。华北交通公司仿照"满铁"的做法，在铁路沿线设"爱护村"，由铁路局警务段与伪政权、"新民会"等协同护路，防止抗日军民的破袭。济南铁路局在辖区内共设有 93 个"爱护区"，1461 个村，人口 125 万余人。日本占领当局亦采取加强巡查，修筑隔离壕沟和封锁墙等办法，保证铁路安全。济南铁路局统一管理调度胶济、津浦两铁路后，于 1940 年将两路原各自独立的济南站合为一站，自此始有整列车直接出入两路，每日接入和交出车数约为 80 车。为保证行车安全，1939 年华北交通公司制定《铁路运转规程》，推行一系列规章制度和作业标准。这些在高压下推行的制度标准，一定程度上起到了提高运输效率的作用。

　　其四，增加货载量，提高物资外运能力。在机车车辆、材料及人员条件的限制下，特别是面对抗日军民不断增加的铁路破袭，日本铁路当局在提高货运量上采取了以下办法：①缩减旅客列车，或将快车改为慢车，停开卧铺车、餐车，将部分客车改装为货车，以保证货车的充足；②增加货车承载量，将 20 吨车载重增至 22 吨，30 吨增至 36 吨，40 吨增至 48 吨；③增加机车动力，由过去 30 辆编组增加到 33—35 辆，胶济铁路主型机车改用 1545 马力的日产货运机车；④缩短货车滞留时间，同时采用夜间运行和节假日运行，提高使用率。此外还实行统一办理货运业务，加强货物

---

　　① 　罗文俊等：《帝国主义列强侵华铁路史实》，西南交通大学出版社 1998 年版，第 525 页。

运输的计划性和协调性。①

华北交通公司的资本投入和各项措施的实行,使铁路的货运能力一度有较大提升。胶济铁路 1938 年货物发运量 84.5 万吨,1939 年增至 149.6 万吨,1940 年又增至 260.2 万吨。② 运送货物中绝大部分为煤炭、铁矿石、原盐、棉花等战略物资,其中增幅最大的是煤炭,因此山东及华北铁路有"运煤线"之称。以煤炭运往城市和港口为例。如以 1938 年运输指数为 100,1941 年下述城市指数增长分别为:天津为 132,北平为 133,济南为 248,青岛为 366,集中对外输出的青岛港为 720,塘沽港为 278。③随着铁路运煤量的增长,青岛港煤炭出口不断增加。据胶海关报告所载:1939 年青岛港出口煤炭 56.4 万吨;1940 年出口 123.8 万吨,其中运往日本 102.2 万吨;1941—1943 年平均年出口 205.6 万吨。战争所需资源由铁路运输向港口城市的聚集,造成货物流向单一化的趋势。这一趋势反映了日本占领当局经济开发中乃是以获取战略资源为中心的,视山东为其进行战争的"兵站基地"。

日本占领山东及华北地区后,在 1938 年和 1939 年铁路交通统制主要表现为恢复原铁路运营,此后随着其统治区域的相对固定和大规模资源开发的展开,从 1940 年开始为抢运战略物资便大力拓展新的铁路线路,包括新建铁路、改窄轨为标准路轨、复线建设等。日本新建铁路是以构筑华北铁路网为出发点,采取"改主建从"方针,即对部分交通干线进行改造,更换铁轨,在各干线修建一些支线,将主要干线贯通起来,以构筑连接山东、河北、河南、山西的"环状铁路网",增加农矿产品的外运能力。到 1941 年 5 月,日本在华北建成或在建的铁路共 14 条,总长度 850公里,新建线路多是连接矿产地与主要交通干线的支线,而在山东修建的支线多是矿产运输专用线(见表 6—5)。④ 日本修筑的专用支线对其抢运矿产资源、增加矿产输出发挥了作用。

---

① 〔日〕東亞新報天津支社:《華北建設年史》,1944 年 12 月版,産經,第 315—316 页。

② 松崎雄二郎:《青島の現勢》,青島日本商工會議所 1944 年版,第 51—56 页。

③ 淺田喬二編:《日本帝國主義下の中國:中國占領地經濟の研究》,1981 年版,第 447页。

④ 〔日〕東亞研究所:《支那佔領地經濟の發展》,1944 年版,第 304 页。

表 6—5　　　　　　　　　　日本修筑的矿产运输专用线一览

铁路支线	起讫地	里程（公里）	开建时间	完工时间	说　明
石德线	石门—德县	181	1940.6	1941.2	连接京汉与津浦线，方便山西煤从塘沽、青岛外运
八陡线	博山—八陡	9.3	1940.3	1941.2	利用原日商所修运煤窄轨铁路改建而成
东章丘线	普集—章丘	4	1941.7	1942.2	运煤专线，1944 年拆除
罗家庄线	南定—罗家庄	6.6	1943.9	不详	运铝矾土矿专用线
金岭镇线	金岭—铁山	7.1	1941		运铁矿石专用线
中兴支线	山家林—陶庄	4.2	1940	1941	运煤专用线
南新泰线	东太平—南新泰	67.6	1940.8	1943.7	日占时期修筑的主要铁路，旨在开发新泰煤田
	南新泰—新泰	8	1943		运煤专用线
	新泰—莱芜	38	1943		运煤专用线，因物力不足，于 1944 年 10 月停建

资料来源：陆逸志等：《中国铁路建筑编年简史》，中国铁道出版社 1983 年版，第 75—82 页。

在日本占领初期，公路汽车运输由满铁设立的华北汽车公司负责。1938 年初，该公司在济南、青岛设立办事处，并先后在山东各地设立"自动车营业所"14 处，恢复营运路线 37 条，营运里程 1219 公里。济南办事处辖济南、泰安、益都、济宁、德县、徐州、禹城、张店等 8 个汽车营业所，从业人员 432 人（其中日人 224 名），经营路线 25 条，897 公里，拥有客货汽车及特种车 200 辆。青岛办事处辖青岛、高密、胶县、烟台、潍县、威海卫等 6 个营业所，从业人员 350 人（其中日人 164 名），经营路线 12 条，323 公里，拥有各种车辆 128 辆。汽车公司控制了占领区的汽车运输。华北交通公司成立后，满铁所属汽车公司划归其管理，并将汽车运输作为铁路运输的补充纳入统制。华北交通公司控制公路运输经营权后，加大扩张力度，在不断增加日产汽车的同时，对华商汽车行进行收管，推行"自动车交通统制一元化"政策。至 1939 年底，山东境内设有济南、青岛、烟台、禹城、济宁、张店、益都、泰安、德县、惠民、沂州、潍县、高密自动车营业所 13 处，从业人员 977 人（其中日人 327人），汽车 443 辆，营运路线 101 条，总长 7892 公里，通车里程已接近战前。①

公路交通是日本统制经营的行业，由其国家资本为主的"国策会社"掌控。在"交通统制一元化"政策下，为军事行动和物资集结提供运输，并深入腹地，弥补铁路运输的不足。华北交通公司在山东共拥有 13 个汽车营业所，以济南、青岛为中心，利用已有"国道、省道、县道"，开展以货运为主的公路运输。日本占领当局对山东公路的控制到 1940 年达到高峰，公路干线几乎全被侵占，计有主要干线 13 条、3710 公里，次要干线 18 条、1780 公里，合计 52 条、7248 公里（战前全省汽车营运线路 65条，7900 多公里）。②此后由于抗日军民的活动和破坏，日伪机构控制的公路逐年减少，1941 年减至 42 条、6142 公里，1942 年仅有 37 条、4685公里，1943 年后多数公路无法正常通车，至战败时仅余 1797 公里。③各营业所陆续添置了美国"道济"客车和日本"丰田"、"金刚"、"五十铃"等货车，并制定实施一系列规程加强经营管理。1940 年山东各营业所每月平均完成客运 21.6 万人，货运 2460 吨，行包 106 吨。除济南营业所兼营济南市内交通外，各汽车营业所大多以经营长途客货运输为主，其中月均客运量 1 万人次以上的营业所有济南、禹城、济宁、张店、德县等处；月均货运量 500 吨以上的营业所有济南、济宁等处。货运输入物资多以布匹、煤油、纸张、烟、茶、糖等生活必需品为主，输出物资则以粮食、棉花、花生等农产品为主。日商在鲁西产棉区收购原棉后，多用汽车从县城运至济南、德县，然后再集中外运。1943 年日伪当局在占领区组织食粮采运社，由汽车营业所配合将掠购来的小麦等农产品集中向城市调运，以缓解城镇普遍存在的粮食危机。招远玲珑金矿的矿砂也依靠汽车运抵龙口港，向日本输出。战时日本资本统制的营业所仅在 1940 年前后有所扩展，但没有达到战前 800 辆长途营运汽车的水平。太平洋战争爆发

---

① 顾松年主编：《山东公路运输史》第 1 册，山东科技出版社 1992 年版，第 144 页。

② 松崎雄二郎：《青岛の现势》，1944 年版，第 62—64 页。

③ 黄棣候主编《山东公路史》第 1 册，人民交通出版社 1989 年版，第 117—118 页。

后，由于美国对日本实施石油禁运，燃料供应困难，营运汽车大多改装成煤气车。到 1943 年各营业所煤气车占营运车总数的 70% 左右。此时公路因不断受到抗日武装的破坏，不少公路干线无法通车，随着战争形势的演变，营运汽车被用于军运，车辆损坏严重，停运线路不断增多，一般客货运输处于半停顿状态。

这一时期商营汽车运输业有所发展，特别是青岛、济南两城市日商开办车行盛行，实力超过华商。据统计，日占区共有商营汽车行 126 户，汽车 731 辆。其中日商车行 59 户，汽车 472 辆；华商车行 64 户，汽车 248 辆；德商 3 户，汽车 11 辆。[①] 1940 年前后青岛有日商车行 30 户，汽车 293 辆；华商 55 户，汽车 206 辆。同期济南有日商车行 22 户，汽车 166 辆；华商车行 4 户，汽车 29 辆。日商车行年收入约 268 万元，占该行业年营业额 86%。营运路线主要为济南至临清、沾化、利津、聊城、寿张、济宁等地。除青岛、济南外，烟台有 5 户华商开办的车行，有汽车 13 辆，经营短途客货运输。济宁 5 户、聊城 2 户车行均为日商开办，共有汽车 13 辆，全部经营货运。日伪统治机关设立"山东自动车统制组合"，将商营汽车经营者全部纳入，通过"组合"调配运力，控制运营。

日本还控制了汽车修理业和搬运装卸业。1941 年青岛、济南等地有汽车修理厂 50 余家，其中日商开办的 31 家。[②] 日商不仅能够利用"自动车输入配给组合"进口设备和配件，而且若干修理厂还具备大修能力，月修 15—30 辆，而华商工厂只能承接零修业务。为垄断物资装卸和搬运，1941 年 10 月成立的"华北运送株式会社"，在济南、青岛设立支社，并在烟台、张店、济宁以及津浦、胶济铁路沿线城镇设立办事处和营业所，将当地装卸、搬运纳入统制范围，规定各地车行、货栈一律不准私揽货源、私定运价、私自结算运费，以强化对公路运输的管控。

山东通航的内河主要有黄河、小清河、卫运河和南运河，航运多与铁路站点相接，是货物运输的重要通道。1942 年后黄河水运几乎停止。小清河水运也因战乱而一度停滞。华北交通公司设立后即将水运作为三大业务之一，谋求一元化经营统制权。华北交通公司内设水运部，统管内河水

---

① 顾松年主编：《山东公路运输史》第 1 册，山东科技出版社 1992 年版，第 157 页。

② 同上书，第 155 页。

运及港口码头事宜。1940 年 3 月华北交通公司在天津、济南铁路局内设立水运课，分管济南、徐州、海州三地航务所。济南航务所下设德县、临清、济宁、黄台桥、羊角沟、洛口等 9 个航务公所，负责卫运河、南运河、小清河和黄河的水运管理。为使内河航运畅通安全，笼络船主和青帮势力，水运课在日军特务机关指导下，在辖区内设立了 3 个河防队，分别负责小清河、卫运河和南运河水上警护。

日伪控制的山东内河水运，主要功能是调剂占领区城市需求和日军物品供应。当时黄河因改道而基本丧失航运功能，只有小清河、卫运河尚具备内河航运条件，但航运货物总量未能达到战前 100 万吨的水平。货物运输主要采取由华北交通公司统制的"船团运输"方式，民间自营船运基本停顿。小清河水运主要运送羊角沟原盐。1939 年下半年，日本国际运输株式会社曾征集民船组织 5 次船团运输，共征集帆船 424 只载运原盐。1940 年 5 月，华北交通公司接管小清河水运，并低价收买济勃、华通两家汽艇公司，此时水运业共有各类木质船 450 只。为防止抗日武装袭击，华北交通公司将小清河货运民船组成 2 个船团，每团有船 120 艘左右，由日伪军武装押运，集中装载运送。1940 年船团运输原盐 49855 吨；1941 年船团船只增至 720 艘，年运量超过 5 万吨。[①] 1942 年后货运船团成为抗日武装袭击的重点，运量下降。1944 年 5 月后运输基本中断。卫运河运输也采取了"船团运输"的方式。通过征集民船，编组船队，为日方运送鲁西、鲁北和冀南地区的小麦、棉花、杂粮、煤炭等物资。据统计，1940 年德县、临清两地编入船团的民船共 369 只。这一时期卫运河在华北各河系中运量最高，年约 20 万—40 万吨，约占华北内河水运量的 45% 左右。[②]

2. 电业统制

电力工业是日本占领当局重点加以统制的行业，1937 年 12 月，日本内阁制定的《处理中国事变纲要》中就曾提出，设立"国策公司"

---

① 山东省档案馆馆藏档案，临 12—1006，华北运输股份有限公司济南支店：《小清河概况》，1942 年 12 月。

② 武醒民主编：《山东航运史》，人民交通出版社 1993 年版，第 263 页。

开发、经营与调整交通运输、通讯、发送电、矿业和盐业五大行业。此后日本一直对电力工业进行统制经营，投融资数额列交通和煤炭业之后居第三位。

战前（1936 年），山东各地有电气事业 70 余处，装机总容量 10.8 万千瓦以上，其中 500 千瓦以上的有 22 处，共装机组 61 台，总容量 10.3 万千瓦，最大单机容量为 1.5 万千瓦，最大的电厂为中日合办青岛胶澳电气公司四方发电所，装机总容量 4.38 万千瓦。公用电厂 27 家，其中官营 1 家，中日合办 1 家，民营 25 家，资本总额 1167.8 万元，发电容量 58546 千瓦；另有 43 家企业自备电厂，发电容量 50441 千瓦，其中中日合办 3 家（鲁大、东鲁、博东煤矿公司），日资纱厂 6 家，9 家企业发电容量 36800 千瓦，占自备电厂总容量的 72.9%。① 日本资本电业投资主要集中在被其视为"特殊权益地区"的青岛和胶济铁路沿线煤矿区。

1937 年底日军入侵山东，中国军队撤退时将青岛四方发电所、日资纱厂自备电厂、济南电厂、鲁大公司和博东煤矿自备电厂炸毁，共炸毁发电机组 25 台（总容量 6.8 万千瓦）。日军占领山东各地后，随即对电业实施军管，并委托兴中公司、东亚电力兴业公司经营，电业统制由此开始。1938 年 4 月，兴中、东亚公司与济南市公署发起成立济南电气股份有限公司，资本额 400 万元，发电容量 8036 千瓦。1939 年 7 月改为齐鲁电业公司，除经营原济南发电厂外，还负责统一管理经营德县、滕县、临清、兖州、惠民、枣庄、临沂、菏泽、曹县等地小发电厂。② 1938 年 6 月，兴中公司与烟台生明电灯公司合资设立芝罘电业股份有限公司，同年 12 月华北开发公司接收兴中公司股份。1939 年 2 月芝罘电业公司正式成立，资本金 120 万元，华北开发公司、东亚电力公司各出资 30 万元，烟台生明电灯公司以原电厂资产折合出资 60 万元，发电容量 4200 千瓦。1939 年 3 月，该公司将军管理的黄县黄龙电灯股份公司纳入管辖之下。此后又将威海卫及刘公岛电灯公司纳入管理。③ 日军占据青岛后，兴中公司插手胶澳电气公司，增资至 800 万元，并着手修复四方发电厂设备。

---

① 松崎雄二郎：《北支那經濟開發論：山東省の再認識》，1940 年 8 月版，第 693—702 页。

② 〔日〕滿鐵調查部：《北支那に於ける既存電氣事業總括調查報告》，1940 年 6 月版，第 203—222 页。

③ 同上书，第 223—268 页。

战前中日实业株式会社曾谋求与山东省政府合办鲁东电力股份有限公司，以开发淄川、博山煤田，当时已有多家日本公司决定投资，但因战事而搁置。1939 年 3 月在日本占领当局策划下，开始重新交涉此事。8 月，决定由胶澳电气公司接办鲁东电力公司，组成资本 1200 万元的大电业公司，统制济南以东地区电气事业的开发，包括青岛、四方、高密、潍县、益都、张店、周村、博山、淄川、普集等发电所。[①] 可以看出，战争初期日本占领当局试图以接收的山东电业为基础，建立济南（以西及津浦铁路沿线地区）、青岛（周边及胶济铁路沿线地区）、烟台（周边城镇及威海卫）三大电网系统，并由兴中公司、东亚电力兴业公司（由日本五大电力公司组建的在华电业公司）和胶澳电气公司进行实际操作，形成日本"国策会社"资本、财阀资本控制山东电力行业的局面，为实施一元化统制经济提供条件。

华北开发公司成立后，继承了原兴中公司经营的各电业公司及发电厂。为加快恢复和开发占领地电业生产，借鉴日本统制东北地区电业的经验，实行统一电压、统一电价、统一经营的方针，贯彻"一业一社"的方式。1940 年 2 月华北开发公司设立"华北电业公司"，由其对华北地区电业实行统一管理。其总社设于北平，济南、青岛、烟台等 10 个城市设立分社，博山设事务所，并以电厂为实体设立发电所和营业所。成立公司的意图是将包括山东的华北所有合办、军管以及企业自备电厂予以收并，从发电、输电到供电，实行全面垄断。据不完全统计，该公司成立后，先后完成了对山东 15 家公用发电厂的控制，装机容量 58332 千瓦，占华北占领区公用电厂装机总量的 38.5%；另外，公司还收并了占领区 31 家企业自备电厂，占华北地区的 50%，设备装机容量 48648.3 千瓦，占华北地区装机总量的 45.8%。[②]

在"国策会社"统制经营的形态下，日本在山东的电业开发，初期主要是修复被毁发电设备，整修线路，恢复发电能力，并开始在矿产地建设发电厂。1938 年 12 月，四方发电所修复 1 台 1.5 万千瓦的发电机，另两台 1.5 万千瓦和 5000 千瓦的发电机运至日本修理。1940 年 3 台机组修

复后发电能力 2.65 万千瓦，除供市区用电外，还向即墨、崂山等地送电。此后至 1944 年，四方发电所装机容量增至 3.5 万千瓦。青岛发电所设备全部拆迁，分别补充四方、博山、南定、坊子等地发电厂。此外，日商纱厂自备电厂设备也进行了修复，大康、上海、公大等纱厂先后修复增加发电机组 5 台，设备总容量达 21800 千瓦。

在济南，华北电业公司统制的济南发电所对毁损设备进行了修复，1940 年初发电设备容量 6700 千瓦，发电量已接近 1937 年水平。鉴于这一时期日本人大量涌入济南，各种机构和工商业户迅速增加，电力需求旺盛，济南发电所大力扩充设备，1941 年增装 2 台德国制衡动式 1600 千瓦发电机组，翌年又增装德国制衡动式 7500 千瓦发电机组，使发电机组设备增至 7 台，发电容量增至 1.84 万千瓦，发电容量和最大供出均超过战前。

为进一步强化对占领城市和资源产地的电业统制，1942 年 8 月，华北电业公司实施集中统一的管理体制，将胶澳电气、齐鲁电业、芝罘电气等公司改为支店，作为其直属单位，并通过直接投融资和调配设备，来扩大企业规模和发电能力。对于矿产资源地和交通枢纽城市的电业，日本同样采取持续不断扩充的政策。在战争中后期，随着对战略资源掠夺速度的加快，为增加矿产资源开采力度，在矿产地就地冶炼以增加成品、半成品输出，华北电业公司在矿产地区和交通要地投资兴建了一批发电所。如在神头、南定、洪山、坊子矿区和楼德、德县、平原等地，加快兴建发电厂（所），并在华丰煤矿、安仙煤矿、招远玲珑金矿和临城车站建设自备电厂。

1937 年 10 月，满铁经济调查委员会在拟订的华北电业开发计划方案中，曾提出在博山开设火电厂，设备容量达到 15 万千瓦，燃用淄川煤田劣质煤，以增加青岛、济南动力和照明用电，为博山、淄川等地煤炭、炼铁、炼铝工业提供动力用电。[1] 后来这一电网、电厂开发计划得到一定程度的实施。1939 年胶澳电气公司在淄川洪山兴建发电所，安装 1 台 5000 千瓦汽轮发电机一组，建设 33 千伏升压站，并架设至南定煤矿 22 千伏输电线路。1942 年洪山发电所又增装 1 台 8000 千瓦汽轮发电机组。1940 年

---

① 李代耕编：《中国电力工业发展史料》，1983 年版，第 89—91 页。

6月，胶澳电气公司在博山兴建神头火力发电厂，从青岛发电所拆运1台5000千瓦汽轮发电机，次年4月投产。日本还曾计划在神头安装10万千瓦的发电设备，用6年时间将其建成淄博地区最大的电厂。1942—1944年神头发电所先后安装日制3000千瓦、5000千瓦汽轮发电机组各1台，德制6400千瓦汽轮发电机组1台。后因战时财力枯竭，日本无力完成装机计划，至战败时共安装了4套机组，发电设备容量1.94万千瓦。当时神头发电所是淄博地区最大的发电厂，装机容量占该地区装机总容量的48%。

1940年胶澳电气公司还在潍县徐家兴建坊子发电所，从青岛发电所迁入2台1500千瓦发电机组，1942年2月建成发电，并修建坊子至潍县间的输电线路。此后潍县发电所停止发电，改为变电所。1943年为加快氧化铝冶炼，日本在胶济铁路张店车站附近兴建南定发电所，此时因无力生产和输出新的发电设备，只好从江苏无锡拆运迁入1台瑞士制4000千瓦汽轮发电机组，但至战败仍未安装完毕。随着淄川、博山地区多所发电所的兴建，1943年下半年至1944年，华北电业公司在该地区架设了3千伏输电线路，将神头、洪山、南定、张店、周村、金岭镇等地联结成区域电网，而此前发电厂基本靠直配线路向用户供电。

除在淄博煤矿地兴建发电所外，日本还在新泰、莱芜等新开矿区和其他矿区建设发电所，以扩大煤矿资源的开发。1939年5月，经营宁阳华丰煤矿的三菱矿业公司在矿区安装1台1000千瓦发电机组，定名华东电业公司（磁窑电厂），次年3月电厂投产，主要为煤矿提供电力。1940年三菱矿业公司在新泰兴建楼德发电所，安装1000千瓦和1250千瓦机组各1台，架设22千伏输电线路至张庄煤矿，供给动力和照明用电。1942年华北采矿公司在莱芜装设1台400千瓦发电机组，建成安仙煤矿发电所。是年三井矿业公司还对枣庄煤矿的输变电设备和线路进行了大规模改造，以提高煤矿的机械化开采能力。另外，日本各种机构还在交通要道城镇安装200千瓦以下的发电设备，多为蒸汽引擎或柴油发电机，如在兖州、德县、临城、平原等地。

至日本战败前，山东日占区共有电厂36处，装机总量144170千瓦。设备规模和发电能力均超过战前，技术水平也有所提高。其中500千瓦的20处，总容量141860千瓦，内有中温中压机组9台，装机容量占总容量的 43.2%，最大电厂仍为青岛四方发电所，装机容量 3.5 万千瓦。[①] 这一时期，电力工业受日本直接统制，华商根本不允许介入，华商原有企业也被以合办之名而吞并。

日本对山东铁路交通和电力的统制开发，有一个明确一致的目标，就是扩大山东矿产资源和农产品的获取与输出。在矿产区支线铁路的兴修，是为了方便矿产开发和外运；电厂的兴建与电力设备的扩建，同样围绕着矿区和铁路需要而进行。以资源获取为主旨的电业开发，尽管使装机容量和发电量有所增加，但这种扩张与城市经济和社会生活的实际需要相脱节，也与市场的供求无关，带有严重的畸形扩张特征。增建的发电设备和输电线路集中于主要矿产区，城市新增电力大部分为日资企业扩大生产规模提供配套服务，以增加军需物资和资源的供应，而大多数城镇的电力并没有得到发展，在供电管制下，华商企业和城市居民的用电需求处处受到限制，企业经营和日常生活受到严重影响。

五　金融统制及其影响

日本占领华北及山东后，为解决军费开支和资源获取问题，立即将占领区纳入"日元区"，建立"日满华经济圈"，构建殖民地经济统制体系。在金融领域，通过整顿货币制度，设置中央银行和地方银行，发行钞票，来推行货币金融统制政策，谋求控制垄断各项金融业务，使金融统制成为整个经济统制的重要方面。

"七七事变"后，山东金融业陷入极度混乱和萧条，省内各银行、银号收缩业务，各方则争提存款，大量现钞通过各种关系和形式流向南方地区。在日本占领济南前，作为国家银行的中央银行已南撤，中国银行和交通银行也不再营业；商办银行仅上海、大陆、东莱银行勉强维持。在青岛，国家银行的情况与济南相同，商办银行中浙江兴业、盐业两行在青分支机构撤销，山左、中鲁两行停业，其余大陆、上海、国华、东莱、中国实业等银行虽维持营业，但均裁员缩编，收缩业务。日军占领山东各主要

---

① 山东省电力工业局史志编辑委员会：《山东省电力工业志》，山东友谊出版社 1996 年版，第 4 页。

城市后，在扶持建立伪政权的同时，即着手设立金融管理机构，整顿金融货币市场，实施统一币制，力求"迅速有效地供应和取得日本所需军需物资及资金"。

日本对华北的金融统制，随着其占领区的扩大而逐渐展开。1937年9月12日，日本兴亚院发布《华北金融对策纲要》，对占领区采取的金融方针是：在事变后减轻日本"经营华北的负担"，动员组织华资银行参与合作，"以树立华北金融的独立体系"。其手段是利用占领区原有的流通货币，来"担当彻底支办军费的使命"。[①] 随着日军对华北地区占领的扩展，1937年11月，日本内阁通过《华北联合银行（暂名）设立要纲》，决定由华北政权与中资银行共同出资，设立新中央银行，发行联合银行券作为华北唯一法定货币，建立与日元联系的汇率机制，所需资金由日方金融机构融通，同时收回正金银行券和朝鲜银行券。新中央银行的使命是"筹措现地军的军费，确立重建华北经济之基础的新通货体系"。[②] 这说明日本已将华北纳入日元集团，并将华北作为在华推行金融统制的中心，以与国民政府的法币金融体系相抗衡。此后日本制定了《中国联合准备银行要领》，将华北联合银行正式定名为"中国联合准备银行"，作为伪华北政权的中央银行。随着该行分支机构的设立，日本开始了对华北及山东金融业的全面统制。

1. 日本金融机构的建立与强化

日本占领统治时期，山东金融机构主要有三部分构成，一是中国联合准备银行（以下简称联银）分支机构及所属银行；二是日资银行及日资民间金融机构；三是华商银行及银号；另外1941年太平洋战争后，美、英等国在山东的金融机构被日本强行接管。

占领济南不久，日本特务机关便接管了山东民生银行、山东平市官线局和裕鲁当等原山东地方政府金融机构，并指使济南治安维持会于1938

---

① 傅文龄主编：《日本横滨正金银行在华活动史料》，1992年版，第681页。

② 居之芬等编：《日本对华北经济的掠夺和统制——华北沦陷区资料选编》，1995年版，第969页。

年 2 月成立济南市金融调整委员会，限令银钱业 3 月 1 日开业。同年 2 月"联银"在北平成立后，开始在山东筹设分支机构。4 月 8 日，"联银"济南分行和青岛分行同时成立。

青岛分行自开业之日起，即强制发行联银券，着手回收在市面流通的旧法币，规定各行在支付存户存款时一律使用联银券。同时青岛胶海关也通告海关收支使用联银券。青岛市治安维持会宣布商民交易拒用联银券或折扣使用要严加处罚。[1] 日本殖民当局还令各银行将前政府存款作为"敌性存款"限期转入日本银行，结果共转入正金银行和朝鲜银行 1157979 元。[2]

1938 年 10 月，"联银"又在烟台成立分行。1939 年 2 月和 6 月，分别在威海卫、龙口两地设立办事处。同年 3 月在青岛、济南、烟台设立外汇局办事处；至 1942 年 6 月，在山东开办的分支行、办事处，钞票兑换所、外汇局办事处、票据交换所等各类机构共 15 处。"联银"以中央银行的身份，通过设置分支机构，建立金融网络，成为日本殖民当局实施金融统制政策的得力工具。

除中央银行垂直系统外，日伪政权还在山东设立地方银行系统，作为地方金融业的补充。"联银"设立时，曾有成立"地方银行部"的动议，后采取同地方政府合建的形式。1939 年 9 月，官商合办的鲁兴银行在济南开业，股本金 500 万元，实收 150 万元，由济南市商会组织商家认股，"联银"给予资金扶持。该行统管省库业务和全省公款收支，负责发行公债，在济南、烟台、徐州、德县、周村、博山、潍县、济宁、泰安、张店等地设有分支机构，是战时较为活跃的地方银行。青岛地方银行则是由日本海军青岛特务部出面组织的大阜银行。大阜银行成立于 1939 年 8 月，9 月正式开业，资本金 300 万元，由"联银"认购半数，因有日本特务机关授意，青岛商办银行如山左、东莱、金城等被迫认股，农工银行被指定清算后全部资产移作股款。该行兼代青岛特别市金库，并得到"联银"的扶持，除青岛总行外，在青岛、台东、海州、潍县、烟台、龙口、高

---

① 松崎雄二郎：《北支經濟開發論：山東省の再認識》，1940 年 8 月版，第 552 页。

② 山东省政协文史资料委员会编：《山东工商经济史料集萃》第 2 辑，1989 年版，第 73 页。

密、莒县等地设有分支机构。① 1942 年 3 月山东省公署兴农委员会为解决日趋严重的农业危机，在清理原平市官钱局和民生银行资金的基础上，设立了山东农业银行，专门办理农业贷款和合作社贷款。该行在临清、济宁、滕县、益都等地设有分支机构，开业三年因亏累过多，于 1945 年 3 月停业，移交鲁兴银行代为清理。上述 3 家山东地方银行均有 "联银" 资金注入，成为其下属银行。通过办理存贷款、代办官署委托收付款等一系列金融业务，为地方伪政权提供财政金融支持，配合 "联银" 实施金融统制。

地方伪政权也曾设立小规模专业金融机构。1939 年 1 月青岛特别市政府社会局拨款 5 万元设立青岛金融合作社，资本金定为 10 万元，余款由市商会劝募。该机构除经办社员存款业务外，还办理票据贴现和代理保险业务，到 1943 年社员人数为 1110 名，资本金增至 18.3 万元，贷款余额 34.6 万元。1939 年 7 月以青岛民船业者为对象的青岛船行信用合作社成立，资本金 30 万元，经营船行的存放款业务，参加船行 92 户，理事会有数名日本人，经营受华北航业总公会控制。②

此外，华北伪政权设立的其他官办银行，也曾在山东设立分支机构，以扩大吸收民间资金。1943 年 3 月伪华北政务委员会设立了华北储蓄银行，经营普通、定期等存款业务。1943 年 7 月和 1944 年 5 月先后在济南、青岛开设分行，但因资金、人员力量薄弱，业务未有大的进展。1945 年伪华北政务委员会实业总署与日方合办的华北工业银行曾准备在济南、青岛设置分行，但业务未及开展即因日本投降而终止。

日本占领时期，在山东的日本银行有 3 家，即横滨正金银行、朝鲜银行和济南银行。正金银行战前就在烟台、青岛、济南设有分支机构，并曾在青岛、济南发行过银圆券。1938 年 7 月和 1939 年 1 月，因战事而一度停业的烟台、济南支店重新开业；青岛支店则成为海关存款和支配 "关余" 资金运用的管理机构。正金银行是战时日资金融机构的中心，到 1945 年日本投降时在中国设立的分支机构达 34 处。朝鲜银行战前即在青

---

① 中国人民银行青岛市分行：《青岛金融史料选编》（上卷）第 2 册，1991 年版，第 660—661 页。

② 同上书，第 675—681 页。

岛、济南设有分支机构，日占期间，济南支店在德县、兖州、张店设立了
办事处。济南银行是侨居济南的日商于 1920 年开设的地方性银行，战前
在青岛设立支行，1939 年在张店设立办事处。该行主要经营日本侨民存
贷款及汇款业务。战争初期，日本银行在华北各大城市中投资增长迅速。
1938 年末与 1936 年末相比，青岛、济南分别由 2541.5 万日元和 165.3 万
日元增至 4808.8 万日元和 500.1 万日元，增加额分别为 2267.3 万日元和
334.8 万日元。① 日占时期，日本银行一方面积极配合军部和政府的战争
政策，扶持"联银"等伪政府金融机构，利用联银券等伪币，打击法币，
套取外汇，抢购重要战略物资，为侵略战争筹措军费；另一方面，与
"联银"及其他伪政权金融机构密切合作，积极推行金融统制政策和措
施，并以大量贷款支持华北开发株式会社和日本工商资本投资事业，开发
和掠夺各类资源，为不断扩大的侵略战争提供物资保证。

　　除以日本政府和大财阀为背景的银行外，占领区城市还有各种日商以
集资方式开办的金融机构，经营小额存贷款和信托、保险、典当等业务，
成为日本扩张金融势力的又一渠道。战前在青岛、济南等地即已存在的日
资中小金融机构，战时获得了新的发展。如青岛金融组合 1931 年成立时
资本仅有 16.7 万元，1939 年 7 月股本金增至 114.6 万余元，组合成员
2184 名，贷款近 264 万元。1943 年金融组合的资本增至 500 万元，组合
成员 4200 名，存款 900 余万元，贷款达 1000 万元以上。太平洋战争爆发
后，日本殖民当局为强化金融统制，于 1942 年 2 月批准该组合办理普通
银行业务，经营对象扩展到日本侨民以外，同年 7 月又进一步改组为青岛
实业银行。②

　　几家战前就经营贷款业务的非银行金融机构，在日占时期各项经营益
加活跃。1939 年 4 月，在青岛的山东企业株式会社与山东棉花株式会社
合并，资本扩大至 750 万元，主要经营房地产建筑、不动产及动产买卖、
棉花买卖及打包、贸易和运输、保险及商业代理等业务；同时该会社在东
洋拓殖株式会社和朝鲜银行扶持下，得到融通资金，经营不动产及动产抵

① 〔日〕東亞研究所：《日本封華投資》上册，原書房 1974 年版，第 99—100 页。
② 中国人民银行青岛市分行：《青岛金融史料选编》（上卷）第 1 册，1991 年版，第 188—
189 页。

押贷款及一般金融业务。日本东洋拓殖株式会社青岛支店亦从事抵押贷款经营，事变后规模不断扩大，到 1939 年 3 月，不动产担保贷款 436.5 万元，事业投资 122.3 万元，棉花、矿业经营投资 200 万元，合计达 758.8 万元。① 1941 年 11 月，专为解决朝鲜人资金需求的青岛兴业金融组合成立，资本金 300 万元，组合成员 150 余人，到 1943 年组合成员 250 人，存贷款分别为 410 万元和 310 万元。② 日本殖民当局还借用民间借贷互助组织"标会"的形式，1940 年 8 月在青岛日本总领事馆及兴亚院青岛出张所的指导、监督下，筹资 50 万元设立了青岛无尽株式会社，除日本人加入外，还吸引中国人参加，到 1942 年 10 月底共有标会小组 85 组，金额 660 万元。战前日本人在青岛经营的当铺就多于华商，战时户数虽有所减少，但仍多于华商，到 1943 年，日商当铺共 29 家。③

战前日侨在济南成立的济南信用组合、济南金融组合，日占时期一直维持经营，为组合成员提供小额资金贷款。1939 年 3 月济南信用组合有成员 180 名，资金 17 万元，贷款 141 件，贷出 10 万余元。同期济南金融组合有成员 127 名，资金 7.8 万元。④ 日商典当行也有所扩大，到 1940 年，济南日商当铺有 18 家。战前由省政府设立的裕鲁当在战时被洗劫一空，1939 年 8 月日伪政府在原址设立中日合办的裕民当股份有限公司，资本金 25 万元，并在济宁、德县设立分当，该公司曾计划 5 年内将所有日商华商当铺并入公司，以独占典当业。⑤ 占领时期从事财产保险业的日资公司有所增加，到 1944 年青岛日商保险机构多达 24 家。同期济南有三井、东京、住友、信和 4 家日本保险公司⑥。太平洋战争爆发后，欧美保险公司或撤走或停业，外贸保险市场完全被日资保险公司垄断。

---

① 松崎雄二郎：《北支經濟開發論：山東省の再認識》，1940 年 8 月版，第 565 页。

② 〔日〕滿鐵北支事務局調查部：《北支主要都市商品流通事情》第 8 編，《青島》，1939 年 4 月版，第 58 页。

③ 中国人民银行青岛市分行：《青岛金融史料选编》（上卷）第 1 册，1991 年版，第 190—191 页；第 2 册，第 1007 页。

④ 〔日〕滿鐵北支事務所調查部：《北支主要都市商品流通事情》第 7 編，《濟南徐州》，1939 年 4 月版，第 105—106 页。

⑤ 〔日〕濟南日本商工會議所：《濟南事情》，1943 年 1 月版，第 299—300 页。

⑥ 中国人民银行青岛市分行：《青岛金融史料选编》（上卷）第 2 册，1991 年版，第 971—972 页。

　　日本侵占山东之时，原有的中国官办银行和私营银行或收缩整理、或停业观望，金融业陷入近乎瘫痪的境地。日伪政权成立以及"联银"设立后，立即责成华商银行复业，以利于日本收购军需物资和筹措军费。1938 年 4 月在"联银"设立济南分行的同时，济南的中国、交通两家分行在处理了劫后残存的 8 万包小麦获款百万元后，得以恢复营业。中国、交通两行是最具实力的官办银行，在青岛、济南、烟台、威海均设有分支机构。起初银行营业受到日伪当局的管制，备付存款须存入"联银"，放款、不动产取得、华北之外的汇兑须得到许可才能办理。1941 年太平洋战争后，两家银行被日本作为敌产接收；后经金融机关管理委员会清算，济南于当年 12 月，青岛、烟台、威海于次年 2 月重新开业，此后两家银行成为"联银"的下属银行。①

　　1938 年 10 月大陆、上海、东莱等商办银行也先后在济南复业。复业的华商银行须按照"联银"指令，以联银券为法定货币，在联银监督下从事经营。华商银行因与总行及分支机构失去正常联系，资金调拨功能基本丧失，加之日伪统制日趋严密，大多无法正常开展银行经营业务。银钱业状况亦复如此。战前济南有 52 家银号、钱庄，到 1939 年 9 月有半数歇业倒闭，仅余 26 家勉强维持，全部资金只有 43.8 万元。1940 年有晋鲁、魁聚、聚太等 6 家银号设立，钱业资金共为 97.8 万元。此后日伪当局责令银号增资，部分银号因无力完成而歇业。对于济南金融业的衰弱，1942年 10 月 27 日济南钱业公会给"联银"的金融情况报告中称："事变前银行业计 12 户，钱业 52 户，总计市面存放者约 9 千万元以上，且与青岛、天津、上海等处通汇，金融异常活跃"。"事变后，银钱两业多数处于停顿状态"，"迄今市面所贷放者银行业约在 1300 余万元（大陆、东莱、上海、鲁兴），钱业共计 2400 余万元"，"本市一般货业表面虽呈活跃，而实际已潜伏极大危机，内部空虚，大有一触即溃之势"。②

　　战前青岛有中国、交通两家中资官办银行，14 家中资商办银行。日军占领青岛后，将两家银行查封。后兴亚院将两行纳入其管辖之下，并指

<hr />

　　①　〔日〕中國聯合準備銀行顧問室：《中國聯合準備銀行ノ機構及政策ニ就テ》，1942 年 10月版，第 32—33 页。

　　②　济南市志编委会：《济南市志资料》第 3 辑，1982 年，第 104—105 页。

令临时复业，期间，商办浙江兴业、盐业两行撤销，山左、中鲁两行停业，金城、大陆、上海、国华、东莱、中国实业6家银行相继恢复营业。战前青岛银钱业共有40余家，到1940年维持开业的仅有裕昌、立诚、商业、福兴祥、福顺德、义聚合、福聚和7家，连同后来设立的天成、中庸两家，共有9家。① 凡开业的华商银行均须接受日本殖民当局和"联银"的监督，收纳联银券作为同行存款，并作为支付存户存款的货币。

2. 建立联银券单一货币体系

战前，华北地区有30余种货币流通。除中央、中国、交通、农民等四家国家银行发行的银行券作为法币外，还有地方官办银行，商业银行券和杂券，以及外国银行券，总流通量约4亿—5亿元，其中80%以上为法币。战前流通的印有"山东"字样的中国、交通银行券分别为4988.6万元和5136.9万元，中央银行券1300万元，民生银行券（含小额纸币）600万元，山东平市官钱局券400万元，其他南方券、杂券约1000万元，全省纸币流通额共约1.3亿元，人均3.4元。② "七七事变"后，南京政府虽采取通货紧缩政策，但在时局不稳的情况下，公私机构和人员争相提款，大量现钞通过各种形式南流，出现法币现款短缺的局面。侵入华北的日军最初使用朝鲜银行券、河北省银行券采购军需物资，但后来随着占领区域的扩大，流通货币出现严重不足，而朝鲜银行券大量增多势必加重日本的负担。因此，为筹措占领军军费，必须建立作为华北统制经济基础的新货币体系。

日本在山东建立殖民统治后，在其占据的主要城市建立起联银金融网络，并通过这一网络控制华商银行，巩固日本银行的金融地位，建立以日元为中心的货币体系。建立与金融统制相适应的货币流通体系，就需要通过发行联银券，从占领区内排除法币及杂钞，由联银券取代法币，并使之具有兑换外币的能力。为此，由日本扶持设立的中国联合准备银行在成立伊始，便开始以中央银行的名义发行与日元等值的货币——联银券，并要求公私一律通用，所有完纳地丁钱粮，缴纳各项税款以及一切官款出纳，

---

① 〔日〕青岛日本商工會議所：《經濟時報》第19號，1940年7月版，第6页。
② 松崎雄二郎：《北支經濟開發論：山東省の再認識》，1940年8月版，第572页。

商民交易，均须以联银券支付。与此同时，日伪当局为统一币制还采取了一系列强制措施。1938 年 3 月，临时政府颁行《旧通货整理办法》，对中国、交通银行发行的券面上印有天津、青岛、山东字样的纸币（北方券）和河北省银行及冀东银行发行的纸币，准许与联银券等值流通 1 年；其他 11 种流通区域不广的银行券及杂券则只准许流通 3 个月。同年 8 月又宣布中国、交通银行发行的北方券贬值，按面值 9 折流通。12 月底再次贬值三成。1939 年 3 月则将北方券连同河北省银行券、冀东银行券一律禁止流通使用，停止收兑。① 对其他银行券和杂券，包括山东省库券、民生银行、平市官钱局等山东地方机构所发辅币，均作折价贬值直至禁止流通处理。② 对于流通于华北的日系货币，如日银券、朝银券、满中银券、蒙银券，也予以收回，而代之以联银券。为尽快收回旧通货，阻止其继续流通使用，伪临时政府于 1938 年 11 月颁行《取缔扰乱金融办法》，并据此于同年 4 月颁行《扰乱金融暂行治罪法》，规定凡搬运使用非联银券者，将视情节处以刑拘和罚金。日伪急于排除法币，一是担心法币南流，成为在"国统区"抢购物资的工具；二是收回法币既可推行联银券，又能利用其购存物资，破坏"国统区"经济。

　　然而，由于民众并不接受联银券，国民党占据的游击区和共产党领导的根据地则全力抵制伪钞，加之英美等国继续给予法币以支持，旧通货仍在华北地区广泛流通，联银券根本无法完全取代旧通货。据日本人估计青岛旧通货（不包括杂钞）流通量约有 600 万元，自 1938 年 4 月联银青岛分行成立到 6 月，共收回 139.7 万元，其余大部分仍在内地流通。③ 另据青岛当局调查统计，战前青岛地区法币流通量大致 2000 万元，到 1940 年初联银只收回 210 万元。④ 1941 年 4 月，日伪当局将货币流通区域划为三类，即联银券区域、准联银券区域和其他区域。据同年 6 月山东省公署汇总的各县上报情况，95 县中 24 个县无旧币流通，其余县联银券与旧币混

---

　　① 〔日〕中國聯合準備銀行顧問室：《中國聯合準備銀行五年史》，1944 年 8 月版，第 23—24 页。

　　② 中国人民银行青岛市分行编《青岛金融史料选编》上卷第 1 册，1991 年版，第 130 页。

　　③ 松崎雄二郎：《北支經濟開發論：山東省の再認識》，1940 年 8 月版，第 553—554 页。

　　④ 〔日〕亞洲歷史資料中心檔案：C04121905900，芝機月報、山東月報、青機月報，1940 年 2 月（防衛廳防衛研究所，陸軍省大日記）。

杂使用，相当一部分县旧币流通量仍多于联银券。① 对于山东货币流通情况，当时日本人也承认：尽管联银券发行额累月增加，但其流通范围并未出日军统治区域，内地农民对联银券的看法未见转变，联银券与旧法币比价要贴水，旧法币100元兑换联银券104.5元。后来因贸易市场对法币的需求量不断增加，在联银1940年6月实行出口外汇管制后，法币兑联银券行情上升到100:125。② 这说明旧通货的收回集中于城市，联银券无法在农村地区大规模流通，也无法取代法币行使兑换外汇的功能。此后日伪当局仍不断采取贬值措施，收兑旧通货。1941年7月15日，山东省公署决定在其管辖区域4折收兑各种旧货币；翌年3月又改以2折收兑；6月再次降至1折收兑。③

在谋求取代旧货币的同时，日伪当局还大量发行准备金不足的联银券，发行额年年上升。联银1938年3月开始发行纸币，共有百元、十元、五元、一元、五角、二角、一角、五分、一分、五厘等10种，同年12月发行额1.61亿元，1939年增至4.58亿元，1940年为7.15亿元，1941年达9.66亿元。④ 后来随着通货膨胀的加剧，联银先后发行500元、1000元和5000元面值的大额钞票。1942年联银券发行15.81亿元，1943年发行37.62亿元，增加1倍多；1944年发行158.41亿元，增加3.2倍；1945年8月发行1326.03亿元，增加近7.4倍。⑤ 联银青岛、济南分行开业之时即将联银券送存各银行，强迫各行将其作为同行存款接受，并规定在支付存款时一律使用联银券。其他分行也采取类似措施推行使用联银券。1939年6月联银券在山东主要城市的发行额为5776.1万元，1940年10月增至13546.6万元。山东各城市联银券发行情况见表6—6。

---

① 新民会中央总会编:《山东省各县概况一览》，1942年8月。

② 松崎雄二郎:《北支經濟開發論：山東省の再認識》，1940年8月版，第553—554页。

③ 山东省公署:《山东省公署三十年工作报告》，1942年，财政部分；《山东省公署三十一年工作报告》，1943年，财政部分。

④ 〔日〕中國聯合準備銀行顧問室:《中國聯合準備銀行ノ機構及政策ニ就テ》，1942年10月版，第10页。

⑤ 淺田喬二編:《日本帝國主義下の中國：中國佔領地經濟の研究》，1981年版，第302页。

表 6—6　　　　山东各城市联银券发行统计（1939.6—1940.10）　　　单位：千元

联银券发行城市	1939 年 6 月	1939 年 12 月	1940 年 10 月
济南	26871	53461	49680
青岛	26007	46083	69974
烟台	4559	7853	11885
威海/龙口	112/212	810/2298	947/2980

　　资料来源：國民政府資源委員會：《敵偽在淪陷區之金融設施》1947 年，未刊本；〔日〕亞洲歷史資料中心檔案：B02031401500，第七十六回帝國議會興亞院經濟部關係參考資料 7，1941 年 1 月（外務省外交史料館，外務省記錄）。

　　联银通过多种形式强制推行联银券，借以取代法币及杂钞，然而事实上不易做到，到 1942 年 7 月，日占区联银券流通量为 5.534 亿元，法币及其他货币（包括抗日民主政府发行的北海银行币、边区币等）流通量约有 1.226 亿元。[①] 联银券未能根本取代法币的重要原因是日本占据区域为城镇和交通干线，伪钞流通使用范围局限于此；抗日民主政府发动民众予以抵制，禁止使用；法币通货效能高于联银券。

　　日本实行货币统一的构想未能如愿以偿，反而导致占领区通货膨胀日见加剧。在此状况下，联银进一步增发货币，形成恶性循环，联银券流通量不断增加，到战争后期日趋严重。进入 1945 年后，日本面临战败的下场，于是更加毫无顾忌地滥发联银券，印制大额钞票应付局势。1945 年 4 月 21 日，日本驻北京大使馆发出应急措施指令："每日增发额暂定 12000 万元"；"在最大限度发挥印刷能力和讲求有效策略的同时，加速实现 1000 元券及 5000 元券的发行"。4 月下旬华北各占领区开始发行面值 1000 元，5000 元的联银券。5 月中旬每日印钞量定为 3 亿元，下旬增为 4 亿元，到 6 月下旬每日印钞量达到 7.5 亿元。从 5 月开始，华北各地实施按月供应钞票计划，5 月上旬青岛为 2400 万元，济南 1800 万元，烟台 500 万元；5 月下旬青岛 4500 万元，烟台 800 万元。[②] 1942 年联银券在济南的流通额为 2.492 亿元，1945 年初达到 65.663 亿元。根据战后济南、

---

　　① 〔日〕東亞研究所：《支那佔領地經濟の發展》，1944 年版，第 491—499 頁。
　　② 傅文齡主編：《日本橫濱正金銀行在華活動史料》，1992 年版，第 831—848 頁。

青岛、烟台三地联银券兑付数额估算，山东联银券存量约为357.2亿元，占其发行总额的1/4。[1]

日本的金融统制政策是为战争谋求货币支持，借以掠取各种所需资源。联银券愈演愈烈的滥发，造成沦陷区物价持续、大幅度的上涨，特别是太平洋战争爆发以后，随着各业经济日趋停滞、萎缩，物价更是扶摇直上。在日元经济圈内，华北物价指数增速最快，按战时日方统计，如以1936年为100，1941年7月北京为444.8，天津为432.8，青岛为381.6，增加约4倍。详情见表6—7。

表6—7　　　　　　1936—1941年日元区部分城市物价指数　　　　单位:%

年份	青岛	北京	天津	上海	长春	大连
1936	100.0	100.0	100.0	100.0	100.0	100.0
1937	111.3	—	117.5	119.0	117.9	115.0
1938	134.6	—	152.1	141.6	141.0	139.7
1939	196.5	232.9	218.3	223.5	171.1	—
1940	336.1	395.3	399.0	—	217.4	227.1
1941.7	381.6	444.8	432.8	—	231.9	224.0

资料来源：〔日〕青岛日本商工會議所：《經濟時報》第23號，1941年11月版，第11—12页。

1939年10月华北地区物价出现急剧波动后，日伪当局虽采取了若干控制措施，如限制货币发行和使用，实施价格统制和物资统制，但由于缺乏相应货物资源作保障，币值下跌和物价上涨实际已无法控制，结果各种物资的黑市价格仍不断暴涨。华北日占区物价指数以1936年为100，1941年上升至450；1942年上升至633，黑市则达到777；1943年7月分别达到1166和2185；到日本投降的1945年8月上旬，已暴涨至36730和393805。[2] 期间青岛物价也一路走高，到后期更是狂升不止（详见表6—8）。在此情况下，银号暗息也是一路飙升。济南金融业暗息增长情况如下：1938年3—5分，1939年5—7分，1940年和1941年10—12分，

---

① 济南市工商业联合会编：《济南工商史料》第1辑，1987年版，第177页。
② 郑伯彬：《抗战期间日人在华北的产业开发计划》，1947年10月版，第95页。

1942 年 18—21 分，1943 年和 1944 年 21—24 分，1945 年 1—8 月则达到 24—30 分。[①]

表 6—8　　　　　　　　青岛物价统计（1936—1945 年）　　　　单位：元

年份	面粉（袋）	玉米（斤）	小麦（斤）	花生油（斤）	细布（匹）	棉纱（件）	火柴（箱）	猪肉（斤）
1936.	3.9	0.0364	0.0626	0.25	9.17	247.3	7.25	0.2
1937	4.7	0.04	0.084	0.22	11.35	269.3	10	0.2
1938	5.3	0.0515	0.044	0.20	12.397	299	12.7	0.3
1939	7.66	0.1243	0.15	0.67	22	726	18	0.46
1940	15.21	0.165	0.31	0.67	37.05	1200	27.3	0.9
1941	21.33	0.2141	0.445	0.8	45.4	1510	29.8	1.2
1942	26	0.542	0.465	1.75	48.3	1920	28.8	2
1943	32	1.25	1.45	3	—	—	41.9	7.06
1944	154	3.38	6.2	25	20833	—	148	30
1945	7000	155	171	111.33	—	—	78500	1000

资料来源：中国人民银行青岛分行编：《青岛金融史料选编》上卷第 2 册，1991 年版，第 1054 页。

3. 控制金融机构与金融业务

日本在华北的金融统制政策，其中重要一环是着力控制各类金融机关，日伪政权通过"联银"及其下属银行掌控金融统治权力，通过互存互贷和各种管理规章渗透其他金融机构，旨在加强指导。这些措施使"联银"控制力得到强化，银行业务得以扩展，同时导致华资银行经营范围收缩，存贷款业务被纳入其控制范围。然而日伪银行的资金投放主要用于军费开支、资源开发和日本工商资本投资扩张，提高和保障战争状态下军需供应能力是金融机构经营的核心任务。因此货币发放完全视其需要而为，丝毫不顾及银行准备金不足和物资匮乏的状况，结果落入通货膨胀的恶性循环之中。

---

① 济南市工商业联合会编：《济南工商史料》第 1 辑，1987 年版，第 177 页。

　　起初，日伪当局为控制货币投放量和流通量，曾采取了一系列限制措施。1938 年 6 月，华北日本银行作出第一次贷款限制决定，从当年 7 月 1 日开始，天津、济南银行设备资金贷款 1 万日元以上由日本总领事馆批准；朝鲜、正金银行设备资金贷款 5 万日元以上由大藏省有关部门批准，50 万日元以上由大藏省直接批准。1940 年底又实施第二次信贷限制，包括"联银"系统均实行贷款许可证制度。设备资金贷款，5 万—50 万元由北京财务官批准，50 万元以上由大藏省批准；设备以外资金贷款，10 万—50 万元由北京财务官批准，50 万元以上由大藏省批准；天津、济南等日本地方银行，1 万元以上设备贷款，5 万元以上设备外贷款由日本总领事馆批准。"联银"系统和华资银行 5 万元以上贷款由"联银"日本顾问室批准。① 信贷限制此后还曾实施多次，但未能真正控制住货币流通量的不断膨胀，其主要原因仍是准备金严重不足的联银券狂发不止，并成为日伪当局用以榨取财富的重要手段。

　　资金信贷限制虽未能抑制货币流通量的不断膨胀，但却为日伪当局利用非经济强制手段榨取民间资本、壮大"联银"势力创造了条件。1942 年年底统计，华北占领区主要城市"联银"及其下属银行存贷款数量大大超过中国公私银行（包括银钱业），青岛联银系统存款 3420 万元，贷款 4510 万元，中资银行系统则分别为 2070 万元和 1630 万元；济南联银系统存款 4750 万元，贷款 7520 万元，中资银行系统则分别为 2060 万元和 2400 万元。详见表 6—9。

表 6—9　　青岛、济南及华北主要城市中日银行存贷款统计（1942 年年末）

单位：百万元

地区	存贷款	联银	联银下属银行	中资银行	银号	合计
青岛	家数	1	2	6	8	17
	存款	18.8	15.4	6.9	13.8	54.9
	贷款	34.9	10.2	5.3	11	61.4

---

　　①〔日〕青岛日本商工会议所：《经济时报》第 22 号，1941 年 2 月版，第 14—15 页。

地区	存贷款	联银	联银下属银行	中资银行	银号	合计
济南	家数	1	5	3	28	37
	存款	29.1	18.4	1.8	18.8	68.2
	贷款	65.4	9.8	2.9	21.1	99.1
华北总计	家数	26	82	97	268	473
	存款	699.5	164.2	322.8	218.9	1405.3
	贷款	1798.3	138.7	147.6	208.1	2292.8

资料来源：淺田喬二編：《日本帝國主義下の中國：中國佔領地經濟の研究》，1981 年版，第 342 页。

日占时期，银钱业借华商银行业务不振之机，依靠活期存款作短期贷款业务，一度有所复苏。由于华商银行业务萎缩、城市工商业分散化状态，以及银行业所受控制严于银钱业，济南、青岛银号存贷款数量已超过华商银行。青岛银钱业 1940 年 1～5 月，存贷款分别增加 55.4% 和 48.8%，数量为 1056.8 万元和 1076 万元，增加速度甚至超过联银青岛分行下属的大阜银行。[①] 济南银钱业战前有 52 家，1939 年 9 月剩 26 家。1941 年 11 月，兴亚院提出《强化中国联合准备银行对中国银行及钱庄统制力指导方案》。"联银"据此于 12 月 11 日公布《金融机关管理规则》，决定对银行、钱庄银号实施营业许可制，金融机构资本不得少于 50 万元，职员聘任、资金运用均须经其批准并接受其监督。[②] 翌年 5 月 15 日，"联银"又颁布《金融机关管理规则实施细则》，规定金融机构须将半数以上的存款存入联银作为准备金，以限制金融机构自主运用资金的自由。此后，银钱业因资本额和经营业务上的限制，在短暂复苏之后，仍不可避免地走上衰落之路。战前青岛银钱业尚有 40 余家，至 1943 年维持开业的只有裕昌、立诚、商业、福兴祥、福顺德、义聚合、福聚和、天成、中庸等

---

① 〔日〕青島日本商工會議所：《經濟時報》第 19 號，1940 年 7 月版，第 9—10 页。
② 〔日〕中國聯合準備銀行顧問室：《中國聯合準備銀行五年史》，1944 年 8 月版，附錄，第 110—113 页。

9家。① 济南银钱业规模虽超过青岛，1941—1943年账面存放额、货币汇兑额不断上升，但以实物价值衡量，呈大幅下降趋势。1944年日伪当局再次强令金融机构增资，两次增资过程中济南有数家银号合并，亦有几家增资后改组为银行，相当一部分因资本不足而歇业，山东最为发达的济南银钱业处于困境之中。

日本实行金融统制政策，控制金融机构，在银行业务方面的重点有以下两个方面。

（1）控制存款业务，强制聚集资金，确保资金周转。

太平洋战争爆发后，英美等国银行被日本接收，中资银行处境更加艰难。而此时"联银"更是放开手脚着力控制各类金融机构经营活动。"联银"颁行的《金融机构管理规则》等法令规定，放款及票据贴现总额不得超过其存款及借入款总额的7/10，设备资金放款超过3万元，设备资金以外放款超过5万元时，须经联银批准；承收或买进有价证券，以华北政务委员会发行和核准的公债、公司债，以及联银许可的外国公债、公司债和中外股票为限；存款所存金融机关除联银外，须经联银许可，存款项的1/2以上应存入联银，所存联银外金融机关款项不得超过存入联银总数的2/5；除联银许可者外，不得投资于其他金融机关、公司或商号。② 利用"对存存款"和控制华商银行业务经营，"联银"集聚了大量资金。1942年年末统计，存入"联银"的各类资金，包括日本银行、华商银行、联银下属银行、银号钱庄，共计5.17亿元，其中山东日占区伪系地方银行大阜、鲁兴、山东农业三家分别为495.7万元、510.6万元、150万元。③ 到1942年，"中国联合准备银行在培育下属银行，掌握中方银行的金融统制及对日方银行的资金供应，以及贸易、汇兑事务方面，都完成了它作为华北中央银行的职责"。④ 日本正金银行的这一评价说明了联银的作用和金融统制的效果。

---

① 中国人民银行青岛市分行编：《青岛金融史料选编》上卷第2册，1991年版，第820页。

② 〔日〕中國聯合準備銀行顧問室：《中國聯合準備銀行五年史》，1944年8月版，附录，第110—126页。

③ 聯銀顧問室：《中華民國三十一年度下半期決算關係類書》，转引自淺田喬二编：《日本帝國主義下的中國：中國佔領地經濟の研究》，1981年版，第343页。

④ 傅文齡主编：《日本橫濱正金銀行在華活動史料》，1992年版，第690页。

日伪政权通过"联银"系统吸纳民间游资，充裕财政支出和军费及开发费用，在占领区实行了一系列强制集聚资金的措施。

第一，举办商民有奖储蓄活动。太平洋战争爆发后，日本战争耗费急剧增加，面临经济危机的巨大压力。为此，日伪机构大肆滥发钞票，但又不得不千方百计回笼部分货币，以遏制通货膨胀的速度。从 1942 年 5 月开始，"联银"先后在华北沦陷区 5 次组织各地银行办理有奖储蓄。是年 5 月至 7 月底，实施募集额 300 万元的 2 年定期有奖储蓄活动，承办机构是联银下属的 6 家银行，内有山东的大阜、鲁兴两家银行。1943 年二三月份举办第二次有奖储蓄，募集额 600 万元，承办机构增至 13 家，山东增加了山东农业银行。此后 3 次有奖储蓄活动募集额不断增加，并逼迫商家和居民参加。山东吸收有奖储蓄较多的是鲁兴银行，1942—1944 年储蓄募集额共约 331 万元。

第二，发行承办公债。作为占领区经济统制机关的华北开发会社，得到日本政府特许，可发行相当于资本金 5 倍的开发债券。到 1943 年 9 月，该会社共发行债券 32 次，发行额达 10.375 亿元。债券主要由日本财阀所属的银行和信托集团认购。1941 年 12 月联银组织发行华北开发会社债券，发行额 500 万元，由下属银行和邮政总局负责推行，发行价格百元债券售价为 98.5 元联银券，年利率 7 分。① 另外，华北政务委员会公债、地方政府债券以及有价证券的发行亦多由"联银"及下属银行承办。

第三，控制民间货币流通量和流通范围。随着占领区通货膨胀的不断加剧，日本的金融统制政策也在不断强化，对货币流通做出多种限制。1940 年 7 月，旅客携带货币被限制在 50—500 元之间。② 到 1942 年 12 月，对旅客携带现金货币有了更多规定。另外，伪华北政务委员会财务总署规定，自 1942 年 4 月 30 日起，禁止银号、钱庄之间的抽头、提成，以求得中央银行和地方业务活动的畅通，抑制信用膨胀。

第四，开设票据交易所。为进一步控制金融市场，限制现金流量，缓解货币供应压力，1942 年五六月间，"联银"分别在北京、青岛、天津、

① 〔日〕中國聯合準備銀行顧問室：《中國聯合準備銀行五年史》，1944 年 8 月版，第 42 页；附錄，第 123 页。

② 〔日〕青岛日本商工會議所：《所報》第 11 號，1940 年 9 月版，第 11—12 页。

济南设立了票据交易所，并于 10 月设立华北票据交易所联合会，要求各金融机构参与交易，交换差额通过同业拆借解决。票据交易所成立后，票据交换张数、金额、差额不断增加，如青岛交换所 1942 年下期交换张数80712 张，交换金额、差额分别为 7.3 亿元和近 2 亿元，1945 年上期增至87 万张、436 亿元和 62 亿元。日伪设置票据交易所原想抑制华商银行和银号暗中走高的利率，但实际未能奏效。

（2）实施汇兑统制，谋求确立联银券贸易通货功能。

"联银"成立伊始，日本将联银券与日元挂钩，以方便对华北占领区的经济掠夺，便于掌控华北各地的对外贸易。联银券初发时，虽规定与英镑 1 先令 2 便士的比率，但联银券事实上缺乏贸易货币的功能，难以按此比率直接兑换外币。由于华北地区物价上涨快于日本国内，联银券与日元的等价关系，给进口经营带来很大利润空间，造成占领区贸易入超。1938—1941 年，从日元集团地区向华北输入的货物增加 1 倍，货值由6075 万美元增至 11720 万美元。[①] 同期，由于英美等国的支持以及国民政府的勉力支撑，法币仍具有相当实力，在对外贸易中仍能顺利流通。这对战时日本经济来说，无论外汇获取还是资源供应，都受到极为不利的影响。

为此，日本一方面采取一系列措施限制向"日元区"出口；另一方面为获取外汇和物资，在占领区实施汇兑统制。1938 年 10 月，日伪当局在华北实行外国汇兑基金制。其要点为：由"联银"以其所有外币以 500万元设立外汇基金，进出口货物应服从日满物资供需计划及华北、蒙疆经济开发紧急物资给予优先的规定，出口汇兑结算时将外国货币归入基金内，该制度实施暂由正金银行担任。日本此举的用意在于用连锁的方式，将进出口贸易由前外国银行经手改由日本银行经手，谋求联银券的贸易通货功能，调剂急需物资的进出口。"联银"与正金银行签订基本金运用合同，在山东实行操纵者为正金银行青岛支店。日本驻青岛海军当局于1938 年 8 月 1 日作出规定，出口货物所得汇票先售予正金银行后，方准输出。1939 年初，烟台、威海卫亦作同样管理。1940 年 11 月日本为输入紧急必要物资，将基金制度加以修改，设立特别外国汇兑制度，从"联

---

① 郑友揆：《中国的对外贸易和工业发展（1840—1949）》，1984 年版，第 158 页。

银"资金中提出 530 万美元作基金，由兴亚院指定输入商，以确保非铁金属、石油、小麦、棉花等紧急物资的进口。[①] 华北占领区一般必需物资和军需物资、机器设备等，大半要从第三国进口，日本通过基金制度在满足物资供应需要的同时，为获取外汇和物资，进一步强化实施汇兑统制。

1939 年 3 月，"联银"实施"汇兑集中制度"，先是统制鸡蛋、花生、花生油、煤炭、盐、烟叶、粉丝及通心粉等 12 种出口商品，金属品、化学用品、机械器具、图书及粮食等 41 种进口商品，实行外汇统一，由联银独家集中结汇，以确立联银券贸易通货功能。出口所规定的 12 种货物，属于华北大宗出口货，并且多是向第三国输出。日伪当局借集中汇兑吸纳外汇，强化联银券对外价值，摆脱法币物价的波动。这种汇兑统制开始较为顺利，1938 年上半期"联银"购进外汇价值达 1897.4 万元（联银券），约合 446.3 万元美元。[②] 1938 年 7 月日伪当局颁布全部出口及转出口统制法令，进而对几乎全部出口物资实行外汇统一，集中汇兑的进口商品亦由 41 种增至 106 种，进口买汇额予以削减，最多为所卖外汇的 90%。实行汇兑集中制后，"联银"的外汇有所增加。[③]

集中汇兑制曾将华中、华南地区视为第三国，因而与该地区贸易受法币影响较大，同时陆路运输检查不易，出现虚报货品名称逃避集中汇兑的现象。针对这种现象，日伪当局于 1939 年 12 月作出规定，与华中转口贸易须以相等物资为条件，即采取无汇兑的陆路物资交易制。其主要目的在于控制贸易走向，进一步排挤法币。

1940 年 6 月，"联银"对汇兑集中制作进一步修改，决定实施"无汇兑进转口许可制及进转口汇兑分配制"，办法是进口商以自有资金购买海外物资，事先经"联银"许可后，可无需汇兑清算，但进口货物仅限于食粮及重要资材，并对进口货物作出分配计划。这一修订办法的出台，是为弥补华北地区农作物歉收导致食粮紧缺和日本华北开发急需资材，同时也说明华北占领区进出口贸易已被完全纳入统制体系。

日本在山东金融统制的核心内容，是通过建立由其控制的地方金融银

---

① 傅文龄主编：《日本横滨正金银行在华活动史料》，1992 年版，第 196—197 页。

② 李洛之、聂汤谷编：《天津的经济地位》，经济部驻津办事处，1948 年 3 月版，第 288 页。

③ 傅文龄主编：《日本横滨正金银行在华活动史料》，1992 年版，第 200 页。

行系统，谋求垄断占领区各项金融业务，以便全面有效地推行经济统制。金融统制以强制为特征，要求华商金融业必须与之保持一致。其运行方式是限制华商金融资本的经营，利用收回法币等原有货币，劫夺占领区人民资财；垄断外汇交易，以进口军需战略物资；聚集资金，控制贷款业务，协助日军筹措军费，支持日资企业经营和日伪政权的财政需要。但是由于日本对占领区只能做到点和线的控制，统制政策受到解放区和占领区民众的抵制，统制成效大打折扣；日本金融机构只能靠滥发联银券度日，运行效能日趋低落，结果引发日占区严重的通货膨胀，最终导致金融统制体系濒于崩溃。

六　农业掠取政策与农业"开发"活动

1937 年底至 1938 年上半年，山东大部地区沦为日本殖民地。日军扶植建立了从省、道、县、区、乡各级系统的行政机构，在占领区实行殖民统治，推行殖民掠夺政策。日本占领地区以城市、交通干线沿线、矿产资源地区为中心，同时还控制着大片农村地区。据 1941 年 6 月日伪政权控制区域 94 个县的报告，辖区内共有 689 个区、5766 个乡镇、90348 村、人口 2365 万人，耕地 4400 万亩。[①] 日伪统治区域统辖范围极不稳定，随着中共领导的抗日根据地、国民党控制区、地方武装活动区的变化而变化。据 1943 年伪山东省政府统计，全省 103 个县中，完全恢复县政的有 53 个县，县政恢复 70%—80% 的有 22 个县，县政恢复不足 50% 的有 11 个县。[②] 日本在山东扶植成立了 105 个县级政权，然而统治力不能达到县境所有范围，更多是各种力量犬牙交错，呈现此消彼长的局面。

战前日本对山东农业资源的获取，主要集中于棉花、烟草、花生等经济作物，粮食购运只是限于为日资面粉厂提供原料，日本国内粮食匮乏问题，基本上靠从朝鲜、台湾等地进口稻米来解决。全面侵华战争开始后，随着大批日本军队、移民及其他人员的持续涌入，粮食运输供应问题变得

---

① 新民会中央总会：《山东省各县概况一览》，北京新民报社 1942 年 8 月版，择要统计表。按：该表说明中承认"本一览仓卒作成，谬误不少"。

② 山东省政府编：《山东省概况》，1944 年 3 月版，第 13—14 页。

日趋突出。然而，在战争状态下，占领区粮食生产与运销受到极大的破坏，农村社会的动荡、农业生产的下降以及流通贸易的梗阻，使占领区出现了日益严重的食粮短缺；而以往日本赖以从澳洲、北美进口的粮食，因海运受阻而近乎中断，粮食问题变得愈益紧迫，威胁着占领区殖民统治的稳定，并影响到日本经济开发计划的实施。

日军入侵使广大农村遭受战争洗劫，农民流离失所，土地大片荒芜。1938年和1939年，农业生产连续下降，1940年后虽有所恢复，但与战前相比仍有较大差距。据华北棉产改进会调查，1937—1939年，山东棉花种植面积分别为557.4万亩、278.7万亩、176.1万亩；棉花产量163万担、81.5万担、46.3万担。1941年烟草种植面积和产量分别比1937年减少64%与75%。① 据华北交通株式会社调查，1939年山东各种粮食作物平均比战前减产40%，棉花减产38%，烟草减产37%。② 战前山东小麦平均常年种植面积295万顷，1940年为290.4万顷，减少1.7%，然而总产量则由289.3万吨减至145.6万吨，减少50.3%。③

连续数年的农作物减产，也给粮食流通造成严重影响。1938年5~9月，济南由胶济、津浦铁路运送的货物与上年同期相比，发送货物减少近45%，运抵货物减少近63%，货运总量由31万吨减至13万吨，减少了近60%，其中各种粮食货物约占半数。粮食减产造成流通量减少和粮食市场萧条，进而导致粮价上涨。1937年12月济南市场面粉、小麦批发价格分别为每袋2.7元和每斤0.07元，同年12月升至5.1元和0.092元，1939年12月升至6.5元和0.12元，1940年7月升至10.5元和0.22元。④ 小麦减产与上市量的减少，致使面粉工厂因缺乏原料而开工不足。1939年4月，日伪当局决定实施"公定价格"，废止协定价格，实行票证制，面粉工厂采用直卖方式。⑤

战前，山东地区年需机制面粉约850万袋，其中青岛地区250万袋，

① 〔日〕青島日本商工會議所：《經濟時報》第28號，1943年5月版，第14、33页。

② 居之芬主编：《日本在华北经济的掠夺和统制——华北沦陷区资料选编》，北京出版社1995年版，第145页。

③ 〔日〕青島日本商工會議所：《經濟時報》第28號，1943年5月版，第34页。

④ 上海社会科学院经济研究所主编：《中国近代面粉工业史》，1987年版，第407页。

⑤ 〔日〕濟南日本商工會議所：《濟南事情》，1941年1月版，第254页。

济南地区 600 万袋，生产能力约 720 万袋，其余需从外地购入。事变后因小麦原料不足，对外国和华中地区依赖增大。1938 年青岛输入面粉约 15 万袋，1938 年猛增到 171.1 万袋，1939 年增至 292.5 万袋。① 1940 年后面粉进口受阻，粮食不足给日伪当局造成巨大压力。

日占区日趋严重的粮荒问题，迫使日本在华北的农业政策发生变化，特别是在 1940 年秋日本无力用外汇进口小麦的情况下，变化更为明显。政策变化的重点是在着力开发棉花生产的同时，强调就地解决食粮自给，并对流通实行更为严厉的统制措施。1940 年上半年，日本兴亚院拟订了《华北产业开发五年计划综合调整要纲》，提出除首先开发交通、电力、通讯等基础产业外，应集中力量重点开发煤炭和粮棉生产，即"重点主义"的方针。关于农业生产目标，提出"华北农产物增产着重于米谷，以期在华日人（包括军队）可以就地取得食粮；小麦杂粮亦拟兼及，以求华北当地食粮的自给；又次为棉花，以求中日纺织业原料之充足"。② 同年 11 月，日本内阁公布《对华经济紧急对策》，提出要"极力增进中国土产物资的上市"，以尽可能减轻日本的经济负担，具体就是"军队在当地自身生活上所需物资及特定的输出物资，尽量在其占领区内获得"。③ 所需和输出物资主要是指粮食和棉花，这是日本侵略战争战线不断拉长，国力不足状况下的必然选择。

在对华北占领区的农业政策进行调整后，日伪当局制订了一系列山东农业开发的计划，并从生产、流通等环节采取了多种措施，围绕增产自给目标进行重点开发，以保证战时必需物资的供应，有效获取更多的资源。

日本在山东的农业开发政策，奉行"适地适产主义"，根据各地原有农业基础和农作特点，有重点地开发粮食作物、经济作物以及畜产品。农业统制与开发措施包括两个大的方面，一是行政控制措施，即设立从生产到收购的各类组织机构，如省道县各级增产委员会、农事试验机构、合作社及新民会组织；二是技术改进措施，如兴修水利、农业贷款、增施肥料、培育推广优良品种、培训技术人员、开垦荒地等等。

---

① 〔日〕青岛日本商工會議所：《經濟時報》第 28 號，1943 年 5 月，第 36—37 页。

② 郑伯彬：《抗战期间日人在华北的产业开发计划》，1947 年 10 月，第 55 页。

③ 居之芬主编：《日本对华北经济的掠夺和统制——华北沦陷区资料选编》，1995 年版，第 30—32 页。

伪政权对农业开发实行一元化的管理。农业增产计划由日本陆军济南特务机关制订，具体实施通过各级日伪机构推行。这些机构既有山东地方政权设置的，也有华北改良机构的下属单位。1940 年山东省公署建设厅专门设立了农产物增产实行委员会，道、县两级亦设立了相应的委员会，内设技术、食粮、棉花烟草、凿井、动员等办事机构。1941 年 11 月又成立了山东省兴农委员会，吸收各界参与农业开发。

利用农村基层合作社这一组织形式，是日伪政权统制农村经济和农业生产的重要手段。战前山东农村合作社组织已有相当发展，1936 年全省共有各类合作社 4982 个，后因战乱而解体。日伪统治初期，由新民会负责进行合作社恢复工作，1940 年在占领区共恢复合作社 166 个。① 同年 7月，山东省合作社联合会成立，负责管理道、县、乡镇的合作社组织。农村合作社多以乡镇为基层单位，采用出资制方式组成。1941 年秋，由于华北地区粮食增产任务紧迫，日伪当局决定将合作社与新民会分离，建立独立的合作社组织系统。12 月，华北合作事业总会成立，省市县合作社联合会作为普通会员加入。该会确立的目标有五项：①将农民组织化；②疏通农村金融，实现彻底领导金融；③谋求物资流通的通畅；④谋求农业生产的增长，担负起增产粮食运动的据点作用；⑤谋求收支均衡。总会设立前，日占区共组织县联社 44 个，乡村社 428 个，社员数 236954 人，出资股数 298561 股，出资金额 604736 元，已缴金额 416570 元。此后按照合作社与新民会相对分离的原则，对各地合作社进行了整顿，1942 年 10月共有县联社 20 个、乡村社 364 个、成员 172829 人。②

华北合作事业总会成立后，在山东建立了自上而下的农村合作组织指导系统。省合作社联合会作为总会下级机关，负责指导县合作社联合会，同时经营农业金融业务，并协调与县社的购销事宜。县社联合会负责基层合作社的组织与普及，业务上从事金融、销售、购买、生产的综合指导。乡村合作社为基层合作社，从事信用、购买、销售、生产等业务，对农户进行生产指导。省、县两级机构均由日人担任副理事长及常务理事，以便

---

① 松崎雄二郎：《北支那経済の新動向》，大日本雄辯會講談社 1942 年 8 月版，第 208 页。

② 居之芬主编：《日本对华北经济的掠夺和统制——华北沦陷区资料选编》，1995 年版，第 744—746 页。

贯彻占领者的意图，控制农村合作社。日本华北方面军为此制定了《华北合作社指导要纲》，作为合作社运营的指导。合作社主要集中于日伪统治相对较稳固地区，而难以在其控制薄弱的地区推行。到 1944 年 8 月，在日占区共有县（市）联社 65 个，乡村社 1861 个，社员数 124 万余人，出资股数 146.8 万股，出资金额 286.5 万元；另在青岛特别市有乡村社 56 个，社员 16 万余人。①

为推行农业增产计划，日伪政权专门在占领区设立综合或专业性农事推广机构，机构的职能是从事农业生产技术的推广和指导，推进农作物增产。日伪政权在推行棉、粮并举政策之前，最为关注的是扩大占领区棉花的"供出"。1939 年 2 月，华北临时政府将原河北省棉产改进会改组为华北棉产改进会，华北各省设置分会，重要棉区设立指导区办事处。山东省分会于同年 4 月成立，此后陆续在德县、邹平、惠民、临清（暂设高唐）、高密、济南设办事处，负责指导当地棉花种植推广。1939—1940 年，棉产改进会先后在 21 个县开设了自营采种圃。1941 年 3 月，日本吸纳各类资金 400 万元设立华北棉花振兴会，在山东设立分支机构，由分支机构负责良种配给、棉花栽培、人员培训等事项。翌年 10 月，济南特务机关主持设立山东省棉业委员会，主要从事棉花征购工作。1943 年 8 月，日伪政权为强化管理，将各棉业机构和纺织品统制机构合并，设立华北纤维统制总会，针对连年棉花收买成绩不佳的现状，主要从获取、配给、输送方面加以统制。

1938 年后，日伪政权还利用原国民党政府设立的农业改良机构，成立了若干农业试验推广机构。华北伪政权设置的机构有华北农事试验场济南支场和青岛支场。两家试验场主要从事农作物品种改良、土壤及肥料试验、农作物及树木病虫害防除、造林及树苗培育、家畜改良、农业技术人员培训等。

除上述农业生产推广组织外，华北伪政权设置农产品收买、配给机构在山东也均有分支机构，而且随着战争形势的恶化，日伪政权的农业推广活动日趋萎缩，主要工作转为最大限度的获得物资，即实施农产品收买和配给统制。1938 年 3 月，华北开发会社投资 300 万日元设立华北棉花会

---

① 《中联银行月刊》第 9 卷，1945 年 6 月第 1—6 期合刊，第 357 页。

社，作为在占领区的棉花收购机构。翌年 4 月，日伪成立华北棉花协会，吸纳中国商人加入，在日伪控制下从事棉花收购。为进一步强化对棉花的统制，1941 年 3 月该会实行改组，成为纺织业、棉花收购业、轧棉业日本与华商团体的联合组织，主要业务是按照兴亚院华北联络部制定的价格进行棉花收买、配给及地区协调。① 对大米的收买统制由济南陆军特务机关指定三井物产、三菱商事等日本大商社负责，并由军队提供协助。对其他粮食作物的收买、流通则是采取越来越严格的统制方式。占领初期，面粉厂小麦来源有 3 种渠道，一是委托粮栈收买；二是通过粮业公会收买；三是直接收买。1940 年 6 月，日本设立华北小麦协会，开始对中日面粉工厂的小麦收买实施统制，采取有会员资格的商家委托收买方式，接受委托者多是三井、三菱、大仓等财阀控制的商社和面粉工厂，极少有华商会员。1941 年 8 月协会进行改组，面粉厂日产量须达到 100 桶始有资格成为会员，委托收买商为指定，收买价格亦以日伪当局规定价格为准。1942年度，协会共有会员收买商 31 家，其中日商 21 家，华商 10 家。②

太平洋战争爆发后，华北地区粮食危机愈演愈烈，日伪不断变换手段，强化粮食统制，并更多地从生产环节转向收买、配给环节。1943 年 3 月，伪华北政务委员会成立物资物价处理委员会，同时改组成立食粮管理局，对粮食运销实行从中央到地方的一元化管理。同年 4 月 12 日公布《华北各省市食粮采运社组织规则》，规定采运社成员须是资金 15 万元以上、经食粮管理局审查认可的商户，商户收买粮食，须按照划定区域、分配数量与合作社及日资商社协同进行。③

1944 年 6 月，伪华北政务委员会设立华北食粮公社，省市设地方食粮公社，以"调整主要粮谷及其制品的供需，以对价格及配给实行统制为目的"，此时对粮食的统制已由小麦扩大到其他粮食品种。食粮公社的成立，表明日本在强化粮食征购、加工、分配方面开始实施更为严格的

---

① 小倉東次：《北支に於ける經濟統制の現状》，華北事情案内所 1941 年 12 月版，第 79—80 页。

② 淺田喬二编：《日本帝國主義下の中國：中國佔領地經濟の研究》，1981 年版，第 110—111 页。

③ 中村敏：《華北建設の現段階》，北京新民印書館 1943 年 7 月版，第 98—101 页。

统制。①

　　山东省地方伪政权设立的农业开发机构，除建设厅作为经济综合管理机关外，还在接收国民政府原有机构的基础上，设立了蚕业试验场、农事试验场、畜产管理局、棉花试验及检验局、农业指导养成所等机构。其中最为主要的是各类试验场。1939年4—5月，省公署先后恢复了蚕业试验场及临清、临淄、齐东、惠民4处试验农场，并在济宁增设试验农场。1940年在章丘增设水稻试验地，并增设棉花试验局和张店试验农场，后又添设了烟台、益都两处试验农场。1942年建设厅将以上农场改为省立济宁、惠民、临清、烟台、益都农场及张店农业训练所，章丘水稻试验地改为章丘农场。省立济宁农场，占地605亩，主要培育小麦品种；益都农场，占地500亩，主要培育烟草和养蚕；临清、惠民农场，各占地500亩，主要培育棉花品种；章丘农场，占地300亩，主要培育水稻品种；烟台农场，占地350亩，主要栽培果树、蔬菜和养蚕。1941年1月至次年7月，昌邑、单县、莘县、寿光、牟平、长清、阳信、峄县、临淄、益都、阳谷等县先后开设了县农场。由于省政权财政收入不足，需靠中央协款维持，建设费支出不足10%，而开发费用更为短绌，1943年省立各农场经费每家仅有数万元，根本无力从事大范围试验和推广。②

　　日伪当局除在山东设置上述农业开发、农产物获取指导机构外，还曾为农业增产实行了一系列推广措施。这些措施主要是按照兴亚院《华北主要农产物增产方策实施要领》分年度实施。1940年华北食粮危机出现后，实施力度有所加强，1942年后华北占领区经济每况愈下，日伪农产物掠取大大重于农业开发，推广措施遂陷于停滞。推广措施由日伪政权及农业开发机构提出要求，通过占领区合作社加以推行，开发经费多为华北伪政权筹措，各级伪政权加以配合。这些措施包括：

　　（1）举办农业贷款。为吸引农民加入合作社，保证棉花、小麦、谷物等农作物增产，华北伪政权和省伪政权多次发放农业贷款，种类有春耕贷款（主要用于购买种子、肥料、农具、牲畜等）、凿井贷款等。1939年初，华北临时政府由"联银"筹款300万元，通过新民会、华北棉产改

① 〔日〕東亞新報天津支社：《華北建設年史》，1944年12月版，產經，第215—224页。
② 山东省政府编：《山东省概况》，1944年3月版，第34页。

进会在山东贷放 90 万元。贷款以合作社为对象，以信用担保方式由村长
负借款责任，每户贷款以 60 元为限，每亩可用物品抵借 3 元。1940 年春
耕贷款增至 500 万元，其中山东 200 万元，仍由"联银"拨款，委托新
民会、华北棉产改进会分别办理。1941 年春耕贷款为 600 万元，其中山
东仍为 200 万元。贷款方法改由"联银"贷与各省公署，在省公署监督
下，转由县市公署贷与县合作社联合会，再由其贷与乡村合作社。1941
年 12 月华北合作事业总会成立后，华北占领区的春耕贷款由其负责。
1942 年贷款资金为 1200 万元，其中山东 370 万元，贷款方式仍是通过合
作社系统办理，贷款额由每户 60 元增至 80 元，每亩抵借由 3 元增至 8
元。① 同年，华北合作事业总会还举办了凿井贷款，每凿井一眼发放无息
贷款 50 元，免费配给煤炭 2 吨。到 1943 年 6 月底，该会共放出春耕、凿
井、抽水机等 6 类贷款资金 1.555 亿元。② 此后因资金匮乏，华北伪政权
不再进行大规模放贷活动，只是发放一些小额信用贷款。

农业开发贷款由华北政权负责筹措，山东省公署具体办理。1940 年，
省公署发放春耕贷款 200 万元，其中拨付苏北专员区 20 万元，省内各县
市 180 万元，均由鲁兴银行代办；同年还在德县等 32 县发放凿井贷款
17.2 万元。③ 1942 年山东日伪政权在占领区发放春耕贷款 314 万元，贷
款户数 7.5 万户，并在宁阳等 34 县发放凿井贷款 185 万元。④

日伪政权举办贷款的用意，是想诱使农民加入合作社，同时解决农户
购买种子、肥料、农具的费用，以恢复农业生产。但在占领区农业生产遭
受严重破坏，城乡物资流通萎缩，农产品"公定价格"低于市场价格，
劳动力和耕畜匮乏的状况下，农贷所起的作用十分有限。而且由于贷放过
程中存在着种种弊端，如贪官污吏劣绅的侵吞私占等，也限制了农户获得
贷款的可能。因此，农业开发贷款实际并未能使农业生产的破败状况发生
改观。

（2）兴修水利设施。对于山东旱作农业来说，农田水利设施至为关

① 《中联银行月刊》第 3 卷，1942 年 5 月第 5 期，第 10—21 页；第 1 卷，1941 年 3 月第 3
期，第 215—216 页。

② 《华北合作》第 10 卷，1944 年 2 月第 1 期，第 34 页。

③ 山东省公署：《山东省公署二十九年工作报告》，1941 年版，建设部分。

④ 山东省政府编《山东省概况》，1944 年 3 月版，第 50—54 页。

键。日伪政权为推广棉花、烟草、粮食种植,曾在占领区实施凿井工程和水田开发、河水灌溉等措施。1939 年 2 月华北棉产改进会成立后,为完成八年后(到 1946 年)华北棉花产量达到 1000 万担的计划,首先以贷放凿井资金的方式进行棉田水井建设。1940 年度凿井 2627 眼,1941 年度凿井 2750 眼。伪华北政务委员会也于 1941 年拨款 40 万元,在山东等 4 省农村推行凿井。① 省、道、县各级农产物增产实行委员会成立后,均设有水利班或凿井班,并按照兴亚院的方案实施凿井工程。1942 年曾计划在山东凿井 3.6 万眼,根据每眼井配给 2 吨煤炭、贷款 100 元的规定,共需煤炭 7.2 万吨和 360 万元。② 这一计划未能完成,是年凿井贷款发放至宁阳等 34 县,贷款额 185 万元。③ 同期日伪当局还计划在临朐、曲阜、章丘、临淄等县水洼地续开水田 18900 亩,轮种水稻、小麦;在恩县、武城、临清等运河两岸地区安设扬水机,利用河水灌溉。据 1943 年报告,日占区共有栗原式、大仓式、升恒式抽水机及人力管式水车 3000 台,凿井 13 万眼。④

(3)培训技术人员。培训技术人员是从华北棉产改进会设植棉技术人员训练班开始的。1939 年 5 月该会与北京大学农学院合作培训植棉技术员,在北京、济南、石家庄招生 100 名,经 8 个月学习后,派赴所属各省指导区及采种圃工作。华北农事试验场所设的技术训练部也于 1940—1942 年每年招收练习生 250 名,学习 2 年分派各地农村。山东日伪政权为实施农作物增产计划,于 1941—1942 年将日本技术人员委任为特务机关"嘱托",分别派往各重点县,担任增产运动的指导工作;同时,省公署、华北农事试验场、棉产改进会、棉花增产实行委员会、小麦协会以及新民会中的相关技术人员也均在动员之列,以扩展和促进技术推广工作。⑤

(4)推广良种,防治虫害。战前,日本有关机构曾在胶济铁路沿线

① 曾业英:《日伪统治下的华北农村经济》,《近代史研究》,1998 年第 3 期,第 97 页。

② 松崎雄二郎著、舒贻上译:《日本人的山东开发计划》,1947 年版,第 35—38 页。

③ 山东省政府编:《山东省概况》,1944 年 3 月版,第 52 页。

④ 《山东省农业增产推进委员会施政事业经过报告》誊印本,1943 年版,藏山东省图书馆。

⑤ 松崎雄二郎著:《日本人的山东开发计划》,舒贻上译,1947 年 11 月,第 35 页。

地区进行过棉花良种的推广，侵占山东后，良种推广不仅范围扩大，种类也有所增加。华北棉产改进会成立后，即设立自营采种圃4处，其中济南辛庄采种圃占地96亩。后又在德县设立6处委托采种圃。1940年在高唐设自营采种圃，占地506亩。在主要产棉县如禹城、恩县、惠民、滨县、济阳、商河、高唐、夏津、清平、临清、齐东、邹平、青城、高苑、高密、潍县、平度、昌邑、济宁、历城等地也设有委托采种圃。自营和委托种圃主要从事"斯字棉"、"脱字棉"、"金字棉"品种的繁育。1941年度日占区预定棉花推广种植面积420万市亩，需用棉种4417450市斤，其中收买2178012市斤，收回1761022市斤，采种圃生产478416市斤，占10.8%。是年济南、高唐自营采种圃共收获棉种42340市斤，德县、滨县、齐东、高密、高唐、临清6县委托采种圃共收获575457市斤。[①]

1942年前后，日占区粮食作物良种的培育和推广，主要由华北合作事业总会和华北农事试验场系统实施。合作社系统通过委托农户设采种圃，繁育种子后向农户推广；农事改良机构则是通过济南、青岛支场进行良种培育，然后向重点产粮县推广。如济南支场培育的粟"华农1号"、小麦"华农2号"在鲁中地区推广，"华农6号"、"华农7号"在鲁南地区推广；青岛支场培育的粟"华农3号"、小麦"华农3号"在鲁东地区推广。1942年华北农事试验场在历城、滋阳、济宁、高密、青岛等5市县设立小麦采种圃，并免费在这些地区配发良种16500公斤。第二年除在上述地区增设谷子采种圃外，又在平原、泰安、滕县、桓台、益都等县设立小麦采种圃。1944年复在德县、潍县、曲阜增设小麦采种圃。[②] 1943年，山东农业增产推进委员会在恩县等12县推广"华农2号"、"华农3号"51万余斤和粟"华农2号"近16万斤，在历城等8县推广水稻良种"陆习银场主"569石，在聊城等8县推广甘薯良种7万斤，在临清等产棉区推广斯字4号棉55000担，在益都等15县推广黄烟良种20公斤。[③] 1944年继续推广华农系列良种，在鲁南、鲁中、鲁东22个县推广小麦良

① 松崎雄二郎著、舒贻上译：《日本人的山东开发计划》，1947年11月，第52—54页。

② 居之芬主编：《日本对华北经济的掠夺和统制——华北沦陷区资料选编》，1995年版，第747页。

③ 《山东省农业增产推进委员会施政事业经过报告》誊印本，1943年版，藏山东省图书馆。

种 34.7 万亩，谷子 45.9 万亩。①

日伪粮食增产计划中，将推广化肥、种子消毒以及病虫害防治作为增加产量的重要手段。推广使用的化肥主要是硫铵（肥田粉）。1938 年青岛港进口化肥为 722 吨，1939 年为 6364 吨。②

太平洋战争后，日伪有关机构改从日本、满洲进口化肥，并在华北设立化肥工厂，以扩大供给数量。1942 年华北合作事业总会春秋两季在山东配发肥田粉 1430 吨。1944 年山东各农事试验场在高密、潍县、诸城、商河、平度、桓台、益都等 42 县配发硫铵肥料 11528 吨。病虫害防治方面，日伪曾拟订种子消毒计划，购置药械和药品发放。1942 年华北合作事业总会通过合作社分配粟和小麦种子消毒药 92812 磅，其中青岛地区 4114 磅，青岛以外地区 25972 磅。③ 1941 年 6 月日本在青岛开办兴亚农药株式会社，1944 年建成投产，生产氟制杀虫剂。1942 年山东省食粮增产实行委员会筹集喷雾器 1 千余架和灭虫药品，分发至 40 余县。翌年又购置喷雾器 850 架、种子消毒器 266 台予以分发。1944 年日伪农事机构在高密、潍县、诸城、平度、临淄、益都、桓台、宁阳、汶上、曲阜等 46 个县配发种子消毒剂 39244 公斤。④

（5）扩大耕地面积。日占区农村受战争影响，出现了大量荒废土地。1942 年日伪计划在章丘、临淄、曲阜、峄县、临朐、昌邑、滋阳等县开垦荒地，改良旱田。所制定的垦荒办法规定：荒废砂地、碱地属于私有者，贷予改良费，指导改良土壤；属于官有者，召集当地失业农民每人给地 5 亩，贷予种子、农具及每亩改良工费 20—30 元，3 年偿还贷款，还清后土地归其私有。⑤ 但是在实际推行过程中，由于日伪政权根本无意投入资金和物资，农户一贫如洗，无力开垦改良荒地，结果非但已有荒地未能复垦改良，而且不断有大片农田因战争缘故而变成新的撂荒地。

---

① 山东省档案馆馆藏档案，J102—10—2，山东省农业推广计划，第 7—8、18—19 页。

② 〔日〕满鐵調查部：《北支商品綜覽》，日本評論社 1943 年 2 月版，第 399—400 页。

③ 《中联银行月刊》第 5 卷，1943 年 6 月第 6 期，第 146—147 页；山东省档案馆馆藏档案，J102—10—2，山东省农业推广计划，第 7—8、18—19 页。

④ 郑伯彬：《日本侵占区之经济》，鸿福印书馆 1945 年版，第 49 页。

⑤ 山东省公署：《山东省公署三十一年度治安、治安强化运动、食粮、经济报告书》，1942 年版，第 13 页。

日伪政权建立的各级农业经济统制机构和实施的多项农作物增产开发措施，其本意一方面是满足日本所需棉花、粮食等重要农产品的供给，发挥占领区军事经济"兵站基地"的作用；另一方面是"确立华北经济目标的紧急自给体制"，通过增加产量，减少占领区对日满的依赖，保证食粮的获取和配给，稳定统治区秩序。这些举措虽在 1940—1942 年三年间有所成效，即粮食和棉花生产较战争初期有一定恢复，达到战时的高峰。但是，由于侵略战争造成的难以逾越的障碍，占领区农业生产未能恢复到战前水平，农产品实际获取数量低于计划数量，农业增产迅速演变成农业掠取，农业开发计划落空。这些措施对缓解当时的粮食危机，减缓农业生产下滑起到了一定的作用，但在农业投入不足，农村社会环境不断恶化，日伪基层组织的低效率，对农产品强制收购等等因素制约下，日伪当局的农业增产计划目标未能达到，农业经济仍处于衰败之中。

1931—1936 年的山东农业经济为民国时期最高水平，全省年平均种植面积 16156.9 万亩，总产 107 亿公斤，平均单产 66.2 公斤；其中小麦种植面积平均 5236.3 万亩，总产 25.12 亿公斤，亩产 48 公斤；主要经济作物棉花种植面积 623.1 万亩，总产 0.86 亿公斤，平均单产 13.9 公斤；花生种植面积 641 万亩，总产 6.4 亿公斤，平均亩产 99.7 公斤。1936 年大牲畜 508.9 万头，猪 408.7 万头、羊 225.5 万只，家禽 2708.9 万只。人均占有粮食为 281.5 公斤。[①]

关于战时山东农业经济缺乏较为完整、全面的统计数据，特别是 1943 年后几无完整统计材料，然而综合当时的调查统计和后人的研究，可以确定农作物种植面积、总产量、单产量均不及战前。据伪山东省公署工作报告所载，在为实施增产措施的 1940 年，农业生产有所恢复，但生产水平大大低于战前（参见表 6—10）。

表 6—10　　　　　　　　山东日占区农作物耕种面积、产量统计

种类	种植面积（官亩）		产量（市担）		1939 年
	1939 年	1940 年	1939 年	1940 年	
小麦	23309341	39266495	19883543	20719031	78 县市

①　山东省农业厅编：《农业经济统计提要》，山东人民出版社 1981 年版，附录部分。

续表

种类	种植面积（官亩）		产量（市担）		1939 年
	1939 年	1940 年	1939 年	1940 年	
大麦	717115	877892	936937	670317	29 县
高粱	11099120	13977624	12212335	15007251	75 县市
粟	10798478	13152445	10689721	19540005	75 县市
玉米	6103778	7944162	5747801	10557883	58 县市
大豆	15493365	21768146	9562146	20655575	76 县市
花生	1748581	2500013	3640875	4200714	52 县市
棉花	2820013	2205653	1763946	1835143	47 县

资料来源：据山东省公署：《山东省公署二十七八年工作报告》、《山东省公署二十九年工作报告》，建设部分整理而成，1940 年无县市呈报数，统计数也有不实之处。

另据 1943 年出版的《北支年鉴》载，1941 年山东等地小麦及 11 种农作物耕地面积减少 16%，小麦、玉米、水稻、棉花及烟草等减产 50% 以上。[①] 战争期间的棉花生产，尽管采取了种种增产措施，也未能恢复至战前水平。据战前有关研究统计，山东棉花种植 1929—1934 年呈增加趋势，面积在 500 万—700 万亩，总产在 130 万—200 万担之间。[②] 而在战时的 1940 年，山东全省植棉约 350 万亩，因天灾人祸，收获面积仅 140 万余亩，皮棉产量 109 万余担；1942 年植棉面积约 470 万亩，皮棉产量约 120 万担。[③] 此后由于农业生产进一步恶化，生产水平有可能大大低于 1942 年。1941 年花生种植面积 409.9 万亩，产量 4.28 亿斤，1942 年 447.8 万亩、4.12 亿斤。小麦生产 1939、1942、1943 三年平均种植面积 2925.2 万亩，1939、1942 两年平均总产 9.8 亿公斤。据此计算，亩产仅为 33.5 公斤，比战前下降 30%，总产下降 61%。由此可见，抗战时期，

① 郑伯彬：《日本侵占区之经济》，1945 年版，第 33—34 页。

② 吴知：《山东省棉花之生产与运销》，天津南开大学经济研究所《政治经济学报》第 5 卷，1936 年 10 月第 1 期，第 5 页。

③ 〔日〕满铁北支经济调查所：《山东省主要农产品（棉花、小麦、杂粮）の生产と上市事情》，1942 年 11 月版，第 17 页。

农业生产水平呈下降趋势，日伪政权的增产措施并未能挽救农业经济衰败的困局。

农业生产水平的下降势必影响到农产品的供给，日伪政权虽实施多种方法统制"收买"，但仍未达到其计划数量，食粮危机不断加重，农业开发计划最终破产。太平洋战争爆发前，华北食粮危机已相当严重，但尚可从国外、伪满洲国等地进口农产品作为补充，对占领区农产品的收购统制尚限于棉花、大米。此后由于更加强调"现地自活主义"，有限度的"自由收买"转变成"行政收买"，多方参与变成一元化管制。日伪统治中后期成立的食粮管理局、采运社、食粮公社等机构，其职能就是进一步统制"收买"，控制粮食流通，以增加征购数量。这样，农业开发便从增产、收买双重目标转变为收买、配给单一目标。

日伪政权虽实施了农业增产措施，制订了农产品收购计划，但生产和收买实绩远未达到计划数量。1942 年，日伪在山东占领区的小麦征收计划数为 8.8 万吨，而实际征收数为 57845 吨，只完成计划数的 65.7%；1943 年计划征收量为 17.8 万吨，尽管采取了"行政供出"等统制措施，但当年只完成征收 58285 吨，征收比例下降至 32.7%，与收买计划目标相去甚远。① 棉花的收买、征购也日趋不畅，1945 年 4 月济南日军联络部对山东日占区收买实绩调查报告称：全省计划收买 77.95 万担，实际收买 11.69 万担，仅完成计划数的 14.99%。具体情况见表 6—11。

表 6—11　　　　　山东各地棉花征收统计（1945 年 4 月）

地区	计划收买量（担）	实际收买量（担）	收买率（%）
东临道	500000	109269	21.85
济南道	49300	2060	4.18
武定道	150000	4211	2.81
青州道	32500	467	1.44
莱潍道	21800	449	2.06

① 淺田喬二编：《日本帝國主義下の中國：中國佔領地經濟の研究》，1981 年版，第 148—149 页统计表，对表中错误做了订正。

地区	计划收买量（担）	实际收买量（担）	收买率（%）
曹州道	25900	401	1.55
合计	779500	116857	14.99

资料来源：松崎雄二郎著、舒贻上译：《日本人的山东开发计划》，1947年版，第56—57页。按：原表合计数有误，已订正。

日本发动侵略战争需要各种资源尤其农业资源的支撑，为此日本不仅从保障大陆兵站基地粮食供应的需要出发，制订了详尽的开发计划；而且通过省道县合作社、华北农事试验场、华北棉产改进会、华北食粮统制机构以及省内各级日伪机构实施了一系列增产措施。然而在其"现地自活"方针指导下的农业开发，目的无非是为了发挥占领区"兵站基地"的作用，以日趋严密的经济统制为手段，对农业资源进行竭泽而渔式搜掠，结果农业开发未能扭转农业衰落破败的局面，相反广大农民的负担日益加重，农业生产继续遭受摧残和破坏，农业开发最终归于失败，农村经济进一步陷于破产境地。在侵略政策和统制经济体制之下，农业开发的失败有其必然性，究其原因和表现有以下几点。

其一，日伪当局制订并实施的开发和收买计划，具有明显的虚幻性，完全无视战争给农村社会带来的劫难。战时生产环境的恶化，原有流通关系的破坏，役畜、农具、肥料的匮乏，农业劳动力被征用和逃亡，这些因素都不可避免地使原有农村经济和农业生产遭受破坏。战争期间，日军所到之处随意征用耕畜、大车为之运送军粮和弹药，青壮劳力被征用服苦役现象更是十分普遍。日军为隔断所谓"治安区"与"非治安区"的联系，修建了许多"县境壕"、"惠民壕"、"护路壕"，并在占领区域内修筑据点、碉堡、公路等，为此征用了大批人力和物力，这样不仅造成大批农业劳动力流失，而且加重了农民的负担。1939年2月，日伪当局颁布《铁路爱护村条例》，规定"在铁路线附近二公里以内，须组织铁路爱护村"，由村民担任护路工作，所需费用全部转嫁给"爱护村"负担。对此，在1942年新民会的一次会议上，山东代表曾就爱护村农民处境发表议论：

不仅义务工作，且须担负经费。缘爱护村，在铁路两旁修盖岗屋，昼夜出夫看守，关于工资灯油累计计算，数字之大，恐非一般人所尽知。单就山东省临淄县第三区而论，每晚须出民夫一百一十一名，每月须担负经费一千八百八十七元，全年二万二千六百四十四元，是项用费，完全由爱护村负担。当兹农村凋敝之际，农民有此负担，其困难不言可知。①

日军强征农村劳力修筑军事设施和供经常性役使的现象较为普遍，在"治安区"与"非治安区"接壤地区则更为频繁。1939 年 12 月伪临时政府山东庶政视察团报告中也承认：

　　每日军事行动颇为频繁。但因道路交通运输均感不便，尝有抓民车、夫役之事。驱驰如犬羊，役使如牛马。既已达目的地，不但不给工资，且更不给饮食，且有驱作战事工作者。所以被抓之民夫，能以得庆生，即属万幸。②

1940 年日军为确保淄博矿区的安全，防止抗日武装的攻击，决定在博山、淄川境内修筑遮断线工程。工程于 1941 年 10 月开工，由壕沟、石墙及炮楼组成，工期长达 15 个月，博山每区每日派民夫 500 人，共征调民工 110 余万人次，耗费民财 20 万元。遮断线经过区域，占用民田 1 千余亩，取石拆堰导致千余亩土地被雨水冲塌，因该线阻隔，线内外有 2500 余亩土地无法耕种。③ 据山东抗日根据地各战略区不完全统计，从 1937 年 12 月至 1943 年 5 月，日军在山东修筑据点 2184 个，封锁沟墙 8494 华里。④ 如按一个据点占地 15 亩计，共占地 32600 亩；封锁沟墙每华里占地 9 亩计，共占地 76446 亩，两项合计占地 109106 亩。

作为农业生产基本要素的土地被迫退出生产领域，毁坏了农业的根

　　① 中华民国新民会中央总会：《第二届全体联合协议会会议录》，1942 年版，第 95—96 页。

　　② 中央档案馆等编：《日本帝国主义侵华档案资料选编·汪伪政权》第 6 辑，2004 年版，第 382 页。

　　③ 山东省政协文史资料委员会编：《文史资料选辑》第 3 辑，1982 年版，第 150—159 页。

　　④ 山东省档案馆、山东社会科学院历史所编：《山东革命历史档案资料选编》第 10 辑，山东人民出版社 1983 年版，第 233 页。

基，造成农作物种植面积、产量大幅度减少；农民负担的加重，进而影响了农业收益。当这种现象在占领区演变成全局性、普遍性状态时，日伪的农业开发和增产措施不仅不能产生实际长久效果，反而使农业生产和农村经济日趋萧条。

其二，日伪农业开发与收买计划存在着难以克服的内在矛盾。为获取战争所需的农产品资源，在生产下滑的状况下，日伪政权只能依靠推行各种统制措施来弥补农产品供应不足，使"行政性收买"变成竭泽而渔的掠取。随着日伪统制向广大农村区域的扩展，城乡间的物资交流日趋减少，原有的农村市场出现严重的衰落和萧条。日伪政权出于税收征管的便利，曾对农村市场体系妄加干预，人为减少集市数量，以求与区公所数量相当。农村经济的破败和农民资金匮乏，以及城乡间物资交流呆滞，使城市输入乡村的诸如棉纱、棉布、糖、火柴、烟草、煤、盐等消费品减少，乡村向城市提供的农产品也相应减少，城乡间商品交换的受阻，给农业生产带来不利影响。

以棉花流通为例，棉花收购和配给统制政策使正常的棉花流通过程发生了变化，战前形成的市场关系被破坏，城乡之间的有机联系被阻断，结果导致棉花上市率逐年降低、商品化程度不断下降。1938—1941 年山东皮棉产量分别为 81.5 万担、46.4 万担、33 万担、10.9 万担，上市量则分别为 59.9 万担、28.4 万担、21.4 万担、5.9 万担，比率为 73%、61%、65%、54%。[1] 棉花不能自由流通，必然使棉农收益下降，加之统制政策设定的种种限制，棉农只得放弃棉花种植。以产棉大县临清为例，棉花种植比例一向居农作物首位。但因战时粮食严重不足，农户被迫放弃植棉改种粮食作物，结果棉花种植面积和产量均较战前下降。[2] 日伪当局既想确保战略物资——棉花的种植，又想增产粮食，稳定占领区粮食供给，然而在其统制之下，农户口粮朝不保夕，实际根本没有余力维持经济作物种植。

其三，日本对农业经济的统制，从局部到全面，从分散到统一，始终

---

① 〔日〕满铁北支经济调查所：《山东省主要农产品（棉花、小麦、杂粮）の生产と上市事情》，1942 年 11 月版，第 23 页。

② 〔日〕满铁调查局：《山东省临清县农村实态调查报告：临清县第二区大三里庄に於ける绵作事情调查を中心として》，1944 年版，第 1 页。

是将如何获取作为解决农产品匮乏的主要对策，农业增产措施往往流于形式。太平洋战争后，日伪对农产品的收买转变为直接的"行政获取"。日伪当局强行规定在建立政权的地区实行"责任供出"，即按预估产量确定收购数量，并按所颁布"公定价格"进行收买，结果在实际产量少于预期产量，"公定价格"低于市场价格的情况下，农民仍要按规定"供出"。

日伪最早实行统制的粮食作物是稻米，战争初期即由日本军需机构实行统制。据满铁调查部 1941 和 1942 年两次实地调查报告称：历城县规定稻米只能卖给合作社，不准自行卖给粮商，而实际上农民如将稻米运往济南销售，比交予合作社能得到更高报酬；同时农民还被迫以高于市价的价格从社内购买配给的煤油、火柴、香烟等生活必需品。[①] 1943 年华北日占区农作物"公定价格"与市场价格比较，小麦平均只有 43.7%，粟为31.6%，玉米为 32.6%，高粱为 33.2%。[②] 低廉的统制收买价以剥夺农民利益为条件，给农业生产和农民生活带来极为不利的影响，民众也必然以各种方式进行抵制。

1940 年后日本即对抗日根据地实施长期经济封锁，1942 年第三次治安强化运动更是将经济封锁作为重点。通过设置封锁线、物资配给和输出入许可制、交通要道检查等诸多方式，日伪建立起经济封锁体制，对"非治安地区"进行严密封锁。1942 年 6 月，山东省物资对策委员会发布的《防止物资流向匪区要领修正案》中规定，运出物资需经日军大队长以上长官许可，列入控制的物资有 14 大类，涉及全部基本生活用品和重要军需物品及原料。经济封锁不仅使抗日根据地出现严重的物资短缺，而且由于人为限制商品流通，导致城乡市场交易呆滞，加剧了日占区物品匮乏。1942 年 1 月青岛市的一份报告材料称：

> 查本市需用日常生活品之来源，向来仰自乡间及附近各县。例如食粮、土产、鸡鸭、蛋、水果、木柴、蔬菜、猪牛等类，均由乡间贩商自动运来青岛，为数甚多。自从我方实行经济封锁后，所有匪方一

---

① 〔日〕中國農村慣行調查刊行會編：《中國農村慣行調查》第 4 卷，岩波書店 1981 年版，第 227—229、343 页。

② 淺田喬二編：《日本帝國主義下の中國：中國佔領地經濟の研究》，1981 年版，第 168页。

般乡民，因之中止其贩运，长此以往，关于本市需用上列物品，必至渐次缺乏。①

在严禁物资流入"非治安区"的同时，日伪利用各种手段对其农畜产品进行抢夺。一是利用贬值的法币，从日占区之外套取物资；二是用以货易货的形式换取所需货物；三是设立特殊贸易机构，利用"非治安区"客商隐蔽收购重要物资；四是在靠近根据地的公路、据点设立交易场所，专事粮食和土产的收买。1942 年日伪的抢夺活动范围已进入到抗日根据地核心区域。日伪政权还利用新民会、合作社组织"收集班"，在日军进行"讨伐"、"扫荡"时抢购农产品，以谋求扩大重要物资的来源。

其四，日本对农业经济的统制和开发的目的是为了更加有效的获取农业资源，而掠取又重于开发，且愈演愈烈，其对农业生产造成的破坏又远非农业增产改良措施所能补救。1939—1945 年，日军对中共领导的山东抗日根据地进行的千人以上"扫荡"有 190 余次，其中万人以上的有 17次。"扫荡"期间，凡日军所到之处，即有杀掠民众的事件发生。1941 年冬季，5 万日伪军对沂蒙地区进行铁壁合围大"扫荡"，共杀害 3500 人，捕捉青年壮年近 2 万人。② 日伪政权不仅为军事需要征用大量劳力，而且供经常性役使而耗费的劳力数量更为庞大，给农业生产带来的不利影响更为持久。

除征调农业劳动者在省内修建各类军事、公路及工矿工程外，日伪当局还采用诱骗、胁迫、强制的方式，以劳工的形式将大批农民送至东北、日本服役。1934 年 4 月，在天津陆军特务机关指导下设立了大东公司，并在青岛、烟台、威海卫设立事务所。1937 年后，伪满洲国推行第一次产业开发计划，对劳工的需求增大。于是，日伪政权于 1938 年 9 月在青岛设立山东劳工福利局，10 月在济南设立山东劳务公司，翌年 2 月又在青岛设立大陆华工公司等一系列劳工征召机构，由这些机构在山东大规模招募劳工，此后山东入满人口迅速增加。详见表 6—12。

---

① 中央档案馆等编：《日本帝国主义侵华档案资料选编·华北治安强化运动》第 10 辑，1997 年版，第 306 页。

② 方正主编：《日本侵略军在山东的暴行》，山东人民出版社 1989 年版，第 2 页。

表 6—12　　　　　　　　　　山东入满人口统计（1936—1939 年）

年度	华北入满人口	其中山东人口	所占比例（%）
1936	364142	223870	61.48
1937	323689	181165	55.97
1938	501689	236547	47.15
1939 年 9 月	815975	428140	52.47

资料来源：〔日〕亞洲歷史資料中心档案，B04012837100，在濟南總領事：中國苦力關係雜件，26，濟南，1940 年 2 月 19 日（外務省外交史料館，外務省記録）。

　　在完成对华北军事占领后，日本政府制定了《日满华经济建设要纲》，提出有计划组织劳工入满，以满足伪满洲国重化工业、矿业和农业开发对劳动力的需求。此后对华北及山东劳工的募集转向大规模强制性阶段。1940 年 4 月，"华北交通"、"满业"、"满铁"决定在铁路沿线"爱护村"招募劳工，分别为满洲重工业会社和抚顺煤矿招募劳工 15 万人和 3 万人。[1] 是年征召劳工在山东达到高峰，据满洲劳工协会济南支部统计，1940 年经由烟台港输送东北服役劳工达 12 万人。该年度自华北赴东北的劳工 136.6 万人，其中山东劳工 70.8 万人，占 53%。[2]

　　日本占领山东后，农村经济的衰落，曾一度使山东劳工募集较为顺利。但后来因赴满劳工报酬低，待遇恶化，死伤率高，劳工汇款受到限制等因素，赴东北的劳工急剧减少。为应对这一局面，1941 年 7 月，华北开发公司与伪华北政务委员会联合设立华北劳工协会，统一接管新民会和满洲劳工协会在华北各地的劳工招募机构。协会在济南、青岛、烟台等 9 个城市设办事处，并指定山东、河北、苏淮三地 16 个县为实施县，其中山东就有 11 个县。[3] 此时对劳工征召已由骗招演变成强征。据华北劳工协会调查统计，1941 年度赴满洲、蒙疆的山东劳工有 57 万人。[4]

　　在太平洋战场上失利后，日本为解决劳工日趋枯竭的问题，在华北及山东实施了"劳工强力供出体制"，指令各级伪政权和组织配合协助，扩

---

① 解学诗主编：《满铁史资料》第 4 卷第 2 分册，中华书局 1987 年版，第 485 页。

② 松崎雄二郎：《北支那經濟の新動向》，1942 年 8 月版，第 200 页。

③ 〔日〕東亞新報天津支社：《華北建設年史》，1944 年 12 月版，産經，第 424 页。

④ 山东省政府编：《山东省概况》，1944 年版，第 59—60 页。

大强征范围。华北劳工协会开始实施强制性募集政策，采用硬性摊派指标、定点强征甚至公开抓捕等手段强征劳工，然后集中运至各地充当苦力。1943 年后包括山东劳工在内的华北劳工还被送至日本，从事矿业、装运业、土木建筑业等极其艰苦的劳作。1939 年后山东赴东北移民中有相当部分是劳工身份。据对惠民县 1948 名迁移东北者的调查，胁迫作劳工者达 1712 人，占 87%。① 整个抗战时期，山东移往东北且留住者有 289 万人，据推算劳工不下 200 万人。②

被征召的劳工基本为农村青壮男子，是农村劳动力的主体，农村青壮劳动力被大量征召、掳掠、屠杀，必然造成农村劳动力缺乏，而农业劳动投入不足，恰是当时农业生产衰退、农村经济破败的重要原因之一。正是由于日本侵华战争对农业的掠夺和破坏，对农民的役使和杀戮，使农业生产衰落，农民在日伪政权横征暴敛重压下大量破产，农村经济陷入破败境地。

---

① 路遇：《民国年间山东移民东北三省初探》，《人口研究》，1985 年第 6 期，第 11 页。
② 转见居之芬：《抗战时期日本对华北沦陷区劳工的劫掠和摧残》，《中共党史研究》，1994 年第 4 期，第 39 页。按：1941—1944 年 8 月，华北劳工协会从华北强征劳工 342 万人，如按山东人占半数计，即达 161 万人，加上此前招募的劳工，人数应不低于此数。

第七章 经济统制条件下的工商资本扩张

一 对民族工业的"军管理"、委托经营与收买合办

战争初期，日军在对山东进行军事占领的过程中，强行接收被占城市和工矿区的中国工矿企业，实行"军管理"。被其接收的企业，不仅有国家资本或地方官营的企业，如铁路、港口、通讯、电力等部门，也有大批分布于煤炭、纺织、面粉、火柴、机械等部门的私人资本企业。日军以没收"敌人官产"和军事需要为名所采取的这一举动，是其在战争初期夺占工矿资源、建立统制经济的主要方式，一批现代化程度较高的民族工业企业转瞬间成为其战利品。当时日本认为"军管理"企业的使命和意义在于：第一，协助补充军需供应，将交通、通信、电力、矿业等重要产业以及棉纱、面粉、火柴、卷烟、建材、煤炭、火药、皮革等军需物资，概由军部确保或组织生产，以便于就地采购；同时动员日本民间资本，参与投资经营。第二，战火未熄之地，不能即办营利企业，故须暂作军管理。第三，在原经营人不在期间，由日人负责工厂经营，待其归来后改为日华合办事业，这样可以不用其他强制措施，迫使原业主承认既成事实。第四，利用工厂进行"宣抚"工作，以利于对工人实行控制。① 由此不难看出，日军接收中国资本产业并实行军管理，目的虽有多重，但保障军需供应，控制民族工矿业则是主要的。

通常，日本把与战争关系密切的电力、交通、矿产、盐业等资源开发部门中的企业，作为"统制企业"；一般与战争关系不直接的企业划为"自由企业"，由日本民间资本和中国资本"自由"经营。实行军管理的

---

① 〔日〕東亞新報天津支社：《華北建設年史》，1944 年 12 月版，産經，第 86 页。

中国企业，既有日本认定的"统制企业"，也有"自由企业"。日本占领军将这些企业采用委托经营的方式，让日本的国策公司、财阀公司和专业公司参与进来，一同进行经营管理，使日本资本借助军事占领迅速控制中国民族工业。统制企业由华北开发公司负责监督，委托给兴中公司或三井、三菱等财阀公司，自由企业多委托给在华纺织公司、面粉公司等专业公司。通过军管理这一手段，日本掌握控制了大部分重要的民族工业企业，并以此为基础开始实施工业开发计划，而恢复占领区工矿业生产，获取军需物资和重要原料则是计划实施的重点。

日本占领军对占领区工矿业的军管理，最先从济南的华商纺织、面粉工厂开始。1937 年 12 月 27 日日军侵入济南，29 日即派兵进驻成大纱厂。同日，日军特务机关在济南商会召集成大、仁丰、成通三大纱厂和各大面粉厂经理开会，宣布将分批对各厂实行军管理。翌年 2 月，由日军济南特务机关宣布对成大纱厂实行军管理（即军管理山东第一工厂），委托东洋纺经营。3 月，仁丰纱厂、成通纱厂亦被军管理（即军管理山东第二工厂、第三工厂），委托日本钟渊纺、丰田纺两大企业集团经营。与此同时，济南 7 家面粉厂除惠丰、华庆、茂新 3 家外，有 4 家被军管理。3 月，成记面粉厂委托日清制粉株式会社经营，改称军管理第四工厂；5 月，成丰、丰年、宝丰面粉厂委托东亚制粉株式会社经营，改称山东第十、第十一、第十二工厂。同时，致敬水泥公司委托日本盘城水泥公司经营，改称军管理山东第九工厂。在此过程中，济南电灯公司、电话公司、中国打包公司、兴华造纸厂等先后被军管理，并委托日资企业经营。委托经营程序一般是先由日军占据查封，再由日本特务机关指定委托经营机构，厂方清账造册，在日本军方监督下由原业主与日方签订代管协议，由日资企业接手企业管理。

1938 年 1 月 10 日日军侵占青岛后，迅速对港湾、铁路、海关实行军事管制，以保证城市经济活动恢复运转。与此同时，日本占领军还对青岛四方机厂、海军工厂、永裕盐业公司、茂昌蛋品公司、冀鲁针厂等工厂实施军管理，分别按统制企业和自由企业委托日本企业经营。

日军沿铁路线占领煤矿区后，便立即对主要矿井实行军管理，对煤矿企业实施全面控制。1938 年 1 月日军发布命令，宣布淄川地区煤矿统归鲁大公司管理统制，博山地方煤矿统归东和公司管理统制，要求各矿呈交

"宣誓书"，表示服从管理，如有违反严厉处罚。对于淄博地区民营小煤矿的军管理和委托经营，带有恢复煤炭生产的临时性质，目的在于利用当地廉价劳动力，扩大煤炭资源的开采。对山东其他占领区的煤矿，如中兴煤矿、华丰煤矿、华宝煤矿等，在实行军管理后，委托给兴中公司经营。兴中公司获得受托经营权后，为满足日本民间资本的投资要求，尽快恢复生产，通过协作公司制由日本大资本财团协助其经营受托的煤矿企业。协作公司的选择由兴中公司通过日本煤炭联合会，根据各财阀实力和煤炭地理位置（运输条件）来决定。山东峄县中兴煤矿于 1938 年 3 月交由占日本国内采煤量 1/4 的三井财阀经营；宁阳县华丰煤矿、泰安华宝煤矿，则于同年 1 月交由日本第二大财阀三菱来经营。三井、三菱两家大财阀插手山东煤矿的经营管理，足见其对获取山东煤炭资源的重视。[①] 战争初期日本对山东煤炭资源的军管理，为 1939 年 2 月经兴亚院批准华北煤炭经营 7 大集团的形成铺垫了重要基础。7 个集团在山东有 3 个，即由山东矿业公司经营的胶济集团，以淄川、博山矿区开发为中心；由三井矿山公司经营的中兴集团，以枣庄矿区开发为中心；由三菱矿业公司经营的大汶口集团，开发大汶口及周围地区矿区。

　　战争初期，山东相当多的民族工商业户为躲避战火，停业他徙，尾随日军进入山东的日本工商业者日渐增多，并不断提出利用原华商企业从事经营的要求。而日本当局在对中资企业实行军管理和委托经营后，也鼓动日本资本采用各种手段"收买"、"合办"华商企业，扩大日本工商资本在山东的工业势力。日本在占领区的经济扩张乃是以军事占领为后盾、以建立经济统制为前提，并服务于国家垄断资本控制掠夺资源的总体战略要求，与华商的关系并非正常的市场经济关系。军管理工矿业以统制经济为根本目的，很大程度上带有保障军事需要的临时应急性质，然而军队不可能对所涉足的产业进行有效管理，也不利于日本国家资本和民间资本攫取、兼并占领区民族资本，随着日占区的扩大和日本各类资本的涌入，"收买"、"合办"成为控制民族资本和经济开发的主要形式。"收买"、"合办"的对象多为民族资本比较集中、现代化程度较高的行业和企业，

---

① 淺田喬二編：《日本帝國主義下的中國——中國占領地經濟の研究》，東京：樂游書房，1981 年版，第 216 页。

具体实施过程是在日本殖民机构及伪政权的主导参与下进行的。收买、合办集中于 1938—1939 年，涉及的主要行业部门有：

（1）电业。日军占领山东各城市后即将电力部门军管，并委托兴中公司经营，随后兴中公司采用"合并"方式加以占据。日军占领济南后，兴中公司即受命接收电灯公司，1938 年 7 月与市公署设立合办的齐鲁电气公司，资本金 400 万元，原厂方以实物折算 200 万元，兴中公司、东邦电业公司各 100 万元，发电能力 7700 千瓦。① 战前青岛中日合办的胶澳电气公司是当时山东最大的电力企业，兴中公司接管后，即将资本金由原 200 万元增为 800 万元，中方 296 万元，占 37%，日方 504 万元，占 63%，成为日本控股企业。1938 年 6 月，在军管理的基础上，兴中公司与烟台生明电灯公司签约，合办芝罘电业公司，年底电业公司由华北开发公司继承，翌年 3 月 1 日正式设立。公司资本金 120 万元，其中华北开发公司、东亚电力兴业公司各占 30 万元，原生明电灯公司 60 万元，发电能力 3400 千瓦。② 除对大城市电力公司以合办形式加以控制外，日本还对其他城镇电厂以不同方式加以控制。潍县商办民丰电气公司被日军接管后，于 1938 年 11 月改称鲁东潍县电气公司。黄县龙黄电灯公司和威海卫光明电气公司被日军接管后，交由芝罘电业公司负责恢复运营。其他城镇如周村、博山、济宁、临清、泰安、滕县、邹县、蓬莱、坊子、刘公岛等地电灯公司均被日军接管，数十家厂矿企业的自备发电设备，也被日本以不同方式加以控制，成为其实施电业统制的基础。战前日资中日实业公司曾与山东省政府合办成立鲁东电力公司，在淄川、博山矿区开发电力。日本占据胶济铁路后，计划将鲁东电气公司与胶澳电气公司合并，由省公署与日资企业联合投资 1200 万元，合办电力公司，统一经营胶济铁路沿线城镇及工矿企业发供电业务。③ 但该计划后因各种原因而搁浅。

（2）纺织业。日本在对济南鲁丰、仁丰、成通 3 家华商纱厂实行军管的同时，对青岛唯一一家华商纺织企业华新纱厂则实行了收买。华新纱厂战前拥有纱锭 48044 枚、线绽 10640 枚、织机 371 台，并有全套的印染

---

① 松崎雄二郎：《北支經濟開發論：山東省の再認識》，1940 年 8 月版，第 721—722 页。

② 〔日〕滿鐵調查部：《北支那に於ける既存電氣事業總括調查報告》，1940 年 6 月版，第 176—178、234—239 页。

③ 松崎雄二郎：《北支經濟開發論：山東省の再認識》，1940 年 8 月版，第 710 页。

设备，是山东最大的民族纺织印染企业。抗战爆发后，华新纱厂部分机器纱锭装船运往上海，其余产业售与美商中华平安公司，试图借重美国势力得到保护。日军占据青岛后，鉴于青岛的日本各纱厂均被炸毁，恢复尚需时日，于 1938 年 4 月强制平安公司以 196 万元的低价将固定资产 500 万元（1936 年估值）的华新厂转售于日本国光纺织公司，以使受损的日本纺织资本减轻压力，加快恢复经营。国光纺织公司接手华新纱厂后一直经营至战争结束。

济南鲁丰、仁丰、成通 3 家近代纺织企业在 1941 年 7 月结束军管理后，成为第一批所谓"返还"工厂，但不久便被迫与东洋纺、钟渊纺、丰田纺等日本纺织公司实行合办。[①] 合办企业的运营形式是原业主作为股东领取红利，无权过问生产经营，全部事务完全由日方独揽。原业主虽在"合作"过程中就资产评估、红利分配、人事安排进行过抗争，竭力拖延，但最终未能摆脱在强权下被迫"合办"的命运。[②]

（3）火柴业。战前，山东是国内火柴工业较为集中的地区，全省拥有 30 多家火柴工厂，青岛、济南日商设立的厂家与华商形成激烈竞争的局面。战争开始后，华商火柴企业曾全部停业，后来随着日资工厂的开业，华商工厂在观望一段时间后也陆续复业。1941 年前火柴生产相对稳定，因部分企业停产所导致的市场火柴短缺，为开工企业扩大生产提供了条件。在此状况下，日本一方面扩大原有工厂生产规模；另一方面收买合并华商工厂，利用联营形式统制火柴工业。1938 年 8 月，原日资鲁兴火柴公司与华商东源、洪泰火柴厂实行合并，组成齐鲁合同火柴公司，成为济南最大的火柴企业。[③] 战前，青岛华商华北火柴公司曾是日资工厂的有力竞争对手，1938 年 9 月日商强行入股，资本金达到 100 万元，日商青岛燐寸、山东火柴、华祥燐寸均成为大股东，占 55%，华商华北火柴公司占 45%。此后日商在火柴业中的势力超过华商，到 1939 年其生产量已占总产量 65% 左右。[④]

---

① 杉田才一：《華北經濟の躍進》，東京，同盟通信社 1941 年 8 月版，第 97 页。
② 山东省政协文史委员会编：《苗氏民族资本的兴起》，山东人民出版社，1988 年版，第 148—152 页。
③ 〔日〕滿鐵調查部：《北支商品綜覽》，日本評論社 1943 年 2 月版，第 190 页。
④ 〔日〕青岛日本商工會議所：《所報》第 14 號，1940 年 12 月版，第 8 页。

　　火柴工业在得到一定喘息和恢复后，1938 年 8 月在兴亚院的示意下，日资火柴工厂开始续办中华全国火柴产销联营社，并将总社由上海迁至天津（后迁北京），继续按照华北、鲁豫、华中三个区在天津、青岛、上海成立三个分社。青岛分社理事长和济南支社主任均由日人担任，两地火柴工厂全部加入联营社（见表 7—1）。联营社按照战前的分配比率限定各厂的产额，并实行集中发卖。由联营社、工厂、经销店组成网络，依照合同进行生产销售，由日人出任查核员，驻厂进店监督。1940 年 2 月，联营社对火柴原料实行集中采购、统一分配，即统一向日本厂商购买，然后按照各厂生产比率分配使用，各厂不得自行高价收买。通过原料采购、生产和销售诸环节的控制，日本完成了对占领区火柴工业的统制，华商火柴厂的生产经营因多方限制而逐渐衰落。

表 7—1　　　　青岛、济南火柴厂加入联营社一览表（1939 年）

工厂名称	企业性质	厂址	规定年产额（元）
青岛燐寸株式会社	日资	青岛	55987
山东火柴工厂	日资	青岛	38732
华祥燐寸株式会社	日资	青岛	15370
东华火柴工厂	日资	青岛	11312
益丰火柴工厂	日资	青岛	4057
华北火柴工厂	中日合办	青岛	43080
鲁东火柴工厂	中资	青岛	14111
青岛振业火柴工厂	中资	青岛	25086
华盛火柴工厂	中资	青岛	4925
信昌火柴工厂	中资	青岛	17888
兴业火柴工厂	中资	青岛	13302
明华火柴工厂	中资	青岛	5433
洪泰火柴工厂	中日合办	青岛	8342
东源火柴工厂	中日合办	济南	10474
鲁兴火柴工厂	中日合办	济南	3567
振业火柴工厂	中资	济南	25746

续表

工厂名称	企业性质	厂址	规定年产额（元）
益华火柴工厂	中资	济南	4316
恒泰火柴工厂	中资	济南	2228

资料来源：松崎雄二郎：《北支經濟開發論：山東省の再認識》，1940 年 3 月版，第 732 页。

（4）面粉业。面粉业因与日本军需品供应关系重大，战争初期是日本实行军管理的重点行业，在对济南 4 家、济宁 1 家机器面粉厂实施军管理的同时，对青岛华商企业则实施收买政策。此时日本在华北有 4 家企业集团式面粉公司，其中东亚制粉公司大本营即在青岛（前身为精良面粉公司，1936 年改为三吉面粉公司，1939 年日本制粉公司加入），该公司先后收买了华商恒兴、中兴面粉厂，改为东亚制粉第一工厂、第二工厂，并受托经营济南成丰、丰年、宝丰面粉厂和济宁济丰面粉厂；日清制粉公司则受托经营济南成记面粉厂。1941 年 7 月，济南、济宁的 5 家面粉工厂解除军管理后均被迫与上述日本企业实行合办。日本在山东采用军管理、委托经营、收买、合办等形式吞并华商企业，使日本工业资本在面粉工业占有压倒优势。通过委托经营这一方式，华北地区 30 余家民族面粉工厂大部分落入日东、日清、日本制粉三大日资面粉会社掌握之中。据统计，日本在中国占领区利用各种方式控制经营的机器面粉厂共 76 家，日生产能力 21 万包，其中山东 7 家，日生产能力 31900 包，分别占 9.2% 和 15.2%，生产能力仅次于东北地区（46050 包）和上海（33800 包）。[①]

（5）印染业。印染业是战前民族资本实力较强的部门之一，手工印染与机器印染并存。日本侵占济南后，当地 17 家印染工厂中有 4 家机器印染工厂成为日本收买、合作的对象，结果 2 家被迫合作，2 家停工。利民染厂为战前济南最大的华商印染企业，日占济南后，东洋纺织公司即派人与厂方谈判合办问题，因工厂库存物资毁于战火，损失惨重，厂方被迫同意了日方的合办要求。合办企业资本 35 万元，日方 20 万元，中方 15 万元，经营管理由日方负责。德和永染厂开办于 1933 年，因战时遭水淹

---

① 上海社会科学院经济研究所编：《中国近代面粉工业史》，1987 年版，第 73—74 页。

火焚及抢劫而陷于停顿。1938 年初日商富士瓦斯纺织公司提出合作，最终以资本金 25 万元实行合办，日方 13 万元，华方 12 万元。1942 年工厂漂染设备被日军强行拆除，改为印刷工厂。1938—1942 年有多家日商对中兴诚织染厂、东元盛印染厂提出合作要求，虽经厂方多方活动得以维持单独经营，但后在日方压力下被迫停工。① 青岛阳本印染厂是战前山东唯一使用印花机器印染花布的工厂，1934 年开工生产，产品在潍县、天津、西安等地有极好的销路。日军占领青岛后将该厂查封，业主逃离，1938 年强迫合作，更名为兴亚染织公司。合办后日方投资添置新设备，生产规模有所扩大。战前潍县是华北三大土布业生产中心之一，当地有 6 家机器印染工厂。1933 年 8 月开工的信丰印染公司规模最大，工厂资本 12 万元，职工 200 余人，年纯利五六万元。日军侵占潍县后，信丰公司染厂被改作了兵营。1939 年 9 月日商井上洋行、菱田洋行出资 30 万元，信丰公司以厂房设备折抵 20 万元，双方实行合办。此后日方利用坯布、颜料优先采购权，扩大生产，产量达到全县色布生产的近 7 成。② 潍县其他几家未合办的印染工厂或停业，或复工后遭遇到种种困难，生产经营已无法与战前相比。

（6）机械制造业。济南机车工厂原是专业机车维修工厂，战前主要机械设备已转移内地。日军接管该厂后，于 1939 年改称"华北交通公司济南铁路工厂"，接管时期工厂曾得到扩建，生产规模有所扩大。青岛海军工厂原是海军舰船修理工厂，1931 年正式设厂。青岛陷落前工厂主要设备拆运四川。日军占领工厂后，1938 年 3 月由浦贺船渠株式会社将该厂与竹内造船所、市河造船工厂、大洋海事工业所兼并重组。青岛工厂重新开工后更名为海军工厂，主要业务是修理日军舰船和商船，并建造挖泥船、破冰船及小型货船，成为青岛机械制造业中规模最大的企业。③

利民铁工厂是战前青岛最大的华商机器制造工厂，原以生产纺织机械

---

① 中国民主建国会济南市委员会、济南市工商业联合会编：《济南工商史料》第 2 辑，1988 年版，第 59—82 页。

② 山东省政协文史资料委员会编：《山东工商经济史料集萃》第 1 辑，山东人民出版社，1989 年版，第 100—104 页。

③ 辛元欧：《中国近代船舶工业史》，上海古籍出版社 1999 年版，第 235 页。

为主，1938 年 1 月被三井财阀的丰田式织机公司青岛支社以 14 万元强行收买，改名为丰田铁工厂，5 月开工生产，主要为青岛日商制造织机，年生产能力 1500 台。[1] 1940 年 11 月该厂扩建，分设 11 个工厂，开始为军工生产服务。青岛冀鲁针厂原是战前中国唯一的制造民用和工业用针的华商股份制企业，开业于 1931 年，资本金 4 万元，所生产的各类缝衣针、唱片针、梳棉麻针、麻袋针、工业用针市场销路畅旺，获利丰厚，1933 年分设出兴华制针厂，资本金达到十几万元，战争初期两厂设备部分南迁上海，青岛厂于 1937 年停工。青岛沦陷后被日军查封，1938 年 12 月日商以 10.1 万元强行收买，设立"冀鲁制针工厂株式会社"，资本金 18 万元，重新恢复生产。[2]

潍县华丰机器厂是 1920 年创办的华商工厂，至 30 年代发展成为华北最大的机器制造厂之一，除主要生产织布机外，还生产灌田水车、轧花机、弹花机、棉籽剥皮机、榨油机等多种机械，特别是能够生产数种型号的柴油机，使其声誉极高。1938 年底，该厂被迫折价 50 万元与日方合办，易名为"华丰机器株式会社"，改为制造军火。1939—1940 年，该厂机械设备被拆卸运往济南，改为历山工厂，专事军工生产。

除上述工业部门外，在日本军队及殖民机构主持策划下，日占区其他工业行业也遭到程度不同侵吞，规模大、机械化程度高的企业更成为其觊觎的对象。染料工业是战前华商具有一定生产经营优势的行业，战争爆发后，许多染料工厂歇业倒闭。1939 年日资经营的维新化学工艺社将华商中国染料厂吞并，易名为"维新化学工业株式会社"，成为该地唯一的染料工厂。该厂添置新的机械设备，除战前即已生产的硫化青、煮青产品外，还开始生产品紫，生产能力增加近一倍。济南裕兴、潍县裕鲁两厂虽勉强保持独立经营，但因生产原料被日本统制，只能按规定从维新化学工艺社购进硫化青膏改装，实际上成为其加工分厂。

战争初期，日本在山东军管理、合办、收买的民族资本工矿企业有近 60 家，详情见表 7—2。

---

[1] 〔日〕青島日本商工會議所：《經濟時報》第 13 號，1939 年 3 月版，第 89 页。

[2] 山东省政协文史资料委员会编：《山东工商经济史料集萃》第 1 辑，1989 年版，第 180—184 页；〔日〕《山東邦人の現勢》，1943 年 12 月版，第 133 页。

表 7—2　　　　　　　中资企业被日本军管理、收买、合办一览表

企业名称	军管理日期	收买日期	合办日期	备注
成大纱厂（鲁丰纱厂）	1938.1	1942		东洋纺织株式会社受托经营，曾更名为军管理山东第一工厂
仁丰纱厂	1938.1			钟渊公司受托经营，曾更名为军管理山东第二工厂，后强迫合办
成通纱厂	1938.3			丰田纺织公司受托经营，曾更名为军管理山东第三工厂
华新纱厂	1938.1	1938.4		国光纺织公司收买，更名为国光纺第二工厂
青岛茂昌蛋品公司	1938.1		1940.3	与三井合办，改称东亚蛋业公司
成记面粉厂	1938.1	1938.3	1941.7	日清制粉公司受托经营，曾更名为军管理山东第四工场
成丰面粉厂	1938.1		1941.7	东亚制粉公司受托经营，曾更名为军管理山东第十工场
丰年面粉厂	1938.1		1941.7	东亚制粉公司受托经营，曾更名为军管理山东第十一工场
宝丰面粉厂	1938.1		1941.7	东亚制粉公司受托经营，曾更名为军管理山东第十二工场
恒兴面粉厂		1938.8		东亚制粉公司收买，更名为东亚制粉第一工场
中兴面粉厂		1938.8		东亚制粉公司收买，更名为东亚制粉第二工场
济宁面粉厂	1938.4		1941.7	东亚制粉公司受托经营，曾更名为军管理山东第八工场
济南华兴造纸厂	1938		1939.11	与日本东洋制纸公司合办

企业名称	军管理日期	收买日期	合办日期	备注
东源火柴厂 洪泰火柴厂			1938.8 1938.8	两厂与日商鲁兴火柴厂实行合并，改称齐鲁合同火柴公司
华北火柴公司			1938.8	日商青岛燐寸、山东火柴、华祥燐寸强行入股，持股比例占55%
山东烟草公司		1940		华北烟草公司收买
东裕隆、鲁安、铭昌烟厂		1940		三家烟厂均设在济南，东亚烟草株式会社以3.5万元低价收买
青岛山东烟厂 青岛崂山烟厂				被日本烟草株式会社强行吞并
和顺染织厂			1939.3	
利民染厂			1939.12	
德和永染厂			1940.3	
阳本印染厂			1938	
信丰印染公司			1939.9	与明治纺织、井上商事公司合办
中国染料厂		1939.5		维新化学工艺社以10万元收买
同泰胶皮工厂			1939.6	与日商牛岛洋行合办
山东胶皮工厂		1940.11		东洋纺织公司收买
冀鲁针厂	1938.1	1938.12		
新城兵工厂	1938.1	1938		日本火药制造公司受托经营，曾更名为新中华火药工厂
利生铁工厂			1938.5	丰田织机公司以14万元收买，改为丰田式铁工厂
青岛铁道工厂	1938.1			1939年华北车辆公司管理经营
青岛海军工厂	1938.1	1938.3		由浦贺船渠株式会社兼并经营
济南机车工厂	1938.1			1939年改为华北交通公司济南铁路工厂

续表

企业名称	军管理日期	收买日期	合办日期	备注
华丰机器厂			1938.12	更名为华丰机器公司
兴华造胰厂			1940	日商以 20 万元收买，改组为第一制药株式会社
济南电灯公司	1938.1		1938.7	兴中公司、东邦电力公司与济南市公署合办，改称济鲁电气公司
烟台生明电灯公司	1938.3		1938.6	与兴中公司合办，改称芝罘电业公司
黄县龙黄电灯公司	1938.8			1939 年 3 月芝罘电业公司接管
潍县民丰电气公司	1938.2			1938 年 11 月改组为鲁东潍县电力公司
溥益糖厂	1938			东亚兴业公司管理经营
华北酒精公司			1939.8	与青岛酒精公司合办
中国打包公司	1938.1			1938 年 4 月兴中公司受托经营，更名为华北棉花公司济南工场
致敬水泥厂	1938.1			盘城水泥公司受托经营，曾更名为军管理山东第九工场
永裕盐业公司	1938.1			日资山东盐业公司受托经营
山东窑业试验场			1939.9	与名古屋玻璃公司合办
中兴煤矿	1938.3		1943.2	1938 年三井矿山公司受托经营
华丰煤矿	1938.1			1938 年三菱矿业公司受托经营
华宝煤矿	1938.1			1938 年三菱矿业公司受托经营
博山民营煤矿	1938.1		1939—1941	1939—1941 年悦升、博大、利大、东大、福大、兴大等民营煤矿先后与山东矿业公司实行合办

　　资料来源：据多田部隊本部調查班：《北支主要工場調查表》（1939 年）、滿鐵調查部《北支那工場實態調查報告書》（濟南之部，1939 年）（青島之部，1940 年）（芝罘之部，1940 年）、松崎雄二郎《北支經濟開發論：山東省の再認識》（1940

年）、岡伊太郎《山東と邦人の現勢》（1943 年 12 月）、〔日〕濟南工業統制聯合會
《濟南工業概況》（1944 年 11 月）、興亞院青島出張所《青島工場要覽》（1939 年）、
山東問題研究會《山東開發の現況及其將來》（1940 年）、青島日本商工會議所《經
濟時報》、《所報》等资料整理。

　　日本在山东对规模较大、近代化程度较高的民族工矿业的收买、
合办，是军事强权下的占有行为，目的是吞并华商资本，按照建立统
制经济的需要"重新配置"资源。结果是华商资本被强行占夺，日本
资本势力大增，殖民地工业体系形成。以青岛为例，据 1939 年青岛
日本商工会议所的调查，青岛 20 个工业行业中，在纺织、面粉、啤
酒、橡胶等行业的华商企业几乎全部被日本资本收买合办，机械器
具、榨油等行业上基本处于日资独占状态，除金属加工、骨胶、蛋品
加工、烟草加工等 4 个行业日资比例在 50% 以下外，其余行业均在
50% 以上。见表 7—3。

表 7—3　　　**日本工业资本在青岛工业中所占比例（1939 年）**　　单位：千元

行业	全省总数	青岛工厂数			青岛工业资本		
		日商	华商	合计	总资本	日资	比重（%）
纺织业	13	10	—	10	2222000	2222000	100.0
机械器具	28	10	8	18	2524	2370	94.3
金属加工	8	1	3	5	178	25	14.0
火柴	33	4	7	11	1827	1178	64.5
染料	9	1	2	4	830	600	73.1
烛皂	9	2	8	10	168	150	85.7
皮革加工	10	2	5	7	147	100	68.0
窑业	不详	2	11	13	690	550	79.7
玻璃	7	—	2	2	900	—	
橡胶	7	4	2	6	1262	1182	93.6
面粉加工	16	1	6	7	1605	1000	62.3
淀粉加工	2	2	—	2	100	100	100.0
骨粉加工	3	2	—	3	150	50	33.3

续表

行业	全省总数	青岛工厂数			青岛工业资本		
		日商	华商	合计	总资本	日资	比重（%）
啤酒	2	1	—	1	1500	1500	100.0
饮料	7	1	4	6	1224	900	73.5
榨油	不详	1	8	9	1284	1000	77.1
制盐	2	—	1	1	3200	—	—
蛋品加工	11	1	2	6	2100	100	4.7
卷烟	11	2	1	4	2570	550	21.4
木材加工	13	4	8	13	1839	1320	71.8

资料来源：〔日〕青島日本商工會議所：《經濟時報》第 13 號，1939 年 3 月版，第 79—80 页。

说明：纺织业为总公司资本，火柴业有中日合办 1 家，部分行业中有英、美、德等国 8 家企业。*省内工厂数小于青岛工厂数，疑有误。

同样，济南、烟台、潍县等城市日本工业资本的扩张也是从收买、合办华商工厂开始，并且成为初期扩张的主要方式。战争初期日本在济南工业领域采用军管理、委托经营、收买、合办等方式，来谋求其工业资本的扩张。据满铁调查部 1939 年 3 月调查，在济南的日本工业企业共 18 家工厂，资本额 1213.32 万元，工人总数 4810 人，年产值 3676125 元；华商工厂 123 家，资本额 612.865 万元，工人总数 4094 人，年产值 4997277 元。日本企业的资本额高出华商企业 1 倍。在 18 家所谓日资企业中，至少有 11 家系原华商工厂，其中纺织业 3 家、面粉工业 5 家、水泥业 1 家、火柴业 1 家、电气业 1 家，这些企业原先都是济南民族工业的佼佼者，结果均被日方通过军管理或合办方式变为日资企业。[①]

二　日本移民人口的膨胀

日本军队对山东的军事占领，日占区殖民统治的建立，为日本侨民的

---

① 〔日〕滿鐵調查部：《北支那工場實態調查報告書（濟南之部）》，1939 年 11 月版，第 5—10 页。

大量涌入以及日本工商资本的扩张提供了便利条件。从 1938 年上半年开始，身份、职业形形色色的日侨尾随日军蜂拥而至，当中既有战争初期撤离的日侨，更多的则是抱着各种动机从日本国内新来的日侨。借助日本当局的支持，日本国家资本、财阀资本及民间中小资本纷纷进入山东，不遗余力地从事各种经济扩张活动，并以各种方式和形式参与占领区的经济统制与开发。日占时期，日本工商资本在山东的经济扩张达到了最大化，体现出殖民地统制经济的特征。

战前日本人在山东约有 2 万余人，多从事商业贸易、服务业和工矿业经营，其人数超出其他国家在山东侨民总数。战争爆发之初日侨大量撤离，在日军侵占山东后又大批复归，1938 年后日侨人口出现急剧增长。除日本军队外，进入山东日本人多为殖民机构人员、原业主及新来从事各业经营的人员，并具有明显的家庭移民特点。随着日本占领区的扩大和地方殖民机构的陆续建立，新移民沿着战前日人在内地活动的轨迹，扩展到日占区主要城市、铁路沿线城镇及矿产区，而移民人口最为集中的城市当属青岛和济南。

战前（1936 年）济南市区日侨人口共 1873 人，1937 年 12 月日军占领济南后，原先撤离回国的日侨即陆续复归，至翌年 2 月约有 740 余人，到 1938 年 7 月增至 6000 余人。据 1939 年 5 月统计，在济南的日本人共有 2864 户、8853 人。[①] 此后到 1943 年一直保持持续增长之势。期间济南日侨年均增加 4400 人，1939 年迁入移民人口最多，达 9000 人。1942 年 7 月日侨人口达 21564 人，比战前增加 12 倍。[②] 到 1943 年 6 月，在济南市区的日本人共有 7359 户、23000 人。[③] 移居济南的日侨最初以男性居多，后妇女、儿童人口数增加，到 1943 年男女性别比例为 119∶112，呈现出家庭式移民的特征，同时也反映了移入地殖民地化的加深。济南日侨所从事的职业包括城市社会生活的各个方面，其中尤以殖民机构职员和商业、服务业人数为多。据 1942 年统计，年薪收入千元以上者有 5647 人，占移民人口的 1/5 强，这部分人应为各类机构人员；年收入 600 元以上的经营

---

① 眞鍋五郎：《北支地方都市概觀》，大連亞細亞出版協會 1940 年 2 月版，第 10 页。

② 姫野德一：《大東亞建設と山東》，東京：日支問題研究會 1942 年 12 月版，第 105 页。

③ 岡伊太郎：《山東と邦人の現勢》，1943 年 12 月版，第 30 页。

业户共 1232 户，在各业的分布情况如表 7—4。

在工商业户中，资本雄厚的大公司、银行、商社共 174 户，当中有三井、三菱等财阀资本，正金银行、朝鲜银行等金融资本以及华北开发公司及其子公司等国家资本的分支机构；中小民间资本则多为从事土特产品贸易和日货贩卖的商人，从事制造工业的经营业户少于青岛。据 1943 年 9 月济南工业统制组合联合会调查，全市大大小小的日资工业企业（包括被收买、合办的华商工厂）共 263 家。[①]

表 7—4　　　　　　　　济南日侨职业户数统计（1942 年）

职业	户数	职业	户数	职业	户数
物品贩卖业	547	旅馆业	19	助产妇	6
承包业	153	医院	17	介绍业	6
制造业	136	代理业	16	游戏场	5
饭店饮食业	109	理发美容业	14	律师	3
房屋出租业	41	游艺师匠	12	演剧业	3
运送业	37	裁缝	11	澡堂业	3
银号当铺业	22	整骨按摩	10	批发业	2
照相业	20	印刷业	10	中介业	2
运送办理业	19	宗教	7	代书业	2

资料来源：姬野德一：《大東亞建設と山東》，1942 年 12 月版，第 115 页。

日本移民大量涌入后，便争相在新旧城区置地购房。当时土地买卖须经日本机关批准，利用这一条件，日本人占据了大片的土地和房产。济南原商埠区公有土地有 3490 余亩，至 1941 年被日本人租用的达 1194.73 亩，约占 34.2%；另外日人店铺、住宅面积 87900 坪（每坪 3.306 平方米），约合 2920 亩。[②] 日侨的房地产置业活动，导致济南商埠地价上升，1939 年 5 月公布的商埠地一等地标准价格，每官亩（200 步）

①　〔日〕濟南工業統制組合聯合會：《濟南工業概況》，1944 年 11 月版，"日本人側工場名簿"。

②　〔日〕滿鐵調查部：《支那都市不動産慣行調查資料》第 13 輯，《濟南ニ關スル報告書》（謄寫版），1943 年 2 月版，第 166—167 页。

地价 5000—30000 元不等，在日本侨民居住最为集中的经一至经三、纬一至纬十路之间地价甚至在万元以上。1939 年底日本公布的济南都市扩张计划中，西部新市街地价每亩 2000—4000 元不等。① 利用日本当局给予的支持和优惠，日占时期日资房地产业急速扩展，济南商埠区日人居住区形成了连片的日式建筑群落，建筑业成为其最为发达的行业，而这恰与日本的殖民地经营和商业扩张分不开。

日占时期，日伪军政界曾一度看中济南水源充分、交通便利、货物集散量大等有利于工业扩张的条件，进而提出把济南作为山东开发中心地、华北首都南迁地的设想，但是受日本工商资本集中于青岛，济南工业基础相对薄弱等因素限制，日伪政权实际仍是将济南作为地方政治中心、物资集散中心对待，在济南投入的开发资金十分有限。在济南经济扩张的方式主要是依靠军事政治的力量，通过吸引日本工商资本，统制华商资本，谋求对市场垄断，因此在各类殖民机构任职和从事商业贸易的人员远远超过从事工业生产的人员。

1937 年 8 月，日本在大举进攻上海的同时，开始为进攻青岛积极作准备，致使青岛形势骤然紧张。8 月 3 日青岛日侨开始陆续撤离，9 月 4 日 1.5 万日侨基本撤离完毕。12 月 18 日，市长沈鸿烈下令将市内日本工厂、码头船坞、机械设备等悉数炸毁，以实行"焦土抗战"。被炸毁的日资企业包括 9 家纺织厂和橡胶、榨油、面粉、火柴、酿酒等工厂，据日方估计共损失 2 亿日元，其中被摧毁建筑物有 667 处，受损商户 2500 户，约占日资商户总数的 96%；加上山东其他地区日方损失，总数约 3.5 亿元。② 日本工业资本损失为纺织业 1.3 亿元，一般工业 960 万元，电业 150 万元，矿业 1330 万元，船舶业 37 万元，合计 15477 万元。③

为尽快恢复受损严重的日本工商业，重新确立青岛日资工商业在战前即已形成的优势地位，日本占领当局谋划并实施了各种"复兴"计划和方案。1938 年 12 月，日本对华综合统制机构兴亚院专门在青岛设立华北联络部青岛办事处，以示对青岛地区的重视。1939 年 6 月，为实施"大

<hr />

① 〔日〕濟南日本商工會議所：《濟南事情》，1940 年 12 月版，第 26—27 页。

② 岡伊太郎：《山東と邦人の現勢》，1943 年 12 月版，第 46—49 頁；前田七郎、小島平八：《山東案內》，1940 年 12 月版，第 12—13 頁。

③ 〔日〕青島日本商工會議所：《經濟時報》第 12 號，1938 年 5 月版，第 39 頁。

都市计划"，建立与关东州铁西地区一样的工业地带，胶县、即墨划入青岛市，青岛行政辖区面积由 552 方里增至 5520 方里，超过日本在东北地区设置的关东州（3461 方里）；辖区人口也由 50 万人增至 180 万人。①

日本占领青岛伊始，即在复兴产业、确立独占地位的方针指导下，着手制定城市长期规划。1939 年 4—9 月，兴亚院青岛办事处着手实施青岛都市计划立案调查，调查主旨是从青岛未来都市发展和交通特点与优势出发，根据对城市工商业、城市消费、腹地辐射、港湾设施、铁路建设调查，制订未来都市发展的四期计划（时间为 1942—1970 年）。参与调查的机构以满铁系统为主干，包括青岛商工会议所、华北交通会社、国际运输、航业联合会、济南铁路局、北支事务局等。调查共 25 个分项，包括交通（铁道和港湾）、港口贸易、铁路网、煤炭输出、木材、腹地（华北）煤矿、农业、商品流通、渔港、工业、腹地铁路、交通经济等项内容。调查经改订编纂后，于 11 月上报兴亚院。② 这一大规模的经济调查，日本是以主权拥有者的姿态实施的，基于获取重要战略资源、扩张经济势力的目的，重点考察开发青岛港和铁路交通网对扩大青岛经济圈的作用。为提高青岛的经济辐射力，调查报告特别提出对策，建议修筑胶济铁路延长线和支线，以扩大青岛势力圈；开凿运河和汽车运输线，以弥补铁路运力不足；修筑胶济路复线，以保证对腹地的辐射力；发展各种工业，商港与工业港并举，使青岛成为日本工业进入华北的据点。

1938 年 1 月日军侵占青岛后，日本侨民迅速返回。到当年 4 月，原在青岛的日侨便已基本复归。此后日侨人口开始迅速增长，1938 年 6 月为 6244 户、25423 人（男 13826 人，女 11597 人），1940 年 6 月为 8626 户、32057 人（男 17229 人，女 14828 人），1941 年 6 月为 34008 人（男 18691 人，女 15317 人）。③ 1942 年 1 月为 37191 人，④ 1943 年 6 月日侨人口达到 11238 户、38449 人，男女性别比大致为 118 比 100。日本人持续

① 松崎雄二郎：《北支經濟開發論：山東省の再認識》，1940 年 8 月版，第 152 页。

② 〔日〕興亞院青島都市計劃事務所：《青島都市計劃經濟調查書》，1939 年 10 月版，凡例。

③ 〔日〕上海東亞同文書院大學：《東亞同文書院大學東亞調查報告書》（昭和十六年度），1942 年 10 月版，第 442 页。

④ 〔日〕青島日本商工會議所：《經濟時報》第 28 號，1943 年 5 月版，第 155 页。

不断的涌入，导致其在青岛占总人口中的比例不断上升。1937 年 7 月日
人在青岛市区人口中的比例为 3.04%，1938 年 6 月上升为 5.18%，1940
年 6 月为 5.7%，1943 年 3 月升至 9.46%。① 青岛日侨人口增长速度虽不
及济南，但因其原有人口基数大，净增数超过了济南，说明日本人在山东
的势力仍是以青岛为中心。

据青岛日本商工会议所 1940 年 3 月调查，截至 1939 年底，在青岛的
日本人由 1937 年 7 月的 3896 户、16741 人增至 7732 户、28683 人，分别
增加 91.5% 和 71.3%。其职业类别调查，银行、公司职员及薪俸生活者
5807 人，占 53%；一般商工业者 1753 人，占 16%；工厂劳动者 298 人，
其他 2995 人，占 27%。② 见表 7—5，日侨所从事的职业，以银行、公司
职员居第一位，从 1939 年 8700 余职业人口的调查统计可以看出，在青岛
的日本人（不包括军队）绝大多数从事与经济行业有关的事务，这与在
济南的日侨有所不同，说明这一时期日本在山东的经济开发仍以青岛为中
心区域。

表 7—5　　　　　　　　青岛日侨职业人口统计（1939 年）

职业	人数	职业	人数	职业	人数
银行、公司职员	3403	饮食饮料	150	宗教	55
艺妓、女陪侍	910	船舶业	109	医务	170
铁路	462	被服制造业	54	教育	128
官职人员	392	电气工业	170	新闻、通信	67
渔业、盐业	253	木工、油漆	92	画家、雕刻家	37
物品贩卖	306	运输办理业	102	其他劳动者	267
杂商业	215	理发、浴场	51	其他职业	362
贸易商	133	家事雇佣	265	学生练习生	244
旅馆、饭店等	266	自由职业	78	合计	8741

资料来源：眞鍋五郎：《北支地方都市概觀》，1940 年 2 月版，第 65—67 页。

---

① 据上海東亞同文書院大學：《東亞同文書院大學東亞調查報告書》（昭和十六年度）
（1942 年）、岡伊太郎《山東と邦人の現勢》（1943 年 12 月）等资料中有关数据计算得出。

② 〔日〕青岛日本商工會議所：《經濟時報》第 17 號，1940 年 5 月版，第 2—10 页。

在移民人口迅速膨胀的同时，日本在青岛的投资也随之恢复和增长。截至 1940 年 6 月，日本在青岛投资额达 2.68 亿余元，其中生产加工业 1.49 亿元，占 55.5%，商业 0.32 亿元，占 12.5%，贸易业 0.14 亿元，占 5.5%，金融业 0.25 亿元，占 9.5%，交通业 0.15 亿元，占 6%，其他 0.31 亿元，占 11%。①

除青岛、济南两城市外，到胶济、津浦铁路沿线城镇、沿海城市从事商贸、工矿经营活动的日本人，在这一时期也大量涌入，其规模大大超过战前。截至 1943 年 6 月，日本济南总领事馆管辖内的日本人，除济南市 8107 户、25952 人外，还有泰安 294 户、589 人，枣庄 450 户、1297 人，兖州 552 户、1306 人，华丰煤矿 550 户、644 人，德县 604 户、1980 人，济宁 269 户、788 人。同期在胶济铁路沿线城镇的日本移民，即墨有 47 人，胶州 100 户、150 人，高密 117 户、195 人，坊子 435 户、1059 人，潍县 205 户、394 人，安丘、昌邑、昌乐、寿光、羊角沟等地有 148 户、178 人，青州 400 人，张店 670 户、1800 人，淄川 810 人，博山 408 户、900 人，周村 110 户、215 人。同期烟台有日本移民 755 户、1813 人，龙口 139 户、560 人，威海 100 余人。②

从山东各地城镇日本人分布情况看，日占时期的分布格局与战前有许多相同之处，如移民人口依然集中于青岛、济南以及铁路沿线地区和城镇；但同时也有许多不同之处，如在作为日本经济"开发"重点区域的煤矿和铁矿产区（包括战前进入的地区），所集中的移民人口远远超过战前；在这些地区的日本常住人口男女性别比例通常高于青岛、济南等城市，从业者多为日本当局派往的职业人员，包括公务人员、公司职员等。此外，日本移民在内地的分布范围比战前更广，除领事馆驻地城市外，还分布于 144 个县城和城镇。具体情况见表7—6。

---

① 〔日〕上海東亞同文書院大學：《東亞同文書院大學東亞調查報告書》（昭和十六年度），1942 年 10 月版，第 450—451 页。

② 冈伊太郎：《山東と邦人の現勢》，1943 年 12 月版，第 2—22、30、76—79 页。

表7—6   山东各地日本移民人口统计（1937 年，1939—1941 年）

地区或城市	1937 年	1939 年 12 月		1940 年 12 月		1941 年 12 月	
	人口	户数	人口	户数	人口	户数	人口
青岛领事馆区	15146	7809	27517	9390	31854	10446	34910
其中：市区	11910	7123	26153	7929	26778	8260	28763
坊子事务所	195	409	934	700	1233	597	1347
济南领事馆区	3050	5029	14102	9444	20645	9971	23670
其中：市区	1902	3748	11948	7164	16875	7047	18229
张店事务所	497	702	1335	864	1678	1220	2161
博山事务所	651	252	639	424	898	679	1520
烟台领事馆区	500	469	1118	860	1694	918	1797
威海领事分馆		44	90	78	173	92	193

资料来源：外務省東亞局：《中華民國在留本邦人及第三國人人口概計表》（昭和十二年七月，昭和十五年一月—昭和十七年一月），1937 年 7 月刊，1940 年 1 月—1942 年 1 月刊。

随着日本军事进攻和殖民统治向鲁西、鲁南地区的延伸，日本移民和工商资本也随之迅速扩展至这些地区和城市。1939 年后在兖州、济宁、枣庄等津浦沿线城镇的日人剧增。以鲁西南物资集散地济宁为例，战前日本势力尚未直接进入，日占时期日本移民及其工商经营活动很快渗入各行各业。当地稍具规模的蛋品加工、面粉和火柴工业大都为日商所控制，3 家蛋品加工厂有 2 家与德国合办、1 家与日商合办（茂新洋行、资本 5 万元），济宁面粉厂与日资合办（资本 50 万元），振业火柴厂济宁分厂被纳入日本统制的火柴联营社。在济宁及周边商品集散市场，日商经营收购兖济道、曹州道、泰安道所属十几个县的农畜产品，并建立起对皮革、煤炭等重要物资的交易统制。到 1941 年，在济宁的日本工商资本已有 95 万余元（商业66.6 万元，工业 28.5 万元），虽然规模只有同期华商资本（286.8 万元）的 1/3，但对主要工商行业的经营控制能力却远非华商能比。[1]

---

[1] 〔日〕青岛日本商工會議所：《所報》第 31 號，1942 年 5 月版，第 25—30 頁。

三　工业统制下的资本扩张及其影响

日军占领山东城市、交通干线和矿产资源地后，伴随日本官方资本和民间资本的涌入，占领区工矿业发生了一系列变化，逐渐演变成日本战时经济的附庸。在占领区殖民政权建立的同时，原在山东投资的日本民间资本卷土重来，并在"复兴资金"支持和"复兴资材"免税输入的刺激下，修复被毁工厂、矿山，增加资金和设备投入，使原有企业迅速恢复生产和经营。

占领青岛之初，日本军政当局针对青岛工业大半为日资企业，且大部分被炸毁的现状，制定了工业复兴的方针和一系列实施措施。对属于"日满华生产力扩充计划"内的重要资源，如煤炭、原盐、铁矿、金矿、电力、有色金属等严加控制，由"国策会社"进行投资，实行大规模开发；对属于轻工业的所谓"自由企业"实施统制，采取日华合办、吸收第三国资本、避免重复投资的方式，重点恢复扩展纺织、机械、面粉、卷烟、榨油、蛋品加工及火柴等工业。

初期日本的工业开发方针是尽快恢复被毁工厂，利用中日合办来扩大原有工厂的规模。为此，日本采取转移其国内闲置设备、输入新购设备、利用华商工厂设备等措施加以落实。为尽快恢复已毁损的日资工厂，在设备方面日方采取了三种措施：即将日本国内闲置设备输入；从日本购置最新生产的先进机器设备；利用合办、收买华商工厂的原有设备。[①]　为此，日本对从其国内输入的机器设备、水泥、玻璃等建筑材料予以免税，1938年输入额1868.2万元，1939年1—6月达984万元。[②]　为解决"复兴"资金问题，日本各有关机构进行了多方运作，提供资金支持。1938年3月，日本天皇发布由国家预算外负担对在华日侨发放复兴资金贷款的敕令。资金贷放由大藏省储金部和正金银行、朝鲜银行、台湾银行、东洋拓殖株式会社负责。大藏省储金部按使馆辖区分配给山东各地的资金额为：青岛

---

① 〔日〕上海東亞同文書院大學：《東亞同文書院大學東亞調查報告書》（昭和十六年度），1942 年 10 月版，第 447—449 页。

② 〔日〕青島日本商工會議所：《經濟時報》第 13 號，1939 年 3 月版，第 52 页；第 16 號，1939 年 11 月版，第 215—216 页。

1000 万元，济南 250 万元、博山 20 万元、坊子 70 万元、张店 100 万元、烟台 3 万元。① 日侨可向所在地使领馆申请贷款，用于恢复经营业务。

对于青岛九家日资纺织厂的复工，日本当局制订了详细的计划。日资纱厂完全毁坏的机器设备，纺机占 73%，线机占 55.6%，织机占 72.7%。按兴亚院批准的第一期复兴计划，准备恢复纱锭 451830 枚，线锭 51340 枚，织机 8567 台，所需资金约 4900 万元。九家纱厂确定初步恢复纱锭 395000 枚，线锭 32000 枚，织机 7100 台，达到复兴计划的八成以上，为战前纱锭的 63.6%、线锭的 60.4%、织机的 61.5%。② 对于复工有困难的日资厂家，日本当局则采取政府补偿、金融机构融资的方式，帮助其解决资金问题。1938 年 2 月 1 日《大阪每日新闻》报导，青岛恢复计划的 4000 万元资金，"大都是公司债或实交股金，不足之数以政府的保证赔偿向银行抵押借款，再有不足，向政府申请低利贷款"。同年 11 月日本议会通过了《在华日人企业复兴资金融通损失补偿法》，决定由日本兴业银行和正金银行担负为日资企业融资之责。此后不久，青岛日资纱厂先后获得数额不等的资金贷款，丰田纺获得 475 万元、国光纺获得 380 万元、同兴纺 185 万元。

自 1938 年 5 月国光纺收买华新纱厂起，各日资纱厂根据兴亚院批准的复兴计划，利用日本政府提供的补偿金和低息贷款，从国内转移设备，开始着手进行复工建设。到同年 12 月，上海纺、日清纺、同兴纺、内外棉、大日本纺先后恢复开工。1939 年 1 月丰田纺、3 月富士纺、4 月公大第五厂相继复工，1939 年上半年青岛日本纱厂生产能力达到战前的六成。③ 此时日本纺织机械制造技术水平已处于世界前列，各厂更新的设备多为日本最新制造的产品，因而设备自动化程度有较大提高，工艺技术也有很大改进。生产工序的设备更新主要有：增加清花机棉卷自动补给装置、梳棉机棉条换筒信号装置、并条机管形齿轮自停装置、精纺机后罗拉逆转防止装置、各式大牵伸装置。工艺改进主要有：改人工着水为机械着

① 傅文龄主编：《日本横滨正金银行在华活动史料》，1992 年版，第 613 页。
② 〔日〕東亞同文書院大學：《東亞同文書院大學東亞調查報告書》（昭和十五年度），1941 年 5 月版，第 660—664 页。
③ 姬野德一：《大東亞建設と山東》，東京日支問題研究會，1942 年 12 月版，第 160—161 页。

水，改用石井式摇纱机，增加皮辊心清扫及加油机设备，浆纱机温度自动调节等。工厂设备改进主要有：仓库安装火灾自动报警器；车间内安装温湿度调节装置；改良半成品及原棉的运输等。1939 年底，九大日资纱厂设备恢复已接近第一期复兴计划指标（见表7—7）。但是，由于山东原棉产量大幅度下降、日本产业统制政策对轻工业采取了一定的限制措施，日本纱厂的第二期复兴计划一直未得到批准和实施，因而日占期间青岛日资纱厂的生产规模始终未达到战前水平。

表 7—7　　　　青岛日本纱厂恢复状况统计（1939 年 12 月）

厂名	纱锭（枚）	线锭（枚）	织机（台）	中国工人人数
同兴纱厂	38248	5000	700	1692
富士纱厂	32720		600	836
公大纱厂	54984		1700	4204
宝来纱厂	33000	3000	400	1626
隆兴纱厂	44000	3000	500	1450
内外棉纱厂	49252	5880	600	1811
上海	43984	3960	800	1637
大康纱厂	54980	4956	1176	1552
丰田纱厂	38500	3600	600	1487
合计	389668	29396	7076	16295

　　资料来源：緒方正已：《事變前後に於ける山東紡織業に就いて》，见《東亞同文書院大學東亞調查報告書》（昭和十五年度），1941 年 6 月版，第 666—667 页。

在青岛日资纺织业恢复的同时，橡胶、火柴、榨油、机械等行业的日资企业也有程度不同的恢复与扩展。战前开设的日本橡胶、鑫和橡胶、大裕胶皮三家日资橡胶工厂受破坏损失 2000 余万元，复原工作从 1938 年春开始，日方从国内运入机器设备，除胶鞋、轮胎加工设备外，还增添皮带、胶管生产设备，企业生产当年恢复到战前水平。1938 年 11 月、1940 年 7 月日商又相继在青岛开设青岛橡胶、共和橡胶两家工厂。此时，青岛共有 6 家日资橡胶工厂（华商山东胶皮工厂 1940 年 11 月被日商东洋纺收买），1 家日中合办橡胶厂（1939 年 6 月华商同泰胶皮工厂被强行合办，1940 年休业），生产能力和工艺技术比战前有所提高。据 1939 年 4 月调

查，全行业年产汽车用轮胎由 7500 对增至 6 万对，年产自行车轮胎由
4.5 万对增至 7.5 万对，胶鞋产量也有大幅提高，另外还能生产胶带、胶
管等产品。① 在华北日占区橡胶制品市场上，大约有 95% 的胶鞋、70% 的
自行车和人力车轮胎以及全部汽车轮胎，为青岛工厂生产。②

青岛榨油工业基本处于手工工场阶段，战前约有油坊 60 余处，多数
使用螺旋榨油机。日商开办的东和油房装备为美制电动水压榨油机，产量
占全市总产量的 1/3。东和油房原有加工厂两处，一厂被炸毁无法复工，
二厂事变后很快恢复生产，年生产能力为花生油 6000 吨，花生饼 9000
吨，1939 年青岛榨油工业年产花生油 31500 吨、花生饼 52000 吨，其中
东和二厂各为 4600 吨和 6500 吨，分别占 14.6% 和 12.5%，低于战前
水平。③

战时青岛工业结构基本仍是以轻工业为主，期间企业户数增加较多的
为机械工业。在修复被毁工厂过程中，因有大量设备需要维修并有大量机
器零部件需要加工，机械制造与维修工业规模得以扩展。1942 年底，青
岛共有机械器具工厂 117 家，其中日资工厂（包括强买、合办工厂）20
余家，规模较大的有青岛工厂、华北车辆株式会社、丰田式铁工厂等，以
修理制造轮船、车辆、纺织机械、电机、铁路器材为主。

1938 年 3 月，日本浦贺船渠株式会社受日本海军委托经营原青岛海
军工厂和青岛港务局船机工厂，投资 30 万元更名为青岛工厂，从事一般
机械加工制造、舰船维修、兵械和港口机械修理，并曾建造过挖泥船、破
冰船及小型近海轮船。1938 年 11 月通过收买华商利生铁工厂开设的丰田
式铁厂，资本金 100 万元，初期以加工修理纺织机械及制造铁路器械为
主，1940 年增资至 150 万元，扩建厂房，增添设备，制造矿山机械和农
具等，成为青岛日资机械制造业的标志性企业。1939 年 3 月，日商投资
200 万元在青岛设立东亚重工业株式会社，从事纺织机械的制造和维修。

除上述规模较大的机械制造业工厂外，青岛铁工厂多属维修和制造简
单机械的小工厂。当时青岛投资千元以上机器制造工厂共有 34 家，其中

① 〔日〕满铁北支经济调查所：《北支那工场实态调查报告书（青岛之部）》，1940 年版，
第 36 页。

② 〔日〕青岛日本商工会议所：《调查极秘资料》第 2 辑，1943 年 6 月版，第 3 页。

③ 〔日〕青岛日本商工会议所：《所报》第 8 号，1940 年 6 月版，第 2—4 页。

日资 13 家，华资 21 家。日资工厂的生产能力超过华商工厂。1941 统计，全市投资额千元以上的有 49 家，其中华商有 33 家。机器设备，华商工厂共有机床 79 台，动力 77.5 马力，平均每厂有机床 3.7 台，每台动力 0.98马力；日商工厂共有机床 242 台，总动力 811.5 马力，平均每厂 18.6 台、62.42 马力，每台机床平均动力 3.35 马力。①

　　随着工业"复兴"计划的实施，日本工业资本重新确立了在青岛工业中的优势地位，如同战前一样，青岛仍为日本在山东投资最为集中的城市。日本占领当局认为青岛具备大规模开发工业的条件，在一系列工业地区选定调查和比较中，将其作为华北工业开发的中心区域。② 借助日本当局的支持，1938—1940 年间，日本工商资本以收买、合办华商工厂和恢复旧厂、开设新厂等方式，不断扩张在青岛的工业势力。据青岛日本商工会议所调查，1938 年青岛日资工厂共有 138 家，1939 年增至 192 家，1940 年 7 月达到 283 家。其中资本金百万元以上的企业约 40 家，著名的有五福织布工厂、华北火柴工厂、青岛橡胶、共和橡胶、华北东亚烟草、东亚蛋业、东亚制粉、内外食品工业、东洋木厂、东亚重工业、青岛工厂、丰田式铁厂、博山窑业等。新增加的日资企业"多是将华人工厂收买后改组而成，如五福织布工厂、华北火柴工厂、共和橡胶、东亚蛋业、东亚制粉业、东亚重工业等，日本资本新设工厂，包括内外食品等不过二、三家"。③ 除 40 家大企业外，日资工业基本仍以中小工厂为主。伴随新一轮工业投资扩张，日本工业资本迅速在多数轻工业部门占据了优势地位，这些部门包括纺织、染织、织布、火柴、面粉、橡胶、烟草、制盐、榨油、肥皂等加工工业。这说明日资工业优势地位的取得，主要是通过合并华商企业、侵夺华商资本，恢复原有日人工厂两种形式完成的，并以投资少、获利高的轻工行业为重点领域。

　　战前日本工业资本在资本总额和若干行业已占有优势，这时期采取吞

---

　　① 〔日〕滿鐵北支經濟調查所：《北支那工場實態調查報告書（青島之部）》，1940 年版，第 466—468 页。

　　② 〔日〕上海東亞同文書院大學：《東亞同文書院大學東亞調查報告書》（昭和十六年度），1942 年 10 月版，第 474—475 页。

　　③ 松崎雄二郎：《北支那經濟の新動向》，大日本雄辯會講談社 1942 年版，第 152—155页。

并华商（军管理、收买、合办等），排挤其他外商、扩大投资的策略，进一步扩张资本势力，在工业领域建立起其支配地位。这种支配地位以民族资本被侵夺、日资工业不断膨胀为标志，使日占时期青岛工业逐步日资化。到1941年，日本在青岛直接的工业投资为1.234亿元，比1936年的9499.5万元增加2843.7万元（不包括纺织业的恢复性投资）。具体情况见表7—8。

表7—8　　　　青岛日资工业投资增长统计（1936、1941年）　　单位：千元

行业类别	1936年	1941年	增加额
纺织业	70000	70000	—
染织业	6500	9852	3252
机械铁工业	600	6280	5680
火柴业	5140	6140	1000
卷烟业	555	5555	5000
酿造业	3100	4565	1465
制材业	1000	4300	3300
橡胶业	3320	4070	750
蛋品加工业	770	3270	2500
化学业	1500	3195	1695
面粉业	500	2275	1775
榨油业	1500	2250	750
杂工业	510	1860	1350
总计	94995	123432	28437

资料来源：齊藤裕三：《青岛工业一般状况》，见《東亞同文書院大學東亞調查報告書》（昭和16年度），1942年10月，第451—452页。

日本国力有限，加之战线过长，投资能力受到很大限制，于是在扶植日资企业作为统制经济骨干力量的同时，日本采取了利用华商企业的策略，期望借此弥补自身投资能力不足的弱点，并将华商企业纳入日本战时经济统制体制。在此一前提制约下，尽管这一时期华商企业勉强维持生存，且不时有新设工厂出现，但原料要依靠日商控制的各类组合供应，产品销售也受到这样那样的限制，因而企业实际成为日本统制经济的附属加

工生产单位。在行业结构上，基本仍是以轻工业和工场手工业为主，工业技术及设备水平整体处于停滞状态，生产力水平没有得到提升。据 1940 年前后青岛市公署调查，全市华商资本千元以上的工厂有 168 家，资本额 4530.7 万元，平均每厂资本额仅 26.96 元（参见表 7—9）。使用动力设备、雇工 30 人以上的工厂 65 家，30 人以下的工厂 215 家，手工工场 109 家。日本资本无论在部门行业抑或行业户均资本均超过华商资本。

表 7—9　　　　　青岛市华商资本工厂统计（1940 年）

行业	工厂数	资本总额（万元）	每厂平均资本（元）
染织业	23	192.7	8.4
榨油业	23	601.8	26.1
酿造业	4	37.6	9.4
面粉业	4	309.7	77.4
烟草业	1	100	100.0
铁工业	35	197.6	5.6
木材业	7	25.9	3.7
火柴杆加工业	6	379	63.1
火柴业	7	1261.5	180.2
印刷业	8	47.6	5.9
肥皂业	4	7.0	1.7
玻璃业	3	112.0	37.3
窑业	6	175.0	29.1
土木建筑业	9	546.5	60.7
皮革业	6	9.6	1.6
杂工业	22	527.4	23.9
合计	168	4530.7	26.96

资料来源：齊藤裕三：《青岛工業一般状況》，见《東亞同文書院大學調查報告書》（昭和十六年度），1942 年 10 月版，第 453—454 页。

日占青岛初期，日本工业资本主要是通过收买与合办华商工厂、恢复旧厂、增设新厂，借助于吞并华商资本来扩大工业生产规模。1940 年后，随着经济统制政策实施范围的扩大，日本对工业投资布局作出新的调整，属于统制行业的企业得到了更多的政策和资金支持，而对于一般加工工业则调动各类日商资本参与投资经营，在财力、物力不及的情况下，通过强化对工业的统制，在原料供应、产品销售及分配、金融机构间接融资等方面，对日资企业给予支持。在此过程中，青岛日资工业出现了相应的变化，工业投资经营呈现多元化的格局：一方面，国家资本与财阀资本结合形成产业统制是这一阶段的主要特色，其主要表现就是华北开发会社及分支机构对统制企业的经营；另一方面，三井、三菱等财阀资本和综合商社对工业的投资与直接经营有所发展，此外，日本中小民间资本也不断谋求开设工厂，成为日本工业资本扩张的重要一翼。

1939 年后青岛各类日资开设的工业企业逐年增加，到 1942 年，使用机器的日资工业企业由 1939 年的 79 家增至 151 家，资本由 13276.8 万元增至 49492.3 万元；中日合办企业略有减少，由 17 家减至 12 家，资本由 1374.8 万元增至 1731.2 万元。[①] 据 1944 年统计，日本在青岛的工业资本优势更加明显，纺织业、化学工业、铁工业、木材加工业，橡胶工业、食品与烟草制造业、窑业与玻璃工业、造纸工业等 8 个类别共有 194 家工厂（其中 65 家为战前开设），资本总额 827996 万元，每厂平均 426.8 万元，共有工人 142885 名（见表 7—10）；同期华商各类工厂（包括手工业作坊）1624 家，资本总额 55618585 元，每厂平均 34248 元，共有工人 30555 名（见表 7—11）。华商工厂厂数增加系分散化、小型化缘故所致，资本实际增加有限。由于日资工厂资本和生产规模迅速扩大，华商与日资企业的差距进一步拉大。

表 7—10　　　　　青岛日本工业统计（1944 年 1 月）

行业	厂家数	资本额（万元）	工人人数
纺织工业	56	412471	124119
化学工业	27	22326	2568
铁工业	35	72128	6504
木材工业	6	6220	528

①　汪馥荪：《战时华北工业资本就业与生产》，《社会科学杂志》第 9 卷，1947 年第 2 期。

续表

行业	厂家数	资本额（万元）	工人人数
橡胶工业	6	25600	2997
食品与卷烟工业	49	287966	5049
窑业与玻璃制造	12	935	853
造纸工业	3	350	267
合计	194	827996	142885

资料来源：青岛特别市社会局：《青岛市工业概况》，1944 年 1 月版，第 119 页。

表 7—11　　　　青岛华商工业企业统计（1944 年 1 月）

行业	工厂家数	资本额（元）	工人人数	行业	工厂家数	资本额（元）	工人人数
棉纺织	97	642360	3115	砖瓦制造	18	574000	1427
染织业	76	2580400	3110	玻璃石料	7	95000	220
丝织业	16	584000	302	制帽纽扣	8	79800	69
线带毛巾	14	85150	400	针织	31	194000	748
地毯轧棉	27	180100	315	服装制作	18	224500	278
火柴制造	13	19105000	1619	胶鞋制造	29	147120	568
染料制造	9	198600	244	制革	9	111500	110
肥皂化妆品	42	813700	402	橡胶修理	13	28550	62
骨胶骨粉	14	2139000	488	制盐、榨油	54	4413380	1132
制碱	21	234700	227	酿造	69	739050	854
机器制造	36	630600	1011	汽水、罐头	9	230000	194
机器修理	126	414375	1513	糖果饼干	35	442100	388
针钉铁丝	15	478000	498	制药	2	120000	29
铜铁器具	21	38000	232	烟草蛋粉屠宰	3	950000	1182
度量衡器	8	15700	72	面粉加工	401	2596390	2372
翻砂铸造	42	436650	825	造纸	19	3588600	826
车船件制造	9	103500	180	印刷	67	544210	877
车船修理	9	86500	226	文具仪器	6	37600	40

续表

行业	工厂家数	资本额（元）	工人人数	行业	工厂家数	资本额（元）	工人人数
锯木	15	428500	227	钟表眼镜	3	80000	70
火柴梗片	10	154000	520	电镀气焊	27	24710	214
木器制作	99	164900	951	制绳毛刷	30	81860	190
土木建筑	27	734000	1595	纸盒加工	13	3680	75
自来水电气	3	10000000	495	杂工业	4	54800	60
				总计	1624	55618585	30555

资料来源：青岛特别市社会局：《青岛市工业概况》，1944 年 1 月版，第 7—11 页。

整个日占期间，日本同样以掠取的华商工厂为基础，扩大了在济南的工业投资。到 1944 年在济南的日资企业（包括强买、合办的华商工厂）共有 263 家，其中纺织业 17 家、金属业 1 家、机械器具 21 家、窑业 5 家、化学工业 19 家、食品工业 58 家、木材加工业 7 家、家具加工 9 家、面粉工业 5 家、火柴工业 1 家、烟草工业 1 家、杂工业 45 家、印刷业 10 家、土木建筑业 64 家。[1] 从企业资本金登记情况看，263 家日资企业绝大多数为几千、数万至数十万元的中小企业。行业分布中企业户数最多的为食品业和建筑业，占企业总数的 50%，这与当时日侨大量移居济南，移民生活需求增加以及大肆兴建房屋建筑有直接关系。

在统制政策指导下的日本工业资本扩张，并没有改善山东城市工业的结构，从整体上提升工业生产力水平。由于统制经济的开发重点是以获取重要资源为根本方针，为避免重复投资，增强占领区与日本国内产业的协调性和统一性，日本当局对"自由企业"采取限制方策，引导工业资本集中投向"统制性企业"，以便更有效地获取战略资源和物资。1939 年后，国家资本和财阀资本的投资集中于交通、电力、矿产等资源类的统制行业，很少对一般加工工业投资，民间工业资本的投资基本围绕城市消费展开，缺乏大的工业投资项目，青岛日本纱厂第二期扩张计划，因担心与

---

[1] 〔日〕济南工业统制组合联合会：《济南工业概况》，1944 年 11 月版，第 1—15 页。

日本国内纺织业发生摩擦而被取消，生产能力大致只相当于战前的六成。"新设的近代式工厂，仅限于火柴、橡胶、烟草、面粉、机械工业部门等类极小范围"。[①] 因此城市工业基本为轻工企业和维修工厂，带有分散化和小型化的倾向。

这样，日占区城市工业基本延续了战前以轻工业为主的工业结构，重化工业一如战前，没有什么大的投资和扩展，工业构成主要以农产品加工工业为主，如纺织、榨油、面粉、蛋品加工、卷烟、酒精等；其次为以进口原料为主的橡胶、染料、火柴、酿酒等工业；以及为这些工业服务的电力、机械、窑业等。除统制行业外，各类工业部门逐渐呈小型化和手工业化的趋向。据青岛日本商工会议所 1943 年 1 月调查，青岛企业户数和雇用工人数前 7 位的行业为纺织业、染织业、机器业、橡胶业、砖瓦业、火柴业、烟草业，工厂数占总数 33.7%，用工数占总数的 76.7%。见表7—12。

表 7—12　　　　　　青岛市各类工业构成统计（1943 年 1 月）

行业	家数	家数占总数（%）	工人数	工人数占总数（%）
纺织业	10	1.38	13481	33.4
染织业	62	8.53	4444	11.0
机器业	117	16.09	4099	10.2
橡胶业	9	1.24	2539	6.3
砖瓦业	31	4.26	2157	5.4
火柴业	13	1.79	2126	5.3
烟草业	3	0.41	2057	5.1
其他	482	66.29	9391	23.3
合计	727	100	40294	100

资料来源：〔日〕青岛日本商工會議所：《調查極秘資料》第 2 辑，1943 年 6 月版，第 141—144 页。按：调查包括日资、华资和中日合办工厂。

日本的军事侵略与经济统制，给民族资本和民族工业造成了灾难性的后果，已有的工业基础遭到破坏，民族工业化的发展进程戛然而止。日军

---

① 松崎雄二郎著、舒贻上译：《日本人的山东开发计划》，1947 年 11 月版，第 73—74 页。

所到之处，即对关系军需供给的华商企业（如面粉、纺织工厂）和煤、铁、盐等重要资源生产企业实行"军管理"，将其委托给兴中公司和财阀资本"开发经营"，被委托经营的华商企业有数十家之多。民族工业被纳入日本经济统制的途径因企业情况而异，大致而言，在被日本视为"自由企业"的工业部门中，设备较好且具规模的企业多在日商逼迫下走上"合办"之路，经营管理权被日商掌握。部分未被收买、合办的企业，则在原料、生产、销售等方面受到种种限制，或被迫停歇，或缩小规模，或成为依附日商企业的加工工厂。在日本经济统制政策之下，民族工业生存空间被大大压缩，丧失了发展的条件，虽有极少数工厂因日本"统制企业"的需要，一度有所发展，如印染、造纸、印刷、机械、食品行业的个别企业，然而这无法掩盖华商企业生产能力总体下降的趋势。

占领区民族工业的退步还表现为分散化和小型化。资本匮乏和工业统制加诸华商的种种限制，使华商被迫采取"歇大开小"的方式。1940年前后，青岛、济南、烟台、潍县、张店等城市工商业虽然开业户数有所增加，但资本总额按可比价格计算却较战前下降，生产方式也出现了倒退。1942年青岛华商机器工业企业尽管由1939年的96家增至163家，但是资本额却由8834万元下降至6662.3万元，减少了25%。[①] 工业生产经营的分散化以及设备技术水平的倒退等特征，在城市用电分配上有突出反映。据1940年7月青岛胶澳电气公司电力供应统计，城市公用设施和统制行业用电（"特别供出"）30件，一般加工工业（"普通供出"）928件，其中铁工机械222件，居首位；其次为面粉、食品、榨油、染织、棉业、制材、火柴、橡胶、化学工业、窑业、烟草等行业，电机使用每件平均仅有1.5台。[②]

战前最能代表华商实力的染料、火柴、面粉等民族工业部门，出现了严重的萧条和衰落，生产规模已大不如前；有实力的日资企业在一般加工制造业中形成行业部门垄断和控制，而华商企业因受到压迫和排挤，生产经营处境艰难，往往靠承接日本统制部门或企业的加工任务来维持，沦为日资企业的附庸。

---

① 汪馥荪：《战时华北工业资本就业与生产》，《社会科学杂志》第9卷，1947年第2期。
② 松崎雄二郎：《北支那經濟の新動向》，大日本雄辯會講談社1942年8月版，第145页。

战前济南铁工厂有 40 余家。"七七"事变后剩 31 家，其中机械制造类仅 13 家，资本总额 398750 元，机床仅有 87 台，各厂动力设备平均只有 2.3 马力。[①] 1940 年前后由于铁路复修和手工工场的需要，济南机器铁工业一度发展到七八十户，工人约一千四五百人，但稍具规模、能制造整机的企业只有文德、成丰、东元盛几家，多数只能从事维修和零部件制造。后来由于日本对机械产品运销和原料供应多方限制，致使不少工厂再次处于停工状态，先后有二三十户倒闭，余下的铁工厂只能靠为日商工厂加工来维持。[②] 例如齐鲁铁工厂改为生产电信号机、铁道用品，所用设备仍是 1933 年购置的，技术没有任何提高。东元盛铁工厂在战前已能够制造印染设备和小型柴油机，但因未与日商"合作"，1942 年被迫停业。1940 年开设的文德铁工厂，是当时济南较先进的机械铁工厂，以 12 马力柴油机为动力，有各类机床 20 余台。由于日伪当局禁止五金器材外运，工厂只能依靠承揽制作零部件和维修业务来维持，经营处于亏损状态。[③]

日本侵略所造成的战争劫难，经济统制政策对民族工业的劫夺与限制，不仅严重危及民族工业的生存与发展，而且对战前兴盛一时的手工工业也造成严重损害。

战时手工织布业的变化在这方面便颇具典型性。战前潍县是全国闻名的土布业中心，拥有 10 万布机，从业人员 15 万人，生产方式盛行包买商制。事变后由于青岛纱厂停工、农村社会经济屡遭破坏以及棉纱、棉布运输不畅等原因，潍县"土布业完全陷入绝境"，原经营放纱收布的线庄、布庄纷纷歇业。布机向铁路沿线及能够提供棉纱的城市分散转移。据估计，潍县 10 万织布机中有 5000 台遭破坏无法使用，3 万台拆散为零件流向济南、青岛、徐州、烟台等城市，另有 6.5 万台流散于其他地区，以潍县为中心的织布区只剩 5000 台。[④] 原集中于农村的织布业，战时开始向县城集中，1939 年县城手工织布业有 157 户，织机 959 台，1942 年约有

---

① 〔日〕滿鐵北支經濟調查所：《北支那工場實態調查報告書（濟南之部）》，1939 年 11 月，第 137—138 页。

② 济南市志编纂委员会编：《济南市志资料》第 3 辑，1982 年版，第 110—111 页。

③ 山东省政协文史资料委员会编：《苗氏民族资本的兴起》，山东人民出版社 1988 年版，第 208—209 页。

④ 〔日〕滿鐵調查部：《濰縣土布業調查報告書》，1942 年版，第 139—140 页。

织机 1000—1300 台。与土布生产关系密切的染织工厂多被强迫与日商合办，如信丰与福岛纺绩会社合办、元聚与日本棉花会社合办、德聚与日华兴业会社合办，潍县地区残存的包织户便由这 3 家工厂放织，受日本资本支配。

在乡村织机向城市集中，机织布供应减少的情况下（青岛日本纱厂战时始终未达到战前生产水平），济南、青岛、烟台等地手工织布业得以兴起，并依附于日资工厂运行，即由日商或日资控制的染织厂发给棉纱，回收成品布匹，从而变成日商的棉布加工厂。战前（1933 年）济南有织布工厂 60 家，布机 800 台，1936 年前后织布业受日货走私影响出现衰退，事变后多数机房闭歇。1938 年后济南织布业开始恢复，1942 年经营业户 300 家，布机增至 2000 台。[①] 据对其中 200 户的调查，织机在 10 台以下的小经营户 152 户，占 71%；包织户 120 户，占 60%。参见表 7—13。

表 7—13　　　　　　　　　1943 年济南织布业调查统计

规模（台）	户数	包织户数	百分比	布机总数	包织布机数	百分比
1—5	69	60	87	247	210	85
6—10	83	44	53	659	348	53
11—15	26	9	35	315	129	41
16—20	13	5	38	240	93	38
22—26	6	—	—	145	—	—
38	1	—	—	38	—	—
73—80	2	2	100	153	153	100
合计	200	120	60	1797	933	52

资料来源：平野虎雄：《濟南織布業調查報告書——特に質織を中心として》，北京：華北綜合調查研究所 1944 年版，第 14 页。

济南手工织布业得以发展和包织制盛行的原因，日本人在所做调查中认为：其一，事变后青岛日资纱厂织机悉数被毁，复工后织机数和产量都

① 平野虎雄：《濟南織布業調查報告書——特に質織を中心として》，北京：華北綜合調查研究所 1945 年版，第 6 页。

大不如前，机织布生产下降，为手工织布业和小规模工场经营提供了发展契机；其二，地方农村织布业受战事影响而向城市集中，潍县、周村、章丘等地织布区向济南转移；其三，济南、济宁、徐州等地制粉工厂面粉包装袋需求增加，中小织布业户通过织面袋布与纱厂发生联系，纱厂采取包织制放纱收布，刺激了手工织布业的扩展。

战前青岛因日资纱厂拥有大量机器织机，机织生产发达，市内几乎无手工织布工场。战时随着潍县织机的流入，手工织布工场开始出现，1940年前后共开设 19 家，内日资 5 家、华商 14 家，约有织机 3000 台，年生产能力约为 3080 万平方码。烟台在 1940 年有织布工厂 24 家，资本 12.5 万元，半数为 1938 年后开设，织机总数约 500 台，其中 100 余台为电力织机。

城市手工织布户数的增加建立在分散经营的基础之上，日本资本通过包织制不仅可以控制织布业的原料和生产，并且能够控制棉布销售，从而强化了对民族资本的统制。如潍县，"事变之后，由于日本资本插进来，潍县最大的机械器具工厂华丰，变为日华合办，而且，向来直接间接支配着织布农户的三大染织工厂，也都变成日华合办。染织工厂所需棉纱要仰给于青岛的日本纺织工厂，加之现在配给统制日益加强，不能不或多或少受到日本资本的支配，况且合办工厂的出资者本身就是青岛的日本纺织业者，其隶属性自然更强。这样，以棉纺织加工业为中心的潍县产业界便牢固地隶属于日本资本了"。[①]

手工织布业向城市集中，经营形态分散化和小型化的状况；反映的不是纺织业的发展，而是它的衰落。由于棉纱供应严重不足，各地织布业生产实际处于逐年下降的状态。潍县战前最盛时棉纱入境数量年约 10 万捆，而到 1940 年降为 1 万捆，仅为战前 1/10；1941 年 1—5 月又比上年同期下降 3/4，在这种条件下，织布业自然是每况愈下（参见表 7—14）。

表 7—14　　　　山东日占区手工织布业棉纱消费量和棉布产量

年份	棉纱供给量（吨）	屯留量（吨）	折合生产棉布量（平方码）
1937	18966.2	15649.6	125196800
1938	9257.4	7405.8	59246400

① 〔日〕滿鐵調查部：《潍縣土布業調查報告書》，1942 年版，第 493 页。

年份	棉纱供给量（吨）	屯留量（吨）	折合生产棉布量（平方码）
1939	19000	15200	121600000
1940	10000	8000	64000000
1941	10000	8000	64000000

资料来源：彭泽益编：《中国近代手工业史资料》第 4 卷，中华书局 1962 年版，第 59 页。

四　矿产盐业开发与控制

整个日占时期，日本在山东占领区的工业开发以控制战略资源为根本指向，开发力度最大的为煤炭，其次为原盐、铁矿、铝矿等。1937 年 9 月，日本华北方面军和满铁调查部制定的《华北产业基本对策纲要草案》明确指出，华北产业对策的根本是以扩大日本生产力所必需的资源及其加工为目标，进行全面经营，以弥补日满经济的缺陷。这样的产业基本对策不是求得华北经济自身的发展，而是将华北定位于原料供给地，从属于日本总体战需要，以"扩充帝国生产力"，建立"日满华经济圈"。其具体策略是把重要矿产资源及其加工、原盐、电力等行业定为"统制企业"，由"国策会社综合管理经营"。此后日本制定过一系列华北及山东经济开发方针、要纲和对策，具体计划指标、实施步骤和区域重点等虽有所调整，但谋求建立殖民地经济体制、获取战略资源的目的则始终如一。而推行的方式就是从战争和战时经济的态势出发，由国策会社和财阀集团负责交通、通讯、电力、矿产、盐业等行业的统制与开发，并以"合办"的形式充分利用中国资本，控制各业经济，巩固和扩展其在占领区的经济统制。这种以军事占领为前提，以国家资本为主导，以侵夺中国民族资本为手段的产业开发，既是为保证占领区的自给，更是要最大限度地向日本输出战略资源。

与"自由企业"即轻工业企业日趋衰落情况不同，日本对"统制企业"即资源产业的开发取得了较快进展，并成为经济统制的重点。"统制企业"包括交通、电力等基础产业和煤炭、矿产、盐业等资源产业。这些产业作为日本在山东投资和经营的重点，由于有日本产业资本的不断投资，产业规模有程度不同的扩大。

在统制性资源产业中，煤炭、铁矿一直被日本视为"最主要的部门"。20 世纪 20 年代中期后日本成为煤炭入超国，1936 年入超达 400 万吨；而中国的煤炭贸易从 1935 年开始由入超变为出超，是年输出量 86 万吨，翌年增至 132 万吨，其中 70% 以上为对日输出，山东中兴、博山煤占相当比重。① 山东煤炭产量在战前居华北各省第 2 位，并早已被日本资本所染指。1937 年山东煤炭产量 498 万吨，与日资有关系的鲁大、南定、善芳、旭华、博东各矿出产 134 万吨，占胶济铁路沿线 300 万吨煤产量的 43%，占全省煤产量的 26.9%。② 山东煤炭储量中有近半数为适于炼焦的强粘结性煤，是钢铁业必不可少的原料，因此日本占领山东后，采矿业成为其重点攫取的目标。

在煤、铁、盐等资源出产地，资本扩张主要是通过恢复旧矿（如博山、淄川、金岭镇）、侵夺华商企业（如中兴、华丰、华宝等煤矿和青岛永裕盐业公司）两种方式进行。

自 1938 年初，日军就强行军管山东各大煤矿，并委托日本公司经营。此后根据统制资源产业的方针，日本官方和民间资本开始合作大规模开发山东煤炭资源，并结合矿区状况，采取委托经营和合资经营两种模式，通过扩大煤炭开发区域，兴建新矿井，提高开采量，来满足日本国内不断增加的煤炭需求。

1938 年 3 月日本占领峄县中兴煤矿，4 月委托兴中公司经营，翌年 3 月三井矿山公司奉命协助经营。1940 年 12 月中兴煤矿改由华北开发公司与三井公司共同经营，改称中兴矿业所，注册资本 1000 万元，到 1943 年实收资本 648 万元。1938 年 1 月，泰安华宝煤矿和宁阳华丰煤矿被日本军管，华宝煤矿以日军联队长赤柴八重雄的名字改称为"赤柴炭矿"，华丰煤矿被委托给兴中公司经营。翌年 7 月，三菱炭矿株式会社派员协同经营二矿。1940 年 12 月华宝与华丰合并，改称大汶口炭矿矿业所，由华北开发公司和三菱各出资一半。1943 年 2 月解除军管后，改组为大汶口炭矿株式会社，出资方不变，资本额 2000 万元。

① 松崎雄二郎：《北支經濟開發論：山東省の再認識》，1940 年 8 月版，第 503 页。
② 松崎雄二郎：《北支那經濟の新動向》，1942 年 8 月版，第 239—240 页。

1938 年初日军侵占淄博矿区后，由其守备队发出命令，博山地方矿业由日商东和公司管理统制，淄川地方矿业由鲁大公司管理统制。同年 3 月日本华北驻屯军特务部同意满铁提出的方案，即由山东矿业公司对胶济路沿线煤矿进行统制经营，山东矿业公司主要出资者为满铁，另外还有三井、三菱、大仓、住友、东洋拓殖等财阀资本的投资。1939 年，根据兴亚院的建议满铁将山东矿业中的股份转让于华北开发公司，使之成为主要的投资者。此后，山东矿业公司成为华北开发公司在胶济铁路沿线地区实施煤矿统制的中枢机构。到 1942 年，山东矿业公司资本已达 3500 万元，其中华北开发公司投资 2901.74 万元，占 82.9%；满铁 279.9 万元，占 8%；三井、三菱、大仓、住友、东洋拓殖等财阀资本 318.36 万元，占 9.1%。① 在经过矿产经营权的争夺变易后，日本采取"一业数社"的煤炭业经营形式，旨在发挥日本国内煤炭垄断资本在资金、技术和人员方面的优势，加速日占区煤矿的开发。这样，在华北开发公司的统辖下，1939 年底华北煤炭开发形成 7 个区域集团，其中山东有 3 个，即：以山东矿业公司为经营者的胶济集团，以三井矿山公司为经营者的中兴集团，以三菱矿业公司为经营者的大汶口集团，三大集团基本垄断了山东煤矿的开采。

日军接管煤矿之时，所有矿井均已处于停工状态。中兴、华宝、华丰等矿受战事影响，工人逃散，矿井被淹。胶济铁路沿线华商矿井、日资煤矿与合办煤矿也大多停产。日本对这些煤矿实行委托经营后，即着手修复设备和招募矿工，以求尽快恢复生产。中兴、华宝、华丰等矿数月后恢复生产，但在战事频仍、运输不畅的情况下，产量低于战前。同期，胶济沿线华商小煤矿陆续恢复生产，但淄川、南定、旭华等大煤矿因设备损毁严重，迟迟未能复工。在复工过程中，日本根据资源开发和对日供应计划，制订了各煤矿生产计划，所定产量指标大大超过战前。当时日本在山东的煤炭开发机构认为：山东煤炭开发具有地理位置、经营形态及劳动力资源上的优越性，适合对日大量输出。山东三大煤矿区距青岛、连云港的铁路运输距离在 170—340 公里之间，而大同、井陉煤矿距塘沽则有 500 公里；青岛港至日本的海路运输比塘沽港近 200 海里，因而山东煤运成本要低于山西、河北煤。山东华商小煤矿发达，日本通过投入资金、设备很容易

---

① 淄博矿务局、山东大学编：《淄博煤矿史》，1985 年版，第 265 页。

对其加以控制，煤矿开发也容易见效。① 基于此种认识，日本以华北开发公司和财阀资本为经营主体，通过委托经营、合办等方式，不断加大对主要煤矿的投资。战后华北开发公司北平分社的移交清册中载：从华北开发公司成立至战争结束，该公司对山东各煤矿投、融资数额高达17.8亿元，为资源产业中扩张程度最大的部门。其投资融资具体情况见表7—15。

表7—15　　　华北开发会社对山东煤矿投融资统计（1945年9月）　单位：千元

公司名称	投资	融资	短期融资	总额
山东矿业	29124	117872	865643	1012639
中兴煤矿	5000	17140	387290	409430
大汶口煤矿	10000	28291	244380	282671
新泰煤矿	13900	—	89180	103380

资料来源：居之芬主编：《日本对华北经济的掠夺和统制——华北沦陷区资料选编》，1995年版，第147—148页。

华北开发公司融资额大大多于直接投资额，说明其更看中利用民间财阀资本投资煤矿。山东矿业公司作为华北开发公司的子公司在这方面有突出表现。战前山东矿业公司作为日方投资者，便已控制了中日合办的鲁大公司。1938年该公司获准执行统制胶济铁路沿线煤矿的任务，并以"企业联合体"的形式组成"胶济集团"，成为日本开发华北煤炭资源的七大集团之一。山东矿业公司以"国策会社"和财阀集团的资金，展开一系列购并活动，控制了胶济铁路沿线的煤炭生产与销售。该公司采取改组机构、扩大资金投入的办法，对鲁大公司加强控制。1938年鲁大公司向山东矿业公司借入50万日元，翌年又从日本兴业银行贷款585万日元。1939年鲁大公司实行机构改组，主要负责人由日本人担任，形成日本资本的绝对控制。淄川矿区内的南定矿业公司，原是日商大仓财阀和藤田组共同投资，"七七事变"后矿井被炸毁，1941年恢复产煤，由大仓财阀单

---

① 〔日〕日支問題研究會：《山東開發の現狀及其將來》，1940年12月版，第124—125页；山東礦業株式會社總務部：《山東礦業株式會社使命》，1941年12月版，第23—25页。

独经营，由山东煤炭产销公司及日资银行提供资金，所产煤炭90%以公定价格售予产销公司。

博山地区煤矿形态各异，山东矿业公司1939年1月出资300万元，将原中日合办的博东公司收买，设立黑山炭矿所，成为该公司直接经营的煤矿。华商投资最大的悦升公司则被迫实行合办。1941年9月，山东矿业公司出资302.5万元，以55%的比例合办了悦升公司，改称"悦升矿务公司"，山东矿业董事长宫泽帷重（原伪满洲国民生部次长）兼任该公司董事长，矿长亦由日本人出任，遂使该矿成为山东矿业的子公司。对博山地区其他稍具规模的华商煤矿，山东矿业也采取同样方式加以吞并。1939年9月对博大煤矿投资15万元，同年10月对利大煤矿投资30万元，1940年3月对福大煤矿投资10万元、4月对东大煤矿投资3万元、10月对兴大煤矿投资25万元实施合办，操纵了生产经营权。对章丘地区原中日合办的旭华煤矿公司，山东矿业公司出资50万元将其收买，改称"旭华采炭所"；出资45万元将华商官庄煤矿公司改为中日合办。1941年11月，山东矿业公司将旭华和官方两矿合并。设立"章丘矿业所"。章丘其他稍有规模的煤矿，如文租、三元庄等矿厂也被山矿收买，划归章丘矿业所管辖。潍县坊子地区各矿仍归鲁大公司经营，由日商租赁采掘，出产煤炭售予山东煤炭产销公司。山东矿业公司通过投资收买、合办、自营等形式，几年间就将胶济铁路沿线各类煤矿纳入控制之下。

胶济铁路沿线的民营煤矿，煤产量战前约占全区总产量的半数。日本占领后博山尚有20多家民营煤矿，50余处生产矿井。这些小煤矿虽无电力机械设备，但多数矿井在提升、排水等环节已使用蒸汽动力机器，煤的总产量也相当可观。山东矿业公司在对稍大的民营煤矿加以统制的同时，对民营小煤矿采用借贷资金、提供机器材料和统制贩卖等方式加以间接控制，使之成为煤炭统制经营的组成部分。1940年3月，山东矿业会社发起成立中日合办的山东煤炭产销公司，资本金300万元，山矿持有51%的股份，其余由各日资和华资煤矿分摊。产销公司专以小煤矿为对象，主要通过贷款、技术指导和资材配给等方式，对民营小煤矿的生产和销售加以控制，以谋求少投入、多产出。1940—1945年8月，该公司共向博山华商20余家煤矿贷放资金1897.5万元，这些小矿的排水泵、卷扬机等生产设备大多靠贷款解决。[①] 上述措施使日本获得华商小煤矿的煤炭资源，1942 年博山地区出产煤 235.9 万吨，其中土法小煤矿出产量 120.9 万吨，占 51.3%。[②] 民营小煤矿在获得贷款的同时，签订协议将出产的煤炭销于该公司，结果与小煤矿关系密切的华商"煤栈"大受影响，纷纷歇业。由于山东煤炭产销公司垄断原煤定价权，从而改变了原有的煤炭流通市场，失去原有销售渠道的小煤矿遂成为日本资本的附庸。

除淄博、枣庄、大汶口三大矿区外，日本还将投资开采范围扩展到鲁中新矿区。1939 年兴亚院指令三菱矿业公司开发小汶河沿岸煤矿。1941 年 10 月，华北开发公司与三菱矿业公司共组新泰炭矿矿业所，资本金 1100 万元，到 1942 年底实际投入 540 万元。该矿利用华商原有旧井，通过更新矿井设备、增加矿工来扩大开采，原煤产量逐年提高。1941 年为 1.96 万吨，1942 年 3.24 万吨，1943 年 23 万吨，1944 年增至 27 万吨。1940 年 3 月日本铁矿业株式会社奉命开发莱芜安仙庄煤矿，计划新建两座矿井，年产 50 万吨，翌年 11 月开始采掘作业。为方便原煤外运，日本华北交通株式会社于 1943 年 10 月开始修建南新泰——安仙庄运煤专用铁路，但至日本战败未能建成，因而该矿至 1945 年月产平均 8 万余吨，仅供当地使用。[③]

煤炭是日本重点获取的战略资源，为此各矿业公司在初期均加大动力设备投入，增加矿工人数，以求扩大产量。原有的新法大矿井机械化生产程度普遍有所提高，采煤方法虽无大的变化，但井下运输、通讯、照明等设备得到更新，发电机及蒸汽锅炉等动力设备增加较多，因而煤层掘进深度和速度得以提高，产煤工效也随之提升。这一时期煤矿从业人员大量增加。枣庄中兴煤矿在 1930 年代中期全矿工人 7100 余名，1943 年达到巅峰期，计有 19739 名。1930 年代初期华宝煤矿、华丰煤矿工人分别为 1180 余人和 560 余人，1943 年增至 3153 人和 6005 人。淄川煤矿 1933 年有工人 5008 人，1943 年 8 月达到 13346 人。1930 年初，淄川南定煤矿有

---

① 山东省档案馆馆藏档案：临 68—209，国民党经济部鲁豫晋区特派员办公处："接收山东矿业株式会社"。

② 〔日〕東亞研究所：《支那小炭礦實態調查報告》，1943 年版，第 90 页。

③ 居之芬主编：《日本对华北经济的掠夺和统制——华北沦陷区资料选编》，1995 年版，第 457—459 页。

工人 1150 名，博山博东煤矿有工人 470 名，博山悦升煤矿有工人 900 名，1943 年 8 月，三处煤矿的工人分别增至 1717 人、5132 人、3268 人。新泰煤矿 1935 年有工人 250 名左右，1943 年 3 月增至 1579 名。[①]

煤矿业工人的增加既与日本投入资金、设备和技术改造机械化生产的大矿有关，同时也与当时日本利用土法小煤矿扩大生产有密切关系。山东已开采的煤田除枣庄中兴煤矿煤层较厚、瓦斯少、易于集中采掘外，其他煤田断层多、地质条件复杂，小煤井开采盛行。日本占领当局为完成不断增加的煤炭生产计划，对兼用新法的小煤矿（使用蒸汽或电力排水，掘进、采煤、运煤以人力为主）也极为重视，在博山、黑山、坊子、章丘、新泰、莱芜等矿区以开凿小煤井为主，形成密集的开采区域。由于土法小煤井的增加，全省煤井数由战前的 100 余处增至战时的 210 余处。这些小煤井由于采用了动力排水设备，挖掘深度达到 100 米以上，日产量增至 100 吨以上。鲁大公司淄川煤矿在 1935 年北大井透水事故后，便在其周边开凿小井，到 1940 年共恢复和新开凿小井 21 处，年产煤炭 96 万余吨，最高年产量的 1942 年达到近 156 万吨。在大汶口矿区，1938 年后共开凿小井 14 处，加上原有矿井总数达到 35 处。博山民营小煤矿发达，日本资本控制华商各矿后继续发展，最多时达到 40 余处。1938—1945 年，仅博山小煤矿产煤总计达 533.1 万吨，外运煤总计达 401.9 万吨，分别占淄博煤矿产煤和外运煤总数的 27.9% 与 28.7%，如加上淄川小井产送煤数量，所占比例均达到 50% 以上。[②]

日本对山东煤矿的统制性开采与开发，使战时山东煤炭业出现畸形扩张，采煤面积和新开矿井不断增加，原煤产量在经过几年恢复后超过战前，达到民国时期最高峰。据统计，这时期日本统制的矿井共 217 处，矿工人数达到 10 万人，大大超过战前不足 3 万人的水平。战前山东产煤量高年份的 1936 年为 510.9 万吨，1938 年降至 73.5 万吨，1939 年 223.5 万吨，1940 年 416.8 万吨，1941 年 909.8 万吨，1942 年开采量达到 1026.5 万吨。[③] 日占时期山东各煤矿生产数量，各矿上报数字低于实际产

---

① 白家驹：《第七次中国矿业纪要》，中央地质调查所，1945 年版，第 650—655 页。

② 淄博矿务局、山东大学编：《淄博煤矿史》，1985 年版，第 271、294 页统计表。

③ 张玉法主编：《民国山东通志》第 2 册，《矿业志》，台北：山东文献杂志社，2002 年版，第 1317 页。按：该书所列 1936—1942 年煤产量为估计值。

量数字，很难求得统一完整的统计。据不完全统计，日本在山东掠取的煤炭资源，中兴煤矿约为 1400 万吨，淄博煤矿约为近 1300 万吨，如加上章丘、大汶口煤区产量，共约 3000 万吨以上。参见表 7—16。

表 7—16　　　　　1939—1945 年山东主要煤矿产量　　　　　单位：吨

	1939 年	1940 年	1941 年	1942 年	1943 年	1944 年	1945 年
中兴	1473551	1939821	2399674	2470534	2225000	1930000	1929123
华宝	21903	44458	143230	216550	55200		
华丰	29414	58244	166234	275400	103600		
淄川	552000	912000	1325400	1424900	1301836	1325532	401290
南定		18394	140442	103247	20654		
坊子	55499	73729	111787	105685	270000	278000	210000
博东	33668	158850	212820	249730	256570	253610	71245
悦升	356000	386000	405069	584090	575827	599117	41823
兴大		106640	35885				
利大	8641	78000	78200	119000			
旭华	9300	127125	154200	121000			
官庄	72458	121375	101550	30000			
合计	2612434	3917996	5345246	5736021	4808687	4386259	2653481

资料来源：根据张玉法主编：《民国山东通志·矿业志》第 1320—1321 页统计表整理而得。该统计表未包括黑山、博山、章丘、新泰、莱芜等地小煤矿生产数。

日本对占领区煤炭资源的大规模开发，使山东煤炭的用途和流向发生了很大变化。战前山东煤炭已开始出口日本，青岛港每年输往日本及其他地区的煤炭在几万吨至数十万吨之间，省内用煤占到总产量的 60%—80%。战前日本从中国东北地区输入的煤炭占其进口的 60% 左右，但到 1940 年仅占 8%，而华北煤升至 38%，山东煤大量输往日本是发生变化的重要原因。1939—1942 年青岛港对日煤炭输出逐年增长，输出量分别为 564002 吨、1237588 吨、1953722 吨、2236359 吨，其中输往日本及日元集团（朝鲜、台湾、关东洲）的比重约在 75% 以上，[①] 煤炭成为这一

———————————

① 交通部烟台港务管理局：《近代山东沿海通商口岸贸易统计资料》，1986 年版，第 161 页。

时期港口吞吐量最大的货物。1940 年胶济铁路全线到达货物 223 万余吨，到达青岛的煤炭即占 154.8 万余吨，占青岛到达货物的 81.2%。[①] 此种货物流向足见日本对煤炭资源的重视程度。

据日本有关机构 1944 年调查资料所载，输往日本、满洲等地的煤炭是煤质最好的炼焦用煤，以中兴煤为主。中兴煤矿产煤总量低于淄博煤矿，而粘结性煤产量居山东首位，其中绝大部分通过连云港输送到日本及伪满洲国。省内用煤胶济铁路沿线出产的占 76%，大汶口矿业所占 22%。1938—1943 年胶济铁路运送煤炭 1368.9 万吨，经青岛港对日输出 149.3 万吨，占 10.9%，其中 1940 年输往日本 50.9 万吨，占当年运煤总量的 24%。[②] 这一比例 1940 年后有所下降，而当地工厂及铁路用煤、输往满洲、华中的数量则增加，这与日占区经济状况的变化有极大关系，即：日本在山东产业开发规模扩大、抚顺煤矿减产需山东煤来弥补、与华中物资交换等。对重要战略资源煤炭的持续开发，在满足日本战时经济所需的同时，却造成民需供应的日趋减少。到 1944 年，通过胶济、津浦铁路外运的煤炭达 530 万余吨，占当年山东煤产量的 80%，省内用煤仅余 18%，大大低于战前消耗量，说明煤炭总产量的提高并没有相应扩大省内用煤供应量。

城市用煤实行配给统制，禁止煤炭生产者与运销商（煤栈）直接交易，而是由山东煤炭产销公司指定经销商，从鲁大公司购炭场按公定价格运销。1938 年，山东煤炭产销公司济南办事处共指定 4 家日商、84 家华商为煤炭经销商；青岛办事处指定 6 家日商、75 家华商作为经销商。[③]

山东日占区煤炭产量在达到 1942 年的高峰后，便呈现下降趋势，这与战争形势发生深刻变化有关，也与经济统制政策无法克服的内在矛盾密切相关。1943 年后日军在太平洋战场连连受挫，逐渐丧失了制海、制空权，造成运输线路不畅；华北抗日游击战在度过困难期后重新活跃，抗日武装的活动给日本掠夺计划的实施以极大打击；日占区经济的不断恶化使得经济统制与产业开发在财力、物力上捉襟见肘，顾此失彼。煤炭开发更

---

① 中共青岛铁路地区工作委员会等编：《胶济铁路史》，1961 年版，第 135 页。

② 淄博矿务局、山东大学编：《淄博煤矿史》，1985 年版，第 294—295 页。

③ 〔日〕满铁北支事务局调查部：《北支主要都市商品流通事情》第 7 编，《济南、徐州》，1939 年 4 月版，第 244 页；第 8 编，《青岛》，第 256 页。

是面临诸多问题和困难：如采煤设备老化陈旧，材料缺乏得不到更新，劳工匮乏得不到有效补充，运力下降导致煤炭积压，"煤价公定"致使矿工待遇不断降低，并导致普遍怠工。凡此种种，使日本在山东及华北的煤炭开采量不断下降，采煤计划遭受重创。1942年华北煤炭产量2511.4万吨，完成计划的92%；1943年计划产煤2897万吨，实际产煤2214万吨，完成计划的76%；1944年计划产煤2975万吨，实际产煤2006万吨，完成计划的67.3%。[①]山东日占区煤矿产量也以1942年为分界线，此后几年产量不断下降。1943年从上年的1026.5万吨降至449.7万吨，1944年为415.2万吨，1945年跌落至288万吨。详见表7—17。

在开发获取山东煤炭资源的同时，日本还对铁矿、铝矾土矿和金矿等矿产资源重点实施了开发，但由于调查勘探滞后，对这些矿产的投资开发迟于煤矿，规模、实效也不如煤炭业和盐业。

表7—17　　山东主要煤矿计划产量与实际产量比较（1939—1944年）

单位：千吨

年份	计划/实际	中兴	大汶口	淄川	博山	章邱
1939	计划产量	1400	107	—	—	—
	实际产量	1473	50	565	989	164
	（%）	105.2	46.7	—	—	—
1940	计划产量	1800	220	1000	—	350
	实际产量	1939	134	978		308
	（%）	107.7	60.9	97.8		88.0
1941	计划产量	2200	650	1450	—	660
	实际产量	2400	376	1453		600
	（%）	109.1	57.8	100.2	—	90.9
1942	计划产量	2500	700	1850	1030	750
	实际产量	2517	538	1668	804	216
	（%）	100.7	76.9	90.2	78.1	28.8

---

① 居之芬、张利民主编：《日本在华北经济统制掠夺史》，天津古籍出版社，1997年版，第283页。

年份	计划/实际	中兴	大汶口	淄川	博山	章邱
1943	计划产量	2800	850	2050	1000	490
	实际产量	2239	532	1304	724	173
	（%）	79.9	62.6	63.6	72.4	35.3
1944	计划产量	2800	800	1850	1520	430
	实际产量	1930	600	1320	800	60
	（%）	68.9	75.0	71.4	52.6	13.9

资料来源：根据居之芬、张利民编《日本在华北经济统制掠夺史》第404—405页 "历年华北蒙疆各煤矿计划与实际产量统计表" 整理编制。

据 1940 年初日本山东产业馆调查，山东铁矿石储藏量约为 2500 万—3000 万吨，金岭镇铁矿含铁成分高达 58.2%，可开采量 540 万吨。[①] 战前日本铁矿石原料多从南洋进口，自中国内地进口仅占二三成。1941 年 10 月，日本制订《华北产业开发第二次五年计划》，拟加大对占领区采矿业投资，以成倍提高铁矿石生产量，其中金岭镇计划于 1942 年生产矿石 5 万吨，到 1946 年产量达到 40 万吨。[②] 1941 年 10 月日本钢管株式会社接管金岭镇铁矿，并与山东矿业、鲁大公司共同投资 300 万元设立金岭镇矿业所，开发该矿区。由于矿区易采矿脉采掘将尽，矿业所一方面对矿区进行大面积磁力勘探，一方面投入大量人力和新型设备开凿新矿，扩大矿石开采潜力。1943 年全矿铁矿石产量 24.7 万吨，运往满洲 8.43 万吨，占 57%，运往日本 2.35 万吨，占 16%。到 1944 年末，该矿共有矿工 4468 人，日产矿石 500 吨左右。1942 年下半年后，太平洋战场海空大战使日军装备损失惨重，日本急谋增产金属材料以补充军备。当年 12 月，日本企划院决定在华北加快兴建小型炼铁高炉。此后日本计划 1943 年在青岛建成 3 座 250 吨高炉。为此，华北开发公司与日本钢管公司出资 5000 万元，于 1943 年 11 月设立青岛炼铁股份公司，筹划利用金岭镇铁矿石和附近煤矿的煤炭冶炼生铁。青岛高炉的设计容量高于华北其他炼铁厂，预定

①　松崎雄二郎：《北支经济开发论：山东省の再认识》，1940 年 8 月版，第 533 页。
②　郑伯彬：《抗战期间日人在华北的产业开发计划》，1947 年 10 月版，第 77 页。

年产铁 8 万余吨，占华北计划产量的 35%。1943 年有两座高炉建成，但当年仅生产铁 1275 吨，1944 年 4—9 月产铁 14478 吨，低于计划产量。①此后受盟军轰炸威胁，高炉生产时断时续，金岭镇矿石开采也处于停顿状态。

矾土矿作为铝、耐火材料的原料，在淄川、博山和章丘等地有丰富的蕴藏，是这一时期日本重点开采的矿产资源。据日方调查估计山东矾土页岩储量有 14 亿吨，铝成分含量 50%—80%，露天可开采量 125 万吨，具有易开采的特点。② 1939 年 12 月，华北开发公司以兴中公司华北矾土矿业所为基础，设立华北矾土株式会社，资本 500 万元，专事矾土矿的采掘和运销。该公司在张店设立山东矿业所，并先后在南定、博山、王村、沣水、湖田等地开设露天采矿场。采矿场采用电力开掘，用柴油轻轨翻斗车运送矿石，矿工最多时达到 1300 多人。1943 年后在南洋运输线吃紧、东南亚矾土矿供给减少的情况下，日本加大了对山东矾土矿的开采。华北矾土公司增加设备投入，准备大规模开采湖田、沣水等地矾土页岩，到战败时各项设施已大致完成。截至 1945 年 8 月，山东矿业所共开采矾土矿石 101.4 万吨，③ 所产矿石主要运往日本和满洲。

战争后期日本为解决制造飞机所需的铝金属材料，决定在华北设立氧化铝冶炼工厂。1943 年 5 月，日本大东亚省制定《华北轻金属公司设立要纲》，拟定华北 1944 年生产粗铝 2 万吨，1945 年达到 6 万吨。同年 11 月，由华北开发公司、日本帝国轻金属统制公司、华北矾土公司、伪华北政务委员会等出资 3000 万元设立华北轻金属股份有限公司。该公司设工厂于张店，计划年产铝 6 万吨。1944 年 3 月在南定正式开工，分两期完成工厂建设。华北轻金属公司先后招收 200 名青年学生，分 4 批派往日本国内工厂实习。同时，从日本国内和中国其他地区拼凑拆运生产设备，进行紧急安装。到战败时工厂的生产、机电、储运系统的基础工程和设备安装已基本完成，但尚未正式运转。

山东金矿产于招远、牟平、平度、沂水和栖霞等县，战前中日合资的

①　白家驹：《第七次中国矿业纪要》，1945 年版，第 710 页；第 715—716 页。

②　松崎雄二郎：《北支那經濟の新動向》，1942 年 8 月版，第 252 页。

③　居之芬主编：《日本对华北经济的掠夺和统制——华北沦陷区资料选编》，1995 年版，第 469 页。

玲珑金矿公司即已开采招远玲珑山金矿。战争爆发后，玲珑公司矿厂被炸停工。1938 年 4 月，日本投资 170 万元设立华北产金株式会社，经营华北金矿业。此后玲珑公司重新开业。1940 年 2 月三菱矿业公司和鬼怒川兴业公司共同出资经营招远金矿。鉴于该矿富矿区已采掘殆尽，土法开采成本过高，玲珑公司遂进口机械化设备，扩大开采范围。1939—1940 年从龙口港进口的开矿机器和建筑材料，货值 135.5 万元。设备更新使招远金矿的开采量有所提高，金砂矿成为龙口港战争期间唯一长期出口日本的货物。据海关统计报告载，1941 年玲珑公司直接运往日本的金砂计 6500公担；1942 年升至 45300 公担，此后一直有对日输出。

原盐亦是战争期间日本重点获取的战略物资。日本因国内原盐生产不能满足其军工企业和一般工业的需要，故需大量进口原盐。1935 年日本工业盐需求量 123.4 万吨，1937 年升至 160 万吨。战前青岛（胶澳）盐曾大量出口日本、朝鲜。1930 年代前期，山东海盐产量约 45 万吨，占全国海盐产量的首位。山东 7 大盐场中，胶澳场产量占近六成，莱州、威宁、石岛、金口（即山东东岸盐）占三成多，王官、永利（即黄河沿岸盐）占近一成。[①] 日本在华北占领区开发获取的主要是青岛盐和长芦盐。

战争初期，山东沿海盐田大部被日本占领，盐场盐民大部分弃滩逃亡。随着抗日根据地的不断扩大，日伪控制的盐区缩小，只有胶澳、金口、石岛盐区相对固定，原盐主要对日本、朝鲜输出，其他威宁、莱州、永利、王官等盐区原盐则行销内地。

为恢复、控制盐业生产和运销，日本当局采取措施，"撤销原国民政府对生产的限制令，为盐田经营者提供贷款，复活荒废的旧滩，改良原有盐田，并开辟新滩"。[②] 1937 年 12 月，由原从事青盐输日的大日本盐业会社、日华蚕丝株式会社、田中国隆商店合资组建山东盐业株式会社，资本总额 100 万元。该公司受命负责山东盐产一切业务，成立不久即收买华商永裕公司，将其 38906 亩盐田和精盐工厂及大量存盐掠入手中，并将其他盐商及盐户组织合并于公司。1938 年 3 月，日本大藏省专卖局在青岛召集当地军政和有关经营机构会议，决定"山东省内制盐技术之指导，增

---

① 松崎雄二郎：《北支經濟開發論：山東省の再認識》，1940 年 8 月版，第 326—327 页。
② 〔日〕東亞新報天津支社：《華北建設年史》，1944 年 12 月版，産經，第 309 页。

产输出盐资金之融通，及有关山东盐输出之一切业务，统由山东盐业株式会社负责办理"。同时决定将该公司增资至 1000 万元（首付 225 万元），并指定三井、三菱财阀加入。会议还规定：此后日本人开辟新盐田，均限定由山东盐业株式会社实行；盐卤工业及精盐工业也由该公司经营。随着上述规定的实行，山东盐业公司成为日占区原盐生产、运销及加工的统制机构。① 1941 年 4 月，华北开发公司受让三井、三菱财阀所持股份，将山东盐业公司作为下属子公司纳入麾下。此后华北开发公司不断对山东盐业进行投融资，至战后 1945 年 10 月清理，对山东盐业会社的投融资总额达 39390 万元，其中投资 300 万元，融资 39090 万元。②

山东盐业公司成立之时就曾拟订《山东盐五年增产计划书》，1938 年 5 月日本驻青岛代理总领事门胁季光在致外务大臣函中披露，日本开发山东盐业计划极为庞大，盐田面积扩大 8000 町步（约合 12.8 万亩），增产 40 万~50 余万吨，所需资金 1000 万元。③ 太平洋战争爆发后，日本军需及化工生产对原盐的需求进一步增加，激发出其扩大获取华北盐资源的欲望。为此，在 1942 年和 1943 年制订的计划中，日本将华北盐产指标再次提高，其中分配给山东的指标为：盐田面积由 1942 年的 13692 公顷扩至 1944 年的 17147 公顷，此后不再扩大；1942—1946 年，产量由 62 万吨增至 83.5 万吨；对日输出自 37 万吨增至 55 万吨。④

日本的盐田计划得到一定程度的实施，山东盐业公司采取抵押贷款和限价收买方式，雇用盐民建滩晒盐，并广泛使用包工制来增加生产。胶澳盐区战前有盐滩 1924.8 副，面积 90387 亩（内有永裕公司 38906 亩），1939 年和 1940 年山东盐业公司先后开辟两处新盐滩，增加盐田面积 14362 亩，合计达到 104749 亩。1941 年的产量超出战前最高年份（1935 年，37 万吨）二成多，为战时产量最高的年份。战时胶澳盐平均年产量

---

① 南开大学经济研究史研究室编：《中国近代盐务史资料选辑》第 3 卷，南开大学出版社 1991 年版，第 66—67 页。

② 居之芬主编：《日本对华北经济的掠夺和统制——华北沦陷区资料选编》，1995 年版，第 148 页。

③ 南开大学经济研究所经济史研究室编：《中国近代盐务史资料选辑》第 3 卷，1991 年版，第 68—72 页。

④ 郑伯彬：《抗战期间日人在华北的产业开发计划》，1947 年 10 月版，第 82—83 页。

为 35 万吨，超过 1922—1937 年平均年产量 16 万吨 1 倍多。胶澳盐区主
要向日本、朝鲜输出工业用盐，1941 年向日本及朝鲜输出盐 319700 余
吨，在内地销盐 54917 吨，内地销量仅为出口量的 1/6 稍强。战时山东盐
对日输出累计 167.3 万余吨，其中青岛盐累计 153 万余吨，占中国各盐场
对日输出原盐总量的 15.8%，列长芦、金州盐场之后居第 3 位。① 1937—
1945 年青岛及山东各口岸对日原盐输出见表 7—18。

表 7—18　　**青岛及山东各口岸对日原盐输出统计**（1937—1945 年）　　单位：吨

年份	日本进口总量	青岛	山东	合计
1937	1472417	72687		72687
1938	1752521	205918		205918
1939	1860010	85637	8965	94602
1940	1724751	118042	30377	148419
1941	1505524	231736	57914	289650
1942	1533343	272234	28814	301048
1943	1410190	257720	4317	262037
1944	941883	162146	2950	165096
1945	461824	131727	2120	133847

资料来源：南开大学经济研究所经济史研究室编：《中国近代盐务史资料选辑》第 3
卷，南开大学出版社 1991 年版，第 86 页。山东一栏内包括威海、石岛、金口等口岸。

胶澳盐区原盐除向日本输出外，还大量向作为日本殖民地的朝鲜输
出，仅 1941 年度即输出 11.5 万吨。战前对朝鲜出口的原盐，税率高出向
日本出口的 1 倍，在山东盐业公司的主使下，战时向朝鲜输出的工业用盐
税率与日本相同。② 为扩大原盐的输出，日本除采取扩大盐田面积、低税
率等措施外，还采取向山东其他盐区扩展、修建输盐专用码头、控制盐价
等方式，加强对山东盐的产销统制。战前青岛港原盐贮运码头的装运能力
为 12 万吨，这一通过能力显然不能满足日本的需要。1939 年 8 月日本兴

① 南开大学经济研究所经济史研究室编：《中国近代盐务史资料选辑》第 3 卷，1991 年
版，第 32—33 页。

② 同上书，第 32 页。

亚院通过《青岛港扩张计划案》，决定新建 6 号原盐专用码头。码头工程自 1939 年 12 月动工，1943 年 9 月竣工。新码头有 2 个泊位，可同时停靠两艘 6000 吨轮船，年可装运原盐 21 万吨。日本为扩大石岛盐对外输出，于 1941 年对石岛港码头也进行了扩建。此后石岛港成为向日本、朝鲜出口原盐的重要港口，1941—1945 年输出原盐共 122 万担，其中运往日本达 108.6 万担。[①]

华北伪政权在战时曾 4 次提高盐税和盐价，并实行食盐配给制，导致民众饱受少盐淡食之苦。山东盐业公司垄断原盐产销权，对日本输出的原盐因延续原有"青盐输日"协定，一直是低价输出，未受占领区盐价、盐税提高的影响。1939 年 4 月，日本驻青岛代理总领事馆石川实就山东盐输出办法致函北京大使馆堀内参事官，提出就胶澳盐输出朝鲜和威海、金家口、石岛等地原盐对日、朝输出向华北临时政府交涉，一律改为与"青盐输日"相同的每担 6 分的税率。5 月，崛内致函青岛总领事加滕，认为山东盐输出应沿用"青盐输日"办法。[②] 此后在整个战争期间，山东对日本、朝鲜输出的工业用盐一直实行低税率。盐税是日伪财政收入的主要来源之一，为弥补税收不足，只能靠勒索盐商和向民众转嫁负担来解决。到 1945 年山东食盐税最低的区域每担也达到 10 元以上 与输出日本、朝鲜工业用盐每担 6 分的税率比较，形成极大税差。山东为产盐大省，然而民众却未能免除淡食之苦，盐税不断增加造成盐价提高即为其中重要原因。

这一时期日本还利用胶澳盐场晒制海盐的余液（苦卤）为原料，设立盐化工厂，生产军事工业急需的溴素、氯化钾、氯化镁等化工产品。1941 年 8 月山东盐业公司获准在青岛沧口开设山东盐业化成工厂。1944 年工厂建成投产，该厂占地 15.6 万余亩，工人 315 人，设计能力为年产溴素 24—30 吨、氯化钾 30 吨、氯化镁 60 吨、液体烧碱 300 吨、漂白粉 300 吨。1945 年初工厂因各种原因而停产。

日本开设的化工企业还有 1940 年 12 月成立的山东电化株式会社。该公司是华北开发公司的子公司，资本金 80 万元，华北开发公司出资 20 万元，三井物产公司和电气化学工业公司各出资 30 万元。公司于 1941 年在

---

① 武醒民主编：《山东航运史》，人民交通出版社，1993 年版，第 255 页。
② 中国社会科学院经济研究所藏档案：支那盐买卖及输出入关系，别册，青岛盐关系。

博山设立工厂，利用当地石灰石和煤炭生产电石（碳化钙），有 2 座 500 千瓦电炉，年生产能力 2000 吨。1941 年 12 月又增资 420 万元，以扩大生产能力。增资额中华北开发公司出资 129 万元，三井物产和电气化学工业各出资 126 万元，山东盐业公司出资 39 万元，计划到 1943 年建成一座年产 800 吨的 3800 千瓦电炉，使生产能力扩大 4 倍，1944 年又追加工程费 230 万元，华北开发公司也多次为该公司融资。1942—1943 年博山工厂平均年产电石 1783 吨，1944 年增至 4382 吨。[①] 电石产品多为日本开发华北矿山所用。

五　商业资本扩张与商业贸易统制

1. 商业资本的扩张

战争初期，为保证日本军队物资供应，由各级特务机关负责军需品统制配给。占领区内粮食与物资的获取，一方面是日军直接抢掠而来；一方面通过地方商会组织强制性征集。战争的破坏曾造成商业秩序的极度混乱，大批商户歇业，商贸活动停止。待日本初步建立殖民统治秩序后，占领区商业活动开始恢复，地区商业贸易也由此进入日本占领者控制的时期。

为获取占领区的各种资源，建立服务于战争需要的统制经济，日本在战争初期的商贸政策为：动员和鼓励日本资本进入占领区，扩充经营规模，排挤民族资本和其他外国资本，谋求行业独占地位；增加对占领区的商品输出，特别是开发资源所需的机器设备，为获取战略资源打下基础，同时向占领区输出粮食以及生活必需品，向"日元集团"出口煤、铁、盐、棉等战略物资，以求供求平衡；通过建立日商行业组合、恢复华商商会和建立新民会等组织，对城乡商贸实行"计划性"行政控制，强行限制干预市场交易和商品流通。在这一政策指导下，日本商家纷纷涌入被占城市，所涉足的商业贸易领域迅速扩大。

"七七"事变后，济南日本侨民 2000 余人于 8 月 17 日前陆续撤离。此后随着战事不断紧张，面对日军的进逼，厂家、商户纷纷闭门停业，相当一部分民族工商业者出城躲避。日军占领初期，尾随日军而来的日商由

---

① 严中平编：《中国近代经济史统计资料选辑》，科学出版社，1955 年版，第 147 页。

政府提供贷款 250 万元，立刻着手恢复商业贸易活动，乘华商观望或未归之际，在济南商埠地经二路至经四路、纬一路至纬四路间集中开设商号店铺，形成集中密集的商业活动区域。日本财阀资本和中小民间资本迅速进入后，很快便渗入到济南城市商业的各个领域。设立于 1920 年的济南银行在日军占领济南后立即复业，为日本工商户提供汇兑、存款等金融业务服务，并于 1939 年 1 月在张店设立办事处。朝鲜银行亦于 1938 年 2 月在济南设立办事处，至年底存款总额已有 1200 万元（内含中国联合准备银行准备金 970 万元），并准备贷款 200 万元扶持居留民复活业务。[①] 正金银行济南办事处于 1939 年 7 月设置，并作为直属机构主要开展汇兑业务，同时从事存款贷款等金融业务。专为日本侨民办理小额存贷款业务的山东无尽株式会社、济南信用组合、济南商业金融组合也先后复业，成员增加迅速，两组合 1938 年 3 月有成员 180 名和 127 名。[②]

伪政权成立后，华商虽开始复业，但进展缓慢，规模亦大不如前，到 1938 年 10 月济南华商店铺有 70% 重新营业。然而日商的扩展远超过华商，到 1938 年底，共有 368 家日资商社落户济南，其中会社、会社支店及营业处 110 家，个人商店 258 家，这一扩张态势一直持续到 1940 年上半年，6 月份以后趋于下降。1939 年初日资商业户数已达 539 户，超过战前约 300 户的规模，主要有以下营业种类：贸易商 35 户，棉花商 18 户，洋货商 17 户，杂货商 79 户，药品商 13 户，果品商 22 户，建筑业 14 户，运送业 13 户，旅馆业 28 户，饮食店 191 户、其他 109 户。[③] 此期在济南的属于民间中小资本的日商在人数上居优，而财力雄厚、享有特权并与军方关系密切的财阀则有极强的控制力。至 1940 年，三菱、三井、大仓、江商、日本棉花、东洋棉花、伊藤忠、增幸洋行、丸红商店、日本水产、高岛屋、又一商事、加藤商事、兼松洋行等大商社陆续复业，资本金万元以上的商社达 350 家。[④]

---

① 〔日〕满铁北支事务局调查部：《北支主要都市商品流通事情》第七编，《济南徐州》，1939 年 4 月版，第 98—99 页。

② 〔日〕青岛日本商工会议所：《所报》第 11 号，1940 年 9 月版，第 8—9 页。

③ 〔日〕满铁北支事务局调查部：《北支主要都市商品流通事情》第七编，《济南徐州》，1939 年 4 月版，第 63 页。

④ 前田七郎、小岛平八：《山东案内》，日华社 1940 年 12 月版，第 451 页。

1938 年 1 月济南日本商工会议所开始恢复活动，作为工商活动的助成、协调机构，商工会议所活动的主导经济力量是金融资本与工商资本。1940 年选出的会议所常议员有 20 名，代表着正金银行、朝鲜银行、济南银行、三井物产、三菱商事、伊藤忠商事、江商、日本棉花、东洋棉花、高冈商店、茂利公司、济南电业、中尾洋行、鲁丰纱厂、酒井产业、兼松商店、仁丰纱厂、成通纱厂、历城公司、国际运输等最具实力的企业。① 为协调日商之间的关系，相对一致地开展商业经营活动，在济南的日商组成同业组合，不断扩大经营范围和成员人数。到 1940 年 8 月以济南冠名的日资同业组合共有 22 家，另有 2 家在申请之中。这些组合包括米谷配给组合、商业组合、金融组合、信用组合、典当业组合、日华木材同业组合、土木建筑业组合、运输同业组合、药业组合、华北棉丝布商组合济南支部、食料杂货商组合、陶瓷器商组合、棉籽同业组合、汽车运输组合、清酒酿造组合、酱油酿造业组合、糕点商组合（申请之中）、针灸组合、公寓组合、旅馆业组合、饮食店组合、酒店业组合、饭店业组合、绸布商组合（申请之中）。② 此外，1939 年 12 月日本殖民当局还在济南设立日华商工协会，会员由日本商工会议所和济南市商会的会员组成，亦吸收其他零散会员，协会由商工会议所会长兼任会长，日本领事馆领事、陆军特务机关长、省公署顾问、居留民团参事长等皆为顾问，主要任务就是以所谓"日华经济提携"为名，加强对华商的控制，谋求合办事业的发展。

日占初期，济南商路网络发生重大变化，即由战前主要通过胶济铁路与青岛发生商业往来，向主要通过津浦铁路（北段）与天津发生商业往来转变。1932—1936 年，济南作为华北重要物资集散中心，通过铁路输出入货量，胶济铁路占七八成，津浦铁路占二三成。1938 年，济南到站货物，胶济铁路青岛方向 8099 吨、津浦铁路天津方向 12156 吨；济南发送货物则分别是 4508 吨和 12244 吨。③ 青岛约占不足 4 成，天津则超过 6 成以上。造成这一局面的主要原因，一是青岛日本产业受损严重，恢复尚需时日；二是日本占据天津较早，势力庞大，并以天津港作为开发中心；

---

① 〔日〕濟南日本商工會議所：《濟南事情》，1940 年 12 月版，第 167—170 页。

② 同上。

③ 松崎雄二郎：《北支經濟開發論：山東省の再認識》，1940 年 8 月年版，第 158 页。

三是天津外国租界未受冲击，与欧美贸易可正常进行。此外，铁路运价、港口装卸费用、日本在天津的产业开发快于青岛等因素也均有利于扩大天津市场对济南市场的影响力和吸引力。在此背景下，日商借机在济南扩张势力，增加日本商品销售，扩大土特产品收购。

战前日本在青岛贸易和商业投资约 3000 万元，虽不及工业投资优势明显，但仍占有重要地位，形成与华商和欧美洋行竞争的局面。日占时期，借助日本当局推行的统制政策，日商大举进入商业贸易领域。日本政府实施《物资动员计划》，在占领区建立商业贸易统制经济，具体表现为自由经营向统制经营演化的过程。以 1940 年 6 月为界限，此前日本国家资本、民间资本齐头并进，广泛渗透于各个行业领域；此后在"调整物资供给和需求"的原则指导下，通过组织行业组合，合作运营的方式吸纳和销售各类商品，配合军方垄断重要资源以及生活必需品的经营，满足国家发动战争的需要。1938 年底，日本从业人员由 1936 年底 1183 人增至 1796 人，增加 52.7%，其中，从事输出入贸易和兼及批发、零售的商户约 712 人，占 55%；零售商户 581 人，占 45%。商社、商行经营范围有 14 大类，约 170 余种。① 详见表 7—18。

表 7—18　　　青岛商业服务业日商户数的增长（1936、1938 年）　　单位：户

日商类别	1936	1938	增加（%）	日商类别	1936	1938	增加（%）
特产输出商	268	355	32.5	燃料薪炭商	35	64	82.9
饮料食品商	202	377	86.6	化学工业品	62	96	54.8
和洋织品商	79	84	6.3	纸张文具商	42	51	21.4
和洋杂货	68	80	17.6	饮食店	110	195	77.3
家具及家庭用品	41	60	46.3	旅馆业	24	62	158.3
机械器具	129	211	63.6	娱乐业	15	17	13.3
一般材料商	59	103	74.6	其他商人	111	137	23.4

资料来源：青岛日本商工會議所：《經濟時報》第 17 號，1940 年 5 月，第 2—10 页。

青岛的日本大公司商社大都集中于青岛馆陶路、堂邑路、山东路及市

① 〔日〕青岛日本商工會議所：《經濟時報》第 17 號，1940 年 5 月版，第 2—4、6—10 页。

场一路、二路、三路一带，零售商多集中于奉天路、聊城路一带，形成日资商业特有的地域分布格局。最具实力的日本商业资本，是从事农林畜产品、矿产品、海产品以及手工业品的贸易的土产输出商。在 250 家输出商中，从事农产品的有 68 家、畜产品 56 家、矿产品 42 家、海产品 22 家、林产品 13 家、手工业品 49 家，其中有 50 家经营种类在两类以上，实力较强的贸易商有日华兴业、山东棉纺、伊藤洋行、东和公司、新井洋行、加藤物产、源昌号、瑞和洋行、青岛公司、利源贸易公司、合同烟草、三菱商事、日满商事、日本棉花、米星烟草、协立烟草、山东盐业、山东窑业、铃木洋行、小林洋行、正隆洋行、副岛洋行、伊藤忠商事、江商、增幸洋行、日满渔业、满洲水产赎卖会社、大青洋行、有长洋行、兴隆洋行、志浦洋行、寿洋行、山一洋行、西胁洋行、大正洋行、日本鸡卵公司等。

　　1938 年与 1939 年是日本商业资本重整旧业、恢复扩张的时期，期间在青岛新开设的日资会社、会社支店及营业所共 110 户，个人商店258 户，合计 368 户。① 1940 年后随着战争局势的变化和青岛港对外贸易的连年入超，伪联银券发行后黑市交易的泛滥，以及战争所造成的生产萧条，日占区经济面临诸多困难。1940 年 6 月前后，日本政府及占领区殖民机构对商业贷款、往来携带资金数额、输出入和配给物资组合等作出种种规定，旨在限制自由市场经济，强化经济统制。在此背景下，日本商业资本的扩张势头有所减缓，新增商业开业户也比前两年减少。1940 年 1—8 月份到青岛投资开业的新增会社和私人商店共 254家。② 与会社、商社新增开业户数下降的情形不同，由于日本移民源源不断地涌入青岛、济南、张店等城市，日资中小商业经营户数仍旧有所增加。1941 年 6 月与 1940 年同期比较，青岛日本当局批准的商业营业件数也略有增加，由 707 件增到 808 件，其中批发营业由 196 件增至207 件，批发兼零售营业由 322 件增至 360 件，零售营业由 189 件增至241 件。详见表 7—19。

---

① 〔日〕青岛日本商工會議所：《所報》第 11 號，1940 年 9 月版，第 8 页。
② 同上书，第 9—10 页。

表 7—19　　　　青岛各行业日商营业扩张统计（1940—1941 年）　　　单位：户

种类	1940 年 6 月	1941 年 6 月	增长（%）
贸易业	98	103	5.1
商业	707	808	14.3
金融业	22	25	13.6
交通运输业	81	86	9.5
水产业	22	23	4.5
生产加工业	211	255	19.4
房土地产中介	22	24	9.1
土木建筑承包业	94	102	8.5
旅馆业	54	70	29.6
娱乐业	207	215	3.8
其他	190	206	8.4

资料来源：青岛日本商工會議所：《所報》第 24 號，1941 年 10 月版，第 1 页。

1942 年，青岛日人由 2 万人增加到 4 万人。总部设立在青岛的会社为 127 家，在青岛设立支店、营业所的会社有 138 家。1000 万元以上的会社有 4 家，500 万元以上的会社有 4 家，100 万元以上的 26 家，50 万元左右的会社有近 100 家。另外，1000 万元以上会社支店、营业所有 47 家，500 万元以上的有 15 家，100 万元以上的 44 家，50 万元左右的近 40 家。①

在日商纷至沓来的同时，日伪政权开始着手重建原华商商会组织，借以恢复商贸交易活动，征收税捐，控制物资流通。1938 年春，日伪当局重新组织济南市商会，并督促各行业成立同业公会。据当年济南市商会调查，全市共有工商业户 3000 余家，较战前减少千余户，资本额 9079523 元；② 1938 年上半年营业总额 11617727 元，较 1937 年的 39980740 元减少 70%。济南原有同业公会 75 家，日占初期维持业务活动者仅 47 家，1939 年成立了柴草、乳业、酿酒、白灰、土制卷烟、天然冰等同业公会，

---

① 姬野德一：《大東亞建設と山東》，日支問題研究會 1942 年版，第 229—230 页。
② 济南市志编纂委员会编：《济南市志资料》第 7 辑，1987 年版，第 164—165 页。

是年底有同业公会 60 家，会员 4713 户。1940 年成立公会的有枣行、黑白铁、席箔、鸡鸭 4 个行业，1941 年成立的有运输、磨坊、制棉、洋纸、牛肉 5 个行业，1942 年又有 17 个同业公会成立。到 1943 年，济南商会共有 81 家同业公会，工商各业 7162 户，资本总额 78142715 元，从业人员 55497 人，另有工厂会员 6 家，资本总额 1487160 元。[①] 日占时期，由于大量日侨和乡村人口的涌入城市，使城市商品消费需求剧增，民族商业资本在统制政策的压制下，普遍采取缩小经营规模的做法，规避风险以求自存。于是，城市商业出现了业户数显著增加的畸形状况。1940 年济南市公署调查，全市工商服务业共 11294 户，资本总额 26035028 元。1943 年 5 月济南市商会调查，加入行业公会的工商业户共 7340 户，资本总额 81703585 元，从业人员 55772 人，其中商业 4257 户，资本总额 70480665 元，从业人员 33736 人；如加上未参加公会的商户，户数超过 1940 年。新设商号多为"小本经营"的零售商，人员资金来源一是旧有商户缩小、改组、分拆而成；二是县城商业资金的流入；三是迁居城市的乡村富户及旧官吏从事商业经营。[②]

青岛市商会重组于 1938 年 2 月，到 1942 年，全市 42 个行业公会除酱园、银行业外，其余均进行了改组重建，加入市商会的商家共有 2804 户，另外加入台西镇、台东镇商会的商家各有 1200 户，加入沧口商会的商家 370 户。[③] 1939 年 4 月，全市 28 个商贸行业共有华商 4406 户，资本总额 10156.6 万元，其中资本额前 5 位的分别为银行业（8 家，9360 万元），农产品业（267 家，164.8 万元），纺织品业（122 家，95.3 万元），杂货业（511 家，86.6 万元），饮食品业（679 家，70.5 万元），其余各业资本金均在 60 万元以下，实力无法与日本资本抗衡。[④] 据 1939 年烟台市公署建设局对商会同业公会的调查，全市 12 个华商同业公会共有商户 620 户，其中发网花边业 134 户，花生业 78 户，油业 24 户，行栈业 78

---

① 济南市工商业联合会、济南市总商会编：《济南工商文史资料》第 2 辑，1996 年版，第 222—226 页。

② 济南市志编纂委员会编：《济南市志资料》第 3 辑，1982 年版，第 122—123 页。

③ 冈伊太郎：《山东と邦人の现势》，青岛大新民报印务局 1943 年 12 月版，第 162—165 页。

④ 青岛特别市公署社会局经济科编：《青岛市中国商工总览》，1939 年 9 月版，表 2。

户，轮船业 7 户，煤业 26 户，绸业 70 户，粉业 17 户，渔业 70 户，粮业 70 户，杂货业 33 户，报关业 13 户。① 潍县商会 1938 年夏调查，全县共有工商业户 449 户，资本总额 217 万元，其中商业 77 万元，工业 120 万元，电力及运输业 23 万元。② 日伪政权除在城市成立商会组织外，还在各县县城设立同样组织，以加强对当地物资流通和物价的控制。

2. 商业贸易统制及其困境

日本侵占山东后，由于战争对原有社会经济的破坏，生产和流通出现严重衰退和停滞。日本当局为获取支撑战争所需的各类物资，在统治区秩序稍有恢复后，便开始对商业贸易实行统制。统制方式从日本国内移植而来，其基本特征是满足国家战争需要，取消自由市场经济，限制城乡商品流通和消费，保证军需供给。当时山东境内存在着日占区、中间地带和抗日根据地三种地区的对峙状态，战争的长期化和经济环境的不断恶化，使物资匮乏的状况日趋严重，因而日本实施商业贸易统制的手段和方式也随形势不断变化和调整，并逐步趋于系统化和制度化。

日伪政权在恢复商贸交易活动的同时，即开始对占领区对外贸易实施统制。日本发动全面侵华战争后，面临着财政支出增加、通货膨胀加剧和国际收支恶化的困局。为此，日本政府颁发了一系列针对贸易、物价的统制法令，并将统制政策运用到日占区，利用对商业贸易的控制，来平衡其国际收支。

1938 年 1—3 月，日军先后占领青岛、烟台、威海、龙口诸港口，攫取了山东各港海关关税权。待伪政权成立，日本认为秩序恢复后，便有限制地开放港口贸易。至 1941 年太平洋战争前，沿海四港对外贸易逐渐恢复，除与日本及其殖民地（中国东北地区、朝鲜）贸易仍占主导地位外，与欧美、东南亚及中国香港等地的贸易也有所增长。因日占区工业恢复及资源开发需要欧美国家的机器设备和工业产品，利用收缴的法币可以从非日元集团获取所需的重要物资，日伪政权对同"日元集团"以外国家和地区贸易采取了容忍的态度。在与日本及"日元集团"的贸易方面，日

---

① 〔日〕北支經濟調查所編：《北支那工場實態調查報告書（芝罘之部）》，1940 年 4 月版，第 2 页。

② 〔日〕北支經濟調查所編：《北支那工場實勢調查報告書（濰縣之部）》，1940 年 3 月版，第 2—4 页。

本指使华北伪政权修改海关进出口税率，对主要进出口货物实行减税或免税；同时，日本大贸易商社控制了进出口贸易，特别是青岛港对日本及"日元集团"的贸易几乎完全被日商垄断；此外，日本为开发山东及华北资源，弥补其铁矿石、煤炭、棉花、原盐等重要军备物资的不足，对日占区联银券与日元采取等价关系，加强对腹地资源的掠夺与输出，凡此种种，反映出港口贸易为日本控制的殖民地经济特征。

日本商业资本在青岛的扩张与青岛港的内外贸易密切相关。日本占领青岛港后，即迅速清除港口沉船障碍，恢复港口通航贸易。港口货物吞吐量战前1936年为298.8万吨；1938年下降为121.8万吨。1939年恢复至281.7万吨；1940年提高至343.8万吨；1941年又下降到235.1万吨；1942年为198.8万吨。[①] 青岛内外贸易得以恢复并增加，进出口贸易货值战前1936年为2.357亿元；1937年为2.326亿元；1938年降至1.232亿元；1939年升至3.093亿元。1940年后进出口贸易急速下跌，但当时海关统计改以联银券、中储券计值，货值统计受通货膨胀因素影响甚剧，已不能反映贸易衰落的实际状况。1940—1942年平均年贸易额为6.188亿元；1943年为9.34亿元。在青岛港的对外贸易中，日本通过控制汇兑，实行对日贸易关税优惠、垄断航运交通，逐步控制了青岛港的对外贸易，无论是进口还是出口，日本所占的比重均远远超过其他国家。日本对沿海口岸进出口贸易的控制和垄断主要表现在以下两方面。

第一，控制口岸航运业务。日本在丧失太平洋制海、制空权以前，在华北沿海航运业上占有绝对优势，山东沿海各口岸特别是青岛港航运业被其控制。此时，在青岛的日本海运公司有11家，即日本邮船、大阪商船、原田汽船、日清汽船、朝鲜邮船、川崎汽船、大同海运、大连汽船、山下汽船、阿波共同汽船及中村汽船。战争开始后，在山东沿海港口航运量不断下降的同时，日本的航运量却不断提高。1936年山东沿海4口岸航运量为1528万吨；1938年降至921万吨位；1939年恢复至1044万吨，这也是战时航运量最高年份。此后一路下滑，1942年降至591万吨。日本航运量提高可从其轮船进出青岛港数量增加和所占比例中看出。1938—

---

① 交通部烟台港务管理局编：《近代山东沿海通商口岸贸易统计资料》，1986年版，第131页。

1943 年，日本轮船所占比例从 62% 升至 90% 以上。日占区沿海口岸航运量下降趋势与港口货物吞吐量走势相符，系受战争影响经济停滞和与欧美贸易恢复性增长后陷入中断所致。而日本航运所占比重的增加正说明日占区对外贸易中，日本及日元集团地区地位的提升。

第二，沿海口岸贸易方向和货物流向受日本战时经济制约，服务于其经济统制和开发。在日本与美英等国关系恶化前，沦陷区与美英贸易一度兴盛，这对日本占领初期经济恢复起了一定的补助作用。但由于日本在占领区的经济开发和物资统制主要目的是解决国防资源的不足，因而沿海口岸贸易更多的是围绕此目的展开，与日本及日元集团内贸易始终占据主导地位。1939 年青岛港输出货物 135.8 万吨，其中对日输出 70.8 万吨，对"日元地区"（朝鲜，中国台湾和东北地区）16.8 万吨；1940 年输出货物 176 万吨，对日输出 89.6 万吨，对日元地区输出 17.4 万吨。1939 年青岛港输入货物 121 万吨，其中自日本输入 67.3 万吨，自日元地区输入 14.1 万吨；1940 年输入货物 142.7 万吨，自日本输入 81.9 万吨，自日元地区输入 9.7 万吨。烟台、龙口、威海的海上货运也多以日本、朝鲜和中国东北为主，1938 年后与中国东北地区间的运输量比重增加，1941 年后对日本运输占 58% 以上。① 沿海口岸输出的货物主要是煤、盐等工业原料品和花生、花生油、棉花等农产品。对日贸易扩大给经营贸易和大宗批发业的日商带来空前的商机，利用日本当局政治军事的背后支持，日商从贸易中谋取了巨额利润，并在与华商及其他外商的竞争中取得优势。

由于对占领区的经济恢复与资源开发迟迟未能奏效，日伪政权面临着以下难以解决的问题。首先，日占区经济遭受战争破坏，农业生产呈现衰败趋势，在市场交易受到诸多限制的情况下，各类农产品上市量大幅度减少；日伪当局在资源产业上开发措施，只考虑如何获取资源，丝毫不顾及当地经济的实际状况，结果使日用工业品生产因资金、原料不足而陷入困境。

其次，日伪当局虽在山东及华北设立银行，发行联银券，并与日元等值流通，但联银券在对外贸易中却不能通用，国民政府发行的法币仍具有很强的流通性，并得到英美等国家的支持。当时商家宁愿囤积商品，也不

---

① 　武醒民主编：《山东航运史》，人民交通出版社，1993 年版，第 245—246 页。

愿收用流通受限的联银券。

最后，自发动侵华战争后，日本对中国（包括关东州、"满洲国"及内地）的出口大幅增加，由战前占其出口总额的18%上升至1938年的30%左右。日本在华北发行联银券，强制与日元等价交换，最初的目的是便于占领区资源的获取和输出。然而由于华北物价比日本上涨得更快，反而导致来自日元集团的贸易入超迅速增加。这种状况虽使经营进口贸易的日商获益匪浅，但是对"日元区"出口的增长得不到相应外汇收入，使日本国际收支不平衡逐年扩大。1939年华北6港对日贸易入超2.7亿元。1939—1942年，青岛、烟台、威海、龙口4个通商口岸的直接对外贸易，基本上是日货进口多于土货出口。这一态势影响了日本国内物资供应和向第三国输出，也不利于日本变占领区为原料供应地计划的实施，这是日本占领者不愿看到和始料未及的。

针对日本国内对占领区贸易的出超，日本当局在重点开发占领区资源，加快掠运出口以弥补原材料不足的同时，还颁行一系列法规，采取多种措施，来限制对"日元区"的出口，实施严格的对外贸易统制。1939年9月，日本商工省以第53号令颁布《日本向满关支输出调整令》，以此前商品输出额为基数，对各种商品输出规定最高限额。1940年2月日本商工省连续颁布法令，对输出商品基准作出调整，并对输出物品、输出商、输出数量及价格等作出规定，成立同业行会，即设立输入统制组合和配给统制组合，在确保日占区对日商品输出数量的前提下，对输入贸易进行统制管理。从1939年10月至1940年6月，在青岛相继有15家以财阀、大商社为核心的输入统制组合和配给统制组合成立。这两类行业组织均由日商构成，按出资额多少分配事业费损益，输入商品数额和价格由兴亚院设在当地的分支机构规定。如青岛米谷输入组合即由日资山东米谷合资会社、三井物产青岛支店、三菱商事青岛支店出资30万元设立，在青岛物资对策委员会监督下，负责胶济沿线、津浦线德县以南、陇海线开封以东日侨输入大米的配给，组合主要从事批发业务，在青岛的零售则由米谷配给组合负责，共有43家组合成员，对日侨实行票证制定量供应。[①]依靠这种组合统制的方式，日本当局实现了对日占区重要战略物资的高度

---

① 〔日〕青島日本商工會議所：《經濟時報》第19號，1940年7月版，第65—66页。

统制。

日本虽然通过实施输出调整令，对国内 60 余种商品出口实行了严格限制，但由于日占区经济萧条导致物资短缺和通货膨胀，日本国内与日占区之间的价格差还是刺激了"日元集团"向山东及华北的贸易输出，输出限制仍效果不佳。为此，日本采取了更进一步的限制措施，以求减少国内物资流出，增加资源类物资输入。1940 年 8 月 27 日，日本商工省以 66 号令颁布《对圆域输出入价格调整令》，从 9 月 2 日开始实施新贸易统制政策。该调整令规定，输出贸易由日本东亚输出组合联合会实施一元化统制，绝对禁止个体贸易商自由输出。从业者须交纳百分之百的"保留金"，由输出入地区价格差所形成利润的三到五成归政府所有。商品输出价格由日本东亚输出组合联合会根据输出商报价，按照日政府规定的统制价格加以确定。[①] 上述规定在于通过征收统制费和保留金，限制日本国内商品对占领区的出口，同时达到控制日占区物资流通的目的。

在日本限制本国物资对外出口的同时，对占领区的进口统制也更加全面。1940 年 9 月以后，在当地兴亚院的指导下，进口贸易统制的范围、区域不断扩大，同年 10 月包括济南、烟台在内的山东输入配给组合联合会准备委员会成立，下设济南、芝罘事务所和总务、金属、化学、材料、纺织品、食品、必需品 7 个部以及与各部业务相关的 6 个分会，共有 38 个组合，983 家组合成员。该会于 1941 年 2 月正式成立，主要职责是联络协调各输入配给组合和日本输出机构，执行落实各项贸易统制措施，指导各组合经营业务。此后，山东日占区物资输入各项手续的受理、批复以及统制费征收等均纳入组合联合会管辖，进口贸易也随之转为全面统制。

日占区贸易及物资流通统制最先实施于输入和配给环节。日占初期，物资分配权由随日军进入占领区的各级特务机关掌握，其职责是解决日军和日侨的物资配给。日伪政权成立后，面对战争陷入长期化、商品流通区域缩小以及通货膨胀和物资匮乏的局面，日本当局把在本国实行的物资物价统制政策搬到占领区，将占领区物资纳入统制范围。1939 年 6 月，日本兴亚院华北联络部指令省、市伪政权设立物资物价调节委员会，负责对粮食和生活必需品的生产、消费、运输及物价情况进行调查统计和平衡调

---

① 〔日〕青島日本商工會議所：《經濟時報》第 21 號，1941 年 1 月版，第 4—10 頁。

度。然而，"这项措施仅能排除各地区间物资交流的集团割据性，却不能解决因事变引起的生产停滞与经济疲惫问题"。鉴于当时联银券在地方信誉不高，华商在城市囤积物资，日商控制着输入物资的经营这一状况，日本当局首先对"日本侨民所需的主要食品，实行了消费配给统制"。[①] 华北的物资流通统制，便是从供应其驻军和侨民的进口粮食开始的。1939年11月，华北日本人米谷统制委员会成立，并在占领区各城市成立分会。翌年1月，以日本财阀商社为中心成立了华北小麦面粉输入组合，并宣布废除粮食公定价格，实行食粮限量配售，防止日本和中国商人囤积和贩卖，以配给来实施统制。

日本推行输入贸易统制，虽然可通过掌握进口物资的保存、分配、销售与交易控制权，改变日本对占领区贸易的出超，集中物资供应日军、日侨和资源开发；但是，贸易、金融等统制手段也造成部分日本中小商家出现经营困难，使部分小批发商、零售商未能进入组织而遭淘汰，部分日资中小商户面临转业或失业问题。限制市场流通、排挤华商的做法，致使华商的许多交易活动被迫转向黑市，商品供应更加短缺，控制物价的目的也随之落空。从1939年9月1日开始，日本当局对占领区日侨实行配给票证制供应，配给范围包括大米、砂糖、食盐、茶叶、卷烟、食用油、火柴、肥皂、棉制品等各类生活必需品。随着占领区物资匮乏的加剧，全面配给制困难重重，捉襟见肘，迫使日本当局从1943年4月改全面配给为重点配给，即将日侨分为3类，一类是华北开发会社及其所属公司企业的从业人员；另一类是政府及重要机构团体的职员；第三类是普通日侨，前两类配给相应数量及价格的物资；第三类由基层配给组合解决生活必需品供应，只有少部分在日本重点企业工作的中国人能得到第三类配给待遇。[②]

在日本实施贸易输入配给的统制过程中，广大华商被排斥在外，迫使华商利用各种渠道从日占区之外购进各种物资和土货产品，从事囤积及投机经营。为全面控制日占区物资交易，有效吸纳、贮存、利用各类物资，

---

① 《华北贸易统制机构的演变》，《中国经济旬报》第232号，1944年7月版，转见居之芬主编《日本对华北经济的掠夺和统制——华北沦陷区资料选编》，1995年版，第806页。

② 同上。

日本不断扩大对贸易商业的统制范围和领域。其扩展步骤为：由物资输入配给统制扩展到物资输出统制，由日商组合制扩展到华商组合制统制，由配给销售价格统制扩展到产、供、销全过程统制。

1940 年 7 月日本决定南进，不惜冒与英美开战的风险，远东形势再次发生危机。英美两国联手制裁日本，不断扩大对日出口管制和物资禁运的范围，并于 1941 年 7 月冻结日本资产。此举使日本生产力扩充计划受到极大影响，在这种形势下，日本迫切需要扩大占领区的对日输出和自给自足，于是商业贸易的统制步伐加快。1941 年 11 月，根据日本当局的指示，设立青岛对日输出入组合联合会，会员包括植物油原料、植物油、肥料、鸡蛋及蛋制品、重晶石、草帽辫、蚕丝、发网、桐材、落棉、杂纤维物、果实、油脂、杂品等行业的输出组合。[①] 为进一步加强统制，11 月间还设立了山东输出入组合联合会，会员包括青岛对满关输出组合、山东输入配给组合联合会，青岛对日输出组合联合会及其所属成员。[②] 该联合会受华北贸易组合联合会的指导，全面负责山东地区对日、满及关内的贸易控制与协调。联合会主要是将从事出口贸易的日商纳入其中，而对于重要的战略资源或对日输出品，如煤炭、矿石、原盐、畜产品、棉花、烟草等，则由华北开发会社及其子公司统一调拨管理。与统制相关的子公司包括山东煤炭产销公司、山东盐业株式会社、华北烟草株式会社、山东殖产株式会社、青岛矿石输出同业组合、北支棉花协会山东支部等等。随着统制范围的不断扩大，这些公司、组合成为日本在山东实施贸易统制的重要机构。

对从事进出口贸易的华商，日本当局的统制措施也步步趋紧。1941 年 3 月青岛华商输出入联合会设立，其职责为协调与日商的关系，共同维护日元体系和联银券价值，保证全面统制的推行。在兴亚院的指导下，对日本、华中和华南贸易的华商被编入各类组合，统一加入山东输入配给组合联合会，特别是从事钢铁、石油、水泥、木材、面粉、米谷、砂糖、纺织品贸易的华商，只允许保留 60—100 家，并全部被纳入商贸统制的体

---

① 〔日〕青島日本商工會議所：《經濟時報》第 22 號，1941 年 2 月版，第 34 页。
② 〔日〕中國通信社：《全支組合總覽》，上海：中國通信社，1943 年版，第 463、496 页。

系内。①

1940 年 10 月，山东输入配给组合联合会在济南、烟台设立事务所，此后不断有财阀资本的分支机构加入，而部分规模小、经营不佳的日商则退出。1942 年两地事务所改为山东输配联地方委员会，济南日商输入配给组合共 25 个，各组合日商户数如下：金属制品 8 家，机器 11 家，电气机械 14 家；纺织机械 5 家，自行车 7 家，汽车 8 家，染料 7 家，工业药品 12 家，涂料 3 家，肥料 2 家，药品 15 家，纸 9 家，橡胶制品 6 家，食品 32 家，果蔬 9 家，水产 13 家，必需品（包括烛皂、陶瓷、服装、鞋袜、化妆品、杂货等）124 家．钟表眼镜 7 家，杂品输入配给组合 12 家，文具纸制品 20 家，照相材料 5 家，建筑材料 8 家，玻璃 2 家，估衣、缝针各 1 家。② 烟台地方委员会统制区域包括烟台、龙口、威海卫，共有日本商社 121 家，主要经营 23 个门类的商品。③ 加入行业组合的日商以财阀资本实力最强，且大都多行业经营，组合的日常活动由其控制，商业贸易统制的实施通常也与其经营有着密切的关系。

1942 年后，日占区城市的华商相继被纳入组合之中，这些组合与华商原有的商会及同业公会不同，是以原日本商社组成的各类组合为主体，利用华商交易流通渠道，为统制体制下的物资收买配给服务。1942 年 6 月，日本当局颁布《华北紧急物价对策要纲》，同年 11 月又颁布《华北输移入生产配给机构调整要纲》，要求以"现地中心主义"为原则，整理地方统制机构，在中央配给统制机构指导下，适当吸纳华商加入批发、零售机构，有效利用华商同业公会等已有组织。④ 以日商为主体的贩卖配给组合，大多实行三部制，一部组合为实力雄厚的日本商社，享有采购、征集、批发、配给等权力；二部组合受一部组合控制，有批发、零售权；三部组合接受配给的商品，从事零售业务。华商一般多为三部组合成员，只有少数资金较多且能收购物资的华商才能进入二部组合。

组合统制的范围最初为输入物资，后逐渐扩大到输出物资和内地流通物资，统制重点也由物价控制转向物资控制，组合类型由输出入组合发展

---

① 小倉東次：《北支に於ける經濟統制の現状》，1941 年 12 月版，第 164—167 页。

② 〔日〕中國通信社：《全支組合總覽》，1943 年版，第 554—555 页。

③ 同上书，第 552 页。

④ 〔日〕東亞新報天津支社：《華北建設年史》，1944 年 12 月版，産經，第 399 页。

到生产组合、批发组合和零售组合。日本企图以组合制统制形式，对农畜产品、工业原料及工业品实行统一收购、分配和销售，并通过统制配给，确保日军、日侨及资源开发地区的物资供应。这种强制干预的做法，在一定时期对日本实施物资动员计划、满足战争需求起到一定的作用，然而却是以破坏市场经济为代价，导致交易停滞、物价飞涨、民众生存条件恶化。在日占区强化商业贸易统制过程中，华商经营受到极大限制，原有的市场交易流通发生改变，市场出现严重的萎缩和萧条。

战前山东棉花市场较为发达，形成济南、青岛两个中心市场和张店、临清两个集散市场的流通体系，济南棉花市场年交易量百万担以上。战时由于棉花减产、青岛纺织工厂开工不足，铁路和公路运输不畅等原因，市场交易量迅速下降。1938 年全年仅有 13 万--15 万担，仅及战前1/10，1—9 月份流通交易量 87650 担，其中 38000 担供给济南三个纱厂，47650 担向青岛输出，2000 担向天津输出。棉花集散亦由传统市场向他处转移，同年德县市场利用运河和津浦路北段的运输联系，收取鲁西区棉花，向天津市场输出，市场交易量达 35.69 万担。① 由于华商经营处处受到排挤，济南华商花行由战前的 30 家骤减至 11 家，日商则由 12 户增加到 14 户。

在棉花交易市场和流通发生诸多变化的过程中，作为军需物资，日本对交易过程实施了统制经营。1939 年 1 月，军方指定济南日商组成棉花收购组合，资本金 1000 万元，第一次缴纳 500 万元，由东洋棉花、日本棉花、江商、伊藤忠商事、三菱商事、日华商事、久记公司、瀛华洋行、三共洋行、兼松商店等 10 家日商组成，由正金银行和朝鲜银行提供融资，在张店、德县设立支部，组合成员按出资额比例及军方指定价格从事直接收购，经营情况须向军方及有关机构报告，收购的原棉按军需民用的一定比例进行配给。1939 年组合预期在山东收购原棉 99 万担。②

1939 年 4 月华北棉花协会成立，原组合改为协会济南支部，职责是通过"公定价格"收购原棉，并进行配给统制。由于公定价格低于正常

---

① 〔日〕满铁北支事务局调查部：《北支主要都市高品流通事情》第七编，《济南、徐州》，1939 年 4 月版，第 110—116 页。

② 同上书，第 131—132 页。〔日〕满铁调查部：《北支棉花综览》，日本评论社，1940 年 5 月版，第 375—381 页。

的市场价格，造成黑市交易和囤积惜售。华北棉花协会遂决定限制收购商资格，只有协会会员（年上缴 5000 包）、直属棉商（年上缴 500 包）方可收购棉花，结果许多华商被排挤于市场之外，济南 29 家华商花行相继停业，至 1940 年仅余济西花行一家，棉花市场遂被日商完全垄断，原有的棉花自由流通市场不复存在。在鲁西棉花集散中心临清，市场也被日商占据，当地数十家花店成为日本棉商的代理收购商。日本棉商在产棉区县城广设营业处，通过当地花行、花贩、轧花店收购原棉。原有棉花流通体系发生了结构性的变化，一方面，集散市场向别的城镇转移，德州等地成为新的棉花集散市场；另一方面，由于收购配给政策使棉花不能自由流通，市场联系被人为阻断，致使棉花流通和上市率（占产量百分比）逐年下降，原棉实际收购量远未达到预期收购量。1938—1941 年，日占区棉花上市量分别为 59.9 万担、28.4 万担、21.4 万担、59.2 万担，上市率分另为 73%、61%、65%、54%。[①]

　　战前济南是花生的重要集散地，年交易量达 104 万包（每包 180 斤）。1938 年花生业中 40 家华商有 16 家停业，其余 24 家也只能勉强维持，花生交易量仅为原先的 20%—30%。从事该业经营的日商有大塚洋行、加藤物产株式会社济南出张所、丛祥泰、瑞宝洋行、东和公司、三井、三菱等。[②]

　　战前山东美种烟种植面积已达 40 万亩、产量 80 万担，约占全国烟叶产量的 1/10，是发展较快的经济作物之一，此时日系烟草公司已与英美烟公司及华商展开市场角逐，但收买量仅占烟叶收买总量的二三成。日本侵占山东后，日商利用统制经营模式扩大经营实力，排挤英美烟公司和华商，扩大市场占有份额。1939 年 4 月针对华北（主要是山东、河南）烟草的收买统制，日本在北平设立华北叶烟草株式会社，资本金 1500 万元，原山东、合同、协立等日商收买会社和东亚烟草、满洲烟草、华北烟草等日商制造会社加入，原设于青岛、潍县、益都、坊子的日商华商烤烟工厂也并入其内。该会社作为华北烟草收买的统制机

---

　　① 〔日〕满铁华北经济调查所：《山东省主要农产品（棉花、小麦、杂粮）の生产と上市情况》，1942 年 11 月版，第 23 页。

　　② 〔日〕满铁北支事务局调查部：《北支主要都市商品流通事情》第七编，《济南徐州》，1939 年 4 月版，第 182—186 页。

构，在青岛市馆陶路设立专店，主要进行山东胶济铁路沿线烟叶的收买经营。烤烟生产所需的煤炭、电力则由山东煤炭产销公司和胶澳电气公司提供。

在烟叶产量下降，价格上升，烟叶收购严重不足的情况下，日本为排挤英美烟公司和华商，采取非市场化的手段，对烟草收买交易实行统制，其统制收买的方式为：第一，以华北烟草会社为中枢统制机构，建立收买网络，加入该会社的成员可以直接收买。第二，将从事烟草经营的华商公司和日商洋行分别成立同业行会，作为华北烟草会社下属的转卖机构，所收购的烤烟由该会社统一吸纳，同业行会得到一定的收买利益金。1939年3月华商山东烟叶同业组合与日商山东叶烟草组合同时在青岛设立，分别吸收了16家华商和19家日商加入。第三，规定收购区域和收购数量，实行许可制，1940年收购区域以潍县为界，以东产烟区由英美烟公司、美国联华公司收购；以西产烟区由华北叶烟草会社收购；收购量最高限度为：华北叶烟草会社3000万磅，占48%；日商组合170万磅，占3%；华商组合1500万磅，占24%；英美等外商1560万磅，占25%，共计6230万磅。[①] 见表7—20。1941年3月对收购区域有所改动，允许英美烟商在辛店收购。第四，规定收购价格和收购时间，并由日伪政权组织新民会合作社协力进行，解决生产、调整、运输、贩卖等问题。[②] 华北叶烟草株式会社所采取的上述措施，是经兴亚院批准，在日本政府专卖局和日本军队的特别庇护下实施的，旨在用非经济的手段压制英美烟公司和华商的势力，建立山东地区烟草生产、加工、交易、运输的整个环节的独占统制体系。日本谋求山东美种烟草独占的设想在太平洋战争前未能完全实施，由于英美烟商的长期经营，在山东形成传统的收购网络，仍可利用自身优势获得一定的市场份额。然而英美烟商的收购量却不断下降，优势地位被日商取代，与战前格局形成逆转，日商基本控制了山东烟草交易。

---

① 〔日〕青島日本商工會議所：《所報》第11號，1940年9月版，第18頁。

② 〔日〕國立北京大學農村經濟研究所：《山東黃色葉烟草生産並に收買機構の發展》，1942年1月版，第94—100页。

表 7—20　　　　　　　　　山东中外烟草公司收购量统计　　　　　　单位：千封度

烟草公司	1939 年收购量		1940 年收购量	
	收购量	所占比重（%）	收购量	所占比重（%）
华北叶烟草株式会社	30486	42.8	27188	74.3
华商组合	13394	18.6	归入华北叶	
日商代买组合	5255	7.3	烟草会社	
英美烟公司	19166	26.9	8402	23.0
美国联华公司	3083	4.3	1001	2.7
合计	71254	100.0	36591	100.0

　　资料来源：國立北京大學農村經濟研究所：《山東黄色葉煙草生産並に收買機構の發展》，1942 年 1 月版，第 95 頁；按：1 封度 = 0.121 貫，1 貫 = 3.759 公斤。

　　对于城市各类生产、生活用品，日本亦采取了统制经营的方式，由日商组合或公司具体负责。事变前后济南经营棉纱的华商商号由 50 家减至 30 家，经营棉布的华商由 120 家减至 50 家，棉纱货源由日商商业组合掌握，棉纱、棉布交易主要由东洋棉花、日本棉花、伊藤忠商事、三菱商事、江商等日商控制。济南煤炭销售即由日资山东煤炭产销公司指定 4 家日商（永利煤业公司、东和公司、日华炭业公司、东利煤厂）和济南炭业同业公会 84 家会员为贩卖人，依照指定价格实行统制贩卖。战前济南煤油、汽油等石油产品市场主要由英美公司把持，日商只占少量份额。战时华商光华煤油公司歇业，大华、日石、满石三家日资会社在济南合作设立出光营业所，加上早山会社的历城公司、共荣会社的共荣商会营业所、战前开设的小林洋行（小仓会社）、铃木洋行（三菱商事），共有 5 家、日商。济南的石油产品销售完全由这几家日商组成的组合控制。①

　　1939 年日伪政权建立面粉、小麦组合后，粮业市场急剧缩小，商品粮集散量和库存锐减。是年 4 月济南粮业公会报告称：济南市场小麦水陆来源断绝，北路小麦因天津价高北去，南路小麦因徐州禁止出境、济宁小

————————

　　① 〔日〕滿鐵調查部：《北支商品綜覽》，日本評論社 1943 年 1 月版，第 93—95 頁。〔日〕濟南日本商工會議所：《濟南事情》，1940 年 12 月版，第 258—259 頁。

麦因货币关系均不能运抵，战前市场存麦量为 20 万包，现仅存 1.5 万包；除日本东亚制粉工厂开工外，其余面粉厂均告停产。1940 年后日占区城市出现粮荒，日伪政权为缓解缺粮危机，开始实行票证配给制，并成立平籴委员会，责成商会筹款购粮，结果粮商活动进一步受到限制，交易业务近乎停顿。据 1942 年 10 月济南市商会调查，全市粮栈、粮行存储的各类粮食共 57096 包，尚不及战前一家粮行的存量。① 1943 年"食粮采运社"制度实施后，粮食市场更趋萎缩。其他农产品的交易也出现了相似情况。战前济南为省内花生主要集散市场，年平均交易量 150 万包。日占时期市场交易量减少 20%—30%，"昔日商贾云集的鼎盛时代不复存在"，经营业户由战前 40 户减至 24 户，且仅能维持营业而已，市场交易仅限于吸纳近郊一带产品。②

　　商业贸易统制导致原有正常的市场流通体系解体，同时也造成民用物资缺乏、物价上涨和市场混乱。1939 年济南市商会在致北平市商会的公函中称：事变之后，日用品如粮食、杂货、国药、木材、油类、煤炭、绸布、茶叶等，无一不感到缺乏，以上各货断绝来源，物价普遍上涨。1943 年 3 月济南市商会在上报呈文中提到：只有少数有关系的商人能得到由组合配给的商品，而且配给时还都附有条件。如配给白布一匹，价格 48.9 元，每匹须附带黑布大褂 3 件、布饭单 2 个，取价 56 元，而实值不过 32 元；配给棉纱 1 件，价格 1400 元，附带条件是不收现款，须同时交纳每百斤价值 170 元的玉米 1500 斤，这样棉纱价格无形中就增加到 2550 元。全面配给采取严格的干涉主义，结果物价愈压制，物资愈流出，物资流出，市民恐慌，商业前途更不堪设想。③

　　日伪当局对物资、物价的垄断性控制，使商家惜售、买空卖空、投机囤积之风大兴，棉纱、颜料和各类土产成为市场交易的筹码，经营主体多为"小本经营"的零售商，以致当时有"户户经商、家家囤积"之说。这一时期城市小商户有所增加，特别是服务业中的烟馆、茶社、剧场、妓院、酒楼、饭庄、澡堂、照相等，遍布于商埠和旧城区，商业资本出现零

---

① 济南市商会：《济南市商会经办事实报告书（民国 26—32 年）》，1944 年版，救济实业。

② 〔日〕济南日本商工会议所：《济南事情》，1941 年版，第 337 页。

③ 济南市工商业联合会编：《济南工商史料》第 1 辑，1987 年版，第 124—126 页。

细化的趋向，而这一切又与当时华商资本收缩经营、乡镇商业资本流入城市、消费群体变化、民族商业受挤压等因素有着直接关系。

　　1943 年后山东沿海口岸进出口贸易迅速下降，1943 年进出口货物为159.9 万吨，1944 年降至146.9 万吨，1945 年则仅有8.8 万吨。日本虽竭力推行物资动员计划，加紧向本国大量输出山东煤炭、原盐、金矿，但由于日本海上运力下降和占领区运输不畅等原因，实际与其计划差距甚大。日本为支撑占领地经济危局，最大限度地掠取物资，不得不对贸易和物资流通实行更加严厉的统制措施。1943 年 4 月，华北贸易组合联合会改组为华北交易配给统制总会，负责"华北境内全部物资贸易及生活物资之生产与配给的绝对统制"，原山东输出入组合联合会也相应改组为华北统制总会山东支部。在青岛设立支部的组合或协会有：北支钢材输入组合、华北亚铅铁板输入组合、华北机械输入组合、华北纤维协会、华北木材输入配给组合、北支石油协会、北支阀门输入配给组合、华北木材输入配给组合、青岛水泥输入配给组合、山东纸输入组合、青岛米谷输入组合、华北生药协会、华北席子协会、华北种苗协会、华北蛋业协会、华北油料协会。[①] 通过自上而下的一元化强行统制，日本对占领区战略物资和生活必需品的交易实行了严密控制，实行配给统制的物资包括日用品、粮食、化学制品、金属机械等，以缓解其日见短缺的物资供给。

　　随着日本在太平洋战场败局的日见显露和战争消耗不断增大，日占区经济状况不断恶化。1944 年 3 月作为"华北决战非常措施"之一，日本大东亚省北平大使馆制定《华北生活必需物资重点配给要纲》，决定分三类人员实行配给，并于 6 月实施。在设立华北生活必需品物资配给协议会的同时，还在青岛、济南等 8 个城市成立地区配给协议会。青岛协议会区域包括青岛、胶州、高密、坊子、潍县、烟台、龙口、威海、张店、博山、淄川、周村及益都等地；济南协议会区域包括济南、兖州、济宁、枣庄等地。协议会通过 22 个自上而下的统制机构与各地区商业组合、基层零售店构成供应网络，对几十种生活物资实行定时或临时配给，并利用各种手段聚集物资，以缓解物资供给压力。[②] 日伪政权为获取更多的物资，

---

① 〔日〕青島日本商工會議所：《所報》第 40 號，1943 年 4 月版，第 50—51 页。
② 〔日〕東亞新報天津支社：《華北建設年史》，1944 年 12 月版，産經，第 401—403 页。

1943 年曾以所谓"查囤积"、"查暴利"，抓"经济犯"为名，在占领区城镇对民族资本商业进行密集而严厉的稽查。1942 年 10 月伪山东省公署警务厅设立第 4 科，专门负责经济警察事务。此后在济南及德县等 16 县亦设立经济警察课，配有 1300 余人。[①] 1943 年 5 月，伪国民政府紧急制定并实施《惩治囤积暂行条例》，6 月又制定公布《扰乱华北经济统制紧急惩治条例》。随后由统制机构、新民会、日军和警务部门联合进行大规模查抄行动。济南卷烟、食粮、颜料、洋纸、杂货等行业受害最重，有 100 多户经理遭逮捕关押，并被没收、罚款 3200 万余元，没收棉布 2300 余匹、棉纱 40 余件。[②] 据伪山东省政府统计，1944 年省警务厅查处"囤积"案 834 件，查处"暴利"案 675 件，罚款、变卖物品、没收"不正利益金"合计 227 万余元。[③]

1945 年日本投降前，日伪在济南再次以查"暴利"为名，逮捕工商业者 200 余人，罚款 2900 余万元，以所谓"商民献金"形式上缴。日本当局商业统制的种种做法，使规模稍大的华商经营业户人人自危，战争后期日占区商业衰败速度加快，多数市场濒于瓦解，货物存储量与交易量迅速下跌，物资匮乏的困境亦使经济统制计划大打折扣，贸易商业统制最终归于失败。

六　经济统制的后果及其影响

在全面侵华期间，日本在山东占领区建立起了较为完备的殖民地经济体系。殖民地经济以统制经济为基本特征，其突出特点是排斥资本的自由竞争，以获取经济资源为目标，对国民经济各主要部门实施国家资本的绝对控制。它以日本国家资本主导，动员日本财阀资本和民间中小资本加入，利用盘剥华商资本，来建立"日满华"经济共同体；通过掠取煤炭、矿石、原盐及农产品资源，变占领地为日本战时"兵站基地"和日本经济的附庸。

为了建立国家资本强力控制的经济统制，日本占领当局在山东设立了

---

① 山东省政府编：《山东省概况》，1944 年版，第 89 页。

② 苗兰亭：《抗战时期我在济南伪商会的经历与见闻》，《山东文史资料选辑》第 4 辑，山东人民出版社 1982 年版，第 104—105 页。

③ 山东省政府：《山东省政府三十三年工作报告》，1945 年版，警务部分。

各种统制机构，这些机构分布于不同的经济部门和领域，形成对经济的全面控制。在工业方面，统制表现为对主要工业行业的独占，对工业原料与成品采购、销售及分配的控制；在商业方面，统制表现为对自由市场经济的取缔，对自由经营和贩运的严厉限制，以及对重要商品物资流通的控制；在金融方面，日伪政权设立的银行成为金融中枢，掌握垄断了货币发行、外汇交易、票据集中交换和金融监管特权；在农业方面，棉花、小麦被日军定为"重要军需品"，成为其在农村进行掠夺的主要对象，而掠夺方式是以低价实行强制收购，在其无法完全控制的地区，则采取直接掳掠方式进行。

经济统制是日本为战争需求而对自由资本主义进行改造的产物，目的是增强日本的战时经济实力，日本战时的政治经济需要占据了支配地位，而日本资本的扩张垄断又在其中具有主导意义。因此经济统制具有以下特征。

其一，军事性和独占性。战时日本不仅在其国内大力发展与国防和对外扩张密切相关的产业，而且把这一国策应用于殖民地经营。战时山东及华北地区被纳入日元经济区，以发挥"兵站基地"的作用，其实质就是为日本提供战争资源。日本在山东的经济统制和开发始终围绕着战争需求而展开，将其作为补充日本国内短缺的战争资源的补给来源。日占区人力、物力资源的统制开发活动，均是在日本军部一定程度的控制下进行的，统制的各个环节都有日本军队参与的踪迹。日本华北方面军设有特务部，"作为现地机关指导经济开发的计划性实施"。充当日占区经济统制主导机关的华北开发公司及其子公司也由军部掌管人事安排，其开发计划多以军部的方案为基础，并采取种种方法积极引导财阀民间资本投资统制性企业，限制其对纺织等非统制性企业大量投资。在对华商资本的侵夺方面，日本军队充当了重要角色，无论是初期对重要企业的军管理和委托经营，还是此后的收买合办，大多是由占领区日军特务部策划和实施。占领区内港湾、铁路、公路、河道、邮政、电信及矿山资源地的警备亦有当地军队实行一元化领导，以维护治安保证生产。军事强权下统制经济，完全排除了华商资本自由经营的可能性，民族工商资本陷于萎缩败落状态，日本财阀和民间中小资本则在国家资本的诱导、支持和鼓励下，快速膨胀势力，在国民经济诸多领域取得对华商资本的排他性优势，为日本获取战争资源、维持殖民统治奠定了基础。

其二，计划性和目的性。目的是牢牢控制关系国计民生的重要部门和行业，建立依附于日本经济的殖民地附庸经济体系，为战争需要服务。战前，山东城乡经济基本是按照市场经济的发展需要运行，民族工商资本本着市场利润的原则从事企业经营活动，由市场调节生产和流通，消费与市场的联系日趋密切，企业掌握自身经营。抗战时期，在统制经济政策的控制下，日本对经济的运行制订了计划，日本统制机构成为控制指挥经济的最高权威机构，凌驾于经济组织和实体之上，指挥驾驭经济活动，不仅日资企业，而且民族工商业，全部都在日本的强行管制之下运行，多元的市场经济变成日本计划调节下的统制（实际即管制经济）。

其三，垄断性和协作性。统制政策始终以日本国家资本和财阀资本作为经济垄断的主体，负责全面经营包括山东经济的华北开发株式会社即是这样一个国策公司，它通过交通、电力、盐业、商业、棉花、矿产等一系列子公司，将占领地经济完全操于手中。与此同时，国家资本与民间财阀资本和产业资本的合作，亦成为统制政策实施扩展的具体内容和条件。日本为满足其国内垄断资本组织的投资扩张欲望，在成立国策公司，确立以公司为中心开发产业的统制政策时，也一再强调与财阀资本集团的协作经营。日本处理华商企业的方式，便处处体现了这种协作。首先，通过协作公司制，委托日本国内大资本财团经营军管工厂矿山。如华北开发公司与三井合作经营中兴煤矿，与三菱矿业合作组成大汶口煤矿；华丰、华宝煤矿因地处津浦沿线，被列为重点开采对象，委托三菱公司经营。胶济沿线重要矿产在由原山东矿业公司、山东盐业公司接手时，也吸收财阀资本参与经营。其次，委托实力雄厚的日资企业经营一般加工企业，借以形成行业部门垄断和区域分工。济南鲁丰、成通纱厂委托给日本东洋纺织会社经营，仁丰纱厂委托给钟渊纺织会社经营；华北区30余家面粉工厂大部分委托日东、日清、日本制粉三大面粉会社经营，济南和天津由此成为日本制粉会社的势力范围。

其四，开发性和掠夺性。统制经济与掠夺意义上的开发密切相关。为了利用山东的经济资源能力和工业原料的"供出"潜力，就需要投资对相关部门进行"开发"，日占时期，与战争相关联的产业部门，如煤、铁、盐、电力、交通、港湾、通讯等，日本国策公司和财阀集团曾投入相当资金，倾力开发扩充，高峰时期各项数量技术指标超过了战前。这种发展服务于日本获取战略资源的需要，目的是推行"以战养战"政策，为建立殖民经济统制体系提供条件。基础产业的急速膨胀，在一定程度上带动了采矿、冶炼、制盐、化工等行业的扩展，然而这种依靠榨取、挤压华商民族资本、利用武力强权维持的扩展方式，遇到了由自身矛盾而产生的障碍，在军事统制力下降、资金投入不足时，破绽便显现出来，急速膨胀变成迅速萎缩，开发基础产业促进重化工业发展的举措最终只能归于失败。

经济统制对占领地国民经济和民众生活造成了极其严重的后果和影响，打断了正常的历史进程，使占领地民族经济陷入空前的灾难境地。具体而言，主要表现在五个方面。

（1）市场经济的正常发展遭到严重破坏，原先发展程度较高的商品流通中心市场、集散市场、专业市场以及中转市场残破不堪，丧失了大部分市场功能，商品集散流通被统制政策割断。由于日本在占领区强行推行统制经济，取消自由市场经济，推行所谓计划经济，战前曾繁荣一时的农产品市场和日用消费品市场出现严重萎缩，日本当局制定的限价往往低于商品的成本，商品无法按实际价值在市场流通，正常的市场运行完全被打乱。日本当局指定的价格交售，由其控制流通，结果导致黑市盛行，物资奇缺，物价飞涨，市场一片萧条。

战前，济南原是山东乃至华北货物集散中心，然而由于统制政策的实施，许多商品无法正常在市场流通，商人资本的活动受到种种限制和打击，加之与外界联系的不畅，商业和商品流通的范围越来越小，棉花、花生和其他农畜产品的贸易规模大幅度缩减，金融呆滞，商人经营业务全面萎缩，整个城市商业和市场流通陷于停滞状态。

（2）经济近代化和产业改进进程骤然中断。在手工业领域，潍县铁轮机织布业、周村的丝织业、胶东地区的花边、发网业原始工业化的进程被全然打断，手工业离开原先的中心地，向城市迁移，而城市华商工业则遭受灭顶之灾。民族工业几乎成了日本资本的囊中之物，战前已有相当发展基础，在国内具有重要地位的面粉、火柴、染料以及化学、机械等工业行业，或者被日本当局强行军管收买，或者被迫与日资合办，成为实际上的日资企业。劫后残存的华商企业原料缺乏，经营受到重重限制，且背负沉重的税捐负担，生存处境艰难，甚至连简单的再生产都难以维持，只能缩小规模，倒退到分散化状态之中。

（3）经济畸形发展。日本在山东的经济统制，旨在使山东成为"日满华"经济体系中的战争军需品生产和战争资源的供应地。它要求全部生产力服从于日本的战争需要，靠大幅度压缩民需来保障军事工业的需求。譬如，以资源获取为主旨的电业开发就带有严重的畸形扩张特征。增建的发电设备和输电线路集中于主要矿产区，城市新增电力大部分为日资企业扩大生产规模提供配套服务，以增加军需物资和资源的供应，但这种扩张与城市经济和社会生活的实际需要相脱节，也与市场的供求无关，而且大多数城镇的电力并没有得到发展，在供电管制下，华商企业和城市居民的用电需求处处受到限制，企业经营和日常生活受到严重影响。这种军事化的经济体系，既加重了当地人民的经济负担，也造成了工业和整个经济的畸形发展，即少数与军需和资源获取相关的重化工业出现急剧膨胀，矿业冶炼等畸形扩张，而与民生直接关联的轻纺、食品工业，因缺乏资金投入，得不到起码的原料保障、销路受到重重限制，则普遍陷入衰落萧条境地。1942年后，日本为供应军需钢铁材料，甚至将部分纱厂的纱锭拆毁，作为军用材料，以致后来纺织工业基本处于停工状态，面粉厂也因原料不足处于半停工状态。

（4）日本工商资本的经济垄断地位进一步巩固和扩大。经济统制最初从重工业和矿业等部门开始，后来扩及到轻工业中的一些重要部门。在日本推行统制政策的过程中，始终与财阀资本和日本工商资本密切合作，日本工业资本借助日本军政当局的支持，通过受托经营、合办、收买、合并等手段，将大批民族工业企业占为己有，结果在全部工业中，日本资本所占份额超过了总额的七成，体现了殖民经济结构的特征。在商业领域，日本资本通过成立各种组合，将华商强行纳入其管理监控之下，从而控制了主要商品物资的流通和分配。

（5）社会经济陷入全面萧条和破败。经济统制表现出的殖民掠夺性以及与正常市场经济发展的悖逆，抗日力量的日益壮大，占领区人民的抵制，使经济统制的运行遇到了源于自身矛盾而难以克服的困难，各种矛盾、危机日益严重。统制经济造成物资奇缺，工商业处境艰难，生产日益萎缩凋敝。战争引起交通阻塞，货物运转困难。民族工业因原料短缺，资金缺乏，运销受到多种限制，被迫减产直至停工倒闭。华商资本的产权甚至人身安全得不到最起码的保障，随时有可能被征用，资本家的活动随时有被加以各种"违法"罪名受到取缔和惩处，许多有着悠久历史的企业为此相继停业。工商业无法正常的经营，迫使工商业者去从事囤积。在社会日常生活方面，统制经济引起通货膨胀，物价飞涨，民生困顿。

总之，在日本统制经济的控制下，占领地社会经济已由不断萎缩走向破产，处处表现出殖民地经济濒临瓦解的征兆。

附　表

1919 年山东日资工业企业一览表

序号	企业名称	厂址	行业种类	资本（万元）	职工（人）	动力（马力）	年产量或产值
1	日华蚕丝株式会社青岛丝厂	青岛	缫丝业	金 250	1000		
2	内外棉会社青岛支店	青岛	棉纺织业	金 1600			
3	山东棉纺株式会社	青岛	棉花加工	金 25	100	7.5	80 万斤 24 万元
4	中华织布株式会社青岛工场	青岛	织布业	金 50		40	
5	东和油房	青岛榨油	精制油	金 100	日 52 中 400	87.5	榨油 13 万箱精制油 5 万箱
6	东洋制油株式会社青岛支社	青岛	榨油 精制油	金 80	120	35	日用原料 25 吨
7	山东油房	青岛	榨油 精制油	金 100	20—100	138	榨油 2000 万斤精制 20 万斤
8	三井油房	青岛	再制油、选粒	支店支出	300	3.5	20 万箱选粒 5 万袋

序号	企业名称	厂址	行业种类	资本（万元）	职工（人）	动力（马力）	年产量或产值
9	青岛制油株式会社工场	青岛	榨油业	金 100		蒸汽	
10	合名会社铃木商店油房	青岛	油类精制	本社支出		15	11.3 万担 金 340 万元
11	吉泽油房	青岛	榨油精制油	本店支出		15	30 万箱 400 万元
12	峰村制油工场	青岛	再制油	银 50	25	15	40 万箱
13	株式会社新利洋行油房	青岛	榨油再制油	银 5	日 2 中 87	10	20 万箱
14	株式会社汤浅洋行	青岛	再制油、轧花	金 500	15	114	18 万箱 200 万元
15	泰利商会油房	青岛	榨油业	金 8	30	8	36 万桶
16	山东化学工业所	青岛	油脂工业	金 10	日 5	26	120 万斤
17	浪花制油工场	青岛	再制油、豆油榨制	本店支出	20		日产 700 桶
18	长濑洋行青岛工场	青岛	再制油、选粒	本店支出	320	14	40 万箱
19	中华畜产工业所	青岛	牛脂制造	银 10			
20	隆大公司	青岛	精制牛油畜产加工	5	6		60 万斤
21	青岛制粉株式会社青岛支店	青岛	面粉厂		72	275	33.6 万包
22	灰冢精麦制粉工场	青岛	面粉加工	金 5	日 9 中 20	5	5000 石 11.5 万元
23	山东烟叶草株式会社	青岛	烟草加工	金 50	92	45	40 万贯 232 万元

序号	企业名称	厂址	行业种类	资本（万元）	职工（人）	动力（马力）	年产量或产值
24	株式会社东方公司	青岛	烟草加工	金30	40	7.5	40万贯 60万元
25	株式会社日华鸡蛋公司	青岛	蛋粉加工	金50	167	15	蛋白27万斤 蛋黄粉69万斤
26	合资会社大星公司	青岛	蛋粉加工	金16	296	175	日产蛋白、蛋黄3170斤
27	青岛盐业会社再制盐工场	青岛	再制盐	金100	125	24	再制盐3000万斤粉碎盐6万
28	株式会社中村组洗涤盐工场	青岛	原盐洗涤	金10	日4 中65	35	日洗涤原盐100吨
29	青岛盐业会社第四埠头工场	青岛	原盐洗涤	10			
30	有邻洋行再制盐工场	青岛	再制盐	金5	日4 中20		3500吨
31	苟原再制盐工场	青岛	再制盐	金5	20		720吨
32	泰东制盐公司	青岛	再制盐粉碎盐	金5	23		日15000斤
33	高桥原盐粉碎工场	青岛	再制盐	金15	45	10	3万吨 60万元
34	大日本麦酒株式会社青岛工场	青岛	啤酒酿造	本社支出	日11 中138		金30万元
35	青岛清酒酿造合资会社	青岛	清酒酿造	金5	5		130石（每担130元）
36	山东清酒酿造合资会社	青岛	清酒酿造	金5	5		130石

序号	企业名称	厂址	行业种类	资本（万元）	职工（人）	动力（马力）	年产量或产值
37	丰酿洋行	青岛	酿酒	金 1.5	8		1000 石
38	青岛矿泉株式会社湛山工场	青岛	汽水制造	金 150	日 8 中 10		300 万瓶 60 万元
39	大连制冰株式会社青岛支店	青岛	制冰冷藏饮料	金 50	62	63	冰 4000 吨 饮料 7 万箱
40	古东洋行	青岛	汽水饮料	银 3.5	14		1.3 万元
41	青岛酱油株式会社	青岛	酱油味精	金 50	38		酱油 2800 石味精 6 万贯
42	青岛食粮品加工合资会社	青岛	味精酱油制造	金 10			
43	东鲁燐寸株式会社第一工场	青岛	火柴制造	金 100	662	20	1 万吨（每吨 53 元）
44	东鲁燐寸株式会社第二工场	青岛	火柴制造		720	5	12000 吨（每吨 53 元）
45	青岛燐寸株式会社制造工场	青岛	火柴制造贩卖	金 30	750	10	18000 吨 50 万元
46	福隆燐寸株式会社	青岛	火柴制造	金 50	120		月产 600 吨 3.6 万日元
47	山东制轴公司	青岛	火柴原料	银 10	日 5 中 120	15	600 万把 10 万元
48	塚田洋行	青岛	火柴盒	金 2	18		4.75 万元
49	和田制材所	青岛	制材业	25	89	150	100 万元
50	青岛物产商会工场	青岛	一般加工	金 50	450	5	
51	青岛罐诘制造株式会社	青岛	罐头制造	金 10			

序号	企业名称	厂址	行业种类	资本（万元）	职工（人）	动力（马力）	年产量或产值
52	山东罐诘制造工场	青岛	罐头制造	金 0.7	12		2.5 万元
53	新庄商店牛肉加工场	青岛	牛肉加工	金 10	10		金 35 万元
54	明治制革株式会社盐造工厂	青岛	制革	200	15		牛皮 1 万张
55	德胜洋行制革部	青岛	制革	金 20	66	10	2.5 万张
56	大仓组牛皮盐藏工场	青岛	牛皮盐藏	金 30	15		牛皮 2 万元
57	高桥骨粉工场	青岛	骨粉肥料	金 20	25		肥料 2000 吨再制油 30 万斤
58	山东化制公司	青岛	制肥制胶	银 10	11	10	2000 吨（金 10 万元）
59	信昌洋行	青岛	肥皂制造油脂加工	银 6	125	5	肥皂银 6 万元油脂 110 万元
60	合资会社东洋殖产公司	青岛	草帽制造	10	240		1200 打
61	青岛玻璃制造株式会社	青岛	玻璃制造	金 50	日 50 中 130		金 30 万元
62	大连工业株式会社营业所	青岛	家具及被服制作	金 50	20		金 16 万元
63	泰东公司家具制作所	青岛	和洋家具	3	42		银 5.7 万元
64	裕泰号木工部	青岛	和洋家具	金 4	20		银 2.8 万元
65	森和洋家具制作所	青岛	家具制作	银 3	70		银 3 万元
66	野村洋行	青岛	家具制作	金 2	15		金 9 万元

序号	企业名称	厂址	行业种类	资本（万元）	职工（人）	动力（马力）	年产量或产值
67	一本木家具制作工场	青岛	家具制作	金 5	80		金 15 万元
68	池田重松洋家具制作工场	青岛	家具制作	金 0.8	14		金 4 万元
69	川口裕造木工场	青岛	和洋家具制作	金 0.25	20		银 6000 元
70	川口木工场	青岛	家具制作	金 1	30		1.8 万元
71	渡边木工场	青岛	家具制作	金 0.3	23		8000 元
72	丸菱合名会社青岛支店	青岛	机械制造	金 30	42	5	69055 元
73	户田商会青岛支店	青岛	铁工业	金 15	24	10	12 万元
74	天德铁工所	青岛	铁工铸造	30	76	7.5	7.5 万元
75	丰盛公司铁工所	青岛	机械器具制作	金 10	日 13中 200	25	40 万元
76	堀向铁工所	青岛	铁工业	银 1	55		7 万元
77	堀向铸物工场	青岛	铸造业	金 0.5 元	30	10	4 万元
78	大塚铁工所	青岛	铁工业	银 0.1 元	20		银 4 万元
79	庄司铁工所	青岛	铁工业	金 0.5 元	20		金 5000 元银 4 万元
80	宇高铁工所	青岛	铁工业	金 1	18		银 2.5 万元
81	大信洋行铸物工场	青岛	铸造业	金 5	43		30 万元
82	久玉铁工场	青岛	铁工业	金 1	23		5.4 万元
83	鸟羽洋行铁工场	青岛	矿山及水道用品	金 30	30		5 万元
84	山东窑业株式会社	青岛	耐火砖陶瓷	金 50	60	12.5	银 10 万元
85	山东兴业株式会社	青岛	水泥制造	100	180	350	2.95 万箱

序号	企业名称	厂址	行业种类	资本（万元）	职工（人）	动力（马力）	年产量或产值
86	孤山炼瓦工场	青岛	砖瓦业	金 20	100	25	650 万块
87	沙岭炼瓦工场	青岛	砖瓦业	银 10	70		100 万块
88	旭炼瓦工场	青岛	制瓦业	银 1	36		60 万块
89	旭炼瓦工场	青岛	制瓦业	银 0.6	46		200 万块
90	青山炼瓦工场	青岛	制瓦业	银 0.3	50		130 万块
91	青山炼瓦工场	青岛	制瓦业	银 0.3	50		150 万块
92	四方炼瓦制造所	青岛	砖瓦业	银 0.2	30		150 万块
93	村本炼瓦工场	青岛	制瓦业	银 0.2	51		180 万块
94	顺合成	青岛	砖瓦业	银 0.2	59		180 万块
95	德田组	青岛	砖瓦业	银 0.2	52		180 万块
96	太田洋行	青岛	砖瓦业	金 0.3	56		200 万块
97	大城洋行	青岛	砖瓦业	金 0.3	32		140 万块
98	黄岛炼瓦工场	青岛	砖瓦业	银 2	300		530 万块
99	山口制瓦所	青岛	砖瓦业	银 2	22		银 3 万元
100	山东炼瓦公司	青岛	砖瓦业	金 1	130		330 万块
101	建材舍制瓦厂	青岛	水泥砖	银 0.3			
102	田中洋灰瓦厂	青岛	制砖业	金 3			
103	青岛新报社印刷部	青岛	印刷业				
104	东洋印刷所	青岛	印刷业	金 5			
105	内田洋行印刷部	青岛	印刷业	金 1			
106	同仁号	青岛	印刷业	金 5			
107	青岛印刷株式会社	青岛	印刷业	金 10			
108	维新化学工艺社	青岛	染料制造	银 0.2	16		银 1 万元
109	青岛染物株式会社	青岛	印染漂洗	金 20			
110	山阳商会沧口工场	青岛	颜料制造	1.2	15		60 万斤

序号	企业名称	厂址	行业种类	资本（万元）	职工（人）	动力（马力）	年产量或产值
111	青岛制造罐株式会社	青岛	制罐	50	日 4 中 4		30 万罐 30 万元
112	东和公司骸炭制造所	青岛	焦炭制造	金 5	日 6 中 100	8	2500 吨 银 5 万元
113	山东洋粉公司	青岛	冻粉制造	银 0.2	64		1.05 万斤（每百斤 170 元）
114	日华车辆株式会社工场	青岛	车辆修造	金 20	52		金 10 万元
115	青岛蒲鉾制造会社	青岛		金 5			
116	ミカド自动车株式会社	青岛	自行车修理销售	金 80			
117	株式会社青岛屋	青岛	制鞋	金 10	18		金 11 万元
118	青岛盐业株式会社南万工场	南万	盐化工与碱工业	金 30			
119	坊子炭矿株式会社	坊子	煤炭开采	金 300			
120	坊子东炭矿采炭所	坊子	采煤	金 50	586	120	日采 150 吨
121	山东骨炭株式会社张店工场	张店	炼焦	金 10	17		500 吨 17 万元
122	日支鸡蛋公司张店工场	张店	蛋粉加工	本社支出	50		9.6 万元
123	青岛丝厂张店分工厂	张店	烘茧缫丝	本社支出	40		
124	山东面粉公司	张店	面粉加工	金 6.7	10	20	日产百石
125	久米组瓦工场	南定	砖瓦业	银 0.2	40		70 万块
126	山东兴业株式会社淄川炭矿	淄川	煤炭业	银 0.6	21		1.5 万吨

续表

序号	企业名称	厂址	行业种类	资本（万元）	职工（人）	动力（马力）	年产量或产值
127	日华窑业株式会社淄川工场	淄川	砖瓦业	金 2	51		400 万块
128	东洋贸易公司红土工场	博山	红土黑矾制造	银 3	23		红土 3000 吨黑矾 300 吨
129	东和公司骸炭工场	博山	炼焦	本店支出	63	8	2 万吨20 万元
130	日华窑业株式会社博山工厂	博山	陶管、耐火砖等	金 35	146	50	
131	株式会社中华蛋厂	济南	蛋粉加工	金 100	225	110	
132	合资会社大星公司济南工场	济南	蛋粉加工	本店支出	180		
133	东亚蛋粉株式会社济南工厂	济南	蛋粉加工	金 50	日 12中 65	45	150 万斤100.78 万元
134	满洲制粉株式会社济南工场	济南	面粉加工	金 300	日 15中 65	400	日产 3200 袋
135	南昌洋行	潍县	烘茧烤烟	金 1	21		茧 5 万斤烤烟 20 万斤
136	阪口洋行	昌乐	鸡蛋加工	金 50	10		银 2.8 万元
137	安藤洋行	张店	皮革加工	金 10	5		
138	炼瓦制造工厂	南定	砖瓦业	银 0.5	70		100 万块
139	久米组瓦工场	南定	砖瓦业	银 0.2	40		70 万块

　　资料来源：吉见正任：《青岛商工便览》，文英堂书店，1921 年 11 月版，工场一览（第 185—201 页）；《山东实业学会会志》，1921 年 10 月第 5 期，《青岛及铁路沿线日本人及中国人所经营工场之调查表》。

主要参考文献

中文书籍

聂宝璋：《中国近代航运史资料》第 1 辑，上海人民出版社 1983 年版。

柴垣和夫：《三井和三菱：日本资本主义与财阀》，上海译文出版社 1978 年版。

东亚同文会编：《对华回忆录》，胡锡年译，北京：商务印书馆 1959 年版。

烟台港务管理局编《近代山东沿海通商口岸贸易统计资料》，北京：对外贸易教育出版社 1986 年版。

青岛市档案馆编《帝国主义与胶海关》，北京：档案出版社 1986 年版。

谋乐：《青岛全书》，青岛印书局 1911 年版。

雷麦著：《外人在华投资》，蒋学楷译，北京：商务印书馆 1959 年版。

庄维民：《近代山东市场经济的变迁》，北京：中华书局 2000 年版。

胡升鸿：《调查龙口报告书》，1916 年版。

叶春墀：《济南指南》，济南：大东日报社 1914 年 4 月年版。

梁方仲：《中国历代户口、田地、田赋统计》，上海人民出版社 1980 年版。

蔡谦：《近二十年来之中日贸易及其主要商品》，上海：商务印书馆 1936 年版。

日本经济新闻社：《日本的产业与企业——昭和经济里程》，大连海运出版社 1990 年版。

《光绪十八年通商各关华洋贸易总册》，1893 年刊。

《光绪二十三年通商各关华洋贸易总册》，1898 年刊。

《宣统元年通商各关华洋贸易总册》，1910 年刊。

《宣统三年通商各关华洋贸易总册》，1912 年刊。

傅文玲主编：《日本横滨正金银行在华活动史料》，北京：中国金融出版社 1992 年版。

山东省地方史志编纂委员会编：《山东省志·金融志》，济南：山东人民出版社 1996 年版。

林明德：《近代中日关系史》，台北：三民书局 1984 年版。

臼井胜美著：《中日关系史（1912—1926）》，陈鹏仁译，台北：水牛出版社 1990 年版。

胡光明等编：《天津商会档案汇编（1912—1928）》第 1 册，天津人民出版社 1992 年版。

王芸生：《六十年来中国与日本》第 7 册，北京：三联书店 1981 年版。

梅村又次、山本有造：《日本经济史》3，《开港与维新》，三联书店 1997 年版。

寿扬宾：《青岛海港史（近代部分）》，北京：人民交通出版社 1986 年版。

白眉初：《中华民国省区全志·山东省志》，北京师范大学史地系 1925 年版。

全国政协文史资料研究委员会：《工商经济史料丛刊》第 1 辑，北京：文史资料出版社 1983 年版。

宓汝成：《帝国主义与中国铁路》，上海人民出版社 1980 年版。

张一志：《山东问题汇刊》上下卷，上海欧美同学会 1921 年 11 月版。

熊月之等编：《上海的外国人（1842—1949 年）》，上海古籍出版社 2003 年版。

督办鲁案善后事宜公署秘书处编：《鲁案善后月报特刊·公产》，1925 年版。

宋连威：《青岛城市的形成》，青岛出版社 1998 年版。

谢开勋：《二十二年来之胶州湾》，上海：中华书局1920年版。

中国第二历史档案馆编：《中华民国史档案资料汇编》第3辑，农商，南京：江苏古籍出版社1991年版。

中国第二历史档案馆编：《中华民国史档案资料汇编》第3辑，金融，南京：江苏古籍出版社1991年版。

青岛市社会局编：《青岛市渔业调查》，青岛：编者刊1933年版。

漆树芬：《经济侵略下之中国》，上海：光华书局1925年版。

樋口弘著、北京编译社译：《日本对华投资》，北京：商务印书馆1959年版。

山东省政协文史资料委员会编：《山东工商经济史料集萃》第1—2辑，济南：山东人民出版社1989年版。

山东工业试验所：《山东工业试验所第二次报告书》，济南：编者1922年版。

张雁深：《日本利用所谓"合办事业"侵华的历史》，北京：三联书店1958年版。

山东省政府实业厅编：《山东工商报告》，济南，编者刊1931年版。

叶春墀：《青岛概要》，上海：商务印书馆1922年版。

民国《胶澳志》，1928年版。

民国《临朐续志》，1935年版。

庄病骸：《青岛茹痛记》，《外交思痛录》，1917年版。

山东省农业调查会：《山东之农业概况》，济南：启明印刷社1922年版。

孙宝生：《历城县乡土调查录》，济南：历城实业局1928年版。

中国人民银行金融研究所编：《资本主义国家在旧中国发行和流通的货币》，北京：文物出版社1982年版。

王正廷：《青岛》，北京：督办鲁案事宜公署编辑处1922年版。

中国人民银行总行金融研究所：《近代中国的金融市场》，北京：中国金融出版社1989年版。

实业部国际贸易局：《中国实业志》（山东省），1934年版。

《济南金融志》编纂委员会：《济南金融志》，济南：1989年版。

景本白：《胶州湾盐业调查录》，北京：盐政杂志社1922年版。

吴祖耀：《青盐志略》，出版地不详，1933 年版。

山东省政府农矿厅编：《山东矿业报告》，济南：编者刊 1930 年 5 月版。

山东省政府实业厅编：《山东矿业报告》第二次，济南：1931 年版。

山东省政府建设厅编：《山东矿业报告》第四次，济南：1934 年 10 月版。

山东省政府建设厅编：《山东矿业报告》第五次，济南：1935 年版。

督办鲁案善后事宜公署：《鲁案善后月报特刊（矿产）》，1922 年版。

谢家荣、朱敏章：《外人在华矿业之投资》，上海：中国太平洋国际学会 1932 年 8 月版。

山东工业试验所：《山东工业试验所第一次报告书》，济南：1921 年版。

徐梗生：《中外合办煤铁矿业史话》，重庆：商务印书馆 1946 年版。

青岛市政府社会局：《青岛市盐业》，青岛：1933 年版。

黄光域：《外国在华工商企业辞典》，成都：四川人民出版社 1995 年版。

刘大钧：《外人在华投资统计》，上海：太平洋国际学会 1932 年 8 月版。

胶澳电气股份有限公司：《中华民国十二年第一期营业报告书》，1923 年版。

周传铭：《济南快览》，济南：世界书局 1927 年版。

胶澳商埠局：《胶澳商埠行政纪要续编》，青岛：1929 年 4 月版。

魏镜：《青岛指南》，青岛：胶东书社 1933 年版。

青岛市史志办公室编：《青岛市志·金融志》，北京：新华出版社 1999 年版。

青岛市史志办公室编：《青岛市志·纺织工业志》，新华出版社 1999 年版。

王云五主编：《东方文库续编》，《丝业与棉业》，上海：商务印书馆 1933 年版。

徐新吾主编：《中国近代缫丝工业史》，上海：上海人民出版社 1990 年版。

《山东全省实业表》，清宣统抄本，藏北京大学图书馆。

民国《续修博山县志》，1937 年版。

光绪《滋阳县乡土志》，1906 年抄本。

宣统《乐陵县乡土志》，1909 年刊。

国立山东大学化学社：《科学的青岛》，青岛：编者刊 1933 年版。

侯厚培、吴觉农：《日本帝国主义对华经济侵略》，上海：黎明书局 1931 年版。

陈重民：《今世中国贸易通志》，上海：商务印书馆 1924 年版。

侯厚培：《中国近代经济发展史》，上海：大东书局 1929 年版。

金城银行天津调查部：《山东棉业调查报告》，天津：编者刊 1936 年版。

淄博市政协文史资料委员会等编：《淄博经济史料》，北京：中国文史出版社 1990 年版。

实业部工商访问局：《大阪神户华侨贸易调查》，上海：编者刊 1931 年版。

赵兰坪：《日本对华商业》，上海：商务印书馆 1934 年版。

赵兰坪：《日本经济概况》，上海：黎明书局 1932 年版。

张心澂：《中国现代交通史》，上海：良友图书印刷公司 1931 年版。

章勃：《日本对华之交通侵略》，上海：商务印书馆 1931 年版。

许涤新、吴承明主编：《中国资本主义发展史》第 3 卷，北京：人民出版社 1993 年版。

依田憙家著，卞立强等译：《日本帝国主义与中国（1868—1945）》，北京大学出版社 1989 年版。

守屋典郎著、周锡卿译：《日本经济史》，北京：三联书店 1963 年版。

臧运祜：《"七七"事变前的日本对华政策》，北京：社会科学文献出版社 2000 年版。

吕伟俊：《韩复榘》，济南：山东人民出版社 1985 年版。

复旦大学历史系编：《日本帝国主义对外侵略史料选编（1931—1945）》，上海人民出版社 1975 年版。

政协天津市委员会文史资料研究委员会：《天津文史资料选辑》第 2

辑，天津人民出版社 1979 年 2 月版。

吴承明：《帝国主义在旧中国的投资》，北京：人民出版社 1955 年版。

陈争平：《1895—1936 年中国国际收支研究》，北京：中国社会科学出版社 1996 年版。

中村隆英、尾高煌之助编，厉以平监译《日本经济史：双重结构》，北京：三联书店 1997 年版。

松崎雄二郎著：《日本人的山东开发计划》，舒贻上译，济南：山东新报社 1947 年 11 月版。

叶笑山等编：《中国经济年刊》，上海：中外出版社 1936 年版。

山东省政协文史资料委员会等编：《周村商埠》，山东人民出版社 1990 年版。

郑友揆：《中国的对外贸易和工业发展（1840 — 1948 年）》，上海社会科学院出版社 1984 年版。

李代耕编：《中国电力工业发展史料（1879—1949）》，北京：水利电力出版社 1983 年版。

杜恂诚：《日本在旧中国的投资》，上海社会科学院出版社 1986 年版。

严中平：《中国棉纺织业史稿》，北京：科学出版社 1955 年 9 月年版。

山东省政协文史资料委员会等编：《苗氏民族资本的兴起》，济南：山东人民出版社 1988 年版。

章有义编：《中国近代农业史资料》第 3 辑，北京：三联书店 1957 年版。

实业部中国经济年鉴编纂委员会：《中国经济年鉴续编》，商务印书馆 1935 年版。

胶济铁路管理委员会编：《胶济铁路经济调查报告汇编》，青岛：文华印刷所 1934 年版。

中国地质调查所：《中国矿业纪要》（第五次），1935 年版。

依田憙家：《日本帝国主义和中国（1868—1945）》，1989 年版。

国立山东大学化学社：《科学的山东》，青岛：醒民印刷所 1935 年 6

月版。

上海社会科学院经济研究所等编：《中国近代面粉工业史》，北京：中华书局 1987 年版。

青岛市工商局编：《中国民族火柴工业》，北京：中华书局 1963 年版。

全国经济委员会：《火柴工业报告书》，1935 年版。

海关总税务司署统计科编：《海关中外贸易统计年刊》，1933—1945 年版。

中国国民党中央党史委员会编：《中华民国重要史料初编——对日抗战时期》第六编第 2 册，台北：中央文物供应社 1981 年版。

国父建党革命一百周年学术讨论集编辑委员会：《国父建党革命一百周年学术讨论集》第 2 册，台北，近代中国出版社 1995 年版。

《国外中国近代史研究》编辑部编：《国外中国近代史研究》第 6 辑，北京：中国社会科学出版社，1984 年版；第 8 辑，1985 年版；第 14 辑，1985 年版。

日本防卫厅战史室编，田琪之译：《中国事变陆军作战史》第 2 卷第 1 分册，北京：中华书局 1979 年版。

日本防卫厅战史室编、天津市政协编译组译：《华北治安战》（上），天津人民出版社 1982 年版。

日本国际政治学会：《走向太平洋战争的道路》第 4 卷，东京朝日新闻社 1963 年版。

山东省公署：《山东省公署二十七、八年工作报告》，济南：1940 年版。

山东省公署：《山东省公署二十九年工作报告》，济南：1941 年版。

山东省公署：《山东省公署三十年工作报告》，济南：1942 年版。

山东省公署：《山东省公署三十一年工作报告》，济南：1943 年版。

山东省政府秘书处：《山东省政府三十三年工作报告》，济南：1944 年版。

山东省公署：《山东省公署三十年度治安、治安强化运动、粮食、经济报告书》，济南：1941 年版。

山东省公署：《山东省公署三十一年度治安、治安强化运动、食粮、经济报告书》，济南：1942 年版。

新民会中央总会：《山东省各县概况一览》，北京：新民报社 1942 年 8 月版。

山东省政府编印：《山东省概况》，济南：1944 年版。

吕伟俊主编：《民国山东史》，济南：山东人民出版社 1995 年版。

中央档案馆等合编：《日本帝国主义侵华档案资料选编·华北治安强化运动》第 10 辑，北京：中华书局 1997 年版。

中央档案馆等合编：《日本帝国主义侵华档案资料选编·汪伪政权》第 6 辑，北京：中华书局 2004 年版。

洪桂已编：《近代中国外谍与内奸史料汇编——清末民初至抗战胜利时期（1871—1947）》台北：国史馆 1986 年版。

《中华民国三十年度新民会山东省联合协议会会议录》，1942 年版。

杨栋梁等：《近代以来日本经济体制变革研究》，北京：人民出版社 2003 年版。

南开大学经济研究所经济史研究室编：《中国近代盐务史资料选辑》第 3 卷，天津：南开大学出版社 1991 年版。

辛元欧：《中国近代船舶工业史》，上海古籍出版社 1999 年版。

居之芬主编：《日本对华北经济的掠夺和统制——华北沦陷区资料选编》，北京出版社 1995 年 7 月版。

郑伯彬：《抗战期间日人在华北的产业开发计划》，南京资源委员会经济研究所 1947 年 10 月版。

郑伯彬：《日本侵占区之经济》，鸿福印书馆 1945 年版。

中华民国新民会中央总会：《第二届全体联合协议会会议录》，1941 年版。

《山东省农业增产推进委员会施政事业经过报告》（誊印本），1943 年版，藏山东省图书馆。

山东省农业厅编：《农业经济统计提要》，济南：山东人民出版社 1981 年版。

政协山东省文史资料委员会编：《文史资料选辑》第 3 辑，济南，山东人民出版社 1982 年 5 月版。

山东省档案馆、山东社会科学院历史所合编：《山东革命历史档案资料选编》第 10 辑，济南：山东人民出版社 1983 年版。

方正主编：《日本侵略军在山东的暴行》，济南：山东人民出版社 1989 年版。

解学诗主编：《满铁史资料》第 4 卷第 2 分册，北京：中华书局 1987 年版。

罗文俊、石峻晨编著：《帝国主义列强侵华铁路史实》，成都：西南交通大学出版社 1998 年版。

顾松年编：《山东公路运输史》第 1 册，济南：山东科技出版社 1992 年版。

黄棣侯主编：《山东公路史》第 1 册，北京：人民交通出版社 1989 年版。

武醒民主编：《山东航运史》，北京：人民交通出版社 1993 年版。

山东省电力工业局史志编辑委员会：《山东省电力工业志》，济南：山东友谊出版社 1996 年版。

中国人民银行青岛市分行：《青岛金融史料选编》上卷第 1—2 册，1991 年版。

国民政府资源委员会：《敌伪在沦陷区之金融设施》未刊本，1947 年版。

济南市志编纂委员会编：《济南市志资料》第 3 辑，1982 年版；第 7 辑，1987 年 12 月版。

中国民主建国会济南市委员会、济南工商业联合会等编：《济南工商史料》第 1 辑，1987 年版；第 2 辑，1988 年版；第 3 辑，未著年份。

济南市商会：《济南市商会经办事实报告书（民国 26—32 年）》，1944 年版。

济南市工商业联合会、济南市总商会编：《济南工商文史资料》第 2 辑，1996 年版。

李洛之、聂汤谷编：《天津的经济地位》，经济部驻津办事处 1948 年 3 月版。

青岛特别市公署社会局经济科编：《青岛市中国商工总览》，青岛新民报印务局 1939 年 9 月版。

张玉法主编：《民国山东通志》，台北：山东文献杂志社 2002 年版。

白家驹：《第七次中国矿业纪要》，重庆：经济部中央地质调查所 1945 年版。

居之芬、张利民主编：《日本在华北经济统制掠夺史》，天津古籍出版社 1997 年版。

严中平：《中国近代经济史统计资料选辑》，北京：科学出版社 1955 年版。

陆逸志等：《中国铁路建筑编年简史》，北京：中国铁道出版社 1983 年版。

青岛特别市社会局：《青岛市工业概况》，青岛：1944 年 1 月版。

中文档案

山东省档案馆馆藏档案，J102—10—2，山东省农业推广计划。

山东省档案馆馆藏档案；山东分局短期卷，《永裕盐业公司历年经营情况及要求合营的意见书》，1953 年。

山东省档案馆馆藏档案，临 12 - 1006，华北运输股份有限公司济南支店：《小清河概况》，1942 年 12 月。

山东省档案馆藏档案，临 68 - 209：国民党经济部鲁豫晋区特派员办公处《接收山东矿业株式会社》卷宗。

中国社会科学院经济研究所藏档案：支那盐买卖及输出入关系，别册，青岛盐关系。

中文报刊

《芝罘经济界最近之观察》，《山东杂志》，杂录，1909 年第 35 期。

《济南汇报》（百衲本），1903—1904 年第 4—32 期。

《山东龙口之现象》，《东方杂志》第 7 卷，1910 年 11 月第 10 期。

《济南之商工业》，《农商公报》第 1 卷第 9 册，1915 年 4 月 15 日第 9 期。

《申报》，1891 年 2 月 1 日（光绪十六年十二月廿三日），"登州海市"。

《申报》，1891 年 4 月 10 日（光绪十七年三月初二日），"蓬岛樱云"。

《烟台商业之沿革》，《山东杂志》，杂录，1909 年第 38 期。

邓平三：《青岛之面面观》，《东方杂志》第 17 卷，1920 年 9 月第 18 期。

林传甲：《青岛游记》，《地学杂志》第 9 卷，1918 年 1 月第 1 期。

林传甲：《青岛游记》（续），《地学杂志》第 9 卷，1918 年 3 月第 2、3 期合刊；1918 年 6 月第 6 期，1918 年 8 月第 7、8 期合刊。

高桥龟吉：《中日经济关系与日本对华武断政策》，《东方杂志》第 25 卷，1928 年 12 月 10 日第 23 期。

《农商公报》第 2 卷第 4 册，1915 年 11 月 15 日第 16 期，选载门，近闻。

《最近青岛日人状略》，《地学杂志》第 12 卷，1921 年 7 月第 6、7 期合刊。

《日本经营山东内地之调查》，《地学杂志》第 12 卷，1921 年 7 月第 6、7 期合刊。

许家庆译《日本人之对华贸易发展策》，《东方杂志》第 12 卷，1915 年 7 月 10 日第 7 期。

刘振刚：《青岛丝厂与鲁省丝业之关系》，《山东实业学会会志》，1919 年 12 月第 3 期。

《日本改良青岛丝业》，《农商公报》第 4 卷第 10 册，1918 年 5 月第 46 期。

庄维民：《近代山东陶瓷业生产技术的改进》，《山东文献》第 24 卷，1999 年 3 月第 4 期。

马清源：《博山窑业视察谈》，《山东实业学会会志》，1923 年 11 月第 9 期。

周明衡：《远东水泥事业之调查》，《科学》第 8 卷，1923 年 11 月第 10 期。

韩垌桦：《山东博山县及江西景德镇陶瓷事业之调查》（续），《山东实业学会会志》，1918 年 4 月第 2 期。

《中国制钱之出口》，《东方杂志》第 13 卷，1916 年 9 月 10 日第 9 期。

《山东棉花生产及输出状况》，《农商公报》第 2 卷第 6 册，1916 年 1

月第 18 期。

陈训昶:《山东之花生业》,《农商公报》第 5 卷第 10 册,1919 年 5 月第 58 期。

陈训昶:《山东之花生业》(续),《农商公报》第 5 卷第 12 册,1919 年 7 月第 60 期。

《山东烟草去路大旺》,《银行月刊》第 2 卷,1922 年 3 月 5 日第 3 期。

《山东商界筹设烟草公司》,《农商公报》第 5 卷第 8 册,1919 年 3 月第 56 期。

《山东牛皮牛骨牛油之调查》,《农商公报》第 3 卷第 3 册,1916 年 10 月第 27 期。

《山东牛只贸易状况》,《农商公报》第 2 卷第 5 册,1915 年 12 月第 17 期。

《鲁省鸡卵业输出日增》,《农商公报》第 10 卷第 10 册,1924 年 5 月 15 日第 118 期。

《山东羊毛生产输出状况》,《农商公报》第 2 卷第 9 册,1916 年 4 月 15 日第 21 期。

余逊斋:《山东产业调查记》,《中华实业界》第 2 卷,1915 年 10 月第 10 期。

骆达:《烟台贸易年报》,《农商公报》第 5 卷第 7 册,1919 年 2 月第 55 期。

黄尊严:《1914—1922 年日本帝国主义对青岛盐的经营与掠夺研究》,《北方论丛》,1995 年第 4 期。

渡边淳:《山东问题与青岛盐业》,《城市史研究》第 21 辑,天津人民出版社 2002 年版。

《青岛盐田调查概略》,《中外经济周刊》第 8 号,1923 年 4 月版。

《青岛制盐厂之概况》,《银行月刊》第 2 卷,1922 年 8 月第 8 期。

俞物恒:《淄川煤矿调查报告》,《矿业周报》,1929 年 4 月 7 日第 41 期。

高世元:《中日合办淄川炭矿调查报告摘略》,《山东实业学会会志》,1923 年 11 月第 9 期。

《金岭镇大铁矿之发达》，《农商公报》第 2 卷第 7 册，1916 年 2 月第 19 期。

《青岛出口货增加》，《农商公报》第 10 卷第 1 册，1923 年 8 月第 109 期。

封昌远译：《山东的鸡卵加工业概况》，《农学月刊》第 1 卷，1935 年 12 月第 3 期。

《日本经济侵略中山东丝业状况》，《国际贸易导报》第 2 卷，1931 年 6 月第 6 期。

《东方杂志》第 2 卷，1905 年 12 月第 11 期，实业。

吴英若：《周村一带丝织业调查报告》，《山东建设月刊》第 4 卷，1934 年 1 月第 1 期。

张伟贤：《山东面粉事业之调查》，《商业月报》第 15 卷，1935 年 6 月 30 日第 6 期。

富士英：《中国北部之烟草情形》，《农商公报》第 3 卷第 1 册；1916 年 8 月第 25 期。

《糖》，《科学月刊》第 2 卷，1930 年 6 月第 6 期。

《烟台经济状况》（续），《经济半月刊》第 2 卷，1928 年 6 月 15 日第 12 期。

《山东之烟叶》，《中外经济周刊》，1925 年 1 月 31 日第 97 期。

黄福庆：《"九一八"事变后满铁调查机关的组织体系（1932—1943）》，《中研院近代史研究所集刊》上册，1995 年 6 月第 24 期。

解学诗：《"七七"事变前后的满铁华北经济调查》，《社会科学战线》1998 年第 6 期。

《申报》，1936 年 4 月 29 日。

张希为：《走私问题及其对策》，《国论》，1936 年 6 月 20 日第 12 期。

《鲁省丝业衰退》，《工商半月刊》第 5 卷，1933 年 4 月 15 日第 8 期。

易天爵：《青岛工商业概况》，《都市与农村》，1935 年 6 月第 5—6 期。

高治枢：《青岛港之现在与将来》，《青岛工商季刊》第 2 卷，1934 年 3 月第 1 期。

李心田：《山东美种烟草调查报告》，《国际贸易情报》，第 2 卷，

1937 年 3 月第 9 期。

曾业英：《日伪统治下的华北农村经济》，《近代史研究》1998 年第 3 期。

吴知：《山东省棉花之生产与运销》，天津南开大学经济研究所编《政治经济学报》第 5 卷，1936 年 10 月第 1 期。

居之芬：《抗战时期日本对华北沦陷区劳工的劫掠和摧残》，《中共党史研究》，1994 年第 4 期。

张利民：《抗战期间日本对华北经济统治方针政策的制定和演变》，《中国经济史研究》，1999 年第 2 期。

路遇：《民国年间山东移民东北三省初探》，《人口研究》1985 年第 6 期。

日文书籍

〔日〕海軍省水路部：《海員必攜》，東京：1891 年 3 月版。

稻田周之助：《支那經濟事情》，東京：金港堂 1895 年版。

〔日〕日清貿易研究所：《清國通商綜覽》第 1 冊，上海：該所 1892 年版。

〔日〕海軍省水路部：《支那海水路志》第 1 卷，追補（芝罘港），東京：1894 年 3 月版。

〔日〕大阪商船株式會社：《大阪商船株式會社五十年史》，大阪：1934 年版。

〔日〕野村德七商店調查部：《大阪商船》，大阪：1911 年版。

〔日〕橫濱稅關：《清國芝罘威海衛旅順口清泥窪牛莊膠州及上海視察報告》，東京：秀英舍 1904 年 4 月版。

〔日〕鐵道院鐵道調查所：《芝罘》，1909 年版。

〔日〕遞信省管船局：《清國長江及附近航運事業取調書》，東京：1904 年 10 月版。

田原天南：《膠州灣》，大連：滿洲日日新聞社 1914 年 12 月版。

水野天英：《山東日支人信用秘錄》，青島：青島興信所 1926 年 11 月版。

〔日〕內閣統計局：《海外各國國勢要覽》，東京：1890 年 7 月版。

稻田周之助：《支那經濟事情》，東京：金港堂 1895 年 8 月版。

〔日〕航業聯合協會芝罘支部：《芝罘事情》，烟臺：該部 1939 年 10 月版。

外務省通商局：《海外各地在留本邦人職業別表》第 1 冊，1907 年 12 月版。

織田一：《支那貿易》，東京專門學校出版部 1899 年 11 月版。

河野文一：《北清各港視察報告書》，大阪：1899 年 12 月版。

〔日〕神戶稅關：《神戶港外國貿易概況》第 1—7 冊，神戶：1906—1912 年版。

〔日〕外務省通商局：《清國事情》第 1 輯，東京：外務省通商局 1907 年版。

〔日〕外務省通商局（樽原陳政）：《清國商況視察復命書》，東京：元眞社 1902 年 7 月版。

〔日〕農商務省商務局：《海外各地に於ける重要なる日本商品取扱商店調查》，東京：農商務省商務局 1911 年 3 月版。

吉田豐次郎：《山東省視察報文集》，大連：關東都督府民政部 1913 年 12 月版。

〔日〕滿鐵東亞經濟調查局：《經濟資料》第 1 卷，1915 年 5 月 10 日第 2 期。

〔日〕東亞同文會調查編纂部：《山東及膠州灣》，東京：博文館 1914 年版。

江木翼：《膠州灣論》，東京：讀賣新聞日就社 1907 年 2 月版。

勝部國臣：《清國商業地理》，東京：博文館 1905 年 9 月版。

天城生：《濟南》，1915 年版。

曾根俊虎：《東亞各港日本人職業姓名録》，東京大井村 1907 年 1 月版。

〔日〕農商務省（黑田清隆）：《漫游見聞録》第 2 冊，東京：1888 年 4 月版。

〔日〕外務省記録局：《通商匯編》第 6 冊，東京：外務省記録局 1885 年版。

〔日〕靜岡商業會議所：《商品見本海外試殼始末》，靜岡：1894 年 1

月版。

〔日〕參謀本部編纂課：《東亞各港誌》，東京：1893 年 6 月版。

〔日〕農商務省：《第二次輸出重要品要覽》，工産之部，第 4 冊，1897 年版。

〔日〕東亞同文書院：《支那經濟全書》，上海：東亞同文會，第 5 輯，1908 年版；第 7 輯，1909 年版；第 11 輯，1909 年版；12 輯，1909 年版。

〔日〕農商務省商務局：《封清貿易ノ趨勢及取引事情》，東京：1910 年 8 月版。

〔日〕農商務省特許局：《清韓暹比印度及濠洲貿易上使用スベキニ關スル商標調查》，東京：特許局 1906 年版。

工藤謙：《膠州灣事情》，東京：有斐閣 1914 年版。

〔日〕華北交通株式會社青島出張所：《青島開港以來ノ山東省ノ經濟的發展》（謄寫本），1939 年版。

〔日〕日綿實業株式會社：《日本綿花株式會社五十年史》，1943 年 9 月版。

〔日〕遞信省管船局：《東洋各港造船事業狀況》，東京：1904 年 10 月版。

〔日〕東亞同文會編：《東亞同文會報告》第九回，東京：1900 年 7 月版。

〔日〕外務省通商局：《在芝罘日本領事館管內狀況》，東京：1921 年 4 月版。

〔日〕東亞實進社：支那研究業書第 8 卷，《支那の金融》，東京：1918 年 10 月版。

町田實一：《日清貿易參考表》，東京：1889 年 9 月版。

滿鐵東亞經濟調查局：經濟資料第 14 卷第 3 號，《在留支那貿易商》，大連：1928 年版。

〔日〕外務省通商局：《內外商取引上注意すべき慣習其他に關する調查》，東京：外務省通商局 1911 年版。

〔日〕農商務省水産局：《清國水産販路調查報告》，東京：1900 年 6 月版。

〔日〕農商務省農務局（松永伍作）：《清國蠶業視察複命書》，東京：1898 年 3 月版。

〔日〕青島守備軍民政部鐵道部：調查資料第 11—13 輯，《山東鐵道沿綫重要都市經濟事情》上、中、下，青島：1919 年版。

〔日〕青島守備軍民政部：《民政部成規類編》，青島：1921 年 12 月版。

〔日〕青島守備軍民政部：《青島守備軍民政部鐵道部事業概況》，青島：1918 年 6 月版。

青島日本帝國總領事館：《青島概觀》，青島：1926 年版。

岡伊太郎、小西元藏：《山東經濟事情：濟南を主として》，濟南：濟南經濟報社 1919 年 4 月版。

田中次郎：《山東概觀》，日本青島領事館 1915 年 7 月版。

高橋源太郎：《最近之青島》，東京：久松閣 1918 年 6 月版。

日本外務省通商局：《海外各地在留本邦人職業別人口表（大正十一年）》，1923 年版。

〔日〕東亞同文會編：《支那省別全志》第 4 卷，《山東省》，東京：1917 年版。

〔日〕青島守備軍民政部鐵道部：《東北山東（渤海山東沿岸諸港濰縣、芝罘間都市）踏查報告》，青島：1919 年 10 月版。

〔日〕青島守備軍民政部：《兗州博山間鐵道沿綫調查報告》，青島：1921 年版。

〔日〕青島守備軍民政部：《民政概況》，青島：1921 年 10 月版。

〔日〕青島守備軍司令部：《青島守備軍第四統計年報（大正七年度）》，1920 年版。

〔日〕青島守備軍司令部：《青島守備軍第五統計年報（大正八年度）》，1921 年 7 月版。

〔日〕青島守備軍鐵道部庶務課：《青島支那人經營工業事情》（謄寫本），青島：1918 年 7 月版。

〔日〕青島守備軍民政部鐵道部：《統計年報》，大正 7—9 年度，青島：1920—1922 年刊。

岸元吉：《青島及山東見物》，青島：山東經濟時報社 1922 年版。書名頁所標著者為風來坊。

〔日〕山東研究會編：《山東の研究》，東京：山東研究會 1916 年 4 月版。

吉見正任：《青島商工便覽》，青島：文英堂書店 1921 年 11 月版。

〔日〕青島居留民團等：《青島に於ける邦人所有の土地》，1927 年 8 月版。

〔日〕青島日本商業會議所：《青島邦人商工案内》，青島：1923 年版。

〔日〕青島守備軍民政部鐵道部：《山東之礦業》，青島：1922 年 1 月版。

佐佐木清治：《北支那の地理》，東京：賢文館 1937 年版。

〔日〕東亞研究所：《日本對支海運業投資（未定稿）》，東京：1940 年 6 月版。

〔日〕青島軍政署：《山東研究資料》第 2 輯，青島：1917 年版。

〔日〕青島守備軍民政部：《青島ノ工業》，青島：1919 年版。

〔日〕青島守備軍民政部：《青島之商工業》，青島：編者刊 1918 年版。

千田稔、宇野隆夫編：《東ァツァと"半島空間"》，國際日本文化研究センター，京都：思文閣 2003 年 1 月版。

滿鐵北支經濟調查所：《北支那工場實態調查報告書（濟南之部）》，1939 年版。

滿鐵北支經濟調查所：《北支那工場實態調查報告書（青島之部）》，1940 年版。

滿鐵北支經濟調查所：《北支那工場實態調查報告書（芝罘之部）》，1940 年版。

滿鐵北支經濟調查所：《北支那工場實態調查報告書（濰縣之部）》，1940 年版。

姫野德一編：《大東亞建設と山東》，東京：日支問題研究會 1942 年 12 月版。

〔日〕青島守備軍民政部：《山東之物産》第壹編，《落花生》，青島：1921 年版。

〔日〕青島守備軍民政部：《山東之物産》第 1 編，青島：1920年版。

〔日〕青島軍政署：《山東之物産》第 2 編，青島：1917 年版。

〔日〕青島守備軍民政部：《山東之物産》第 5 編，青島：1921年版。

〔日〕青島守備軍民政部鐵道部：《山東之物産》第 6 編，《礦産》，1922 年版。

〔日〕青島守備軍民政部：《山東ニ於ケル主要事業ノ概況》第壹編，1918 年版。

高橋源太郎：《最近之青島》，東京：久鬆閣 1918 年 6 月版。

〔日〕青島日本商業合議所：《青島邦人商工案内》，青島：1923 年10 月版。

〔日〕青島軍政署：《山東牛及山東之畜産物》，青島：1916 年版。

〔日〕青島守備軍民政部：《南山東重要都市經濟事情》，青島：1919年版。

〔日〕青島守備軍民政部：《大運河及鹽運河沿岸都邑經濟事情》，1921 年版。

〔日〕青島軍政署編：《青島要覽》，青島：1918 年 1 月第 4 版。

美濃部：《海外銀行ノ活動ト朝鮮銀行》，出版地不明，1918 年 2月版。

〔日〕通商局第二課：海外經濟調查報告書（其一），《支那金融事情》，東京：1923 年版。

〔日〕滿鐵庶務部調查課：《青島鹽と關東州鹽の今後》，大連：1926年 9 月版。

木村三郎：《青島鹽》，大阪：訪問雜誌社 1921 年版。

〔日〕滿鐵礦業課編：《山東礦業資料》，大連：1914 年版。

〔日〕青島守備軍民政部鐵道部：《山東之礦業》，青島：1922 年 1月版。

馬場鍬太郎：《支那經濟地理志（交通全編）》，上海：禹域學會1923 年版。

馬場鍬太郎：《北支八省の資源》，東京：實業之日本社 1938 年 1

月版。

〔日〕青島守備軍民政部鐵道部（淺田龜吉）:《博山炭礦》，1922 年 9 月版。

〔日〕青島守備軍民政部鐵道部:《山東鐵道會社ニ關スル調査報告》，東京: 秀英舍 1920 年 10 月版。

岩松兼經:《青島其他諸都市視察報告》，東京: 東京市役所 1918 年版。

〔日〕青島守備軍民政部:《行政引續竝其後ノ經營綜合概況》，1923 年版。

〔日〕青島居留民團、青島日本商工會議所編:《山東に於ける在留邦人の消長》，青島: 1927 年版。

濟南日本總領事館:《山東概觀（未定稿）》，1926 年 11 月版。

田中秀太郎、萬徳三五郎:《山東還附後ノ邦人事業》，青島: 1924 年版。

〔日〕青島居留民團、青島日本商業會議所:《山東に於ける邦人の企業》，青島: 1927 年 8 月版。

〔日〕青島居留民團、青島日本商業會議所:《青島に於ける邦人所有の土地》，青島: 1927 年 8 月版。

〔日〕外務省亞細亞局:《支那在留本邦人及外國人人口統計表》（第二十一回），1928 年 12 版月。

〔日〕外務省通商局:《海外各地在留本邦人職業別人口表（昭和三年）》，1929 年版。

〔日〕外務省亞細亞局:《支那在留本邦人及外國人人口統計表》，第 23—25 回，昭和五年十二月—七年十二月，1930—1932 年，1931—1933 年刊。

〔日〕外務省東亞局:《滿洲國及中華民國在留邦人及外國人人口統計表》，第 26—29 回，昭和八年—十一年 12 月，1933—1936 年，1934—1937 年刊。

〔日〕商工省商務局:《海外ニ於ケル主要本邦商社ノ投資事業》，1929 年版。

滿鐵庶務部調查課:《北支那沿岸の航路網》，大連: 編所 1928 年 4

月版。

安源美佐雄:《支那の工業と原料》第1卷上冊,上海:日本人實業協會1919年版。

滿鐵天津事務所(濱正雄):《山東紡織業の概况》,天津:1936年3月版。

〔日〕青島守備軍民政部鐵道部:《周村德州間及德州石家莊滄州間調查報告》,青島:1920年版。

〔日〕大阪市役所産業部:《大阪在留支那貿易商及び其の取引事情》,大阪:1928年7月版。

〔日〕濟南日本商工會議所:《濟南事情》,濟南:山東新民報1941年1月版。

〔日〕青島新報社:《濟南要覽》,青島:1920年10月版。

本莊比佐子等編:《興亞院と戰時中國調查》,東京:岩波書店2003年版。

〔日〕青島商工會議所:《青島商工案内》,青島:東洋印刷部1937年版。

〔日〕青島日本商工會議所:《青島商工案内》,青島:1937年6月版。

〔日〕青島日本商工會議所:《調查極秘資料》第1—2輯,1943年1—6月版。

滿鐵天津事務所調查課:天調資料47號,《山東省ニ於ケル日本側經濟權益》(謄寫版),天津:1937年版。

樋口弘:《日本の對支投資》,東京:慶應書房1940年9月版。

松崎雄二郎:《北支經濟開發論:山東省の再認識》,東京:鑽石社1940年8月版。

松崎雄二郎:《北支那經濟の新動向》,東京:大日本雄辯會講談社1942年8月版。

松崎雄二郎:《青島の現勢》,青島:日本商工會議所1944年版。

滿鐵産業部編:《北支那經濟綜觀》,東京:日本評論社1939年5月版。

〔日〕東亞研究所:《列國對支投資と支那國際收支》,東京:實業之日本社 1943 年 3 月版。

〔日〕東亞研究所：《日本對華投資》上冊，東京：原書房 1974年版。

滿鐵經濟調查會：經調資料第 72 編，山東省經濟調查資料第 1 輯，《山東商業經濟の發展とその破局的機構》，大連：1935 年 5 月版。

滿鐵經濟調查會：經調資料第 75 編，山東省經濟調查資料第 2 輯，《山東に於ける工業の發展》，大連：1935 年 5 月版。

姬野德一編：《山東開發の現況及其將來》，東京：日支問題研究會1940 年 12 月版。

磯部和夫：《北支經濟大觀》，大連：滿州日日新聞社 1938 年 8月版。

滿鐵天津事務所調查課：《山東紡織業概況》，天津：1936 年 3 月版。

小島精一：《北支經濟讀本》，東京：千倉書房 1939 年 3 月版。

滿鐵調查部編：《北支商品綜覽》，東京：日本評論社 1943 年 2月版。

〔日〕興亞院青島出張所：《青島工場要覽》，青島：1939 年 7 月版。

〔日〕興亞院青島都市計劃事務所：《青島都市計劃經濟調查書》第2 編，青島：1939 年版。

滿鐵調查部：支那・立案調查書類第五編第 5 卷，《北支那化學工業調查資料》，大連：1937 年 12 月版。

姬野德一：《最新對華經濟資料》第 5 輯，東京：日支問題研究會1937 年 10 月版。

滿鐵天津事務所編：《北支那硫化燃料工業》，天津：1936 年版。

長谷川清：《山東に於ける邦人の經濟發展並に日華親和策》，青島：山東每日新聞社 1934 年版。

高木翔之助：《北支の現勢》，天津：北支那社 1937 年 4 月版。

多田部隊本部調查班：《北支主要工場調查表》（謄寫版），1939年版。

滿鐵調查部編：《北支棉花綜覽》，東京：日本評論社 1940 年 5月版。

滿鐵北支事務局調查部：《北支主要都市商品流通事情》（謄寫版），

第七編,《濟南徐州》; 第八編,《青島》, 大連: 1939 年 4 月版。

滿鐵經濟調查會:《魯大公司成立迄ノ經過》, 1936 年 8 月版。

〔日〕興中公司:《華北煤礦概要》, 1938 年版。

朝鮮銀行調查課 (渡部順): 調查報告第 22 號,《最近山東に於ける日支經濟活動狀況》, 1937 年 9 月版。

近代日本研究會:《近代日本と東アツア》, 東京: 山川出版社 1980 年版。

滿鐵東亞經濟調查局:《在留支那貿易商》, 東京: 1928 年 7 月版。

小倉東次:《北支に於ける經濟統制の現狀》, 北京: 華北事情案内所 1941 年 12 月版。

中村敏:《華北建設の現段階》, 北京: 新民印書館 1943 年 7 月版。

〔日〕東亞新報天津支社:《華北建設年史》, 天津: 華北新報印書局 1944 年 12 月版。

〔日〕上海東亞同文書院大學:《東亞同文書院大學東亞調查報告書》(昭和十五年度), 1941 年 5 月版。

〔日〕上海東亞同文書院大學:《東亞同文書院大學東亞調查報告書》(昭和十六年度), 1942 年 10 月版。

北支那開發株式會社弘報課:《北支那開發事業概觀》, 北京: 1942 年 8 月版。

眞鍋五郎:《北支地方都市概觀》, 大連: 亞細亞出版協會 1940 年 2 月版。

岡伊太郎:《山東と邦人の現勢》, 青島: 大新民報印務局 1943 年 12 月版。

〔日〕濟南工業統制組合聯合會:《濟南工業概況》, 濟南: 1944 年 11 月版。

中國通信社:《全支組合總覽》, 上海: 中國通信社 1943 年版。

姬野德一:《大東亞建設と山東》, 東京: 日支問題研究會 1942 年 12 月版。

平野虎雄:《濟南織布業調查報告書——特に賃織を中心として》, 北京: 華北綜合調查研究所 1945 年版。

中國聯合準備銀行顧問室:《中國聯合準備銀行五年史》, 北京: 新民印書館 1944 年 8 月版。

中國聯合準備銀行顧問室：《中國聯合準備銀行ノ機構及政策ニ就テ》，1942 年 10 月版。

〔日〕濟南日本商工會議所編：《濟南事情》，1943 年 1 月版。

〔日〕東亞研究所：《支那佔領地經濟の發展》，1944 年版。

前田七郎，小島平八編：《山東案內》，青島，日華社 1940 年 12 月版。

滿鐵調查部：《支那都市不動産慣行調查資料》第 13 輯，《濟南ニ關スル報告書》（謄寫版），1943 年 2 月版。

興亞院青島都市計劃事務所：《青島都市計劃經濟調查書》，1939 年 10 月版。

國立北京大學農村經濟研究所：《山東黃色葉煙草生産並に收買機構の發展》，北京：新民印書館 1942 年 1 月版。

滿鐵調查部：《濰縣土布業調查報告書》，1942 年版。

山東礦業株式會社總務部：《山東礦業株式會社の使命》，1941 年 12 月版。

〔日〕東亞研究所：《支那小炭礦實態調查報告》，1943 年版。

〔日〕青島日本商工會議所：《調查極秘資料》第 2 輯，1943 年 6 月版。

淺田喬二編：《日本帝國主義下の中國——中國佔領地經濟の研究》，東京：樂游書房 1981 年版。

滿鐵調查部：《北支那に於ける既存電氣事業總括調查報告》，1940 年 6 月版。

〔日〕大連商工會議所：《北支經濟圖説》，大連：日滿實業協會關東洲支部 1940 年 3 月版。

〔日〕大連商工會議所：《黃海經濟要覽》，黃海經濟聯盟 1941 年版。

滿鐵調查局：《山東省臨清縣農村實態調查報告：臨清縣第二區大三里莊に於ける綿作事情調查を中心として》，1944 年版。

中國農村慣行調查刊行會編：《中國農村慣行調查》，岩波書店 1981 年版。

滿鐵經濟調查委員會：《山東産業開發計劃案》（謄寫本），1937 年 6

月版。

　杉田才一：《華北經濟躍進》，東京：同盟通信社 1941 年 8 月版。

　滿鐵華北經濟調查所：《山東省主要農產品（棉花、小麥、雜糧）的生產與上市情況》，1942 年 11 月版。

日文档案

〔日〕国立公文书馆亚洲历史资料中心档案：

A01200754600，后藤象二郎：海外航路開設ノ件（公文雜纂，第 13 編，1889 年，第 44 卷，運輸 4）。

C03023026400，近海命令航路に關する件；遞信省：近海命令航路調，1910 年 12 月（防衛廳防衛研究所，密大日記，1911 年）。

B03050507700，東亞同文會ノ清國內地調查，芝罘駐在班之部，二，1909 年，第 3 卷第 1 編，商業機關（外務省外交史料館，外務省記錄）。

B03050383600，管內狀況調查報告書提出件 10，各國事情關系雜纂，支那ノ部，芝罘，第 1 卷，1906 年 12 月 25 日（外務省外交史料館，外務省記錄）。

A04010143600，命令書：阿波國共同汽船株式會社，1907 年 4 月（公文雜纂，1907 年，第 21 卷，遞信省一）。

B04011206300，清國ニ關スル諸調查雜纂，第 2 卷，3. 航路，1911 年（外務省外交史料館，外務省記錄）。

B03050384200，支那ノ部，芝罘，第 1 卷，3. 山東雜信送達ノ件，1909 年 12 月 21 日（外務省外交史料館，外務省記錄）。

B03050554600，東亞同文會ノ清國內地調查，津浦綫調查報告書，第 2 卷第 5 編，1907 年（外務省外交史料館，外務省記錄）。

B03050384700，益子齋造：龍口近況報告書，1918 年 5 月 30 日（外務省外交史料館，外務省記錄）。

C03024427500，青島に於ける一般狀況調查の件，1915 年 1 月 19 日（防衛廳防衛研究所，歐受大日記）。

C03025101900，第三次山東居留民大會の件，1919 年 11 月（防衛廳防衛研究所，歐受大日記 11 月）

B03030293400，農商務省（吉田虎雄）：支那出張復命書，1922 年

11 月（外務省外交史料館，外務省記録）。

C03024467300，田中末雄：大連青島間定期航路開始原ノ件，1915年 2 月（防衛廳防衛研究所，歐受大日記，大正 4 年 2 月下）。

B04010879500，内田康哉：支那ニ於ケル合弁事業調査，第一回，北清中清ノ部，1919 年 6 月 5 日（外務省外交史料館，外務省記録）。

B04010881700，亞細亞局：支那ニ於ケル合弁事業調査，第二回，北清中清ノ部，1921 年 6 月（外務省外交史料館，調書）

C03024373000，青島渡航に關する件，1914 年 11 月（防衛廳防衛研究所，歐受大日記，大正三年十一月上）。

C03025324000，山東鷄卵輸出同業組合長より請願の件，1922 年 3 月（防衛廳防衛研究所，歐受大日記，大正 11 年 3 月）。

B02130046700，亞細亞局：支那ニ於ケル本邦人關系合弁事業，第七表，山東省并江蘇省，1921 年（外務省外交史料館，調書）。

B20021301104，亞細亞局第二課：北支地方ノ青島，支那各地本邦人經營工場状況，1925 年（外務省外交史料館，調書）。

B20021301105，亞細亞局第二課：北支地方ノ濟南，支那各地本邦人經營工場状況，1925 年（外務省外交史料館，調書）。

B20021301106，亞細亞局第二課：北支地方/芝罘，支那各地本邦人經營工場状況，1925 年（外務省外交史料館，調書）。

B03050335300，松村書記生：山東西北部地方事情調査報告，1923年 10 月（外務省外交史料館，外務省記録）。

B03041705500，日貨卸賣商華慶號主人ノ日貨排斥ニ對スル不平，青島民政部政況並雜報，第 2 卷，1921 年 6 月（外務省外交史料館，外務省記録）。

B03050385400，市川書記生：芝罘一般事情調査，1926 年 11 月，各國事情關系雜纂，支那部，芝罘，第 2 卷。

C04121905900，芝機月報、山東月報、青機月報，1940 年 2 月（防衛廳防衛研究所，陸軍省大日記）。

B02130020300，亞細亞局：對支借款一覽表，地方政府部分，1927年 12 月 31 日（外務省外交史料館，調事）。

B02130154100，對支借款一覽表，地方政府部分，1934 年 12 月 31

日（外務省外交史料館，調事）。

　　B02130019700，亞細亞局：對支借款一覽表，個人部分，1925 年 12 月（外務省外交史料館，調事）。

　　B02130020400，亞細亞局：對支借款一覽表，個人部分，1927 年 12 月（外務省外交史料館，調事）。

　　B02130154200，亞細亞局：對支借款一覽表，個人部分，1934 年 12 月（外務省外交史料館，調事）。

　　B04012837100，在濟南總領事：中國苦力關系雜件，26，濟南，1940 年 2 月 19 日（外務省外交史料館，外務省記録）。

　　B02031401500，第七十六回帝國議會興亞院經濟部關系參考資料 7，1941 年 1 月（外務省外交史料館，外務省記録）

日文报刊

《青島と日本人》，《大阪朝日新聞》，1914 年 2 月 18 日。

《濟南商業今昔觀》，《支那新聞翻譯通信》，1915 年 2 月 6 日。

吉田生：《濟南經濟事情（1—3）》，《福岡日日新聞》1914 年 11 月 19—21 日。

小林義雄：《日本對支投資の沿革》，《東亞研究所報》，1941 年 8 月第 11 期。

《支那ニ於ケル外國商人》，《支那新聞翻譯通信》，1913 年 11 月 25 日。

《青島商慣習》，《大阪朝日新聞》，1914 年 4 月 1 日。

《濟南實業協會月報》，1920 年 3 月第 20 期，"四月定期總會"；1924 年 5 月 5 日第 49 期。

武内特派員：《支那人より觀にる在支邦人の事業》，《大阪朝日新聞》，1921 年 10 月 16—27 日。

平川清風：《山東を巡りて》（一），《大阪毎日新聞》，1918 年 12 月 13 日。

《青島に於ける重要物資の生産事情》，《青島工商會議所所報》第 14 號，1940 年 12 月。

《山鐵沿綫に於ける日本人の活動狀態》，《濟南實業協會會報》，

1922 年 2 月 20 日第 30 期。

《青岛の商工業——鶴見派遣官報告》,《中外商業新報》,1915 年 2 月 14 日。

《有望なるの青島將來》,《京城日報》,1915 年 1 月 17 日。

《濟南に於ける棉花の集散状况》,《濟南實業協會月刊》,1920 年 7 月第 21 期。

《北支那の棉業》,《濟南實業協會月報》,1925 年 3 月 5 日第 58 期。

《青島物産變遷》,《滿洲日日新聞》,1918 年 12 月 25 日。

《重要往復文書》,《濟南實業協會月報》,1924 年 5 月第 49 期。

《貨捐在濟邦商負擔額》,《濟南實業協會月報》,1924 年 11 月第 54 期。

《膠濟鐵路貨捐加征問題》,《濟南實業協會月報》,1925 年 9 月第 64 期。

《膠濟鐵路沿綫貨物状况》(六),《濟南實業協會月刊》,1925 年 9 月第 64 期。

《濟南金融組合營業報告》,《濟南實業協會月報》,1920 年 3 月第 20 期。

《産業の復興状况》,《經濟時報》第 13 號,1939 年 3 月。

《濟南實業協會月報》,1923 年 5 月第 39 期;1926 年 3—5 月 67—68 期。

《在濟南外國商館調》,《濟南實業協會月報》,1926 年 9 月第 70 期。

《濟南棉花市場》,《濟南實業協會月報》,1924 年 5 月 5 日第 49 期。

《濟南を經由する日本向生牛》,《濟南實業協會月報》,1922 年 2 月 20 日第 30 期。

《綿毛布と濟南》,《濟南實業協會月報》,1922 年 7 月第 33 期。

《濟南國有土地調》,《濟南實業協會月報》,1924 年 4 月第 48 期。

〔日〕青島日本商工會議所:《所報》第 8 號,1940 年 6 月;第 11 號,1940 年 9 月;第 14 號,1940 年 12 月;第 22 號,1941 年 8 月;第 31 號,1942 年 5 月;第 40 號,1943 年 4 月。

〔日〕青島日本商工會會議所:《經濟時報》第 5 號,1934 年 6 月;第 12 號,1938 年 5 月,第 13 號,1939 年 3 月;第 16 號,1939 年 11 月;

第 17 號，1940 年 5 月；第 19 號，1940 年 7 月；第 21 號，1941 年 1 月；第 22 號，1941 年 2 月；第 28 號，1943 年 5 月。

滿鐵調查部資料課：《滿鐵調查月報》第 18 卷第 6 號，1938 年 6 月。

中原松雄：《青島的紡織業》，《經濟俱樂部》第 10 卷第 5 號，1940 年 5 月。

《中聯銀行月刊》第 3 卷，1942 年 5 月第 5 期；第 1 卷，1941 年 3 月第 3 期；第 5 卷，1943 年 6 月第 6 期；第 9 卷，1945 年 6 月第 1—6 期合刊。

《華北合作》第 10 卷，1944 年 2 月第 1 期。

桑原哲也、阿部武司：《在華紡の經營動向に關する基礎資料——內外棉：1921—1934 年》，《國民經濟雜志》第 182 卷第 3 號，2000 年 9 月（神戶大學商業研究所）。

英文文獻

ClunaImperial Customs，Decennial Reportson the Trade（简称 Decennial Reports），1892 – 1901，Chefoo.

Decennial Reports，1902 – 1911，Vol. 1，Chefoo.

Decennial Reports，1912 – 1921，Vol. 1，Chefoo.